Freuds Betrug

Der destruktive Einfluss der freudschen Theorie
auf die amerikanische und westliche Denkweise und Kultur

Originaltitel

Freudian Fraud

The Malignant Effect of Freud's Theory
on American Thought and Culture

Shri Mataji Nirmala Devi
Für Ihre Inspiration und Unterstützung

Ana Geiger,

Paul Gamboli und E. Fuller Torrey

Für ihre praktische Hilfe

bei der Übersetzung und Umschlaggestaltung

Uwe David

Vada und Ted Stanley

Für ihre außergewöhnliche Großzügigkeit
gegenüber psychisch Kranken und ihre Freundschaft

E. Fuller Torrey

Freuds Betrug

Der destruktive Einfluss der freudschen Theorie
auf die amerikanische und westliche Denkweise und Kultur © 2015
von

E. Fuller Torrey

Übertragen aus dem Amerikanischen
mit freundlicher Genehmigung des Autors
von

Uwe David

Titel der amerikanischen Originalausgabe

Freudian Fraud

The Malignant Effect of Freud's Theory
on American Thought and Culture © 1992
by

E. Fuller Torrey

Bibliografische Information der Deutschen Nationalbibliothek

Die Deutsche Nationalbibliothek verzeichnet diese Publikation in der Deutschen Nationalbibliografie; detaillierte bibliografische Daten sind im Internet über http://dnb.d-nb.de abrufbar.

Titel der 1. Originalauflage: Freudian Fraud (New York, HaperCollins, 1992), ISBN: 978-0-06-016812-4

Titelkarikatur „Ziggy Freud – Psychoanalysis über alles" verwendet mit freundlicher Genehmigung von Paul Gamboli © 1992

Zitate auf dem Rückseitentext:

(1) s. Lit.-Hinweis Nr. 5, Verwendung im Text auf S. 17, (2) s. S. (25 und) 331

Umschlaggestaltung der deutschen Ausgaben:

1. Auflage: Hans-Christoph Brinkschmidt, © 2010
2. leicht bearbeitete Auflage: Uwe David, © 2015

Deutsche Übersetzung unter den Titeln (© Uwe David 2010, 2015):

1. Auflage: Die freudsche Fehlleistung – Der destruktive Einfluss der freudschen Theorie auf die amerikanische und westliche Denkweise und Kultur
2. Auflage: Freuds Betrug – Der destruktive Einfluss der freudschen Theorie auf die amerikanische und westliche Denkweise und Kultur

Kontakte:

MD E. Fuller Torrey
info@treatmentadvocacycenter.org, www.treatmentadvocacycenter.org

Uwe David
uwedavid@gmail.com, www.freudsche-fehlleistung.jimdo.com

Herstellung und Verlag: BoD - Books on Demand, Norderstedt

ISBN: 978-3-7347-1529-7

Inhaltsverzeichnis

	Widmung zur deutschen Ausgabe	3
		4
	Danksagung zur deutschen	
	Widmung zur amerikanischen Ausgabe	5
	Inhaltsverzeichnis	8
	Vorwort zur deutschen Ausgabe und Ausblick	11
	Anmerkung zur Übersetzung	33
	Danksagungen des Autors	35
	Vorwort zur amerikanischen Ausgabe	38
1	**Sigmund Freud, sexuelle Freiheit und Sozialreform**	**40**
1.1	Die freudsche Theorie	42
1.2	Ruhm, Okkultismus und Kokain	46
1.3	Sexuelle Freiheit	53
1.4	Soziale Reform	58
1.5	Freudianismus in New York	62
1.6	Der Aufstieg des Sex, der Niedergang von Freud	75
2	**Rasse, Einwanderung und die *Nature-Nurture*-Kontroverse**	**80**
2.1	Franz Boas versus anglikanische Elite	82
2.2	„Seht, der arme Nordländer!"	90
2.3	Die Freudianisierung von *Nature* und *Nurture*	100
3	**Die Sexualpolitik von Ruth Benedict und Margaret Mead**	**105**
3.1	Margaret Mead	110
3.2	Benedict und Mead nehmen den Kampf auf	116
3.3	Freud im Grasrock	123
4	**Hitlers Antwort auf die *Nature-Nurture*-Debatte**	**132**
4.1	Die Eugenik der Nazis	137
4.2	Die Hochzeit von Freud und Marx	142
4.3	Die Endlösung	152

5	**Die Verbreitung der freudschen Religion in der Nachkriegszeit**	**156**
5.1	Die Scheidung von Freud und Marx	159
5.2	Aufstieg und Fall der „Windelkunde"	165
5.3	Die Medien entdecken den neuen Freud	172
5.4	Bühnen-, Leinwand- und Radiostar	176

6	**Freud im Kindergarten**	**183**
6.1	John Watson und sein Periskop	185
6.2	Benjamin Spock: Die Gefahren des Töpfchens	188
6.3	Säuglings- und Kinderpflege	192
6.4	War Spock permissiv?	197
6.5	Freud im Klassenzimmer	201

7	**Freud in Gefängnissen und Strafanstalten**	**206**
7.1	Healy, Glueck und White	208
7.2	Der Mordfall Leopold und Loeb: Die Heimtücke des Teddybärs	213
7.3	Karl Menninger	219
7.4	Von William Healy zu Richard Herrin und Willie Horton	226

8	**Philosophenkönigin und Psychiaterkönige: Die Freudianisierung Amerikas**	**235**
8.1	Margaret Mead – ex cathedra	237
8.2	Marcuse, Goodman und Brown	241
8.3	Die intellektuelle Elite Amerikas	248
8.4	Freud und die Demokratische Partei	252
8.5	Mentale Gesundheit in der Great Society	256
8.6	Freud an den Universitäten	261
8.7	Freud in der Verlagsindustrie	264
8.8	Freud in der Filmindustrie	267
8.9	Freud geht nach Esalen	270
8.10	McFreud in America	274

9	Die wissenschaftliche Basis der freudschen Lehre	281
9.1	Direkte Tests der freudschen Theorie	283
9.2	Indirekte Tests der freudschen Theorie	290
9.3	Hinweise auf genetische Determinanten der Persönlichkeit	293
9.4	Hinweise auf nicht-genetische Determinanten der Persönlichkeit	297
9.5	Ein Wiedersehen mit der *Nature-Nature*-Debatte	302
9.6	Freudsche Theorie und Phrenologie	308
10	Eine Bilanz von Freuds amerikanischem Konto	312
10.1	Die Ironien im freudschen Amerika	313
10.2	Freuds Guthaben: Das Unbewusste, Humanismus und die Psychotherapie	318
10.3	Freuds Soll: Narzissmus, Verantwortungslosigkeit, Verunglimpfung von Frauen und falsch verteilte Ressourcen	321
10.4	Die freudsche Lehre als Religion	328
Anhang A	Eine Analyse des freudschen Einflusses auf Amerikas intellektuelle Elite	332
Anhang B	Gibt es einen Zusammenhang zwischen Reinlichkeitserziehung und "analen" Charakterzügen? Eine Zusammenfassung von 26 Forschungsstudien	337
	Personen- und Sachverzeichnis	349
	Literaturverzeichnis	375

Vorwort zur deutschen Ausgabe und Ausblick

Man könnte die Frage stellen, warum man sich heute noch mit Freud, Psychoanalyse oder Theorien beschäftigt, die in diesem Umfeld entstanden sind. Sigmund Freud ist schon lange tot, seine Theorien und Ansichten sollten mit ihm gestorben sein, und im Jahr 2015 haben wir vielleicht andere und dringlichere Probleme als frühkindliche Sexualerfahrungen, altgriechische Mythologien oder psychologische Konzepte vom Ego, Über-Ich oder dem Es.

Bei genauerer Betrachtung zeigt sich, dass dem sowohl im Allgemeinen als auch im Besonderen nicht so ist. Viele Menschen beschäftigen sich – glücklicherweise – auch heute immer noch mit Themen, die allgemein das innere Wesen des Menschen betreffen, und aus bestimmten Gründen kann man sogar feststellen, dass Fragen, die mit Sinn und Bedeutung der menschlichen Existenz per se in Zusammenhang stehen, aktuell noch wichtiger sind als je zuvor. Viele althergebrachte Konzepte der sogenannten Realität funktionieren nicht mehr, und angeblich krisensichere Werte der Moderne erweisen sich als nicht tragfähig. Ob bewusst oder unbewusst, rücken Fragen nach der Natur einer Realität mehr und dringlicher ins Zentrum der Aufmerksamkeit, die sich letztlich nicht doch wieder als Illusion entpuppt. Es ist sicherlich jedem einleuchtend, dass dabei der innere Zustand des Menschen, sein Fühlen, Denken und Handeln und Sein sowohl individuell wie auch kollektiv eine zentrale Rolle spielen muss. Es ist dabei genauso einleuchtend, dass ein in falsches Bild oder Konzept vom inneren Wesen des Menschen zu fragwürdigen Konsequenzen führt.

Auf dem Weg zu innerseelischen Wahrheiten bieten viele Personen, Ideen und Erkenntnisse ihr Geleit an. Obwohl es sehr viel dazu zu sagen gäbe, kann und soll es nicht Gegenstand dieses Buches sein, alle Fürs und Widers, die damit zusammenhängen, zu behandeln. Thema dieses Buches ist die freudsche Theorie und ihr Kontext, und man stellt fest, dass gerade in diesem so wichtigen seelischen Bereich eben die freudschen Ideen und ihre mannigfaltigen Derivate auch heute noch – trotz anderweitiger Erkenntnisse – leider nicht wie eingangs erhofft still und leise in Vergangenheit und Vergessen verschwunden sind, sondern im Gegenteil offensichtlich immer noch einen großen Stellenwert nicht nur in Teilen der Fachwelt einnehmen. Obwohl sie, wie dieses Buch zeigen wird, als sehr fragwürdig zu beurteilen sind, wurden sie etwa ein Jahrhundert nach ihrer Formulierung darüber hinaus im kollektiven (Unter-) Bewusstsein v. a. westlicher Kulturkreise verankert[a] und beeinflussen dort m. o. w. stark zwischenmenschliche Beziehungen aller Art – bewusst oder unbewusst. Sie werden Schülern, Studenten oder Erziehungspersonal an Schulen und Hochschu-

---

[a] Neben der von Torrey beschriebenen Therapeutendichte in Hollywood (1 Psychiater/150 erwachsene Einwohner von Beverly Hills in 1989) trägt z. B. ein ganzes Stadtviertel in Buenos Aires den Namen „Villa Freud".

len und sonstigen Ausbildungsstätten immer noch aktiv als *die* psychologischen Erkenntnisse des Jahrhunderts vermittelt[b] und von manchen immer noch als der Heilige Gral der Selbsterkenntnis gesehen und sogar in den Status einer Religion erhoben. Die gesammelten freudschen Werke nehmen in öffentlichen und privaten Bibliotheken manchmal mehr Raum ein als die von Goethe oder Shakespeare. In aktuellen Fernsehsendungen wird Freud unter Überschriften wie „Giganten der Menschheit"[c,][1] präsentiert und in einem Atemzug mit Einstein, Luther und Humboldt genannt. Erst kürzlich wurde sogar eine ganze private Universität für Psychoanalyse in Berlin gegründet.[2] Die Faszination Freud erscheint bei manchen so ungebrochen, dass man befürchten muss, dass selbst eine Veröffentlichung wie diese, die seinen Aussagen widerspricht, eher das Gegenteil bewirkt und möglicherweise weiter zu seiner Popularität beiträgt. Torrey zeichnet in seiner Arbeit die Entwicklung und Verbreitung der freudschen Theorien nach, zeigt aber v. a. auch wie gravierend ihre negativen Auswirkungen sind. Seinen Ausführungen soll hier nicht vorgegriffen werden.

Auch wenn manche behaupten, dass heutige psychologische Konzepte weiter entwickelt sind – was sicherlich auch stimmt –, und freudsche Ansichten dabei kaum noch eine Rolle spielen, so klingt dies angesichts o. g. Tatsachen wenig glaubhaft. Derivate der Psychoanalyse – Freuds Form der Psychotherapie –, die m. o. w. stark von anderen Therapien beeinflusst sind, stellen heute immer noch eine der sogar kassenärztlich anerkannten[d] Therapien zur Behandlung vieler psychopathologischer Befunde dar. Abgesehen davon werden aber auch viele der angeblich nicht-freudschen Konzepte mit großer Wahrscheinlichkeit auf einer Rationalität beruhen, die die wahre Struktur der Psyche (s. Abb. 2) nicht oder nur sehr unzureichend berücksichtigt, da sie sie gar nicht kennen.

Es sei hervorgehoben, dass sich alle Aussagen hinsichtlich der Fragwürdigkeiten der Psychoanalyse in erster Linie auf die von Freud begründete Form der Psychotherapie beziehen und auf alle Formen, die von den orthodoxen und z. T. auch noch von den so genannten Neo-Freudianern angewendet werden. Auch für die von C. G. Jung in seinen späteren Jahren angewandte Form der Psychotherapie wird der Begriff Psychoanalyse verwendet. Diese ist hier aber nicht gemeint, da Jungs Erkenntnisse insbesondere der Archetypen, von Anima und Animus und v. a. seine Erkenntnisse von der Bedeutung des Selbst oder des Unbewussten schon sehr nahe an die tatsächliche Struktur der seelischen Wirklichkeit herankommen (s. u.). Dies wiederum war nur möglich, da er sich von Freuds Vorstellungen, dass alle menschlichen Motive in m. o. w. primitiven Trieben gründen, losgesagt hat.

Was das innere Wesen des Menschen an sich angeht, so sollen – soweit es in einem kurzen Vorwort möglich ist – Torreys Aussagen hinsichtlich der Ableh-

---

[b] Abb. 1 z. B. war in den Lernunterlagen einer Abiturklasse aus 2005 enthalten.
[c] z. B. dt. TV-Serie v. 2007: *'Giganten'. Freud – Aufbruch in die Seele*
[d] in Deutschland

nung der freudschen Theorie aus einer weiteren Perspektive unterstützt und gezeigt werden, wie weit die freudschen Annahmen und Vorstellungen von einer universalen seelischen Realität entfernt sind, die eigentlich seit langer Zeit sehr detailliert bekannt ist und dass das Wissen darüber heute aktualisiert werden kann. Vor diesem Hintergrund muss man den in vielerlei Hinsicht destruktiven freudschen Behauptungen nicht nur aus wissenschaftlicher Sicht, sondern auch aus einer noch viel weiter reichenden, aktualisierten spirituellen Perspektive widersprechen. Eine solche Perspektive wird mit großer Wahrscheinlichkeit Widerspruch aus dem orthodoxen wissenschaftlichen Lager provozieren, doch können im Gegensatz zu früher dafür auch Beweise vorgelegt werden und nicht nur vage Vermutungen oder Appelle an den Glauben – Standards, die traditionelle spirituelle Perspektiven begrenzen. Im Gegensatz zu früher kann der Wahrheitsgehalt der aufgestellten Behauptungen heute erfahren und überprüft werden. Sowohl die mangelnde wissenschaftliche wie auch die fehlende spirituelle Basis der freudschen Theorien stellen beide wichtige Motivationen für die vorgelegte Übersetzung dar, und so wird diese Arbeit auch wesentlich von der Hoffnung getragen, dass der weiteren Verbreitung und Lehre freudscher Ideen und ihrer Derivate etwas Tragfähiges entgegengesetzt werden kann.

Die von Freud so betonte Bedeutung frühkindlicher Erfahrungen als Teil der Umwelteinflüsse (*nurture*) wird von Torrey allgemein stark relativiert, und anhand der Auswertung vieler Untersuchungen stellt er fest, dass fast zu gleichen Teilen die Gene (*nature*) wie auch die Umwelt für die Ausprägung erwachsener Persönlichkeitsmerkmale verantwortlich sein müssen. Die so genannte *Nature-Nurture*-Debatte wurde lange, erbittert und nicht nur theoretisch geführt, sondern besonders fanatische Vertreter des Vererbungsstandpunktes setzten sie auch in ihre praktischen und inhumanen Konsequenzen um.

Inzwischen musste man feststellen, dass das Thema Vererbung versus Umwelt wesentlich komplexer ist, als dass es mit einer einfachen Entweder-oder-Frage erschöpfend behandelt werden kann. Glücklicherweise wird es deshalb heute im Allgemeinen eher als ein gegenseitig bedingtes Sowohl-als-auch gesehen – obwohl auch diese Perspektive noch etwas zu kurz greift, wie noch gezeigt werden wird. Torrey zitiert z. B. McClearn, der 1970 feststellte, dass Gene nicht nur zu einem bestimmten Zeitpunkt des Lebens wirksam sind, sondern quasi an- oder abgeschaltet werden, wenn eine bestimmte Lebensphase erreicht wurde oder ein bestimmter Reiz eintritt.[e] Aus der Perspektive der Befürworter milieubedingter Einflüsse betrachtet bezieht sich Fischer 27 Jahre später v. a. auf Letzteres, wenn er sagt: „Gene werden auf diese Weise zum Mechanismus der Erfahrung, und das moderne Schlagwort heißt deshalb nicht mehr ‚*Nature or Nurture*', sondern ‚*Nature via Nurture*'."[f] Aus der Sicht der Genetiker formu-

---

[e] s. Kap. 9.5, S. 12
[f] *Nature or Nurture* = „Vererbung oder Umwelt"; *Nature via Nurture* = Die Gene drücken sich erst nach einer geeigneten Erfahrung aus, also „Die Gene mit Hilfe der Umwelt".

liert er weiter: „Vielen Genetikern scheint die strenge Alternative [*Nature* oder *Nurture*] heute so sinnlos wie die Frage, welchen Anteil eine Länge an einer Fläche hat."[3]

Die Studienauswertungen von Torrey zeigen, dass, abgesehen von extremen Ereignissen, frühkindliche Erfahrungen allgemein eine relativ unbedeutende Rolle bei der Formung von Persönlichkeitsmerkmalen Erwachsener spielen. Dies gilt demzufolge auch für frühkindliche Erfahrungen sexueller Natur. Torrey zeigt ebenfalls, dass bestimmte Aspekte zentraler freudscher Ideen nachweislich widerlegt wurden oder schlüssige Nachweise allgemein seit mehr als einem Jahrhundert nicht geführt werden konnten. Bei der Entwicklung der freudschen Theorien wurden und werden offenbar gewisse psychologische Realitäten mit frei Erfundenem vermischt und diese Mischung als Tatsache dargestellt. Wahrscheinlich sind es gerade diese Halbwahrheiten, die es so schwer machen, die freudsche Theorien generell ad acta zu legen.

Zu diesen Halbwahrheiten gehört z. B. Freuds richtige Erkenntnis, dass das menschliche Verhalten auch von Konditionierungen bestimmt wird, die er kumuliert als das so genannte Über-Ich (Superego) bezeichnete. Welche Rolle diese Konditionierungen tatsächlich spielen und wie sie im Verhältnis zu anderen Komponenten der Seele stehen, hat er allerdings nicht, unvollständig bzw. falsch erkannt (s. u.). Wie Torrey feststellt, können auch die Freud zugesprochenen großen Entdeckungen wie das Konzept vom Es oder dem Unbewussten oder die Bedeutung von Träumen eigentlich nicht auf seinem Konto verbucht werden, da sie auch im Okzident – aber noch viel länger in viel älteren Kulturen des Ostens – bereits lange vor ihm bekannt waren.

Eigentlich ist dies nicht weiter verwunderlich, denn betrachtet man per definitionem den eigentlichen Fokus der Psychologie – die Psyche –, so drehen sich doch auch die Kernaussagen aller Weltreligionen um Begriffe wie Seele, Geist, dem Ich und um die Wechselwirkungen dieser Komponenten untereinander und mit ihrer Umwelt. Bei solchen Gemeinsamkeiten und Ansprüchen erscheint es auch naheliegend, dass die freudsche Theorie von Einigen als Ersatzreligion betrachtet wird, obwohl sich die Gemeinsamkeiten bei genauerer Betrachtung als sehr oberflächlich oder ohne tatsächliche Substanz erweisen.

Alle Religionen oder erklärte spirituelle Lehren propagieren z. B. wesentlich die Nächstenliebe, die ja nichts anderes als den Kern des humanistischen Denkens darstellt. Die Stimulierung von Toleranz und Humanismus sind Merkmale, die Torrey z. B. auf der möglichen Habenseite von Freuds Konto verbucht. Dem kann man vielleicht auch vor dem Hintergrund überstrenger und vielleicht sogar unmenschlicher Moralvorstellungen des so genannten Viktorianischen Zeitalters zustimmen. Doch diese positiven Effekte können die fehlerhaften Grundlagen der freudschen Theorien nicht überdecken, und angesichts einiger Charakterzüge von Freud stellt sich auch die Frage, ob der humanistische Gedanke tatsächlich eine primäre Motivation für ihn selbst darstellte – insbesondere auch, wenn der Faktor Geld in die Bewertung einbezogen wird.

Neben bereits bekannten Elementen seiner Theorie (Ego, Unbewusste) kann man bestimmt nicht ausschließen, dass es Fälle gibt, die tatsächlich von Freud beschriebene Konstellationen aufweisen, d. h. dass ein bestimmtes Verhalten bestimmter Individuen tatsächlich primär sexuell motiviert war oder ist. Bestimmte neuro-pathologische Zustände können in einigen Fällen sicherlich auch auf sexuell bedingte Ursachen zurückgeführt werden. Doch vergessen wird dabei einerseits, dass es sich dabei eben um pathologische und keine Normalzustände handelt. Andererseits ist aber die Annahme, dass m. o. w. alle menschliche Motive – ob künstlerische Kreativität, der Wunsch nach sozialer Veränderung, die Liebe zu den Eltern, die Suche nach Gott usw. – auf sexuellen oder anderen niederen Trieben beruhen und speziell das von Freud angeblich entdeckte Unbewusste auch noch die generelle und einzige Quelle für diese Triebe darstellt, schlicht und einfach falsch. Generell erscheint es ebenso einleuchtend, dass ein Arzt pathologische Zustände nicht ohne Weiteres als Normalzustand definieren darf und damit quasi alle Gesunden zu Kranken erklärt. Doch offensichtlich wird genau dies heute immer noch mit großer Selbstverständlichkeit von Freuds Anhängern durch die zahlreichen Anwendungen, Derivate und den Ausbau seiner Theorien getan. In der Konsequenz wird mit dem freudschen Gedankengut eigentlich erst ein als pathologisch zu bezeichnender Zustand unserer Gesellschaften erzeugt, den viele offensichtlich ohne kritische Distanz mit psychoanalytisch begründeter und beharrlicher Rationalität als „wissenschaftlich bewiesenen" Normalzustand betrachten.

Hinsichtlich der Akzeptanz der freudschen Ideen fragt man sich also, wo denn der gesunde Menschenverstand in Gesellschaften oder Gesellschaftsteilen geblieben ist, die sonst als besonders kritisch, aufgeklärt und skeptisch gelten – nämlich in westlichen Gesellschaften generell und ihren Bildungsschichten insbesondere. So verweist Torrey z. B. im Kontext der fragwürdigen Anwendung psychoanalytischer Theorie in der amerikanischen Jurisprudenz auf eine Aussage von Higdon:

> *Wenn die Väter und Mütter im Allgemeinen nicht mit gesundem Menschenverstand ausgestattet wären, müsste sich Chicago große Sorgen über die Teddybär-Enthüllungen im Fall Leopold/Loeb machen. Tausende von Kindern mit gesunden Vorstellungen flüstern ihre kindlichen Fantasien einem Kameraden aus dem Spielzeugland zu und werden zu gesetzestreuen Erwachsenen mit klarem Verstand.*[9]

Wie unklar und undeutlich die Landkarte der Seele eigentlich immer noch gezeichnet ist, fällt z. B. auf, wenn man feststellt, dass essentielle Terminologien ob von Freud, in der Psychologie oder allgemein nicht nur sehr ungenau, mehr-

---

[9] s. Kap. 7.2, S. 12

deutig oder schlicht falsch verwendet werden und dass, obwohl sie an anderer Stelle eigentlich bereits wesentlich besser und genauer beschrieben wurden. Begriffe wie Psyche, Seele, Geist, Verstand, *mental* und *mind* werden oft synonym verwendet, zwischen unbewusst und unterbewusst wird nicht unterschieden, oder Spiritismus wird mit wahrer Spiritualität gleichgesetzt. Erschwerend kommt dabei auch hinzu, dass es die traditionelle Wissenschaft per definitionem m. o. w. immer noch ablehnt, sich mit Phänomenen zu beschäftigen, die sich mit heutiger Methodik oder heutigem Instrumentarium noch nicht erfassen lassen – was nicht heißen soll, dass es nicht möglich ist. Wahre spirituelle Errungenschaften lassen sich auch objektiv nachprüfen (s. u.).

Eine wesentliche Voraussetzung für die Neubewertung des inneren menschlichen Wesens aber ist eine genauere Kenntnis seiner Struktur und seiner Funktionen. Hierbei kommen uns Überlieferungen zu Hilfe, die in ihrer Detailliertheit und Gründlichkeit weit über das hinausgehen, was heute der Stand der medizinischen, psychologischen, aber v. a. auch der freudschen Sichtweise war und ist.

Abb. 1 zeigt die angebliche psychische Struktur eines Menschen wie sie nach Freud immer noch gelehrt wird.

Abb. 1: Freudsches Struktur- oder Drei-Instanzen-Modell[4]

Obwohl die von Freud genannten Elemente wie Ego (Ich), Es (Unbewusste), Superego (Über-Ich) usw. in der psychischen Struktur eines Menschen vorkommen (s. Abb. 2), so ist ihre Anzahl, Anordnung und Bedeutung in wesentlichen Punkten eine ganz andere, als Freud sie dargestellt hat. Keinesfalls spielt dabei das von ihm so wenig differenzierte Unbewusste die Rolle, die Freud ihm zugedacht hat:

> *Heute ist klar, dass Freud nicht wusste, was das Unbewußte ist. Bereits einer seiner ersten Schüler, C. G. Jung, erkannte dies. Er beschrieb später das Unbewußte als Quelle und Ursprung aller großen, kreativen Ideen, als Basis aller Wirklichkeit, und nicht etwa wie Freud in seiner beschränkten und destruktiven Sichtweise als persönlichen Abfalleimer voll primitiver Triebe.[5]*

Auch Torrey verweist auf neuere Erkenntnisse, die zeigen, dass die Struktur des Unbewussten viel komplexer und anders ist, als Freud es porträtierte.[h]

Vielleicht wird es Einigen schwerfallen, einen Anspruch zu akzeptieren, der mit den folgenden Behauptungen verbunden ist. Es wird unterstellt, dass „es eine absolute Wahrheit jenseits des Verstandes gibt und daß sie in greifbarer Nähe ist und von jedem erfahren werden kann".[6]

Denjenigen, die hinter einer solchen Formulierung neue weltanschauliche, religiöse oder sonstige Doktrinen vermuten, können beruhigt werden, denn dem ist nicht so. Es wird zunächst lediglich darum gebeten, dass Vorgestelle als Hypothese anzunehmen, und, falls es sich bewahrheitet, sollte aber jeder ehrenwerte Leser es auch anerkennen. Die aufgestellten Behauptungen scheuen – im Gegensatz zu freudschen Theorien – keinesfalls eine kritische, aber bitte auch faire Überprüfung. Es wird niemand aufgefordert, irgendetwas in blindem Glauben zu akzeptieren, doch das Vorgestellte von vorneherein abzulehnen, wäre ebenso falsch, denn es birgt ein sehr großes Potential in sich – nicht nur in psychologischer Hinsicht. Es muss aber auch darauf hingewiesen werden, dass sich nicht alles an dieser Stelle über verbale Dialoge oder rationale wissenschaftliche Diskussionen erschließen lässt, sondern dass letztlich eine praktische Erfahrung notwendig ist.

Die in Abb. 2 dargestellten Qualitäten stellen eine vereinfachte Auswahl der Eigenschaften eines subtilen Systems dar, das seit tausenden von Jahren in fast allen Kulturen und unter verschiedenen Namen bekannt ist. Im Christentum, Judentum und Islam wird es als Baum des Lebens oder der Baum der Erkenntnis beschrieben, die Babylonier bezogen sich darauf im Baum des Lichts, die Upanischaden beschreiben den Ewigen Feigenbaum. Genauso verweist der Äskulapstab der Mediziner darauf, und wie bereits gesagt findet man in fast allen Religionen oder ethischen Lehren m. o. w. deutliche Bezüge auf den spirituellen Körper des Menschen insgesamt oder Teile davon. Leider wurde das damit verbundene Wissen von den Eingeweihten aus den unterschiedlichsten Gründen durch eine Symbolik verschlüsselte, die nur von relativ Wenigen richtig gedeutet werden konnte und kann.[7]

Doch inzwischen ist eine Zeit gekommen, in der das Wissen über die spirituellen Wurzeln des Menschen für jeden erreichbar ist, der dies wünscht. Wir finden

---

[h] s. Kap. 10.2, S. 12

eine aktualisierte Beschreibung des Aufbaus des subtilen Systems in der bereits zitierten beeindruckenden Veröffentlichung von Shri Mataji Nirmala Devi, eine der größten heute noch lebenden spirituellen Persönlichkeiten.[i] In ihrem Buch *Das Metamoderne Zeitalter* beschreibt sie nicht nur prägnant die Probleme der so genannten Moderne – zu denen auch die freudschen Theorien ursächlich gehören –, sondern zeigt eine ganz praktische und für jeden erreichbare Lösung auf, wie ihnen begegnet werden kann. Wir erfahren u. a.:

> *Im feinsinnigeren Wahrnehmungsbereich kann man feststellen, daß sich entlang des Rückgrats ein äußerst perfekter Mechanismus in Form von sieben Schleifen befindet, der wie eine Fernbedienung wirkt. In den heiligen Schriften wird dieser Mechanismus 'SEELE' genannt. Diese SEELE kümmert sich um unser Wohlbefinden und unsere Unschuld. Sie beschützt die Rechtschaffenheit und das Gute im Menschen.*[8]

Der im Westen häufig verwendete Begriff „Seele" ist also ein anderer Begriff für ein subtiles System, dass dem Menschsein auf allen Ebenen (Köper, Emotionen, Verstand, Geist) zugrunde liegt. Dieses System ist das angeborene Instrument seines spirituellen Aufstiegs, der wiederum das höchste Ziel des Lebens und der menschlichen Evolution darstellt, die noch nicht mit dem *Homo sapiens* abgeschlossen ist. Zum Selbst, zum *Atma* zu werden bedeutet, sich mit seinem wahren Ich, dem Ewigen Selbst – nicht mit dem Ego – zu identifizieren und in diesem Sinne buchstäblich Selbst-Erkenntnis und Selbst-Verwirklichung.

Das System (s. Abb. 2) gliedert sich in drei Hauptkanäle und sieben subtile Hauptenergiezentren oder Chakren (die o. g. Schleifen). Die beiden äußeren Kanäle, *Ida Nadi* und *Pingala Nadi* entsprechen dem emotionalen bzw. mentalen (intellektuellen) und physischen Körper des Menschen.

Der linke Kanal (blau) steuert Emotionen und beinhaltet die persönliche Vergangenheit dieses Lebens und aller früheren Leben und endet am oberen Ende im Ballon des Superegos, das die Konditionierungen repräsentiert. Im Bereich des Superegos grenzt an die persönlichen Vergangenheiten das kollektive Unterbewusste, worin letztlich die Vergangenheit aller Dinge gespeichert ist, die seit Beginn der Evolution erschaffen wurden. Spirituelle Medien, Geisterbeschwörer, Hypnotiseure oder Reinkarnationstherapien arbeiten in diesem Bereich. Physisch manifestiert sich dieser Kanal als linkes sympathisches Nervensystem. Die linke Seite entspricht dem chinesischen Yin oder Jungs *Anima*, dem *Tama Guna* der Ayurvedik, dem *Tha* des *Hatha Yogas*, dem weiblichen, dem Mond-Prinzip. Für unseren spirituellen Aufstieg ist es nicht notwendig die Vergangenheiten des jetzigen Lebens (also auch nicht die frühkindlichen Erfahrungen) oder die von früheren Leben noch einmal zu durchlaufen wie es neben der Psychoanalyse auch von anderen psychologischen oder anderen „therapeutischen" Ansichten propagiert wird (z. B. Reinkarnationstherapie).

---

[i] bürgerlicher Name: Nirmala Srivastava

Abb. 2: Schematische Darstellung des subtilen Systems des Menschen[9]

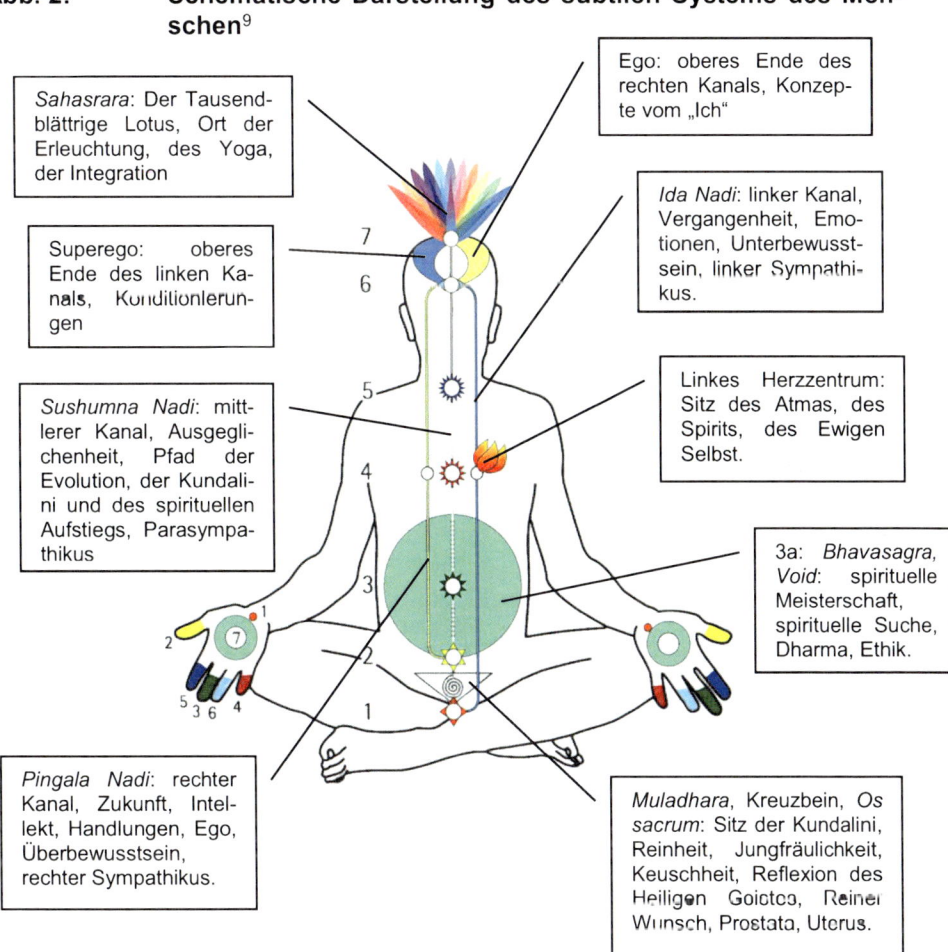

(1) *Muladhara Chakra*: Unschuld, Weisheit, Demut, kindliche Verspieltheit, Sexualität, Ausscheidung. (2) *Swadisthana Chakra*: Kreativität, reines Wissen, Leber, Nieren, Milz. (3) *Nabhi Chakra*: Zufriedenheit, eheliche Beziehung, Leber, Nieren, Magen. (4) *Anahata Chakra*: Sicherheit, Immunsystem, Selbstvertrauen, Sitz des *Atmas* (linkes Herzzentrum), Herzorgan, Atmung. (5) *Vishuddhi Chakra*: Kollektivität, Verantwortlichkeit, Diplomatie, Reinheit von Beziehungen. (6) *Agnya Chakra*: Gedankenfreies Bewusstsein, Vergebung, Ego und Superego, Hypo- und Epiphyse. (7) *Sahasrara Chakra*: Tausendblättriger Lotus, Integration, Göttliche Stille, Selbstverwirklichung, Limbische Region.

Der rechte Kanal (gelb) ermöglicht dem Menschen das Handeln durch seinen physischen Körper und das Denken. Er endet am oberen Ende als Ballon des Egos, worin alle illusionären Konzepte unseres so genannten Ichs gespeichert sind. An das Ego grenzt der Bereich des kollektiven Überbewusstseins. Hellseher oder Menschen mit einem extrem starken, exzessiven Ego wie Hitler oder Stalin arbeiteten in letzterem. Der rechte Kanal entspricht dem chinesischen Yang, Jungs *Animus*, dem *Raja Guna*, dem *Ha* des *Hatha Yogas*, dem männlichen, dem Sonnen-Prinzip.

Der Zentralkanal ist der Kanal der Evolution. Er beginnt im Kreuzbein, dem *Os sacrum*, durchdringt alle sechs darüberliegenden Chakren (nicht das unterste *Chakra*) und tritt letztlich im *Sahasrara Chakra* aus. Die Vereinigung des individuellen mit dem Göttlichen Selbst wird möglich, wenn im *Sushumna Nadi* die Kraft der *Kundalini*, die Kraft des reinen Wunsches, aufsteigt. Durch den Austritt der *Kundalini* im *Sahasrara Chakra*, durch die Verbindung von *Kundalini*, dem individuellem Selbst (*Atma*) und dem Göttlichen Selbst (*Paratma*) findet das statt, was als Erleuchtung, als Taufe, als Selbstverwirklichung im höchsten spirituellen Sinne oder als Yoga (Vereinigung) bezeichnet wurde und wird. Dieses Ereignis verbindet den Menschen mit dem Absoluten, der höchsten Realität. Dies ist das wahre Yoga, das höchste Ziel, das ein Mensch erreichen kann und auch seine Bestimmung.

Bereits im nicht erleuchteten Zustand zeigt der Vergleich mit Abb. 1 deutlich, dass das „psychische" System des Menschen wesentlich komplexer und umfangreicher ist und ebenso die Tatsache, dass die spirituelle Struktur des Menschen bereits lange vor Freud und weitaus besser bekannt war und auch heute noch ist.

Es könnten viele Beispiele gegeben werden, wo die freudsche Theorie falsch liegt, doch an dieser Stelle sollen nur ein paar wesentliche Widersprüche herausgegriffen werden: So bezieht man sich z. B. speziell auf seine „Drei Abhandlungen zur Sexualtheorie" oft als das „Ende der Unschuld", was genau einen der Effekte deutlich macht, die seine Theorien implizieren. Zu den wichtigsten Eigenschaften des *Muladhara Chakras* und des *Muladharas* (s. Abb. 2) gehören eben gerade die Qualitäten der Unschuld und der Keuschheit. Neben spiritueller Weisheit ist die Qualität der Unschuld tatsächlich *die* Eigenschaft des *Muladhara Chakras* und sogar eine der wichtigsten Eigenschaften des subtilen Systems insgesamt – und nicht die Sexualität. Ohne die intakte Qualität der Unschuld in jedem einzelnen Energiezentrum entstehen Blockaden, die letztlich zu krankhaften Veränderungen des ganzen Systems bis auf die körperliche Ebene führen können. Eigenschaften des subtilen Systems – dazu gehören z. B. so essentielle Dinge wie selbstlose, nicht verhaftete Liebe oder Kreativität – mit Sexualität oder traumatischen Kindheitserfahrungen in Verbindung zu bringen, führt geradewegs zu Störungen und Blockaden in diesen Zentren und eben nicht zu der großartigen Befreiung, die von der Psychoanalyse oder z. B. auch von der sexuellen Befreiungsbewegung versprochen wird. Die Kenntnis des subtilen Systems lehrt uns, dass die freudsche Theorie tatsächlich pathogene Effekte hat, da sie den subtilen Qualitäten der Chakren entgegengerichtet ist. Sie führt daüber hinaus den Menschen tiefer in eine letztlich materialistische Sichtweise der Dinge und in damit verbunden in soziale und moralische Destruktivität.

Anhand der Qualitäten des subtilen Systems beschreibt Shri Mataji 1983 in einer Rede vor der Jungian Society[j] in New York genauer die Widersprüche und Unzulänglichkeiten psychologischer Konzepte wie sie weitgehend von Freud geprägt wurden:

> *Doch er [Jung] konnte ihm [Freud] auch nicht zu weit folgen, denn er [Freud] konnte nur eine Seite des Menschen sehen, ... die linke Seite. Wenn Sie die linke Seite betrachten wie sie hier gezeigt wird [s. Abb. 2] – das ist die Kraft des Begehrens. Und natürlich spürte er, dass die Kraft des Verlangens sexuelle Ursachen hat, denn das letzte Chakra ist ... das rote, das ... Muladhara-Zentrum genannt wird. Es kümmert sich um die Ausscheidung [und Sexualität] und steht in Zusammenhang mit dem Plexus pelvicus.[k] ... Aber eine Voraussetzung ist, dass Sie sich heute alles, was ich Ihnen sagen werde, unvoreingenommen anhören wie ein Wissenschaftler. Und zweitens, dass es eine Hypothese ist, die ich Ihnen vorlege. Soweit es Sie betrifft, brauchen Sie es nicht als gegeben hinzunehmen, aber Sie sollten unvoreingenommen bleiben. Und wenn Sie feststellen, ... dass alles, was Jung sagte, bewiesen werden kann, ... sollten Sie ihn zweitens als jemanden anerkennen, der ziemlich viel über das Selbst und über die Kollektivität wusste.*

> *... Nun werden Sie vielleicht fragen: 'Was ist dann die Kundalini?' Die Kundalini ist der reine Wunsch. Was in Freuds Schriften fehlt, ist alles über Reinheit. Was sind reine Wünsche? Ist es der Wunsch nach einem Haus? Das ist kein reiner Wunsch, denn er gibt Ihnen keine volle Zufriedenheit. Sogar die Wirtschaft hat festgestellt, dass Wünsche generell nicht zufrieden gestellt werden können. Im Einzelnen denken wir: 'Gut. Ich möchte ein Haus.' Dann haben Sie ein Haus. Dann möchten Sie ein Auto, dann einen Hubschrauber. Gott weiß, wohin das führt. Deshalb ist jeder Wunsch auf der menschlichen Bewusstseinsebene kein reiner Wunsch. Doch die Kundalini ist der reine Wunsch. Wenn dieser Sinn für Reinheit fehlt, hat es keinen Sinn, darüber zu sprechen ...*

> *Nun können Sie deutlich sehen, dass es hier [s. Abb. 2] drei Abteilungen gibt ... Eine auf der linken, eine auf der rechten Seite und eine in*

---

[j] C.-G.-Jung-Gesellschaft
[k] Nervengeflecht im Beckenbodenbereich

> *der Mitte. Sie sind also nicht übereinander platziert [s. Abb. 1]. Das ist ein weiterer Fehler. Sie sind vertikal angeordnet. ... Darum gibt es für den Aufstieg eine eindeutige Passage. Das ist ein Punkt.*
>
> *Der zweite Punkt ist: Wenn Sie sagen 'unbewusst', dann bedeutet das 'alles, was nicht bewusst ist'. Alles, was nicht über das Zentrale Nervensystem wahrgenommen werden kann, ist unbewusst. Gut. Aber das ist ein ziemliches Durcheinander. ... Und wo ist die Reinheit dabei? ... Sahaja Yoga zufolge repräsentiert die linke Seite den Wunsch, und nach Freud – obwohl er nicht so eindeutig darin war – würde ich sagen, die Libido. Und jenseits davon liegt das Unterbewusste [pers. Vergangenheit] und das kollektive Unterbewusste [kollekt. Vergangenheit]. Das Unterbewusste [entspricht in etwa Freuds Über-Ich, Superego] ist also nicht das Unbewusste. Das Unterbewusstsein wird aufgrund eines sprachlichen Problems zum Unbewussten. Doch das ist nicht das, was uns zu schaffen macht ...*
>
> *Wenn Sie die andere [die rechte] Seite betrachten, dann liegt dort das, was wir als die Kraft des Handelns bezeichnen, das Futuristische. Auf dieser Seite befindet sich die Zukunft. Zuerst haben wir dort den Bereich des Überbewusstseins [pers. Zukunft] und dann den des kollektiven Überbewusstseins [kollekt. Zukunft]. Sehen Sie, der Unterschied [zu Freuds Modell] liegt darin, dass wir einen großen Fehler machen, wenn wir annehmen, dass diese Dinge übereinander platziert sind. Das heißt, wenn wir zum Unbewussten aufsteigen sollen ... Eigentlich gibt es auch keinen Aufstieg. Für sie [die Psychologen] ist es ein Abstieg. Das Aufsteigen wird nicht beschrieben. Aber ich habe ein Bild davon gesehen.[i] Darin liegt das Unbewusste unten, das Unbewusste, das nie bewusst wird, ... das Unbewusste und dann das Unterbewusste und dann das Ego. Es ist sehr verwirrend. Sehen Sie, hier liegen das Unterbewusstsein und das kollektive Unterbewusste [linke Seite] und hier das Überbewusstsein und das kollektive Überbewusste [rechte Seite]. Und ganz oben, da, wo Sie diese Blütenblätter und alle diese Dinge sehen, da ist ein Lotus. Das ist das Superbewusstsein. Das ist der evolutionäre Aufstieg, den wir erreichen müssen. [Es ist unsere Aufgabe], sich des Superbewusstseins bewusst zu werden, dem Superbewusstsein, das das eigentliche kollektive Bewusstsein ist.*[10]

Das Studium des subtilen Systems lehrt uns weiter, dass Sexualität im menschlichen Leben eigentlich einen relativ unbedeutenden Platz einnimmt und, was spirituelles Wachstum angeht, so gut wie keine Rolle spielt. Spirituelles Wachstum wird u. a. durch stabile und v. a. moralisch einwandfreie Beziehungen gefördert wie sie bsplw. durch die Institution der Ehe, durch einwandfreie geschwisterliche oder Eltern-Kind-Beziehungen verkörpert wird. Menschliches

---

[i] vermutlich eine ähnliche Skizze wie in Abb. 1

Verhalten allgemein und speziell Versuche, spirituelles Wachstum auf sexuelle Motive zu reduzieren oder sogar durch sexuelle Praktiken auszulösen (Tantrismus), ist den Eigenschaften des spirituellen Systems völlig entgegengerichtet und kann letztlich sogar zu seiner Beschädigung führen. Tatsächlich kann man aus dieser Perspektive Freud oder auch alle, die auf seine Lehre aufbauen oder zurückgreifen (z. B. Wilhelm Reich), neben de Sade auch als einen der schlimmsten westlichen Tantriker bezeichnen.

In anderer Hinsicht genauso gravierend waren weiter z. B. die Auswirkungen seiner Theorien auf die Rolle der Mütter bzw. von Frauen allgemein. Bei Müttern wurde eine Angst kreiert, sie könnten ihren Kindern schwere psychologische Schäden durch „falsche" Handhabung bestimmter Aspekte frühkindlicher Entwicklungsphasen wie z. B. der Reinlichkeitserziehung zufügen. Torrey schildert die durch freudsche Ideen erworbenen Schuldkomplexe der Mütter und auch Freuds an sich frauenfeindliche Einstellung, die sich z. T. auch bei seinen Anhängern widerspiegelt.

Shri Mataji Nirmala Devi beschreibt ihre Erfahrungen mit den Auswirkungen der freudschen Lehre i. B. a. die Mutter-Kind-Beziehung so:

Ich lebte etwa 25 Meilen von London entfernt. Und jedes Mal, wenn ich nach London fuhr, fand ich einige Kinder, die irgendwo irgendeine Art von Unfug anstellten. Eines Tages kamen ein paar in mein Abteil und fingen an, die Abdeckungen herauszuziehen, stießen ihre Messer in die Sitze und öffneten die Polsterung. Ich saß nur da, schaute ihnen zu und sagte dann: 'Nun, habt ihr genug? Setzt euch bitte. Wo liegt das Problem?' 'Wir sind alle sehr wütend', sagten sie. Ich fragte: 'Warum? Warum seid ihr wütend?' Sie antworteten: 'Wir sind einfach wütend.' Ich sagte: 'Aber ihr müsst doch einen Grund dafür haben?' Es waren Kinder, die definitiv auf gute Schulen gingen, sie trugen sehr gute Kleidung. ... Als der Zug anhielt rief ich den Schaffner und sagte ihm, dass die Jungen diese Verwüstung im Abteil angerichtet haben und er besser mal nachsieht. Er kam und sagte: 'Das ist ganz normal', und brachte sie dann irgendwie nach draußen. Das einzige, was ich bei ihnen fühlte ist, dass sie alle eine Blockade im zentralen Herz-Chakra hatten. ... Ich korrigierte ihr Herzzentrum. Die meisten von Ihnen sagten: 'Wir sind wütend auf unsere Mutter.' 'Warum?' 'Weil unsere Brüder wütend sind.' 'Aber warum sind eure Brüder wütend?' Dann entdeckte ich, dass Freud diese komischen Ideen gegen die Mutter vorgebracht hat, gegen die Mutter selbst. Könnt ihr euch das vorstellen? Was für eine Anti-Gott-Aktivität das ist.

Für einen Inder ist die Mutter das wichtigste, für jeden Inder. Denn sein Sinn für Sicherheit liegt in der Mutter. Selbst wenn der Vater jähzornig oder wütend ist, verlassen sie sich immer noch auf die Mutter. Denn die

Mutter weiß, wann es Zeit ist, ärgerlich zu werden. Sie hat das Unterscheidungsvermögen. Und sie ist diejenige, die sie beschützt.

Die Idee der Mutter ist im Westen völlig zugrunde gerichtet. Und das ist der Grund, warum die Kinder sich so unsicher fühlen. Und wenn sie älter werden, sind sie extrem unsicher.[11]

Aus dieser Perspektive betrachtet wurden tatsächlich Entwicklungsstörungen bei Kindern kreiert. Allerdings waren die Mütter nicht die Auslöser, sondern möglicherweise die freudschen Ideen, die maßgeblich dazu beigetragen haben, die Idee und Rolle der Mutter als verlässliche Bezugsperson zu diskreditieren. Betrachtet man die jüngsten Ereignisse schwerer jugendlicher Gewalttaten in Amerika, England oder Deutschland, in Schulen oder generell, so könnte man sich die Frage stellen, worin vielleicht die subtileren Ursachen für solches Verhalten zu suchen sind.

Sexuelle Hintergründe in familiären Beziehungen zu sehen, stellt tatsächlich den größten Affront gegen das subtile System überhaupt dar, einen pathologischen Zustand, der der ursprünglichen Reinheit dieser Beziehungen auf der Basis der inhärenten Qualitäten des subtilen Systems entschieden widerspricht. Allein die Vorstellung solcher Dinge empfinden deshalb die meisten Menschen natürlicherweise als extrem abstoßend. Dies fällt besonders auf, wenn man die so genannten modernen westlichen Gesellschaften mit Kulturen vergleicht, die den freudschen Theorien gegenüber weniger exponiert waren und die spontan schockiert auf elementare Teile wie dem Ödipuskomplex reagieren, wenn man sie damit konfrontiert. Dieser Widerwille ist eben kein Zeichen einer freudschen Verdrängung, sondern eine im subtilen System verankerte *natürliche* und dem Menschen *angeborene* Tabugrenze. Inzestuöse Verbindungen, Vater- und Muttermord, ob bewusst, unbewusst, praktisch oder theoretisch sind kein Normalzustand, ob es freudschen Anhängern nun gefällt oder nicht.

Weitere Beispiele könnten angeführt werden, wo die freudsche Theorie gegen die Qualitäten des oben beschriebenen subtilen Systems des Menschen verstößt: z. B. das erhabene Ringen Luthers um wahre Erkenntnis und wahren Glauben angesichts eines menschengemachten korrupten religiösen Systems und die freudsche Interpretation seines Verhaltens als „analen Trotz"[m] oder weiter die Auslegung der ebenfalls erhabenen spirituellen Suche nach Selbsterkenntnis oder höherer Wahrheit – die auch ein inhärenter Teil des subtilen Systems ist – als bloßen infantilen Narzissmus.[n] Im Prinzip kann auf jeder Ebene (d. h. anhand der Qualitäten jedes Chakras oder jedes sonstigen Bestandteils) des subtilen Systems dargelegt werden, wie die freudsche Theorie seinen Qualitäten widerspricht. Obwohl an dieser Stelle nicht auf alles eingegangen werden

---

[m] s. S. 12f
[n] s. S. 12

kann, steht dem Leser das Wissen jederzeit zur Verfügung, wenn er an wahrem spirituellen Wachstum und wissenschaftlicher Fundiertheit interessiert ist (s. o.).

Doch wie Torrey humorvoll bemerkt:

> *Da sie keine wissenschaftliche Basis hat, würde die freudsche Theorie [aber] keine Rolle mehr bei diesem Versuch spielen. Langsam wird sie deshalb aus dem Blickfeld verschwinden, so wie es die Grinsekatze einst tat – außer dass in diesem Fall das Grinsen zuerst und die Geschlechtsorgane ganz zum Schluss verschwinden werden.*[o]

Und Shri Mataji Nirmala Devi stellt weiter fest:

> *So wie es aussieht, scheint es aber notwendig, zunächst die Eltern selbst im Hinblick auf ihre Verantwortung und ihre spirituellen Pflichten zu erziehen. Als allererstes muß dafür das zerstörerische Vermächtnis Freuds ein für alle Mal über Bord geworfen werden. Es kann dadurch geschehen, daß die freudsche Psychologie aus den Unterrichtsplänen der Schulen und Universitäten gestrichen wird.*[12]

Bisher wurde schwerpunktmäßig lediglich der bei den meisten heute lebenden Menschen noch vorhandene Ist-Zustand des subtilen Systems beschrieben, der an sich bereits viele neue Perspektiven eröffnet. Doch tatsächlich ist der gegenwärtig Zustand des *Homo sapiens* lediglich ein Durchgangsstadium zu einer höheren Entwicklungsstufe. Man muss erkennen, dass die Menschheit gerade jetzt aufgefordert ist, endlich einen Schritt hin auf die wahre nächste Stufe ihrer Evolution zu machen. Und dieser Schritt kann nur ein spiritueller sein. Keine intellektuelle, medizinische, technische oder ökonomische Entwicklung kann diesen ersetzen. Die Verwirklichung des wahren Selbst, des *Atmas*, ist eine evolutionäre Notwendigkeit und kann nicht durch rationale psychoanalytische oder sonstige mentale Erkenntnisse erreicht werden, sondern allein durch die autorisierte Erleuchtung des subtilen Systems, wie es durch das Aufsteigen der *Kundalini*-Energie geschieht.

Rückblickend auf die Frage, wo denn der gesunde Menschenverstand bei der so kritiklosen Anerkennung der freudschen Theorie geblieben ist, soll hier ebenfalls vorbeugend davor gewarnt werden, dass auch viele bereits existierende Methoden zur so genannten *Kundalini*-Erweckung nichts dergleichen tun, stattdessen den Sucher materiell ruinieren, im wahrsten Sinne des Wortes „hinters Licht" führen und wie schon gesagt schlimmstenfalls sogar sein subtiles System beschädigen. Falsche Gurus – und Freud und seine Anhänger kann man getrost in diese Kategorie einordnen – sind leider eine Realität.

Obwohl die Motivation vieler Menschen bestimmt tatsächlich eine tiefe spirituelle Suche nach ihrem wahren Selbst war oder ist, muss man aus der Perspekti-

---

[o] s. Kap. 10.4, S. 12

ve wahren spirituellen Wachstums die „alphabethisch geordnete Therapiesuppe", wie Torrey die Unzahl der Therapien und Selbstfindungskurse unter der Überschrift der Human-Potential-Bewegung bezeichnet, sehr kritisch betrachten, da die meisten zu oberflächlich und unvollständig sind, den essentiellen Kern spirituellen Wachstums nicht berühren oder schlicht falsches Wissen vermitteln. Von den so genannten „Meistern" oder anerkannten Vertretern sind leider nur die wenigsten autorisiert, auch wenn sie noch so viele Zertifikate und Diplome an der Wand hängen haben oder farbenprächtige Gewänder tragen. Die Erweckung des Göttlichen im Menschen kann nur durch das Göttliche selbst erreicht und von einem zum anderen nachprüfbar(!) weitergegeben werden.

Von den falschen Gurus abgesehen, muss von Seiten der Sucher her auch das beliebte wahllose *Guru-Shopping* in Frage gestellt werden, das unkritische Sucher teilweise praktizieren. Manche wählen ihre Gurus sogar nach „spirituellen Sonderangeboten" aus und fallen so erst recht Scharlatanen in die Hände, die exotische Wahrheiten verkünden, die aber eigentlich auch niemand ernsthaft nachprüfen kann oder will. Nebenbei wird das Bankkonto der Jünger geleert, was sie im Namen ihrer erhofften Erlösung oder Befreiung auch bereitwillig geschehen lassen. Wahre spirituelle Wahrheit gibt es nicht zu kaufen oder ist nicht nur Reichen vorbehalten, die es sich leisten können:

Die Reichen füllten für ihre spirituelle Zukunft tatsächlich die Bankkonten falscher Gurus. Die Naivität dieser Menschen ist kaum nachzuvollziehen, wenn man darin nicht eine Art verschleierten Egoismus sieht. Sie glauben vielleicht, sich ihr Heil ohne weitere Anstrengungen erkaufen zu können, wenn sie ihr überschüssiges Geld oder zumindest den Großteil davon ihrem Guru geben. Wie sagte doch Christus: ‚Es ist leichter, daß ein Kamel durchs Nadelöhr geht, als daß ein Reicher ins Reich Gottes eintritt.'[13]

Wenn die von Torrey so treffend karikierte McFreud-Kultur in Amerika oder anderswo tatsächlich den Stellenwert einer Ersatzreligion eingenommen hat, so muss ihr auch aus diesen „finanziellen" Gründen eine Absage erteilt werden.

Selbstverwirklichung oder spirituelles Wachstum haben ebenfalls nichts mit okkulten Praktiken, übernatürlichen Kräften oder außersinnlichen Wahrnehmungen zu tun wie sie auch von Freud oder von anderen meist macht- oder geldorientierten Individuen gesucht wurden oder werden. Wie bereits erwähnt arbeiten spirituelle Medien, Geisterbeschwörer, Hypnotiker, Hellseher oder auch Geistheiler in Randbereichen des subtilen Systems (Unterbewusstsein, Überbewusstsein), die nicht auf dem zentralen Pfad der Evolution liegen (*Sushumna Nadi*) oder sie arbeiten mit Schwarzer (oder auch „Weißer") Magie oder tantrischen Prinzipien. Damit werden sie keinerlei Erfolge für ihren spirituellen Aufstieg erzielen und letztlich sich selbst und anderen Schaden zufügen. Shri Ramana Maharshi, einer der wenigen wahren spirituellen Meister (*Satguru*ᵖ) der Neuzeit, wurde von Samuel S. Jones z. B. hinsichtlich der Fähigkeit gefragt, sich unsichtbar zu machen:

> *S. Jones: Es gibt Menschen, die sich unsichtbar machen können. Das vermochten unter anderen die Weisen Valmiki und Vasishta. Kann diese Fähigkeit als Beweis für höchste Weisheit (jnana) gelten?*
>
> *Ramana Maharshi: Nein, sonst wären alle, die ihr Leben vor den Augen ihrer Mitmenschen verbringen, Nicht-Weise (ajnanis). Es war wohl das Schicksal dieser Weisen, neben ihrer Weisheit übernatürliche Kräfte (siddhis) zu entwickeln. Warum aber etwas erstreben, was unwesentlich ist, wahrscheinlich sogar hinderlich auf dem Weg zur wahren Erkenntnis?*¹⁴

Was Shri Ramana Maharshi hier formuliert, kann man guten Gewissens auch auf die Praxis vieler anderer so genannter okkulter oder übernatürlicher Kräfteᵍ ausdehnen. Bestenfalls sind sie hinderlich, da sie vom Wesentlichen ablenken und schlimmstenfalls gefährlich, denn in der Tat können z. B. verstorbene Seelen, die immer noch aus irgendwelchen Gründen an das Diesseits gebunden sind, große Schwierigkeiten machen bei der Verwirklichung des Selbst, indem sie die subtilen Energiezentren blockieren oder den Willen oder die Handlungen des betroffenen Individuums in ihrem Sinne beeinflussen. Einige Geisteskrankheiten (Epilepsie) lassen sich tatsächlich auf den Einfluss solcher Entitäten zu-

---

ᵖ *Satguru*: *satya* (sanskr.) = Wahrheit und *guru* (sanskr.) = Meister, Lehrer, d. h. ein wahrer erleuchteter spiritueller Meister.

ᵍ Das Thema Okkultismus oder übernatürliche Kräfte ist ein sehr umfassendes und kann hier nicht erschöpfend diskutiert werden. Was heute oft aus dem orthodoxen wissenschaftlichen Lager abwertend als „okkult" bezeichnet wird, bekommt so oft den Beigeschmack von Unglaubhaftigkeit und Unseriosität. Dies ist z. T. auch richtig, denn es tummeln sich auf diesem Gebiet unzählige Scharlatane, die die Unwissenheit der Menschen ausnutzen. Doch auf der anderen Seite wird oft vergessen, dass auch die Wissenschaft einer Entwicklung unterliegt, ihr Weltbild somit immer wieder neuen Erkenntnissen angepasst werden muss. So darf sie nicht alles von vornerein als nicht existent bezeichnen, wenn sie ihre eigene Glaubwürdigkeit nicht aufs Spiel setzen will. „Okkult" bedeutet im eigentlichen Sinne „verborgen", „geheim" oder „versteckt" und bspw. vor einigen hundert Jahren wurde auch noch ein Phänomen wie Magnetismus so bezeichnet. Torrey verwendet den Begriff im Zusammenhang mit Freuds oder Margaret Meads Affinitäten zu Telepathie, Numerologie, Geistführern oder spiritistischen Sitzungen.
Vielleicht werden Phänomene wie Glauben, Spiritualität oder spirituelle Suche nach Gott, dem Selbst oder dem Atma von manchen auch abwertend als okkult im o. g. Sinne bezeichnet. Dies wäre jedoch eine oberflächliche und undifferenzierte Einstufung. Geisterbeschwörung, Schwarze (und auch „Weiße") Magie, Geistheilung mit Hilfe von Entitäten (Vodoo), Hellseherei usw. sind aus spiritueller Sicht unbedingt abzulehnen, da sie dem Menschen schaden. Telepathie ist ein Phänomen, das durchaus möglich ist, wobei es sich dabei sowohl um *Siddhis,* also übernatürliche Kräfte handeln kann, als auch um eine sich fast automatisch einstellenden Kommunikation über das Kollektive Unbewusste. Ob Freud sich dessen allerdings bewusst war, ist fraglich. Auch so genannte Wunderheilungen sind mit Hilfe wahrer spiritueller Meister möglich. Jesus Christus hat dazu viele Beispiele gegeben. Auch Er hat geheilt, indem Er böse Geister ausgetrieben hat. Doch die meisten heutigen so genannten Geistheiler sind keinesfalls autorisiert, da sie keine realisierten Persönlichkeiten sind. Im Gegenteil, sie arbeiten oft mit Methoden, die den Patienten eher versklaven, als dass sie ihn wirklich heilen.

rückführen – ein Aspekt der in der modernen Psychologie bzw. Psychiatrie aber bisher wohl keine Berücksichtigung findet. Die Tatsache, dass es solche Entitäten gibt, sollte andererseits keineswegs dazu führen, dass man sie durch spiritistische Sitzung o. Ä. bewusst einlädt, weil man sich davon irgendwelche Vorteile verspricht oder um des naiven Kitzels des Unbekannten willens. Spiritismus hat nichts mit Spiritualität zu tun. Die Selbstverwirklichung ist keinesfalls ein okkultes, verborgenes Ereignis, sondern *das* spirituelle Ereignis im höchsten Sinne.

Da es so wichtig ist, sollen an dieser Stelle kurz drei rationale Kriterien genannt werden, mit denen die Seriosität einer Lehre (auch die freudsche) auch ohne Selbstverwirklichung überprüft werden kann. Es ist erstens die Frage, ob etwas dafür bezahlt werden muss? Verlangt ein Guru oder eine Organisation Geld für die Selbstverwirklichung (oder spirituelle Erkenntnis), so ist es ein Betrug. Für die Wahrheit kann man nicht bezahlen. Zweitens ist zu fragen, ob das Leben des Gurus transparent ist und ob er das lebt, was er predigt? Predigt ein Guru z. B. Bescheidenheit und isst selbst von goldenen Tellern? Und drittens: Wie sind die Schüler des Gurus? Sind es normale Menschen oder bizarre Exoten?

Der tatsächliche Beweis für eine erfolgreiche Selbstverwirklichung jedoch – mit dem letztlich auch die Wahrhaftigkeit aller oben aufgestellten Behauptungen überprüft werden kann – kann jedoch nicht rational oder verbal geführt, sondern muss erfahren werden. Wird die *Kundalini* im Zentralkanal erweckt, steigt auf und tritt am obersten *Chakra* aus, so spürt das der Meditierende und auch Außenstehende als kühle Brise über dem Scheitel und auf den Handflächen. Diese Brise wird in heiligen Schriften beschrieben als der Wind des Heiligen Geistes (Bibel), als *Ruach* (Koran), als *Ritambhara* oder als *Paramchaitanya* (Hindu-Schriften). Die Feuerzungen, von denen am Pfingstereignis die Rede ist, symbolisieren ebenfalls die Öffnung des obersten *Chakras* und das Austreten der *Kundalini*-Energie, eine Tatsache, der sich aber heute wohl die wenigsten kirchlichen „Fachleute" noch bewusst sind. Die kühle Brise ist der Beweis für die Öffnung des letzten Energiezentrums, für die wahre Erleuchtung, die wahre Taufe und für den erfolgreichen Aufstieg der *Kundalini*. Sie kann nicht künstlich erzeugt oder imaginiert werden.

Die Erweckung der *Kundalini* kann nur von einer autorisierten Person durchgeführt werden, deren *Kundalini* selbst nachweisbar erweckt ist. Jemand der behauptet, er könne die *Kundalini* erwecken und die kühle Brise ist nicht über seinem Scheitel spürbar, erzählt Unsinn. Auch wenn es vielen individualistischen Einstellungen von der Art „viele Wege führen nach Rom" widerspricht, kann guten Gewissens gegenwärtig als einzige seriöse Methode zu *Kundalini*-Erweckung, die heute der großen Mehrheit zugänglich ist, nur die empfohlen werden, die von Shri Mataji Nirmala Devi 1970 ins Leben gerufen wurde.[r] Dem

---

[r] *Sahaja Yoga*: Bedeutet soviel wie spontane (sanskr. = *saha*), angeborene (sanskr. = *ja*) Methode zur Selbstverwirklichung (Realisation) oder Erleuchtung über die Erweckung der *Kundalini* (s. z. B.

Übersetzer sind jedenfalls keine anderen bekannt. Die Möglichkeit, dass die Erfahrung der Selbstverwirklichung ohne größere Anstrengungen heute jedem zugänglich ist, war nicht immer gegeben. Früher war die Selbstverwirklichung nur einigen Wenigen vorbehalten, die lange und harte Entbehrungen dafür auf sich nehmen mussten. Sofern der aufrichtige und reine Wunsch danach besteht, ist dies heute nicht mehr notwendig und die Erweckung der *Kundalini* kann sogar von zu Hause aus über das Internet in gerade mal 15 Minuten erreicht werden und jeder, der die (wahre) Selbstverwirklichung erhalten hat, kann sie wiederum an andere weitergeben. Für die praktische und natürlich kostenlose Erfahrung der Selbstverwirklichung wird aber um der weiteren Entwicklung und Unterstützung des Suchers willen der persönliche Kontakt zu anderen selbstverwirklichten Menschen empfohlen. Von großer Bedeutung ist dabei, dass der spirituelle Sucher sein eigener Herr und Meister bleibt bzw. dazu wird.

Mit der Selbstverwirklichung sind wesentlich mehr Dinge verbunden, als sie hier in der Kürze dargestellt werden können. Dazu gehören körperliche, mentale, emotionale und spirituelle Gesundheit. Die Erleuchtung des subtilen Systems stellt sowohl ein Diagnose- als auch ein Behandlungssystem zur Verfügung mit dem Störungen bei sich selbst und anderen erkannt und beseitigt werden können. Der Sucher erreicht das so genannte gedankenfreie Bewusstsein, das ihn in völliger Klarheit jenseits des Dualismus und der Vielzahl der damit verbundenen Probleme in die Gegenwart bringt.

Natürlich wird der Sucher durch den spontanen Vorgang mit dem Höchsten und Absoluten verbunden, was das Ziel einer jeden spirituellen Suche ist. Der Beweis für diese neue Verbindung manifestiert sich wie bereits gesagt als objektiv spürbare kühle Brise über dem Scheitel und den Handflächen. Und genau diese neue so genannte vibratorische Wahrnehmung ist es, die es erlaubt, absolute Fragen wie z. B. nach der Existenz Gottes zu stellen. Das subtile System wird diese Frage mit einer Flut kühler Vibrationen beantworten. Und so muss man in aller Offenheit sagen, dass der Beweis für die Existenz Gottes damit jenseits wissenschaftlicher oder mentaler Pros und Contras schon tausendfach bei all denen erbracht worden ist, die die Selbstverwirklichung erhalten haben. Und es ist auch möglich, den Beweis für die Falschheit der freudschen Theorie zu führen, denn das subtile System wird Fragen in dieser Richtung mit negativen Empfindungen wie Prickeln, Stechen, Hitze oder Blockaden auf den Händen oder in einzelnen Energiezentren anzeigen.

Die Selbstverwirklichung ist jedoch nicht primär als neues Heilungssystem für körperliche oder geistige Krankheiten gedacht. Emotionale, mentale, psychische und physische Gesundheit stellen sich m. o. w. als Nebenprodukt zur fort-

---

www.sahajayoga.org). Dies entspricht dem eigentlichen Yoga im höchsten Sinn, der Verbindung oder Vereinigung mit dem Göttlichen – nicht dem rudimentären Verständnis von Yoga als gymnastische Übungen, wie es z. B. durch die im Westen weit verbreitete und oberflächliche Praxis des *Hatha Yogas* entstanden ist.

laufenden Entwicklung und Vertiefung des nach der Selbstverwirklichung praktizierten meditativen Yogas ein. Trotzdem sind die medizinischen Möglichkeiten revolutionär, und heutige Fragen so genannter unheilbaren Krankheiten oder die immer weiter steigenden Kosten des Gesundheitssystems ließen sich entschieden neu bewerten. Eine wesentliche Voraussetzung für das Erreichen des Yogas ist aber der reine Wunsch des Suchenden danach. Geht es ihm nur um eine physische oder psychische Heilung, so kann sie zwar auch erzielt werden, doch es wäre wahrscheinlich nicht von langer Dauer, wenn die Verhaltensweisen, die zur Erkrankung geführt haben, nicht geändert werden und sich somit der alte Zustand bald wieder einstellt.

Was die eingangs gestellt Frage nach dem Gegenüber von *Nature* und *Nurture* angeht, gibt uns das subtile System bzw. der Prozess der Selbstverwirklichung ebenfalls erstaunliche Antworten:

> *Die Wissenschaft kann viele Fragen nicht beantworten. In der Medizin wurden viele Versuche unternommen, im Bereich der Genforschung weiterzukommen, aber bei den durch das moderne Leben geschaffenen Komplikationen helfen den frustrierten Wissenschaftlern auch die Gene nur wenig.*
>
> *Deren Schlußfolgerung, daß die Gene alle ererbt sind, ist völlig falsch. Gene sind in Wirklichkeit auch ein Spiegel unserer täglich neu entstehenden Persönlichkeit und spiegeln die Aktivität des Sympathikus wider.*
> *...*
>
> *Die Schlußfolgerung, Gene seien [ausschließlich] ererbt, ist sehr gefährlich, denn sie stellt eine Rechtfertigung für gottlose, grausame, kriminelle Menschen dar. Es ist eine Ausflucht, die Religionsführern gelegen kommt, die ein sündhaftes, gegen die heiligen Schriften gerichtetes Leben predigen. Dieser wissenschaftliche Trugschluß kann sämtliche religiösen und staatlichen Gesetze außer Kraft setzen. Die Wissenschaft kann ihren Sieg über die Religionen und reine Moral ausrufen, aber die Realität ist anders. In Wirklichkeit ist die Datengrundeinheit aus Phosphat, Stickstoff und Kohlenhydraten aufgebaut. Wenn das Wasser in den Zellen auf Grund eines rechtslastigen Lebensstils austrocknet, wird das Phosphat flüchtig, und die Person wird gewalttätig. Wenn jemand zu sanftmütig ist, machen die Kohlenhydrate lethargisch und fügsam. Ein rechtslastiger Mensch[s] wird in seiner extremen Form zum Sadisten, ein linksseitiger[t] zum Masochisten. Der Stickstoff bringt die Balance, und*

---

[s] d. h. Menschen, die sehr den rechten Kanal (*Pingala Nadi*) des subtilen Systems benutzten: Choleriker, extrem agile und überaktive Menschen in allen Bereichen, Personen mit stark entwickeltem Ego, die andere dominieren.
[t] d. h. Menschen, die sehr den linken Kanal (*Ida Nadi*) benutzen: extrem emotionale oder unterwürfige Menschen, Menschen, die in der Vergangenheit leben.

wenn die innere Energie der Evolution Stickstoff in die Zelle ausschüttet, entsteht eine neue Form: das entwickelte Selbst. ...

Wenn die Seele [d. h. das subtile System] durch falsches Verhalten angegriffen wird, wirkt sie auf den Zellrezeptor, der schließlich die innere Atmosphäre der Zelle stört. Die Reihenfolge der DNA-Grundeinheiten der Zelle wird verändert. So kann man von den Genen auf den Charakter einer Person schließen, der in hohem Maße erworben ist. Selbst Autosomen, die für den körperlichen Aspekt zuständig sind, können verändert werden, ähnlich wie ein Kobe-Steak oder ein Brathuhn. Auch bei Menschen verändert sich die Köperform durch physische, emotionale und mentale Aktivität. Die Gene können teilweise ererbt sein. Aufgrund des Wesens der Mutter oder des Vaters können die Datengrundeinheiten der DNA bereits vor der Geburt nicht in der richtigen Reihefolge stehen. Aber auch unser tägliches Leben führt besonders in der heutigen modernen Zeit zu Störungen der Zellatmosphäre, die die Anordnung der Dateneinheiten verändern. Das heißt der genetisch bedingt Gesamtcharakter ist zum Teil ererbt und zum Teil erworben.[15]

Torrey wirft auch die Frage auf, warum Freuds Theorie in Amerika so viel schneller Wurzeln schlagen und Anhänger finden konnte als in anderen Ländern? Auch auf diese Frage kann aus der Perspektive des subtilen Systems bzw. der spirituellen Gesamtheit, die damit verbunden ist, z. T. eine Antwort gegeben werden. Shri Mataji Nirmala Devi sagte dazu bei einem ihrer Besuche in Los Angeles:

Ich muss euch heute sagen, dass Amerika dieses Zentrum repräsentiert. Wir nennen es das Vishuddhi. Es ist eins der wichtigsten Zentren und hat 16 Blütenblätter. Heute sage ich euch das zum ersten Mal ganz offen.[16]

Das *Vishuddhi*-Zentrum wiederum ist das *Chakra* der Kommunikation, der Kollektivität und der Verantwortlichkeit (s. Abb. 2). Amerika repräsentiert dieses Zentrum im göttlichen Körper der *Virata*[u] und damit auch seine Qualitäten. Dies ist der tiefere Grund, warum sich Amerika verantwortlich für die Dinge fühlt, die auf der Welt passieren, viel mehr als andere Länder. Und was immer in diesem Zentrum, also in Amerika, bearbeitet wird oder darin geschieht – es wird global kommuniziert und verbreitet sich über die ganze Welt – egal ob es Coca Cola ist oder die freudsche Theorie. Genau in diesen inhärenten Eigenschaften Amerikas liegt aber auch die Hoffnung. Denn wenn Amerika die spirituelle Wahrheit der Selbstverwirklichung akzeptiert und umsetzt, wird sie sich genauso über die

---

[u] Die *Virata* ist der universelle Körper Gottes, der Makrokosmos, der die *Adi-Kundalini* (Ur-Kundalini), sowie die Chakren, *Nadis* und göttlichen Archetypen in ihrer kosmischen Urform enthält, welche im menschlichen System reflektiert werden. Die gesamte Schöpfung befindet sich in der *Virata*. Es ist das Gehirn von Akbar, von Gott dem Allmächtigen, es ist das universelle Bewusstsein.[17]

Welt verbreiten. Sich seiner subtilen Bedeutung bewusst zu werden, darin liegt letztlich Amerikas eigentliche und höchste Verantwortung.

Es ist eine Tatsache, dass die gesamte Evolution auf die Entwicklung des Menschen hingearbeitet hat und der moderne Mensch selbst aus freiem Willen heraus jetzt den nächsten Schritt in seiner spirituellen Evolution gehen muss. Nur wenn die spirituelle Basis und auch das spirituelle Ziel des Menschseins anerkannt werden und auch danach gehandelt wird, werden sich die Probleme, die auf allen Ebenen erkennbar sind, an ihren eigentlichen Wurzeln behandeln lassen.

Wenn es gelingt, das freudsche und anderes Kudzu-Unkraut nicht nur in Amerika auszureißen und stattdessen in gleichem Umfang, den Menschen die Erfahrung und Bedeutung wahrer spiritueller Selbstverwirklichung nahe zu bringen, so stünden die Zeichen nicht nur gut, sondern ausgezeichnet, dass sich die Menschheit tatsächlich merklich auf die nächste Stufe ihrer Evolution zubewegt. Freud ist mit Sicherheit nicht der Weg dorthin. Torrey schreibt: „Die Herausforderung für das 21. Jahrhundert ist es, das menschliche Verhalten auf ein festeres wissenschaftliches Fundament zu stellen …"[v] Das vorgestellte subtile System des Menschen und das damit verbundene Wissen bietet dazu eine hervorragend geeignete und tragfähige Ausgangsbasis, da es in Realität und nicht in Illusion gründet.

Die Möglichkeiten der Selbstverwirklichung gehen weit über den hier behandelten Kontext hinaus. Im Rahmen des hier behandelten Themas stellen jedoch die damit verbundenen Erfahrungen, Ereignisse und Veränderungen im Bewusstsein des Menschen zusätzlich zu den von Torrey vorgebrachten neue Beweise oder Beweisführungsmöglichkeiten zur Verfügung, mit deren Hilfe es möglich ist, die freudschen Theorien – und nicht nur diese – auf ihren Wahrheitsgehalt hin zu überprüfen und endlich ganz und gar zu verwerfen. Es wäre möglich, die eigentlich schon lange bekannte, wahre und erhabene innere Struktur des Menschen (wieder) zu offenbaren und von allem Unrat zu befreien, der im Laufe von Jahrtausenden darüber angehäuft worden ist. Die Möglichkeiten dazu sind gegeben. Es spricht nichts dagegen, wenn auch die „westliche" Wissenschaft mit ihrer Methodik versucht, den Wahrheitsgehalt des Gesagten zu überprüfen. Komplizierte Apparaturen können dabei vielleicht auch zum Tragen kommen, zunächst aber ist dazu nur der aufrichtige und v. a. reine Wunsch nötig, die höchste Wahrheit oder Realität zu erfahren, was letztlich dasselbe ist. Das Hauptinstrument der Überprüfung bringt jeder selbstverwirklichte Mensch mit – nämlich sein erleuchtetes Bewusstsein.

Uwe David, Mai 2015

---

[v] s. Kap. 10.4, S. 12

Anmerkung zur Übersetzung

Die Motivation für die Übersetzung wurde im Vorwort bereits dargelegt, und so sollen hier nur einige Anmerkungen zur praktischen Ausführung folgen.

Zunächst soll darauf hingewiesen werden, dass man keine wortwörtliche Wiedergabe des amerikanischen Textes erwarten sollte. Dies ist auch allgemein nicht üblich und wäre eher als eine schlechte Übersetzung zu bewerten. Versucht wurde dagegen, den Text in angemessenem Deutsch wiederzugeben, auch wenn dann an der einen oder anderen Stelle streng genommen eine andere Vokabel verwendet wurde als im Original. Der Sinn wurde dabei natürlich nicht verfälscht.

Torrey verwendet sehr viele Zitate aus einer Vielzahl von i. d. R. englischsprachigen Quellen. Dabei handelt es sich zu einem Teil auch um Zitate aus ins Englische übersetzten, aber ursprünglich deutschsprachigen Quellen (z. B. die Werke von Freud). Bei fast allen gelang es, die deutschen Originalquellen zu recherchieren und den entsprechenden Originaltext des Zitats wiederzugeben. Bei einigen wenigen Stellen erwies sich die Recherche als sehr schwierig, kosten- und zeitaufwendig – insbesondere bei Quellen aus der nationalsozialistischen Epoche Deutschlands. Wenn nicht anders möglich, musste in diesen wenigen Fällen auf eine eigene Rück-Übersetzung des Zitats zurückgegriffen werden oder die wörtliche Zitierung wurde umschrieben und in eine nicht wörtliche umgewandelt. Diese Ausnahmen wurden entsprechend gekennzeichnet. Sofern vorhanden und passend, wurde umgekehrt manchmal auch Passagen aus einer bereits vorliegende deutsche Übersetzung von englischsprachigen Originalen verwendet (z. B. Ernest Jones' dreibändige Freudbiographie: *Das Leben und Werk von Sigmund Freud* (*The Life and Work of Sigmund Freud*) oder Peter Druckers *Zaungast der Zeit* (*Adventures of a Bystander*)). Sofern die Übersetzung nicht gefiel oder keine deutsche Ausgabe vorlag, wurde eine eigene Übersetzung verwendet.

In einigen der verwendeten wörtlichen Zitate wird z. T. noch die so genannte „alte" oder eine noch ältere Rechtschreibung verwendet. Um den Lesefluss nicht zu stark zu behindern, wurde auf eine Kennzeichnung solcher „Fehler" mit „sic" verzichtet.

Die im Text als Endnoten eingefügten Literaturhinweise verweisen bei wörtlichen Zitaten auf die jeweiligen Quellen, wobei das Zitat in Verzeichnis sinnvollerweise im englischen Text belassen wurde, um es in der angegebenen englischen Quelle auch finden zu können. Nicht wörtliche Zitate wurden in Deutsch und Englisch gelistet.

Alle eingefügten Literaturhinweise oder sonstigen Anmerkungen wurden mit dem Kürzel „EdÜ" oder „AdÜ" für „Ergänzung" oder „Anmerkung des Übersetzers" gekennzeichnet.

Im deutschen Sprachraum ist es üblich und sinnvoll, Eigennamen von Institutionen oder Organisationen usw. nicht zu übersetzen. Um dem nicht englischkundigen Leser – für den dieses Übersetzung ja angefertigt wurde – trotzdem einen Eindruck zu verschaffen, wurden alle englischsprachigen Namen, Buch-, Film- und Aufsatztitel entweder sinngemäß in Fußnoten übersetzt oder – sofern tatsächlich deutsche Ausgaben oder Fassungen davon recherchiert werden konnten – der offizielle deutsche Titel angegeben. Der Unterschied zwischen eine bloßen Übersetzung eines Titels (z. B. „Psychoanalysis in American Civilization Before 1918": „Psychoanalyse in der amerikanischen Kultur vor 1918") und einer tatsächlich deutschen Buchausgabe oder Filmfassung ist erkennbar durch die Zusätze wie „dt. Ausgabe" und der Jahreszahl der deutschen Erstausgabe oder -aufführung (Beispiel: *A Streetcar named Desire*: dt. Filmfassung: *Endstation Sehnsucht* (1951)). Auch in Deutschland weniger bekannte Begriffe (z. B. Fair Deal, Lunch Counter) oder Örtlichkeiten (z. B. Ellis Island) wurden mit entsprechenden Fußnoten erklärt.

Bei vielen Erläuterungen wurden auf Onlinequellen und hier speziell auf *Die Freie Enzyklopädie Wikipedia* zurückgegriffen. Natürlich ist bekannt, dass die Inhalte von *Wikipedia* nicht ohne Weiteres zur Absicherung wissenschaftlich fundierter Aussagen herangezogen werden dürfen. Im vorliegenden Fall wurden aber lediglich Erläuterungen zu relativ gut bekannten Daten oder Sachverhalten abgefragt und so sprach nichts gegen die Verwendung des Verzeichnisses. Für die Recherche der deutschen Fassungen von Filmtiteln wurde u. a. die deutsche und internationale *Internet Movie Database* (www.imdb.de, www.imdb.com) verwendet.

Das Personen- und Sachverzeichnis von Torrey wurde übernommen, aber durch weitere Einträge ergänzt.

Trotz aller Recherchen und Kenntnisse blieben für den Übersetzer immer noch Unklarheiten übrig, und so möchte ich an dieser Stelle neben den eingangs genannten auch nochmals MD E. Fuller Torrey danken, der mich großzügig bei der Arbeit an der Übersetzung begleitete und mir bei auftauchenden Verständnisfragen schnell und sicher mit Rat und Tat zu Seite stand.

Trotz aller Sorgfalt wurden an der einen oder anderen Stelle bestimmt noch Fehler übersehen. Sie können dem Übersetzer gerne berichtet werden.

Danksagungen des Autors

Diejenigen unter uns, die die Welt der Ideen erforschen, sind Büchereien und ihren Mitarbeitern tief zu Dank verpflichtet. Die Library of Congress[w] war dabei für meine Bestrebungen unersetzlich und hier besonders Chuck Kelly sehr hilfreich. Genauso waren es ausnahmslos die Mitarbeiter der National Institute of Mental Health Neurosciences Center Library[x] Laverne Corum und Dera Thompkins, der St. Elizabeth's Hospital Library[y], der Archive des American Museum of Natural History[z] in New York, Andrea LaSala, der American Philosophical Society Library[aa] in Philadelphia und der Houghton Library der Harvard University[ab] in Cambridge.

Viele wiesen mich auf mir unbekanntes Quellmaterial hin, wobei ich dahingehend besonders Peter Swales, Julie Weiss und Saleem Shah danken möchte. Ebenso bin ich den Nachfolgenden für die Beantwortung meiner Anfragen nach Informationsmaterial verpflichtet und dafür, dass sie mir erlaubten, sie zu zitieren: Daniel Bell, Noam Chomsky, John K. Galbraith, Irving Kristol, Norman Podhoretz, David Riesman, Arthur Schlesinger jun. und Robert Silvers. Benjamin Spock, Lester Sontag und Frank Mankiewicz stellten sich freundlicherweise für Interviews zur Verfügung.

Wesentlich verbessert wurde das Buch auch durch Vorschläge von Freunden, die ganz oder teilweise die ersten Entwürfe gelesen hatten: Halsey Beemer, Llewellyn Bigelow, Irving Gottesman, Stephen Hersh, Robert Taylor, Harold Wise und Sidney Wolfe. Judy Miller tippte und korrigierte das Manuskript, und Camille Callahan erfasste die Notizen und heftete sachdienliche Artikel an. Carol Cohen, Andrea Sargent und die Mitarbeiter von HarperCollins stellten wie immer ihre professionellen Dienste zur Verfügung, die es zu einem Vergnügen machten, ein Buch mit ihnen zu veröffentlichen.

Der größte Dank gilt meiner Frau Barbara für ihre Ideen, ihre Kritik und Unterstützung. Mit seiner besten Leserin verheiratet zu sein, ist nicht nur effizient, sondern auch äußerst amüsant.

Ergänzend zu den Vorgenannten danke ich weiterhin für die Erlaubnis, aus folgenden veröffentlichten und nicht veröffentlichten Quellen zu zitieren:

---

[w] Kongressbibliothek
[x] Bibliothek des neurowissenschaftlichen Zentrums des nationalen Instituts für mentale Gesundheit
[y] Bibliothek des St.-Elisabeth-Krankenhauses
[z] Amerikanisches Museum für Naturkunde
[aa] Bibliothek der amerikanischen Philosophischen Gesellschaft
[ab] Houghton Bibliothek der Harvard Universität

- den *Annals of the New York Academy of Sciences* für Zitate aus Artikeln von Geoffrey Gorer

- dem Magazin *Commentary* für Zitate aus Artikeln von Milton Klonsky und Irving Howe

- dem Magazin *Esquire* und der Hearst Corporation für Zitate aus einem Artikel von T. B. Morgan

- der *Saturday Evening Post* für das Zitieren eines Leitartikels von George Lorimer

- dem Magazin *Nation* für Zitate aus einem Artikel von Franz Boas

- dem Magazin *New Republic* für Zitate aus Artikeln von Max Eastman und Franz Boas

- der American Anthropological Association[ac] für Zitate aus einem Artikel der *American Anthropological Association Memoirs* 61, 1943 von A. L. Kroeber (nicht zum Verkauf oder zur weiteren Vervielfältigung)

- der National Association of Social Workers and Social Work[ad] für Zitate aus einem Artikel von H. J. Karger

- *Brain and Behavioral Sciences* und der *Cambridge University Press* für Zitate aus einem Artikel von R. D. Bock und M. F. Zimowski

- Pediatrics und der Williams and Wilkins Company für Zitate aus einem Artikel von Benjamin Spock und Mary Bergen, reproduziert mit Erlaubnis von *Pediatrics* 34, 112, 1964

- Prof. John C. Burnham für Zitate aus seiner unveröffentlichten Dissertation „Psychoanalysis in American Civilization Before 1918"[ae]

- Carolyn S. Holmes für Zitate aus der unveröffentlichten Dissertation „Freud on the Front Page"[af] ihrer Mutter, Catherine L. Covert

- Mervyn Jones für Zitate aus unveröffentlichten Briefen seines Vaters Ernest Jones

- dem Oral History Research Office der Columbia University[ag] für Zitate aus unveröffentlichten Niederschriften „The Reminiscences of Franziska Boas"[ah]

[ac] Amerikanische Gesellschaft für Anthropologie
[ad] Nationale Gesellschaft der Sozialarbeiter und für Sozialarbeit
[ae] „Psychoanalyse in der amerikanischen Kultur vor 1918"
[af] „Freud auf der Titelseite"
[ag] Zentrum zur Erforschung mündlicher Überlieferungen der Columbia Universität
[ah] „Die Erinnerungen von Franziska Boas"

- der Houghton Library der Harvard University für Zitate aus zwei Briefen von Madison Grant

- den Spezialsammlungen des American Museum of Natural History für Zitate aus Briefen von Madison Grant und Henry Osborn und einem unveröffentlichten Manuskript Henry Osborns

- Dr. Barbara Sicherman für Zitate aus ihrer unveröffentlichten Dissertation „The Quest for Mental Health in America, 1880-1917"[ai]

- dem *Partisan Review* für Zitate aus einem Leitartikel von William Phillips

- der *New York Times* für Zitate aus einem Artikel von Alfred Kazin im *New York Times Magazine*

- dem Institute for Intercultural Studies, Inc.[aj] für Zitate aus zwei Artikeln von Margaret Mead in *Redbook*.

- Lescher und Lescher, Ltd. und Dr. Benjamin Spock für Zitate aus drei Artikeln von Dr. Spock in *Redbook* und aus einem Interview.

[ai] „Die Suche nach mentaler Gesundheit in Amerika 1880–1917"
[aj] Institut für interkulturelle Studien

Vorwort zur amerikanischen Ausgabe

In diesem Buch geht es um Sigmund Freuds Theorie und die so genannte *Nature-Nurture*-Kontroverse[ak], zwei Themen, über die jeweils für sich alleine schon Bände geschrieben wurden. Soweit mir bekannt, wurden sie jedoch bisher noch nie gemeinsam betrachtet. Und genau darum geht es in diesem Buch. Freud postuliert frühkindliche Erfahrungen insbesondere sexueller Natur als ausschlaggebend für die Prägung erwachsener Persönlichkeiten und deren Verhalten. In der *Nature-Nurture*-Debatte wird die Wirkung der Gene (*Nature*) den nicht genetisch bestimmten Einflüssen (*Nurture*) als wesentliche Determinanten einer erwachsenen Persönlichkeit und ihres Verhaltens gegenübergestellt. Da frühkindliche Erfahrungen eine Form nicht genetisch bestimmter Einflüsse sind, war es unvermeidbar, dass Freuds Theorie ein Teil der *Nature-Nurture*-Debatte wurde und diese beiden historischen Strömungen sich vereinigten. Tatsächlich ist es nicht möglich, Freuds Popularität in Amerika vollständig zu bewerten, ohne die *Nature-Nurture*-Kontroverse in Betracht zu ziehen.

Manche Leser werden zugegeben Schwierigkeiten mit Aspekten dieser Geschichte haben, denn das freudsche Paradigma ist in Amerika so mit Liberalismus und Humanismus verflochten, dass man durch das Infragestellen des ersteren stillschweigend die beiden letzteren verunglimpft. Und weiterhin werden Leute, die hunderte von Stunden und tausende von Dollar in auf Freud basierende Therapien gesteckt haben, nicht erfreut sein zu erfahren, dass seine Theorie jeder wissenschaftlichen Grundlage entbehrt. Und da obendrein die Asche von Auschwitz noch immer unser intellektuelle Leben durchdringt, riskiert jeder, der verkündet, die Gene sind die für Persönlichkeitsentwicklung und Verhalten ausschlaggebenden Faktoren, als Neonazi gebrandmarkt zu werden. Manche Leser werden es ebenfalls ablehnen, dass ich persönliche Angaben aus dem Leben der Personen verwende, über die ich spreche. Doch ich glaube, dass Tatsachen wie Margaret Meads Bisexualität, Ruth Benedicts Lesbiertum sowie Karl Menningers und Benjamin Spocks außerordentlich dominierende Mütter sehr wichtig sind, um ihre Affinität zu und Befürwortung von Freuds Theorie zu verstehen. Ich bitte den Leser nur, unvoreingenommen zu bleiben, die Tatsachen zu betrachten und wissenschaftliche Aspekte von ideologischen zu trennen. Letztlich gibt es keinen inhärenten Grund, dass Liberalismus, Humanismus oder jede andere Ideologie sich aus verhaltensbestimmenden Faktoren mehr genetischer oder mehr nicht-genetischer Art entwickeln.

[ak] Es erscheint sinnvoll, die englischen Begriffe *nature* (= Natur, hier i. S. v. genetisch bedingt, vererbt, angeboren) und *nurture* (= Erziehung, Pflege, i. w. S. anerzogen oder durch das soziale Umfeld bedingt und durch Erfahrung erworben) weitestgehend in diesem Buch beizubehalten. Alternativ kann man sagen „Vererbung" und „Umfeld" oder eine relativ umständliche Umschreibung verwenden. Doch es gibt im Deutschen kaum ein ähnlich prägnante Kurzbeschreibung für die Gegenüberstellung dieser beiden Entwicklungseinflüsse wie im Englischen.

Vorwort zur amerikanischen Ausgabe

Die Wurzeln dieses Buches reichen zurück bis zu meiner ersten Begegnung mit Freuds Theorie in einem universitären Psychologiekurs. Damals wie heute erschien sie mir befremdlich. Während meiner späteren Ausbildung zum Psychiater war Freud Teil meines beruflichen Umfeldes – in Abhängigkeit von der jeweiligen Perspektive m. o. w. vordergründig, aber niemals ganz außen vor. Doch genauso wie die Bewegung, die sich darum aufbaute, verwirrten mich zunehmend bestimmte Aspekte der Theorie.

Warum konnte Freuds Theorie in Amerika so viel schneller Wurzeln schlagen und Anhänger finden als in anderen Ländern? Warum war sie für Intellektuelle, die sonst so stolz auf ihre kritische Haltung sind, trotz des Fehlens jeder wissenschaftlichen Grundlage so ungeheuer attraktiv? Warum wurde sie von den Sozialisten in den 1930ern so begeistert angenommen und nach dem Zweiten Weltkrieg von Liberalen wie Margaret Mead und Benjamin Spock? Bot die Psychoanalyse, die freudsche Art der Psychotherapie, etwas anderes als andere Formen der Psychotherapie? Oder war es wie Macdonald Critchley behauptete nur „die Behandlung des Unbewussten durch das Ungewusste?"[a],[18] Wie steht es mit den bemerkenswerten Ähnlichkeiten zwischen der freudschen und den religiösen Bewegungen. War Freuds Theorie nur Katechismus oder eher Kataklysmus? Und – äußerst wichtig – wie hat Freud die amerikanische Denkweise und Kultur beeinflusst? War die Quintessenz Wahrheit oder Schwindel? Dieses Buch zeichnet meine Suche nach Antworten auf diese Fragen nach.

Nachdem ich die Hälfte dieses Buches geschrieben hatte, bekam ich Gelegenheit, nach Wien zu reisen und besuchte die Berggasse 19. Die meist amerikanischen Besucher liefen still durch die Räume, in denen Freud 47 Jahre lang gelebt hatte. Man unterhielt sich in gedämpftem ehrfürchtigem Ton. In der Ecke eines Raums standen drei Rosen vor einer Büste von Freud, und eine Frau weinte still. Die Atmosphäre entsprach der der St.-Stephans-Kathedrale, die ich kurz zuvor besucht hatte. Ich rief mir Freuds Bemerkung „die biographische Wahrheit ist nicht zu haben"[19] in Erinnerung. Doch diese kirchlich-geistliche Kulisse, schien die Essenz des wahren Freud einzufangen.

---

[a] Torrey zitiert das englische Wortspiel „The Cure of the Id by the Odd", das wortgetreuer übersetzt werden könnte als „Die Heilung des Es durch das Merkwürdige". Die im Text verwendete Fassung versucht, den amüsanten Effekt des Wortspiels wiederzugeben.

1 Sigmund Freud, sexuelle Freiheit und Sozialreform

> *Wenn ich mein Leben neu beginnen müßte,*
> *würde ich mich lieber der Parapsychologie*
> *als der Psychoanalyse widmen.*
>
> Sigmund Freud in einem Brief an Hereward Carrington, 1921[20]

Die Vermählung von Sigmund Freuds Lehre, sexueller Freizügigkeit und sozialer Reform in Amerika fand im Oktober 1895 statt. Die Braut trug rot, und ihr Name war Emma Goldman.[21] Tatsächlich war sie die erste amerikanische Touristin, die Freud entdeckte. Sie lernte Geburtshilfe im hochangesehenen Wiener Stadtkrankenhaus – demselben Krankenhaus, in dem Freud seine medizinische Ausbildung zehn Jahre zuvor abgeschlossen hatte –, als sie einige Vorlesungen eines wie sie ihn nannte „herausragenden jungen Professors"[22] studierte. Damals trug sie noch nicht den subversiven Spitznamen Red Emma[am], der sie zur meist berüchtigsten Frau Amerikas machte und der Anlass für ihre Deportation nach Russland war. Obwohl sie es vorzog, unter einem Decknamen zu reisen, war sie den Autoritäten hinlänglich bekannt.

Mit nur 26 Jahren war Goldman bereits eine Leitfigur der flügge werdenden amerikanischen Anarchiebewegung. Konvertiert wurde sie während des Haymarket-Square-Massakers, bei dem 1886 eine Bombe sieben Polizisten im Verlauf eines Chicagoer Arbeitskampfes tötete. Acht Anarchisten wurden überführt und zum Tode verurteilt. Als am 11. November 1887 vier von ihnen gehängt wurden, besann sich Goldman darauf, dass „etwas Neues und Wunderbares in meiner Seele geboren wurde ... die Bestimmung, sich dem Andenken meiner märtyrerhaften Kameraden zu widmen, mir ihre Gesinnung zu eigen zu machen ...".[23]

Genau das tat sie. Sie nahm sich den Anarchisten Alexander Berkman zum Liebhaber und half ihm, die Ermordung Henry Clay Fricks zu planen. 1892 war der Vorsitzende des Carnegie-Steel-Gremiums in eine verbissene Auseinandersetzung mit der Amalgamated Association of Iron and Steel Workers[an] in Homestead, Pennsylvania, verwickelt. Goldman stimmte offenbar mit Berkmans Ansicht überein, dass „der Mord an einem Tyrannen ... keinesfalls als Töten angesehen werden kann".[25] Um Geld für den Kauf von Berkmans Waffe zu verdienen, ging sie als Prostituierte auf die Straße und half ihm auch, die Sprengstoffe zu testen, mit denen er sich nach dem Mord an Frick selbst umbringen wollte. Berkman schoss tatsächlich auf Frick und stach mit einer geschliffenen

---

[am] Rote Emma
[an] 1876 gegründete amerikanische Vertretung der Eisen- und Stahlarbeiter. Seit 1942 mit dem Steel Workers Organization Committee zusammengeschlossen zu den United Steelworkers.[24]

Feile auf ihn ein, doch der Anschlag schlug fehl. Sein anschließender Selbstmordversuch wurde vereitelt und er zu 22 Jahren Haft verurteilt. Es war stark anzunehmen, dass Goldman das Verbrechen unterstützt hatte, aber es fehlte ein eindeutiger Beweis, mit dem man hätte Anklage erheben können.

1893 setzte Emma Goldman ihre anarchistischen Aktivitäten fort und wurde bei einer Arbeiterkundgebung am New Yorker Union Square verhaftet und wegen Anstiftung zum Aufruhr angeklagt. Sie wurde schuldig gesprochen und zu einem Jahr Haft im Blackwell Prison[ao] verurteilt, wo sie, ohne dafür ausgebildet worden zu sein, als Krankenschwester arbeitete. Nach ihrer Entlassung führte sie diese Erfahrung nach Wien, um an der dortigen Hebammenschulung teilzunehmen und erkannte, dass sie Mittel brauchte, um ihre Bemühungen hinsichtlich einer Arbeiterrevolution fortzusetzen.

Die Anziehungskraft von Freud und seiner Theorie auf Goldman war unmittelbar und umfassend. „Es war Freud", erinnerte sie sich, „der mir zum ersten Mal Homosexualität verständlich machte."[26] Noch wichtiger aber war, dass Freud erklärte wie unterdrückte Sexualität zu Neurasthenie[ap], Frigidität, Depression und zur intellektuellen Unterlegenheit von Frauen führt. „Zum ersten Mal wurde mir die volle Tragweite unterdrückter Sexualität und deren Einfluss auf das menschliche Denken und Handeln bewusst", schrieb sie. Freud „half mir, mich selbst und meine Bedürfnisse zu verstehen."[27] Goldman brauchte ein solches Verständnis, denn trotz ihrer berüchtigten Befürwortung der freien Liebe litt sie unter einer großen Ambivalenz in ihren körperlichen Beziehungen mit Männern: „Ich fühlte mich immer zwischen zwei Feuern", schrieb sie später. „Deren Verlockung blieb groß, aber es war immer mit gewalttätiger Abscheu vermischt."[28] Freuds Theorie stellte sowohl Trost als auch eine Erklärung für ihre Gefühle bereit.

Freuds Einfluss auf Goldman und ihre Befürwortung der freien Liebe trafen mit ihrem Aufenthalt in Wien zusammen: „Die Einfachheit, der Ernst und die Brillanz seines Verstandes", erinnerte sie sich, „gaben einem zusammen das Gefühl, aus einem dunklen Keller ins helle Tageslicht geführt zu werden."[29] „Nur Leute mit verdorbenem Verstand könnten die Motive einer so großen und feinen Persönlichkeit wie Freud in Frage stellen oder schmutzig finden."[30] Als Freud 1909 für Vorlesungen an die Clark University kam, saß Emma Goldman in der ersten Reihe. Von einem Reporter des *Boston Evening Transcript* wurde sie als „plump, nüchtern, in keusches Weiß gekleidet"[31] und mit einer roten Rose an der Taille beschrieben. Im Artikel wurde sie auch als „Satan" bezeichnete, denn ihr schlechter Ruf als Verfechterin der freien Liebe und Anarchie hatte sich inzwischen weit herumgesprochen. In Goldmans Erinnerungen an Freud an der Clark University „ragte er heraus wie ein Riese unter Pygmäen".[32]

[ao] Das Gefängnis liegt auf der heute Roosevelt Island genannten Insel im East River mitten in New York City.
[ap] heute erweitert auf das Krankheitsbild „Chronisches Müdigkeitssymptom" (CFS)

1.1 Die freudsche Theorie

Die Vorlesungen, die ursprünglich Emma Goldmans Aufmerksamkeit auf Freud lenkten, fanden am Wiener Medizinischen Kolleg am 14., 21. und 28. Oktober 1892 statt. Verwunderlich war es nicht, dass sie nach ihrer Ankunft in der Stadt von Freud hörte, denn seine Sexualtheorie genoss wachsendes Ansehen. Ernest Jones, Freuds offizieller Biograph, bestritt, dass diese Reputation einer der Gründe war, warum Freud in den 1890er Jahren als Ehrenprofessor übergangen wurde.[33] Aber ein anderer Kollege Freuds erinnerte sich, dass „in diesen Tagen alle anfingen zu lachen, wenn Freuds Name auf einer Wiener Versammlung erwähnte wurde, als ob man einen Witz erzählt hätte. [Freud] war der Mann, der Sex in allem sah. Das Gespräch in Gegenwart von Damen auf Freud zu lenken, galt als schlechter Geschmack. Sie erröteten, wenn sein Name fiel."[34]

Freud war zu dieser Zeit ein 39-jähriger privat praktizierender Mediziner, der sich auf neurotische Fälle spezialisiert hatte. Eigentlich sah er nicht „Sex in allem", doch er glaubte, dass sexueller Missbrauch von Kindern und Unterdrückung von Sexualität die Ursachen für Angstneurosen, Phobien, Obsessionen, Hysterie und Neurasthenien war. 1895 strich er besonders „freiwillige oder unfreiwillige Abstinenz, sexueller Verkehr mit unvollständiger Befriedigung [und] Coitus interruptus"[35] als pathologische Faktoren heraus. Bis 1905 hatte er seine Theorie so erweitert, dass er die Ursache für alle Neurosen in sexuellen Problemen sah und argumentierte: „Somit schien die unvergleichliche Bedeutung sexueller Erlebnisse für die Ätiologie der Psychoneurosen als unzweifelhaft festgestellt."[36] Er disputierte, dass „dieser Anteil [die Energie des Sexualtriebes] der einzig konstante und die wichtigste Energiequelle der Neurose ist".[37] In einer von seinen Anhängern oft zitierten Behauptung versicherte Freud: „Bei normaler Vita sexualis ist eine Neurose unmöglich."[38] Die logische Konsequenz einer solchen Theorie war, dass Neurosen weit weniger verbreitet wären, wenn das Sexualleben der Menschen weniger gehemmt und unterdrückt wäre. Freud selbst hielt sich zurück, Behauptungen in dieser Richtung öffentlich aufzustellen, aber privat erzählte er seinen Freunden: „Ich vertrete ein ungleich freieres Sexualleben ..."[39] Diese Botschaft war es, die Emma Goldman mit nach New York zurück- und in ihren Kampf für eine bessere Welt aufnahm.

Während der Vorlesungen in 1895 waren Freud und sein Mitarbeiter und enger Freund Wilhelm Fließ von Forschungen über die Beziehung von Sexualfunktionen und Neurosen in Anspruch genommen. Fließ war ein Berliner Hals-Nasen-Ohren-Spezialist, der glaubte, dass die „missbräuchliche ... Ausübung der Sexualfunktion"[40] – insbesondere Masturbation, Coitus interruptus und der Gebrauch von Kondomen – Schäden im Nervensystem und ebenso im Nasengewebe anrichtete. Fließ lokalisierte bestimmte „Genitalpunkte" in der Nase und glaubte, dass Neurosen, die durch den Missbrauch der Sexualorgane entstanden, durch die Verabreichung von Kokain auf diese Punkte und durch elektrische Verätzung behandelt werden können. In einer Textsammlung von 1893 beschrieb er 131 neurotische Fälle, die alle mit Kokain und Verätzung behandelt wurden.

Die jüngste Veröffentlichung von Freuds umfangreicher Korrespondenz mit Fließ offenbart, wie enthusiastisch Freud seine Theorien unterstütze. Eine Woche vor seiner Eröffnungsvorlesung 1895 hatte Freud ihm geschrieben und forderte ihn auf, seine Abhandlung „Nase und weibliche Sexualität"[41] zu veröffentlichen. Freud wie Fließ glaubte, dass viele physische und mentale Symptome von einem „Nasalreflex" verursacht werden, der seinen Ursprung in den Genitalien hat, an die Nase weitergeleitet wird und sich von dort auf andere Organe überträgt. Z. B. beschrieb Freud Anfang 1895 einen Patienten mit einem „einseitigem Gesichtskrampf"[42], bei dem er glaubte, den „Nasalreflex" auf einem bestimmten Punkt der Nasenschleimhaut gefunden zu haben. Er fragte Fließ, ob er ihm den Patienten zur endgültigen Heilung überweisen könnte. Ähnliche beschrieb Fließ Freud Fälle von „neuralgischem Magenschmerz"[43], die durch die Verabreichung von Kokain und Verätzung eines bestimmten „Magenschmerzpunktes" auf der Nasenschleimhaut behandelt werden konnten.

Der wichtigste Fall, bei dem Freud und Fließ 1895 zusammenarbeiteten, war der von Emma Eckstein – einer jungen Frau, die zu Freud mit „einem Magenleiden und ... Menstruationsproblemen"[44] kam. In der Annahme, ihre Probleme wurden durch Masturbation verursacht, die über einen „Nasenreflex" auf Bauch und Uterus übertragen wurden, bestellte Freud Fließ nach Wien, um Fräulein Ecksteins Nase zu operieren. Nach der Operation und nach Fließ' Rückkehr nach Berlin, begann Fräulein Eckstein heftig und bedrohlich aus der Nase zu bluten. Ein Wiener Chirurg musste hinzugezogen werden, der „gut ½ Meter langes Stück Gaze"[45] entfernte, das Fließ versehentlich in der Nasenhöhle vergessen hatte. Weitere chirurgische Eingriffe waren notwendig, um die weiterhin regelmäßig auftretenden Blutungen zu stoppen. Als Resultat der Behandlung „hat sie ein verunstaltetes Gesicht bekommen, der Knochen ist weggemeißelt, und es ist die eine Seite eingefallen gewesen".[46] Anfänglich glaubte Freud, die Blutungen waren das Ergebnis der Operation, aber später entschied er, Fraulein Ecksteins „Blutungen seien hysterischer Natur ... [und] Ausdruck sexueller Sehnsucht gewesen".[47]

Der unglückliche Ausgang von Emma Ecksteins Behandlung erschütterte Freuds Vertrauen in Fließ' Theorien keineswegs. Fünf Monate später reiste er nach Berlin, wo Fließ zum zweiten Mal Freuds eigene Nase wegen Schwellungen und wiederkehrenden Infektionen behandelte. Nach der Geschichte mit Emma Eckstein pries er Fließ: „Du ... hieltest die Zügel der Sexualität in der Hand, welche die Menschen regiert, könntest alles machen und alles verhüten."[48] (Freud fragte Fließ ebenfalls, ob er das Kind, das seine Frau erwartete, nach ihm benennen könnte, falls es ein Junge würde. Das Kind war jedoch ein Mädchen und wurde Anna genannt.)

Obwohl Freud die Theorien von Fließ über die Behandlung von Neurosen anerkannte, fuhr er gleichzeitig fort, nach den genauen sexuellen Ursachen dieser Erkrankungen zu suchen. Am Tag nach seiner ersten Vorlesung am 15. Oktober 1895 schrieb er aufgeregt an Fließ, dass er „das große klinische Geheimnis" entdeckt hatte, dass

> *Hysterie ... die Folge eines präsexuellen Sexualschrecks [ist und die] Zwangsneurosen ... die Folge einer präsexuellen Sexuallust, die sich später in Vorwurf verwandelt. 'Präsexuell' heißt eigentlich vor der Pubertät, vor der Entbindung der Sexualstoffe, die betreffenden Ereignisse wirken erst als Erinnerungen.*[49]

So sicher war Freud sich seiner Theorien, dass er Fließ am nächsten Tag schrieb und verkündete, dass „ich die zwei Neurosen für im Wesen bezwungen halte".[50]

Diese Briefe stellten die frühesten Formulierungen von Freuds Theorie zu infantiler Sexualität dar, die später zur Essenz seiner Lehre über menschliches Verhalten werden sollte. Er glaubte, dass traumatische Ereignisse sexueller Natur dauerhaft Charaktereigenschaften prägten und weitete in den folgenden Jahren seine „präsexuelle" Periode auf orale, anale und genitale Entwicklungsstadien aus. Dabei konzentrierte er sich besonders auf den ödipalen Konflikt, wobei er behauptete, dass kleine Jungen sich wünschten, ihre Mütter inzestuös zu besitzen und ihre Väter umbringen möchten. Solche Gedanken würden die Psyche des Kindes überfordern, zu Verdrängung und später zu Neurosen führen.

Man sollte beachten, dass Freuds Theorien des Unbewussten und die Traumdeutung – Theorien für die Freud heutzutage bestens bekannt ist – Techniken waren, die von ihm entwickelt wurden, um Verdrängtes aus der Kindheit ans Licht zu bringen. Beide Konzepte waren vor 1880 bereits gut im europäischen Denken verankert, und Freud entlehnte sehr viel von seinen Vorgängern. Lancelot L. Whyte zeigte in *The Unconscious Before Freud*[aq] überzeugend, dass die Idee des Unbewussten

> *um 1800 aktuell und zwischen 1870 und 1880 zur Mode wurde. ... Es kann nicht bestritten werden, dass das Konzept des Unbewussten zwischen 1870 und 1880 ein Gemeinplatz war und dass viele spezielle Anwendungen dieser Idee einige Jahrzehnte lang heftig diskutiert wurden.*[51]

In Freuds Studentenjahren schrieb Friedrich Nietzsche regelmäßig über das Unbewusste (z. B. „Alle Erweiterung unsrer Erkenntniß entsteht aus dem Be-

---

[aq] *Das Unbewusste vor Freud*

wußtmachen des Unbewußten."[52]). Während er an der Wiener Universität studierte, war Freud Mitglied eines Leseklubs[53], der Nietzsche genau examinierte und auch mit ihm korrespondierte. Ihm verdankte Freud auch das Konzept vom Es.[54]

Auch Freuds Ideen über Träume waren stark beeinflusst, wenn nicht direkt aus existierender europäischer Literatur übernommen. In Henri Ellenbergers *The Discovery of the Unconscious*[ar] und Frank J. Sulloways *Freud, Biologist of the Mind*[as] zitieren beide Quellen, aus denen Freud seine Traumtheorien entnommen hatte. Bereits 1861 beschrieb der deutsche Psychiater Wilhelm Griesinger Träume als „die imaginäre Erfüllung von Gütern und Wünschen"[55], und im selben Jahr veröffentlichte Karl Scherner *Das Leben des Traumes*[56], in dem die Sexualsymbolik der Träume detailliert besprochen wurde. Sulloway kam zu dem Schluss, dass eigentlich alle freudschen Ideen über Träume vor seinen Schriften veröffentlicht wurden, inklusive

> *der Behauptung, dass Träume versteckte Bedeutungen haben, die Erfüllung von Wünschen und getarnter Ausdruck inakzeptabler Gedanken sind, archaische Eigenschaften der menschlichen Psyche heraufbeschworen und die Rückführung des Träumers zu Kindheitserfahrungen und nachfolgenden Entwicklungsstadien einschloss.*[57]

Freud feilte also lediglich bereits existierende Ideen über das Unbewusste und über Träume aus und machte sie populär.

Durch Traumdeutung und andere Techniken zur Erforschung des Unbewussten hoffte Freud, verdrängte Erinnerungen an traumatische Kindheitserfahrungen sexueller Natur aufzudecken, von denen er glaubte, sie seien die Ursache für Neurosen. In den *Drei Abhandlungen über die Sexualtheorie* (1905) beschrieb Freud diese Theorie genau. In den nachfolgenden Jahren haben seine Anhänger darüber diskutiert, wann genau in der Kindheit diese vermeintlichen Traumata in Erscheinung traten (z. B stellten einige Psychoanalytiker die These auf, dass sie sogar noch vor der Geburt *in utero* auftraten), welche Teile der Psyche dadurch am meisten geschädigt wurden (z. B. die psychologischen Ego-Objekt-Beziehungen) und welche Techniken am besten in der Psychotherapie geeignet wären, die Verdrängungen zu überwinden und das Unbewusste bewusst zu machen (z. B. verschiedene Formen der Übertragung). Trotz solcher Diskussionen blieben die Bedeutung frühkindlicher sexueller Traumata das Postulat und der Kern der freudschen Theorie. Freud betonte dies in einem Essay von 1905, in dem er behauptete, dass „meine Anschauungen über die Ätiologie der Psychoneurosen bei allen Wandlungen doch zwei Gesichtspunkte nie verleugnet oder verlassen haben, die Schätzung der Sexualität und des Infantilismus".[58]

[ar] dt. Ausgabe: *Die Entdeckung des Unbewussten (1973)*
[as] dt. Ausgabe: *Freud, Biologie der Seele (1982)*

1.2 Ruhm, Okkultismus und Kokain

In den 1890er Jahren, in denen Freud nach verhaltensbestimmenden Faktoren in der Kindheit suchte, verfolgte er ebenfalls drei andere Interessen. Diese wurden jedoch kaum von den meisten seiner Biographen beachtet, da sie nur schwer mit seinem üblichen Bild vereinbar sind. Doch es ist wichtig, auch diese Aspekte zu verstehen, um die Ursprünge seiner Theorie vollständig zu begreifen.

Eine dieser Interessen war der Ruhm. Als Student der Wiener Universität hielt sich Freud oft in der großen Halle mit den Büsten der berühmtesten Absolventen der Universität auf.

> *Er träumte von dem Tag, an dem er auch so geehrt wurde und wusste genau, wie die Inschrift auf dem Sockel lauten sollte – nämlich eine Zeile aus Ödipus Tyrannos[at]: 'Der das berühmte Rätsel löste und ein gar mächtiger Mann war!'*[59]

Sulloway zufolge hoffte Freud, während seines medizinischen Praktikums zwischen 1882 und 1885 ständig „eine wichtige wissenschaftliche Entdeckung zu machen, eine, die ihm frühen Ruhm und Aussicht auf eine große Privatpraxis bot und ihm erlaubte zu heiraten, ohne weitere fünf oder zehn Jahre warten zu müssen".[60]

Monetärer Gewinn war jedoch nicht der wichtigste Aspekt des Ruhmes nach dem Freud sich sehnte. Eher wünschte er sich Berühmtheit in Erfüllung seiner persönlichen Bestimmung. Dies ist deutlich einem Brief zu entnehmen, den er 1885 an seine Verlobte schrieb:

> *Ein Vorhaben habe ich allerdings fast ausgeführt, welches eine Reihe von noch nicht geborenen, aber zum Unglück geborenen Leuten schwer empfinden wird. Da Du doch nicht erraten wirst, was für Leute ich meine, so verrate ich Dir's gleich: es sind meine Biographen. Ich habe alle meine Aufzeichnungen seit vierzehn Jahren und Briefe, wissenschaftliche Exzerpte und Manuskripte meiner Arbeit vernichtet. Von Briefen sind nur die Familienbriefe verschont geblieben, Deine, Liebchen, waren nie in Gefahr. ... und ich hatte viel zusammengeschrieben. Aber das Zeug legt sich um einen herum wie der Flugsand um die Sphinx, bald wären nur mehr meine Nasenlöcher aus dem vielen Papier herausgeragt; ich kann nicht reifen und nicht sterben ohne die Sorge, wer mir in die alten Papiere kommt. Überdies alles, was hinter dem großen Einschnitt in meinem Leben zu liegen fällt, hinter unserer Liebe und meiner Berufswahl, ist lang tot und soll ihm ein ehrliches Begräbnis*

[at] dt. Titel: *König Ödipus*

> *nicht vorenthalten sein. Die Biographen aber sollen sich plagen, wir wollen's ihnen nicht zu leicht machen. Jeder soll mit seinen Ansichten über die 'Entwicklung des Helden' recht behalten, ich freue mich schon, wie die sich irren werden.*[61]

Geschrieben wurde dieser Brief als Freud gerade seine medizinische Ausbildung beendet, und noch bevor er Bemerkenswertes zu Stande gebracht hatte. Sulloway zufolge fälschte Freud einige Einzelheiten über den Ursprung der Psychoanalyse, um selbst besser dem „Mythos des Helden" zu entsprechen und zu zeigen, dass „er eine heroische Bestimmung"[62] erfüllte.

Bemerkenswert ist ebenfalls ein bestimmter Aspekt von Freuds Schicksalssinn. In den 1890ern entwickelte er irgendwann eine Affinität zur historischen Figur des Moses. Wie einem Brief an Jung zu entnehmen ist, in dem er ihre jüngsten Erfolge auflistete, hatte er sich bis 1909 völlig mit ihm identifiziert:

> *So kommen wir doch unzweifelhaft vorwärts, und Sie werden als Joshua, wenn ich der Moses bin, das gelobte Land der Psychiatrie, das ich nur aus der Ferne erschauen darf, in Besitz nehmen.*[63]

Zu dieser Zeit war Freud äußerst interessiert an Michelangelos großer Mosesstatue. Das Original sah er 1901 bei einem Besuch in Rom. Doch sie war ihm mit großer Sicherheit bereits vorher vertraut, da eine Nachbildung davon in der Wiener Akademie der Künste stand.[64] 1913 schrieb er während eines weiteren Besuchs in Rom: „Durch drei einsame September-Wochen bin ich 1913 alltäglich in der Kirche vor der Statue gestanden, habe sie studiert, gemessen, gezeichnet …"[65] In seinem Essay *Der Moses des Michelangelo* beschrieb er diese Erfahrung:

> *… und manchmal habe ich mich dann behutsam aus dem Halbdunkel des Innenraums geschlichen, als gehöre ich selbst zu dem Gesindel, auf das sein Auge gerichtet ist, das keine Überzeugung festhalten kann, das nicht warten kann und nicht vertrauen will und jubelt, wenn es die Illusion des Götzenbildes wiederbekommen hat. … Es besteht nicht der leiseste Zweifel, daß sie Moses darstellt, den Gesetzgeber der Juden, der die Tafeln mit den heiligen Geboten hält.*[66]

1938 wurde sein Buch *Der Mann Moses und die monotheistische Religion* veröffentlicht, das wegen Freuds eigenartiger Interpretationen der Geschichte heftig kritisiert wurde.

Über Freuds 40-jährige Moses-Obsession haben die Biographen viel theoretisiert. Ernest Jones z. B. vermutete, „daß er [Freud] gefühlsmäßige Gründe hatte, sich mit seinem mächtigen Vorgänger zu identifizieren".[67] Reuben Fine behauptete, "es ist kaum zu verleugnen, dass Freud sich stark mit Moses identifizierte".[68] Und Peter Gay fügte hinzu: "Die Schlussfolgerung, dass Freud sich mit Moses identifiziert hatte, ist kaum zu vermeiden."[69]

In den 1890ern, aber eigentlich sein ganzes Erwachsenenleben hindurch, galt Freuds anderes großes Interesse dem Okkulten. Dieser Aspekt ist gut in Ernest Jones Biographie beschrieben. Freud war davon überzeugt, dass mentale Telepathie oder „Gedankenübertragung" wie er es nannte, möglich sei. Er nannte es „gewissermaßen ein psychisches Gegenstück zur drahtlosen Telegraphie".[70] Zum ersten Mal erfuhr er es in den 1880ern, als er mit seinen Hochzeitsvorbereitungen beschäftigt war, aber von Martha Bernays getrennt lebte. Während er bei Jean Martin Charcot, einem führenden Neurologen, in Paris studierte, berichtete er „wie er oft seinen Namen unverkennbar von der Stimme seiner Verlobten habe rufen hören".[71] 1913 arrangierte er eine Seance mit Otto Rank, Hanns Sachs, Psychoanalyseanhängern und Mitgliedern seiner Familie. Zehn Jahre später vermerkte Jones einen weiteren Versuch, die Existenz von Telepathie zu beweisen. Diesmal führte er ihn zusammen mit seiner Tochter Anna und Sandor Ferenczi durch. Freuds Telepathieexperimente mit Anna waren besonders merkwürdig, da er sie ebenfalls analysiert hatte. Nach Jones „hatte sich zwischen Vater und Tochter eine ganz besonders intime Beziehung herausgebildet".[72, au] Freud konsultiere regelmäßig „Wahrsager", die angeblich über telepathische Kräfte verfügten. Ein solch bemerkenswerter Besuch fand 1919 auf der Rückreise von Amerika in Begleitung von Ferenczi statt. Beim Aufenthalt in Berlin konsultierten sie Frau Seidler, die Freud davon überzeugte, dass sie seine Gedanken lesen konnte.

Was Zahlen betraf war Freud ebenfalls abergläubisch und davon überzeugt, im Alter von 61 oder 62 zu sterben. Jones zufolge „bezog er sich in seiner Korrespondenz immer wieder darauf".[73] Und als die Hälfte von 62 hatte die Zahl 31 eine besondere Bedeutung für ihn. „Gelegentlich führte Freud magische Rituale durch, die [nach Jones] unbewusst Unglück abwenden sollten."[74] Als 1905 z. B. seine älteste Tochter[av] todkrank war, fand sich Freud dabei wieder, wie er „mit einem gut gezielten Wurf eine kleine marmorne Venusstatue mit seinem Pantoffel zerbrach". Sie war eine von Freuds hochgeschätzten Antiquitäten, und sie zu zerbrechen bedeutete, „eine Opfergabe zur Rettung des Lebens seines Kindes".[75]

Der Glaube an die Bedeutung bestimmter Zahlen war auch für Wilhelm Fließ wichtig. Dies galt besonders für die 28, die für den weiblichen Menstruationszyklus stand und die 23, die ihm zufolge einen analogen Zyklus bei Männern repräsentierte. Die Korrespondenz zwischen Freud und Fließ ist voll von Diskussionen über solche Zahlen und zeigt, welch' große Bedeutung Freud ihnen zumaß. Gemeinsames Interesse am Okkulten war ebenfalls die Grundlage für Freuds anfängliche Affinität zu Jung. Hauptsächlich war jedoch Sandor

---

[au] Torrey zitiert hier Jones mit "a quite peculiarly intimate relationship between father and daughter." In der deutschen Übersetzung von Meili-Dworetzki wird *peculiarly* wie oben angegeben mit "besonders" wiedergegeben. Die Hauptbedeutung von *peculiar* liegt aber eher bei „eigenartig" oder „seltsam".
[av] Mathilde

Ferenczi Freuds Hauptmitarbeiter bei telepathischen und anderen okkulten Experimenten. Ferenczi versuchte, Telepathie und Psychoanalyse miteinander zu verbinden und glaubte, dass Patienten manchmal die Gedanken ihrer Analytiker lesen könnten. Wie Jones bemerkte, hätte dies „einen revolutionären Unterschied in der Technik der Psychoanalyse"[76] gemacht. Ferenczi brachte bei einer Gelegenheit einen Telepathen zu einem Treffen der Wiener Psychoanalytischen Gesellschaft mit und verkündete „scherzhaft, aber ein wenig stolz, seine Absicht, sich in Wien als den ‚Hofastrologen der Psychoanalyse' vorzustellen".[77]

Freuds Interesse am Okkulten war seinen Freunden und Kollegen gut bekannt. 1911 wurde er korrespondierendes Mitglied der Society for Psychical Research[aw] in London und 1915 Ehrenmitglied der American Psychical Society.[ax] 1921 schrieb er einen Aufsatz über „Psychoanalyse und Telepathie". Doch Ernest Jones und andere Anhänger rieten ihm von einer Veröffentlichung ab, aufgrund des möglichen Schadens, der der Psychoanalyse zugefügt werden könnte, wenn sie mit dem Okkultem in Verbindung gebracht würde. Jones zufolge erhielt Freud auch Angebote, drei verschiedene Zeitschriften zur Okkultismusforschung mitherauszugeben. Er lehnte sie zwar ab, doch in einem Antwortschreiben bekannte er: „Wenn ich mein Leben neu beginnen müßte, würde ich mich lieber der Parapsychologie als der Psychoanalyse widmen."[20]

Freuds Anwendung von Kokain in den 1880er Jahren stellte den dritten Einfluss auf sein Denken zu der Zeit dar, in der die Grundsteine seiner Theorie gelegt wurden. Seine Experimente mit Kokain zwischen 1884 und 1886 sind gut dokumentiert – auch vier Dokumente, in denen er die Wirkung der Droge auf verschiedene physische und mentale Funktionen beschreibt.[78] Indirekt hatte er auch Einfluss auf die Einführung von Kokain und seiner Derivate als lokales Betäubungsmittel in der Medizin und war äußerst begeistert von Kokain bevor man feststellte, dass es süchtig macht. Er verabreichte es großzügig an seine Verlobte und seine Schwestern und nahm es selbst auch regelmäßig. Er nannte es ein „Zaubermittel",[79] das „die freudigste Aufregung", „Aufheiterung und anhaltende ... Euphorie"[80] erzeugte und empfand es als besonders hilfreich, Depression und Nervosität entgegenzusteuern. 1886 z. B. „stärkte er sich mit einer Prise Kokain"[81] bevor er zu einer Dinnerparty bei Charcot aufbrach. Offenbar glaubte Freud, dass Kokain auch aphrodisierende Eigenschaften hatte, wie 1884 in einem oft zitierten Brief an seine Verlobte deutlich wird:

> Wehe, Prinzeßchen, wenn ich komme. Ich küsse Dich ganz rot u. füttere dich ganz dick, u. wenn Du unartig bist, wirst du sehen, wer stärker ist, ein kleines sanftes Mädchen, das nicht ißt, oder ein großer wilder Mann, der Cocain im Leib hat. In meiner letzten schweren Verstimmung habe ich wieder Coca genommen u. mich mit einer Kleinigkeit wunder-

---

[aw] Gesellschaft zur Erforschung parapsychologischer Phänomene
[ax] Amerikanische Gesellschaft für Parapsychologie

> bar auf die Höhe gehoben. Ich bin eben beschäftigt, für das Loblied auf dieses Zaubermittel Literatur zu sammeln.[82]

Die wichtige Frage Freud und Kokain betreffend ist aber nicht, wie begeistert er dafür zwischen 1884 und 1886 Werbung machte, sondern eher, wie oft er es nach 1886 benutzte, nachdem seine süchtig machenden Eigenschaften klar nachgewiesen und es öffentlich als die „dritte Geißel der Menschheit"[83] zusammen mit Alkohol und Opium gebrandmarkt wurde. Es ist bekannt, dass Freuds Freundschaft mit Fließ 1887 begann und dass Fließ viele Jahre lang Kokain zur Behandlung von Patienten verwendete. Die Veröffentlichung von Freuds Briefen an Fließ[84] zeigen deutlich, dass Freud Anfang bis Mitte der 1890er Jahre Kokain zumindest unregelmäßig zu sich nahm:

30. Mai 1893

> Ferner habe ich vor kurzem eine eigene schwere Migräne durch Kokain unterbrochen (für eine Stunde), die Wirkung kam aber erst, nachdem ich auch die Gegenseite kokainisiert hatte ...

24. Januar 1895

> Ich schrieb Dir letztes Mal, nach einer guten Zeit, die sich unmittelbar an die Reaktion anschloß, seien einige wütend schlechte Tage gefolgt, in denen mir eine Kokainisierung der linken Nase überraschend wohl tat. ... Am nächsten Tag hielt ich die Nase unter Kokain, was man ja eigentlich nicht soll, d. h. pinselte wiederholt, damit sich keine Verschwellung wiederherstelle ...

20. April 1895

> Heute kann ich schreiben, weil ich bessere Hoffnung habe; ich habe mir aus einem elenden Anfall [von Nasenproblemen] mit einer Kokainisierung herausgeholfen.

26. April 1895

> Dem letzten grauslichen Anfall [von Nasenproblemen] habe ich durch Kokain merklich ein Ende gemacht, seither ist es gut, und es kommt massenhafter Eiter.

12. Juni 1895

> Ich brauche viel Kokain.

24. Juli 1895

> Dies war das Datum von Freuds Traum von Irmas Injektion, den viele seiner Schüler als den Stimulus für Freuds Lehre über Träume als Erfüllung der Wünsche ansahen. In *Die Traumdeutung* berichtete er darüber und schrieb:

"Ich gebrauchte damals häufig Kokain, um lästige Nasenschwellungen zu unterdrücken ..."[85]

Es gibt auch Hinweise, dass Freud nach 1895 weiterhin Kokain verwendete. Am 26. Oktober 1896 berichtete er Fließ, „der Kokainpinsel ist übrigens ganz beiseite gelegt".[86] Obwohl es keine genauen Hinweise auf Freuds früheren Kokainkonsum in der folgenden Korrespondenz gab, werden permanent Andeutungen hinsichtlich physischer Symptome gemacht, die wahrscheinlich von Kokain verursacht wurden. Sie waren denen ähnlich, über die er noch während seines bekannten Kokainkonsums klagte. (Sie wurden ausführlich von E. M. Thornton erörtert, der schlussfolgerte, dass sie mit großer Sicherheit auf Kokain zurückzuführen waren.[87])

Am auffälligsten unter den Symptomen waren Herzprobleme (insbesondere unregelmäßiger Herzschlag), Kopfweh und Nasenprobleme (insbesondere Schwellung und Stickigkeit). Zeitgenössischen Studien von Kokainabhängigen zufolge sind dies bei fast allen Individuen auftretende Symptome, die Kokain regelmäßig konsumierten[88], und Freud klagte regelmäßig darüber in seiner Korrespondenz zwischen 1895 und 1899. Z. B. schrieb er in einem Brief vom 12. Dezember 1897 an Fließ „[ich] leide jetzt empfindlich unter Eiterungen und Verstopfungen [der Nase]. ... Wenn sich das nicht bessert, werde ich Dich bitten, mir in Breslau eine Ätzung zu machen."[89] In einem anderen Brief an Fließ vom 27. September 1899 registrierte Freud über einen Zeitraum von acht Tagen mehrere Episoden von "Herzschwäche mit etwas Kopfweh, ... Herzmüdigkeit, ... [und] Kopfweh ohne Herzweh".[90] Weder in dieser Zeit noch in den darauffolgenden Jahren litt Freud bekanntermaßen an einer Herzkrankheit.

Weitere Beweise für Freuds fortgesetzten Kokainkonsum gegen Ende der 1890er Jahre wurden kürzlich vom Freud-Gelehrten Peter Swales ans Licht gebracht.[91] Ernest Jones, der umfassenden Zugang zu den privaten Aufzeichnungen von Freud hatte, schrieb 1952 in einem unveröffentlichten Brief an einen anderen Freud-Historiker: "Ich glaube nicht, dass er [Freud] sein Interesse an Kokain aufgab und nehme an, dass er es über 15 Jahre hinweg unregelmäßig nahm."[92] Da Freuds erster Kokainkonsum deutlich auf den 30. August 1884 zu datieren ist, würde das bedeuten, dass er es bis ungefähr 1899 anwendete. In seiner autorisierten Freud-Biographie erwähnte Jones nicht, dass Freud Kokain außer zwischen 1884 und 1886 konsumierte, als er erstmalig damit experimentierte. Doch in einem anderen unveröffentlichten Brief bemerkte Jones: "Ich bin erschrocken, dass Freud mehr Kokain gebraucht als er sollte, obwohl ich das nicht erwähne."[93] An anderer Stelle fügte er hinzu: „Bevor er [Freud] von den Gefahren [von Kokain] wusste, musste er eine öffentliche Plage mit der Art gewesen sein, wie er es jedem aufdrängte, den er traf!"[94]

Zusammengefasst war Sigmund Freud während der 1890er Jahre ein Mann mit einem mystischen Sinn für persönliche Bestimmung, der an Telepathie und Zahlenmystik glaubte und zumindest zeitweilig Kokain konsumierte. Genau in diesen Jahren entwickelte er seine Theorie, dass frühkindliche Erlebnisse, hauptsächlich sexueller Natur, erwachsenes Verhalten bestimmten. Wie sein Biograph Peter Gay bemerkte "lagen die Prinzipien der Psychoanalyse bereit, als er Ende 1899 *Die Traumdeutung* veröffentlichte".[95] Ausdrücklich bestätigte Freud "den häufigen Gebrauch von Kokain" während der Zeit, als er 1895 seinen Traum von Irmas Injektion analysierte. Dieser von Ernest Jones als "historischer Augenblick"[96] bezeichnete Traum wurde das prototypische "Traummuster"[97] der Psychoanalyse genannt. Dieser Traum war ebenfalls der Beginn von Freuds Selbstanalyse, während der er seine Theorie der kindlichen Sexualentwicklung und des Ödipuskomplexes entwickelte.

Die Tatsache, dass Freuds Theorie gleichzeitig mit einem Gefühl für Bestimmung, einem Interesse am Okkulten und dem Konsum von Kokain entwickelt wurde, verneint nicht per se die Gültigkeit der Theorie. Sie wirft jedoch einen Schatten auf ihr wissenschaftliches Fundament. Es macht auch Freuds eigene Erinnerungen an die Entwicklung seiner Theorie verständlicher, die 1914 unter dem Titel „Zur Geschichte der psychoanalytischen Bewegung" veröffentlicht wurden:

> *Da aber meine Überzeugung von der durchschnittlichen Richtigkeit meiner Beobachtungen und Schlußfolgerungen immer mehr wuchs und mein Zutrauen zu meinem eigenen Urteile sowie mein moralischer Mut nicht eben gering waren, konnte der Ausgang dieser Situation nicht zweifelhaft sein. Ich entschloß mich zu glauben, daß mir das Glück zugefallen war, besonders bedeutungsvolle Zusammenhänge aufzudecken, und fand mich bereit, das Schicksal auf mich zu nehmen, das mitunter an solches Finden geknüpft ist.*[98]

1.3 Sexuelle Freiheit

Den meisten Amerikanern wurde Freud Anfang des 20. Jahrhunderts als Apostel der sexuellen Freiheit vorgestellt. Genau genommen gab es in den frühen Jahren des Jahrhunderts andere Krieger gegen die viktorianische Moral, doch das Ergebnis dieses Kampfes war fragwürdig. Erst als Freud in der zweiten Dekade das Kommando übernahm, wurden Zölibat und Puritanismus bis auf die Wurzeln zurückgeschnitten. Freud als Wortführer der Sexuellen Revolution in Amerika wurde namensgebendes Symbol für sexuelle Freiheit.

Vor der Ankunft der freudschen Ideen war Havelock Ellis der bekannteste Fürsprecher sexueller Freiheit in Europa und den Vereinigten Staaten. Als in Medizin und Psychologie ausgebildeter Engländer etablierte Ellis 1897 in London seine Reputation mit der Veröffentlichung eines Buches über Homosexualität, *Sexual Inversion*.[ay] Es verursachte einen Skandal und wurde sogleich von den englischen Autoritäten konfisziert. Ein Buchhändler wurde verhaftet und angeklagt, „ein sehr unanständiges, liederliches, unzüchtiges, skandalöses und obszönes Buch"[99] zu verkaufen. Ellis arrangierte daraufhin den Vertrieb über einen Herausgeber medizinischer Bücher aus Philadelphia mit der Auflage, dass das Buch nur an „Ärzte und Anwälte"[100] abgegeben werden durfte. Trotz dieser Einschränkung verkaufte sich das Buch sehr flott und war der erste Band von Ellis' sechsbändigen *Studies in the Psychology of Sex*[az], die zwischen 1897 und 1910 erhältlich waren.

Ellis hörte von Sigmund Freuds und Wilhelm Fließ' Ideen über Sexualität zu einem relativ frühen Zeitpunkt seiner Forschungen, und Freud wurde – allein zehn Mal an verschiedenen Stellen des sechsten Bandes von *Psychology of Sex* – herausragend erwähnt. Ellis war besonders an der Theorie über sexuelle Gefühle von Kleinkindern interessiert und zitierte Freud: „In Wahrheit bringt das Neugeborene Sexualität mit auf die Welt, [und] gewisse Sexualempfindungen begleiten seine Entwicklung durch die Säuglings- und Kinderzeiten ..."[101] Ellis führte Freud auch zur Unterstützung seiner Behauptung an, dass sexuelle Abstinenz für Individuen und Gesellschaft schädlich sei. „Unmoralisch", sagte Ellis, „bedeutet nichts anderes, als gegen die Sitten von Zeit und Ort."[102] Ellis tolerierte insbesondere Masturbation und Homosexualität und war ein großer Befürworter kindlicher Sexualerziehung.

Die Sexuelle Revolution zu Beginn des 20. Jahrhunderts war Teil einer breiteren sozialen Revolution, die in Amerika stattfand. Sie schloss Geburtenkontrolle, Scheidungsgesetze und Frauenwahlrecht ein, und viele waren Teil von mehr als nur einer Bewegung. Havelock Ellis z. B. war ebenfalls Fürsprecher "halboffener" Ehen[103], in denen Mann und Frau getrennte Wohnsitze hatten und au-

---

[ay] dt. Ausgabe: *Die Homosexualität (Sexuelle Inversion)* (1924)
[az] dt. Ausgabe: *Sexual-psychologische Studien* (1910–1911)

ßereheliche Beziehungen pflegten. Ähnlich setzte sich die wohlbekannte schwedische Feministin Ellen Key für die „laissez-faire Sexualmoral"[104] in ihrem viel gelesenen Buch *The Century of the Child*[ba] ein, das 1909 in Amerika veröffentlicht wurde. Margaret Sanger[105], Anführerin der Empfängnisverhütungsbewegung, zitierte Freud oft als Befürworter sexueller Freiheit. Und Emma Goldman setzte sich in ihren stürmischen Reden sowohl für sexuelle Freiheit als auch Geburtenkontrolle ein.

Für Freud bestand die Bedeutung all dessen darin, dass ihm ein größeres Publikum beschert wurde, das seine Botschaft verbreitete. Z. B. veröffentlichte 1915 Dr. William J. Robinson[106], Hauptverfechter der Geburtenkontrolle (und lautstarker Verteidiger von Emma Goldman), die erste Übersetzung von Freuds Schrift *Die 'kulturelle' Sexualmoral und die moderne Nervosität*[bb] in seiner medizinischen Zeitschrift.

Es sollte auch zur Kenntnis genommen werden, dass es Freuds Sexualtheorien und nicht seine psychotherapeutischen Techniken waren, die zu seiner Einladung vor die historische Versammlung der Clark University 1909 führten. Dr. G. Stanley Hall, Präsident der Clark und Gründer der American Psychological Association[bc], verstörten seine eigenen jugendlichen sexuellen Impulse in hohem Maße. "Die Hauptsünde der Welt", schrieb Hall später, "liegt im Sex, und die Jugend kämpft hier mit der Versuchung, dem einzigen Bereich, in dem ... es buchstäblich wahr wird, in den Händen einer übermenschlichen Macht zu sein."[107] Hall bahnte an der Clark University den Weg für die Sexualkunde, aber „er musste den Kurs abbrechen, weil Auswärtige den Hörsaal überfüllten und sogar an der Tür horchten".[108] Sein einflussreiches Buch *Adolescence: Its Psychology and Its Relation to Physiology, Anthropology, Sociology, Sex, Crime, Religion and Education* (1904)[bd] besprach Wege, die "barbarischen und tierischen Neigungen"[109] der Jugendzeit in konstruktivere Bahnen zu lenken. In der Ausgabe von 1907 zitierte Hall die Arbeit von Freud einige Male im Kapitel über sexuelle Entwicklungen und schien besonders interessiert an möglichen sexuellen Impulsen in der frühen Kindheit. So förderte die Einladung an Freud, Vorträge an der Clark University zu halten, die öffentliche Diskussion über Sex und Sexualerziehung.

Hall hatte keine Vorstellung davon, wie erfolgreich diese Strategie war. Freuds Reise in die Vereinigten Staaten machte ihn den amerikanischen Medien zugänglich, und sein Name wurde bald zum Synonym für sexuelle Freiheit. Die *New York Times* berichtete von Freud als dem "Wiener Libertin"[110], und man sagte, er wurde außerdem mit der "Anbetung der Venus und des Priapos"[be, 111]

[ba] dt. Ausgabe: *Das Jahrhundert des Kindes* (1902)
[bb] engl. Ausgabe: *'Civilized' Sexual Morality and Modern Nervousness*
[bc] Amerikanische psychologische Gesellschaft
[bd] *Adoleszenz: Ihre Psychologie und Beziehung zur Physiologie, Anthropologie, Soziologie, Sexualität, Kriminalität, Religion und Erziehung*
[be] Sohn von Dionysos und Aphrodite, Gott der Fruchtbarkeit in der griechischen Mythologie

assoziiert. Es wurde behauptet, dass seine Lehren "eine direkte Aufforderung zu Masturbation, Perversion, unehelichen Geburten [und] außerehelichen Beziehungen waren".[112] 1914 veröffentlichte Dr. William S. Sadler das Buch *Worry and Nervousness*[bf], in dem er bemerkte: "Ich fange an zu glauben, dass die Zukunft auf diese Zeit und diese Generation als sexbesessen zurückblicken wird. ... Diese moderne Sexualmanie droht, die psychische [psychiatrische] Medizin in Besitz zu nehmen."[113] Die Assoziation von Freud mit sexueller Freiheit wurde immer stärker, so dass am 30. September 1926 auf der Titelseite des *Life*-Magazins eine verführerische junge Frau mit einem "Psychoanalyse" titulierten Buch zu sehen und von weiteren Büchern mit der Aufschrift "Freud" und "Havelock Ellis" umgeben war.

Freud sah die Kritik vorher, die er in Amerika erhalten würde. In einem Brief von 1909 kurz vor der Abreise an die Clark University prophezeite er:

> *Ich meine auch, wenn sie [die amerikanischen Fachleute] dort erst auf den sexuellen Kern unserer psychologischen Lehren kommen werden, werden sie uns fallenlassen. Ihre Prüderie und ihrer materielle Abhängigkeit von der Öffentlichkeit sind zu groß.*[114]

Die Verspottung von Freuds Sexualtheorien begann bereits kurz nach seiner Reise, und innerhalb von zwei Jahren veröffentlichte H. L. Mencken Satiren von Freuds Traumdeutungen in *Smart Set*:

> *Die wahre Bedeutung eines Traums über einen Mord liegt nicht darin, dass der Träumer bald heiraten wird, dass sein Bruder Fred in Texas von Nilpferden zu Tode getrampelt worden ist oder dass die [Philadelphia] Leichtathleten den Wimpel gewinnen werden, sondern dass tief unten im Innersten des Träumers, irgendwo südlich des Wendekreises des Krebses, die Hummerschalen vom Vorabend sich vehement der Verdauung widersetzen.*[115]

Auch der von Jung entwickelte psychoanalytische Wort-Assoziationstest wurde 1914 zur Zielscheibe:

> *Für freudsche Schriftsteller besteht die gesamte Sprache aus zwei Gruppen symbolischer Worte: die eine für die männlichen, die andere für die weiblichen Genitalien. Falls noch Worte übrig bleiben sollten, stehen sie für Inzest, Wut, Anus oder fäkale Assoziationen oder unzüchtigen Sprachgebrauch im Allgemeinen.*[116]

Bis 1916 war die Assoziation von Freud mit sexueller Freiheit fest in der öffentlichen Meinung verankert. *The Nation* veröffentlichte häufige Kritiken mit dem Inhalt, dass Freud "eine genial obszöne Einbildungskraft" habe, die „ein sexuelles Motiv in einem binomischen Lehrsatz entdecken konnte".[117] Der New Yorker

---

[bf] *Sorgen und Nervosität*

Medical Record bemerkte, dass Freud "ein Hausierer der Pornografie, ein Pfuhl der Obszönität und allgemein etwa drei mal so schlimm wie der Bürgermeister von Gomorrha sei".[118] Als ein Bostoner Professor von Freuds Theorie erfuhr, rief er aus: "Aber das ist eine Sache für das Polizeigericht!"[119] Religiöse Veröffentlichungen wie die *Catholic World* verzichteten vorhersehbarerweise auf die freudsche Theorie. Sie sei

> *solch abscheulicher Natur, dass ihre bloße Erwähnung die Seiten einer anständigen Zeitschrift beschmutzen würde. ... Sollte solch eine Philosophie, die die niedrigsten Neigungen verherrlicht und die feinsten Errungenschaften des Geistes in den Schmutz zieht, allgemein akzeptiert werden, verlöre das Leben seinen Wert.*[120]

Einem Historiker dieser Zeit zufolge "drängten Verliebte ihre Partner dazu, ihre ‚Hemmungen' abzulegen", denn „sich Freuds Doktrin zu widersetzen, ließ den Verdacht aufkommen, man sei verklemmt oder neurotisch".[121] Ein anderer Historiker behauptete „die Menschen ließen latentem Verhalten freiere Zügel, weil man jetzt erklären konnte: 'Freud sagt, es sei am besten, nichts zu verdrängen.'"[122]

Freuds Anhänger in Amerika nahmen die Kritik zur Kenntnis. Edwin B. Holt, der 1915 ein populäres Buch über Freud veröffentlichte, schrieb im Vorwort zu seiner Arbeit, dass "die Idee sich verbreitet hat, dass der Begriff 'Freudianer' irgendwie synonym mit ‚sexuell' ist, und die Originalarbeiten von Freud zu lesen bedeutet, sich ziemlich in Ausschweifendes und Verbotenes zu versenken".[123] Ein anderer führender Freudianer Amerikas erinnerte, dass "Psychoanalyse und Sex als identisch betrachtet wurden"[124] und viele Laien glaubten, dass Psychoanalytiker als Teil der Therapie Sex mit ihren Patienten hatten. R. S. Woodworth, respektierter und mit Freud sympathisierender Psychologe, behauptete 1917, dass "das Element der sexuellen Befriedigung der Hauptfaktor bei der Verbreitung der [freudianischen] Bewegung ist. Die Bücher schulden ihre Bekanntheit hauptsächlich dem Element Sex".[125] Woodworth bekannte sich unbefangen dazu, dass er sicher war, dass dies stimmte, da sexuelles Interesse auch der Stimulus für sein eigenes Freudstudium gewesen war: "Gierig habe ich viele dieser Schriften verschlungen und bin mir vollkommen bewusst, dass mein Interesse größtenteils dieser Art war."[126] Woodworth behauptete auch, dass "die psychoanalytische Seance eine Art *Coitus sublimatus*[bg] ist, (manchmal) sowohl für den Arzt als auch für den Patienten".

Obwohl die Anhänger Freuds besorgt darüber waren, dass sein Name zum Synonym für sexuelle Freiheit wurde, waren ihre Reaktionen der Sache häufig nicht dienlich. Freud hatte das Muster vorgegeben, indem er behauptete, dass die Widersacher seiner Ideen selbst unter Verdrängungen und sexuellen Hemmung litten. Schon 1911 argumentierte Ernest Jones in einem Brief an einen

---

[bg] lat. = erhabener Beischlaf

Neurologen aus Philadelphia auf diese Weise, um Gegner der freudschen Lehre zu diskreditieren:

> *Ja, natürlich ist mir die heftige Kritik an Freuds Arbeit bekannt, die Sie so gut beschreiben. Es ist wirklich nur eine andere Art zu sagen, dass diese fraglichen Leute wissen, dass sie unfähig sind, mit sexuellen Themen in jeder nicht obszönen Art umzugehen und dass sie selbstredend feststellten, dass dies auch niemand anderes kann. Für sie ist Sexualität gleichzusetzen mit Obszönität. ... Solcher Fanatismus ist natürlich im Grunde eine Reaktion auf unterdrückte Wünsche.*[127]

Ein anderer Psychoanalytiker behauptete öffentlich, dass Puritaner „sexuell abnorm" waren[128] und dass Anhänger solcher Doktrinen unter „nichts anderem als einer ordentlichen Neurose" litten.

Freuds Hoffnungen, Anerkennung in Amerika zu finden, wurden durch Skandale, in denen sein Name mit sexueller Freiheit in Verbindung gebracht wurde, weiter gedämpft. Gerüchte, dass die Psychoanalyse gelegentlich Geschlechtsverkehr als Behandlung für Patienten empfahl, erwiesen sich als wahr. Und schon 1910 versuchte Freud, solche Beschuldigungen mit einem Aufsatz „Über ‚Wilde' Psychoanalyse" zu beruhigen. Er berichtete, ein Arzt habe einer Frau erzählt, die ihren Mann verlassen hatte: "Sie könne den Verkehr mit dem Manne nicht entbehren, und darum gebe es für sie nur drei Wege zur Gesundheit, entweder sie kehre zu ihrem Manne zurück, nehme sich einen Liebhaber oder befriedige sich selbst."[129] In der Besprechung des Falls bestätigte Freud, dass "die Psychoanalyse angibt, sexuelle Unbefriedigung sei die Ursache der nervösen Leiden"[130], aber er sagte, der fragliche Arzt habe es versäumte, auf die vierte mögliche Lösung – die Psychoanalyse – hinzuweisen. Im Aufsatz stellte er jedoch nicht fest, dass die Empfehlung, sich einen Geliebten zu nehmen, notwendigerweise falsch war.

Andere Skandale, die Freuds Namen mit sexueller Freiheit verbinden, tauchten von Zeit zu Zeit in den Medien auf oder zirkulierten in den Salons von New York City. 1916 z. B. verließ die Frau eines Arztes aus New York, die von Carl G. Jung in Zürich analysiert wurde, ihren Mann, um mit einem anderen Psychoanalytiker zu leben. Sie rechtfertigte sich mit dem Streben nach "höherem und edlerem Wissen".[131] Die *New York Times* argumentierte, dass "Psychoanalyse keine Entschuldigung für lockere Moral"[132] oder Ehebruch war. 1921 wurde Freud selbst von der Anklage des Ehemanns einer wohlhabenden New Yorkerin bedroht. Die Frau war von ihrem ehemaligen Psychoanalytiker Horace Frink und Freud selbst dazu angehalten worden, sich von ihrem Mann scheiden zu lassen, um Frink zu heiraten. "Ich dachte, es sei das gute Recht jedes Menschen, um sexuelle Befriedigung und zärtliche Liebe zu kämpfen"[133], rechtfertigte Freud diesen Rat.

1.4 Soziale Reform

Zur selben Zeit als der Name Freud in Amerika mit sexueller Befreiung verknüpft wurde, brachten ihn auch einige Ärzte und Psychotherapeuten mit Sozialreform in Verbindung – was sich als viel bedeutsamer erweisen sollte. Die Einführung von Freuds Idealen ins reformfreudige Amerika stellte eine Art Zusatzbehandlung für mentale Störungen, insbesondere der Hysterie dar. Zu Beginn des Jahrhunderts war das Interesse an Hypnose, Geistheilung, Christlicher Wissenschaft und anderen Formen spiritueller Heilung sehr groß. Die Emmanuel Movement[bh] pflegte sogar eine regelmäßige Kolumne zu diesen Themen im Magazin *Good Housekeeping*. *The Psychology of Suggestion* (1902)[bi] von Boris Sidis und Morton Princes *The Dissociation of Personality* (1905)[bj] waren ungeheuer populär. Im selben Jahr wurde Paul Dubois' *The Psychic Treatment of Nervous Disorders*[bk] veröffentlicht, von dem behauptet wurde "es habe viele Ärzte elektrisiert".[135] 1906 absolvierte Pierre Janet 15 Vorlesungen über Hysterie an der Harvard Medical School[bl], und eine medizinische Doktorarbeit[136] verwies kurz auf die Anwendung der freudschen Psychoanalyse in solchen Fällen – mit dem Kommentar, dass Freuds Arbeit es verdiene, besser bekannt zu sein. Zu dieser Zeit war *Die Traumdeutung* weder ins Englische übersetzt, noch erhielt sie in Amerika eine einzige Revision. Freuds Name war nur Personen wie Emma Goldman und Havelock Ellis bekannt, die die sexuelle Befreiung vorantrieben.

Freuds Evolution vom Befreier der Sexualität zum Sozialreformer begann schon 1906, als James J. Putnam, angesehener Professor der Neurologie der Harvard Medical School, den ersten Artikel ausschließlich über Freuds Arbeiten in der amerikanischen Fachzeitschrift *The Journal of Abnormal Psychology* veröffentlichte. Putnam hatte bei einigen Patienten mit Psychoanalyse experimentiert und interessierte sich für die Theorie, dass Verdrängung unbewusster Erinnerungen die volle Entwicklung des menschlichen Potentials hemmte. Nach ausführlicher Diskussion mit Ernest Jones 1908 und – nach den Vorlesungen an der Clark University – mit Freud persönlich, konvertierte Putnam 1909 begeistert.

Putnam widmete sich voll und ganz sozialen Diensten und der spirituellen Entwicklung der Menschheit. Zur selben Zeit als er Freud entdeckte, war er auch in der Emmanuel Movement, der Heilung durch Gott, aktiv, die in der Bostoner

---

[bh] Als „Emmanuel-Bewegung" wurde ... eine kombinierte Individual- und Gruppenpsychotherapie bezeichnet, 1906 vorgestellt von Referent Elwood Worcester, dem Direktor der Emmanuel Kirche in Boston.[134]
[bi] *Psychologie der Suggestion*
[bj] *Die Persönlichkeitsspaltung*
[bk] *Psychiatrische Behandlung nervöser Störungen*
[bl] *Medizinische Fakultät der Harvard Universität*

Emmanuel Church ihren Ursprung hatte. Putnam interessierte sich für die Psychoanalyse als eine Methode, Schwächen im Individuum zu beseitigen und dadurch "ein edleres Selbst" zu erzeugen.[137] Die Auflösung innerer Konflikte war nicht Ziel an sich, sondern eher ein Mittel, um "die ideale Ethik als Mitglied der Gemeinschaft im Dienste göttlicher Bestimmung zu erreichen".[138] Auf dem Internationalen Psychoanalytischen Kongress 1911 in Deutschland forderte Putnam, die Psychoanalyse dazu zu verwenden, "das spirituelle Bewusstsein des Menschen mit dem Unendlichen" gleichzusetzen.[139] Es muss den größtenteils jüdischen Teilnehmern neu gewesen sein, der freudschen Lehre eine christliche Ethik aufzuerlegen. Und Freud beschrieb höflich Putnams Ansichten als "eine dekorative Hauptattraktion, die alle Blicke auf sich zog, die aber niemand anfasste".[140] Ein anderer zugegener Psychoanalytiker erinnerte sich, dass das Publikum "von edelsten Gefühlen ergriffen war, der stürmische Gedankenrausch aber eine gewisse Verwirrung hinterließ".[141] Nach der Veröffentlichung von Putnams Buch *Human Motives*[bm] in 1915 deutete ein Rezensent an, dass er in der Psychoanalyse "einen Versuch sah, die Existenz Gottes zu beweisen".[142] Folglich war Putnam der erste, aber nicht der letzte Amerikaner, der versuchte, Freuds Theorie für den Fortschritt der Menschheit einzuspannen.

Zur gleichen Zeit experimentierte Putnam mit der Psychoanalyse von Neurose-Patienten in Harvard, und Dr. Adolf Meyer wandte sie auch bei Patienten mit Schizophrenie und manisch-depressiver Psychose im Manhattan State Hospital[bn] an. Der eingewanderte Schweizer Arzt begann mit Jungs Wort-Assoziationstest und war zurückhaltend begeistert über die Psychoanalyse als eine neue therapeutische Technik für gestörte Patienten. Meyer akzeptierte Freuds Ideale nie ganz, aber er stellte sie vielen Kollegen wie August Hoch, Abraham A. Brill, C. Macfie Campbell und Smith E. Jelliffe vor, von denen alle wichtige Rollen bei der Verbreitung und Legitimation der Lehre spielen würden.

Der wichtigste Beitrag Adolf Meyers zur Verbreitung der freudschen Theorie war ein indirekter. Als Absolvent von Yale und nach einer zweijährigen Behandlung wegen manischer Depressionen trat Clifford Beers 1907 an Meyer heran und bat ihn um Hilfe, seine Verarbeitung der Krankheit, *A Mind That Found Itself* (1908)[bo], zu veröffentlichen und eine nationale Gesellschaft zur Verbesserung von Nervenkliniken zu gründen. Beers nannte seine Organisation „The National Society for the Improvement of Conditions Among the Insane"[bp] und hatte sich bereits die Unterstützung von William James gesichert. Meyer sagte zu, überzeugte Beers aber davon, den Namen der Organisation in „National Committee for Mental Hygiene" (NCMH)[bq] zu ändern und ein viel breiteres Mandat

---

[bm] *Menschliche Motive*
[bn] Landeskrankenhaus von Manhattan
[bo] *Ein Geist, die sich selber fand*
[bp] Nationale Gesellschaft zur Verbesserung der Verhältnisse von Geisteskranken
[bq] Nationales Komitee für seelische Hygiene

zu übernehmen. Anstatt Nervenkliniken bloß zu verbessern, sollte die Organisation danach streben, Geisteskrankheiten zu verhindern.

Die Möglichkeit, seelische Erkrankungen zu vermeiden, wirkte auf Psychiater wie Meyer in den ersten Jahren des Jahrhunderts äußerst attraktiv. Pocken, Gelbfieber, Fleckfieber, Cholera, Typhus und Syphilis wurden dank Fortschritten in der Medizin und sanitären Einrichtungen unter Kontrolle gebracht. Die Psychiater in Amerika wollten Teil dieser medizinischen Fortschritte sein, wurden aber von ihren Kollegen von oben herab behandelt. Auf ihrer Hauptversammlung von 1894 z. B. führte der prominente Neurologe Dr. S. Weir Mitchell „einen der massivsten Angriffe gegenüber Aufsehern von Nervenkliniken [die alle Psychiater waren], der jemals gehört worden war".[143] 1904 die Gründung der Association for the Study and Prevention of Tuberculosis[br] und 1909 die der American Association for the Study and Prevention of Infant Mortality[bs] zu beobachten, hieß für Meyer und seine Kollegen, dass für die Idee eines NCMH die Zeit gekommen war. Dies fiel auch mit dem in dieser Zeit weit verbreiteten öffentlichen Interesse an sozialen Reformen zusammen – angestoßen von Büchern wie Lincoln Steffens *Shame of the Cities* (1904) und Upton Sinclairs *The Jungle* (1906).[bt]

Fast vom selben Tage an, als es am 19. Februar 1909 offiziell gegründet wurde, vereinigte das NCMH Freuds Verhaltenstheorie mit Idealen der Sozialreform und fungierte in Amerika als Hauptvehikel dieser Synthese. Dass Freud eigentlich selbst kein Interesse an Sozialreform gezeigt hatte, schien dabei nicht von Bedeutung zu sein. Die Psychiater akzeptierten seine Betonung von Erfahrungen im Gegensatz zu erblich oder organisch bedingten Verhaltensursachen und die Unterstreichung der besonders entscheidenden Kindheitsjahre. Folglich wurde Freud unwissentlicher, aber bedeutender Spieler bei den Versuchen amerikanischer Reformer, die Gesellschaft zu verbessern.

In seinen ersten Jahren dominierte Adolf Meyer das National Committee. Nach einer Auseinandersetzung mit Beers und seinem Rücktritt in 1910 übernahm Meyers enger Partner August Hoch die Führung, und in den folgenden Jahren spielten die Anhänger Freuds Hauptrollen in der Politik des NCMH. Da sie glaubten, die Vorläufer menschlichen Verhaltens begriffen zu haben, fühlten sie sich frei, soziale Änderungen zur Verbesserung der Lebens- und Arbeitsbedingungen vorzuschreiben. Dr. C. Macfie Campbell z. B., Freud-Bekehrter der ersten Stunde und Führer der Bewegung zur mentalen Hygiene, äußerte, dass

> *seelische Hygiene ... darauf zielt, die Qualitäten zu entwickeln, die dem menschlichen Leben seinen Wert geben und ohne die die Bewahrung des herrlichsten Körperbaus ihre gesamte Bedeutung verliert. Seelische*

[br] Gesellschaft zum Studium und Prävention von Tuberkulose
[bs] Amerikanische Gesellschaft zur Erforschung und Prävention von Kindersterblichkeit
[bt] dt. Ausgaben der beiden Titel: *Der Sumpf* (1906) und *Der Dschungel* (1974)

> Hygiene zielt auf die Ergänzung und somit auf die Rechtfertigung körperlicher Hygiene.[144]

Campbell setzte sich weiter für spezifische Reformen wie die Verbesserung der Moral ebenso wie für Beleuchtung und Lüftung"[145] am Arbeitsplatz ein. Im nächsten Jahr forderte Dr. William A. White – dessen Buch 1909 das erste Lehrbuch zur Psychoanalyse war und der die erste amerikanische psychoanalytische Zeitschrift *The Psychoanalytic Review* gründete –, dass mentale Hygiene auf "alle Formen sozial-schädlicher Einstellung und sogar auf Unglücklichsein"[146] ausgeweitet werden sollte. Vorher hatte White im Interesse der mentalen Hygiene Reformen der Fabrikarbeitsbedingungen, Wohnungsabnahmen, Kinderarbeitsgesetzen und Jugendgerichten verlangt.[147] White interessierte sich besonders für bessere Bedingungen für Kinder und *Mental Hygiene of Childhood* (1915)[bu] war sein Versuch, Laien psychoanalytische Grundsätze zu erklären.

Mitglieder des NCMH, die keine formelle psychoanalytische Ausbildung erhalten hatten, waren häufig aggressiver in der Anwendung von Freuds Theorie als geschulte. Dr. Thomas W. Salmon, der 1912 medizinischer und später verantwortlicher Direktor der Organisation wurde, illustrierte dies. Salmon war ausgebildeter Bakteriologe und verglich die von Freud beschriebenen pathologischen Familienbeziehungen mit "psychischen Infektionen".[148] Ernsthafte geistige Krankheiten, behauptete er, "basieren größtenteils auf Erziehungsfehlern, einem ungeeigneten Umfeld, schädlichen Denkgewohnheiten und der Unterdrückung schmerzhafter, meist sexueller Erfahrungen, die später im Leben die Basis von Psychosen bilden".[149] Um das zu korrigieren, regte Salmon an, die mentale Hygiene auf Felder wie Ausbildung, Einwanderung und Kriminologie auszuweiten. Freud wiedergebend sagte er, dass "praktisch alle hoffnungsvollen Ansatzpunkte in diesem Bereich in der frühen Kindheit liegen. Und wenn die Psychiater diese Arbeit übernehmen sollen, muss es ihnen erlaubt werden, in die Schulen zu gehen".[150]

Bis 1917 war Freuds Theorie eins mit den amerikanischen Anstrengungen zu sozialen Reformen geworden. Das Fundament der zukünftigen Kinderbetreuung, für die mentale Gesundheit der Gemeinde und der Konsultation von Profis der mentalen Gesundheit in Bereichen wie Erziehung und Kriminologie war gut bestellt worden. Trotz einiger Verwirrung musste dies für Sigmund Freud in Wien sehr schmeichelhaft gewesen sein.

[bu] *Mentale Gesundheit in der Kindheit*

1.5 Freudianismus in New York

New York City wurde – und blieb – das Mekka für Freuds Theorie in Amerika, und der Hauptgrund dafür, dass es zum Epizentrum der Psychoanalyse wurde, war Abraham A. Brill. Als österreichischer Einwanderer kam Brill mit 14 allein nach New York, und hielt sich am Anfang mit Putzen von Fußböden und Mandolinenstunden über Wasser. Er bahnte sich seinen Weg durch Schule, Universität und medizinische Hochschule und wurde während dessen "ein begeisterter Bewunderer und Schüler Spinozas". "Wenn nicht für Spinoza", schrieb er, "hätte ich Rabbi, Methodisten- oder katholischer Priester sein können."[151] Als ein junger Arzt probierte er die Psychiatrie, empfand sie aber als "eine trockene, mehr oder weniger beschreibende Wissenschaft mit einem dürftigen Hintergrund, hoffnungslosen Aussichten und einer willkürlichen Therapie".[152] Stattdessen fühlte er sich von der Hypnose angezogen und ging 1907 nach Paris, um Charcots Methode zu studieren. Enttäuscht wanderte er weiter zu Jungs Klinik nach Zürich, von der ihm erzählt worden war, dass sie dort „diesen freudschen Kram"[153] machen würden. Er wurde unmittelbar bekehrt und "widmete sich mit Leib und Seele der Pionierarbeit zur Prüfung und Anwendung der freudschen Mechanismen in der Psychiatrie".[154] Im nächsten Frühling reiste er nach Wien, um Freud zu treffen und kehrte dann nach New York zurück, um seine Arbeiten ins Englische zu übersetzen, Anhänger zu gewinnen und Amerikas erster privat praktizierender Psychoanalytiker zu werden.

Obwohl Brill anfänglich zu Freud über seine Traumideen fand, war es die Sexualtheorie, die sein Interesse weiter fesselte. Brill besaß "eine schöne Sammlung von 20 Bänden über die Geschichte von Sexualpraktiken"[155] und J. C. Burnham zufolge "schien er noch viel mehr mit Sex beschäftigt zu sein, als seine amerikanischen Mitanalytiker".[156] Im Glauben, sexuelle Traumata der Kindheit wären "ausnahmslos"[157] die Ursache von Neurosen, zitierte Brill oft den Ausspruch Freuds, dass "keine Neurose mit einem normalen *Vita sexualis* möglich ist"[158] und fügte hinzu, dass ein gesundes Sexualleben ebenso notwendig ist wie "reine Luft und Essen".[159] "Der Drang ist da", schrieb Brill, "und ob das Individuum es nun wünscht oder nicht, er manifestiert sich immer."[160] Burnham bemerkte, dass

> *Brill in auffallender Weise viel mehr das grobe Sexuelle in seine Schriften einfließen ließ, als seine amerikanischen Analytikerkollegen. ... Es war offensichtlich, dass er es genoss, seine Kollegen und andere mit den 'Tatsachen' menschlichen Verhaltens zu schockieren, die sich alle als sexuell herausstellten.*[161]

Ein anderer Historiker bemerkte Brills "offenherziges Beharren auf sexuellen Details und sein Entzücken an schlüpfrigen Witzen".[162]

Für einen Mann, der es genoss, Kollegen und Freunde zu schockieren, war New York City der Platz, um in den Jahren vor dem Ersten Weltkrieg zu leben. Die Armory Show von 1913[bv] zeigte Kubismus und Futurismus, und Bilder wie *Nude Descending a Staircase*[bw] von Marcel Duchamp sorgten für kollektives Stirnrunzeln. Befürworter nannten die Ausstellung "das wichtigste öffentliche Ereignis seit der Unterzeichnung der Unabhängigkeitserklärung".[164] Ibsen und Shaw führten im Theater eine neue Offenheit ein, während Tänze wie Tango und Turkey Trott von Kanzeln herab verurteilt wurden und die Columbia University festlegte, dass Paare mindestens 15 Zentimeter[bx] getrennt voneinander tanzen mussten.[165] Das Zentrum der Revolte gegen die Moral lag in Greenwich Village[by] und man sagte, dass alles jenseits der 14th Street[bz] „vom Village abgeschnitten ist wie das Ego vom Es" [167] Das Herz von Greenwich Village war das Washington Square, wo Dadaisten gelegentlich auf dem Triumphbogen picknickten[168], und bei mehreren Gelegenheiten betrunkene Zecher die Unabhängigkeit von den Vereinigten Staaten und das Square zur eigenständigen Republik erklärten.

Sozial und politisch war das Village entschlossen, die Welt zu schockieren. In Polly Hallidays Restaurant in der MacDougal Street adressierte der Anarchist Hippolyte Havel seine Kunden als "bürgerliche Schweine".[169] Über dem Restaurant lag der Liberal Club, wo Margaret Sanger Aktionen zur Legalisierung der Geburtenkontrolle plante, Bill Haywood die Industrial Workers of the World (IWW)[ca] für den Paterson-Streik organisierte, John Reed seine Abhandlung der Russischen Revolution *Ten Days That Shook the World* (1919)[cb] schrieb und Emma Goldman mit Lincoln Steffens, Walter Lippmann und Theodore Dreiser Politik diskutierte. Die inoffizielle Stimme des Village war *Masses*, eine marxistische Publikation, in deren Impressum zu lesen war, dass es sich „gegen jede Starrheit und jedes Dogma richtete, wo auch immer es zu finden war ... eine Zeitschrift, deren Politik es schließlich war, niemandem nach dem Munde zu reden oder wohlwollend zu stimmen, noch nicht einmal ihre Leser".[170] In diesem fruchtbaren New Yorker Boden von Liberalismus und Revolte keimten die Samen der freudschen Theorie und wuchsen.

[bv] oder International Exhibition of Modern Art, dt.: Internationale Ausstellung Moderner Kunst
[bw] Marcel Duchamps *Akte, eine Treppe herabsteigend (Nr. 1–3)* befinden sich heute im Philadelphia Museum of Art.[163]
[bx] gerundete Umrechnung von sechs Zoll
[by] Berühmtes Stadtviertel im Westen von Lower Manhattan zwischen Broadway und Hudson River, der 14. und Houston Street, das weitgehend von Mitgliedern der oberen Mittelklasse bewohnt wird. Im späten 19. bis in die Mitte des 20. Jhd. galt es als die Hauptstadt der Bohème und als Geburtsort der Beat-Bewegung. Es ist auch heute noch ein Künstler- und Szeneviertel und bildet mit Chelsea zusammen einen Schwerpunkt des Lesben- und Schwulenlebens. Viele Prominente wie Bob Dylan und Steve Earle, Schriftsteller wie Joe Gould, Eugene O'Neill wohnen und wohnten hier.[166]
[bz] 14. Straße
[ca] Weltweite (Industrie-)Arbeiter-Gewerkschaft mit heutigem Hauptsitz in Cincinnati, Ohio
[cb] dt. Ausgabe: *Zehn Tage, die die Welt erschütterten* (1922)

Max Eastman, der Herausgeber von *Masses*, war einer der wichtigsten frühen Bekenner zur freudschen Theorie. Zur Behandlung seiner Erschöpfungszustände verbrachte er 1906 drei "heiter glückliche"[171] Monate im New Thought Sanitarium[cc] von Dr. Sahler außerhalb von New York City. Die Diagnosen wurden im Sanatorium durch den "Astralkörper" einer Helferin von Sahler empfangen. Wenn eine Behandlung erforderlich war, hypnotisierte Sahler die Assistentin, und sie beschrieb, was getan werden sollte. Falls dies fehl schlug, wurde eine alternative Behandlung mit milden Stromschlägen angewendet, die "über eine gezahnte Goldkrone verabreicht wurden".[172] Jahre später erinnert sich Eastman in seiner Biographie: "Ich wollte an diese Einrichtung glauben. Ich wollte an die geistige Heilung glauben."[173]

Als Eastman 1913 die Chefredaktion von *Masses* übernahm, war er zu einem aufrichtigen Marxisten geworden. 1914 unterzog er sich der Psychoanalyse bei Smith E. Jelliffe, einem anderen Freudianer, der sich in der Mentalhygiene-Bewegung engagierte und später auch mit Abraham A. Brill zusammenarbeitete. Eastman nahm für sich in Anspruch, "Freud und jedes Buch über ihn gelesen zu haben, dass damals auf Englisch verfügbar war", und dass, "ich von keiner kindlichen Fixierung gehört habe, deren Spuren ich nicht in meinem Make-Up finden konnte".[174] Eastman war so begeistert, dass er sowohl seine Schwester als auch seine Mutter überzeugte, sich einer Psychoanalyse bei Brill zu unterziehen.[175]

Den Hauptbeitrag zu Freuds Popularisierung leistete Eastman 1915, als er für ein Honorar von 1.000 Dollar für das populäre monatlich erscheinende *Everybody's Magazine* mit mehr als 600.000 Lesern zwei lange Artikel schrieb. Er beschrieb die Psychoanalyse als eine neue Behandlungsmethode "von der ich glaube, dass sie Hunderttausenden von Nutzen sein kann" eine Methode, um "geistige Krebsgeschwüre" zu sezieren, ... [die einen] gesund, frei und energiegeladen zurücklassen wird".[176] Mit "geistigen Krebsgeschwüren" waren die "Wünsche [gemeint], die in unserem Geist ohne unser Wissen leben, und ... deren krankmachende Wirkungen verschwinden, sobald sie uns deutlich bewusst gemacht werden können".[177]

Der Artikel enthielt Bilder von Freud, Jung, Brill und Jelliffe und mehrere Berichte von wundersamen Heilungen. Eastman beschrieb die Traumanalyse und den Wort-Assoziationstest, aber das Hauptgewicht lag auf der traditionellen freudschen Theorie infantiler Sexualität. "Die Einstellung, die kleine Kinder gegenüber ihren Eltern und der unmittelbaren Familie entwickeln", schrieb Eastman, "hat nach der Vererbung den größten Einfluss auf ihre Charakterbildung und die Festlegung ihrer Einstellung zur Welt."[178]

Zusammen mit Max Eastman war Floyd Dell Mitherausgeber von *Masses*. Er war Schriftsteller und Marxist und von der Psychoanalyse so begeistert, dass er

---

[cc] Sanatorium des Neuen Denkens

von Kollegen oft der Freud-Dell[179] genannt wurde. Schon 1913 hieß es von Dell und seinen Freunden, dass sie "damit beschäftigt waren, einander und jeden, den sie trafen, zu analysieren. ... Es war eine Zeit, in der man gut daran tat, auf seine Äußerungen und auf das zu achten, was man mit den Händen tat".[180] 1916, als Dell mit einer ausgedehnten Psychoanalyse begann, erinnerte er sich, dass "zu dieser Zeit jeder, der etwas über Psychoanalyse wusste, eine Art Missionar des Themas war. Und niemand konnte sich in der Gegend von Greenwich Village aufhalten, ohne viel darüber zu hören".[181]

Dells Psychoanalytiker war Samuel A. Tannenbaum, ein umstrittener Arzt, der fest an die Gefahren sexueller Abstinenz glaubte; er sprach sich öffentlich für die Legalisierung von Prostitution aus und forderte junge Männer dazu auf, zu Prostituierten zu gehen, um "frustrierte Erregung"[182] zu vermeiden. Er sagte, dass ein glückliches Sexualleben „eine dünne, blasse, schlaflose, reizbare und mürrische Frau in eine gesunde, schöne und zufriedene Kameradin verwandeln konnte".[183] Dell behauptete später, "der Psychoanalyse Immenses zu verdanken"[184], weil sie ihm "zu einer ganz neuen Weltanschauung verholfen hat ... zu einer neuen Sicht der Geschichte, die die marxistische nicht ersetzte, sondern ergänzte".[185] Freudsche Vorstellungen wurden bestimmend in den Schriften Dells, und 1930 sprach er auf dem First International Congress for Mental Hygiene[cd] zum Thema "Sex and Civilization".[ce]

Walter Lippmann, später der "Prophet des neuen Liberalismus"[186] genannt, war in seinen frühen Jahren ein anderer einflussreicher Anhänger der Psychoanalyse. Sein Freund Alfred Booth Kuttner war einer von Brills ersten Psychoanalyse-Patienten, und Kuttner erklärte sich bereit, Brill bei der Übersetzung von *Die Traumdeutung* ins Englische zu helfen. Im Sommer 1912 teilten sich Lippmann und Kuttner eine Hütte in Maine, wobei Lippmann Freuds Arbeit vorlas, und Kuttner es übersetzte. Lippmann war fasziniert und teilte später einem Freund mit, dass er auf Freuds Theorie "am Anfang so reagierte, wie man sich bei *The Origin of Species*[cf] gefühlt haben könnte".[187] Der junge Lippmann war Absolvent der Harvard University, wo er eine Ortsgruppe der Intercollegiate Socialist Society (ISS)[cg], gegründet und erfolgreich die Verwaltung ersucht hatte, Sozialismus in den Lehrplan aufzunehmen. Nach seinem Abschluss arbeitete Lippmann für Lincoln Steffens und dann für George R. Lunn, den sozialistischen Bürgermeister von Schnectady.

Während des Sommers 1912 schrieb Lippman *A Preface to Politics*[ch], das Buch, das seinen Ruf als großer liberaler Denker begründen würde. Als es im

---

[cd] Erster Internationaler Kongress zur mentalen Gesundheit
[ce] „Sex und Kultur"
[cf] dt. Ausgabe: *Die Entstehung der Arten* (1859)
[cg] Die Hochschulübergreifende Sozialistische Gesellschaft war zwischen 1905 und 1925 eine nicht parteiische Organisation gegenwärtiger und früherer Anhänger der sozialistischen Sache und der Verbreitung sozialistischer Ideen auf dem Campus.[188]
[ch] *Ein Vorwort zur Politik*

nächsten Jahr veröffentlicht wurde, nahmen die Rezensenten Lippmanns starke Befürwortung der freudschen Theorie zur Kenntnis, die er "als den größten Fortschritt bezeichnete, der jemals hinsichtlich Verständnis und Kontrolle des menschlichen Charakters gemacht wurde".[189] Lippmann verarbeitete die Vorstellungen von Verdrängung und Sublimierung ausgiebig und wandte sie auf die politische Situation an. Er zog auch Parallelen zwischen gesellschaftlichen Problemen und individuellen Instinkten und verknüpfte z. B. "die Wahlrechtsbewegung, industrielle Konzentrationsprozesse und Arbeiterunruhen mit irrationalen Impulsen wie Freud sie in der menschlichen Seele entdeckt hatte".[190] Konstrukte der Psychoanalyse benutzte er im Wesentlichen, um Amerikas soziale Probleme zu analysieren.

1914 wurde Lippmann zum Mitherausgeber von *New Republic* ernannt. Sowohl Lippmann als auch sein Freund Kuttner steuerten der freudschen Theorie höchst schmeichelnde Berichte im flügge werdenden Wochenmagazin bei. 1915 schrieb Lippmann z. B. über Freud: "Ich kann mir nicht helfen, doch ich finde, dass er aufgrund seiner Erläuterungen, aufgrund dieser Beharrlichkeit und geistigen Brillanz zu den Größten gezählt werden sollte, die etwas zum Denken beigetragen haben."[191] (Einem seiner Biographen zufolge "traf Lippmann ein paar Jahre später in Wien tatsächlich mit Freud zusammen, der ihn zu einer Sitzung der Psychoanalytischen Gesellschaft einlud".[192]) Lippmann war so begeistert von Freuds Ideen, dass sich 1919 einer seiner politikwissenschaftlichen Kollegen beklagte: "Ich wünschte, dass Walter Lippmann Freud ein bisschen, nur ein bisschen vergessen würde."[193] Ungewiss ist, ob Lippmann sich persönlich einer Psychoanalyse unterzog, obwohl es scheint, dass er viele Ideen mit Abraham Brill teilte. Brill erklärte z. B. auch öffentlich, dass die Frauenwahlrechtsbewegung eine Folge sexueller Verdrängung war. "Im kontinentalen Europa", fügte Brill hinzu, "wo es nicht so viel Prüderie gibt und Frauen nicht gezwungen werden, Männer zu sein, könnte [auf das Frauenwahlrecht] verzichtet werden."[194]

Als Evangelist der freudschen Lehre trug Walter Lippmann das Wort in Mabel Dodges Salon in der Fifth Avenue 23[ci], die mit Sicherheit einflussreichsten sozialen Treffen im New York der Vorkriegsjahre. Dodge war eine wohlhabende Patronin der Künste, die 1913 mit einer Reihe von "Abendveranstaltungen" begann, zu denen sie die soziale, politische und intellektuelle Elite der Stadt einlud. Fast im Schatten des Triumphbogens des Washington Square versammelte sie

> *Sozialisten, Handelsgewerkschaftler, Anarchisten, Wahlrechtler, Dichter, Verwandte, Rechtsanwälte, Mörder, 'Alte Freunde', Psychoanalytiker, IWW-ler, alleinstehende Steuerzahler, Geburtenkontrolleure, Journalisten, Künstler und moderne Künstler.*[195]

[ci] Fünfte Avenue 23

Stammgäste der Dodge Salons wie Emma Goldman, Max Eastman und Floyd Dell waren frühe und begeisterte Anhänger Freuds, aber es blieb Walter Lippmann vorbehalten, um es mit den Worten seines Biographen zu sagen, "seine eigene Virtuosität bei Vorträgen über die neue Psychologie von Sigmund Freud zu präsentieren".[196]

Nennenswert war 1914 eine Gelegenheit bei der Lippman Brill einlud, auf der Dodge-Versammlung zu sprechen. Brill entsann sich, dass seine Rede "zu einer sehr interessanten und lebhaften Diskussion führte".[197] Dodge stellte jedoch später fest, dass "mehrere Gäste aufstanden und gingen. So erzürnt waren sie über seine Behauptungen über unbewusstes Verhalten und seine verräterischen Zeichen".[198] Brill entsann sich insbesondere, dass Bill Haywood "der Große" an diesem Abend unter den Gästen war. Haywood war ein riesiger Mann ohne formale Ausbildung und einem blinden Auge, das einen mit seiner unbeweglichen Starre fixierte. Von einem Gast wurde er als "ein großer weicher überreifer Buddha mit einem Auge und dem Lächeln eines bedeutenden Mannes" beschrieben, der „sich in das gelbe Chaiselounge mit zwei oder drei Jungfrauen zu seinen Füßen zurücklehnte".[199] Zu dieser Zeit war Haywood sozialistischer Anführer des von Lawrence und Paterson organisierten IWW-Textilarbeiterstreiks. Sechs Jahre zuvor war er in einem Bergarbeiterstreit des Mordes am ehemaligen Gouverneur Idahos, Steunenberg, angeklagt, wurde aber mit Hilfe seines brillanten Rechtsanwalts Clarence Darrow für unschuldig befunden. Später bemerkte Brill: "Die Fragen, die mir [über die Psychoanalyse] von solchen Leuten wie ... Bill Haywood und anderen ähnlich bedeutenden gestellt wurden, unterschieden sich ziemlich von denen der Mediziner."[200]

Mabel Dodge war von Freuds Theorie so gefesselt, dass sie sich unmittelbar einer Psychoanalyse bei Brill unterzog. Sexuelle Themen waren für die bisexuelle Dodge sehr wichtig. Christopher Lasch zufolge war sie von Frauenbusen fasziniert und "eine Pionierin des Orgasmuskults".[201] Zur den Zeiten ihrer psychoanalytischen Soireen war John Reed ihr Liebhaber, mit dem sie zusammenlebte. Zweimal war sie verheiratet, und zwei weitere Ehen sollten künftig noch folgen. Brill suchte nach immer neuen Methoden, das freudsche Evangelium zu verbreiten und brachte Dodge dazu, regelmäßige Kolumnen über Psychoanalyse für die Zeitungen von *Hearst* zu schreiben. Brill empfahl Dodge ausdrücklich, ihre Kolumnen an Frauen der Arbeiterklasse wie "die Frauen, die Hotelbetten machten ... die Ladenmädchen und die jungen Büroangestellten"[202] zu richten. Mit Schlagzeilen wie "Mabel Dodge schreibt über die Mutterliebe" gerieten ihre Kolumnen in das *New York Journal*, das daraufhin die größte Auflage aller Zeitungen in den Vereinigten Staaten erreichte. Später engagierte Dodge sich weiter für Freud und unterstützte auch D. H. Lawrence dabei, einen der ersten englischen Romanschriftsteller, freudsche Ideen in die Literatur einfließen zu lassen.

Wenn die freudsche Theorie sich jemals anschickte, sich über die Grenzen von Greenwich Village hinaus zu verbreiten, dann waren popularisierte Versionen wie die von Mabel Dodge dafür essentiell. Brill war sehr geschickt darin, seine Patienten dabei mitwirken zu lassen, diese Aufgabe zu vollbringen. Einer der effektivsten war Alfred Kuttner, der geholfen hatte, Walter Lippmann zu bekehren. Kuttner verfasste Artikel zu Freuds Theorien für mehrere Laien-Publikationen. 1913 schrieb er für die *New York Times* eine ganzseitige und höchst schmeichelhafte Rezension von Brills neuem Buch *Psychoanalysis, Its Theory and Practical Application*.[cj] Neben einem großen Bild von Brill beschrieb er die "Revolution in der Behandlung von Geisteskranken der letzten Jahre" und stellte fest, dass Psychoanalyse "im Verhältnis zu Geistes- und Nervenkrankheiten steht, wie das Mikroskop zur Pathologie".[203] Kuttners Ansprüche waren keine geringen: "Freud und seine Anhänger zerren buchstäblich verborgene Geheimnisse aus den verwirrten Gemütern ihrer Patienten und letztere wissen nicht, dass sie sie offenbarten."[204] Um gleichzeitig mit Brills Übersetzung von Freuds *Zur Psychopathologie des Alltagslebens* veröffentlicht zu werden, schrieb Kuttner ein Jahr später einen weiteren langen Artikel für die *New York Times* – dieses Mal über die freudschen Theorien zu Versprechern.[205]

Ein anderer Patient Brills, Max Eastman, verfasste 1915 in den Juni- und Juliausgaben des *Everybody's Magazine* die bewundernden Artikel über Psychoanalyse, die sich auf die o. g. bezogen. Im selben Jahr enthielt *Good Housekeeping* eine zweiteilige erweiterte Serie über Freud und die Psychoanalyse, in der auch illustrierende Bilder von mit dieser neuen Methode erreichten Wunderheilungen zu sehen waren. Ein Bild zeigte eine Frau mit einem gelähmten Arm, die plötzlich geheilt war, als ihr "Gemüt für die Bedeutung eines bestimmten Ereignisses geöffnet wurde, das sie im Alter von fünf Jahren erlebte". "Jeder Fall nervöser Invalidität, der keine physische Ursache hat", behauptete *Good Housekeeping*, "hat seinen Ursprung in einer Störung des Sexuallebens. ... Diese gefährliche Störung beginnt mit Kindheitserfahrungen noch vor dem Ende des fünften Lebensjahres." Der Artikel schloss auch eine Version der von Brill oft zitierten Aussage Freuds ein: „Mit einem normalen Sexualleben gibt es so etwas wie Neurosen nicht."[206, ck]

Zeitungs- und Magazin-Redakteure waren von den kommerziellen Möglichkeiten entzückt, die sich durch die sexuellen Kindheitswünsche ergaben. Als seine Zeitung einen Bericht über die freudsche Lehre druckte, bemerkte ein Redakteur des Chicagoer *Journal*: "Das ... ist fesselnder als unser Limerick-Wettbewerb. Unsere Leser werden sehr erfreut sein zu erfahren, dass sie alle potentielle Irre sind, die ihre Väter erstechen oder mit ihren Müttern ins Bett gehen wollen. ... Können Sie sich irgendjemand vorstellen, der 1913 etwas Neues über Sex entdeckt?"[207] Am besten aber war, dass solch' freudscher Kitzel als

---

[cj] *Psychoanalyse, Theorie und praktische Anwendung*
[ck] s. a. S. 12

"wissenschaftliche Entdeckungen" europäischer Professoren präsentiert werden konnte, was ihm eine Aura von Würde verlieh und über die Comstock-Gesetze erhob, die die Veröffentlichung obszönen Materials verboten.

Zwischen 1909 und 1917 breitete sich Freuds Idee schnell in New Yorks *Intelligentia* aus. Einem Beobachter zufolge wurde die zu bedingungsloser sexueller Freiheit ermunternde Theorie wie ein Keil verwendet,

> *um die amerikanische Literatur von Prüderien und anderen sozialen Beschränkungen zu befreien. ... Vielleicht wäre die Freiheit, über Sex zu schreiben – was mit anderen Freiheiten verbunden war –, auch ohne das Eingreifen von Freud erlangt worden. Doch seine literarische Ausbeutung stellte eine bedeutende Verstärkung in einem entscheidenden Moment dar und verhalf unserer Literatur wesentlich zur Mündigkeit.*[208]

Brill und seine Kollegen spielten eine wichtige Rolle dabei, New Yorks literarische Gemeinschaft jenseits ihres viktorianischen Erbes zu führen. Nach einem Artikel in der *New York Times* von 1910, in der Brills Arbeit wohlwollend beschrieben wurde, erinnerte er sich, dass Schriftsteller "zu mir von überall her kamen und etwas darüber wissen wollten".[209] Bei einer Gelegenheit war Brill Gastsprecher einer Sitzung der Authors' League of America[cl]: "Ich zeigte ihnen einige ‚Szenarien', die mir oft bei Patienten begegneten, von denen sie aber nie etwas gehört oder die sie sich noch nie vorgestellt hatten."[211]

Theodore Dreiser, einer der meist umjubelten Romanschriftsteller der Ära, verwertete viele von Brills Ideen. Dreisers *Sister Carrie*[cm] wurde 1900 vom Herausgeber wegen des öffentlichen Aufschreis über die realistische Beschreibung sexueller Probleme zurückgehalten. Dreiser war Freuds Ideen sehr wohl gesonnen als er in den Vorkriegsjahren eine lange gesellschaftliche Beziehung mit Brill begann. Er las von Brill empfohlene Bücher[212], befragte ihn hinsichtlich der Motivation der Charaktere beim Verfassen von *An American Tragedy*[cn] und begann sogar "eine Reihe von zwölf Gesprächen mit Dr. Brill ... über Leben und Glück ... [die] von einem Stenografen [mit der nie realisierten Absicht der anschließenden Veröffentlichung] aufgenommen wurde".[213] Als Dreiser nach Europa ging, bat er Brill um ein Schreiben für Freud[214], konnte ihn aber nicht treffen.

Aufgrund seiner eigenen sexuellen Probleme hatte Dreiser auch ein spezielles Interesse an Freud. Nach W. A. Swanberg war er ein triebhafter Schürzenjäger und "immer in Intrigen und Schwindeleien verwickelt. Während er "manchmal zugab, dass seine Libido eine Bürde war, fand er meist, dass Sex die lohnends-

---
[cl] Die Liga der Autoren Amerikas wurde 1912 gegründet und bildete die Grundlage für die heutige gewerkschaftliche Organisation der Writers Guild of America (East and West), die die Rechte von Buch-, Film- und Bühnenautoren vertritt.[210]
[cm] dt. Ausgabe: *Schwester Carrie* (1953, 2004)
[cn] dt. Ausgabe: *Eine amerikanische Tragödie* (1951)

te aller Erfahrungen war ... und verband sie mit Mut und Abenteuer".[215] Er fand auch, "dass sexuelle Konflikte sein Bewusstsein und seine Kreativität erhöhten".[216] Dreiser lobte Freud für sein „starkes, erhellendes Licht, das er auf einige meiner dunkelsten Probleme warf, die mich heimsuchten und meine Arbeit störten".[217] Wie Brill glaubte Dreiser, dass sexuelle Verdrängung schädlich sein konnte und bestand für sich selbst auf sexueller Freiheit. Als Helen Richardson, seine Geliebte und mögliche Frau, bei einer Gelegenheit gegen eine seiner Affären protestierte[218], brachte Dreiser, Swanberg zufolge, mit voller Absicht die Frau mit nach Hause, schlief mit ihr und bestand darauf, dass Helen ihnen beiden am nächsten Morgen das Frühstück im Bett servierte, was sie tatsächlich auch tat.

Mehrere andere amerikanische Schriftsteller wurden mit der freudschen Welle ins Village gespült. In *Unwelcome Man*[co] von Waldo Frank (1917) "beginnt der Roman mit einer höchst ausführlichen Darstellung der Gefühle des Helden als Säugling"[219], und es hieß, er „stützte sich stark auf Freud". *Our America*[cp] von Frank (1919) sah die amerikanische Geschichte als Konsequenz der Unterdrückung der natürlichen Wünsche von Puritanern, die zu grundsätzlichen Defekten im amerikanischen Charakter führten. Er wurde „krank, verschrumpelte und wuchs pervertiert".[220] Frank nannte Freud "einen der Helden des modernen Denkens".[221] Er war zu dieser Zeit Mitherausgeber von *The Seven Arts*, der einflussreichsten unter einer Unzahl von in New York veröffentlichten literarischen Zeitschriften. Redakteur von *The Seven Arts* war James Oppenheim, der sich auch einer Psychoanalyse unterzogen hatte und dessen Analytiker in der Tat zu ihrer Entstehung beigetragen hatte, indem er einen wohlhabenden Patienten davon überzeugte, sie "als eine Art Therapie für Oppenheim"[222] zu finanzieren. Später wurde Oppenheim selbst Amateur-Analytiker.[223]

Die literarischen Zeitschriften waren ein wichtiges Mittel, Freud zu verbreiten und ihn außerhalb New York Citys bekannt zu machen. Gemäß dem Kritiker Bernard de Voto, waren zwischen 1912 und 1920 "drei Viertel der Dichtung, der Dramen und Romane, die sie [die Zeitschriften] druckten, von Freud inspiriert oder hatten wenigstens die Absicht dazu".[224] Junge, am Anfang ihrer Karriere stehende Schriftsteller standen unvermeidlich unter dem Einfluss dessen, was ihre älteren New Yorker Kollegen für wichtig hielten. Conrad Aiken z. B.

> *entschied sehr früh, schon seit 1912 denke ich, dass Freud, seine Mitarbeiter, Rivalen und Anhänger den wichtigsten Beitrag des Jahrhunderts zum Verständnis des Menschen und seines Bewusstseins leisteten. Entsprechend machte ich es zu meinem Geschäft, soviel von ihnen zu lernen wie ich konnte.*[225]

[co] *Der unliebsame Mann*
[cp] *Unser Amerika*

Aiken verarbeitete seine gesamte lange Karriere hindurch freudsche Themen in seinen Schriften. Ähnlich zeichnete der junge F. Scott Fitzgerald in *This Side of Paradise* (1920)[cq] einen weiblichen Charakter, der freizügig Petting macht und ihrem jungen Mann erklärt: "Oh, nur einer von 50 hat einen Schimmer davon, was Sex ist. Ich bin versessen auf Freud und all das. Aber faul daran ist, dass jedes Bisschen wahre Liebe in der Welt zu 99 Prozent aus Leidenschaft und einer kleinen Spur Eifersucht besteht."[226]

Auch das Broadway-Theater vereinnahmte Freud früh und oft. Arthur Hopkins[227], der von Dr. Smith E. Jelliffe analysiert wurde, wird das erste Stück zugeschrieben, in dem speziell freudsche Vorstellungen verarbeitet wurden. *The Fatted Calf*[cr] wurde im Februar 1912 zum ersten Mal aufgeführt und schilderte die Heilung paranoider Symptome durch die Psychotherapie. Im nächsten Jahr porträtierte *The Smouldering Flame*[cs] die Folgen sexueller Verdrängung, und 1915 behandelte das preisgekrönte *Children of Earth*[ct] dasselbe Thema, mit "dem alten Dorftrottel in einer Nebenrolle, der die Ansicht des Autors symbolisierte, dass ein Individuum wie dieser alte Mann 'von der Liebe zerbrochen' werden kann, wenn sein sexuelles Leben unerfüllt bleibt".[228]

Suppressed Desires[cu], 1916 uraufgeführt, war das erste Stück speziell über die Psychoanalyse, "eine geniale und entzückende Satire auf die Wirkung amateurhafter Psychoanalyse in den Händen eines windigen Liebhabers".[229] Im Stück wird eine Frau gewarnt, ihrer Schwester ihre Träume zu offenbaren, da "sie sonst auf den unterschwelligen Wunsch stieße, ihren Vater zu töten und ihre Mutter zu heiraten".[230] Von einem anderen Charakter wurde gesagt, dass er in gerade mal zwei Wochen erfolgreich psychoanalytisch behandelt worden war. Die Autoren des Spieles waren Susan Glaspell und George C. Koch, angesehene Mitglieder des literarischen Establishments des Village. Glaspell erklärte einmal das psychoanalytische Ambiente im Village dieser Zeit: "Man konnte nicht aus dem Haus gehen, um Brötchen zu kaufen, ohne von jemandes Komplex zu hören."[231] Ein anderer New Yorker beschrieb einen Mann auf einer Party, der anfing, einen Traum zu erzählen und von einem Gast unterbrochen wurde: "Ich bitte um Verzeihung, mein Herr, aber so lange sie kein Freudianer sind, enthüllen sie unwissentlich sehr intime Dinge. Ich möchte kein Lauscher sein, nicht einmal auf diese Art und Weise."[232]

Anfang der 1920er Jahre wurde Freud in der New Yorker Theaterwelt noch prominenter. In seinem umfassenden *Freud on Broadway*[cv] nannte W. David Sievers diese Ära "das Zeitalter der Psychoanalyse"[233] und stellte fest, dass es vom Ödipuskomplex geprägt war, gewöhnlich mit einer "vorherrschenden Mut-

---

[cq] dt. Ausgabe: *Diesseits vom Paradies* (2007)
[cr] *Das gemästete Kalb*
[cs] *Glimmendes Feuer*
[ct] *Kinder der Erde*
[cu] *Unterdrücktes Verlangen*
[cv] *Freud am Broadway*

ter und einem fixiertem Sohn, dessen Leben von ihrem Neid auf seine sexuellen Partner bestimmt wurde".[234] Sexuelle Unterdrückung und Frustration wurden in diesen Stücken als schädlich porträtiert, und Freud wurde als rationale Erklärung dafür angeführt, seinen Wünschen nachzugeben. Wie Sievers es beschrieb: "Mit Flachmännern an den Hüften und Worten wie 'gehemmt' und 'unterdrückt' auf den Lippen wurde die junge Generation bei der Verletzung der Vorkriegsmoral im Namen von Selbstverwirklichung und individueller Freiheit dargestellt."[235] Besonders beachtenswert unter den Stücken war 1919 *The Hand of the Potter*[cw] von Theodore Dreiser, in dem das Benehmen eines sexuellen Psychopathen "eine große Kraft"[236] genannt wurde, von der es hieß, dass Freud sie studierte. 1925 im Roman *Dark Laughter*[cx] von Sherwood Anderson sagt einer der Charaktere: "Wenn es etwas gibt, dass sie im Leben nicht verstehen, befragen sie die Werke von Dr. Freud."[237] Und in *Strange Interlude*[cy], von Eugene O'Neill während seiner Psychoanalyse in 1928 geschrieben[238], werden blutschänderische und unterdrückte sexuelle Wünsche mit Zeilen wie "Oh, Oedipus. Oh, mein König. Die Welt nimmt Dich an!"[239] verflochten. *Strange Interlude* hatte in New York 426 Vorstellungen und gewann einen Pulitzer Preis.

Zusätzlich zu den New Yorker Schriftstellern machten Dr. Abraham Brill und seine kleine Clique von Psychoanalytiker-Kameraden von Gelegenheiten Gebrauch, das freudsche Wort auch in andere Gruppen zu tragen. Brill erinnerte sich: "Sobald ich als Vertreter Freuds bekannt wurde, wurde ich in der Tat mit Einladungen, über sexuelle Probleme zu sprechen, überschwemmt."[240] U. a. sprach er bei der Child Study Association[cz] über das Thema "Masturbation" und gab regelmäßige Kurse im pädagogischen Fachbereich der University of New York. Wenn Mütter und Lehrer psychoanalytische Grundsätze bei ihrem Umgang mit Kindern anwenden würden, sagte Brill, "könnten wir nervöse und geistige Krankheiten soweit reduzieren wie Pocken und Typhus".[242] Die Studentenzeitung der Columbia University ermunterte ihre Leser dazu, „unsere Libido zu entfesseln"[243] und 1920 hieß es, dass Psychoanalyse "in Aufbaukursen, Sommer- und höheren Mädchenschulen im Gebiet von New York unterrichtet wurde".[244]

Ein anderes Beispiel für Brills Einfluss bei der Verbreitung von Freuds Theorie war die Werbung. Einer der führenden Publizisten im New York der Nachkriegszeit war Edward L. Bernays, der Sohn von Freuds Schwester Anna. Bernays war in New York aufgewachsen und ausgebildet worden und arbeitete für die American Tobacco Company[da], die versuchte, das Rauchen bei Frauen zu

---

[cw] dt. Buchausgabe: *Ton in des Töpfers Hand* (o. J.)
[cx] dt. Buchausgabe: *Dunkles Lachen* (1963)
[cy] dt. Buchausgabe: *Seltsames Intermezzo* (1946)
[cz] 1888 als nationale Freiwilligen-Agentur gegründet, dient die Child Study Association of America als Zentrum für Erziehung und Ausbildung im Hinblick auf die mentale Gesundheit im Familien- und Gemeindeleben.[241]
[da] Amerikanische Tabakgesellschaft

fördern. 1929 suchte Bernays Brills Rat, wie man diese Absicht umsetzen konnte. Man sagte ihm, dass "Rauchen eine Sublimation oraler Erotik ist"[245] und dass Zigaretten phallische, also männliche Symbole sind. Zigaretten konnten deshalb, so Brill, als "Fackeln der Freiheit" von Frauen verwendet werden, um ihre Befreiung zu demonstrieren. Auf Brills Rat gestützt traf Bernays für zehn junge Debütantinnen Vorkehrungen, öffentlich auf der New Yorker Osterparade zu rauchen und verursachte damit landesweites Aufregung auf den Titelseiten. Bernays behauptete, dass dies "das erste Beispiel für ihre [Freuds Theorie] Anwendung in der Werbung war".[246]

Ein Jahrzehnt nach seinem Besuch von 1909 war New York City zum Zentrum der freudschen Neuen Welt geworden. Es gab kleine Ableger psychoanalytischer Begeisterung in Boston, Washington und Chicago, aber Greenwich Village war Freuds Hochburg. Da New York auch das Zentrum für Schriftsteller und Verleger war, wurden die Ideen von Freud durch die Medien viel schneller verbreitet, als wenn sie ihre Wurzeln anfänglich anderswo geschlagen hätten.

Ebenfalls in New York City wurde Freuds Theorie mit Ideen von sexueller Befreiung und sozialer Reform am erfolgreichsten verschmolzen. Geburtenkontrolle, Scheidungsgesetze und Frauenwahlrecht vermischten sich leicht mit sexueller Freizügigkeit, und Anhänger von Freud waren niemals weit weg. Dr. Brill z. B. unterstützte sowohl Geburtenkontrolle als auch die Legalisierung von Abtreibungen.[247] Viele Anhänger von Freud waren auch an sozialen Bewegungen wie Reformen der Arbeitsbedingungen, der Kinderarbeitsgesetze und des Wohnungsbaus beteiligt. Künstlerische Experimente waren eine andere Fassette der sozialen Reform, so dass Kubismus, das neue Theater und sogar die neuen Tänze mit Freud identifiziert wurden. Dr. Smith E. Jelliffe z. B., Mitautor von *Psychoanalysis and the Drama* (1922)[db], war auch ein treuer Fürsprecher moderner Malerei, die er als "bedeutender Ausdruck bisher verbotener Wünsche betrachtete".[248] Ähnlich machte sich Brill öffentlich für die neuen Tänze stark, die seiner Meinung nach ein gutes Gegenmittel zur "puritanischen Prüderie und angelsächsischen Heuchelei waren. ... In diesem Licht müssen die modernen Tänze als vorteilhaft für unser gegenwärtiges soziales System gesehen werden".[249] Brill führte mehrere seiner Patienten an, denen besonders geholfen wurde – einschließlich "zweier schüchterner und introvertierten Personen, die sich durch die neuen Tänze völlig veränderten [und] nicht mehr fürchten, das andere Geschlecht zu treffen und ernsthaft ans Heiraten denken".[250] So wurden Jelliffe und Brill zu Prototypen der späteren amerikanischen Psychiater, die soziale Änderungen im Namen seelischer Gesundheit guthießen.

Ein wichtiger Aspekt der Fusion der freudschen Theorie mit sexueller Freiheit und Sozialreform war politischer Natur. Zu Beginn kamen die amerikanischen Anhänger Freuds aus dem linken politischen Spektrum. Von Psychoanalytikern wie Smith E. Jelliffe, James Putnam und William A. White wurde gesagt, dass

---

[db] *Psychoanalyse und Schauspiel*

sie „mit dem vagen kooperativen Sozialismus der Vorkriegszeit sympathisierten".[251] Zu prominenten Anhängern von Freud, die keine Psychoanalytiker waren, gehörten Walter Lippmann, der für traditionellen Liberalismus eintrat, sowie die Sozialisten Max Eastman und Floyd Dell. Theodore Dreiser wurde später Mitglied der American Communist Party[dc], und Emma Goldman und ihre Kollegen waren Anarchisten. Man sagte, dass Trotzki "intelligent über Freud schrieb"[252], und Max Eastman behauptete, dass Marx und Freud "über dieselben Dinge nachdenken und ihre Sichtweise dieser Dinge völlig harmonisch ist".[253] William Dean Howells kommentierte, dass Sozialismus "für den durchschnittlichen Amerikaner nach Erdöl riecht, die rote Fahne und alle Arten sexueller Neuheiten suggeriere".[254]

Alle diese Fäden liefen in Greenwich Village im Salon von Mabel Dodge zusammen, und es hieß, dass man „die Minister der kommenden revolutionären Regierung der Gästeliste entnehmen konnte".[255] Gäste wie Walter Lippmann, Emma Goldman und Abraham Brill wechselten zwischen Salat und Nachtisch mit ihrer Gastgeberin leicht von Diskussionen über die Libido zu sozialer Reform und Revolution. Viele dieser Leute traf man auch in William und Margaret Sangers vornehmen Apartment wieder, wo Gespräche über Geburtenkontrolle und freudsche Theorie sich mit Revolution vermischten; zu den Gästen gehörten Prominente wie John Reed, Bill Haywood "der Große", der Anführer der Sozialisten, Eugene Debs, Emma Goldman und der Anarchist Alexander Berkman, der nach 14 Jahren Haft für den Anschlag auf Henry Clay Frick aus dem Gefängnis entlassen worden war.[256]

Freud war definitiv in New York angekommen, und viele seiner Anhänger hofften, dass "eine psychoanalytische Revolution das Viktorianische in ein Goldenes Zeitalter verwandeln würde".[257]

[dc] Amerikanische Kommunistischen Partei

1.6 Der Aufstieg des Sex, der Niedergang von Freud

Die Sexuelle Revolution der 20er und 30er Jahre des 20. Jahrhunderts in Amerika war eng mit dem Namen Freud verbunden. Helen Thompson Woolley, eine Wissenschaftlerin, die 1910 die Literatur über die Psychologie des Sex' zusammenfasste, hatte Schwierigkeiten, veröffentlichtes Material zu finden. Doch ab 1914 führte sie eine Flut neuer Studien zurück auf "die Hervorhebung des Sex' durch die freudsche Schule und das Interesse an Sexualerziehung – ganz zu schweigen von der ganzen Feministen- und Frauenwahlrechtsbewegung".[258] Umfragen ergaben, dass die Zahl der Amerikaner, die außereheliche Beziehungen, Scheidungen und Geburtenkontrolle billigten „nach 1918 schnell anwuchs und besonders unter den Intellektuellen ein Hoch zwischen 1925 und 1929 erreichte".[259] Studien von Alfred Kinsey zeigten, dass „1916 bei den um 1900 geborenen Frauen" der Anteil stark anstieg, der einen Orgasmus erlebte und vorehelichen Verkehr hatte. „Kinsey fühlte das neue Muster z. T. auf veränderte Einstellungen zurück, die er mit den Lehren von Freud und Havelock Ellis in Verbindung brachte".[260] Viele Faktoren leisteten einen Beitrag zur Sexuellen Revolution in Amerika, doch der Name Freud wurde zu ihrem Schlagwort.

Zwei technische Innovationen, nämlich Kondome und Autos, erlaubten es, der Sexuellen Revolution in Erscheinung zu treten. Deutliche Fortschritte in der Vulkanisierungstechnik von Gummi zwischen 1905 und 1906 machten es zu ersten Mal möglich, massenhaft zuverlässige Kondome herzustellen. Margaret Sangers Verhütungskampagne begann 1914 damit, dass ihre Kliniken anfingen, Kondome und andere Verhütungsmittel zu verteilen – zur selben Zeit als freudsche Ideen in Druck gingen.

Mit der Ratifizierung der 19. Änderung[dd], die ihnen das Stimmrecht zubilligte, wurden im August 1920 auch die Frauen zu vollwertigen Staatsbürgerinnen. Anschließend wurde die Emanzipation der Frauen von der Prohibition vorangetrieben. Saloons waren immer das Territorium der Männer, aber „in den Speakeasys[de] wurden normalerweise Männer und Frauen bedient. ... Und so wurden unter dem neuen Regime nicht nur die Drinks, sondern auch die Gesellschaft gemixt".[261]

In der Zwischenzeit verdoppelte sich die Scheidungsrate in Amerika von 8,8 in 1910 auf 16,5 in 1928, und in städtischen Gegenden wurde das traditionelle Stigma, geschieden zu sein, durch "einen Hauch von Unkonventionalität [ersetzt], gerade zart errötend genug, um als verwegen und begehrenswert zu gelten."[262]

[dd] zur Verfassung der Vereinigten Staaten
[de] Flüster- oder Mondscheinkneipen, illegale Kneipen z. Z. der Prohibition

Die Verfügbarkeit von Autos war für die Sexuelle Revolution essenziell, denn sie stellten den Damen und Herren mobile Labore zur Verfügung, die für die Erkundung neuer Dimensionen der Beziehung genutzt werden konnten. 1919 gab es 6,6 Millionen Autos in den Vereinigten Staaten, aber 90 Prozent davon waren offen. 1927 stieg die Zahl auf 20,2 Millionen. Aber wichtiger war, dass 82 Prozent davon geschlossen waren. In *Only Yesterday*[df] bemerkte Frederick Allen:

> *Das geschlossene Auto war in der Tat ein vor Wetter geschützter Raum, der bei jeder Tages- und Nachtzeit in Beschlag genommen und auf einen dunklen Seiten- oder Feldweg bewegt werden konnte. ... [Es war] ein fast universell einsetzbares Mittel, um zeitweise der Aufsicht der Eltern und Anstandsdamen zu entgehen.*[263]

In *Middletown*, einer 1929 veröffentlichten soziologischen Studie, nannte ein Richter das Auto ein „Haus der Prostitution auf Rädern" und stellte fest, dass zwei Drittel der von Frauen begangenen Sexualdelikte in Autos stattfanden.[264]

Die Beschäftigung mit Sex spiegelte sich in der Literatur und in der Popkultur dieser Ära wider. Ernest Hemingways *The Sun Also Rises*[dg] (1926) und Aldous Huxleys *Point Counter Point* (1928)[dh] boten einen sexuellen Kitzel, den andere Leser in Magazinen wie *True Story* suchten, das zum ersten Mal 1919 veröffentlicht wurde. Bis 1926 hatte das Magazin fast zwei Millionen Leser, „ein wahrscheinlich nie erreichter Wachstumsrekord im Zeitschriften-Verlag".[265] Die Jurys des Pulitzerpreises hatten zunehmend Probleme, Bücher zu finden, die die Kriterien des Komitees, die „gesamte Atmosphäre des amerikanischen Lebens" und den „höchsten Standard amerikanischer Umgangsformen der Menschheit"[266] reflektierten. Deshalb änderten die Funktionäre sie, indem sie „gesamte" durch „fördernde" ersetzen und die Formulierung „höchsten Standard" ganz fallen ließen. Sexuelle Aktivitäten wurden unter jungen Amerikanern zum Hauptgesprächsthema. Frederick Allen bemerkte: „Sie glaubten nicht nur daran, dass man frei darüber sprechen sollte, sondern auch, dass man dies permanent tun sollte."[267] Wie ein populäres Magazin bemerkte, hatte es in Amerika „Sex geschlagen".[268]

Ende der 1920er Jahre waren die großen Schlachten in der amerikanischen Sexuellen Revolution geschlagen. Die öffentliche Beschäftigung mit Sex war bereits im Abklingen, als die Ereignisse an der Wall Street im Oktober 1929 die Aufmerksamkeit auf weltliche Dinge wie Arbeitsplätze und Geld lenkte. 1936 verkündete das Magazin *Fortune* offiziell: „Sex ist keine Nachricht mehr. Und die Tatsache, dass es keine Nachricht mehr ist, ist eine Nachricht."[269]

[df] *Gestern erst*
[dg] dt. Ausgabe: *Fiesta* (1941)
[dh] dt. Ausgabe: *Kontrapunkt des Lebens* (1930)

So wie die Sexuelle Revolution in den 1920ern begann abzuflauen, so galt dies auch für das Interesse der Amerikaner an freudschen Ideen. Einem Beobachter zufolge wurde Freud zunehmend so langweilig „wie Mah Jhongg oder Minigolf".[270] In Orten wie Greenwich Village war es für junge Männer immer noch zeitgemäß „ihre Eroberungen mit einem Kapitel und Vers von Freud einzuleiten".[271] Aber anderswo wurde ohne Hilfe aus Wien verführt. Cathrine Covers bemerkte in ihrer Studie über Freuds Ideen in amerikanischen Zeitschriften, dass Bezüge auf Freud „Mitte der 20er ein Hoch erreichten und mit Beginn der Depression abnahmen".[272] Ähnlich berichtete Nathan Hale in *Freud and the Americans*[di], dass „die Zahl der Artikel über Psychoanalyse ... einen Höchststand zwischen 1925 und 1928 erreicht".[273] (In der eigenen Studie des Autors[dj] über Artikel über Freud und die Psychoanalyse, die als jährlicher Anteil der im *Readers Guide to Periodical Literature* gelisteten Gesamtartikelzahl gedacht war, konnte man feststellen, dass ihre Zahl zwischen 1915 und 1922 am höchsten war und danach langsam abnahm. Zwischen 1930 und 1935 lag der jährliche Anteil solcher Artikel bei nur einem Drittel der zwischen 1915 und 1922, und er blieb bei dieser geringeren Häufigkeit bis in die 50er Jahre.[274])

Noch bedeutsamer als die abnehmende Zahl von Artikeln über Freud und die Psychoanalyse aber war die Tatsache, dass ein zunehmender Anteil davon spöttisch oder offen abfällig war. E. E. Cummings schlug als offiziellen Slogan für die New Yorker *Daily News* vor: „Jeder Fall ein Ödipuskomplex."[275] Die *New York Times* berichtete vom Selbstmord einer Mercy Rogers, „die, nachdem sie 102 Bücher über Psychoanalyse und verwandte Themen gelesen hatte, am Leben verzweifelte und das Gas aufdrehte".[276] Henry Fords *Dearborn Independent* parodierte die Freud-Faszination der New Yorker Zeitung mit einem Rückblick auf ein mythisches Buch mit dem Titel *Psychic Psara, a Pstudy in Psychoanalysis*[dk], dem er den Preis der „American Society for the Promotion and Promulgation of the Abnormal"[dl, 277] verlieh. In *Vanity Fair* stellte

> *Dr. Paul Ehrich, den populären New Yorker Psychoanalytiker [dar], wie er die Komplexe einer jungen Dame erforschte, die von roten Lichtern, Boa constrictors und Kaviar träumte. Ungeachtet der Tatsache, dass sie Käsetoast zum Abendessen hatte, wird er bei ihr aus einem Elektrakomplex resultierende Platzangst und akute Manie diagnostizieren* [278]

Und Morris Fishbeins *New Medical Follies*[dm], einem populären Buch von 1927, charakterisierte die Psychoanalyse als „eine Art von Voodoo mit obszönen Ritualen und Menschenopfern"[279], bei der ein Psychoanalytiker „für praktische je-

---

[di] *Freud und die Amerikaner*
[dj] E. Fuller Torrey
[dk] *Psychotische Psara, eine Pstudie zur Psychoanalyse*
[dl] „Amerikanische Gesellschaft zur Förderung und öffentlichen Verbreitung des Abnormen"
[dm] *Die neuen Quacksalber*

de Handlung eine obszöne Ursache finden kann, auf die man seine Aufmerksamkeit richtete oder über die man es vorzieht, nicht zu sprechen".[280]

Mit dem Beginn der Großen Depression gerieten Freud und seine Lehre bei der großen Masse der Amerikaner immer mehr in Vergessenheit. Er war eine starke Kraft in der Sexuellen Revolution, aber mit dem zunehmend offeneren Umgang mit Sex war sein Stern im Sinken begriffen. 1928 ernannte *Vanity Fair* Freud „zum Kandidat für das Vergessen"[281], und 1933 bemerkte *Commonweal* unter der Überschrift „Farewell to Freud"[dn]:

> *Die Psychoanalyse hat ihren Lauf ziemlich absolviert [und wurde] zu einem altmodischen Fimmel, dessen Ansehen hoffnungslos von Assoziationen mit Hemmungslosigkeit, Scharlatanerie und Ausbeutung beschmutz war.*[282]

1935 veröffentlichte *American Mercury* einen Artikel mit dem Titel „The Twilight of Psychoanalysis"[do], in dem er behauptete: „Der psychoanalytische Jargon hat seinen Reiz des Neuen verloren und ist in esoterischer Unverständlichkeit versunken."[283]

Genau genommen gab es eine kleine Gruppe Amerikaner, für die Freuds Theorie weiterhin wichtig blieb. Die New Yorker Intellektuellen, besonders die aus der Theaterwelt, verwendeten die Psychoanalyse im Privatleben und freudsche Konzepte im Beruf. Leser von *New Republic* und kleinen Literaturmagazinen stellten weiterhin freudsche Bezüge her, aber im Gegensatz dazu ergab eine Begutachtung der großen Massenmagazine der 1920er „keine Spuren von Psychoanalyse".[284] Sozialarbeiter und Psychiater der Mentalhygiene-Bewegung und Kriminologie (s. Kap. 7) verehrten Freud, aber Nathan Hale zufolge hatten Freuds Ideen „nur eine kleine Minderheit von Psychiatern"[285] berührt. Freuds populärstes Buch, *Die Traumdeutung*, wurde bis 1932 in den 19 Jahren seit der englischen Übersetzung[dp] nur 16.250 Mal in Amerika und Großbritannien verkauft.[286] Wie Hale in *Freud and the Americans* schlussfolgerte „war bis 1930 der Einfluss von Freud und der Psychoanalyse wahrscheinlich immer noch auf eine vergleichsweise kleine Gruppe Amerikaner beschränkt".[287]

Drei Jahrzehnte später gehörte Sigmund Freud zu den bekanntesten Namen in Amerika. 1959 bewertete ihn Philip Rieff als jemanden, der „einen intellektuellen Einfluss ... größer als jeder andere moderne Denker hatte", einen Mann, der „den Lauf der westlichen intellektuellen Geschichte geändert hat" und dessen Schriften „das wichtigste zu Papier gebrachte Gedankengebäude des 20. Jahrhunderts"[288] darstellten. Mit Sicherheit ist dies eine der bedeutendsten Transformation der Ideen eines Mannes in der intellektuellen Geschichte.

[dn] „Abschied von Freud"
[do] „Die Dämmerung der Psychoanalyse"
[dp] engl. Ausgabe: *The Interpretation of Dreams*

Von einem Brückenkopf unter den New Yorker Intellektuellen bis zum weit verbreiteten Einfluss auf fast alle Bereiche des amerikanischen Lebens ist es ein weiter Weg. Literatur, Theater, Anthropologie, Soziologie, Kindererziehung, Bildung, Kriminologie und viele anderen Bereiche des amerikanischen Denkens und der Kultur sollten noch von Freud durchdrungen werden. Das Gefährt, um Freud aus Greenwich Village nach Utica, Wichita und Yakima zu transportieren, tauchte glücklicherweise auf, als es gebraucht wurde. Ohne die *Nature-Nurture*-Debatte wäre Freuds Name heute bloß eine Fußnote in der Sozialgeschichte – zitiert als einer der ersten Fürsprecher sexueller Reformen. Doch durch die *Nature-Nurture*-Diskussion erreichte Freud eine Mission und ein Ziel, die größer waren, als er selbst es sich je vorgestellt hatte.

2 Rasse, Einwanderung und die *Nature-Nurture*-Kontroverse

> *Der Rassist ... möchte uns glauben machen,*
> *dass ein nordischer Idiot mehr wert ist als ein chinesisches Genie.*
>
> Franz Boas[289]

Von den angesehenen Gästen, die 1909 zu Sigmund Freuds Vorlesung an die Clark University eingeladen waren, würde sich Franz Boas als der Wichtigste bei der Verbreitung von Freuds Theorie in Amerika herausstellen. Heute vornehmlich als Anthropologe und Experte für die Ureinwohner der amerikanischen Westküste gesehen, war Boas damals besser bekannt als führender Gegner von Einwanderungsbeschränkung und Rassismus. In *Race: The History of an Idea in America*[dq] deutete Thomas W. Gossett an, dass "es möglich ist, dass Boas mehr gegen Rassenvorurteile getan hat als jeder andere in der Geschichte".[290] Als der Name Freud mit Begriffen wie Einwanderung und Rasse in Verbindung gebracht wurde, wurde er auch Teil der fortdauernden Debatte über *Nature* und *Nurture* – Schlüsselworte für die, die glaubten, dass entweder die Gene (*Nature*) oder Kultur, Erfahrungen und Erziehung (*Nurture*) die wichtigeren Determinanten menschlichen Verhaltens waren. So legte Boas in den Jahren nach dem Zweiten Weltkrieg unwissentlich den Grundstein für die Manifestation Freuds als Messias des Liberalismus und Humanismus.

Obwohl sich Boas offensichtlich nie einer Psychoanalyse unterzog, war er ein begeisterter Fürsprecher Freuds. In einem Interview mit dem Bostoner *Evening Transcript* nach der Vorlesung von 1909 pries Boas das, was er Freuds „epochale Entdeckung"[291] nannte. Er selbst präsentierte eine Schrift über die Konferenz mit dem Titel „Psychological Problems in Anthropology"[dr] und wurde zusammen mit Freud, Jung, William James, Adolf Meyer und G. Stanley Hall in die vorderste Reihe gestellt. Als Boas an die Columbia zurückkehrte, wo er Professor für Anthropologie war, hielt er ein Seminar über Freuds Lehre.[292] Später kritisierte er Freud manchmal hinsichtlich seiner anthropologischen Ideen – insbesondere *Totem und Tabu* (1913) und seine Behauptung, dass Totempfahle Sexsymbole sind.[293] Trotzdem befürwortete er Freuds Theorie weiterhin, indem er mit einigen der führenden Psychoanalytiker korrespondierte[294], den *Psychoanalytic Review*, Amerikas erstes psychoanalytisches Journal[295], unterstützte, am First International Congress for Mental Hygiene teilnahm und seine Tochter ermutigte, sich einer Psychoanalyse zu unterziehen.[296] Boas bewunderte Freuds Gewichtung der Kindheitserfahrungen als verhaltensbestimmende Faktoren vor den Genen. Er sah Freud als Verbündeten im monumentalen Kampf,

---

[dq] *Rasse: Die Geschichte einer Idee in Amerika*
[dr] *Psychologische Probleme in der Anthropologie*

den er aufgenommen hatte, und er würde jeden Verbündeten brauchen, den er finden konnte.

2.1 Franz Boas versus anglikanische Elite

Franz Boas wurde 1858 in einer deutsch-jüdischen Familie geboren, die am demokratischen Aufstand von 1848[ds] teilgenommen hatte. Boas beschrieb sein Zuhause als eines, „in dem die Ideale der Revolution von 1848 lebendig waren".[298] Aufgrund seiner Ausbildung war er sowohl Demokrat als auch Revolutionär, und seine Entschlossenheit, für seine Überzeugungen einzustehen, resultierte noch bevor er 21 wurde in zwei Duellen.[299] Wenigstens eins davon wurde von einer antisemitischen Bemerkung ausgelöst, die Boas übel genommen hatte. Man sagte, er hätte den Beschuldigten aus dem Cafe geworfen und auf einem Duell bestanden, obwohl der Mann sich entschuldigte. Beide Duelle hinterließen Narben in seinem Gesicht, wovon mindestens eine sich über die linke Wange bis zu seinen zotteligen schwarzen Augenbrauen zog, was wiederum stark zu seinem Ruf von Verstocktheit beitrug. A. L. Kroeber beschrieb Boas später:

Seine Entscheidungen waren so endgültig und seine Gefühle so stark, dass sein Charakter viel Dämonisches hatte. ... Seine Überzeugungen kamen aus solchen Tiefen und manifestierten sich so kraftvoll, dass sie für oberflächlichere Menschen etwas Übermenschliches oder Unnatürliches hatten.[300]

So gesehen waren seine jungendlichen Duelle nur der Auftakt zu seinem Leben.

Nach seinen universitären Abschlüssen in Physik und Geografie nahm Boas an einer deutschen Expedition nach Baffin Island[dt] teil, wo ihn die Eskimos stark beeindruckten. Er erinnerte sich:

Ich sah, dass sie das Leben – und es war ein hartes Leben – genauso genossen wie wir, dass sie die Natur auch als schön empfanden, freundschaftliche Gefühle genauso im Herzen eines Eskimos wurzelten und – obwohl ihre Lebensumstände im Vergleich zu unserem zivilisierten Leben so hart sind – der Eskimo ein Mensch ist wie wir, seine Gefühle, seine Werte und seine Schwächen ihr Fundament in der menschlichen Natur haben wie die unseren.[302]

[ds] Die auch als Deutsche Revolution von 1848/49 bezeichneten Aufstände waren Teil nationaler Einheits- und Unabhängigkeitsbewegungen in verschiedenen mitteleuropäischen Ländern. Letztlich scheiterten aber die bürgerlich-revolutionären Bemühungen, einen einheitlichen deutschen Nationalstaat zu schaffen, am Eingreifen überwiegend preußischer und österreichischer Truppen bis Juli 1849.[297]

[dt] Die zum Staatsgebiet von Kanada gehörende Baffininsel oder Inuktitut ist die größte Insel des kanadisch-arktischen Archipels und liegt nördlich der Provinz Quebec und westlich von Grönland.[301]

Er verließ die Arktis mit einem starken Glauben an die allen Völkern gemeinsame Menschlichkeit und auch mit einem Verständnis dafür, dass die physische Umwelt sowohl Sitten als auch Charakter formen kann.

Boas kehrte für ein Jahr nach Deutschland zurück, doch wurde vom gegen Ende des 19. Jahrhunderts unter den konservativen Deutschen überhand nehmenden Antisemitismus demotiviert. Der anthropologischen Feldarbeit unter den Indianern der Nordwestküste Kanadas folgend, zog Boas ganz nach Amerika, wo er sich gelegentlich seinem Onkel Dr. Abraham Jacobi in New York anschloss. Jacobi wurde während des Aufstandes von 1848 inhaftiert und später einer der berühmten Gründer der amerikanischen Pädiatrie. In New York erhielt Boas 1896 einen Lehrauftrag für Anthropologie an der Columbia University und wurde drei Jahre später zum Professor berufen.

Falls Franz Boas dachte, den Antisemitismus in Deutschland zurückgelassen zu haben, wurde er schnell eines Besseren belehrt. Die rassistische Atmosphäre, die 1896 über New York City hing, war fast greifbar. Es war kein Antisemitismus nach der Art „Runter vom Bürgersteig, Itzig[du]" wie er von Analphabeten gemurmelt wurde – die Art von Bemerkungen, die die meisten gebildeten Juden wie Boas gelernt hatten zu ignorieren. In einem Brief an seine Schwester berichtete er, wie er zwei Frauen in einem Laden ignoriert hatte, die ihn Jude genannt und laut gesagt hatten: „Diese Juden. Sie sehen alle aus wie – dumme Kamele."[303] Der neue Rassismus von 1896 war ein bösartiger, verbreitet von Intellektuellen mit angelsächsischen Nachnamen und Ivy-League-Auszeichnungen[dv], ein Rassismus, von dem sie behaupteten, er basiere auf wissenschaftlichen Prinzipien und statistischen Erhebungen. Es war ein Rassismus, der aus dem Gehirn entsprang, nicht nur aus dem Bauch.

Den Leithammel des neuen wissenschaftlichen Rassismus stellte 1896 ein Artikel mit dem Titel „Restriction of Immigration"[dw] in der Juni-Ausgabe des *Atlantic Monthly*. Geschrieben von Francis A. Walker, dem Präsidenten des Massachusetts Institute of Technology (MIT)[dx], schlug er Alarm, dass „zwischen 1880 und 1890 fünfeinviertel Millionen Fremde unsere Häfen betraten".[304] Etwa die Hälfte davon waren nach Walker „Ungarn, Böhmer, Polen, Südidaliener, russische Juden", Gruppen, die er als „Ignorante und verrohte Bauern" beschrieb „herabgesunken unter unsere höchsten Ideale", die „für uns Einheimische abstoßende Gewohnheiten" hatten.[305] Solange keine Einwanderungsbeschränkungen verfügt werden „gibt es keinen Grund, warum nicht jede faule und stagnierende europäische Population, die seit einer Ewigkeit kein Hauch intellektuellen Lebens mehr durchmischt hat, in unseren Boden umgefüllt werden sollte".[306] Von die-

---

[du] veraltete und abwertende Bezeichnung für Juden
[dv] Liga im US-amerikanischen Hochschulsport, zu deren Mitgliedern inzwischen die acht ältesten Hochschulen der USA gehören.
[dw] „Einwanderungsbeschränkung"
[dx] Technologisches Institut von Massachusetts

sen Individuen wurde gesagt, dass sie „keine der ererbten Instinkte und Neigungen haben, die es vergleichsweise einfach machten, mit der Einwanderung früherer Zeiten umzugehen. Es sind geschlagene Menschen geschlagener Rassen, die die schlimmsten Fehlschläge im Überlebenskampf repräsentieren".[307]

Walkers Ansichten wurden von der großen Mehrheit seiner akademischen Kollegen geteilt. Solche Menschen sahen sich selbst nicht als voreingenommen, sondern eher als wissenschaftlich erleuchtet. Fast wörtlich zitierten sie Francis Galton, den reichen Halbcousin Charles Darwins, dessen *Hereditary Genius* (1896)[dy] behauptete, den Nachweis zu erbringen, dass die meisten bedeutenden Menschen von ebenso herausragenden Vätern und Müttern gezeugt werden und ein Programm empfahl mit dem Namen „Eugenik", um derartige Fortpflanzung zu unterstützen. Galton schätze besonders die Juden gering und behauptete, „sie hätten sich auf eine parasitäre Existenz unter anderen Nationen spezialisiert"[308] und fragte, ob „sie dazu in der Lage sind, die vielfältigen Aufgaben einer zivilisierten Nation selbst in die Hand zu nehmen".[309] Am MIT arbeiteten unter Walker William Z. Ripley, dessen Buch *The Races of Europe* (1899)[dz] alle Europäer in drei Typen unterteilte – Nordländer, Alpiner und Mediterraner – sowie Frederik A. Woods, dessen Buch *Mental and Moral Heredity in Royalty* (1906)[ea] behauptete, es gäbe einen kausalen Zusammenhang zwischen Intelligenz und Moral. Woods behauptete auch, dass die neuen Immigranten aus Südeuropa für die amerikanischen Arbeitskämpfe verantwortlich seien, da „alle nordischen Völker einen instinktiven Horror vor allem anderen als einer gut organisierten Regierung haben".[310]

Harvards Beitrag zur Bewahrung der adeligen Gene leisteten u. a. drei reiche Absolventen, die 1894 die Immigration Restriction League[eb, 311] gründeten. Ihr Anführer Prescott Fransworth Hall war Abkömmling einer Bostoner Brahmanen-Familie, hatte eine Leidenschaft für deutsche Philosophie und Okkultes und war der Autor von *Immigration and Its Effect upon the United States* (1906).[ec] Der ausdrückliche Zweck der Immigration Restriction League war es, den Fluss süd- und osteuropäischer Einwanderer zu stoppen. Zu diesem Zweck veröffentliche die Liga Daten, von denen sie behauptete, sie zeigten, dass die Immigranten aus diesen Teilen Europas den amerikanischen Charakter verdarben. Innerhalb eines Jahres nach ihrer Gründung wurden die Schriften der Liga von mehr als 500 Tageszeitungen vereinnahmt und nachgedruckt. Außerdem hatte sie ein Büro für Lobbyarbeit in Washington eingerichtet, in dem Senator Henry Cabot Lodge als Sprecher fungierte.

[dy] *Erbliches Genie*
[dz] *Die Rassen Europas*
[ea] *Mentale und moralische Vererbung in Königshäusern*
[eb] Behörde für Einwanderungsbeschränkung
[ec] *Einwanderung und ihre Auswirkung auf die Vereinigten Staaten*

Das andere Ende dieser anglo-akademischen Achse lag in New York City und wurde von Charles B. Davenport, Henry F. Osborn und Madison Grant gehalten. Davenport, Genetiker mit Fachhochschuldiplom und Doktorgrad aus Harvard, glaubte, dass praktisch alle Charaktereigenschaften einer Person vererbt werden[312], was auch Eigenschaften wie Nomadentum, Prostitution, Armut und die angeborene Liebe zur See (von der er meinte, dass sie ein geschlechtsgebundenes rezessives Gen ist und deshalb nur bei Männer auftritt). Als eifriger Eugeniker glaubte er daran, dass es zu den dringendsten Aufgaben der Menschheit gehörte, „die versteckte Schlange des hoffnungslos verdorbenen Protoplasmas zu vernichten".[313] Osborn kam aus einer neu-englischen Kolonialfamilie, studierte an der Princeton University und war Professor für Biologie an der Columbia, als Boas 1896 anfing, dort zu lehren. Osborn nannte „bestimmte Rassen Zentraleuropas"[314] „ein großes Glas voller Vipern".[315] Für diese Einwanderer, meinte er, ist es genauso nicht mehr möglich, ihre Natur zu verändern wie „es für einen Leoparden unmöglich ist, seine Flecken wechseln"[316], denn die Umwelt kann „grundsätzlich keine tief sitzenden und angeborenen Rassenunterschiede ändern".[317] Osborn glaubte auch, wie er einem Eugeniker-Kollegen schrieb, dass „jede Rasse eine charakteristische Seele hat".[318]

Der unverblümteste unter den Eugenikern, die die anglo-amerikanische Elite bildeten, war Madison Grant. Aufgewachsen in einer wohlhabenden Familie und vor seiner Aufnahme an der Yale University und Columbia Law School[ed] von Privatlehrern zu Hause in der Park Avenue unterrichtet, war Grant nordischer Abstammung und auffallend groß und langköpfig. Nicht zufällig forderte er, dass die Einwanderung auf Leute wie ihn beschränkt sein sollte. Sein Buch über die nordische Überlegenheit, *The Passing of the Great Race* (1916)[ee], wurde zur Bibel der Eugenikbewegung und war später in Nazi-Deutschland weit verbreitet. Grant brachte die, die Ellis Island[ef] durchliefen als „erbärmlichen Ausgestoßene" in Verruf, als „Rassen, die über tausende von Jahren völlige Unfähigkeit gezeigt hatten, die Ideen und Ideale zu schätzen, die bis jetzt unser Land beherrschten".[320] Er hatte eine spezielle Antipathie gegen „dieses halbasiatische Durcheinander von Völkern, das wir Russen nennen" und gegen Juden im Besonderen. Er argumentierte, dass praktisch alle großen Beiträge zur Zivilisation von Individuen nordischer Abstammung stammten und behauptete, er sei in Lage zu beweisen, dass Jesus Christus auch ein Nordländer war.[321] Kurz gesagt waren die Angloamerikaner das Auserwählte Volk.

Es ist wichtig zu betonen, dass die amerikanischen Madison Grants in den frühen Jahren des 20. Jahrhunderts nicht als irre Anhängsel des rechten Flügels gesehen wurden. Grant und Osborn waren Freunde von Theodore Roosevelt[322],

---

[ed] Juristische Fakultät der Columbia-Universität
[ee] dt. Ausgabe: *Der Untergang der großen Rasse* (1925)
[ef] Insel im Hafengebiet von New York City, die lange Zeit Sitz der amerikanischen Einwanderungsbehörde war und zwischen 1892 und 1954 als zentrale Sammelstelle für Immigranten diente. Heute ist sie als Gedenkstätte eingerichtet.[319]

eg, mit dem sie die New York Zoological Society eh gründeten. Wenn er New York besuchte, aßen sie gelegentlich mit dem früheren Präsidenten zu Abend. Die Bostoner Gründer der Immigration Restriction League hatten während der Roosevelt-, Taft- und Wilson-Administration ei auch gute Verbindungen nach Washington. Außerhalb von New York und Washington machte sich der Einfluss der Eugeniker in *Fitter-Families*-Wettbewerben ej auf Landesausstellungen bemerkbar, bei denen Preise an „Klasse-A-Individuen" vergeben wurden und durch einen von der evangelischen Kirche gesponserten eugenischen Predigerwettbewerb[323], bei dem Charles Davenport half, die Preise auszusuchen.

Das Wachstum der eugenischen Bewegung wurde angeheizt durch die ansteigenden Einwanderungszahlen aus Ost- und Südeuropa. Bis 1900 waren sie auf 300.000 pro Jahr gestiegen, und trotzdem trafen immer weitere ein, so dass 1907 fast eine Millionen die Vereinigten Staaten betraten. Ein Historiker stellte fest:

> *Man konnte die riesige jüdische Bevölkerung New York Citys nicht ignorieren, die schmierigen slawischen Siedlungen, die sich in den Industriegebieten im Osten und Mittleren Westen zusammenballten oder die Trupps italienischer Arbeiter, die sich hauend und schuftend von Küste zu Küste bewegten.*[324]

Als die wirtschaftliche Depression eintrat, wurden die Einwanderer beschuldigt, den Amerikanern die Arbeit wegzunehmen und hässliche rassistische Übergriffe folgten unausweichlich.

Vor 1890 waren vornehmlich die Neger ek und Iren die Sündenböcke der amerikanischen Rassisten. Tatsächlich schlug 1881 ein durchreisender bekannter englischer Professor vor, dass Amerika seine Rassenprobleme dadurch lösen könnte, wenn jeder Ire einen Neger umbrächte und dafür gehängt würde.[325] In den 1890ern wurden auch die Italiener und Juden übliche und zunehmend Mordziele für Rassisten.[326] 1895 z. B. schlachteten Kohlebergwerker in Colorado sechs tatverdächtige Italiener ab, und im nächsten Jahr holte sich der Mob drei weitere aus dem Gefängnis einer Stadt in Louisiana und erhängte sie. Antisemitische Vorfälle wurden in Amerika zum ersten Mal alltäglich – besonders im Süden, wo 1893 „in Mississippi nächtliche Reiter ein Dutzend Farmhäuser niederbrannten, die jüdischen Landbesitzern gehörten und offene Drohungen eine erhebliche Anzahl jüdischer Geschäftsleute aus Louisiana vertrieben".[327] Im

---

eg 26. US-Präsident vom 14.09.1901 bis 04.03.1909

eh New Yorker Zoologische Gesellschaft

ei Die aufeinander folgenden Amtsperioden der drei Präsidenten begannen mit Theodor Roosevelts im September 1901 und endeten mit Woodrow Wilsons im März 1921.

ej dt. etwa: Tauglichkeitswettbewerbe für Familien, Wettbewerbe, die nach der Ausprägung „nordischer" Rassemerkmale selektierten.

ek Natürlich ist bekannt, dass der Begriff „Neger" heute nicht mehr verwendet wird. Er wurde nur zur weiteren Verdeutlichung des hier geschilderten Kontexts beibehalten und wäre in einem anderen Zusammenhang nicht verwendet worden [AdÜ].

Norden „waren persönliche Sticheleien und Beleidigungen ... mehr und mehr an der Tagesordnung".[328] Allgemein wurde die Verfolgung von Einwanderern bis 1897 immer brutaler. Als 150 polnische und ungarische Kohlebergarbeiter aus Hazleton in Pennsylvania versuchten, einen Streik in der nahegelegenen Stadt zu organisieren, eröffneten der Sheriff und seine Gehilfen das Feuer. 21 Einwanderer wurden getötet und weitere 40 verwundet.

In diesem Milieu begann Franz Boas 1896 in New York City zu arbeiten und sah und erfuhr die Auswirkungen der eugenischen Bewegung aus erster Hand. Deshalb machte er sich an die Aufgabe, die Behauptung der Eugeniker wissenschaftlich zu widerlegen und konzentrierte sich insbesondere auf die Schädelabmessungen, die von ihnen zur Unterscheidung der Rassen verwendet wurden. Das meist verwendete Maß war der Schädelindex, der aus dem Quotient von maximaler Breite und maximaler Länge multipliziert mit 100 ermittelt wurde. Werte von weniger als 80 wurden als lang- und von mehr als 80 als kurzköpfig definiert. Nach dem vorherrschenden Stand des Wissens von 1890 waren die Abmessungen des Schädels allein genetisch bedingt, bei der Geburt fixiert und konnten so dazu verwendet werden, die langköpfigen Rassengruppen aus Nordeuropa von den kurzköpfigen Südeuropas zu unterscheiden.

Boas Forschungen über den Schädelindex von 239 Sioux-Indianern widersprachen der gängigen Lehrmeinung. 1899 in *American Anthropology*[el] veröffentlicht, zeigte Boas, dass es eine breite Variation der Schädelindizes innerhalb einer einzigen Rassengruppe gab und mutmaßte, dass Faktoren wie Köpergröße den Schädelindex veränderten. Da die Körpergröße z. T. von Umweltfaktoren wie Ernährung bestimmt wird, folgt daraus, dass auch der Schädelindex z. T. von der Umwelt beeinflusst wird. Boas schlussfolgerte: „... obwohl der Schädelindex ein bequemer praktischer Ausdruck der Kopfform ist, drückt er keine wichtige anatomische Beziehung aus."[329]

Als jüdischer Professor im New York dieser Zeit wurde Franz Boas von vielen seiner Kollegen geächtet. Indem er die Eugeniker auf ihrem eigenen wissenschaftlichen Territorium herausforderte, wurde er schnell zum Verbannten. Zusätzlich zu seinem Posten an der Columbia hatte er eine Stellung am American Museum of Natural History[em], wo Henry Osborn Mitglied des Vorstands war. Nach seinen Ausführungen von 1899 fand Boas sein Forschungsbudget gekürzt, und seinem Kollegen A. L. Kroeber zufolge „gab es einen vorsätzlichen Plan, Boas [aus dem Museum] zu verdrängen und auszubooten".[330] Boas' Reizbarkeit und Sturheit erleichterten diese Aufgabe. Im Juni 1906 ordnete der Präsident des Gremiums an, Boas zu feuern – und er wurde es.[331] Zwei Jahre später wurde Osborn Präsident und ernannte Madison Grant zum Vorstandsmitglied. Dies war das erste große Scharmützel zwischen Boas und den Eugenikern in einer Schlacht, die noch weitere 30 Jahre dauern sollte.

[el] *Amerikanische Anthropologie*
[em] Amerikanisches Museum für Naturkunde

Die Frühphasen der nächsten großen Konfrontation fanden 1909 statt, als Boas Freuds Vorlesungen an der Clark University besuchte. 1908 hatte der Kongress eine Immigration Commission[en] einberufen, die feststellen sollte, ob die in den Vereinigten Staaten ankommenden Einwanderer die Bevölkerung physisch verschlechterten. Boas bewarb sich für die Kommission und erhielt dafür einen Zuschuss. Mit diesen Mitteln warb er 13 Assistenten an und machte damit weiter, Größe, Gewicht und Kopfgröße von fast 18.000 Immigranten und ihren Kindern zu messen, wobei die größte Untersuchungsgruppe die der osteuropäischen Juden war. Die Ergebnisse seiner Forschungen, 1911 als *Changes in Bodily Form of Descendants of Immigrants*[eo] veröffentlicht, „demonstrierten die Existenz eines direkten Einflusses der Umgebung auf die Körperform des Menschen"[332], da Größe, Gewicht und Kopfform bei Kindern von Einwanderer alle verschieden waren. Mit seinen Bemühungen direkt auf die Eugeniker zielend, blieb Boas dabei, dass „der in Amerika geborene Hebräer einen längeren und schmaleren Kopf hat als der in Europa geborene. ... Sein Gesicht ist schmaler, Statur und Gewicht sind größer [im Vergleich zu seinen in Europa geborenen Gegenstücken]".[333] Weiterhin schrieb Boas, dass diese Veränderungen permanent waren und zuzunehmen schienen, je länger der Jude in den Vereinigten Staaten war. Im selben Jahr veröffentlichte Boas eine Zusammenstellung seiner Essays *The Mind of Primitive Man*[ep], die später als „eine Magna Charta der Rassengleichheit"[334] bezeichnet wurden.

Die Ergebnisse von Boas' Arbeit erregten große Aufmerksamkeit und verursachten Schlaganfälle bei den Eugenikern. Madison Grant schrieb an Präsident Taft[eq] und drängte ihn, Boas' „erstaunliche Schlussfolgerungen"[335] und „verblüffende Theorie, dass das amerikanische Klima und der subtile Einfluss amerikanischer Institutionen zu einer Modifikation der Schädelform bei Immigranten führte" zu missachten. „Dies ist zu einfältig, um es zu diskutieren, wäre da nicht die Tatsache, dass derartige Täuschungen von der ... Presse weit verbreitet werden". An Senator F. M. Simmons schrieb Grant, dass Boas

> einen höchst erstaunlichen Bericht für die Immigration Commission erstellt hatte, der von Wissenschaftlern völlig widerlegt ist. Dr. Boas, selbst Jude, repräsentiert in dieser Angelegenheit eine große Zahl jüdischer Einwanderer, die die Vorstellung übelnehmen, dass sie nicht zur weißen Rasse gehören. ... Er hat bestimmte mutmaßliche Messungen produziert, die wahrscheinlich von ausgewählten Beispielen stammen, um zu beweisen, dass sich die Schädelform, die über Tausende von Jahren unverändert blieb, in ein paar Jahren durch den Transport ihres

---

[en] Einwanderungskommission
[eo] *Veränderungen der Körperform der Nachkommen von Einwanderern*
[ep] *Das Gemüt primitiver Menschen*
[eq] 27. Präsident der USA vom 04.03.1909 bis 04.03.1913

> *Eigentümers aus dem Ghetto irgendeiner polnischen Stadt an die New Yorker East Side[er] verändert.*[336]

An einen anderen Korrespondenten warnte Grant, dass „die aktuelle Literatur überschwemmt wird von einer großen Zahl in die Irre führenden Artikeln. Sie entströmen einer Gruppe von Juden, die von denen finanziert werden, die zur Einwanderung ermutigen wollen. ... Diese Kampagne wird insbesondere von Boas geleitet ...".[337] Grant kategorisierte die Juden weiter als „diesen großen Sumpf menschlichen Elends" und theoretisierte, dass sie sich mit der Zeit an „den Schmutz und die unhygienischen Bedingungen" der Ghettos angepasst haben, in denen „die Überlebenden ihre überlegene Anpassungsfähigkeit an diese Bedingungen verewigt und wie Ratten eine neue Rasse gebildet haben, die dazu in der Lage ist, die Gosse zu überleben, die höhere Arten schnell zerstört".[338]

[er] Östlich der 5th Avenue gelegener Teil von Manhattan

2.2 „Seht, der arme Nordländer!"

Trotz der Anstrengungen von Franz Boas breitete sich der Schwall von Rassismus und Einwanderungs-Antipathie in der zweiten Dekade des Jahrhunderts weiter über Amerika aus. 1910 wurde der bestehende Immigration Act[es] geändert, womit es illegal wurde, Einwanderer einzulassen, die kriminell, Sozialhilfeempfänger und Anarchisten waren und solche, die an verschiedenen Krankheiten litten.

Immigranten, die zu ausbeuterischen Bedingungen arbeiteten, spielten 1912 und 1913 eine führende Rolle in Fabrikstreiks in Lawrence, Massachusetts, Paterson und New Jersey, wobei der letztere vom „Großen" Bill Haywood angeführt wurde. Mitglieder der IWW verbreiteten sich unaufhaltsam von Fabrik zu Fabrik und predigten den Sozialismus unter den eingewanderten Arbeitern, während Adelsfamilien erschauderten und Geld in die Schatzkammern der Immigration Restriction League pumpten. Die Beschränkung der Zuwanderung trat bei jedem erfolgreichen Präsidentschaftswahlkampf mehr und mehr in den Vordergrund.

Ein Zeichen für die Würdigung der Eugenik-Bewegung war zu dieser Zeit der First International Congress of Eugenics[et] im London von 1912. Zu den amerikanischen Vizepräsidenten des Kongresses gehörten auch der frühere Präsident der Harvard University Charles W. Eliot, der Präsident der Stanford University David Starr Jordan und Alexander Graham Bell. Einer der englischen Vizepräsidenten war Winston Churchill. Bis 1914 boten viele Universitäten Eugenik-Kurse an[339], einschließlich des MIT, der Harvard, Columbia, Cornell, Brown, Wisconsin und der Northwestern. In Princeton schrieb ein Student namens E. Scott Fitzgerald ein Lied mit dem Titel „Love or Eugenics"[eu] für die jährliche Show des Triangle Club:

Männer, von denen man sich gerne Tee einschenken lässt?
Küsse, die dein Herz entflammen,
oder die Liebe einer prophylaktischen Dame.[ev, 340]

[es] Einwanderungsgesetz
[et] Erster Internationaler Eugenik-Kongress
[eu] Liebe oder Eugenik
[ev] Der Ausdruck "prophylaktisch" spielt hier auf Prophylaktikum, also Verhütungsmittel an. Nach Auffassung des Übersetzers ist der Vers eine Anspielung auf die Liebe mit und ohne Verhütungsmittel vor dem Hintergrund eugenischer Rassenreinheit. Nachwuchs wäre eben nur erlaubt, wenn er den Vorgaben der Rassenhygiene entspräche und müsste ansonsten verhütet werden. Im Orginal lautet der Auszug aus dem Vers: "Men, which [sic] would you like to come and pour your tea?/Kisses that set your heart aflame,/Or love from a prophylactic dame."

Ein anderer Indikator für die zunehmende Unterstützung der Eugenik war die Verbreitung der Gesetze zur Zwangssterilisation. Das erste dieser Gesetze wurde 1907 in Indiana verabschiedet, und bis 1928 folgten 20 weitere Staaten. Viele davon waren wie das von Iowa so breit formuliert, dass es die „Verhinderung der Fortpflanzung [von] Kriminellen, Vergewaltigern, Idioten, geistig Zurückgebliebener, Schwachköpfen, Verrückten, Säufern, Drogenabhängigen, Epileptikern, Syphilitikern, moralisch und sexuell Pervertierter sowie kranker und degenerierter Menschen in Auftrag gab".[341] Charles Davenport und seine Kollegen des Eugenics Record Office[ew] entwarfen ein eugenisches Modellgesetz für die Staaten und empfahlen, auch Individuen, die blind, taub, verkrüppelt und abhängig waren („Waisen, Nichtsnutze, Obdachlose, Landstreicher und Sozialhilfeempfänger"[342]), der Sterilisation zu unterziehen. Es schien keine Grenze zu geben. 1929 legte Missouri einen Gesetzentwurf vor, auch „Hühner- [oder] Autodiebstahl"[343] als mögliche Gründe für eine Sterilisation aufzunehmen, aber der Entwurf wurde abgelehnt. Es wird geschätzt, dass bis 1928 annähernd 8.500 Individuen (die Hälfte von ihnen in Kalifornien) auf der Grundlage der Zwangsgesetze sterilisiert wurden.[344]

Zwangssterilisation, Einwanderungsbeschränkung und Rassismus waren alles Bestandteile der amerikanischen Eugenik-Bewegung als die Nation sich auf die Teilnahme am Ersten Weltkrieg zubewegte. Nichts symbolisierte diese Konvergenz besser als Madison Grants *The Passing of the Great Race*. Mit einem Vorwort von Henry Osborn und einer Kritik in *Science*, wo es „eine solide Wertarbeit"[345] genannt wurde, verkaufte sich das Buch mehr als 16.000 Mal, und es wurde behauptet, es markierte einen Wendepunkt[346], die Amerikaner davon zu überzeugen, dass Immigranten im Allgemeinen und Juden im Besonderen tatsächlich eine Bedrohung für ihren Genpool darstellten.

In diesem Buch machte er die meisten Einwanderergruppen herunter und insbesondere „die polnischen Juden, deren Zwergenwuchs, seltsame Mentalität und rücksichtslose Konzentration auf ihr Eigeninteresse auf den Stammbaum der Nation gepfropft werden".[347] Er äußerte schwere Bedenken hinsichtlich der Auswirkungen von Eheschließungen zwischen den Rassen, da

> die Kreuzung zwischen einem Weißen und einem Indianer ein Indianer ist. Die Kreuzung zwischen einem Weißen und einem Neger ist ein Neger, und die Kreuzung zwischen einem Weißen und einem Hindu ist ein Hindu, die Kreuzung zwischen jeder der drei europäischen Rassen und einem Juden ist ein Jude.[348]

Grant machte besonders die Arbeit von Boas lächerlich, die er wie folgt zusammenfasste:

[ew] Zentrum für Eugenik und menschliche Vererbungsforschung

> *Ein rundköpfiger Jude auf seinem Weg über den Atlantik hätte und hat ein rundköpfiges Kind. Aber ein paar Jahre später, in Reaktion auf das durch die Mietskasernen der East Side veranschaulichte subtile Elixier amerikanischer Institutionen, hätte und hat er ein Kind, dessen Kopf deutlich länger war ...*[349]

Grants Lösung für diese mutmaßliche Bedrohung durch minderwertige Rassen bestand darin, sowohl ihre Zuwanderung als auch ihre Fortpflanzung zu beschränken. Sterilisation, schrieb er, sollte

> *angewendet werden auf den sich ständig ausweitenden Kreis sozialer Außenseiter, immer beginnend mit den Kriminellen, Kranken und Verrückten und auf solche ausgedehnt werden, die man eher als Schwächlinge denn als Ausschuss bezeichnen sollte und zum Schluss vielleicht auf wertlose Rassetypen.*[350]

Abgesehen von der Kontrolle der Einwanderung und der Fortpflanzung schlug Grant vor, dass andere Mittel möglicherweise sinnvoll wären, der Bedrohung der Großen Rasse zu begegnen:

> *Die missverstandene Achtung vor dem, was man glaubt, es seien göttliche Gesetze und ein sentimentaler Glaube an die Heiligkeit menschlichen Lebens, tendieren dazu, sowohl die Beseitigung behinderter Kinder [Infantizid] als auch die Sterilisation solcher Erwachsener zu verhindern, die ebenfalls von keinem Wert für die Gemeinschaft sind. Die Gesetze der Natur verlangen die Auslöschung des Untauglichen, und menschliches Leben ist nur wertvoll, wenn es von Nutzen für die Gemeinschaft oder Rasse ist.*[351]

10 Jahre nach der Veröffentlichung wurde The Passing of the Great Race ins Deutsche übersetzt, von Hitler in Mein Kampf zitiert und die Lieblingslektüre seiner Anhänger.

Rassistische Übergriffe traten während des Ersten Weltkriegs zeitweilig in den Hintergrund, brachen aber unmittelbar danach wieder hervor. Der Rassismus wurde von der wirtschaftlichen Nachkriegsdepression und der erneuten Einwanderungswelle genährt. Sie stieg so schnell an, dass sich im Februar 1921[352] die Einwanderungsbehörden aufgrund der Überbelastung von Ellis Island genötigt sahen, eilig die Schiffe von New York nach Boston umzuleiten. Auch die Prohibition steuerte zum Rassismus bei, denn die Immigranten erwiesen sich als gelehrige Alkoholschmuggler. In New York hieß es, dass „Schmuggeln zur Hälfte jüdisch, zu einem Viertel italienisch und zu je einem Achtel polnisch und irisch war".[353] In den Augen der Öffentlichkeit wurden die Immigranten deshalb schnell mit Gesetzlosigkeit assoziiert.

Der Nachkriegsrassismus hatte viele Gesichter. Schätzungsweise erreichte der 1915 wiedererstandene Ku Klux Klan in den 1920er Jahren ein Maximum von drei bis fünf Millionen Mitgliedern. Sie attackierten Katholiken, Juden, Neger und Einwanderer aller Art, aber besonders eingewanderte Schmuggler.[354] In Kalifornien war der Hass gegen japanische Amerikaner so groß, dass sie ein Gesetz erließen, das ihnen den Landbesitz verbot.[355] In Alabama führte die Antipathie gegen die Katholiken zu einer offiziellen staatlichen Kloster-Inspektions-Kommission, die nach evangelischen Frauen suchte, die gegen ihren Willen festgehalten wurden.[356] Und in West-Frankfurt, Illinois, wurden im August 1920 drei Tage lang

> *Fremde jedweder Art verprügelt, sobald sie sich blicken ließen. ... Die Horden fielen in den italienischen Distrikt ein, schleiften zusammengekauerte Einwohner aus ihren Häusern, schlugen sie mit Keulen, bewarfen sie mit Steinen und steckten ihre Wohnungen in Brand.*[357]

500 Staatspolizisten waren nötig, um den Aufstand niederzuschlagen.

Von all den Zielscheiben für den Rassismus der 1920er boten jedoch die Juden eine besonders gute. Sie machten einen bedeutenden Teil der neu ankommenden Einwanderer aus, sammelten sich in den Ghettos der großen Städte des Ostens und lieferten hervorragende Vorwände für Ausländerfeindlichkeit. Einen der hasserfülltesten Angriffe stellte Henry Fords Serie scheinheiliger *Protocols of the Elders of Zion*[ex] in seiner Zeitung *Dearborn Independent* dar. Die angeblich von der Geheimpolizei des Zaren zur Stimulierung antisemitischer Ausschreitungen in Russland geschriebenen Protokolle, sollten geheime Dokumente jüdischer Weisen sein, die planten, nationale Regierungen durch die Kontrolle der Weltwirtschaft zu übernehmen. Ford startete seinen Angriff auf die Juden im Mai 1920 und nannte sie

> *eine Menschenrasse, die keine Kultur hat, auf die sie verweisen kann, keine erstrebenswerte Religion, keine gemeinsame Sprache, keine große Errungenschaft in irgendeinem Bereich außer dem des 'sich Aneignens', verstoßen aus jedem Land, das ihnen Gastfreundschaft gewährte ...*[358]

Ford wurde zu dieser Zeit von vielen bewundert und in einer Umfrage des *American Magazine* zusammen mit Theodore Roosevelt und Thomas Edison unter die fünf „Großen Amerikaner"[359],[ey] gewählt und als möglicher Präsidentschaftskandidat gehandelt. Die Angriffe auf die Juden von Führungskräften wie Ford wurde implizit von offiziellen Regierungsberichten wie einem des House Committee on Immigration[ez] verziehen, der jüdische Einwanderer als „abnormal ver-

---

[ex] *Protokolle der Weisen von Zion*
[ey] Die magazininterne Umfrage hatte zunächst nichts mit der offiziellen Ehrung verdienstvoller Amerikaner mit dem Titel „Great American" zu tun. Henry Ford wurde tatsächlich auch für die offizielle Auszeichnung nominiert, aber nicht gewählt.[360]
[ez] Einwanderungsausschuss des Repräsentantenhauses

dreht", „nicht eingliederungsfähig, schmutzig, unamerikanisch und oft gefährlich in ihren Gewohnheiten"[361] bezeichnete.

Einer der markantesten Aspekte des amerikanischen Rassismus der 20er Jahre lag darin, wie weitverbreitet und mittelständisch seine Wurzeln waren. Es war nicht bloß eine amerikanische Ausländerfeindlichkeit, die auf in weißen Bettüchern paradierende Rednecks[fa] beschränkt war, sondern sie durchdrang die örtlichen Schulen und Barbierläden der Hauptstraße. Nichts symbolisierte diese Tatsache klarer als die *Saturday Evening Post*, die populärste Zeitschrift ihrer Zeit. 1921 begann sie mit einer Reihe von Leitartikeln und Aufsätzen mit Angriffen auf Einwanderer im Allgemeinen und jüdische im Besonderen. Die vom Herausgeber George Horace Lorimer verfassten Leitartikel bliesen zum Angriff auf „den mythisch-magischen Schmelztiegel, der es garantierte, Amerikaner aus jedem rassischen Menschheitsfragment zu machen, das in ihn hinein geworfen wurde".[362] Madison Grants *The Passing of the Great Race* wurde als eines der Bücher gepriesen, die „jeder Amerikaner lesen sollte, sofern er die volle Tragweite unseres gegenwärtigen Immigrationsproblems verstehen möchte".[363] Liberale Abschnitte aus Grants Buch wurden zitiert wie z. B. „New York wird zu einer *Cloaca gentium*[fb], die viele erstaunliche Rassenmischlinge und einige ethnische Schrecken hervorbringen wird, die zu entwirren jenseits der Macht zukünftiger Anthropologen liegen wird".[364]

Lorimers Leitartikel wurden von langen Aufsätzen Kenneth L. Roberts begleitet. Als früheren Aufklärungsoffizier der Armee hatte ihn Lorimer nach Europa geschickt, um die Hintergründe amerikanischer Einwanderer zu erforschen. Roberts Aufsätze wurden 1922 anschließend im Bestseller *Why Europe leaves Home*[fc] veröffentlicht und verliehen dem Rassismus neues Ansehen. Fast auf jeder Seite Madison Grant wiedergebend beschrieb Roberts „Ströme von zu kleinen, sonderbaren, fremden Leuten, die sich ständig durch Konsulate und Dampfschiffbüros bewegten"[365] und deutete an, dass diese neuen Amerikaner eher mit Tieren als mit Menschen verwandt waren: „Der Platz [das Büro des Amerikanischen Konsulats in Warschau] war ein Bau wilder Tiere, und der Gestank, der den sich abmühenden und sich windenden Körpern entströmte, war krankmachend." Zu den neuen Einwanderern gehörten nach Roberts „entlauste Frauen" und Träger von Typhus, Pocken und Cholera. Weiterhin „haben neun Zehntel aller Einwanderer" aus Europa „keine politischen Prinzipien oder Überzeugungen, und es fehlt ihnen völlig an Patriotismus". Vom verbleibenden Zehntel mit politischen Überzeugungen hieß es, sie seien „bolschewistische Sympathisanten".

[fa] Der Begriff *Rednecks* (Rotnacken) umfasst Klischeevorstellungen über Menschen unterer sozialer Klassen, v. a. ländlicher Gebiete und i. w. S. auch Arbeiter ländlicher Herkunft.
[fb] lat. = Kloake der Völker
[fc] *Warum Europa auswandert*

Roberts machte deutlich, dass der Zulauf jüdischer Einwanderer eine Angelegenheit von größter Bedeutung war. 1880, schrieb er, gab es gerade mal 3.000 Juden in Amerika, „doch 1918 waren es 1,5 Millionen alleine in New York City". Von den polnischen Juden wurde gesagt, dass sie besonders übel waren:

> *Sogar die liberalst gesinntesten Einwanderungsbehörden stellen fest, dass die Juden aus Polen menschliche Parasiten sind, die voneinander und von anderen Rassen in ihrer Nachbarschaft mit Methoden lebten, die zu oft hinterhältig sind. Nach ihrer Ankunft in Amerika leben sie auf dieselbe Art weiter und sind deshalb höchst unerwünscht als Einwanderer.*

Solche Einwanderer würden sich zwangsläufig mit Amerikanern nordischer Abstammung fortpflanzen und „Mischlinge" produzieren. In Passagen, die fast wörtlich auf Madison Grant abhoben, pries Roberts die „langen Schädel und blonden Haare ... [nordischer Amerikaner und ihre] Fähigkeit, sich selbst und andere zu regieren". All' dies wäre verloren, warnte er, durch die „Vermischung" der Nationen „mit Parasiten", die „sich selbst oder andere niemals erfolgreich regiert haben".

Regelmäßiger Leser der *Saturday Evening Post* war Calvin Coolidge, republikanischer Gouverneur von Massachusetts[fd], der 1920 unter Warren G. Harding zum Vizepräsidenten gewählt wurde. Harding äußerte bei seinen Wahlkampfreden seine Ansicht über „die Gefahren, die in Rassenunterschieden lauerten"[366] und die Notwendigkeit von Einwanderungsbeschränkungen. Doch er war zurückhaltend. Coolidge dagegen war in seinen Ansichten offen rassistisch und Anfang 1921 veröffentlichte er einen Artikel in *Good Housekeeping* mit dem Titel *Whose Country is This?*[fe] Coolidge warnte „unser Land muss aufhören, als Müllhalde betrachtet zu werden. ... Die Nordischen vermehren sich erfolgreich. Doch mit anderen Rassen zeigt das Ergebnis Verfallserscheinungen auf beiden Seiten".[367]

Die Fürsprache von Coolidge war ein wichtiger Grund, warum im Mai 1921 der Kongress ein Einwanderungsgesetz verabschiedete, das zum ersten Mal eine Quotenregelung nach dem Ursprungsland vorsah. Seine Verabschiedung gelang auch dank der beharrlichen Bemühungen des Secretary of Labor[ff] James J. Davis, der die neuen Einwanderer als „Rattenmenschen"[368] bezeichnete, erpicht darauf, ein Amerika zugrunde zu richten, das von nordischen Einwanderern des „Biber-Typs" aufgebaut wurde. Der grausamste Fürsprecher der Gesetzgebung war der republikanische Repräsentant Albert Johnson, Vorsitzender des House Immigration Committee, der sich regelmäßig mit Madison Grant, Charles Davenport und Prescott Hall traf und mit ihnen korrespondierte. 1923

[fd] und späterer 30. Präsident der USA vom 02.08.1923 bis 04.03.1929
[fe] *Wem gehört dieses Land?*
[ff] Arbeitsminister

ehrte die Eugenics Research Association[fg] Johnson mit seiner Wahl zum Vorsitzenden.

Vier Monate nach dem Erlass des Immigration Act von 1921 erlangte der Rassismus zusätzliche Reputation auf dem Second International Congress of Eugenics.[fh] Er wurde im American Museum of Natural History durchgeführt. Als Präsident des Museums saß Henry E. Osborn dem Kongress vor und wurde von Grant, Davenport und ihren Eugenik-Kollegen unterstützt. Das Generalkomitee des Kongresses war voll besetzt mit Universitätspräsidenten und kommunalen Führungskräften, einschließlich des republikanischen Secretary of Commerce[fi] Herbert Hoover. Osborn warnte die Teilnehmer vor „bestimmten Rassen aus Zentraleuropa, die in großer Anzahl nach Amerika kamen"[369] und die „ganz am unteren Ende der Liste"[369] der Intelligenz standen. „Wir sind dazu verpflichtet", sagte er, „in ernsthaftem Kampf unsere historischen republikanischen Institutionen zu bewahren, indem denen der Zutritt verwehrt wird, die nicht fähig sind, die Pflichten und Verantwortlichkeiten unserer fest verwurzelten Regierung zu teilen".[370] Wie die Eugeniker auch gelernt hatten, berief sich Osborn auf die Wissenschaft zur Rechtfertigung des Rassismus: „So wie die Wissenschaft die Regierung bei Vorbeugung und Verbreitung von Krankheiten erleuchtet hat, so muss sie sie auch hinsichtlich Prävention und Vermehrung nutzloser Gesellschaftsmitglieder erleuchten …"[371] Osborn machte Boas' Arbeit und seine Behauptung, die Umwelt könnte die Kopfform verändern, öffentlich lächerlich. Bei der Vorbereitung des Kongresses, zog Osborn zwar eine öffentliche Debatte über das „Für und Wider der Rassenfrage"[372] mit Boas auf der einen und Madison Grant auf der anderen Seite in Betracht. Letztlich verwarf er diese Idee aber wieder. Der Kongress erfuhr große öffentliche Beachtung in der Presse, im *Science*-Magazin und durch wissenschaftliche Ausstellungen zum Thema Einwanderung, die während des Kongresses gezeigt, anschließend nach Washington verbracht, auf dem Capitol Building[fj] montiert und für drei Jahre ausgestellt wurden.

Nach der Verabschiedung des Immigration Act von 1921 und dem Second International Congress of Eugenics verdoppelten die Befürworter eines völligen Einwanderungsverbots ihre Bemühungen. Unterstützt wurden sie von Daten über den Intelligenzquotienten (IQ) von 1,7 Millionen amerikanischen Soldaten, die während des Krieges gesammelt und danach analysiert wurden. 1922 in einem Artikel im *Atlantic Monthly* behauptete Cornelia J. Cannon, die Frau des bekannten Harvard-Physiologen Dr. Walter B. Cannon, dass „fast die Hälfte der eingezogenen Weißen, 47,3 Prozent, als schwachsinnig bezeichnet werden müsste".[373] Der größte Anteil dieser „minderwertigen Menschen", sagte sie, „waren Immigranten; 70 Prozent der Polen, 63 Prozent der Italiener und 60

[fg] Gesellschaft für eugenische Forschung
[fh] Zweiter Internationaler Eugenik-Kongress
[fi] Handelsminister
[fj] Das Kapitol. Sitz des Kongresses, der Legislative der USA, in Washington D.C.

Prozent der Russen, die diesen Test machten, qualifizierten sich als „Idioten". Diese Männer, warnte Frau Cannon, „sind Personen, die nicht nur nicht denken, sondern, die unfähig sind zu denken. ... Solche Individuen bilden den Grundstoff von Unruhen, den Stoff, aus dem der Mob, das Werkzeug der Demagogen, gemacht ist".[374] Im nächsten Jahr veröffentlichte der Psychologe Carl C. Brigham *A Study of American Intelligence*[fk], in der er behauptete, mit den IQ-Daten der Armee zeigen zu können, dass Einwanderer aus nordischen Nationen wie England und Schottland hohe IQ, die aus Russland, Polen und Italien dagegen ein durchschnittliches mentales Alter von etwa 11 aufwiesen. Als begeisterter Anhänger Madison Grants schloss Brigham, dass „die Tests der Armee deutlich die intellektuelle Überlegenheit der nordischen Rassengruppe aufzeigten".[375]

Der definitive Gegenbeweis zu Frau Cannons Artikel und anderem Missbrauch der IQ-Daten der Armee stammte aus der Feder Walter Lippmanns, dem liberalen Herausgeber von *New Republic*. In einer sechsteiligen Serie ließ Lippmann ab dem 25. Oktober 1922 geschickt die Luft aus dem „Nonsens" der Intelligenz-Tester, die behaupteten, das durchschnittliche geistige Alter der Amerikaner sei „nur etwa 14".[376] „Die durchschnittliche Intelligenz Erwachsener kann nicht geringer sein als die durchschnittliche Intelligenz Erwachsener", schrieb Lippmann. Und etwas anderes zu behaupten „ist genauso dumm wie wenn [die Person] geschrieben hätte, dass die durchschnittliche Meile eine dreiviertel Meile lang sei". Lippmann behauptete nicht, dass es keine genetisch bedingten Ursachen für Intelligenz gab, sondern nur, dass die IQ-Tests sie nicht messen. Direkt auf Madison Grant et al.[fl] abzielend sagte Lippmann, die Ergebnisse der IQ-Tests „laufen Gefahr, durch wirrköpfige und voreingenommene Männer pervertiert zu werden ..., [die] Vertreter des neuen Snobismus sind".[377]

Man konnte nur vermuten, was Franz Boas von diesen Nachkriegsentwicklungen hielt, während er seinen Kampf gegen Rassismus und Eugenik fortsetzte. Er hatte öffentlich Grants *The Passing of the Great Race* als „ein dithyrambisches[fm] Loblied auf den blonden, blauäugigen Weißen und seine Errungenschaften"[378] kritisiert und lehnte das Buch als bloßen „Versuch ab, Vorurteile zu rechtfertigen".[379] Er verfasste ausgiebig Spendenaufrufe für das Studium der Rassenfrage und schrieb an Philanthropen wie Carnegie und Rockefeller, die aber stattdessen die Eugeniker unterstützten. Den Kongressabgeordneten Emanuel Celler und anderen Mitgliedern des Kongresses, die weitere Einwanderungsbeschränkungen ablehnten, bot er regelmäßige technische Konsultation an.[380] Vor Gericht trat er auch als Zeuge bei Rassendiskriminierung auf. So auch in einem Fall, wo behauptet wurde, dass Armenier der Herkunft nach Mongolen seien[381] und deshalb nicht wie andere Asiaten legal in Kalifornien

---

[fk] *Eine Studie zur amerikanischen Intelligenz*
[fl] und Mitarbeiter
[fm] überschwänglich, begeistert

Land besitzen dürften. Boas erhob Daten über Kopfabmessungen, die dazu führten, dass die Klage abgewiesen wurde. Darüber hinaus schrieb er für wissenschaftliche Journale und zunehmend auch für Laienpublikationen, worin er vor dem Versuch warnte, „eine Rasse von Supermenschen heranzuziehen".[382] Präzise sagte Boas vorher, dass „Eugenik kein Allheilmittel für menschliche Krankheiten ist. Es ist eher ein gefährliches Schwert, dessen Schneide sich gegen diejenigen richten könnte, die sich auf seine Stärke verlassen".

Von gelegentlichen Siegen abgesehen wurde Boas Alleinkampf gegen die Eugeniker von Jahr zu Jahr immer schwieriger. 1914 wurde bei ihm Krebs im Gesicht diagnostiziert.[383] Er unterzog sich einer Operation, bei der ein Hauptnerv verletzt wurde, was zu einer permanenten linksseitigen Gesichtslähmung führte. Grant und Osborn verfolgten diese Entwicklungen mit großem Interesse und Grant spekulierte: „Ich habe eigentlich erwartet, dass das erneute Auftreten des Krebses [ein] Ablenkungsmanöver ist."[384] Boas überlebte, geriet aber gleich in die nächste Auseinandersetzung, da er, wie die meisten Deutsch-Amerikaner, Amerika öffentlich aufforderte, nicht in den Krieg einzutreten. Deshalb entging er nur knapp dem Rauswurf aus der Columbia University. Den Krieg verfolgend schrieb Boas einen wenig ausgewogenen Brief, in dem er die amerikanische Regierung öffentlich beschuldigte, Anthropologen als Spione gegen die Deutschen eingesetzt zu haben. Die American Anthropological Association, deren Gründungsmitglied er gewesen war, schloss ihn aus ihrem Gremium aus und verlangte ebenfalls seinen Austritt aus dem National Research Council.[fn] Ein anderes Problem war, dass Boas' eigene Forschungen über die sich ändernden Kopfformen unter Immigranten zunehmend in Frage gestellt wurde. Einige Kritiker blieben dabei, dass die festgestellten Unterschiede in der Kopfform damit zu erklären waren, dass in seiner Studie die eingewanderte Frau ihre Kinder unehelich von langköpfigen nordischen Männern nach ihrer Ankunft in New York hätte empfangen können. Boas behauptete, diese Möglichkeit berücksichtig zu haben. Andere Kritiker stellten Boas' Methodik in Frage, und ein Anhänger Boas' bekannte Jahre später, dass „es da einige deutliche Ungereimtheiten gab".[385]

Nach dem International Congress of Eugenics von 1921 im American Museum of Natural History, von dem Boas ebenfalls verwiesen wurde, rückten Animositäten zunehmend ins Zentrum der öffentlichen Auseinandersetzung zwischen Boas und den Eugenikern. Als Osborn 1923 ein Papier einreichte, das behauptete, IQ-Daten hätten bewiesen, die Juden seien „trotz irreführender Lehren bestimmter Anthropologen"[386] nicht so intelligent wie angenommen, antwortet Boas im *American Mercury* und beschuldigte Osborn und Grant „nicht von wissenschaftlichen Argumenten, sondern von Vorurteilen beeinflusst zu werden".[387] Mit einem Manöver, das sie garantiert in Rage versetzte, verglich Boas die „bäurisch barbarischen"[388] Nordländer des Mittelalters mit den Maya-

---

[fn] Nationaler Forschungsrat

Indianern, die zu dieser Zeit ihre Hochkultur erreicht hatten: „Wären die Maya nicht im Recht gewesen, wenn sie ihn [den Nordländer] einen Minderwertigen genannt hätten, der es nie zu etwas bringen würde? … Seht, der arme Nordländer!"[389] Osborn beschwerte sich unmittelbar in einem Brief an die New York Times über Boas' „fragwürdige Kommentare über meine eigene Rasse"[390] und Boas antwortete auch in der New York Times, indem er Osborns wissenschaftliche Behauptungen lächerlich machte, die er als „in völliger Übereinstimmung mit den Launen Madison Grants"[391] bezeichnete.

Anfang 1924 schien es so, als ob Franz Boas den Krieg der Worte gewinnen, aber alle anderen Schlachten verlieren würde. Offener Rassismus schoss überall ins Kraut und besonders Antisemitismus. Es wurde angenommen, dass Ende der 1920er Jahre „Juden von 90 Prozent der Stellen" allgemeiner Büroarbeit allein in New York City „ausgeschlossen wurden".[392] Als sie versuchten, aus den Ghettos herauszutreten, stießen sie auf verschlossene Türen und restriktive Verträge. Gesetze zur Zwangssterilisation wurden weiter verabschiedet und von den Gerichten hochgehalten. Unverändert war der Druck, die Einwanderung weiter zu begrenzen. 1924 errungen die Eugeniker ihren größten Sieg mit dem Inkrafttreten einer neuen Zuwanderungsbeschränkungsliste, bekannt als Johnson-Reed Act.[393] Sie reichte beträchtlich weiter als das Gesetz von 1921, da sie die Einwanderung von Japanern ganz verbot und die Quotenregelung stark zum Nachteil von Italienern und Juden verändert wurde. Im ersten Jahr nach der Verabschiedung des Johnson-Reed Act fiel die Zahl italienischer Einwanderer in den Vereinigten Staaten um 89 Prozent und die der polnischen und russischen nahm um 83 Prozent ab. Es war zwar keine totale Ausgrenzung von Italienern und Juden wie es die Eugeniker wollten, aber das Ziel schien zum Greifen nahe. Mit der Unterzeichnung der Liste erneuerte Präsident Coolidge seine frühere Zusage das „Amerika amerikanisch bleiben muss".[394]

Franz Boas war 66, beruflich isoliert und stark demotiviert. Er war sich der Hegemonie von Nurture über Nature sicher, aber seine Bemühungen schienen aussichtslos. Ironischerweise war es die Columbia University, die als eine der ersten Universitäten ein Quotensystem zur Beschränkung der Zahl jüdischer Studenten umsetzte, und es gab sogar ein populäres Campuslied[395], das das Vorurteil veranschaulichte:

> Oh, Harvard führen Millionäre,
> Yale die Süffelbuben,
> Cornell leiten Bauernsöhne,
> Columbia die Juden.[fo]

[fo] englischer Originaltext: "Oh, Harvard's run by millionaires,/And Yale is run by booze,/Cornell is run by farmer's sons,/Columbia's run by Jews."

2.3 Die Freudianisierung von *Nature* und *Nurture*

Die Debatte über *Nature* und *Nurture*, dieses „bequeme Wortgebimmel"[396], das Francis Galton für die konkurrierenden Ideen über menschliches Verhalten übernommen hatte, war oberflächlich gesehen eine wissenschaftliche. Die Eugeniker sprachen über Chromosomen und Gene und darüber wie Mendels Vererbungsgesetze die Weitergabe verschiedener physischer und charakterlicher Züge unumgänglich machten. Die Fürsprecher des Erziehungsaspekts illustrierten darauf, wie Ernährung, Kultur, Armut und soziale Bedingungen dieselben physischen Bedingungen und Charakterzüge verändern konnten. Verfolgt man das Hin und Her in den wissenschaftlichen und populären Publikationen der frühen Jahre dieses Jahrhunderts, könnte man annehmen, die Verwirrung hätte mit ein paar gut konzipierten wissenschaftlichen Experimenten in einem neutralen Labor geklärt werden können.

Eine solche Annahme wäre jedoch falsch gewesen, da die *Nature-Nurture*-Kontroverse gegen Ende des Ersten Weltkriegs zu viel mehr als einer wissenschaftlichen Diskussion geworden war. Die Ansicht der Vererbungsfraktion, die Gene seien die entscheidenden Determinanten menschlichen Verhaltens, wurde mit der Vorstellung einer Ungleichheit der Menschheit verbunden. Dies schloss politische Ungleichheit ein, eine Schlussfolgerung, die Galton selbst deutlich zum Ausdruck brachte. „Der durchschnittliche Bürger", sagte er, „ist zu gering für die tägliche Arbeit einer modernen Kultur" und deshalb sind alle Bürger nicht „gleichermaßen dazu in der Lage zu wählen".[397] Er machte klar, dass diese Ungleichheit ebenfalls soziale Konsequenzen in sich trug:

> *Angehörige der Unterklasse sollte nur solange mit Freundlichkeit behandelt werden, wie sie ehelos blieben, [aber sobald sie] damit anfingen, Kinder von geringerer moralischer, intellektueller und physischer Qualität zu zeugen, kann man sich leicht vorstellen, dass die Zeit kommen wird, in der solche Personen als Staatsfeinde betrachtet werden und all' ihre Ansprüche auf Freundlichkeit einbüßen.*[398]

Viele Anhänger Galtons in Amerika teilten seine politischen und sozialen Ansichten. Prescott Hall zog die „Lust an der Gleichheit" ins Lächerliche und den „albernen Glauben an allgemeines Wahlrecht".[399] Die Archive seiner Immigration Restriction League ließen vermuten, dass Halls Kampagne, die Einwanderung „minderwertiger Rassen" zu beschränken, eng mit seiner Vorstellung von der Regierung einer aristokratischen Bildungsschicht verbunden war.

Aus einer ähnlichen Laune heraus schrieb Henry Osborn: „Der wahre Geist der amerikanischen Demokratie, dass alle Menschen mit denselben Rechten und Pflichten geboren werden, wurde durch die politische Spitzfindigkeit durcheinander gebracht, dass alle mit gleichem Charakter und der Fähigkeit, sich und andere zu regieren, geboren werden ..."[400]

Doch wie üblich wurde es Madison Grant überlassen, die politischen und sozialen Vorurteile öffentlich auszusprechen, die unter der Oberfläche der *Nature-Nurture*-Diskussion lagen und die die meisten seiner Kollegen insgeheim teilten. In *The Passing of the Great Race* und einem drei Jahre später veröffentlichten Artikel machte Grant deutlich, was er vom amerikanischen Hang „das Knie in unterwürfiger Anbetung des Gottes Demos zu beugen"[401] hielt: „In demokratischen Regierungsformen tendiert das Verfahren des allgemeinen Wahlrechts dazu, eher Durchschnittsmenschen für ein öffentliches Amt auszuwählen als durch Geburt, Ausbildung und Integrität dazu qualifizierte Personen."[402] Dies führt dazu, so Grant, „die öffentlichen Angelegenheiten von den inkompetentesten Mitgliedern der Gemeinde erledigen zu lassen".[403] „In Amerika", fuhr Grant fort, „haben wir es fast geschafft, die Geburtsprivilegien zu zerstören. ... Nun sind wir dabei, die Privilegien des Wohlstandes zu Grunde zu richten ..."[404] Grant hatte nichts als Verachtung für die Fähigkeiten des Durchschnittsmenschen übrig. „*Vox populi*, so weit von *Vox dei* entfernt[fp]; dies wird zu einem unendlichen Gejammer nach Rechten und niemals zu einem Loblied auf die Pflichten."[405] Statt auf Demokratie drängte Grant auf eine Rückkehr zur Aristokratie. „Wahre Aristokratie", stellte er fest, „ist Regierung durch die Weisesten und Besten – immer einer kleinen Minderheit in der Bevölkerung."[406]

Auf der anderen Seite der Debatte wurden Franz Boas und seine Sympathisanten sehr mit liberalen und in vielen Fällen auch radikalen, politischen und sozialen Positionen assoziiert. Boas selbst war Sozialist[407] und unterstützte Eugene Debs und später Norman Thomas. In den 1930ern bezeichnete Boas Russland als „das größte Experiment, das im Hinblick auf ein hohes Ideal jemals in der Sozialwissenschaft durchgeführt wurde".[408] Das Ideal, sagte er, waren „gleiche Rechte für jedes Mitglied der Menschheit". Boas schloss sich Organisationen wie dem American Committee for Democracy and Intellectual Freedom[fq] an, die später beschuldigt wurden, kommunistische Fronten zu sein. Das FBI legte eine Akte über Boas als mutmaßlichen Kommunisten an, was seine Tochter aber streng zurückwies. Ihr Vater sei „nicht mehr Kommunist gewesen als [sein Hund] Muffin".[409]

Boas' offen pazifistisches Auftreten im Ersten Weltkrieg ruckte ihn auch in die Nähe linker Gruppierungen. Nach der Verabschiedung des Selective Service Act[fr] durch den Kongress im Mai 1917, mahnten die Gegner des Kriegseintritts dazu, den Entwurf abzulehnen. Der Druck von *Masses* wurde von der Regierung unterbunden und seine Herausgeber Max Eastman, Floyd Dell und John Reed mit der Anklage der Volksverhetzung vor Gericht gestellt. (Sogar eine Autorin von *Masses* wurde aufgrund eines Gedichtes, das sie über Emma Goldman geschrieben hatte, mitangeklagt. Bei der Eröffnung des Verfahrens

---

[fp] lat. = „Die Stimme des Volkes, so weit von der Stimme Gottes entfernt; ..."
[fq] Amerikanisches Komitee für Demokratie und intellektuelle Freiheit
[fr] Wehrdienstgesetz, das die Möglichkeit gab, männliche Rekruten für den Militärdienst einzuziehen.

> händigte die Verteidigung dem Richter das Gedicht mit der Feststellung aus, dass es nichts Illegales enthielt. Seine Ehren las es und gab es [dem Verteidiger] mit der Frage zurück: 'Nennen Sie das ein Gedicht?' 'So wird es in der Anklage genannt, Euer Ehren', antwortete [der Verteidiger]. 'Klage abgewiesen', erklärte der Richter.[410])

Wenn es auch entspanntere Momente im Kampf zwischen Regierung und der politischen Linken während des Ersten Weltkrieges gab, so war es doch ein ernstes, manchmal tödliches Geschäft. Senator Thomas R. Hardwick, der, um die Bolschewisten draußen zu halten, in seiner Eigenschaft als Vorsitzender des Senate Immigration Commitee[fs] vehement die Beschränkung der Einwanderung unterstützt hatte, wurde im April 1919 eine Paketbombe geschickt, die die Hände des Dienstmädchens abriss, das sie öffnete.[411] Ähnliche Bomben wurden Commissioner of Immigration[ft] Caminetti, J. P. Morgan, John D. Rockefeller und anderen prominenten Kapitalisten und Regierungsbeamten zugestellt. Im folgenden Monat explodierte eine Bombe außerhalb des Hauses von United States Attorney-General[fu] A. Mitchell Palmer in Washington D. C.[412] Dies löste Anfang 1920 die Masseninhaftierung von über 6.000 verdächtigen Sozialisten, Kommunisten und Anarchisten aus – ein scharfes Vorgehen, das vom neu eingestellten Anwalt im Department of Justice[fv], J. Edgar Hoover, koordiniert wurde. In Detroit wurden mehr als Hundert von ihnen „in einem acht-mal-zehn-Meter[fw] Großraumbüro zusammengepfercht und dort für eine Woche festgehalten.[413] In Hartford, Connecticut, „verhafteten und sperrten die Autoritäten alle Besucher vorsorglich ein, die kamen, um [die Eingesperrten] zu sehen, da dieser Freundschaftsbesuch als Indiz für eine Verbindung zur Kommunistischen Partei gesehen wurde".[414] Drei Monate später wurden die angeblichen Anarchisten Nicola Sacco und Bartolomeo Vanzetti[fx] wegen zweifachen Mords beim Diebstahl einer Gehaltsabrechung verhaftet.

Franz Boas wurde nicht verhaftet, aber viele, die mit seinem Kampf sympathisierten. So wurde Emma Goldman, nachdem sie der Volksverhetzung für schuldig befunden und für zwei Jahre inhaftiert wurde, nach Russland abgeschoben. Begleitet wurde sie vom „Großen" Bill Haywood, vielen Führungskräften der Arbeiterbewegung und liberalen Intellektuellen. Das Image, fremd-

---

[fs] Einwanderungskomitee des Senats
[ft] Einwanderungsbeauftragter
[fu] Oberster Rechtsberater der Regierung in Ländern, die sich an das Common Law (englisches Rechtssystem) anlehnen.
[fv] Justizministerium
[fw] gerundete Umrechnung von 24 mal 30 Fuß
[fx] Ferdinando „Nicola" Sacco und Bartolomeo Vanzetti waren zwei aus Italien eingewanderte Arbeiter in den USA, die sich der anarchistischen Arbeiterbewegung angeschlossen hatten. Sie wurden der Beteiligung an einem doppelten Raubmord angeklagt, in einem umstrittenen Prozess zum Tode verurteilt und in der Nacht vom 22. auf den 23. August 1927 auf dem elektrischen Stuhl hingerichtet. Die Frage ihrer tatsächlichen Schuld oder Unschuld konnte bis in die Gegenwart nicht vollständig geklärt werden.[415]

geboren, jüdisch, pazifistisch oder politisch links zu sein, vermischte sich im öffentlichen Denken zu einer Bedrohung. Franz Boas war dies wenig hilfreich, da alles davon auf ihn zutraf. Während die Eugeniker die Immigranten als genetische Plage bezeichneten, hatte Boas für sie gekämpft. Die politischen Ereignisse jedoch schienen den Eugenikern Recht zu geben. Die Ausmaß dieser Immigranten-, Juden-, Pazifisten- und Linkenplage wurde weiter demonstriert, als Eugene Debs, der Präsidentschaftskandidat der Socialist Party[fy], für das öffentliche Loblied auf Pazifisten, Arbeiterführer und Bolschewiken und dafür, den amerikanischen Patriotismus „das letzte Refugium eines Halunken" genannt zu haben, verhaftet wurde. Er führte seine Kampagne gegen Warren Harding und James M. Cox von seiner Gefängniszelle aus, und im November 1920 stimmten fast eine Millionen (3,5 Prozent) für ihn als Präsident.

Die Nature-Nurture-Diskussion war somit im höchsten Maße politisiert. In Wahrheit ging es jedoch nicht darum, was vererbt wurde, sondern darum, wer wem überlegen ist. Es ging nicht um dominante und rezessive Gene, sondern um dominante und rezessive Rassen. In ihrer extremsten Form traten Aristokratie und Proletariat, Tradition und neue Bräuche sowie Reichtum und Armut gegeneinander an. Politisch tendierten die Befürworter der Vererbungsseite dazu, nationalistisch, konservativ und für aristokratische Regierungsformen zu sein. Die Rechtsextremen unterstützen den Faschismus, während die gemäßigteren Republikaner waren, die Partei, die für die Restriktion der Einwanderung eintrat. Die Fürsprecher der Milieueinflüsse waren eher Pazifisten und Liberale und unterstützen demokratischere Regierungsformen. Die äußeren Linken traten für Sozialismus oder Kommunismus ein und die Partei der Immigranten waren die gemäßigteren Demokraten.

Obwohl es nicht oft öffentlich diskutiert wurde, gab es einen sexuellen Aspekt der Nature-Nurture-Diskussion, der sich auf lange Sicht als wichtig für die Verbreitung von Freuds Theorie in Amerika herausstellen würde. Viele der führenden Eugeniker standen für eine konservative Sexualmoral. Henry Osborn z. B. sprach sich gegen die Verbreitung von Verhütungsmitteln als „grundlegend unnatürlich"[416] aus und „verbunden mit einem hohen Maß an sexueller Promiskuität". Charles Davenport „bedauerte Geburtenkontrolle"[417] ebenfalls. Er war „vor seiner Ehe sexuell enthaltsam" und „zügelte den geringsten Anflug sexueller Regungen". Madison Grant hinterließ keine Aufzeichnungen seiner sexuellen Anschauungen, aber es ist bekannt, dass er lebenslang Junggeselle war und, trotz seiner Rhetorik über die Bedeutung der Fortpflanzung von Mitgliedern der Aristokratie, anscheinend keine Kinder zeugte. So wurden die Vertreter der Gene in der Nature-Nurture-Debatte genauso mit sexueller Enthaltsamkeit wie mit konservativer Politik assoziiert.

Die Befürworter der Erziehungseinflüsse standen jedoch sowohl für sexuellen als auch politischen Liberalismus. Boas wurde mit Freuds Theorie in Verbin-

---

[fy] Sozialistischen Partei

dung gebracht, während sein Onkel Dr. Abraham Jacobi[418], bei dem er weiterhin seine Sommerurlaube verbrachte, einer von Margaret Sangers frühesten Befürwortern war. Auf den Seiten der *New Republic* pries Walter Lippmann abwechselnd Freud und kritisierte die Eugeniker. Im Gegensatz dazu druckte die *Saturday Evening Post*, die die Eugeniker so hoch hielt, spezielle Artikel, in denen sie Freud lächerlich machte.[419] Prominente Befürworter Freuds wie Max Eastman, Floyd Dell und Emma Goldman predigten und praktizierten einen öffentlichen Umgang mit sexueller Freiheit ebenso wie mit linker Politik. Kurz gesagt wurde die *Nature-Nurture*-Debatte stillschweigend genauso „freudianisiert" wie politisiert. Freuds Theorie über die Bedeutung der Kindheitserfahrungen verschmolz ohne Schwierigkeiten mit anderen Theorien über milieubedingte Einflüsse. Als in Amerika 1924 das Interesse an Freud schwand, hatte seine Beteiligung an der *Nature-Nurture*-Diskussion nur wenige Konsequenzen, da er mit der Verliererseite assoziiert wurde. Doch dies würde nicht immer der Fall sein.

3 Die Sexualpolitik von Ruth Benedict und Margaret Mead

Es gibt nur ein Problem im Leben: Dass das Feuer auf unserem Fleisch brennt wie ein Messer, das bis auf die Knochen schneidet und dass die Freude uns entblößt wie eine nackte Klinge. Es gibt keine anderen Probleme. Stattdessen leben wir, unsere Leidenschaften an handfeste Lügen und Tand verschleudernd, in der Hoffnung, damit einen brennenden Moment kaufen zu können.

Ruth Benedict, aus einem persönlichen Tagebuch[420]

Ruth Benedict und Margaret Mead waren nicht die ersten Studentinnen von Franz Boas, die ein Interesse an Freud mit der Befürwortung der Milieuaspekte in der *Nature-Nurture*-Debatte verbanden. Alfred Kroeber[421], Boas' erster Doktorand, unterzog sich der Psychoanalyse und praktizierte zwei Jahre als Laienanalytiker. Zur selben Zeit sprach er sich für die Kultur als den wichtigsten Einflussfaktor menschlichen Verhaltens aus und widersprach damit der Sicht der Eugeniker. Wie Marvin Harris in der Tat in *The Rise of Anthropological Theory*[fz] bemerkte: „Während der 1920er Jahre waren Anthropologen und Psychoanalytiker natürliche Alliierte im Kampf gegen die Zwänge von sexuellem und anderen Formen von Provinzialismus." Während Freud sich auf frühkindliche Erfahrungen konzentrierte, definierten die Anthropologen kulturelle Einflüsse breiter, und im Gegensatz zu den Eugenikern vereinigten sie wissenschaftliche, soziale und politische Anschauungen.

Es blieb jedoch Benedict und Mead überlassen zu zeigen, wie effektiv Boas' Studenten in diesem Kampf sein konnten. Benedict war von schlanker Statur, vorzeitig ergraut, teilweise taub und stotterte als sie anfing, bei Boas im Frühling 1921 zu promovieren. Mit 34 war sie mit einem Forschungschemiker verheiratet, hatte in der Schule unterrichtet und war der festen Überzeugung, dass die Kultur und nicht die Gene die formende Kraft menschlichen Verhaltens sind. Vielleicht verzichtete Boas deshalb auf die Zulassungsvoraussetzungen für seinen Kurs und akzeptierte sie als Doktorandin für Anthropologie.[422]

Benedict interessierte sich bereits zu dieser Zeit sowohl für Freud als auch für Anthropologie. Mit beidem wurde sie durch Elsie Clews Parsons[423] bekannt gemacht, bei der sie 1919 den Kurs „Sex in Ethnology"[ga] an der New School for Social Research[gb] belegt hatte. Parsons, eine von Boas' früheren Studentinnen,

---

[fz] *Der Aufstieg der anthropologischen Theorie*
[ga] „Sex in der Ethnologie"
[gb] The New School (früher bekannt als The New School for Social Research) ist eine Universität in New York City, zu der ab 1933 auch die University in Exile gehörte. 1919 wurde sie von einer Gruppe von Intellektuellen gegründet, von denen einige an der Columbia gelehrt hatten und als Pazifisten vom Präsidenten der Columbia zensiert wurden. ... Sie steht in der Tradition der Verbindung von progressivem amerikanischen Gedankengut mit kritischer europäischer Philosophie. ... Über

steuerte bereits 1915 Artikel für den *Psychoanalytic Review* bei und setzte sich im folgenden Jahr als erste Anthropologin mit Freud im *American Anthropologist* auseinander. Als Frau eines früheren Kongressabgeordneten und Freundin von Margaret Sanger, Mabel Dodge und Walter Lippman war Parsons „gut bekannt für ihre schockierenden unkonventionellen Ideen"[425], ihre spontane Aktion, nackt im schicklichen Urlaubsort New England zu baden und ihre Forderung, dass „sexuelle Beziehungen vollkommen frei von jeder gesellschaftlichen Regelung sein sollten".[426] „Dann", sagte Parsons, „würde die leidenschaftliche Liebe ihre beschämenden Jahrhunderte der Erniedrigung vergessen, um ihre Flügel in den Räumen auszubreiten, von denen die Dichter singen."[427]

Es gibt keinen Hinweis darauf, dass sich Ruth Benedict jemals einer Psychoanalyse unterzog, aber Freuds Konzepte verwendete sie freimütig in ihren Schriften. In späteren Jahren leitete sie zusammen mit dem Analytiker Abraham Kardiner ein Seminar am New York Psychoanalytic Institute[gc] und lehrte auch an der Washington School of Psychiatry.[gd] Benedict war gut mit Harry Stack Sullivan und Karen Horney befreundet. Beide beeinflusste sie bei der Verbindung von kulturellen und freudschen Theorien zu dem, was sich zur neofreudianischen Psychoanalyse entwickeln sollte. Die Kultur hatte in Ruth Benedicts Weltanschauung oberste Priorität, aber Kultur beinhaltete auch Einflüsse frühkindlicher Erziehung wie sie von Freud beschrieben wurden.

Benedicts Überzeugung, dass Kultur und nicht die Gene das Verhalten bestimmten, entstammte z. T. aus ihrer einjährigen Arbeit bei einer Sozialagentur in Buffalo nach ihrem Abschluss am Vassar College. Sie besuchte polnische Immigrantenfamilien zu Hause und sah selbst, dass ihre Probleme ökonomische, soziale und sprachliche Ursachen hatten, aber keine genetischen. In ihrem ersten Jahr als Absolventin bei Boas sprach sie sich so stark für die kulturellen Einflüsse aus, dass ein Kollege sie fragte, ob sie „zu einer kulturellen Fatalistin"[428] geworden war und glaubte, dass die Kultur der einzige verhaltensbestimmende Faktor sei? Zwei Jahre später schrieb Benedict, dass die menschlichen „Reaktionen von Geburt an vom Charakter der Kultur bestimmt werden, in die er geboren wurde".[429] „Die grundlegende Frage, ... auf die sich anthropologische Arbeiten beziehen", fügte Benedict hinzu, „ist, inwieweit die Kräfte, die in einer Zivilisation wirken, kulturell, organisch oder genetisch bestimmt sind. Um es mit dem Reim zu sagen, was entsteht aus *Nurture* und was aus *Nature*."[430] Definitiv wünschte sich Boas vor allen anderen Fragen darauf eine Antwort.

---

180 [europäische] Emigranten im Exil fanden hier Arbeit[,] ... wie etwa der Anthropologe Claude Lévi-Strauss ... Auch der berühmte Anthropologe Gregory Bateson lehrte an dieser Universität [und] eine der berühmtesten Einrichtungen der New School war der ... Dramatic Workshop [Theaterwerkstatt]. Hier studierten u. a. Tennessee Williams, Marlon Brando, Tony Curtis und Harry Belafonte.[424]
[gc] Psychoanalytisches Institut von New York
[gd] Washingtoner Schule für Psychiatrie

Ruth Benedict teilte die soziale Agenda ihres Mentors und seine Opposition gegen den Rassismus, obwohl sie erst Jahre später in den öffentlichen Streit eintrat. Sie war, mit den Worten eines Anthropologen-Kollegen, eine "Weltverbesserin".[431] Auf Vorschlag von Boas[432] veröffentlichte sie 1940 *Race: Science and Politics*[ge], eine heftige Attacke gegen den Rassismus. Darin fragte sie: „Wie können wir diese Epidemie des Rassismus aufhalten?"[433] Ihre Antwort war, dass Rassismus ein Produkt ungerechter sozialer Bedingungen war und nur dann zurückgehen würde, wenn

> *alle Menschen die elementare Gelegenheit haben zu arbeiten, einen ausreichenden Lebensunterhalt zu verdienen und wenn Ausbildung, Gesundheit und eine menschenwürdige Unterkunft für alle verfügbar sein werden.*[434] ... *Solange die Kontrollinstanzen der Industrie nicht praktische soziale Verantwortung durchsetzen, wird es eine Ausbeutung der hilflosesten Rassengruppen geben.*[435]

Sowohl Boas als auch Benedict glaubten, dass die Regierung eine Hauptrolle bei der Verbesserung der Faktoren des sozialen Umfelds spielen sollte, die Rassismus erzeugen. Während Boas sozialistische Kandidaten unterstützte, war Benedict eine starke Anhängerin von Roosevelts New Deal.[gf, 436] Sie unterstützte zusammen mit Boas in den 1930er Jahren Organisationen, die später beschuldigt wurden, kommunistische Fronten zu sein. Margaret Mead zufolge "wusste [Benedict], dass einige der Leute, mit denen sie in Berührung kam, Kommunisten waren. Sie weigerte sich aber zu glauben, dass das, wofür sich diese Doktrinäre einsetzten, ernst genommen zu werden brauchte".[438]

Franz Boas' Einfluss auf Ruth Benedict war sehr stark. Achtzehn Jahre nach ihrem ersten Treffen schrieb ihm Benedict: "Seitdem ich Sie kannte gab es, was mich angeht, keine Zeit, in der ich nicht Gott dankte, dass es Sie gibt und dass ich Sie kannte. Ich kann Ihnen nicht sagen, welchen Stellenwert Sie in meinem Leben einnehmen."[439] Sie wurde nicht wie so viele von Boas' furchterregendem Verhalten abgestoßen, von seinen "durchdringenden, kohlschwarzen Augen"[440] unter zottigen Augenbrauen, von seinen Duellnarben, die von der durch den chirurgischen Eingriff verursachten teilweisen Gesichtslähmung betont wurden oder seinen selbstherrlichen Methoden. Stattdessen bewunderte Benedict Boas als Leitfigur für die Unterdrückten der Gesellschaft und als Kämpfer gegen den Rassismus. Nach Judith Modell, einer der Biographinnen von Benedict, „repräsentierte Franz Boas für Ruth vor allem den Wissenschaftler, der durch einen anhaltenden Glauben an die menschlichen Fähigkeiten motiviert wurde, eine bessere Welt zu schaffen".[441]

[ge] dt. Ausgabe: *Die Rassenfrage in Wissenschaft und Politik* (1947)
[gf] Wirtschafts- und Sozialreformprogramm der USA unter Präsident Franklin D. Roosevelt ab 1933 bis etwa 1941. F. D. Roosevelt war nach Hoover und vor Truman der 32. Präsident vom 04.03.1933 bis 12.04.1945.[437]

Das Interesse von Ruth Benedict an Freuds Lehre und kultureller Anthropologie band sich damals eng an die sozialen und politischen Agenden, die sie mit Franz Boas teilte. Es ist auch klar, dass Benedicts Interessen in diesen Bereichen mit privaten Zielen verbunden waren, die sie nicht mit ihm teilte. Schon in ihren College-Jahren am Vassar hatte sie "anscheinend einen sanften Zusammenstoß mit mindestens einem weiblichen Fakultätsmitglied".[442] Benedict hatte geheiratet, aber es war eine kinder- und lieblose Ehe, die zumindest teilweise auf ihre eigene Frigidität zurückzuführen war. Die persönlichen Tagebücher und Schriften von Benedict spiegeln eine lyrische und intensive Beschäftigung mit "dem Feuer auf unserem Fleisch"[443] wider, eine beharrliche sexuelle Leidenschaft, die unerreichbar schien:

> *Wir fragen uns immer, wie wir dieses heiße Eisen anfassen sollen. Einige haben durch Inzest die Kruste durchbrochen und sind zum absoluten Kern der Lebendigkeit vorgedrungen. Einige haben dem Bettgenossen ihrer Träume Schmerzen zugefügt und Blut von den Striemen geleckt, die sie dem Fleisch ihres Meist-Geliebten zugefügt haben. Manche lagen da, gebunden von Furcht. In anderen Generationen haben die Menschen die Hölle gefürchtet und gezittert. Und sie fürchteten auch den Tod bevor es ihnen wie Schuppen von den Augen fiel, dass sich dahinter nur ein Kinderschreck verbirgt. Aber wir – gefangen zwischen dem Zufall der Geburt und dem Todeswunsch –, wie sollen wir Sterne am Himmel platzieren? Wie im Traum werden wir auf dem Weg zum Tod verdorren, wissend, dass alle Dinge Torheiten, Gespenster, Schatten sind.*[444]

Aufgrund dieser Sehnsüchte war sie eine Außenseiterin, die weder in ihren Körper noch in die Kultur passte. Modell, die ihre persönlichen Tagebücher während ihrer Ehejahre durchsah, stellte fest: "Je mehr sie über ihre mangelnde Angepasstheit an die weibliche Rolle nachdachte, um so mehr schien sie die Männlichkeit in ihr selbst zu sehen."[445] Ruth Benedict hatte sich entschlossen zu beweisen, dass ihr Mangel an Anpassung ihr durch die Kultur auferlegt und nicht die Folge eines ihr selbst innewohnenden genetischen oder biologischen Defekts war.

Ruth Benedicts sexuelle Agenda tauchte in ihren anthropologischen Schriften wieder auf. Der Weg, den sie von Elsie Clews Parsons „Sex in Ethnology" eingeschlagen hatte, betonte, dass Homosexualität durch kulturelle und Kindheitserfahrungen und nicht durch biologische Faktoren entsteht. Die Prärie-Indianer z. B. sollen homosexuelle und transvestite Männer mit besonderen Rollen als Heiler geehrt haben. Homosexualität als anomal zu bezeichnen, so Benedict, war kulturell willkürlich, wobei sie dieses Thema in späteren Schriften vertiefte:

> *Die Relativität der Normalität ist keine akademische Angelegenheit. Zuerst wird impliziert, dass die scheinbare Schwäche des Abweichenden meistens und im großen Maß illusorisch ist. Sie leitet sich nicht aus der*

> *Tatsache ab, dass es ihm an notwendiger Vitalität fehlt, sondern er ein Individuum ist, dem die Kultur mehr als die übliche Belastung auferlegt hat. Seine Unfähigkeit, sich der Gesellschaft anzupassen, ist ein Reflexion der Tatsache, dass diese Anpassung einen Konflikt mit sich bringt, wie er bei den so genannten Normalen nicht auftaucht.*[446]

„Die Ätiologie[gg] der Homosexualität", schloss Benedict, "ist überwältigend sozial."[447] Homosexualität ist nur eine "unserer kulturell angelegten Charakterzüge"[448], die andere Kulturen schätzen könnten.

> *Eine Neigung zu diesem Charakterzug [Homosexualität] konfrontiert ein Individuum in unserer Kultur mit allen Konflikten, mit denen alle Abweichler immer konfrontiert werden. Und wir tendieren dazu, die Folgen dieses Konflikts mit Homosexualität gleichzusetzen. Aber diese Folgen sind offensichtlich lokal und kulturell.*[449]

Benedicts Hauptbeschäftigung mit der kulturellen Rolle abweichender Individuen im Allgemeinen und Homosexuellen im Besonderen war ein großes wiederkehrendes Thema in ihren Schriften. Bereits 1925 tadelte ihr Freund und bekannter Linguist und Anthropologe Edward Sapir sie für diese Obsession: „Ruth, da liegt etwas Grausames in deiner verrückten Liebe für psychische Unregelmäßigkeiten. Merkst du nicht, dass du deine Lebendigkeit aus einer stumm widerstehenden Natur beziehst, die sich schrecklich rächen wird?"[450] Und Margaret Mead bemerkte über Benedict: „Sie fragte sich dauernd, ob sie glücklicher gewesen wäre, wenn sie in einer anderen Zeit und einem anderen Ort wie z. B. im alten Ägypten geboren worden wäre. In unseren Diskussionen verwendeten wir das Wort ‚Abweichler' für ein kulturell nicht konformes Individuum ..."[451] Ruth Benedict fühlte sich ihr ganzes Leben lang selbst als kultureller Außenseiter und machte ihre Kultur dafür verantwortlich.

Als sie eine homosexuelle Beziehung mit Margaret Mead begann, trennte sich Benedict schließlich von ihrem Mann und lebte in ausschließlich homosexuellen Beziehungen für den Rest ihres Lebens. Zu den prominentesten gehörte dabei die Forschungschemikerin Natalie Raymond und später die Psychologin Ruth Valentine.[452]

[gg] Fachrichtung der Medizin, die sich mit der Ursache von Krankheiten beschäftigt. Umgangssprachlich wird die Ursache eine Krankheit selbst als Ätiologie bezeichnet.

3.1 Margaret Mead

Gerade mal ein Jahr arbeitete Ruth Benedict bei Franz Boas als sie Margaret Mead im September 1922 traf. Zu diesem Zeitpunkt machte Mead gerade ihren Abschluss am Barnard College und hatte Boas' Anthropologiekurs wieder aufgenommen, in dem Benedict eine Lehrassistenz übernahm.

Trotz der 14 Jahre Altersunterschied hatten die beiden Frauen außergewöhnlich viele gemeinsame Interessen. Beide wuchsen in einer protestantischen Kleinstadt auf, und waren beide auch die ältesten von jüngeren Schwestern, die als viel hübscher befunden wurden. Beide hatten Großmütter, die sie anbeteten und Mütter, denen gegenüber sie indifferent waren. Die Väter waren entweder distanziert (Mead) oder tot (Benedict). Beide Frauen waren ehrgeizige Schriftstellerinnen, die Gedichte und Geschichten austauschten. Mead zitierte Jahre später Benedicts „vorzügliche Empfänglichkeit für Literatur"[453] als eine ihrer besten Charaktereigenschaften. Und beide verehrten Franz Boas, der, wie Mead erinnerte, „mit einer Autorität und einer Differenzierung sprach wie ich sie bei keinem Lehrer angetroffen hatte".[454] Ein Kollege beschrieb Boas später als „eine starke Vaterfigur"[455] sowohl für Mead als auch Benedict, die „bis zum Ende ihres Lebens seine kleinen Mädchen blieben. ... Ihre Aktivitäten waren messianisch, und ihre Pflicht war es, die Botschaft zu überbringen".[110] Boas wäre tatsächlich im Alter von Benedicts Vater gewesen, wäre dieser nicht gestorben, als sie noch ein kleines Kind war.

Noch mehr als Franz Boas oder Ruth Benedict war Mead eine Anhängerin von Sigmund Freuds Theorie. Am Barnard unterzog sich eine von Meads Zimmergenossinnen der Psychoanalyse, und so machte Mead Bekanntschaft mit den Konzepten von Freud und Jung. Bereits am College zeigte sie großes Interesse an der Traumdeutung, das ihr ganzes Leben lang anhielt. Wie die Biographin Jane Howard bemerkte: „Mead sah eine Nacht ohne Traum als völlige Zeitverschwendung an."[456] Obwohl sie sich wie Benedict selbst keiner Psychoanalyse unterzog, steuerte sie viele Artikel zu psychoanalytischen Zeitschriften bei.[457] Und in ihrem Buch *Growing Up in New Guinea* (1930)[gh] führte sie an, dass die psychoanalytische Theorie die „wahrscheinlich fruchtbarsten Angriffe"[458] auf die traditionellen Ideen zur kindlichen Entwicklung bereitstellte. In *Male and Female* (1949)[gi] schrieb sie: „Die Lösung der ödipalen Situation hängt sehr davon ab, wie ein Junge seine oder ein Mädchen ihre vorrangige Geschlechtszugehörigkeit akzeptiert."[459] In späteren Jahren lehrte Mead an der Menninger Clinic und anderen Bastionen freudscher Orthodoxie und wurde von einem Psychoanalytiker als „Befehlshaberin der psychoanalytischen Konzepte" beschrieben, „jedem

---

[gh] dt. Ausgabe: *Kindheit und Jugend in Neu Guinea*, 2. Band unter dem Sammeltitel *Leben in der Südsee. Jugend und Sexualität in primitiven Gesellschaften* (1965)

[gi] dt. Ausgabe: *Mann und Weib. Das Verhältnis der Geschlechter in einer sich wandelnden Welt* (1958)

Profi ebenbürtig, den ich kannte".[460] Mead sagte nicht, dass die Psychoanalyse der einzige Weg sei, einen Einblick in das menschliche Verhalten zu erlangen, aber sie stand oben auf ihrer Liste – eine Liste, die auch Feldstudien unter primitiven Völkern beinhaltete.

Margaret Mead teilte ebenfalls die sozialen und politischen Vorhaben von Franz Boas und Ruth Benedict. Am Barnard gehörte sie zu einer Gruppe, die sich selbst als die Ash Can Cats nach der Ash-Can-Malschule bezeichneten. Diese Schule kombinierte Realismus mit Sozialismus und Anarchismus. Mead nahm an einer Massenveranstaltung zu Gunsten von Sacco und Vanzetti teil, füllte Umschläge für die Amalgated Clothing Workers Union[gj], lief Streikpostenketten ab, besuchte einen Kurs über die Arbeiterbewegung und war fasziniert von der Wirtschaftstheorie des dialektischen Materialismus.[461] Am fünften Jahrestag der Russischen Revolution ging sie mit ihren Freunden in den Speisesaal des College und „trug rote Kleider, saß unter roten Fahnen, roten Blumen und roten Kerzen und platze in ‚Die Internationale'".[462] So deutlich stellte sie ihre linke Gesinnung zur Schau, dass der Anthropologe Melville Herskovits 1923 in einem Brief sein Erstaunen zum Ausdruck brachte, warum Mead trotz ihrer öffentlichen Unterstützung der Kommunisten[463] die Mitgliedschaft in Phi-Beta-Kappa[gk] erlaubt wurde. Wie Benedict bewunderte Mead Franz Boas für sein soziales Engagement: „Er arbeitete nicht um der persönlichen Macht willen", bemerkte sie, „sondern für das Wohl der Menschheit."[464]

Von all den Bindungen zwischen Margaret Mead und Ruth Benedict war jedoch die sexuelle eine der stärksten. Bereits als Schulmädchen fühlten Mead wie Benedict sich „besonders und anders"[465]: „Gelegentlich fragte ich mich, was der Grund dafür war, dass ich vom akzeptierten Stil der mir begegnenden Karrierefrauen abwich."[466] Mead glaubte auch, dass „ich das Gemüt meines Vaters hatte, aber er das seiner Mutter".[467] Später bemerkten ihre Freunde manchmal ihre männlichen Eigenschaften[468], aber „sie verabscheute es, ‚männlich' genannt zu werden und war stolz auf ihre Weiblichkeit".[469]

Einiges deutet darauf hin, dass Margaret Mead noch am Barnard viele Affären mit Frauen hatte, und die sieben Jahre ältere Marie Eichelberger war eine davon. „Du sahst mich quer durch den Raum hinweg an und verliebtest dich in mich"[470], soll Mead zu ihr gesagt haben. Die Beziehung hielt mit kurzen Perioden des Zusammenlebens und mit Eichelberger als Meads persönliche Sekretärin ihr Leben lang an. Jane Howard: „Einmal wollte ein Mann Marie heiraten, aber verglichen mit Margaret hatte keiner eine Chance bei ihr."[471] Liebesbriefe von Leah Hanna[472], einer anderen Barnardstudentin, lassen vermuten, dass auch ihre Beziehung während Meads Abschlusssemesters sexueller Natur war. Es scheint, dass sich Mead immer wieder zu älteren Frauen hingezogen fühlte.

[gj] Gewerkschaft der vereinigten Bekleidungsarbeiter, heute aufgegangen in UNITE HERE.
[gk] 1776 am College of William and Mary in Williamsburg gegründete akademische Gemeinschaft, die als älteste und angesehenste studentische Vereinigung in den Vereinigten Staaten gilt.

Eine Klassenkameradin erinnerte sich, dass „Margaret sich in meine Mutter verliebte und meine Mutter sie im Gegenzug sehr bewunderte".[473]

Obwohl Margaret Mead anscheinend bisexuell war, bemerkten viele ihrer Freunde ihr vergleichsweise geringeres Interesse an Männern.[474] Doch trotz ihrer Affären mit Frauen, verlobte sie sich während ihres Abschlussjahres am Barnard mit dem Priesterseminarstudenten Luther Cressman. Er war sozial engagiert und verließ in späteren Jahren den Kirchendienst, um Anthropologe zu werden. Wegen ihrer Ideen wirkte Mead charakterlich auf Männer attraktiv. Briefe aus ihrer Privatkorrespondenz in der Library of Congress[gl], die kürzlich für die Öffentlichkeit freigegeben wurden, legten nahe, dass ihre späteren Ehen mit Reo Fortune und Gregory Bateson von ihr in erster Linie als professionelle Liaisons zur Durchführung von Feldstudien gesehen wurden, die der Entwicklung der Anthropologie dienten.[475]

In den sechs Monaten seit ihrer ersten Begegnung trafen sich Benedict und Mead regelmäßig. Immer noch verheiratet, mietete Benedict sich ein Zimmer in der Nähe des Campus der Columbia[476] und korrespondierte mit ihrem Ehemann in Westchester nur noch an Wochenenden. Im März 1923 schrieb Benedict in ihr Tagebuch, dass Mead „mich beruhigt wie ein gepolsterter Stuhl und ein Platz am Kaminfeuer".[477] Andere Einträge in Benedicts Tagebuch enthielten Reflexionen wie: „Wenn Berührung ein so süßes und natürliches menschliches Entzücken zu sein scheint, würde ich nur sehr ungern darauf zu verzichten, nicht einmal im Tausch gegen meinen liebsten Traum von einem einigermaßen würdevollen Leben."[478] Nach Modell war die von Margaret Mead

> *eine perfekte Freundschaft ... frei von 'der Macht der Gewohnheit', eine Freundschaft zwischen Frauen. ... Als Mead eintraf, eine zuversichtliche, begeisterungsfähige und aufgeschlossene Frau, fing sie an, mehr und mehr ihre Sinnlichkeit auszudrücken. Die daraus resultierende Intimität war nicht legal und deshalb auch nicht begrenzt. ... Die von Benedict geschätzte 'Dauerhaftigkeit' hatte sie mit Margaret Mead erreicht, und sie beruhte auf dem Austausch von Zärtlichkeiten, Tratsch und Rezepten bis hin zu psychologischen Theorien ... [und] dem Kauf neuer Garderobe.*[479]

Die Beziehung zwischen Ruth Benedict und Margaret Mead dauerte von 1922 bis zu Benedicts Tod 1948. Sowohl die private wie auch veröffentlichte Korrespondenz zwischen ihnen legt nahe, dass es eine zärtliche, liebevolle und extrem wichtige Beziehung für beide war. Nur einmal lebten sie im Sommer 1928 zusammen.[480] Doch auch während Meads Ehen mit Luther Cressman, Reo Fortune und Gregory Bateson blieben sie mit Unterbrechungen ein Liebespaar. So ein Arrangement barg Komplikationen in sich. Als z. B. Mead und Luther Cressman 1923 heirateten, besuchten die Frischvermählten Benedict und ihren

---

[gl] Kongressbibliothek

Ehemann in ihrem Sommerhaus in New Hampshire. Cressman zufolge war Mead frigide[481] für die Dauer ihres Besuches, und beide schliefen während ihrer Flitterwochen in getrennten Betten. Viele Jahre später reflektierte Meads und Gregory Batesons Tochter Mary C. Bateson über die Bisexualität ihrer Mutter:

> *Ruth und Gregory waren die beiden Menschen, die sie am meisten und treu liebte und dabei alle Möglichkeiten zwischenmenschlicher und intellektueller Nähe erforschte. ... Nach dem Tod von Margaret fragte ich meinen Vater, was er von Margaret und Ruth als Liebespaar hielt, einer Beziehung, die begann bevor Margaret und Gregory sich trafen und während ihrer Ehejahre anhielt. Er sprach von Ruth als der Älteren, von jemandem, vor dem er großen Respekt, immer einen Gefühl von Distanz und unnahbarer Schönheit hatte.*[482]

Wie Benedict machte Margaret Mead ihre Kultur dafür verantwortlich, dass sie sich als Außenseiterin fühlte. Obwohl sie ihre persönliche Situation niemals öffentlich machte, schrieb Mead später, dass „bisexuelle Potentiale normal seien"[483] und drängte darauf, dass „wir Bisexualität als normale Form menschlichen Verhaltens anerkennen".[484] Sie argumentierte, dass „eine sehr große Zahl von Menschen, wahrscheinlich eine Mehrheit, in ihrer potentiellen Liebesfähigkeit bisexuell veranlagt sind"[485] und fügte hinzu, dass „ein Individuum, das völlig unfähig zu homosexueller Erwiderung ist, eines der menschlichen Potentiale nicht entwickelt hat".[486] Aber sie sagte auch, dass die Kultur das Verhalten formt und

> *ob man sein ganzes Leben lang und unter allen Umständen ausschließlich heterosexuell oder homosexuell bleibt oder dazu fähig ist, sich auf sexuelle und Liebesbeziehungen mit Angehörigen beiderlei Geschlechts einzulassen, ist in der Tat eine Konsequenz der Erziehung, bestimmter Anschauungen, gesellschaftlicher Vorurteile und bis zu einem gewissen Grad auch der eigenen Lebensgeschichte.*[487]

Meads sexuelle Agenda war nie weit von den Themen ihrer Schriften entfernt, und sie drückte regelmäßig ihre Besorgnis aus über „den Prozess, durch den die Identifikation mit einem Elternteil des falschen Geschlechts zu umgekehrter sexueller Orientierung führen kann".[488]

In den letzten Jahren des 20. Jahrhunderts, als Homosexuelle für ihre Rechte demonstrierten und sich offen bekannten, mag es nicht so offensichtlich gewesen sein, wie sie am Anfang des Jahrhunderts behandelt wurden. Aus religiöser Sicht wurde Homosexualität als widernatürliche Abscheulichkeit und als Todsünde gesehen. Medizinisch betrachtete man es als eine Art Krankheit, und Kastration oder Klitoridektomie wurde mancherorts immer noch als „Behandlung" eingesetzt. Gesetzlich gesehen stellte Homosexualität eine schwere Straftat dar, und für Sodomie konnte man zu lebenslanger Haft verurteilt werden. In den Großstädten führte die Polizei regelmäßig Razzien in Türkischen Bädern und anderen üblichen Treffpunkten von Schwulen durch. Gesellschaftlich betrachtete man es als unbeschreibliche Perversion, die meistens zum Selbstmord führte, falls jemand bloßgestellt wurde. New York City war an den nationalen Standards gemessen liberal, und vom Dekan des Barnards „und verschiedenen prominenten Professoren wurde allgemein angenommen, sie seien homosexuell".[489] Doch außerhalb der Pforten des College regierte die selbstgerechte Moral. Als *The Captive*[gm], ein auf eine lesbische Beziehung anspielendes Stück, uraufgeführt wurde, nannte es die *New York Times* „ein revolutionäres Thema"[490], und die Polizei verbot die Aufführung.

Stillschweigend wurden Ruth Benedict und Margaret Mead damals als kulturelle Außenseiterin definiert. So wie Benedict über „die Konflikte schrieb, denen Abweichler immer ausgesetzt sind"[491], schrieb Mead, dass „die Last der Non-Konformität, begleitet vom Sinn für Sünde und Schuld, einen großen Teil von Amerikanern schwer unter Druck setzt, die von anerkannten Temperaments- und Verhaltensmustern abweichen".[492] Die Frauen verband das kulturelle Außenseitertum, und die Schwere ihrer Schuld wurde von ihnen als eine Reflexion der Macht der Kultur interpretiert, menschliches Verhalten zu formen. Ein Außenseiter zu sein, brachte auch Verantwortlichkeiten mit sich. Nach Mead „liegt auf den Begabten unter den Außenseitern die Last, neue Welten aufzubauen".[493] Benedict und Mead sollten den Rest ihres Lebens damit verbringen, die Macht der Kultur inklusive ihrer freudschen Aspekte zu dokumentieren, und die Anthropologie würde ihre Werkstatt sein.

Um Margaret Mead zu verstehen, ist ein weiterer Aspekt ihrer Denkweise von Bedeutung. Wie Freud war Mead eine unerschütterliche Anhängerin des Okkulten, und sie schrieb einfühlsam über Auras[494], Kommunikation mit Pflanzen, Telepathie, außersinnliche Wahrnehmung, Hellsichtigkeit und Horoskope. 1973 wurde sie Treuhänderin der American Society for Psychical Research.[gn, 495] Auch behauptete sie kategorisch, dass „es UFOs gibt" und spekulierte, dass „sie einfach schauen, was wir im Schilde führen – dass eine verantwortliche Gesellschaft außerhalb unseres Sonnensystems uns im Auge behält, um darauf zu achten, dass wir keine Kettenreaktion in Gang setzten, die Auswirkungen außerhalb unseres Sonnensystems haben könnte."[496]

Sie glaubte, dass sie selbst von zwei „Geistführern"[497] begleitet wurde und suchte den Rat von Medien.[498] Ruth Benedict arrangierte z. B. unmittelbar vor Meads Hochzeit mit Bateson den Besuch bei einem Medium, und die Frau riet ihr, „[Bateson] Hühnchen zuzubereiten". Obwohl Meads Interesse am Okkulten sie mit Freud noch mehr in eine Reihe stellte, war für Frank Boas solches Denken unethisch. Seine Forschungsmethoden waren fest in den Naturwissenschaften verankert. Mead beschrieb ihre eigene Annäherung an die Wissen-

---

[gm] dt. Fassung: *Die Gefangene,* Drama von Arthur Hornblow jun. (USA 1926), basierend auf Edourd Bourdets frz. Stück *La prisonnière.*
[gn] Amerikanische Gesellschaft für parapsychologische Forschung

schaft als „disziplinierte Subjektivität"[499], und in späteren Jahren wurde sie regelmäßig für das Versäumnis, wissenschaftliche Methodik in ihrer Arbeit anzuwenden, kritisiert.[500]

3.2 Benedict und Mead nehmen den Kampf auf

Ab Herbst 1923 schloss sich Margaret Mead Ruth Benedict als Promotionsstudentin unter Franz Boas an. Henry Osborns und Boas' verbaler Schlagabtausch nahm an Intensität zu, und Meads Interesse an diesen Ereignissen kann an der Tatsache gemessen werden, dass sie Luther Cressman, den sie gerade geheiratet hatte, mitteilte, sie brauchte während ihrer Flitterwochen ein separates Schlafzimmer, um Carl C. Brighams gerade veröffentlichte *A Study of American Intelligence* durchzuarbeiten.[501] Zu dieser Zeit wies die Durchsicht von Meads Korrespondenz gelegentliche Bezüge zur *Nature-Nurture*-Debatte auf.[502]

Ermutigt von Benedict begann Mead noch vor ihrer Doktorarbeit im Frühling 1923 ihre erste Studie zur Unterstützung Boas. Um die Anforderungen des College für den Abschluss in Psychologie zu erfüllen, musste Mead Feldstudien durchführen. Sie entschied sich dafür, die Intelligenzquotienten (IQ) italienischer Einwandererkinder zu untersuchen, um festzustellen, inwieweit sie davon abhingen, ob die zu Hause vorherrschend gesprochene Sprache Englisch oder Italienisch war. Jahre später bestätigte sie, dass „die Fragestellung, an der ich arbeitete, von Boas vorgeschlagen wurde".[503] „Dies waren die Tage", fügte sie hinzu, „als [der Kongress] das Einwanderungsgesetz verabschiedete, in dem festgestellt wurde, dass Italiener niemals lernen konnten – seht euch ihre IQs an – und all die Dinge, die wir heute über die Schwarzen sagen."[504]

Meads Feldstudie und These „Intelligence Tests of Italian and American Children"[go] zeigte tatsächlich, dass „die zu Hause gesprochene Sprache Einfluss auf den erreichten IQ hatten. Die Punktzahl der Italienischsprechenden waren geringer".[505] Mead schlussfolgerte, dass die schlechteren Ergebnisse auf eine geringere Exposition der Kinder dem Englischen gegenüber und ihren Mangel an Prüfungserfahrung zurückzuführen sei. Sie mahnte zu

> *extremer Vorsicht bei jedem Versuch, auf der Basis von Tests Rückschlüsse auf die relative Intelligenz von Rassen- oder nationalen Gruppen zu ziehen, bevor man nicht sorgfältig die Faktoren Sprache, Erziehung und sozialen Status in Betracht gezogen hat. Und weiterhin muss Rücksicht auf unbekannte Einflussgrößen genommen werden, die logischerweise aus verschiedenen Einstellungen und Denkgewohnheiten resultieren.*[506]

Nurture und nicht *Nature* schlussfolgerte Mead ist verantwortlich für die Unterschiede im IQ. In einem Artikel mit dem Titel „This Nordic Nonsense"[gp] von 1925 bezog Boas sich auf Meads Ergebnisse als er argumentierte, dass geringere IQ-Punktzahlen unter Einwanderergruppen durch ihren geringeren „Grad

---

[go] „Intelligenztests italienischer und amerikanischer Kinder"
[gp] „Dieser nordische Unsinn"

an Anpassung an die amerikanischen Bedingungen und besonders hinsichtlich der Aneignung der englischen Sprache"[507] erklärt werden kann.

Als Benedict und Mead ihren Doktorarbeiten nachgingen, stellte die Verabschiedung der Einwanderungsbeschränkungsliste von 1924 ein großer Sieg für die Eugeniker dar. Verzweifelt suchte Boas nach Daten, mit denen er die Abstammungsperspektive widerlegen konnte. Als Mead den Antrag stellte, für ihre Abschlussarbeit nach Polynesien zu gehen, um „neue und alte Elemente der Kultur"[508] zu studieren, fragte Boas sie, stattdessen die Adoleszenz amerikanischer Indianer zu untersuchen.[509] Boas interessierte dabei insbesondere, inwieweit die Wirrungen des Heranwachsens auf biologische Faktoren zurückzuführen waren, wie es von den Eugenikern behauptet wurde, oder auf kulturelle. Mead meinte dazu, dass Boas „immer ein bestimmtes Teilgebiet der Forschung zu einem dringendem Erfordernis theoretischer Prioritäten zurechtschneiderte".[510]

Am Ende einigten sich Boas und Mead auf einen Kompromiss: Sie würde nach Polynesien gehen, aber das Problem bearbeiten, dass er untersucht haben wollte. Amerikanisch Samoa wurde ausgewählt, und im Frühling und Sommer 1925 bereitete sich Mead auf einen Feldstudienaufenthalt von bis zu einem Jahr vor. Es war eine geschäftige Zeit, und sie war nicht in Lage, noch vor ihrer Abreise mit samoanischen Sprachkursen zu beginnen.

Während ihrer Vorbereitungen im Sommer 1925 komplizierte Margaret Meads Bisexualität weiterhin ihr Privatleben. Obwohl sie mit Luther Cressman verheiratet war, hatte sie gleichzeitig eine ernste Affäre mit Edward Sapir. Er war einer der ersten Anthropologen, die sich zur Psychoanalyse bekannten und der bereits 1917 „die weitreichende Bedeutung kindlicher psychologischer Erfahrungen für das erwachsene Leben"[511] vermerkte und Freuds Arbeit „die vielleicht größte Frucht" nannte, „die das Studium des Geistes bis jetzt hervorgebracht hat". Sapir setzte Mead unter Druck, sich von Cressman scheiden zu lassen und ihn zu heiraten.[512] Er schrieb sogar an Boas und forderte ihn auf, sie nicht nach Samoa gehen zu lassen.

Zur selben Zeit pflegte Mead offensichtlich ihre Freundschaft mit Marie Eichelberger. Und außerdem war da Ruth Benedict, die Mead auf dem Weg zum Pazifik zum Grand Canyon begleitete. Meads Tochter: „Als sie [Margaret und Marie] saßen und über den Grand Canyon blickten, beschrieb Margaret Marie die Art, mit der sie [Mead und Benedict] miteinander sprachen" und „entschieden, dass keiner mehr etwas mit Sapir zu tun haben wollte, sondern einander vorzogen."[513] Mead war offensichtlich mit vielen Entscheidungen in ihrem Privatleben konfrontiert, doch vorläufig konnten diese wegen ihres Samoaaufenthalts zurückgestellt werden.

Das Ergebnis von Margaret Meads neunmonatigen Feldstudien war *Coming of Age in Samoa* (1928).[qq] Als wohl bekannteste jemals durchgeführte Studie einer anderen Kultur wurde sie nahezu von jedem Hochschulstudenten gelesen, der einen Kurs in Anthropologie belegt hatte. Ihre idyllische Beschreibung der jugendlichen Liebeswerbung und Sexualität rückte sie unmittelbar in das Zentrum des Interesses. Mead:

> ... die Zeit des Heranwachsens stellte keine Zeit der Krise oder des Stresses dar, sondern war eine sich geordnet entwickelnde Reihe langsam reifender Interessen und Aktivitäten. Die Gemüter der Mädchen wurden durch keine Konflikte verwirrt, von keinen philosophischen Fragen gequält und von keinem versteckten Ehrgeiz heimgesucht. Als Mädchen mit vielen Liebhabern so lang wie möglich zu leben und im eigenen Dorf in der Nähe der eigenen Verwandten zu heiraten und viele Kinder zu haben, dies waren einheitliche und zufriedenstellende Bestrebungen.[514]

Mead schloss, „dass Adoleszenz nicht notwendigerweise eine Zeit des Stresses und der Belastung ist, sondern dass die kulturellen Bedingungen sie dazu machen".[515]

Diese Schlussfolgerung war genau das, was Franz Boas hören wollte, und er applaudierte ihren Bemühungen. In seinem Vorwort zum Buch notierte er: „Die Ergebnisse ihrer gewissenhaften Untersuchung bestätigen den von Anthropologen lange gehegten Verdacht, dass viel von dem, was wir der menschlichen Natur zuschreiben, nicht mehr ist als eine Reaktion auf die Beschränkungen, die uns durch unsere Zivilisation auferlegt worden sind."[516] In einem im selben Jahr veröffentlichten Essay stellte Boas fest, dass „mit der Freiheit des Sexuallebens ... die Krise des Heranwachsens verschwindet" und „wo das Sexualleben praktisch frei ist, keine Sexualdelikte auftreten".[517] Zur Unterstützung seiner Argumentation zitierte er Mead 1934: „Das Studium kultureller Formen"[518] habe gezeigt, dass „genetische Elemente alle zusammengenommen irrelevant" für die Ausbildung der Persönlichkeit sind. Vertrauensvoll hatte Margaret Mead ihrem Mentor gedient, demgegenüber sie einen „großen Sinn für Verantwortlichkeit"[519] fühlte. In Samoa hatte Mead sogar eine Bild von Boas an der Wand ihres Zimmers hängen, das sie gelegentlich mit „einem riesigen roten Hibiskus"[520] dekorierte.

Mit ihrer Feldarbeit in Samoa verfolgte Margaret Mead aber auch ihre private Tagesordnung. Sie versicherte, dass es zwischen Mädchen auch zu homosexuellen Beziehungen kam, die aber kaum beachtet wurden, da sie kulturell sanktioniert waren:

[qq] dt. Ausgabe: *Kindheit und Jugend in Samoa*, 1. Band unter dem Sammeltitel *Leben in der Südsee. Jugend und Sexualität in primitiven Gesellschaften* (1965)

> *Diese gelegentlichen homosexuellen Beziehungen waren nie über längere Zeit von Bedeutung. Von Seiten der heranwachsenden Mädchen oder Frauen, die zusammen arbeiteten, wurden sie als vergnüglicher und natürlicher, mit ein bisschen Anzüglichkeit gefärbter Zeitvertreib gesehen.*[521]

Sowohl heterosexuelle als auch homosexuelle Beziehungen wurden so leicht akzeptiert, schrieb Mead, dass in Samoa weder sexuelle Probleme noch Neurosen auftraten.

> *Der vertraute Umgang mit Sexualität und die Anerkennung eines Bedarfs an Umgangsformen mit Sexualität als Kunst, haben zu einem System persönlicher Beziehungen geführt, in dem es keine neurotischen Bilder, keine Frigidität, keine Impotenz gibt – ausgenommen als vorübergehende Folge ernsthafter Erkrankung. Und die Fähigkeit zu nur einmaligem Beischlaf in der Nacht wird als Senilität betrachtet.*[522]

Meads Schlussfolgerungen ihrer samoanischen, wie auch der Arbeit, der sie ihr Leben lang nachging, waren mit Freuds Theorie vereinbar. Nach Mead gab es auf Samoa keine sexuellen Probleme oder Neurosen, weil es dort keine sexuelle Unterdrückung gab. Immer wieder übertrug Mead ihre anthropologischen Beobachtungen in *Coming Of Age in Samoa* auf die amerikanische Kultur und bemerkte: „Das gegenwärtige Problem der sexuellen Experimente junger Leute würde sich stark vereinfachen, wenn es als Experiment und nicht als Rebellion gesehen würde, wenn keine puritanische Selbstbeschuldigung ihr Gewissen quälte."[523] Besonders wichtig, so führte Mead fort, seien die Erfahrungen aus der frühen Kindheit:

> *Die Ergebnisse der Behavioristen genauso wie die der Psychoanalytiker betonen die wichtige Rolle, die die Umwelt in den ersten Jahren spielt. Man konnte feststellen, dass Kinder mit einem schlechten Start später Schwierigkeiten hatten, wenn sie wichtige Entscheidungen treffen mussten. Und wir wissen, dass die Konflikte umso größer waren, je schwerwiegender die Entscheidungen waren.*[524]

Wie um die freudsche Botschaft zu unterstreichen wurde ein Kommentar aus der Rezension von Dr. Abraham A. Brill auf der Rückseite des Buches hinzugefügt: „Erleuchtend und interessant … bekräftigt durch praktische Demonstration die von Freud und seinen Schülern verkündeten psychosexuellen Theorien."[525]

Margaret Meads Beschreibung der samoanischen Kultur wurde sehr gründlich und öffentlich, insbesondere vom Anthropologen Derek Freeman in seinem 1983 erschienenen Buch *Margaret Mead and Samoa: The Making and Unmaking of an Anthropological Myth*[gr] scharf als ungenau kritisiert. In einem Angriff

---

[gr] dt. Ausgabe: *Liebe ohne Aggression: Margaret Meads Legende von der Friedfertigkeit der Naturvölker* (1983)

auf Mead, der es bis auf die Titelseite des *Time*-Magazins schaffte, behauptete Freeman, dass „die junge Margaret Mead absichtlich von ihren jugendlichen Informanten als eine Art Streich in die Irre geführt wurde".[526] Diese Theorie wurde auch von Nicholas von Hoffman in seinen *Tales from the Margaret Mead Taproom*[gs] vertreten, in denen er schrieb:

> *Auf der Insel soll es einen Haufen alter Damen geben, die in Meads Buch von sich behaupten, kleine Mädchen zu sein und sagen, dass sie gerade alle Arten von Sexgeschichten für die komische Palagi-Dame*[gt] *erfunden haben, weil sie im Dreck herumwühlte.*[528]

Von Hoffman unterstellte ebenso, dass die samoanischen Männer so schlappe Liebhaber sind, dass „ich nicht weiß, wo die Missionare die Stellung gelernt haben".[529]

Lowell D. Holmes war ein weiterer Anthropologe, der – abgesehen davon, dass er zu ihren stärksten Unterstützern zählte – die Genauigkeit von Meads Arbeit in Frage stellte. Holmes, der 28 Jahre nach Mead fünf Monate im selben Dorf wie sie zubrachte, stellte fest, dass die sexuelle Freiheit von Jugendlichen „wahrscheinlich nicht größer war als die ihrer Gegenstücke in den Vereinigten Staaten"[530], und das Frigidität und andere sexuelle Probleme existierten und Ehebruch „der meist verbreitete Grund für Scheidungen war".[531] Holmes bestätigte Meads Beobachtung, dass „Homosexuelle ohne Stigmatisierung und Verspottung akzeptiert wurden"[532], doch er stellte auch fest, dass die Samoaner hinsichtlich Sexualität sehr konservativ waren – zumindest, was das Reden darüber angeht".[533]

Eine andere Frage über Meads Arbeit stellt sich, inwieweit sie genug von der linguistisch schwierigen samoanischen Sprache gelernt haben konnte, um die Informationen zusammenzutragen, die sie angab. Ihr offizieller Sprachunterricht bestand in der einstündigen täglichen Arbeit mit einer samoanischen Krankenschwester an sechs Tagen der Woche. Doch wie Jane Howard es höflich umschrieb: „Sogar ihre glühendsten Fürsprecher konnten nicht behaupten, dass zu den vielen ihrer bemerkenswerten Talente auch eine Begabung für Sprachen zählte."[534] Weiterhin lebte Mead nur für zehn Tage bei einer samoanischen Familie und wohnte den Rest der Zeit bei der Familie des Chefpharmakologen der United States Navy Dispensary[gu] – kaum die ideale Umgebung für die Aneignung der Sprache oder für das Hervorlocken von tiefsten Geheimnissen heranwachsender Mädchen. Außerdem war Mead, was Feldstudien angeht, nicht gerade bekannt dafür, geduldig zu sein. Der Anthropologe Gregory Bateson, ihr dritter Ehemann, beschrieb schockiert Meads und Reo Fortunes Vorgehensweisen bei ihrer Arbeit in Neuguinea: „Sie setzen ihre Informanten und Dolmet-

---

[gs] *Geschichten aus Margaret Meads Schankstube*
[gt] samoanisch für „weiße Person" (oder einen Kaukasier)[527]
[gu] Arzneimittelausgabe der amerikanischen Navy

scher unter Druck, rücken ihnen auf den Leib und bedrängen sie, bis sie nicht mehr wissen, wo oben und unten ist."[535]

Rückblickend auf Coming of Age in Samoa fragt man sich, wie bewusst Mead sich war, inwieweit sie ihre Beobachtungen an ihre politischen und privaten Absichten anpasste, die sie mit nach Samoa gebracht hatte. Lowell Homes fasste Meads Arbeit mit den Worten zusammen: „Sie hat ziemlich genau das gefunden, was sie finden wollte."[536] Und Derek Freeman argumentierte, dass es Meads Hauptziel war, es Boas recht zu machen. Man sollte sich daran erinnern, dass Mead nicht als Wissenschaftlerin ausgebildet war und sich neben der formalen Datensammlung auf „Geistführer" und andere intuitive Methoden der Informationsbeschaffung verließ. So erscheint es unwahrscheinlich, dass sie, außer sich selbst, jemanden bewusst betrogen hat.

Margaret Meads private Agenda sollte nicht unterschätzt werden, da sie ihre Arbeit beeinflusste. Die Last ihrer Bisexualität wurde nochmals 1926 durch die Ereignisse auf ihrer Rückreise von Samoa verdeutlicht. Sie kehrte über Europa zurück und verliebte sich an Bord des Schiffes in Reo Fortune, einen gutaussehenden Neuseeländer, der auf dem Weg nach England war, um dort Psychologie zu studieren. Als das Schiff am Ende einer sechswöchigen Reise in Marseille anlegte, hatte Reo Mead fast davon überzeugt, mit ihm nach England anstatt von Bord zu gehen, um ihren an der Anlegestelle wartenden Ehemann Luther Cressman zu treffen. Gesunder Menschenverstand behielt jedoch die Oberhand, und Mead schloss sich Cressman, von dem sie zehn Monate getrennt war, wieder für eine zweimonatige Reise durch das südliche Frankreich an. Einen Teil der Reise begleitete sie Louise Rosenblatt, eine Zimmergenossin aus Barnard. Die Reise verlief jedoch nicht positiv und am Ende des ersten Monats gingen die beiden Frauen nach Paris, und Cressman bereitete sich vor, alleine nach New York zurückzukehren.

Paris erlebte zu dieser Zeit die letzten Phasen des Dadaismus[537], einen städtischen Schmelztiegel künstlerischer, sozialer und sexueller Experimente. Natalie Barney („Die Päbstin von Lesbos"[538]) und Gertrude Stein veranstalteten Salons zum Ruhme der Homosexualität, während Tristan Tzara und Andre Breton Visionen künstlerischer Rebellion gegen die Bourgeoisie aussheckten. Im Beisein von T. S. Eliot, James Joyce, Sylvia Beach, Ezra Pound und Lincoln Steffens hatte im Théâtre des Champs-Élysées gerade mal zwei Wochen vor Meads und Cressmans Ankunft George Antheils Ballet mécanique[539] Premiere. Die Produktion war arrangiert für neun Pianos, Autohupen, elektrische Lüfter, einen riesigen Flugzeugpropeller, und die Kakophonie endete schnell in einem Skandal.

Kurz nachdem Mead und Cressman nach Paris gingen, traf Reo Fortune aus England ein. Cressman lud ihn zu einem Abendessen ein, dass er für Margarets Freunde arrangierte. Als Cressman am nächsten Tag von einem Spaziergang zurückkehrte, fand er „Margaret in solch enger Umarmung mit Reo, dass ihn keiner von beiden hereinkommen hörte".[540] Stets Gentleman entfernte sich

Cressman ruhig und kehrte später zurück. Mead versicherte Cressman, dass Fortune impotent war, aber als Cressman nach New York aufbrach, erklärte er ihr, wo sie in London Verhütungsmittel erhalten könnte.

Mead und Fortune gingen für zehn Tage nach London, doch Mead musste abreisen, um Ruth Benedict in Rom zu treffen, wo sich die beiden Frauen bei einem Anthropologenkongress verabredet hatten. Sie verbrachten dort eine Woche und kehrten dann zusammen nach Paris zurück. Es gibt keinen Beleg dafür, dass sie Natalie Barney, Gertrude Stein oder ihre Pariser Freunde getroffen haben, obwohl Mead in späteren Jahren mit großer Bewunderung über diese Gruppe schrieb. Sie nannte sie „kreative und innovative Männer und Frauen, [die] privat aber ganz offen bisexuelle Beziehungen hatten. ... Es erforderte Mut, mit den viktorianischen Vorurteilen zu brechen und die Bekanntschaft mit den unbarmherzigen Gesetzen gegen homosexuelle Praktiken zu riskieren."[541]

Reo Fortune schloss sich Mead und Benedict in Paris wieder an und versuchte – von England kommend – Mead zu überreden, ihn zu heiraten. Sie lehnte ab und reiste stattdessen mit Benedict nach New York. Dort richtete sie in der Nähe von Ruth Benedict, Marie Eichelberger und anderen Freunden ihrer Barnard-Tage ein von Luther Cressman getrenntes Apartment ein. Ihre neue Stellung war die einer Assistenz-Kuratorin des American Museum of Natural History, dessen Vorstandsvorsitzender immer noch Henry F. Osborn war, die älteste Galionsfigur der Eugeniker. Nachdem sie sich im Herbst 1926 in ihrem Büro im sechsten Stock eingerichtet hatte, nahm Margaret Mead ihre politischen und privaten Pläne in Augenschein und schrieb *Coming of Age in Samoa*.

3.3 Freud im Grasrock

Später behauptete Mead, es war bloßer Zufall gewesen, dass sie in Samoa zur Unterstützung von Boas' Standpunkt „eine Kultur [fand], die es so deutlich auf den Punkt brachte".[542] Die Ergebnisse ihrer Feldstudie jedoch strapazierten sogar die Gutgläubigkeit ihrer stärksten Befürworter.

Vom Zuspruch ihres Buches motiviert kehrte Mead 1928 in den Südpazifik zurück, wo sie in den folgenden fünf Jahren vier verschiedene neu-guineische Kulturen untersuchte. Bei dieser Arbeit wurde sie von ihrem zweiten Ehemann Reo Fortune begleitet, der schließlich doch Erfolg damit hatte, sie zur Scheidung von Luther Cressman zu bewegen und ihn zu heiraten. Die erste von ihnen untersuchte Gruppe war auf der Insel Manus. Mead beschrieb sie als „eine puritanische Gesellschaft"[543], in der „Sexualität als etwas Schlechtes, von Natur aus Beschämendes empfunden wird"[544] und das homosexuelle Beziehungen zwischen Frauen selten und nicht gern gesehen waren. Nach Mead „betonten die Manus Analität"[545] und verglich ihre Kultur in *Growing Up in New Guinea* mit ihrer eigenen puritanischen in Amerika.

1935 wurden die Ergebnisse ihrer Studien der anderen drei Kulturen der Arapesh, der Mundugumor und der Tchambuli zusammen als *Sex and Temperament in Three Primitive Societies*[gv] veröffentlicht. Mead beschrieb die weniger als 160 km[gw] voneinander entfernt liegenden als drei Gesellschaften, in denen Männer und Frauen stark voneinander abweichende kulturell zugewiesene Rollen haben:

> *In einer agieren Männer und Frauen auf eine milde elterliche zugängliche Art, so wie wir es von Frauen erwarten. In der zweiten handeln beide so wie wir es von Männern erwarten – ungestüm und initiativ. Und in der dritten verhalten sich die Männer unserem Stereotyp von Frauen entsprechend, sind heimtückisch, tragen Locken und gehen Einkaufen, während die Frauen energische, managerhafte und schmucklose Partnerinnen sind.*[546]

Mead schloss daraus, dass die Geschlechterrollen kulturell festgelegt sind und faktisch nichts mit Biologie oder Genetik zu tun haben. „Wir können sagen", stellte sie fest,

> *dass viele, wenn nicht alle Persönlichkeitsmerkmale, die wir männlich oder weiblich nannten, genauso locker an das Geschlecht gebunden sind wie die Kleidung, die Umgangsformen und die Art des Kopf-*

[gv] dt. Ausgabe: *Geschlecht und Temperament in drei primitiven Gesellschaften*, 3. Band unter dem Sammeltitel *Leben in der Südsee. Jugend und Sexualität in primitiven Gesellschaften* (1965)
[gw] gerundete Umrechnung von 100 Meilen

> *schmucks, die eine Gesellschaft zu gegebener Zeit dem jeweiligen Geschlecht zuweist.*[547]

Sie behauptete, dass das Temperament – von ihr als angeborenes Persönlichkeitsmerkmal definiert – von Geburt an genauso vorgegeben ist wie das Geschlecht, aber das beide, Temperament und Geschlecht, von den kulturell auferlegten Erwartungen überschrieben werden:

> *Die Unterschiede zwischen Angehörigen verschiedener wie auch zwischen Angehörigen derselben Kultur sind fast ausschließlich auf unterschiedliche Konditionierungen, insbesondere während der frühen Kindheit zurückzuführen, und die Form dieser Konditionierungen sind kulturell bestimmt.*[548]

Es war dieselbe Botschaft der freudschen kulturellen Relativität, die Mead mit zurück von Samoa brachte – eine Botschaft, die unmittelbar Franz Boas und letztlich den Anhängern von Freud von Nutzen war.

Wie ihre Untersuchungen in Samoa wurde Margaret Meads Arbeit über Sexualität und Temperament in Neuguinea von ihren Kollegen heftig kritisiert. Bereits 1945 schrieb der Anthropologie Jessie Bernard: „Ich für meinen Teil sah mich ständig von den Fakten, von denen Miss Mead berichtete und den Schlussfolgerungen verwirrt, die sie daraus zog ... sogar, wenn man Miss Meads Beobachtungen als richtig akzeptierte, kann man zu genau den entgegengesetzten Ergebnissen kommen wie sie."[549]

Als besonders störend empfanden Meads Kollegen ihre Behauptung, dass sie ganz zufällig auf drei Kulturen stieß, die perfekt dazu geeignet waren, den Beweis für die kulturelle Bestimmtheit der Geschlechterrollen zu erbringen. Mead selbst fasste zusammen, um was sie die Leser in einem Vorwort zu der 1950er Ausgabe ihres Buches bat:

> *Manchen Lesern zufolge formen meine Ergebnisse 'nur zu wunderbar' ein Muster. ... Dies empfanden viele Leser als zu viel. Es war zu schön. Ich musste das gefunden haben, wonach ich suchte. Aber diese Fehlkonzeption entsteht aus einem Mangel an Verständnis dafür, was Anthropologie bedeutet – für die Aufgeschlossenheit, mit der man schauen und zuhören muss, mit Erstaunen und Verwunderung das dokumentieren muss, was man sich nicht hätte vorstellen können.*[550]

Wie bereits auf Samoa verbrachte Mead auch Zeit damit, sich auf die Rolle von Außenseitern der neuguineischen Kulturen zu konzentrieren. Das ganze letzte Kapitel von *Sex and Temperament in Three Primitive Societies* (1935) ist einer Analyse „des Individuums [gewidmet] das im Zwist mit den Werten seiner Gesellschaft liegt"[551], da sein angeborenes Temperament nicht in die vorgeschriebenen Muster akzeptierten Verhaltens passt. Solche Individuen konnten eine „veranlagungsmäßige Affinität zu einem Verhalten haben, das als unnatürlich für das eigene und als natürlich für das andere Geschlecht gesehen wird"[552], und Mead zitierte Homosexuelle als typisches Beispiel. Dies kann, schrieb sie „zu dem Schmerz führen, in einer Kultur geboren worden zu sein, deren anerkannte Grenzen er sich niemals zu eigen machen kann" und genauso zu „dem zusätzlichen Elend, in seinem psychosexuellen Leben gestört zu sein".[553] Mit Ausnahme des verwendeten Pronomens liest sich das gesamte Kapitel wie ein persönliches Dokument.

Während der Synthese ihre Materialien über *Sex and Temperament* blieb Meads Privatleben kompliziert und sogar chaotisch. Als Reo Fortune und sie auf Tchambuli eintrafen, gab es Spannungen in ihrer Ehe. Sie trafen sich dort und arbeiteten mit dem Anthropologen Gregory Bateson für einige Wochen „im winzigen vier mal vier Meter[gx] großen Moskitozimmer ... sich selbst und einander in einem Vor und Zurück analysierend".[554] Mead and Bateson kamen zu dem Schluss, dass sie zueinander passten und ließen Fortune als fünftes Rad am Wagen außen vor. Später schrieb Mead: „Gregory und ich verliebten uns"[555], aber Reo war nicht so verständnisvoll wie Luther Cressman. Meads Tochter zufolge „lehnte Reo die gesamte Art der Arbeit und des Denkens in einer Art Panik ab und beschuldigte Margaret, sie [die Arbeit über das Temperament] dazu zu benutzen, ihre neue Romanze zu rechtfertigen".[556] Tatsächlich ließ sich Mead von Fortune scheiden und heiratete zwei Jahre später Bateson. Bei einer Gelegenheit auf Tchambuli schlug Fortune Mead nieder[557], was zu einer Fehlgeburt führte. Später sagte er: „Gregory hat unser Baby aufgegessen." Um die Sache noch weiter zu komplizieren, verbrachte Mead weiterhin Zeit mit Ruth Benedict, mit der sie kurz vor ihrer Hochzeit mit Fortune während ihrer Rückreisen in die Vereinigten Staaten zusammengelebt hatte.

Benedict schrieb zu dieser Zeit *Patterns of Culture* (1934)[gy] – das bis dahin zweit-einflussreichste anthropologische Buch. Später wurde es „die bedeutendste Werbung für den anthropologischen Berufsstand"[558] genannt. Seine Entstehung ging auf Diskussionen zurück, die Mead und Benedict viele Jahre lang hinsichtlich der Frage geführt hatten, ob eine Kultur, ebenso wie ein Individuum, durch ein oder zwei überschreibende psychologische Merkmale charakterisiert werden kann, die so stark sind, dass diese Merkmale bestimmend für die Verhaltensmuster dieser Kultur sind. Individuen, die in diese Kultur geboren werden, würden dann „willentlich oder unwillentlich zu Erben dieser Weltsicht".[559]

Patterns of Culture ist eine Beschreibung der sehr unterschiedlichen Kulturen der Zuni-Indianer Neumexikos, der Kwakiutl-Indianer Britisch-Kolumbiens und der Dobuaner Papua-Neuguineas, und es enthält ebenfalls eine Analyse, warum diese Kulturen so verschieden sind. Die Zuni wurden ausgewählt, da Benedict zwei Sommer lang in einem ihrer Pueblos gearbeitet, Mead zufolge aber

---

[gx] acht mal acht Fuß
[gy] dt. Ausgabe: *Urformen der Kultur* (1955)

nicht die Sprache gelernt hatte und „immer mit Hilfe von Dolmetschern arbeiten musste".[560] Die Zuni, schrieb Benedict, waren eine Kultur in der „Mäßigung an erster Stelle steht".[561] Sie verwendete den Begriff „apollinisch"[562] um zu zeigen, dass sie „zeremonielle Menschen sind und Besonnenheit und Friedfertigkeit über alles schätzen". Nach Benedict hegen die Zuni „ein Misstrauen gegenüber Individualismus" und verunglimpfen Führungsqualitäten. „Der ideale Zuni-Mann ist ein würdevoller und umgänglicher Mensch, der nie versucht hat zu führen". Die Zuni streben auch nach Mäßigung der Emotionen. Sogar in der Ehe gibt es keine tiefen Gefühle und „eheliche Eifersucht wird ähnlich heruntergespielt". Mit Ehebruch konfrontiert ziehen Zuni-Ehemänner und -frauen keine Gewalt in Betracht". Da es keine extremen Emotionen gibt, wurde von den Zuni behauptet, sie kennen praktisch keine Verbrechen, Trunkenheit oder Selbstmorde. „Selbstmord ist auch unter den außergewöhnlichsten Umständen ein zu gewalttätiger Akt, um von ihnen erwogen zu werden. Sie haben keine Ahnung, was es sein könnte."

Die zweite von Benedict ausgewählte Kultur war die der Kwakiutl-Indianer. Sie hatte nie mit ihnen gearbeitet, aber gründete ihre Kurzbeschreibung auf veröffentlichte und unveröffentlichte Arbeiten ihres Mentors Franz Boas. Im völligen Gegensatz zu den Zuni beschrieb Benedict die Kwakiutl aufgrund ihrer Neigung zu Exzessen und „größenwahnsinnigen paranoiden Tendenzen" als „dionysisch". Sie behauptete, „das Ziel jeder Unternehmung der Kwakiutl war, sich seinen Rivalen gegenüber als überlegen zu zeigen". Das Verhalten wurde „jederzeit vom Bedürfnis [dominiert], die Großartigkeit des Individuums und die Minderwertigkeit seines Rivalen zu demonstrieren". „Kannibalismus war in Ritualen der Kwakiutl institutionalisiert und eine große „Angst vor Schande" führte zu häufigen Selbstmorden. „Die von ihnen anerkannten Gefühle, von Triumph bis Schande, reichten bis an die äußersten Enden der Skala."

Der Eckstein von *Patterns of Culture* waren jedoch die Dobuaner als dritte Kultur. Benedict beschrieb sie allein auf der Basis der Arbeit von Reo Fortune, der 1928 die Dobuaner sechs Monate lang studierte, als er auf Meads Scheidung von Luther Cressman wartete, um ihn zu heiraten. 1932 wurde Fortunes Buch *Sorcerers of Dobu*[gz] veröffentlicht, aber Benedict besprach frühe Entwürfe seines Manuskripts. Als Gegenleistung prüfte und bestätigte Fortune Benedicts Kapitel über Dobu vor der Veröffentlichung von *Patterns of Culture*.[563]

Die Dobu waren Benedict zufolge

> *mürrisch, prüde und leidenschaftlich, von Eifersucht, Misstrauen und Feindseligkeit verzehrt. ... Der gute Mann, der erfolgreiche Mann ist der, der einen anderen aus seinem Ort hintergangen hat. ... Es wird als selbstverständlich gesehen, dass er gestohlen, Kinder und enge Mitarbeiter durch Hexerei getötet und bei jeder Gelegenheit betrogen hat. ...*

[gz] *Die Zauberer von Dobu*

> *Ein normaler Mann kümmert sich mehr um seinen Hund als um bloße Bekannte. ... Misstrauen und Grausamkeit waren vertraute Waffen im Kampf, und er gewährte keine Gnade und bat auch nicht darum ...*[564]

Das ethische Ideal dieser Kultur war der „betrügerische Konflikt"; „Böswilligkeit und Hinterlist" sind „die anerkannten Werte ihrer Gesellschaft" und „Konzepte von Gut und Böse im rein moralischen Sinn existieren nicht". Vor diesem kulturellen Hintergrund ist jemand, "der Freude an der Arbeit hat und gerne hilfsbereit ist, ihr Neurotiker und wird als dumm angesehen".

Ruth Benedict zog aus ihrem Buch zwei Schlussfolgerungen. Zunächst hob sie die Kultur als machtvolle Determinante menschlichen Verhaltens hervor. Mit Worten, in denen unmittelbar Meads Formulierungen widerhallten, schrieb Benedict: „Die meisten Menschen werden an ihre Kultur angepasst. ... Sie sind wie Plastik in der formenden Macht der Gesellschaft, in die sie geboren wurden."[565] Die logische Folge davon ist, fuhr Benedict fort, dass

> *die biologische Basis menschlichen kulturellen Verhaltens zum größten Teil irrelevant ist.*[566] *Der Mensch wird nicht bis ins Detail von seiner biologischen Konstitution auf eine bestimmte Verhaltensvariante festgelegt. ... Die Behauptung, wir könnten unsere spirituellen und kulturellen Errungenschaften irgendwelchen ausgewählten vererbbaren Keimplasmen anvertrauen, entbehrt jeder Grundlage.*[567]

Explizit adressierte Benedict weiter die Behauptung des Rassenpuritaners mit dem Argument, dass „rassengebundene Vererbung ... angewendet auf über große Gebiete verteilte Gruppen, lasst uns sagen auf die Nordländer, fern jeder Realität liegt".[568] Im Vorfeld der Veröffentlichung des Buches übermittelte Benedict Werbematerial an den Verleger, um, wie sie selbst schrieb, sicherzustellen, dass die Leser ihre Botschaft nicht missverstehen würden:

> *Die Autorin beschreibt wie Verhalten und Moral dieser Stämme – und unsere eigenen genauso – kein Stückwerk, sondern dauerhafte Lebensarten sind. Sie sind weder rassegebunden noch notwendigerweise die Konsequenz der menschlichen Natur, sondern sind historisch aus der Lebensgeschichte der Gemeinschaft gewachsen.*[569]

Wie Mead ließ auch Ruth Benedict ihre persönlichen Absichten in anthropologische Schriften einfließen. Das letzte Kapitel von *Patterns of Culture* beinhaltete eine ausgedehnte Diskussion der Homosexualität und ihrer kulturellen Relativität, wobei es auf die alten Griechen und die Prärieindianer als Gesellschaften verweist, in denen Homosexuelle geschätzt wurden. Benedict sagte, „wenn die homosexuelle Reaktion als Perversion gesehen wird, wird der Invertierte[ha] jedoch unmittelbar all den Konflikten ausgesetzt, denen Außenseiter immer ausgesetzt werden".[570] Da Homosexualität als Abweichung zu definieren

---

[ha] Verdrehte

für sie lediglich ein relativer kultureller Wert war, sprach Benedict sich am Ende des Buches für „eine größere Toleranz weniger üblichen Gesellschaftsformen gegenüber"[571] aus.

1934 lebte Benedict mit Natalie Raymond[572] in einer Langzeitbeziehung zusammen. Fünf Jahre später sah sich Bendict aufgrund einer Frau, die damit drohte, „öffentlich bekannt zu machen, dass Benedict eine Lesbierin war", mit dem möglichen Verlust ihrer Lehranstellung an der Columbia konfrontiert.[573] Im Amerika der dreißiger Jahre trug die Enthüllung von jemandes Homosexualität immer noch große soziale Konsequenzen in sich.

Dem Anthropologen Marvin Harris zufolge war *Patterns of Culture* „von Anfang an die Zielscheibe intensiver Kritik".[574] Kollegen, die die von Benedict beschrieben Kulturen kannten, beschuldigten sie, sie eher zu karikieren als zu charakterisieren. Bereits 1937 nannte Li An-Che, ein Anthropologe, der die Zuni studiert hatte, Benedicts Beschreibung „zu stark vereinfacht" und „sehr irreführend".[575] „Unter der ruhigen Oberfläche des Lebens der Zuni", versicherte An-Che, „liegen dieselben Spannungen, die auch in anderen Gesellschaften existieren".[576] Andere hoben hervor, das eheliche Reibereien und Selbstmord unter den Zuni nicht ungewöhnlich waren, und ein ziemlich unapollinischer Alkoholismus bemerkenswert weit verbreitet war. Auf ähnliche Weise wurde Benedicts Darstellung der „dionysischen" Kwakiutl-Kultur als „sehr stark gefärbt"[577] bezeichnet. Der Anthropologe Victor Barnouw spiegelte wahrscheinlich eine mehrheitliche Meinung unter seinen Kollegen wider, wenn er schlussfolgerte: „Auf jeden Fall hatte das Leben der Kwakiutl genauso apollinische Merkmale wie das in den [Zuni]-Pueblos dionysische. ... Eine Schwierigkeit liegt in beiden Fällen in Ruth Benedicts Neigung zur Übertreibung."[578]

Von den drei Kulturen in *Patterns of Cultures* wurde jedoch die der Dobu als die am wenigsten normale beschrieben. Als A. R. Radcliffe Brown, ein angesehener englischer Anthropologe, zum ersten Mal Reo Fortunes Beschreibung der Dobuaner las, sagte er einfach: „Das glaube ich nicht."[579] Radcliffe Brown erhielt reichlich Unterstützung und 1964 schrieb eine andere Anthropologin, Ann Chowning, über Fortunes Arbeit: „Ich weiß von keinem anderen Fall, in dem so viele ihre persönlichen Zweifel an der Arbeit eines Kollegen äußerten, ohne sie öffentlich anzugreifen."[580]

Für Zweifel gab es guten Grund. Fortune hatte keine anthropologische Ausbildung, als er seine sechsmonatige Feldstudie durchführte und anscheinend auch keinen dobuanischen Sprachunterricht erhalten. Er behauptete allerdings, dass er „ungeachtet dessen nach dem zweiten Tag kein Englisch mehr benutzte. Ich hatte keinen Dolmetscher, aber eignete mir die Sprache durch Übertragung an. Nach drei Monaten entging mir nichts mehr von dem, was gesagt wurde ..."[581] Fünf seiner sechs Monate verbrachte er auf einer Insel, die von nur 40 Leuten bewohnt wurde. Sie schlossen ihn für sechs Wochen aus ihrem Dorf aus und drohten bei einer Gelegenheit, ihn aufzuspießen.[582] In ihrer Biographie porträtierte Margaret Mead Fortune als eifersüchtig, prüde und gelegentlich paranoid[583], Züge, die denen, die er den Dobuanern zugeschrieben hatte, ähnlich waren.

Die ernsthafteste Kritik an Fortunes Beschreibung der Dobuaner und der in Benedicts *Patterns of Culture* besteht darin, dass Fortunes Ansicht nie von jemanden bestätig wurde. Ein Missionar, der von 1891 bis 1908 unter ihnen lebte und der sagte, er brauchte vier Jahre, um sie wirklich kennenzulernen, beschrieb sie als „heiteres, gern lachendes Volk".[584] Über die Jahre hinweg war Margaret Mead die stärkste Verteidigerin ihres Ex-Ehemanns, und in ihrer Autobiographie, *Blackberry Winter* (1972)[hb], schrieb sie: „Es gibt andere, die glauben, dass [Fortunes] Darstellung von Dobu übertrieben ist. Aber Praktiker wie Geza Roheim, Ian Hogbin und Ann Chowning, die Gelegenheit hatten, die Genauigkeit seiner Arbeit aus erster Hand zu überprüfen, tun es nicht."[585] Roheim war Psychoanalytiker, der 1930 10 Monate auf der Insel Normanby in der Nähe von Dobu verbrachte und versuchte, kulturübergreifend den Ödipuskomplex nachzuweisen. Er beschrieb kein Verhalten, dass auch nur entfernt dem von Fortunes Dobuanern ähnelte, sondern ihm zu Folge war der ideale Bewohner von Normanby „ein Mann, der Essen und andere Geschenke an alle Mitglieder seines Klans und auch an Fremde verteilte, ohne ein Gegengeschenk zu erwarten".[586] Hogbin arbeitet an andere Stelle in Papua-Neuguinea, aber nie in der Nähe von Dobu. Als man Mead hinsichtlich dieser Diskrepanz befragte, sagte sie, Hogbin hätte ihr erzählt, seine Bewertung gründe sich auf Dobuaner, die er anderswo getroffen hatte.[587] Damit blieb nur Chowning übrig, ein Anthropologin, die 1957 und 1958 auf einer Insel etwa 80 Kilometer[hc] von Dobu entfernt arbeitete und in einer Besprechung feststellte, dass „die Dobuaner möglicherweise nicht liebenswert seien, aber auch keine Einbildung".[588] Chowning war eine persönliche Freundin von Fortune und Mead und wurde von Mead gebeten[589], die Buchbesprechung zu schreiben. (Versuche des Autors [Torrey], zusätzliche Daten von Dr. Chowning zu bekommen, die ihre Behauptung, dass Fortune Recht hatte, stütze, waren nicht erfolgreich.[590]) So gesehen scheinen Fortunes Dobuaner eine anthropologische Chimäre gewesen zu sein, ein sehr ungewöhnliches Spektakel, das nur von einem und niemandem sonst beobachtet wurde.

So schloss *Patterns of Culture* sich *Coming of Age in Samoa* als weiterer Eckstein der Lehrmeinung des 20. Jahrhunderts an, dass die Kultur ein wichtiger – und tatsächlich ausschlaggebender – Bestimmungsfaktor menschlichen Verhaltens ist. Für Franz Boas waren dies nützliche Daten und auch für andere, die versuchten, den Argumenten der Eugeniker etwas entgegenzuhalten. Es waren auch nützliche Daten für die Anhänger von Freud, die seine Theorie von der Bedeutung der Kindheitserfahrungen verkündeten. Meads und Benedicts sinnli-

---

[hb] dt. Ausgabe: *Brombeerblüten im Winter* (1978)
[hc] 50 Meilen

chen Samoaner und paranoiden Dobuaner wurden selbst zu einem Teil der amerikanischen Kultur, zu literarischen Erläuterungen der Dominanz von *Nurture* über *Nature*.

Es ist jedoch offensichtlich, dass die anthropologischen Studien von Margaret Mead und Ruth Benedict nur einen geringen Wert als objektive und wissenschaftliche Beiträge haben. Beide Frauen sahen die von ihnen untersuchten Kulturen durch von politischen und persönlichen Anliegen gefärbte Prismen. Dadurch wurden im Ergebnis bestimmte Eigenschaften der Kulturen verzerrt und eine Palette von im Grunde fiktiven Völkern erzeugt. Als politische Abhandlungen gesehen waren ihre Bücher jedoch effektiv, da sie halfen, die *Nature-Nurture*-Diskussion in Richtung *Nurture* zu verschieben. Wie Mead 1939 ihre Arbeit in einer Reflexion zusammenfasst: „Es war ein einfacher – ein sehr einfacher Punkt – auf den unsere Materialien in den 1920ern hin ausgestaltet waren, nämlich bloß die immer wiederkehrende Dokumentation der Tatsache, dass die menschliche Natur nicht starr und unnachgiebig ist."[591] Und 1970 fügte Mead hinzu: „Anthropologen mussten die ersten vier Dekaden dieses Jahrhunderts damit zubringen, zu zeigen, dass die verschiedenen ‚Rassen' der Menschheit Spezialisierungen ohne jede messbaren Unterschiede sind."[592]

Und was kann nach alledem über Franz Boas gesagt werden, der als Wissenschaftler ausgebildet war und sich rühmte, objektive und wissenschaftliche Methoden in seiner Arbeit zu verwenden? Er hatte Meads Arbeit unterstützt und Benedict erlaubt, seine Studien der Kwakiutl in ihrem Buch zu verwenden, hatte sowohl *Coming of Age in Samoa* als auch *Patterns of Culture* befürwortet und bezog sich in seinen eigenen Schriften anerkennend auf beide.

Boas wurde tatsächlich posthum von einigen seiner Anthropologenkollegen dafür zensiert, dass er Ruth Benedict erlaubt hatte, seine Kwakiutl-Daten zu verzerren. 1955 z. B. tadelte Verne Ray Boas für „sein Versagen, sich frei heraus korrigierend über die Fehler seiner Studenten wie Benedict zu äußern".[593] Boas' Student Melvin Herskovits war deutlicher in seiner Kritik: „Mit Sicherheit stimmt das fast paranoide Verhalten dieser [Kwakiutl]-Leute, wie es von Benedict porträtiert wurde, kaum mit den Mustern von Bescheidenheit überein, die Boas als vorherrschend in der Familie skizziert."[594] Der Anthropologe Marvin Harris fügte hinzu: „Es ist einfach unmöglich, das boasianische Selbstbild von methologischer Strenge mit den höchst impressionistischen und wissenschaftlich unzuverlässigen Verfahren in Einklang zu bringen, die die frühen Phasen der Kultur und Individualentwicklung charakterisieren."[595]

Solche Kritiken sind zulässig, sofern die Publikationen von Mead und Benedict als anthropologische Arbeiten gesehen werden. Wenn sie stattdessen als politische Bemühungen im Kampf gegen Rassismus und der Toleranz gegenüber Homosexuellen, Lesbierinnen und anderen Andersartigen gesehen würden, erscheinen *Coming of Age in Samoa* und *Patterns of Culture* in einem anderen Licht. Boas führte mit Unterstützung von Mead und Benedict einen lebenslangen Kampf gegen rassistisches und elitäres Denken in Amerika. Von seinem Standpunkt aus erschienen die Arbeiten von Mead und Benedict wie Munition zum Gebrauch in der Schlacht. Ist jemand in einen Kampf auf Leben und Tod verwickelt und Schachteln mit Kugeln fallen in seinen Bunker, wird er kaum innehalten, um die Garantiebeschreibung auf den Packungen zu lesen.

4 Hitlers Antwort auf die *Nature-Nurture*-Debatte

> *[Hitler] glaubte an biologische Vorherbestimmtheit,*
> *so wie Lenin an historischen Determinismus.*
> *Er glaubte, die Rasse und nicht die Klasse*
> *sei das wahre revolutionäre Prinzip des 20. Jahrhunderts.*
>
> Paul Johnson, *Modern Times*[hd, 596]

In den Jahren, in denen Ruth Benedict und Margaret Mead ihre Studien zur Demonstration der Bedeutung von Kindheitserfahrungen und Kultur durchführten, verschob sich langsam das Gleichgewicht in der *Nature-Nurture*-Debatte. Die Verabschiedung der Johnson-Reed-Einwanderungsbeschränkungsliste erwies sich als die Höchststandsmarke des rassistischen und eugenischen Denkens in den Vereinigten Staaten. Nachdem die Einwandererströme von Italien und Osteuropa bis auf ein Rinnsal zusammengeschrumpft waren, schwanden auch die genetischen Ängste des gemeinen Volkes. Die Zahl der Auswanderer aus den Vereinigten Staaten überstieg bereits die der Immigranten als die Große Depression sich in den frühen 1930er Jahren auszuwirken begann, und das Schreckgespenst der Infektion mit entarteten Genen schien tatsächlich in weite Ferne gerückt zu sein.

Henry Osborn, Madison Grant und andere Eugeniker beobachteten das Abflauen ihrer Sache mit zunehmender Besorgnis. 1927 beschwerte sich Grant bei Osborn über „die Art von Propaganda, die von den Juden veröffentlicht wird, um das Beschränkungsgesetz [zur Einwanderung] zu Fall zu bringen. Diese Art von snobistischem Zeug ist bei unseren Sentimentalisten unglücklicherweise sehr wirkungsvoll".[597] Es war auch 1927 als Henry Ford, der Kronprinz des amerikanischen Rassismus, seine Freunde damit schockierte, dass er ihrer Sache untreu wurde. Von Präsident Wilson[he] unter Druck gesetzt und angesichts einer Verleumdungsklage gegen seinen *Dearborn Independent*, schickte Ford zwei Boten zum amerikanisch-jüdischen Komitee, um eine Einstellung der Feindseligkeiten zu prüfen. Das Komitee verlange „die vollständige Rücknahme, eine umfassende Entschuldigung und die Zusage, dass Ford sich nie wieder auf solche Aktivitäten einlassen würde".[598] Ford unterzeichnete die Erklärung und übergab sie der Presse.

Zur selben Zeit als Henry Ford noch einmal über die fiskalische Weisheit des Antisemitismus nachdachte, begannen die Führungskräfte der Carnegie Institu-

---

[hd] *Moderne Zeiten*
[he] Woodrow Wilson, 28. Präsident der USA vom 04.03.1913 bis 04.03.1921

tion[hf], ihre Unterstützung der unter der Leitung von Charles Davenport stehenden Forschungen im Eugenics Record Office in Cold Spring Harbor auf Long Island[hg] in Frage zu stellen. Die wissenschaftliche Fassade, die diese Forschungen bis zum Ersten Weltkrieg geschützt hatte, geriet zunehmend ins Bröckeln. Cold Spring Harbor war stattdessen zu einem Versuchsgelände für die schrillen Schreie selbsternannter Propagandisten wie Davenport und Madison Grant geworden. Als das Studium der Genetik in den 1920ern immer besser organisiert wurde, fühlten sich die Genetiker an den Universitäten von ihren eugenischen Brüdern beschämt und versuchten, sich davon zu distanzieren. Eine Konsequenz daraus war, dass 1929 der Präsident der Carnegie Institution ein Wissenschaftlerkomitee bat, das Eugenics Record Office zu überprüfen.[600] Davenport hatte immer noch genug Einfluss, um jede substanzielle Änderung seines Arbeitsgebietes zu blockieren. Aber als er sich 1934 zur Ruhe setzte, empfahl eine weitere unabhängige Expertenkommission die Schließung des Record Office, und dies wurde durchgeführt.

Der dramatischste Rückschlag für die Eugeniker ereignete sich jedoch im Januar 1930 mit der Veröffentlichung eines Artikels von Prof. Carl Brigham im *Psychological Review*. Er war ein enthusiastischer Anhänger Madison Grants gewesen, und Brighams *A Study of American Intelligence* wurde oft mit ihrer Schlussfolgerung zitiert, dass „die IQ-Tests der Armee deutlich die intellektuelle Überlegenheit der nordischen Rassengruppe zeigen".[601] In dem, was „einer der peinlichsten Widerrufe in der Geschichte der Verhaltensforschung"[602] genannt wurde, nahm Brigham 1930 in einem Artikel seine Behauptungen vollständig zurück. Er behauptete, dass „[Intelligenz-]Tests in der Landessprache nur verwendet werden dürfen, wenn die Individuen dieselbe Möglichkeit haben, sich die Testsprache anzueignen. … Letztere Bedingung wird hier bei Studien an in diesem Land geborenen Kindern, deren Eltern aber eine andere Sprache sprechen, immer wieder verletzt".[603] Die IQ-Daten weiter auseinandernehmend, die er zuvor selbst verwendet hatte, schloss Brigham mit einem klassischen mea culpa:

> *Dieser Rückblick hat einige der jüngeren Testergebnisse zusammengefasst, die zeigen, dass vergleichende Studien verschiedener nationaler und rassischer Gruppen nicht mit existierenden Tests durchgeführt werden dürfen und die weiter deutlich machen, dass ganz besonders eine der hochtrabendsten dieser vergleichenden Rassenstudien – die des Schreibers selbst – jeder Grundlage entbehrte.*[604]

[hf] Die heutige Carnegie Institution for Science ist eine Stiftung, die 1902 von Andrew Carnegie gegründet wurde und verschiedene wissenschaftliche Forschungen unterstützt.[599]
[hg] Insel vor der Küste New York Citys, auf der zwei seiner fünf Stadtteile (Queens und Brooklyn) sowie die Counties (Landkreise) Suffolk und Nassau gelegen sind. Cold Spring Harbor ist eine kleiner Ort im Norden von Suffolk.

Als man 1939 den Third International Congress of Eugenics[hh] einberief, wurde die Eugenikbewegung anämisch. Wieder im American Museum of Natural History unter dem Vorsitz von Herny Osborn abgehalten, zog der Kongress weniger als hundert Teilnehmer an, wobei wesentliche Träger vergangener Jahre auffälligerweise fehlten. Herbert Hoover[hi], Mitglied des Organisationskomitees des Kongresses von 1921 lehnte es ab, überhaupt mitzuwirken, und John D. Rockefeller, vorher eine verlässliche Geldquelle für eugenische Anliegen, bedauerte durch einen Sprecher, dass „das Projekt nicht eins von denen zu sein scheint, zu dem [Rockefeller] als Einzelperson beitragen könnte".[605] Die meisten auf dem Kongress von 1932 verteilten Schriften sprachen sich erwartungsgemäß für weitere Beschränkungen der Einwanderung und strengere Sterilisationsgesetze aus, insbesondere für chronisch Arbeitslose und Arme. Ein englischer Eugeniker auf dem Treffen kategorisierte solche Individuen als eine „eindeutige Rasse von chronischen Sozialhilfeempfängern, eine in der Gemeinschaft parasitär lebende Rasse, die sich in und durch aufeinander folgende Generationen fortpflanzt".[606] Einige wenige Zeitungen erhoben Widerspruch zu den Annahmen der Eugeniker. Eine davon – vorgelegt vom angesehenen Genetiker Herman J. Muller – sprach sich stark für „die Dominanz der Ökonomie über die Eugenik aus"[607] und behauptete, dass Armut ein Produkt sozialer und ökonomischer Faktoren und nicht der Gene war. Drei Jahre später distanzierte sich Muller weiter von den Eugenikern, die er „hoffnungslos pervertiert" nannte und ihre Unterstützer „Fürsprecher von Rassen- und Klassenvorurteilen, Verteidiger von erworbenen Rechten der Kirche und des Staates, Faschisten, Hitleristen und allgemein Reaktionäre".[608]

Zur selben Zeit als sich der Kongress in New York City traf, wuchsen Lebensmittelschlangen und „Hoovervilles"[hj] genannte Slums immer weiter an, je mehr die Große Depression die Talsohle erreichte. Ende 1932 gab es mehr als 13 Millionen Arbeitslose, die Industrie arbeitet mit der Hälfte ihrer Kapazität von 1929, Banken schlossen und die Ökonomie fiel auf unterirdische Pegel zurück. In Washington fielen „Hungerdemonstranten" über das Weiße Haus her, während 17.000 Veteranen des Ersten Weltkriegs ihr Zelt auf der Mall[hk] aufschlugen. Sie wurden schließlich von Armeetruppen aus Washington vertrieben, die von General Douglas MacArthur, assistiert von seiner jungen Hilfskraft Major

---

[hh] Dritter Internationaler Eugenik-Kongress
[hi] späterer 31. US-Präsident vom 04.03.1929 bis 04.03.1933.
[hj] Umgangssprachlicher Name für Elendsviertel in den USA innerhalb von Siedlungen, die vorwiegend infolge der Weltwirtschaftskrise entstanden und nach dem damaligen Präsidenten benannt wurden.[609]
[hk] Der National Mall oder „The Mall" ist ein [sehr bekannter] von Museen und Denkmälern umgebener, etwa 3 km langer Grünstreifen in Washington D. C. Er erstreckt sich vom Lincoln Memorial im Westen zum US Capitol im Osten.[610] Aufgrund seiner großen nationalen Bedeutung wird er auch Amerikas „Nationaler Vorgarten" oder das „Herz von Amerika" genannt.

Dwight D. Eisenhower[hl], und Major George S. Patton der US Cavalry angeführt wurden.

Lebensmittelschlangen erwiesen sich als schlechte Rekrutierungsumgebung für Eugenikenthusiasten. Als die Redner auf dem Eugenikkongress über die Notwendigkeit von Sterilisation und beschränkter Einwanderung für Arme sprachen, realisierten Millionen von arbeitslosen Männern und Frauen plötzlich, dass sie sich qualifiziert hatten. Es war bekannt, dass Nordländer deutlich in den Arbeitslosenschlangen um die städtischen Freudenfeuer zum Warmhalten herum vertreten waren und sich in alten Autos auf den Weg nach Westen begaben, als Staubstürme der Depression noch die Krone aufsetzten. Vielleicht, so grübelten viele, waren die Gene kein so wichtiger Bestimmungsfaktor des menschlichen Wertes wie die Madison Grants von Amerika es glauben machen wollten.

Für die Gegner von Rassismus und Eugenik war die zunehmende Betonung ökonomischer und sozialer Ursachen von Armut und die Abtrünnigkeit von Männern wie Henry Ford und Carl Brigham sehr ermutigend. Für Franz Boas persönlich waren jedoch die späten 1920er und frühen 1930er Jahre eine schwierige Zeit. Eine Tochter starb an Polio, ein Sohn wurde bei einem Zugunfall getötet, und 1930 starb seine Frau bei einem Autounfall in den Straßen von New York. 1932 erlitt Boas selbst im Alter von 73 Jahren einen schweren Herzanfall.

Trotz seiner privaten Tragödien und Krankheit sprach sich Boas weiterhin für Rassengleichheit aus. Ermutigt wurde er vom großen Interesse an Meads *Coming of Age in Samoa* als es 1928 veröffentlicht wurde. Im selben Jahr veröffentlichte ein anderer Student Franz Boas', Melville J. Herskovits, die Studie *The American Negro: A Study of Race Crossing*[hm], die darlegte, dass gemischtrassige Fortpflanzung zu keiner Wertminderung der Gene führt. 1931 als Präsident der American Association for the Advancement of Science[hn] hielt Boas eine Rede zur Amtseinführung mit der Überschrift „Race and Progress"[ho], wobei er Meads und Herskovits' Arbeiten zur Untermauerung seiner Standpunkte anführte.

Boas attackierte die Eugeniker auch weiterhin in regelmäßig erscheinenden populären Zeitschriften. 1931 z. B. veröffentlichte er einen Brief in der *New York Times* mit dem Titel „Die Reichen sind größer".[611] Darin argumentierte er, dass „äußerliche Bedingungen" wie bessere Ernährung zu einem schnelleren Wachstum in der Kindheit führen und solche Kinder deshalb als Erwachsene größer sind. Körpergröße sagte Boas „kann nicht allein dem genetischen Charakter einer Gruppe zugeschrieben werden".[135] Der große, stattliche Madison

---

[hl] und späterer 34. US-Präsident von 20.01.1953 bis 20.01.1961.
[hm] *Der amerikanische Neger: eine Studie zur Rassenkreuzung*
[hn] Amerikanische Gesellschaft für den Fortschritt in der Wissenschaft
[ho] Rasse und Fortschritt

Grant, der nachhaltig Körpergröße mit genetischem Wert gleichsetzte, konnte die Botschaft nicht missverstanden haben. Als Grant 1934 ein neues Buch *The Conquest of a Continent*[hp] mit einem Vorwort von Henry Osborn veröffentlichte, machte sich Boas darüber in der *New Republic* lustig: „Ich glaube nicht, dass sich Professor Osborn oder Herrn Madison Grant die betreffenden ernsten wissenschaftlichen Fragen jemals erschlossen haben. ... Widersprüche, sofern zweckdienlich, stören den Autor nicht."[612]

[hp] dt. Ausgabe: *Die Eroberung eines Kontinents (1937)*

4.1 Die Eugenik der Nazis

Franz Boas war anscheinend einer der ersten Amerikaner, der die Auswirkung von Adolf Hitlers Ernennung zum deutschen Kanzler durch Präsident Paul von Hindenburg am 30. Januar 1933 erkannte. Er schickte von Hindenburg umgehend einen offenen Brief[613], der im deutschen Radio verlesen wurde, und in dem er scharf gegen die Ernennung protestierte. Im Verlauf des Jahres beschwerte sich Boas später bei einem Freund über „die verrückten Verhältnisse in Deutschland"[614] und schrieb einen Artikel „Aryans and Non-Aryans"[hq] für den *American Mercury*. Der Artikel wurde in Deutschland von Hitlergegnern verbreitet und „von allem was [Boas] schrieb, erreichte [dieser] vielleicht die weiteste Verbreitung".[615] Boas nahm darin systematisch den Mythos einer arischen Rasse auseinander und schlussfolgerte, dass „der Versuch der deutschen Machthaber, mit Hilfe der Wissenschaft ihre Einstellung gegenüber den Juden zu rechtfertigen, auf Pseudowissenschaft gegründet ist".[616] Noch gezielter fügte Boas 1934 hinzu, dass „Herr Hitler behaupt hat ... nationale Probleme sind im Grunde genommen Rassenprobleme".[617]

Boas erkannte, dass Adolf Hitler ein Mann war, vor dem sich die zivilisierte Welt in Acht nehmen sollte. Als gescheiterter Künstler lebte er von 1906 bis 1913 in Wien, als Sigmund Freud seine Reputation etablierte und war sowohl für seinen starken Antisemitismus als auch seine antidemokratische Gesinnung bekannt. *Mein Kampf* (1925) skizzierte die Rückkehr zur Größe des deutschen Volkes. Die Deutschen waren zu dieser Zeit das am besten gebildete Volk der Welt[618], und die Studenten an den deutschen Universitäten gehörten zu den ersten und überzeugtesten Unterstützern von Hitler. Er predigte keine Politik, sondern Walhalla, ein Drittes Reich, in dem sich nur Nordländer für den Einlass qualifizieren konnten. Seine Versprechen kauften sie ihm genauso ab, wie sie seinen Fanatismus ignorierten.

Die Idee der deutschen Rassenreinheit stammte nicht von Hitler. Bereits 1895 veröffentlichte Dr. Alfred Ploetz ein Buch mit dem Titel *Die Tüchtigkeit unserer Rasse und der Schutz der Schwachen*[hr], in dem er argumentierte, dass Sozialprogramme in Deutschland die Rasse schwächen, da sie genotisch minderwertigen Individuen, erlauben zu überleben. Zu den Fragen die Ploetz stellte gehörte: „Warum ist der Weisse vollkommener als der Neger und dieser vollkommener als der Gorilla?"[619] Ploetz verband sein Interesse an Eugenik mit einem Bekenntnis zum Antisemitismus und war Mitglied des geheimen nordischen Klubs, genannt der Mittgartbund. Wie andere deutsche Eugeniker dieser Zeit blickte Ploetz hinsichtlich einer Leitlinie für seine Belange in Richtung Amerika. Und so reiste er sogar zu einer kleinen utopistischen Gemeinde nach Iowa[620], um sich

---

[hq] Arier und Nicht-Arier
[hr] engl. Ausgabe: *The Excellence of Our Race and the Protection of the Weak*

um sie zu bemühen und sie davon zu überzeugen, seine eugenischen Ideen umzusetzen. 1905 half Ploetz die Gesellschaft für Rassenhygiene zu gründen, die 1930 auf 20 Tochtergesellschaften und 1.300 Mitglieder angewachsen war. Als Hitler 1933 an die Macht kam, wurde Rassenhygiene als eigenständiges Fach in den meisten deutschen medizinischen Schulen gelehrt.[621]

Sechs Monate nach seiner Ernennung zum Kanzler überzeugte Hitler den Reichsrat (die zweite Kammer des föderalen Parlaments[hs]) ein „Gesetz zur Verhütung erbkranken Nachwuchses"[ht] zu verabschieden. Das Gesetz ermächtigte die Zwangssterilisation von mutmaßlich genetischen Konditionen wie Schizophrenie, mentaler Degeneration, Epilepsie und schwerem Alkoholismus, und es wurde von 1.700 Erbgesundheitsgerichten verwaltet. Das deutsche Gesetz war anscheinend stark dem Entwurf für die amerikanischen Staaten nachempfunden, der von Charles Davenport und der Belegschaft des Eugenics Record Office in Cold Spring Harbor aufgesetzt wurde. Nach der Verabschiedung des deutschen Gesetzes schlug ein Beschäftigter des Record Office vor, dass Hitler „zum Ehrenmitglied des Eugenics Record Office gemacht werden sollte".[624]

Es ist wichtig festzustellen, dass Sterilisation bis 1933 in Deutschland illegal war. Die deutschen Eugeniker hielten in der Tat das amerikanische Modell hoch, und 1924 argumentiert ein führender deutscher Sterilisationsbegeisteter öffentlich: „Wofür wir Rassenhygieniker werben ist keinesfalls etwas Neues, von dem man noch nie gehört hat. In einer kultivierten Nation ersten Ranges, den Vereinigten Staaten von Amerika, wurde das, wofür wir kämpfen [Legalisierung], bereits vor langer Zeit eingeführt und getestet."[625] Zu der Zeit als 1933 das deutsche Gesetz verabschiedet wurde, hatten die Vereinigten Staaten annähernd 20.000 Sterilisationen durchgeführt, die meisten von ihnen unfreiwillig. Dem Buch von Daniel J. Kevles *In the Name of Eugenics*[hu] zufolge hatten 1930 z. B. in Virginia

> *die staatlichen Sterilisationsbehörden Razzien in ganzen Familien 'außenseiterischer' Bergbewohner durchgeführt ... Alle, die Sozialhilfe bezogen, lebten daraufhin in der Angst, wann sie an der Reihe wären. Sie versteckten sich überall in diesen Bergen und der Sheriff und seine Männer mussten hinaufklettern, um nach ihnen zu suchen. ... Der Sheriff stieg hinauf, lud sie alle in ein paar Autos, und brachte sie hinunter*

[hs] Zu Beginn von Hitlers Machtübernahme (30.01.1933) gab es in der ausgehenden Weimarer Republik noch ein föderales Parlament mit dem Reichsrat als Vertretung der Länder. Das „Gesetz über den Neuaufbau des Reiches" markierte das vorläufige Ende dieses damaligen Föderalismus durch die Auflösung des Reichsrats, der Zweiten Kammer. Es trat erst am 14.02.1934 in Kraft, also etwa ein Jahr nach Hitlers Machtübernahme und fast gleichzeitig mit dem „Gesetz zur Verhütung erbkranken Nachwuchses" vom 14.07.1933.[622]
[ht] Das „Gesetz zur Verhütung erbkranken Nachwuchses" (GezVeN) ... trat zum 01.01.1934 in Kraft.[623]
[hu] *Im Namen der Eugenik*

> *nach Staunton (die staatliche Klinik für Geisteskrankheiten), so dass man sie sterilisieren konnte.*[626]

Aufgrund der amerikanischen Sterilisationsgesetze „konnten die alliierten Autoritäten nach dem Krieg die [deutschen] Sterilisationen nicht als Straftaten klassifizieren, da ähnliche Gesetze noch vor kurzem in den Vereinigten Staaten in Kraft waren".[627]

Sobald das Sterilisationsgesetz in Deutschland erlassen war, wurde es mit Enthusiasmus und Effektivität ausgeführt.[628] Ärzte wurden angewiesen, alle Individuen zu melden, auf die die Sterilisationskriterien zutreffen könnten und mit einem Bußgeld belegt, falls sie dies nicht taten. Individuen, die zur Sterilisation vorgesehen waren, hatten das legale Recht, gegen die Entscheidung Widerspruch einzulegen, aber weniger als 10 Prozent der Entscheidungen wurden aufgehoben. 1934, dem ersten Jahr der Anwendung, wurden insgesamt 56.244 Sterilisationen durchgeführt. Die Gesamtzahl während des Nazi-Regimes erreichte schließlich annähernd 400.000, und in einigen Regionen von Deutschland wurde ein Prozent der Gesamtbevölkerung sterilisiert. Die meistens angewandten Methoden waren Vasektomie und Eileiter-Ligation. (Obwohl in späteren Jahren deutsche Ärzte mit sterilisierenden Röntgenstrahlen experimentierten, die ohne das Wissen einer Person auf die Genitalien gerichtet werden konnten, während sie an einem speziellen Tisch ein Formular ausfüllte.[629])

Sterilisation war nicht das einzige gemeinsame Interesse der Nazi-Eugeniker und ihrer amerikanischen Pendants. In Deutschland war man sehr besorgt über die rückläufige Geburtenrate[630], die sich um fast ein Drittel zwischen 1876 und 1911 reduziert hatte. Um dem zu begegnen,

> *stellte die Regierung biologisch gesunden Paaren Darlehn zur Verfügung, deren Fruchtbarkeit voraussichtlich ein Guthaben für das Volk sein würde, [und] eine Anzahl deutscher Städte richtete spezielle Fördermaßnahmen für dritte und vierte Kinder ein, die in geeigneteren Familien geboren wurden.*[631]

Angefangen in den 1920ern ermutigte intensive öffentliche Propaganda zu „einer Qualitätsheirat"[632], und als Hitler die Macht übernahm, hatten etwa die Hälfte aller deutschen Städte Eheberatungszentren auf der Basis der Rassenhygieneprinzipien. Unter Hitlers Anleitung wurde das „Gesetz zum Schutze des deutschen Blutes und der deutschen Ehre" erlassen – eins der Nürnberger Gesetze[hv, 633] –, was die von den Beratungszentren geförderten Standards essentiell von freiwillig auf obligatorisch änderte. Von da an war ein Zertifikat[hw] not-

---

[hv] Das Gesetz zum Schutze des deutschen Blutes und der deutschen Ehre (Blutschutzgesetz), das Reichsbürgergesetz (und das Reichsflaggengesetz) wurden am 15.09.1935 von Herman Göring auf dem 7. Reichsparteitag verkündet.
[hw] Ehetauglichkeitszeugnis

wendig, dass jemand „für die Ehe tauglich"[634] war und diejenigen, die ohne Zertifikat zusammen lebten, konnten zu Haftstrafen verurteilt werden.

Wichtig ist es, zu erkennen, wie eng die Ereignisse im Deutschland der frühen 1930er mit der amerikanischen Eugenikbewegung zusammenhingen. Die Deutschen blickten nach Amerika, um ihr Sterilisationsgesetz einerseits zu rechtfertigen und andererseits eine Vorlage zu erhalten, nach der sie es formulieren konnten. Henry Osborn machte „eine begeisterte Reise"[635] nach Nazi-Deutschland, wo ihm von der Frankfurter Universität 1934 die Ehrendoktorwürde verliehen wurde.[hx] Madison Grants *The Passing of the Great Race* wurde 1925 ins Deutsche übersetzt und wurde viel gelesen. Als Grants späteres Buch *Conquest of a Continent* 1937 ebenfalls ins Deutsche übersetzt wurde, enthielt es ein besonderes Vorwort von Dr. Eugen Fischer, Hitlers Berater für Rassenhygiene und vorderstem deutschen Anthropologen:

> *Es wird niemand wundern, dass dieses Werk den heftigsten Widerspruch in seiner Heimat erfuhr, wo Politiker und Gelehrte, vor allem unter der Führung des jüdischen Anthropologen und Ethnologen Franz Boas die ganze öffentliche Meinung mit der Vorstellung beherrschten, daß Rassenunterschiede umweltbedingt, umweltwechselnd ... seien ...*[637]

Deutsche und amerikanische Eugeniker verband auch der gemeinsame Antisemitismus. Hitler rief 1928 nach einem „Reinigungsprozess"[638] um der rassischen Vergiftung durch das „korrupte Blut" der Juden entgegenzutreten. 1932 verteidigte Charles Davenport öffentlich das Versprechen der Nazis, die Juden auszurotten.[639] Es gab auch einen sexuellen Aspekt des Antisemitismus, der Freuds Namen in den Streit hineinzog. 1927 behauptete Fritz Lenz, Deutschlands erster Professor für Rassenhygiene, dass „Juden besonders an Sex interessiert sind"[640] und zitierte Freud als typisches Beispiel. Die zunehmende Zahl jüdischer Ärzte in Deutschland sei der Grund für Perversionen, Homosexualität, sexuelle Degeneration, den Zusammenbruch der Familie und all dessen, was anständig ist.[641] Hochrangige Nazis wie Heinrich Himmler „assoziierten sexuelle Beziehungen mit der lockeren Unmoral"[642], die er den Juden zuschrieb. 1933 wurde die Psychoanalyse vom Kongress der Deutschen Psychologischen Gesellschaft in Leipzig als „jüdische Wissenschaft"[643] ausgeschlossen und im folgenden Jahr wurde allen „nicht-arischen Ärzten und allen Ärzten mit nicht-arischen Frauen nicht länger erlaubt, als Teil des staatlich gestützten Gesundheitssystems in Deutschland zu praktizieren".[644]

Auf beiden Seiten des Atlantiks assoziierten daraufhin die Eugeniker Juden einschließlich Freud mit sexueller Befreiung und liberaler Politik. Dies waren die Kräfte des Milieus, die Antithese derer, die für nordische Rassenreinheit, sexu-

---

[hx] „Henry Osborn hat am 20.08.1934 die Ehrenpromotion der Naturwissenschaftlichen Fakultät der Johann Wolfgang Goethe-Universität erhalten."[636]

elle Enthaltsamkeit und konservative oder faschistische Politik standen. So war es nicht verwunderlich, dass die Bücher von Boas, Freud und Marx zu den ersten gehörten, die die Nazis im Mai 1933 begannen, als „subversive" Bücher in Freudenfeuern öffentlich zu verbrennen. Freud mit seinem gewohnt sarkastischen Sinn für Humor bemerkte: „Was wir für Fortschritte machen! Im Mittelalter hätten sie mich verbrannt, heutzutage begnügen sie sich damit, meine Bücher zu verbrennen."[645]

4.2 Die Hochzeit von Freud und Marx

Für viele jüdische Fachleute, die 1930 in Europa lebten, offenbarte sich die Zukunft schmerzhaft deutlich noch lange bevor man von ihnen verlangte, den Davidsstern zu tragen. Für ihren Exodus gab es zu dieser Zeit keinen Präzedenzfall. Jeder fünfte Universitätswissenschaftler war ausgewandert[646] oder wurde bis 1935 aus seiner Anstellung gedrängt. An der Berliner Universität war es sogar jeder dritte. Zu denen, die das Land verließen, gehörten Albert Einstein, Hans Krebs und andere, die einen Nobelpreis bereits erhalten hatten oder noch erhalten würden. Die Anzahl der ausreisenden Ärzte war besonders groß, da Juden einen überproportional großen Anteil an dieser Berufsgruppe stellten. Bis September 1933 waren mehr als 200 deutsche Ärzte alleine nach England ausgewandert und gegen Ende 1935 ein Fünftel aller deutschen Doktoren ausgereist.[647]

1933 gehörten zu den deutschen und osteuropäischen Anhängern von Freud sowohl Psychiater als auch nicht-medizinische (Laien-)Analytiker. Unter den letzteren waren Psychologen wie Theodor Reik und Bruno Bettelheim, der Anthropologe Geza Roheim, der Sozialwissenschaftler Erik Erikson und der Anwalt Hanns Sachs. Die große Mehrheit der europäischen Psychoanalytiker waren Juden, und so kam es Laura Fermis *Illustrious Immigrants* (1971)[hy] zufolge, dass „sich die europäische Psychoanalyse in der wenig beneidenswerten Lage wiederfand, die einzige Disziplin zu sein, ... die Hitler im kontinentalen Europa praktisch ausgerottet hatte".[648] 1935 z. B. zählte die Wiener Psychoanalytische Gesellschaft 69 Mitglieder, aber nur drei verblieben 10 Jahre später.[649]

Es wurde geschätzt, dass die Mehrheit der deutschen Ärzte, die das Land unter Hitler verließ, in Westeuropa blieb oder nach Palästina ging. Nur 13 Prozent emigrierten in Richtung Vereinigte Staaten.[650] Für Psychoanalytiker gibt es keine vergleichbaren Daten, aber auf dem Umweg über andere Länder verschlug es mit großer Wahrscheinlichkeit ein Großteil von ihnen nach Amerika. Fermi, die diese Frage am intensivsten untersuchte, schätze, dass unter Hitler annähernd 190 europäische Psychoanalytiker in die Vereinigten Saaten auswanderten.[651] Dazu gehörte praktisch die gesamte Belegschaft des Berliner Psychoanalytischen Instituts: Hanns Sachs, Franz Alexander, Karen Horney, Sandor Rado, Otto Fenichel, Theodor Reik, Therese Benedek, Siegfried Bernfeld und Ernst Simmel. Andere Psychoanalytiker, die zum Praktizieren nach Amerika auswanderten, waren Otto Rank, Sandor Ferenczi, Felix und Helene Deutsch, Rene Spitz, Heinz Hartmann, Fritz Redl, Erik Erikson, Erich Fromm, Wilhelm Reich, Frieda Fromm-Reichmann, Margaret Mahler, Ernst Kris, David Rapaport, Edith Weigert, Kurt Eissler, Heinz Kohut und (nach einem Jahr im Konzentrationslager) Bruno Bettelheim.[652] Einige andere wie Sandor Lorand, Paul Schilder

---

[hy] *Illustre Einwanderer*

und Fritz Wittels verließen Deutschland noch vor Hitlers Machtergreifung in Richtung Vereinigte Staaten.

Der psychoanalytische Zustrom nach Amerika in den 1930ern war der Hauptgrund, dass Freuds Theorie in diesem Land so bekannt wurde. Dazu gehörten drei Mitglieder von Freuds ursprünglichem inneren Kreis (Sachs, Rank und Ferenczi) und außerdem die meisten führenden europäischen Psychoanalytiker. Freud selbst wanderte 1938 nach England aus. Zu dieser Zeit gehörten zur International Psychoanalytic Association[hz] in New York 76 und in Boston, Washington D. C. und Chicago zusammen weitere 85 von weltweit 564 Mitgliedern.[653] Als der Krieg zu Ende war gab es in den Vereinigten Staaten mehr Psychoanalytiker als im Rest der Welt zusammengenommen.[654]

Die neu angekommenen Psychoanalytiker verbreiteten eine Aura von Seriosität des psychiatrischen Berufsstandes im Allgemeinen und der Psychoanalyse im Besonderen. Die Amerikaner, insbesondere die Angehörigen der Medien, zeigten zu dieser Zeit immer noch Ehrfurcht vor der europäischen Gelehrsamkeit, und die Äußerungen der deutschen Professoren geboten unmittelbare Aufmerksamkeit. Die zunehmende Zahl von Analytikern, von denen die meisten Privatpraxen unterhielten, machte die Psychoanalyse für eine viel größere Anzahl von Amerikanern erschwinglich.

Die eingewanderten Psychoanalytiker übernahmen auch die Kontrolle über die Ausbildungsinstitute und formalisierten den Lehrplan. Vor 1929 wurde von Amerikanern noch nicht einmal verlangt, sich selbst einer Ausbildungsanalyse zu unterziehen, um sich als Analytiker zu qualifizieren.[655] Erst in den späten 1930er Jahren standen Kurse zur Verfügung und Ausbildungsinstitute schossen aus dem Boden. Die europäischen Analytiker setzten die Psychoanalyse auch in die Lage, sich von ihrer Basis an der Ostküste nach Westen auszubreiten. Das Topeka Institute for Psychoanalysis[ia] öffnete 1938 mit sieben amerikanischen und sechs immigrierten Mitgliedern, und das San Francisco Psychoanalytic Institute[ib] wurde 1942 mit jeweils fünf Amerikanern und Europäern gegründet. Am wichtigsten allerdings war 1946 die Gründung des Los Angeles Institute for Psychoanalysis[ic] durch drei eingewanderte Psychoanalytiker. Dieses Institut sollte maßgeblichen Einfluss auf die Verbreitung von Freuds Theorie durch die Filmindustrie der Nachkriegszeit nehmen.

Einer der wichtigsten Effekte des Zustroms europäischer Psychoanalytiker in das Amerika der 1930er lag darin, die Verbindung zwischen Freuds Theorie und liberaler Politik zu stärken. Viele der psychoanalytischen Flüchtlinge hatten starke marxistische Tendenzen, die sich bereits 1909 auf Alfred Adlers Präsen-

---

[hz] Internationalen Psychoanalytischen Gesellschaft
[ia] Institut für Psychoanalyse von Topeka
[ib] Psychoanalytisches Institut von San Francisco
[ic] Institut für Psychoanalyse von Los Angeles

tation der Abhandlung „Zur Psychologie des Marxismus"[id] datieren lassen.[656] Siegfried Bernfeld, Otto Fenichel, Erich Fromm und Bruno Bettelheim strengten sich sehr an, Freuds Theorie mit ihren marxistischen Anschauungen in Einklang zu bringen. Der vielleicht meistbekannte marxistische Psychoanalytiker war Wilhelm Reich, der 1928 der Kommunistischen Partei beitrat und dessen extreme Sichtweise „im Dienst der kommunistischen Ideologie"[657] 1934 zu seiner Suspension von der International Psychoanalytic Association führte.

Als Resultat der zunehmend enger werdenden Assoziation von Freud und linker Politik entwickelte sich aus dem, was in Amerika zunächst nur eine Nähe zwischen Freud und Marx gewesen war, eine Blutsverwandtschaft. Unter den New Yorker Intellektuellen wurde die Formalisierung dieser Union durch den *Partisan Review* verkörpert, eine alle zwei Monate erscheinende Publikation, die 1934 als Stimme des kommunistischen John Reed Clubs begann. Nach den Säuberungsaktionen von 1936 denunzierte der *Partisan Review* Stalin, solidarisierte sich mit Trotzki und wurde seinem Impressum entsprechend zu „einer Vierteljahrszeitschrift für Literatur und Marxismus". Von Edmund Wilson wurde er spöttisch als „Partisansky Review"[658] bezeichnet. Für die New Yorker Intellektuellen war Trotzki besonders attraktiv, da er mit Alfred Adler zusammentraf und anfing, sich für Psychoanalyse zu interessieren als er 1909 in Wien lebte. (Adolph Joffe, einer von Trotzkis engsten revolutionären Kollaborateuren unterzog sich der Psychoanalyse bei Adler.) Trotzki hielt seine Kollegen später dazu an, „unvoreingenommen gegenüber dem zu sein, was bei Freud neu und aufschlussreich war".[659] Für die Redaktion des *Partisan Review* war Freuds Theorie in den 1930ern von gleicher Bedeutung. Ein Mitarbeiter erinnerte sich: „Wir waren alle mehr oder weniger gesättigt mit psychoanalytischem Jargon. Die Psychoanalyse lag zu dieser Zeit schwer in der Luft, und jeder schien sich einer zu unterziehen oder darüber nachzudenken."[660]

Der *Partisan Review* stellte in seinen frühen Jahren eine bemerkenswerte Publikation dar und wurde wahrscheinlich von keiner Literaturzeitschrift erreicht. Z. B. enthielt die Winterausgabe von 1939 ausgewählte Stücke von John Dos Passos, André Gide, Allen Tate, Delmore Schwartz, Lionel Trilling, Franz Kafka und Gertrude Stein. Sogar ein politischer Reaktionär wie T. S. Eliot steuerte zwei seiner *Four Quartets*[ie] dem Magazin bei, zu dem, was nach Christopher Lasch „der ehrgeizigste Versuch seit den Vorkriegstagen des Village war, radikale Politik und kulturellen Modernismus miteinander zu verschmelzen".[661] Das Journal war eine Pflichtlektüre für die aufstrebende *Intelligentia* in den Cafes um das Washington Square, und ein Historiker sagte von dieser Periode, dass „ein New Yorker Intellektueller jemand war, der für den *Partisan Review* schrieb, ihn herausgab oder ihn las".[662]

[id] engl. Titel: "The Psychology of Marxism"
[ie] dt. Ausgabe: *Vier Quartette* (1943)

Die Chefs des *Partisan Review* beteten zwei Ikonen an – Marx und Freud. In vorderster Reihe standen Philip Rahv und William Phillips, Mitherausgeber für mehr als eine Dekade. Rahv war mit 14 Jahren aus der Ukraine ausgewandert, „ein marxistischer Purist, der den Kapitalismus verachtete"[663] und bewahrte sich bis zu seinem Tod ein leidenschaftliches Bekenntnis zum Sozialismus. Freud hatte er ausgiebig gelesen und zeigte „mehr und mehr Vertrauen in die Einsichten von Freud".[664] Einem engen Freund zufolge „hatte Rahv großen Respekt vor Freud und schrieb ein erstklassiges und viel zu wenig bekanntes Essay über Freud und Literatur".[665] Von seinen Kollegen als rüder und herrschsüchtiger Mann gesehen, unterzog er sich anscheinend niemals einer Psychoanalyse. William Phillips nannte ihn im Vertrauen „manisch-impressiv"[666] und sagte über ihn: „Die meisten von uns klappen in der [Psycho-]Analyse zusammen und bekennen ihre Schwächen. Phillip würde zusammenbrechen und bekennen, dass er ein großer Mann war."[667]

Das City College in New York[if] war zu dieser Zeit die Wiege der dortigen Intellektuellen. Außer Phillips gingen aus ihm Sidney Hook, Alfred Kazin, Irving Howe, Irving Kristol und Daniel Bell hervor. Sie waren intellektuelle Marxisten und schlossen sich im alcove number 1 in der Cafeteria des College zusammen und diskutieren mit den mehr politischen Marxisten des alcove number 2[ig], zu deren Mitgliedern Julius Rosenberg gehörte.[669] Nach seinem Abschluss trat Phillips dem John Reed Club bei, wo er auf Rahv traf und Freud zu lesen begann.[670] Der klassischen freudschen Theorie brachte er andächtigen Respekt entgegen und gab später Bücher wie *Art and Psychoanalysis* (1957)[671] und *Literature and Psychoanalysis* (1983)[ih, 672] heraus, in die er Schriften von Freud, Rank, Kris, Alexander, Reik, Jones, Fromm und anderer Psychoanalytiker aufnahm.

Dwight Macdonald und Delmore Schwartz arbeiteten ebenfalls für den *Partisan Review*. Macdonald war einer der wenige Gojim[ii] unter der New Yorker *Intelligentia*, ein protestantisches Produkt aus Exeter und Yale. In den 1930ern war Macdonald Bewunderer der Sowjetunion und aktives Mitglied des American Committee for the Defense of Leon Trotsky.[ij] Dem Biographen Stephen Whitfield zufolge erklärte Macdonald „mit dem, was als ein klassisches Beispiel für Dreistigkeit gesehen werden musste, Leo Trotzki wie man eine Revolution durchführt".[673] Später bezeichnete Trotzki Macdonald zwar als „keinen Snob, aber als ein bisschen dumm".[674] Macdonald war nicht bekannt für intellektuelle Beständigkeit. Ein Kritiker sagte später, dass „seine politische Karriere aussah

---

[if] Das City College of New York ... ist eine staatliche Universität in New York City im US-Bundesstaat New York. 1847 gegründet, ist sie der älteste Standort der City University of New York.[668]
[ig] Alkoven Nr. 1 und Alkoven Nr. 2
[ih] *Kunst und Psychoanalyse* sowie *Literatur und Psychoanalyse*
[ii] Nicht-Juden
[ij] Amerikanisches Komitee zur Verteidigung von Leo Trotzki

wie ein Gemälde von Jackson Pollock".⁶⁷⁵ Ein Gebiet, auf dem er aber beständig war, war sein Gebrauch psychoanalytischer Konzepte. „Seine Artikel in *Politics*, das er später herausgab, strotzten nur so vor psychologischer und psychiatrischer Terminologie"⁶⁷⁶, und für sein besonderes Interesse an den Theorien von Wilhelm Reich war er bekannt.⁶⁷⁷

Angesehen als bester Dichter seiner Zeit „flirtete" Delmore Schwartz auch „mit radikaler Politik"⁶⁷⁸, bevor er sich in die freudsche Theorie und seine eigene Psychoanalyse vertiefte. Dem folgten der Ausbruch einer manisch-depressiven Psychose und ein früher Tod. Schwartz bemerkte, dass das „psychoanalytische Vokabular"⁶⁷⁹ das Denken der New Yorker *Intelligentia* vollständig dominierte.

Ein anderes wichtiges Mitglied der *Partisan-Review*-Gemeinde war Mary McCarthy, die die Bekanntschaft von Dwight Macdonald und Philip Rahv als Mitglied des Committee for the Defense of Leon Trotsky machte. Im Alter von sieben Jahren wurde sie zur Vollwaise, als die Eltern der Spanischen Grippe von 1919 zum Opfer fielen. Später machte sie ihren Abschluss am Vassar College, war anfangs an Kommunismus interessiert, dann an Trotzkiismus und entwickelte sich später, Paul Johnsons *Intellectuals* (1988)[ik] zufolge, zu „gar nichts, außer einer gemäßigten Allzweck-Linken".⁶⁸⁰ Mit Philip Rahv lebte sie einige Monate zusammen und steuerte dem *Partisan Review* regelmäßig Beiträge bei. Als sie genug von Rahv hatte, begann McCarthy sich heimlich mit Edmund Wilson zu treffen, der ebenfalls Mitglied des Trotzki-Komitees und Mitarbeiter des *Partisan Review* war. Im Februar 1938 brannte McCarthy durch und heiratete Wilson in einem Schritt, den „jedermann erstaunte [inklusive] Philip Rahv, der keine Ahnung davon hatte, dass Mary McCarthy sich mit Wilson traf".⁶⁸¹ Vier Monate nach der Hochzeit begann McCarthy eine Psychoanalyse bei Sandor Rado⁶⁸², die sich über mehrere Jahre und zwei weitere Analytiker – u. a. Abraham Kardiner, den Mitarbeiter und Freund von Ruth Benedict – hinzog. McCarthy verwendete die Psychoanalyse an prominenter Stelle in vielen ihrer Romane wie z. B. *The Group* (1963)[il], obwohl sie einem Biographen zufolge langsam zu dem Schluss kam, „dass Psychoanalyse auf einer Reihe von Mythen beruhte".⁶⁸³

Als Edmund Wilson 1938 Mary McCarthy heiratete, war er einer der führenden Mitglieder der New Yorker *Intelligentia*. 17 Jahre älter als sie hatte er sowohl Erzählliteratur (z. B. *I Thought of Daisy*[im], 1929) als auch Literaturkritiken (z. B. *Axel's Castle*[in], 1931) herausgegeben und wurde von Irving Howe als eine „Mischung aus Avantgarde-Kultur und Sozialradikalismus [beschrieben] ... wir sahen in ihm die Art von Intellektuellen, zu dem auch wir werden sollten".⁶⁸⁴ Wilson hatte 1932 den Präsidentschaftswahlkampf des Kandidaten der Kommunis-

---

[ik] *Intellektuelle*
[il] dt. Ausgabe: *Die Clique* (1964)
[im] *Ich dachte an Daisy*
[in] dt. Ausgabe: *Axels Schloß* (1977)

tischen Partei William Foster unterstützt, wozu auch eine Fundraising-Cocktailparty[io] gehörte.⁶⁸⁵ Er war ebenfalls einer der bekanntesten Unterzeichner des Flugblatts „Culture and the Crisis"[ip], dass die Intellektuellen aufforderte, die Kommunisten zu unterstützen. Seine Loyalität zu sozialistischen Prinzipien wurde später jedoch in Frage gestellt, da er es zehn Jahre lang versäumte, über Einkommenssteuerrückzahlungen Buch zu führen und vom Internal Revenue Service[iq] mit einem hohen Bußgeld belegt wurde.⁶⁸⁶

Wilson war von Freud genauso begeistert wie von Marx. Er entsann sich, wie er 1915 zum ersten Mal seiner Theorie in Max Eastmans Essay in *Everybody's Magazin* begegnete.⁶⁸⁷ Ganz besonders war Wilson an Freuds Ideen zur Sexualität interessiert und reflektierte dieses Interesse im *The New Yorker* in zwei Essays über Marquis de Sade. Wilson zufolge nahm de Sade Freuds Theorie der kindlichen Sexualität vorweg und stand da als „Mahnung, dass die Lust an Grausamkeit und der Appetit auf Zerstörung machtvolle Motivationen darstellen, die als das anerkannt werden müssen, was sie sind".⁶⁸⁸ Wilson selbst war als unverbesserlicher Schürzenjäger und schwerer Trinker bekannt, der Mary McCarthy in den sieben Jahren ihres Zusammenlebens regelmäßig schlug.⁶⁸⁹ 1929 erlitt er außerdem „einen schrecklichen Nervenzusammenbruch"⁶⁹⁰ und wurde für drei Wochen zur psychiatrischen Behandlung eingewiesen. Letzteres hat möglicherweise ebenfalls zu seinem Interesse an Freud beigetragen.

Wilson verwendete psychoanalytische Themen freizügig in seinen literarischen Kritiken. So deutete er an, dass Henry James' *The Turn of the Screw*[ir] die Schwäche des Autors für kleine Mädchen verriet⁶⁹¹ und attackierte die Stücke von Ben Jonson damit, analerotische Tendenzen zu reflektieren.⁶⁹² Wilsons vielgerühmtes *The Wound and the Bow* (1941)[is] basierte auf der traditionellen freudschen Prämisse, das künstlerische Kreativität ein Produkt einer psychologischen „Verletzung" ist, insbesondere einer aus früher Kindheit. Wilsons dreigeteilte Loyalität gegenüber Literatur, Freud und Marx spiegelte sich in einem Brief von 1941 wider, in dem er schrieb: „Yeats, Freud, Trotzki und Joyce gingen alle in so kurzer Zeit – es ist fast wie der Tod des eigenen Vaters."⁶⁹³

Edmund Wilsons Hauptrivale um die Vorherrschaft unter New Yorks Intellektuellen war Lionel Trilling, Mitglied des *Partisan-Review*-Beirats. Als er 1975 starb, wurde Trilling mit einem Nachruf auf der Titelseite der *New York Times* und einem zweiseitigen Artikel im *Time*-Magazin gepriesen als ein New Yorker, der an der Columbia University studierte und lehrte. Irving Howe beschrieb ihn wie folgt: „Mit Ausnahme von Edmund Wilson war Lionel Trilling der einflussreichste Literaturkritiker der vergangenen Jahrzehnte in Amerika."⁶⁹⁴

[io] Cocktailparty zur Spendenwerbung
[ip] *Kultur und die Krise*
[iq] Bundessteuerbehörde der Vereinigten Staaten
[ir] dt. Ausgabe: *Das Durchdrehen der Schraube* (2001)
[is] *Die Wunde und der Bogen*

Trilling hatte sich in seinen frühen Jahren Marx sehr stark verschrieben und wie Wilson unterstützte er 1932 William Fosters Präsidentschaftswahlkampf.[695] Wie bei den meisten seiner Kollegen wechselte seine Loyalität nach den Säuberungsaktionen von Stalin zu Trotzki, und er schloss sich Wilson, Macdonald und McCarthy als Mitglied des American Committee for the Defense of Leon Trotsky an.[696] Trilling war in den 1930ern auch mit Whittaker Chambers befreundet[697] und verwendete ihn als Vorlage für einen seiner Charaktere in seinem einzigen Roman *The Middle of the Journey* (1947)[it], bevor Chambers' Name mit dem von Alger Hiss zu einer in Amerika allseits bekannten Wortverbindung wurde.

Trillings ultimative Loyalität galt aber nicht Marx, sondern Freud. In den 1930ern „hatte er eine ‚erfolgreiche' Psychoanalyse, die an einen entscheidenden Punkt gekommen schien und nachweislich eine der zentralen und transformierenden Erfahrungen seines Lebens blieb. ... Wenn Freuds Name von Trilling genannt wird, ist er nahezu immer in so etwas wie einem numinosen[iu] Lichtschein gebadet"[698], und 1940 pries Trilling ihn in seinem Essay *The Legacy of Sigmund Freud*[iv] für seine „brillante" Methodologie[699] und stellte fest:

> *Ich glaube, dass die freudsche Psychologie die einzige systematische Beschreibung der menschlichen Natur ist, die, was Subtilität und Komplexität, Bedeutung und tragische Kraft angeht, es verdient, Seite an Seite mit den chaotischen Ansammlungen von Einsichten zu stehen, die die Literatur über die Jahrhunderte erlangt hat.*

Trillings Literaturkritik war eng aus psychoanalytischen Konstrukten geschnürt, da freudsche Kräfte für ihn hinter den harmlosest anmutenden Pentametern lauerten. William Wordsworths *Intimations of Immortality*[iw] z. B. handelten laut Trilling nicht von Unsterblichkeit, sondern waren eher eine Reflexion über Wordsworths infantilen Narzissmus.[700] Trillings *The Liberal Imagination* (1949)[ix] enthielt Essays über „Freud and Literature" und „Art and Neurosis".[iy] Norman Podhoretz nannte das Buch „den bei weitem bedeutendsten Ausdruck des neuen Liberalismus".[701] 1955 veröffentlichte Trilling *Freud and the Crisis of Our Culture*[iz], das auf einem Vortrag an der New Yorker Psychoanalytic Society beruhte und 1970 *The Life and Work of Sigmund Freud*[ja], eine Kurzfassung von Ernest Jones' dreibändiger Biographie. In *Psychoanalysis and American Literary Criticism*[jb] sagt Louis Fraiberg über Trilling: „[Er] hat ein Verständnis für das, was die Psychoanalyse uns über die Seele und ihre Funktionsweise sagt, wie man

---

[it] *Die Hälfte der Reise*
[iu] gestaltlos göttlich
[iv] *Das Erbe Sigmund Freuds*
[iw] *Ode: Andeutungen von Unsterblichkeit*
[ix] *Die liberale Vision*
[iy] „Freud und Literatur" und „Kunst und Neurose"
[iz] *Freud und die Krise unserer Kultur*
[ja] dt. Ausgabe: *Sigmund Freud, Leben und Werk* (1969)
[jb] *Psychoanalyse und amerikanische Literaturkritik*

es selten außerhalb der professionellen psychoanalytischen Kreise antrifft. ... Kein anderer Kritiker hat ein vergleichbares Verständnis für die Bedeutung der Psychoanalyse gezeigt, kein anderer hat sie so gut in seine Kritiken integriert."[702]

Natürlich gab es unter der New Yorker *Intelligentia* auch Andersdenkende was die Vermählung von Freud und Marx betraf. Führend unter ihnen war der Philosoph Sidney Hook.[703] Als Mitglied des *Partisan-Review*-Beirats, Unterstützer von William Foster in 1932 und Bekannter von Whittaker Chambers war Hook einer der ersten Stalinkritiker der 1930er und einer der bekanntesten und respektiertesten New Yorker Intellektuellen. Doch was die freudsche Theorie betraf, wurde er abtrünnig. Er nannte sie „eine wissenschaftliche Mythologie"[704], und in seinen Memoiren *Out of Step*[jc] sagte er, dass „Freuds Doktrinen ... damals (wie heute) Projektionen poetischer Fantasien zu sein schienen, die unwissenschaftlich mit seinen bemerkenswerten Beobachtungen menschlichen Verhaltens verbunden wurden".[705] Mit dieser Sichtweise war Hook in der Tat außer Tritt mit fast jedem New Yorker Intellektuellen seiner Generation.

Mit dem Ende des Zweiten Weltkriegs waren Freud und Marx in der literarischen Welt um das Washington Square fest miteinander verknüpft. Rahv, Phillips, Macdonald, Schwartz, McCarthy, Wilson und besonders Trilling maßen einer ödipalen Fixierung dieselbe Bedeutung bei, wie einer klassenlosen Gesellschaft. Obwohl die Belegschaft des *Partisan Review* die Union von Freud und Marx sehr auffallend repräsentierte, konnte man diese Liaison aber auch in anderen Publikationen beobachten. Für Intellektuelle mit Ambitionen auf das innere Sanktorium des *Partisan Review*, wurde die Lektüre von Freuds *Das Unbehagen in der Kultur*[jd] als genauso wichtig gesehen, wie die des Kommunistischen Manifests. Die Rollenvorbilder für junge Intellektuelle waren Männer wie Edmund Wilson und Lionel Trilling, die ökonomische und ödipale Kräfte in ein und demselben Absatz diskutieren konnten und dies auch immer wieder taten.

Zusätzlich zu Anthropologen wie Benedict und Mead und den New Yorker Intellektuellen gab es in den 1930ern zwei weitere Hochburgen der Psychoanalyse in Amerika, in denen Freuds Name weiterhin für mehr als nur zur Umschreibung sexueller Eroberung angerufen wurde. Eine davon war die Sozialarbeit und hier besonders die Child Guidance Clinics[je] (s. Kap. 7). Die andere war die New Yorker Theatergemeinde, wo nach Sievers *Freud on Broadway*[jf] „der Einfluss der Psychoanalyse nicht nachließ".[706] Zumindest lasen die meisten New Yorker Bühnenautoren Freud, und viele unterzogen sich ebenfalls einer Analyse.

Ein Beispiel dafür war Leopold Atlas, der sich dazu bekannte, die Arbeiten von Freud, Jung, Reik und Brill gelesen zu haben. Sein Stück von 1934, *Wednes-*

[jc] *Außer Tritt*
[jd] engl. Ausgabe: *Civilization and Its Discontents*
[je] Institute für Erziehungshilfe
[jf] *Freud am Broadway*

day's Child[jg], handelte nach Sievers von „den widersprüchlichen Gefühlen eines verstörten Kindes, das den in der ersten Szene zentrierten ödipalen Eifersüchten entwuchs".[707] Clifford Odets, den Sievers bewertete als das „vielleicht originellste ... Bühnenautortalent, das das amerikanische Drama in den Dreißigern hervorgebracht hat"[708], war ebenfalls ein leidenschaftlicher Anhänger, der Freud insbesondere für seine Entdeckung „der analytischen Situation und der daraus resultierenden Therapie sowie aufgrund der großen Bedeutung der ‚Übertragung'"[709] empfahl. Er war auch beispielhaft für einen Autor, der freudsche Ideen mit sozialen Reformen verband. Z. B. spielten Arbeiterrechte in seinen Stück *Waiting for Lefty* (1935)[jh] eine wichtige Rolle. Sogar ein so scheinbar unschuldiges Stück wie Thornton Wilders[710] *Our Town* (1938)[ji] beinhaltete in der Heiratsszene bewusst ödipale Themen. Wilder war mit Freud befreundet und besuchte ihn in Wien.

Auch Broadway Musicals waren von Freuds Ideen beeinflusst. Moss Hart, der sich 1934 der Psychoanalyse unterzog und „fast alles von Freud"[712] gelesen hatte, verarbeitete psychoanalytische Themen. Von seiner *Lady in the Dark*[jj] von 1941 wurde gesagt, dass es „das erste musikalische Drama sei, das auf psychoanalytischer Therapie aufbaute".[713] Es war „angeblich eine Hommage an Harts eigenen Analytiker" und enthielt markante ödipale Themen und Zeilen wie „was für ein wirklich großer Mann war Freud".[714] Sievers zufolge „wurde das Stück 467 Mal aufgeführt und war ziemlich erfolgreich darin, die Psychoanalyse einem Publikum der musikalischen Komödie bekannt zu machen".[715]

Andere intellektuelle Gruppen der 1930er wurden weniger von Freuds Ideen beeinflusst. Bernard DeVoto behauptete 1939 in einem Artikel „Freud's Influence on Literature"[jk], dass „es keinen Bereich der Literatur gibt, ... der von der Psychoanalyse nicht betroffen ist"[716], doch sehr oft war die Darstellung der Psychoanalyse in der Romanliteratur weniger als schmeichelhaft. Ein Beispiel dafür war der neurotische Analytiker in F. Scott Fitzgeralds *Tender is the Night* (1934).[jl] Viele Autoren ignorierten Freud, und solche wie Joseph Conrad wiesen Freuds Theorie einfach als „eine Art Zaubervorstellung"[717] zurück.

Ein Politikwissenschaftler, der aus den 1930ern als begeisterter Fürsprecher Freuds hervorging, war Harold D. Lasswell. Nachdem er während seines Studiums in Berlin 1928 und 1929 bei Theodor Reik eine Psychoanalyse durchlief[718],

---

[jg] *Mittwochskind*
[jh] dt. Buchausgabe: *Warten auf Lefty* (1976)
[ji] dt. Filmfassung: *Unsere kleine Stadt* (1947)[711] (Der Nachweis für eventuell vorhandene deutsche Fassungen genannter Filmtitel wird an dieser Stelle exemplarisch für alle weiteren geführt. Recherchen dazu wurden auf www.imdb.de oder www.imdb.com durchgeführt. Auf ausführliche Einzelnachweise wird im Folgenden aber verzichtet.)
[jj] dt. Theaterfassungen: *Das verlorene Lied* (1951), *Die Dame im Dunkeln* (1976), Filmfassung: *Die Träume einer Frau* (1944)
[jk] „Freuds Einfluss auf die Literatur"
[jl] dt. Filmfassung: *Zärtlich ist die Nacht* (1962)

wurde er selbst zu einem Laienanalytiker[719] und stellte sogar eigene Forschungen an, um die Wirksamkeit der Psychoanalyse zu beweisen. Nach Bruce L. Smith, glaubte Lasswell daran,

> *dass menschliche Motive (inklusive politischer und ökonomischer) zum großen Teil im Kindergarten, im Schlafzimmer, durch sexuelle und Ausscheidungs-Erfahrungen in der Kindheit, durch Tagträumereien und durch all die Verflechtungen zwischenmenschlicher Kontakte entstehen, die im Allgemeinen als 'privat' angesehen werden.*[720]

Sein vielgelesenes *Psychopathology and Politics* (1930)[jm] diskutierte die Gesellschaft als Patient und versuchte, die Prinzipien mentaler Hygiene auf die Politik anzuwenden. Wie viele andere Bewunderer von Freuds Theorien zu dieser Zeit war Lasswell von Marx genauso begeistert wie von Freud.

Obwohl das Interesse an Freud in der amerikanischen Öffentlichkeit der 1920er größtenteils am Abflauen war, bewahrten kleine Zellen freudscher Orthodoxie den Glauben. In vorderster Reihe standen dabei die Anthropologen, New Yorker Intellektuelle sowie Bühnenautoren und Sozialarbeiter, die in der Kindererziehung und in der Strafjustiz arbeiteten (s. Kap. 7). Die meisten Anhänger Freuds unterstützen ebenfalls soziale Reformen und linke Politik, wodurch Freud und Marx sich im amerikanischen Denken miteinander verbanden. Als die Lincoln Brigade[jn] 1937 in den Kampf gegen Francos Nationalisten in den Spanischen Bürgerkrieg zog, bekamen die New Yorker Psychoanalytiker, die sich die Parade den Broadway hinunter ansehen wollten, neben Intellektuellen, Theaterautoren, Sozialarbeitern und Anthropologen wie Franz Boas – der sich der Sache der spanischen Loyalisten stark verpflichtet fühlte – wahrscheinlich viele ihrer Patienten unter den Zuschauern zu sehen.[722]

[jm] *Psychopathologie und Politik*
[jn] Die Abraham-Lincoln-Brigade war ein Freiwilligenverband von US-Amerikanern, die im Spanischen Bürgerkrieg 1936 bis 1939 als Teil der Internationalen Brigaden auf Seiten der republikanischen Regierung Spaniens gegen die aufständischen nationalistischen Truppen unter General Francisco Franco kämpften.[721]

4.3 Die Endlösung

Während die Amerikaner in den späten 1930ern weiterhin damit zu tun hatten, gegen die Depression zu kämpfen, wurden Kräfte in Bewegung gesetzt, die zu einer Lösung der *Nature-Nurture*-Debatte führen würden. Es war die Ära von Clark Gable und Greta Garbo, der Marx Brothers und Mae West, von Lone Ranger und Charlie MacCarthy, Tommy Dorsey und Glenn Miller, von *Gone with the Wind*[jo] und *The Wizzard of Oz*.[jp] Es war, als ob ein Zeitalter der Unschuld als Vorspiel zu den kommenden Ereignissen genutzt wurde, um sie noch entsetzlicher zu machen.

Mit fast 80 Jahren mischte sich Franz Boas ein letztes Mal in die *Nature-Nurture*-Debatte ein. Ohne Erfolg versuchte er, die National Academy of Science[jq] und andere Organisationen davon zu überzeugen, Resolutionen zur Verurteilung des Nazi-Regimes zu verabschieden, und 1937 setzte er sich von seiner Columbia-Professur zur Ruhe, „damit ich mit meinen Forschungen insbesondere zu Rassenfragen fortfahren kann" – wie er dem *Time*-Magazin erklärte. „Im gegenwärtigen Zustand der Welt betrachte ich die Rassenfrage als eine der wichtigsten … auch in diesem Land, denn auch hier werden die Leute verrückt."[723] Noch im selben Jahr veröffentlichte er einen Artikel in *Forum*, in dem er die Logik der nationalsozialistischen Pseudowissenschaft anprangerte, und von der er behauptete, sie sei „in ihr fanatische Extrem [getrieben worden]. … Es gibt nicht den geringsten wissenschaftlichen Beweis dafür, dass die ‚Rasse' die Mentalität bestimmt, doch es gibt überwältigende Hinweise darauf, dass die Mentalität von der traditionellen Kultur beeinflusst wird."[724] In seinem 1938 veröffentlichten „Credo" schrieb Boas: „Die hysterischen Behauptungen der ‚arischen' Enthusiasten der ‚nordischen' Überlegenheit hatten niemals irgendeinen wissenschaftlichen Hintergrund."[725] 40 Jahre lang hatte Boas über das Thema *Nature* und *Nurture* geschrieben.

Im September 1939 wurde offiziell eine Änderung der deutschen Politik hinsichtlich geistig Zurückgebliebener und Menschen mit Geisteskrankheiten verkündet. Am selben Tag als Hitler in Polen einmarschierte[726] gab er den Befehl zur Tötung unheilbar Kranker in deutschen Krankenhäusern. Solche Individuen waren, so wurde argumentiert, „nutzlose Esser" und „lebensunwertes Leben".[727] Die Euthanasie war sowohl für solche Menschen als auch für den Staat das Beste. Dies war keine neue Idee, sondern wurde bereits 1920 in *Die Freigabe der Vernichtung lebensunwerten Lebens*[jr] von Karl Binding und Alfred Hoche vertreten. Auf dem nationalsozialistischen Parteitag von 1935 wurde diese Idee zur offiziellen Regierungspolitik erklärt, und der Arzt Dr. Gerhard Wagner stellte

---

[jo] dt. Fassungen: *Vom Winde verweht* (1937)
[jp] dt. Fassungen: *Der Zauberer von Oz* (1940)
[jq] Nationale Akademie der Wissenschaft
[jr] engl. Titel: *The Release and Destruction of Lives Devoid of Value*

fest, dass so ein Programm in Übereinstimmung mit „der naturgegebenen und gottgewollten Ungleichheit der Menschen" steht.[728] Die Euthanasie von geistig Zurückgebliebenen und Geisteskranken war auch keine absonderliche deutsche Idee. Als Professor für Neurologie an der Cornell University und als Autor des *American Journal of Psychiatry*, drängte Foster Kennedy bereits 1942 auf ein Euthanasieprogramm „für solche Hoffnungslosen, die niemals hätten geboren werden dürfen – die Fehler der Natur. ... Es ist eine Gnade und Güte, diese unvollkommenen – oft gequält und ausgelacht, grotesk und absurd, nutzlos und dumm und auf ewig unerwünscht – vom Leid ihres Daseins zu erlösen".[729]

Wie bereits bei der Sterilisation entwickelten die Deutschen ein weitreichendes und effizientes Programm zur Durchführung ihrer Ziele. 28 Krankenhäuser wurden als Transferinstitutionen für geistig zurückgebliebene Kinder vorgesehen. Einmal dort, wurden die Kinder durch Injektionen, Aussetzen oder durch Verhungern getötet. Im Januar 1940 wurden die ersten erwachsenen Geisteskranken durch Erschießen getötet. Aber die Methode wurde als ineffizient wieder aufgegeben und die medizinischen Autoritäten suchten nach geeigneteren Mitteln. In einem Krankenhaus bei Berlin wurde ein spezieller Duschraum zur „Desinfektion" eingerichtet. Nachdem die Kranken in den Raum getrieben worden waren, wurde Kohlenmonoxid eingelassen, um sie zu töten. Das Hospital war Vorbild für fünf weitere, in denen ähnliche Programme ausgeführt wurden. Allein in einem Krankenhaus wurden in 12 Monaten 18.269 Patienten getötet[730], und es wird geschätzt, dass bis Kriegsende annähernd 275.000 Zurückgebliebene und Geisteskranke umgebracht wurden.[731]

Die Evolution von Deutschlands Gnadentodprogramm für die o. g. Individuen zur weiter gefassten „Vernichtung lebensunwerten Lebens" fand im Berliner Ortsteil Wannsee am 20. Januar 1942 statt.[732] Adolf Eichmann führte das Protokoll für die 14 versammelten Offiziellen, von denen die Hälfte Doktorgrade besaß.[733] Viel Planung ging dieser Konferenz voraus, auf der man sich auf die „Endlösung" der Judenfrage einigte, eine Lösung, die schließlich Slawen, Zigeuner, Marxisten, Prostituierte, Homosexuelle und andere, für lebensunwert gehaltene Individuen, einbezog. Robert N. Proctors *Racial Hygiene*[js] entsprechend wurden „Gaskammern aus psychiatrischen Anstalten in Süd- und Ostdeutschland abgebaut, nach Osten verfrachtet und in Belzec, Majdanek, Auschwitz, Treblinka und Sobibor wieder aufgebaut. Der Ausrüstung folgten oft dieselben Doktoren, Techniker und Schwestern."[734] Im März 1942 trafen die ersten in Belzec und Auschwitz zur so genannten „Umsiedlung" ein. Propagandaminister Joseph Göbbels notierte in seinem Tagebuch „und von den Juden selbst bleibt nicht mehr viel übrig".[735]

In Amerika war eine Lösung der *Nature-Nurture*-Frage auf dem Weg. Eugeniker und andere, die das menschliche Verhalten aus Sicht der Gene betrachteten,

---

[js] vollständiger Titel: *Racial Hygiene: Medicine Under the Nazis (1988)* (Rassenhygiene: Medizin unter den Nazis)

wurden in der öffentlichen Meinung untrennbar und logisch mit den in Deutschland stattfindenden Ereignissen verbunden. Hitlers Programm wurde als angewandte Eugenik präsentiert, doch die Zahl der Amerikaner nahm ab, die öffentlich so ein Programm verteidigen wollten. Frederick Osborn starb 1935 und Madison Grant folgte zwei Jahre später. Das Eugenics Record Office machte zu. Charles Davenport lebte bis 1944, war aber auffallend still, was die Eugenik in Deutschland betraf. Die eine Seite der Nature-Nurture-Debatte hatte sich anscheinend im Sande verlaufen.

Auf der anderen Seite erstarkten die immer mehr, die menschliches Verhalten als kulturell bestimmt favorisierten. Die Schriften von Boas, Benedict und Mead zirkulierten zunehmend in der Bildungselite und verschmolzen mit denen von Freud und seinen Anhängern, die argumentierten, dass frühe Kindheitserfahrungen entscheidende verhaltensbestimmende Faktoren sind. Der Name Freud, einst eine bloße Umschreibung für Sex mit Obertönen von Sozialreform und liberal-politischen Ansichten, manifestierte sich allmählich als umfassenderes Symbol für die nicht genetische Annäherung an das menschliche Verhalten, für Liberalismus und Humanismus.

Sigmund Freud wäre wahrscheinlich über diese erneute Materialisierung amüsiert gewesen, doch er war gestorben. Auch in den Jahren des Rückzugs verlor Freud nie seinen Sinn für die Ironie des Lebens. Als die Nazis 1939 ihm endlich erlaubten, Wien zu verlassen, verlangten sie von ihm, eine Bestätigung zu unterzeichnen, dass er gut behandelt worden war. Freud bat darum – und es wurde ihm erlaubt –, eine Erklärung am Ende hinzuzufügen, die lautete: „Ich kann die Gestapo jedermann aufs beste empfehlen."[736] Im folgenden Jahr lag Freud in seiner Londoner Wohnung und hörte den Sirenen des Fliegeralarms zu. Sein Gesichtskrebs war inzwischen so weit fortgeschritten, dass sein Chow Chow sich weit entfernt in einer Zimmerecke duckte, um dem Geruch zu entgehen. „Dies ist mein letzter Krieg", sagte er zu seinem Doktor kurz bevor er starb.[737]

Freud machte seinen letzten Atemzug am 23. September 1939. An diesem Tag führten deutsche Flugzeuge elf unabhängige Luftangriffe auf Warschau durch und die Zeitungen berichteten, dass die halbe Stadt in Flammen stand. Der Befehl, unheilbar Kranke in deutschen Krankenhäusern zu töten, war gegeben und das Programm für den Massengenozid offiziell auf den Weg gebracht worden. Ironischerweise sollte der Holocaust eine entscheidende Rolle bei der Wiederauferstehung von Freud spielen, doch der auferstandene sollte sich wesentlich vom lebenden Freud unterscheiden. Nachdem Freuds Körper dahin war, hatten die amerikanischen Anhänger alle Freiheit, seiner Seele jede Form zu geben, die ihnen zusagte.

Margaret Mead war die erste, die den Sieg von Nurture über Nature bekanntgab. In einem Vorwort zur 1939er Neuauflage ihrer samoanischen und neuguineischen Arbeiten erklärte Mead: „Die Schlacht, die wir mit der gesamten Batterie unter unserem Kommando schlagen mussten, mit den fantastischsten und aufsehenerregendsten Beispielen, die wir aufbringen konnten, ist nun gewonnen."[738]

Nach fast einem halben Jahrhundert andauernden Kampf muss es für Franz Boas ein enorm zufriedenstellender Sieg gewesen sein. Charakteristischerweise verweilte er nicht in der Gegenwart, sondern sprach von „einer neue Pflicht" für die Zukunft:

> *Wir müssen unseren Teil zu dem Versuch beitragen, die Kunst und die Gepflogenheit des klaren Denkens zu verbreiten und zu erzeugen. ... Wir müssen unseren Teil dazu beitragen, den Menschen den Kurs selbstgefälliger Nachgiebigkeit gegenüber Vorurteilen abzugewöhnen und ihnen zur Kraft des klaren Denkens zu verhelfen, so dass sie möglicherweise dazu fähig sind, die Probleme zu verstehen, mit denen wir alle konfrontiert werden.*[739]

Am 29. Dezember 1942 gab Boas ein Mittagessen an der Columbia University für einen französischen Kollegen, der vor den Nazis geflohen war. Das Gespräch drehte sich zwangsläufig um Deutschland und die Rassenfrage. Mit einem Glas Wein in der Hand stand Boas auf, wandte sich an seinen Gast und sagte: „Ich habe eine neue Theorie über die Rasse ..."[740] Er pausierte einen Moment und kippte tot nach hinten weg.

5 Die Verbreitung der freudschen Religion in der Nachkriegszeit

> *Das Konzentrationslager
> war zu einer repräsentativen Institution geworden
> wie es die gotische Kathedrale
> für frühere Jahrhunderte gewesen war ...*
>
> Stephen Whitfield, *A Critical American*[741, jt]

In den 1930ern war Sigmund Freuds Lehre eine Art exotische Pflanze, die in den Gewächshäusern von New York und einigen wenigen anderen Städten gezüchtet wurde. Doch sofern man nicht in der Umgebung solcher Treibhäuser lebte, hatte die Theorie nicht mehr Bedeutung als eine seltene Orchidee – gelegentlich in Magazinen oder Büchern abgebildet, aber ansonsten bloß eine botanische Rarität. Doch nach dem Krieg fing sie an, sich zu verbreiten, schob zunächst ihre Wurzeln unter dem Hudson River hindurch und schickte ihre Ranken schließlich in jede amerikanische Groß- und Kleinstadt. Die Verwandlung von Freuds Theorie von einer exotischen New Yorker Pflanze zu einem amerikanischen Kultur-Kudzu[ju] stellt eines der seltsamsten Ereignisse der Geistesgeschichte dar.

Kein Einzelereignis trug mehr zur Verbreitung von Freuds Ideen bei als der Zweite Weltkrieg selbst. Oberflächlich betrachtet führte er zur Migration einer Vielzahl europäischer Freudanhänger an die Küsten Amerikas, wodurch das Ansehen der Psychoanalyse stieg, und sie gleichzeitig zugänglicher für Leute wurde, die sie ausprobieren wollten. Auf einer tieferen Ebene führte der Krieg bei den Amerikanern im Allgemeinen und den Intellektuellen im Besonderen jedoch zu einer Introspektion als sie versuchten, „das Verbrechen ohne Namen"[743] aufzuklären, wie Winston Churchill den Holocaust genannt hatte. Unter Adolf Hitler wurden Millionen Juden „umgesiedelt", einer „speziellen Behandlung unterzogen" oder „in den Osten geschickt" – Nazi-Umschreibungen für „ermordet".

Langsam drang die Realität des Holocaust in das amerikanische Bewusstsein als die alliierten Truppen über Deutschland hinwegfegten, die Überlebenden der Konzentrationslager befreiten, und alles in den Nürnberger Prozessen zwischen 1945 und 1946 gipfelte. Kein Teil der amerikanischen Gesellschaft war mehr davon betroffen als Intellektuelle mit jüdischen Wurzeln. Alfred Kazin, einer ihrer

---

[jt] *Ein kritischer Amerikaner: Die Politik von Dwight Macdonalds*
[ju] *Pueraria lobata* (Willd.) Ohwi: schnellwüchsige, ursprünglich japanische Heil- und Futterpflanze. 1876 als Futterpflanze und zur Bekämpfung von Bodenerosion im Süden der USA eingeführt überwuchert sie heute mangels natürlicher Gegenspieler große Teile des nordamerikanischen Kontinents.[742]

Leitfiguren, erinnerte sich wie er in einem Theater saß und eine Wochenschau über die Befreiung von Belsen ansah:

Auf dem Bildschirm lehnten sich Gerippe in schwarz-weißer Sträflingskleidung an einen Zaun und starrten geistesabwesend in die Kamera. Andere Gerippe schlurften herum oder saßen irgendwie auf dem Boden in der Nähe eines riesigen Haufens von Kadavern, aufgestapelt wie Brennholz, aus dem Beine, Arme, Köpfe ... Es war unerträglich. Die Leute husteten und viele lachten vor Verlegenheit.[744] ... [Ich] konnte mir meinen Vater, meine Mutter, meine Schwester und mich selbst, unsere ursprüngliche Miethaus-Familie 'kleiner Juden' nur zu gut vorstellen – Nahrung für die Flammen, sterbend durch eine einzige Flamme, die uns alle auf einmal verbrannte.[745]

Die Magazine brachten Geschichten über die Gräueltaten. *The Catholic World* behauptete, dass unter „den entsetzlichen Einzelheiten des Buchenwald-Lagers Geschichten über Lampenschirme [waren], hergestellt aus der tätowierten Haut der Gefangenen".[746] *The New Republic* berichtete von einer Frau, die an einem Abend zusammen mit 36.000 anderen Juden in einem Konzentrationslager ankam, aber „am nächsten Tag nur noch 2.000 am Leben waren".[747] Als sie in das Arbeitslager marschieren musste, „lagen auf beiden Seiten der Straße hunderte von Leichen. Die meisten hatten keine Köpfe. Und bei denen mit Köpfen quoll das Blut aus Augen und Mündern". Das *Ladies Home Journal* stellte fest: „In vieler Beziehung sind die Deutschen wie wir. Das ist es, was die Konzentrationslager so erschreckend macht."[748] Lionel Trilling hielt in seinem maßgeblichen Buch *The Liberal Imagination* (1953) seine eigenen Regungen fest:

Angesichts dessen, was wir bis jetzt wissen, setzt unser Verstand aus. Die große psychologische Tatsache unserer Zeit, die wir alle mit ratlosem Erstaunen und Scham zur Kenntnis nehmen, ist die, dass es nicht möglich ist, auf Belsen und Buchenwald eine Antwort zu geben. Der Verstand versagt vor der Nicht-Vermittelbarkeit menschlichen Leids.[749]

Am schlimmsten war es in Auschwitz, wo ein einziger Ofen 2.000 Körper alle zwölf Stunden verbrennen konnte, und „in der Nacht der rote Himmel ... kilometerweit gesehen werden konnte".[750] Dr. Josef Mengele, „eine elegante Erscheinung ... gutaussehend, gepflegt, in äußerst aufrechter Haltung"[751], stand am Bahnsteig – bei seiner Arbeit Stücke von Verdi oder Wagner pfeifend – und schickte die eintreffenden Juden und Zigeuner entweder „nach links" in die Gaskammer oder „nach rechts" in die Arbeitslager. Etwa zwei Millionen Menschen wurden in Auschwitz ermordet, ihr Zahngold für die Reichsbank entfernt, ihre Haare zur Polsterung von Matratzen gesammelt und ihr Fett zu Seife verkocht. Irving Howe sprach für andere jüdische Intellektuelle als er schrieb: „Wir leben nach einer der größten und am wenigsten erklärbaren Katastrophen der Menschheitsgeschichte. ... Wir wissen, dass wir nur aufgrund eines geographischen Zufalls jetzt auch Seifenriegel sein könnten."[752]

Der Holocaust löste eine schwere Bewusstseinskrise unter den amerikanischen Juden im Allgemeinen und den Intellektuellen im Besonderen aus. In Howes Arbeiten rief er „einen neuen Ansturm von Gefühlen hervor – meist unausgesprochen und versteckt hinter dem Vorhang des Bewusstseins. Er führte zu leichten, aber nagenden Schuldgefühlen, zu stillen Gewissensbissen". Viele jüdische Intellektuelle wollten sich von ihrer Schuld und ihrem schlechten Gewissen durch die Psychoanalyse befreien. Freud war selbst ein verfolgter Jude, und seine Glaubwürdigkeit in der Nachkriegszeit als Symbol für solche wurde weiter von der Tatsache gestärkt, dass vier seiner älteren Schwestern – alle 80 Jahre oder älter – in den Todeslagern von Theresienstadt, Treblinka und Auschwitz ermordet wurden.[753]

Zur selben Zeit als die Nachwirkung des Zweiten Weltkriegs die amerikanischen Intellektuellen in die Psychoanalyse trieb, erreichte die *Nature-Nurture*-Diskussion ihr endgültiges Ende. Der Aufstieg Hitlers hatte politische Aspekte der Diskussion ins zentrale Blickfeld gerückt, so dass 1941 ein professioneller Beobachter schrieb: „Die Kontroverse *Nature* versus *Nurture* wurde in einen Konflikt konkurrierender sozialer, politischer und ökonomischer Ideen verwandelt."[754] Die Debatte, die ein halbes Jahrhundert getobt hat, wurde endlich in Nürnberg zu Ende gebracht, wo die Natur zusammen mit den Naziführern vor Gericht stand. Sie war angeklagt, der Ansicht förderlich zu sein, einige Rassen seien genetisch gleicher als andere. Die Ausrottung von Millionen Menschen durch die Nazis folgte direkt einer solchen Sichtweise, genauso wie die Gesetze zur Begrenzung der Einwanderung, zur Regulierung der Eheschließung, zur Sterilisation genetisch Untauglicher und der Euthanasie Behinderter. Die Eugenik hatte sich zu einem Genozid entwickelt, zu einem nordischen *Nunc dimittis*[iv], und die Natur wurde verurteilt, zusammen mit 12 Nazi-Angeklagten gehängt zu werden. Am 30. September 1946 wurde das Urteil vollstreckt, und von da an wurden Theorien inkl. der von Sigmund Freud, die das Milieu als den wichtigsten bestimmenden Faktor menschlichen Verhaltens hervorhoben, als politisch korrekt betrachtet. Sie trafen auf nur geringen intellektuellen Widerstand, als sie sich im Amerika der Nachkriegsjahre verbreiteten.

[iv] Nacht- oder Totengebet der katholischen oder evangelischen Messe

5.1 Die Scheidung von Freud und Marx

Spielten Hitlers Abscheulichkeiten die bei Weitem bedeutendste Rolle in der Verbreitung von Freuds Theorie in Amerika, so war die Trennung von Freud und Marx die zweitwichtigste. Die Theorien dieser beiden Männer herrschten in den Vereinigten Staaten in ehelichem Einvernehmen seit ihrer Einführung durch Emma Goldman und Max Eastman et al., und der Zustrom marxistischer Psychoanalytiker hatte ihre Verbindung weiter gefestigt.

Unmittelbar nach dem Zweiten Weltkrieg war es jedoch nicht besonders empfehlenswert, Marxist in Amerika zu sein. Ein Problem dabei waren die zunehmenden und mehr als ausreichenden Beweise für den Großen Terror zwischen 1936 und 1938, bei dem mit Stalins Worten „10 Millionen [Bauern] abgefertigt"[755] wurden. Ein Historiker nannte diese Zeit „die wahrscheinlich massivste kriegsähnliche Operation, die jemals von einem Staat gegen seine eigenen Bürger durchgeführt wurde".[756] Die Tatsache, dass unter Stalins Opfern auch geschätzte eine Millionen Mitglieder[757] der Kommunistischen Partei einschließlich fast aller Revolutionskollegen von Lenin waren, machte es amerikanischen Marxisten noch schwieriger, sich zu rechtfertigen. Die Ermordung von Leonid Trotzki 1940 in Mexiko, der russischen Leitfigur, die die meisten Intellektuellen unzweideutig unterstützen konnten, war der letzte Akt dieser Enttäuschung.

Als der Marxismus in Amerika abzuflauen begann und die „Rote Plage"[jw] seinen Platz einnahm, erschien die frühere Unterstützung von Stalin durch die westlichen Intellektuellen zunehmend als dumm. Der amerikanische Botschafter in der Sowjetunion Joseph E. Davies schrieb in den frühen 1930ern, dass Stalins Augen „unübertroffen weise und gütig [waren]. ... Ein Kind würde auf seinem Schoß sitzen und ein Hund sich bei ihm einschmeicheln wollen."[759] Nach einem Besuch in der Sowjetunion in 1931 stellte George Bernard Shaw die Gefängnisse in England, wo „ein Mann ein Gefängnis als Mensch betritt und als Krimineller verlässt", denen in Russland gegenüber, wo er sie „als Krimineller [betritt] und als einfacher Mann wieder verlässt – allerdings mit der Schwierigkeit, ihn dazu zu bewegen, sie überhaupt wieder zu verlassen".[760] Zehn Jahre später war klar, dass die meisten sie als Leiche verließen, und um es mit den Worten eines Beobachters zu sagen: „Gegen Ende der 30er fing Lenins Mumie an zu stinken."[761]

[jw] Die Begriffe *Red Scare* (Rote Bedrohung) oder auch *Red Menace* (Rote Plage) wurde rückwirkend auf zwei starke anti-kommunistische Perioden der US-amerikanischen Geschichte angewendet: die erste lag zwischen 1917 und 1920, und die zweite reichte von den späten 1940ern bis in die späten 1950er. Diese Zeitspannen waren von gesteigerten Verdächtigungen hinsichtlich einer Bedrohung des US-Kapitalismus durch den Kommunismus, durch Radikale und, was insbesondere für den zweiten Zeitabschnitt galt, von Behauptungen charakterisiert, es gäbe eine groß angelegte Infiltration von Kommunisten (und anderen Vertreter der Linken) in die amerikanische Regierung.[758]

Zur selben Zeit als der sowjetische Marxismus diskreditiert wurde, sah man in seinen amerikanischen Anhängern zunehmend eine Bedrohung des Staates. Am 3. August 1948 sagte Whittaker Chambers vor dem House Commitee on Un-American Activities[jx] als Zeuge aus, und gab zu, in den 1930ern Kommunist gewesen zu sein und vom früheren Angestellten des State Departments[jy] Alger Hiss, Dokumente erhalten zu haben. Chambers war mit Lionel Trilling und anderen New Yorker Intellektuellen befreundet und Herausgeber des *Time*-Magazins. Zwei Jahre später wurden Julius und Ethel Rosenberg angeklagt, nukleare Geheimnisse an die Sowjetunion weitergeleitet zu haben. Vielen New Yorker Intellektuellen war Julius Rosenberg aus den Tagen ihrer Diskussionen marxistischer Prinzipien in der Cafeteria des City College bekannt. Alexander Blooms Einschätzung in *Prodigal Sons*[jz] lautete:

> *Die New Yorker Intellektuellen brachten wenige Zweifel an der Schuld von Hiss oder den Rosenbergs vor, damals oder später. ... Ihnen ging jeder Fall unter die Haut oder berührte persönliche Belange. ... Und mit einem großen Teil ihres restlichen Denkvermögens erkannten sie in der Hiss- und Rosenberg-Diskussion ihr eigenes Leben und eigene Positionen wieder.*[762]

Die große amerikanische Inquisition war im Gange und Senator Joseph McCarthy spielte Torquemada.[ka] Die Intellektuellen, von denen viele die Kommunisten unterstützt hatten oder sogar Parteimitglieder waren, distanzierten sich schnellstens von ihrem früheren Marxismus und suchten Schutz unter der amerikanischen Flagge. Indikator dieses neu entdeckten Patriotismus war ein dreiteiliges Symposium mit dem Titel *Our Country and Our Culture*[kb], das 1952 im *Partisan Review* veröffentlicht wurde. Ausgegeben auf der Höhe des McCarthyismus und zur selben Zeit, als die Rosenbergs Berufung gegen ihre Todesurteile einlegten, enthielt es Beiträge von fast jedem bekannten New Yorker Intellektuellen. Ein begleitender Leitartikel stellte fest:

> *Augenscheinlich haben wir einen langen Weg zurückgelegt von der früheren Ablehnung Amerikas als spirituell verarmt, von den Attacken Menckens*[kc] *auf die 'Booboisie' und das marxistische Bild Amerikas in der Dreißigern als ein Land kapitalistischer Reaktion. ... Das Rad hat seine Drehung vollendet, und Amerika ist nun zum Beschützer der*

[jx] Ausschuss für unamerikanische Umtriebe oder Komitee für unamerikanische Aktivitäten, Gremium des Repräsentantenhauses der USA
[jy] US-Außenministerium
[jz] *Die Verlorenen Söhne*
[ka] Tomás de Torquemada (1420–1498), erster spanischer Großinquisitor
[kb] *Unser Land und unsere Kultur*
[kc] Henry Louis Mencken (1880–1956), US-amerikanischer Schriftsteller und Journalist, Literaturkritiker, Kolumnist und Satiriker prägte den Begriff *Booboisie* aus *boob* (engl. = Dummkopf) und Bourgeoisie (engl. = Bürgertum) für das US-amerikanische Bürgertum, auch definiert als unkultivierter und ungebildeter Teil der Öffentlichkeit.

> westlichen Zivilisation geworden, zumindest in einem militärischen und ökonomischen Sinn. ... Mehr und mehr Schriftsteller haben es aufgegeben, sich selbst als Rebellen oder Vertriebene zu sehen. Jetzt glauben sie, dass ihre Werte, sofern sie überhaupt verwirklicht werden sollen, in Amerika und mit Bezug auf das aktuelle amerikanische Leben verwirklicht werden müssen.[763]

Lionel Trilling schrieb im Symposium: „Das Ideal des Vaterlands der Arbeiter zerstörte sich vor einiger Zeit systematisch selbst. Sogar der dümmste Intellektuelle weiß nun Besseres, als in Thyestes nach einem Pflegevater zu suchen"[764] – eine Referenz auf eine griechische Legende, in der Stalin mit Thyestes verglichen wurde, der bei einem Bankett das Fleisch seiner drei Söhne gegessen hatte. Sidney Hook fügte hinzu: „Im Westen können Nonkonformisten immer eine noch so abwegige Anhörung gewinnen. ... Im Land der Säuberungen und Gehirnwäsche ist das Einzige, was ein Nonkonformist sich verdienen kann, eine Kugel ins Genick."[765] Sogar Phillip Rahv, der bis an sein Lebensende loyaler Marxist blieb, schrieb: „In der gedämpften Stimmung erscheint die amerikanische Demokratie den Intellektuellen das Richtige."[766] Der Marxismus der Intellektuellen in den Dreißigern, der einst in idealistischem Humanismus erstrahlte, hatte eine ziemlich schäbige Erscheinung angenommen, und die Ehe von Freud und Marx, die sich in den Büros des *Partisan Review* in den 1930ern abspielte, wurde durch das Symposium von 1952 im selben Journal offiziell wieder aufgelöst.

Von den Ereignissen des Zweiten Weltkriegs in Richtung Psychoanalyse getrieben und gleichzeitig gezwungen, sich durch den aufkommenden Kalten Krieg von ihren marxistischen Ideologien zu distanzieren, rückten viele New Yorker Intellektuelle in den 1950ern näher an Freud. Für sie ersetzte der Freudianismus den Marxismus, wie es 1960 in einer Studie unter Psychotherapiepatienten in New York festgestellt wurde. Darin hieß es, dass bei diesen Patienten nach dem Zweiten Weltkrieg „Freud begann, Marx als Prophet zu ersetzen".[767] Ähnlich beobachtete Richard King, ein Historiker dieser Periode:

> Unter den Nachkriegsintellektuellen verlief der Niedergang des Marxismus als überzeugende radikale Ideologie parallel mit dem zunehmenden Bekanntheitsgrad von Sigmund Freuds Theorien. Nach dem Zweiten Weltkrieg wurde die freudsche Terminologie zur Common Coin[kd] der intellektuellen Welt.[768]

Eine sprachgewandte Beschreibung des intellektuellen Austauschs von Marx durch Freud waren die Reflexionen des Bühnenautors Arthur Miller über seine eigene kurze Psychoanalyse in den 1950ern:

[kd] dt. etwa: gebräuchliches Zahlungsmittel

> *Meine Schwierigkeiten waren sicherlich persönlicher Natur, doch ich konnte mich des Verdachts nicht erwehren, dass die Psychoanalyse eine Form von Zweckentfremdung war, die nicht nur als Ersatz für Marxismus, sondern für soziale Aktivitäten aller Art verwendet wurde.*
>
> *New York, dieses Flussbett, durch das permanent so viele Untergrund-Kulturen*[ke] *strömen, war angeschwollen von Zuflüssen enteigneter Liberaler und Linker in chaotischer Flucht vom bombardierten alten Schloss der Selbstverleugnung, mit seinem unendlichen Vertrauen auf sozialen Fortschritt und seiner Legitimation-durch-politische-Korrektheit ihrer Positionen am führenden Ende der Geschichte. Wie immer brauchte das amerikanische Selbst, eine puritanische Angelegenheit, einen Moralkodex zur Handhabung. Und als der marxistische für inakzeptabel erklärt wurde, bot der freudsche eine vergleichbare Selbstgefälligkeit der Überlebenden. Nur dieses Mal bestand die dargereichte Herausforderung für Verlorene wie mich nicht darin, sich in eine Streikpostenkette oder eine spanische Brigade einzureihen, sondern zu gestehen, ein selbstsüchtiger Bastard gewesen zu sein, der nie gewusst hatte, wie man liebt.*[769]

Millers Bewertung des Austauschs von Marx und sozialem Aktivismus durch Freud in der Nachkriegszeit hallte auch bei Melitta Schmideberg wider, Tochter von Melanie Klein und selbst Psychoanalytikerin. Über die New Yorker Szene bemerkte sie 1961: „'Analysiert zu werden' wurde als Punze einer progressiven und liberalen Einstellung gesehen (ohne den Stress und mögliche inhärente Gefahren, die soziale und rassische Fragen mit sich bringen)."[770]

Die Verschiebung der Perspektive von Marx auf Freud unter den New Yorker Intellektuellen war auf den Seiten des *Partisan Review* unmittelbar wahrnehmbar. Von 1934 bis 1944 erschien trotz der Tatsache, dass praktisch die gesamte Belegschaft in Freud bewandert war und viele sich in Psychoanalyse befanden, kein einziger Artikel über ihn oder die Psychoanalyse. 1945 änderte sich dies mit einem posthumen freudschen Essay („Dostojewski und die Vatertötung"[kf, 771]) schlagartig, von dem die Herausgeber sagten, es „eröffnet eine Fortsetzung zeitgenössischer Texte". Veröffentlicht wurden 1945 ebenfalls Randall Jarrells „Freud to Paul: The Stages of W. H. Auden's Ideology"[kg], Hanns Sachs' „Freud, Master and Friend"[kh], Lionel Trillings „A Note on Art and Neurosis"[ki] und Robert G. Davis' „Art and Anxiety".[kj] Die bevorzugte Beschäftigung mit freudschen Konzepten wurde in späteren Ausgaben des *Partisan Review* fortgesetzt, so

---

[ke] Miller verwendet im Original den Ausdruck *subterranean cultures*. Nach Torrey ist dieser eher ethnisch und weniger sozial gemeint. Deshalb wurde er mit Untergrund-Kulturen und nicht mit Subkulturen wiedergegeben.
[kf] engl. Titel: *Dostoevski and Parricide*
[kg] *Von Freud zu Paulus: Die Phasen der Ideologie von W. H. Auden*
[kh] dt. Ausgabe: *Freud. Meister und Freund* (1950)
[ki] *Eine Bemerkung über Kunst und Neurose*
[kj] *Kunst und Angst*

dass bis 1948 Artikel über Sullivans *Interpersonal Psychology*[kk], eine Buchbesprechung von Ernest Jones' psychoanalytischer Studie von *Hamlet* und Lionel Trillings Rezension des *Sexual Behavior in the Human Male* (1948)[kl], besser bekannt als der „Kinsey-Report", erschienen. In letzterem hieß es, dass „Freud den Weg für den Bericht ebnete ... er verwendet oft freudsche Konzepte auf sehr direkte und einfühlsame Weise".[772] Von seinen Tagen als marxistische Stimme des John Reed Clubs an hatte der *Partisan Review* einen weiten Weg zurückgelegt.

Als Freud bei den New Yorker Intellektuellen in den 1950ern die Stelle von Marx einnahm, übernahm er auch viele seiner ideologischen Requisiten. In erster Linie war dies der Mantel des Humanisten, das Image als Wohltäter der Menschheit und die Hoffnung auf ihre Zukunft. 1952 behauptete ein prominenter Psychoanalytiker, dass sein Beruf „einer der mächtigsten humanisierenden Kräfte des 20. Jahrhunderts"[773] war. Drei Jahre später bewertete Lionel Trilling Freuds Arbeit als die „nobelste und großzügigste Errungenschaft der westlichen Kultur".[774] Joel Kovel, ein junger jüdischer in New York aufgewachsener Intellektueller erinnerte sich, dass „diese dialektischen Disziplinen, Psychoanalyse und Marxismus, durch die die Erleuchtung einen Schritt nach vorne gemacht hat, viele von uns als einen Versuch ansehen, die Vergangenheit der menschlichen Rasse hinter sich zu lassen".[775] Die Sprache von Freud sollte das neue Futhark[km] sein, mit dem eine bessere Zukunft geschrieben werden sollte.

Die Transformation Freuds vom Spielball der Intellektuellen zum Retter der Menschheit barg in den Nachkriegsjahren neues Ansehen für die freudsche Theorie in sich. Nicht länger war die Psychoanalyse nur für das Amüsement der Mabel Dodges dieser Welt da. Sie hatte ein Numen[kn] erreicht, das zumindest ein Minimum an Hochachtung verlangte. Der Freud der 1930er war ein Wiener Arzt, der eine ungewöhnliche Idee über die Bedeutung sexueller Kindheitserfahrungen verkündete. Der Freud der 1950er wurde zu einer quasi-religiösen Figur, geschickt, seine Kinder durch Beichte und Übertragung zu erlösen. Dieser neue Status reflektierte sich in den Erinnerungen von William Barret, einem der Nachkriegsherausgeber des *Partisan Review*:

Vielleicht waren wir die erste amerikanische Generation, Freud und die Psychoanalyse ernst zu nehmen. [Wir] haben der Psychoanalyse mit intellektueller Feierlichkeit ins Gesicht geschaut. Sofern man das Geld überhaupt aufbringen konnte, hatte man eine moralische und intellektuelle Pflicht, sich selbst in der Psychoanalyse zu konfrontieren und war ein Drückeberger, wenn man es nicht tat.[776]

[kk] *Zwischenmenschliche Psychologie*
[kl] dt. Ausgabe: *Das sexuelle Verhalten des Mannes* (1955)
[km] ältestes germanisches Runenalphabet
[kn] Wirken einer Gottheit (in der römischen Religion)

Der neue Freud wurde 1948 auch von Milton Klonskys Portrait von Greenwich Village in *Commentary* reflektiert, in dem er beobachtete:

> *Als die politischen Gruppierungen der 30er ihre Leidenschaft verloren hatten und zerfielen, waren sie nicht wirklich gestorben, sondern erhoben sich bis zum Schoße des Vaters und waren auf seltsame Weise verwandelt. Die Psychoanalyse ist der neue Look, Sartor Resartus*[ko]*, aber der Körper darunter ist der gleiche.*[778]

[ko] Hauptwerk von Thomas Carlyle (1833–34): *Sartor Resartus. The life and opinions of Herr Teufelsdröckh (Leben und Meinungen von Herrn Teufelsdröckh).*[777]

5.2 Aufstieg und Fall der „Windelkunde"

Mit dem Tod der Gene in Nürnberg blieb in der Auseinandersetzung von *Nature* und *Nurture* nur noch eine Partei übrig. Die Idee von genetischen Unterschieden zwischen Individuen oder Menschengruppen hatte deutliche nationalsozialistische Obertöne erhalten und jeder, der derartige Meinungen von sich gab, wurde verdächtigt, Mitglied irgendeiner faschistischen Randgruppe zu sein. Erziehung und Kultur hatten die Oberhand. Doch anstatt in Opposition zur Vererbungsseite zu stehen, gab es bloß eine Debatte unter den Befürwortern der Milieueinflüsse, ob nun frühe Kindheitserfahrungen oder kulturelle Faktoren die wichtigeren Determinanten menschlichen Verhaltens darstellten.

Zwar hatte diese Vorrangstellung von Kultur und Erziehung in der Nachkriegszeit Einfluss auf alle Sozialwissenschaften, doch ganz besonders auf die Anthropologie. Margaret Mead und Ruth Benedict (bis zu ihrem Tod in 1948) übernahmen als Franz Boas' Erben die Oppositionsrolle zu den Theorien genetischer Vorherbestimmtheit. Letztere hatten mit Meads Worten zum „totalen Terror des Nazismus" mit seiner Betonung von ‚Blut' und ‚Rasse'"[779] geführt, und so wurden Theorien, die genetisch bedingte Verhaltensaspekte hervorhoben, in der Nachkriegszeit nirgends beobachtet. Auf einem leer geräumten Feld war es für kulturell orientierte Theorien und frühe Kindheitserfahrungen leicht, sich als Wahrheit zu etablieren.

Den Ideen Margaret Meads eröffnete die Nachkriegszeit ungeahnte Möglichkeiten. 1939 schrieb sie:

Der Anthropologe ist zuständig für die Wechselbeziehungen zwischen der Natur des Menschen, seiner natürlichen Umgebung, seinen technologischen Errungenschaften, sozialen Organisationen und symbolischen Strukturen von Religion, Kunst und Philosophie, durch die er das Leben mit Wert und Bedeutung ausstattet. Als vergleichender Student vieler menschlicher Kulturen ist der Anthropologe in der Position, ganze Systeme zu diskutieren ...[780]

1942 notierte sie in *And Keep Your Powder Dry*[kp], einem Buch über die amerikanische Kultur, das Mead in drei Wochen geschrieben hatte[781]:

Wir müssen diesen Krieg als Vorspiel zu einer größeren Aufgabe sehen, die wir erledigen werden wollen – die Restrukturierung der Weltkultur. Und wir müssen erkennen – da wir auch ein praktisches Volk sind –, dass es dafür schon halb geschmiedete Werkzeuge gibt.[782]

Die Nachkriegsarena für Meads „Restrukturierung der Weltkultur" war ein Projekt mit dem Namen „Research in Contemporary Cultures"[kq], dass an der Co-

---

[kp] dt. Ausgabe: *... und haltet euer Pulver trocken* (1946)

lumbia University von Mead und Benedict mit einem Zuschuss des Office of Naval Research[kr] in Höhe von 100.000 Dollar eingerichtet wurde. Zwischen 1947 und 1953 waren in diesem Projekt 120 Personen mit der Analyse anderer Kulturen beschäftigt. Es entwickelte sich direkt aus der Arbeit, die Benedict und andere Anthropologen für das Office of War Information[ks] während des Zweiten Weltkriegs leisteten, bei der sie die Kultur der amerikanischen Feinde und Alliierten analysierten und auf dieser Basis Empfehlungen für die amerikanische Kriegsführung aussprachen.

Das Forschungsprojekt zielte Mead zufolge darauf ab, „ein systematisches Verständnis für die großen zeitgenössischen Kulturen zu entwickeln, so dass der Wert einer jeden in einer neu errichteten Welt instrumentiert werden könnte".[783] Es sollte ein Versuch sein,

> *zwei wissenschaftliche Herangehensweisen an das menschliche Verhalten, ... kulturelle Anthropologie und das Studium kindlicher Entwicklung, im allgemeinen Schema freudscher Psychologie zu verschmelzen ...*[784] *Die Aufmerksamkeit lag auf der Abfolge von Entwicklungsstadien, durch die das Kind lernte, die Welt durch seinen sich entwickelnden Körper wahrzunehmen und mit ihr umzugehen. [Mead zufolge] stellte [das Projekt] das fruchtbarste Verhältnis zwischen kultureller Anthropologie und Psychoanalyse dar.*[785]

In einem projektbeschreibenden Essay von 1953 wurde die grundlegende Bedeutung der freudschen Theorie von Mead klar skizziert. Die Psychoanalyse, schrieb Mead, lehrt uns

> *dass das Kind lernt, sich selbst durch den Gebrauch seines Körpers zu anderen Menschen und der Welt um es herum in Beziehung zu setzen. ... Da verschiedene Kulturen bestimmte Zonen oder Methoden bevorzugen – Reizeliminierung usw. –, können diese institutionalisierten Schwerpunkte in Verbindung mit klinischen Befunden und Kindererziehungspraktiken untersucht werden.*[786]

Kulturen könnten deshalb genauso wie Individuen als Betonung des einen oder anderen freudschen Stadiums kindlicher Entwicklung beschrieben werden.

Da „ein großer Teil des Seelenlebens für das angepasste und funktionierende Individuum jeder Gesellschaft nicht zugänglich ist"[787], argumentierte Mead auch, dass andere Methoden angewendet werden müssen, um die Aspekte einer Kultur zu verstehen. Darum, sagte sie, könnten „Rituale, Mythen, Filme und populäre Kunst als unbewusste Ausdrucksformen einer Gesellschaft ... in Übereinstimmung mit dieser Annahme untersucht werden"[788] und dadurch je-

---

[kq] Erforschung zeitgenössischer Kulturen
[kr] Maritime Forschungseinrichtung der US Navy
[ks] Kriegsinformationsbüro der Amerikaner im Zweiten Weltkrieg

den Beobachter in die Lage versetzen, diese Kultur zu verstehen. Mit diesem Vorteil der Losgelöstheit ausgestattet, dachte man, es sei unnötig für Forscher die Kultur zu besuchen oder gar die Sprache zu sprechen. Es war – um es mit den Begriffen zu sagen, die für den Titel des aus dem Projekt hervorgegangenen Buches verwendet wurden – *The Study of Culture at a Distance* (1953).[kt] Ein anderer bedeutender Einfluss war der des Psychoanalytikers Abraham Kardiner, mit dem zusammen Benedict einen Kurs gegeben hatte. Mead zufolge nahm Kardiner an, „dass menschliche Kulturen Projektionen kindlicher Konflikte und Leiden und ihrer symbolischen Lösungen sind und zwar so, dass der Kindheitserfahrung definitiv eine ursächliche Rolle in der Geschichte zuzuweisen ist".[789]

Bereits als sie 1931 unter den Arapesh arbeitete fing Mead an, kulturelle und psychoanalytische Gedankengebäude miteinander zu vereinen. Ihren Erinnerungen zufolge, begann sie „ernsthaft mit den Zonen des Körpers zu arbeiten"[790] und bat zu Hause um eine Zusammenfassung der Arbeit von Karl Abraham, dem maßgeblichen psychoanalytischen Systematiker des oralen Entwicklungsstadiums. Als Mead 1936 begann, in Bali zu arbeiten, war sie überzeugt, dass frühe Kindheitserfahrungen essentielle Determinanten menschlichen Verhaltens waren. Dem Anthropologen Marvin Harris zufolge „war ihre Feldstudienreise nach Bali ... die erste Gelegenheit, bei der freudsche Prinzipien den Hauptforschungsrahmen vorgaben"[791], und das aus diesen Forschungen resultierende Buch *Balinese Character*[ku] „ist in der Tat mit psychoanalytischen Begriffen, Konzepten und Nuancen gesättigt".

Auch gibt es Hinweise in Meads Privatleben, dass Freuds Theorie für sie in den Nachkriegsjahren sehr wichtig war. Ihre Tochter erinnerte sich daran wie Mead ein Theaterprojekt leitete, bei dem Freunde „die Szenen von Shakespeare [aufführten], die auf zeitgenössische psychiatrische Einsichten hindeuteten. ... Am Anfang lag der Auswahlschwerpunkt der Hamletszenen auf den ödipalen".[792] 1946 begann Mead eine Reihe regelmäßiger Reisen, um in der psychiatrischen Abteilung der School of Medicine[kv] der University of Cincinnati zu unterrichten, einer Bastion traditioneller freudscher Denkweise. 1963 fügte sie die Menninger School of Psychiatry[kw] in Topeka ihrem jährlichen Reiseplan hinzu und wies die Menningers bei einer Gelegenheit dafür zurecht, dass sie Psychoanalytiker nicht gründlicher ausbildeten. Sie warnte, dass eine unzureichende psychoanalytische Ausbildung unausweichlich „zu einer Vergröberung des gesamten intellektuellen Herangehensweise"[793] führte. Von den Menningern wurde sie königlich behandelt, und in einer Abhandlung über die anale Phase psychosexueller Entwicklung zitierte William Menninger bereits 1943 anerkennend ihre samoanische Arbeit.[794] Die Biographin Jane Howard schrieb: „Wo auch immer Mead

---

[kt] *Das Studium der Kultur aus der Entfernung*
[ku] *Der balinesische Charakter*
[kv] Medizinischer Fachbereich der Universität von Cincinnati
[kw] Menninger-Schule für Psychiatrie

auf der Welt hinging ... machte sie deutlich, dass sie die Psychoanalytiker treffen wollte, von denen viele ihre guten Freunde wurden."[795]

Mead empfahl jedem die Psychoanalyse. Neben dem Bett ihrer Tochter stellte sie eine Staffelei auf, um es ihr zu ermöglichen, unmittelbar nach dem Aufstehen zu malen, was sie geträumt hatte.[796] 1946 überredete sie ihren dritten Ehemann Gregory Bateson, sich der Psychoanalyse zu unterziehen, was er auch tat – bei einem weiblichen Analytiker. Die Analytikerin jedoch „bewahrte nicht die übliche Distanz des Analytikers zum Patienten"[797], und bei einer Gelegenheit „machte sie mit Bateson" und zwei anderen „in Nova Scotia[kx] zusammen Urlaub". Einer Mitarbeiterin aus Meads Belegschaft des American Museum of Natural History zufolge war in den frühen 1950ern „die [Büro-]Atmosphäre so analytisch geschwängert, dass sie alles durchdrang'. ... Ihre Kollegen kämen von ihrer Psychiatern zurück und verbrachten ‚Stunden damit, über das Geschehene zu reden'".[798] Jeder, der für Mead arbeitete, befand sich in der Psychoanalyse – mit Ausnahme von Mead selbst. „Für die oberen 10 Prozent der oberen 10 Prozent", behauptete sie einmal, „gäbe es keinen Analytiker".[799]

Da das Forschungsprojekt „Contemporary Cultures" stark von Freuds Theorie über kindliche Sexualität abhing, war das Ergebnis des Projektes bestenfalls dazu bestimmt, nur kulturell beschreibend und schlechtestenfalls schlicht skurril zu sein. In der Arbeit, die Ruth Benedict für das Office of War Information leistete, hatte sie z. B. die nationale thailändische Freizeitbeschäftigung des Drachen-Steigen-Lassens als ein Symbol für die Beziehung von Männern und Frauen charakterisiert[800], denn die schwereren „männlichen" Drachen versuchten, die leichteren „weiblichen" Drachen zu dominieren. Sie sagte auch, dass Burmesen „psychologisch gesehen eine quasi-spontane Kriminalität zeigten"[801] und erklärte, dass Rumänien während des Krieges die Seiten aufgrund widersprüchlicher Kindererziehungsmethoden gewechselt habe.[802] Auf der anderen Seite erstellte Benedict eine vielgerühmte Beschreibung der japanischen Kultur in *The Chrysanthemum and the Sword* (1946)[ky], die ihre bemerkenswerten lyrischen Fähigkeiten reflektierte und fast keine psychoanalytischen Formulierungen enthielt.

Das Mitglied der Contemporary-Cultures-Forschungsgruppe, das durch seine kulturellen Analysen zum bekanntesten – und zum meist verunglimpften – wurde, war Geoffrey Gorer. Als englischer Anthropologe, der sich bei seinen Kollegen ein beachtliches Ansehen dadurch erworben hatte, dass er bei einem Stammesritual „eine ungeborene Maus"[803] schluckte, wurde Gorer zu einem engen „und ganz glücklichen platonischen"[804] Freund Margaret Meads. Gorer war von seiner Denkweise her ein unverfrorener Freudianer und glaubte wie Benedict und Mead, psychoanalytische Konstrukte zur Erläuterung von Kulturen verwenden zu können.

[kx] Neuschottland
[ky] dt. Ausgabe: *Chrysantheme und Schwert* (2006)

In Gorers Analyse der japanischen Kultur für das Office of War Information von 1943 bestätigte er geradeheraus: „Ich bin nie in Japan gewesen, kann kein Japanisch lesen und verfüge über keine speziellen Qualifikationen zur Beurteilung der japanischen Kultur." Auf der Basis „in europäischen Sprachen geschriebener Bücher" und „Interviews mit etwa zwei Treffer-Informanten, die entweder ganz oder teilweise Japaner waren oder über langjährige oder intime Kenntnisse des japanischen Lebens verfügten", fuhr Gorer nichtsdestotrotz fort, japanische Kindererziehungsmethoden zu untersuchen („der durchgehendste und ernsthafteste Aspekt ist die Reinlichkeitserziehung, das Training zur Kontrolle des Schließmuskels"), von denen er behauptete, sie stünden in Beziehung zu zwanghaften und triebhaften Persönlichkeitszügen, unterdrückter Wut und „einem tief sitzenden, unbewussten und sehr starken Wunsch nach Aggressivität". Gorer weiter: „Dieses theoretische Konstrukt liefert die beste Erklärung für den auffallenden Kontrast zwischen der alles beherrschenden Sanftheit des japanischen Lebens, die nahezu jeden Besucher entzückte, und der überwältigenden Brutalität und des Sadismus' der Japaner im Krieg."[805] Gorers fantasievolle Verwendung der Reinlichkeitserziehungspraktiken zur Erklärung des japanischen Charakters entlockte vielen seiner Kollegen Hohn und führte mit großer Sicherheit dazu, dass Benedict derartige Theorien in *The Chrysanthemum and the Sword* aussparte.

Der Skeptizismus anderer konnte Gorer jedoch nicht entmutigen. 1949 war er der Mitautor eines Buchs, in dem er behauptete, den Schlüssel zum russischen Charakter gefunden zu haben[806] – die Institution des Kinderwickelns. Seine Informationsquellen waren Interviews mit russischen Emigranten aus New York, russische Romane und Filme. Das Wickeln der russischen Kinder, behauptete Gorer, führte bei Erwachsenen zu Persönlichkeitszügen wie Unempfindlichkeit, kontrollierter Wut, Schuld, Misstrauen und Despotismus. Marvin Harris zufolge

> *versuchte Gorer zu zeigen, dass ein Phänomen wie die bolschewistische Revolution, die stalinistischen Säuberungsaktionen, die Schuldbekenntnisse bei diesen Prozessen und viele andere Ereignisse der jüngeren sowjetischen Geschichte 'in Beziehung standen' zu verallgemeinerten, auf das Wickeln zurückzuführenden Wut- und Schuldgefühlen.*[807]

Die Wickelhypothese, deren Idee von Margaret Mead stammte[808] und die sie energisch verteidigte, wurde von den Kritikern schnell und spöttisch als „Windelkunde" etikettiert. Das gesamte Contemporary-Cultures-Forschungsprojekt wurde zunehmend in Frage gestellt, insbesondere, da Untersuchungen nach dem Krieg feststellten, dass sich die Reinlichkeitserziehungsmethoden in Japan nicht signifikant von den amerikanischen unterschieden und weitere Informationen über Russland zeigten, dass das Wickeln sowohl geografisch als auch zeitlich gesehen variierte. Es wurde gefragt, wie man maßgebliche Persönlichkeitsmerkmale für ein so verschiedenartiges Volk wie das russische postulieren und behaupten konnte, dass sie in Beziehung zu den Kindererziehungsmethoden standen, die sich genauso unterschieden? Andere Kritiker griffen die Widersprüchlichkeiten in den Studien heraus, wo z. B. einerseits versichert wurde, dass „das Wiegenbrett [bei den Indianern] im Südwesten ‚Passivität' induzierte, andererseits aber unter den Prärieindianern ‚Aggressivität'".[809] Wenn auch mit lautem Geheul geriet die Idee, Freuds Theorien zur Erklärung von Kulturen zu verwenden, in den späten 1950ern in Vergessenheit.

Trotz des Scheiterns des Contemporary-Cultures-Projektes, den Anthropologen eine Plattform für eine neue Weltkultur bereitzustellen, half die Infusion freudscher Ideen in die Anthropologie, sie weiter zu verbreiten und verlieh ihnen eine Aura sozialwissenschaftlicher Achtbarkeit. Als die „Windelkunde" auf dem Rückzug war, war Ruth Benedict zwar inzwischen gestorben, aber eine beeindruckend große Zahl junger Anthropologen war von Freuds Theorie beeinflusst worden. In einer 1961er Studie der Fellows of the American Anthropological Association[kz, 810] berichteten 11 Prozent der Umfrageteilnehmer, dass sie sich einer Psychoanalyse unterzogen hatten. Zu denen, die „unterschiedliche Kenntnisse im und Neigungen zum Gebrauch psychoanalytischer Einsichten zeigten"[811], gehörte eine beeindruckende Zahl von Anthropologen, die in den nächsten 20 Jahren eine führende Position in diesem Beruf einnehmen würden. Und obwohl Ruth Benedict und Margaret Mead keinen Erfolg dabei hatten, Freud mit kultureller Anthropologie zu vermählen, so schafften sie es doch, Freud zur Geliebten des Anthropologen zu machen, über die man schicklicherweise nur mit engen Freuden sprach, die man aber nicht zu beruflichen Treffen mitbrachte.

Die andere Partei in der Affäre zwischen Psychoanalyse und Anthropologie wurde ebenso gründlich von dieser Begegnung beeinflusst. Karen Horney, eine aus Hitlers Berlin geflohene Psychoanalytikerin, ließ sich 1934 in New York City nieder und traf kurz darauf sowohl Ruth Benedict als auch Margaret Mead. Horney hatte bereits Freuds Dogma vom Penisneid und Kastrationskomplex in Frage gestellt und vertrat außerdem die kulturelle Relativität, wie sie von ihren Freundinnen dargelegt wurde. Erich Fromm, ein ebenfalls aus Berlin stammender Laienanalytiker, schloss sich diesem Dreigespann an, und 1935 trafen sie sich regelmäßig, um die Beziehung zwischen Psychoanalyse und Anthropologie zu diskutieren.

Im Herbst 1935 gab Karen Horney eine Kurs zum Thema „Culture and Neurosis"[la] an der New School for Social Research.[812] Ihre damaligen Schriften stellten Neurosen als kulturell beeinflusst dar, und sie verwarf ausdrücklich die freudschen Lehren, dass Neurosen in der psychosexuellen Entwicklung einer Person begründet liegen. Horneys Ansichten waren demzufolge Ketzerei gegenüber den Standards der traditionellen psychoanalytischen Lehrmeinung. In

---

[kz] Freunde der Amerikanischen Anthropologischen Gesellschaft
[la] „Kultur und Neurose"

ihre Schriften fügte Horney sowohl Fußnotenhinweise auf Benedicts *Patterns of Culture* als auch auf Meads *Sex and Temperament* ein. Als sie ihr vielgelesenes Buch *The Neurotic Personality of Our Time* (1937)[lb] veröffentlichte, wurde die Unterstützung von Benedict und Mead bestätigt. Bezeichnenderweise sollte der Originaltitel des Buches ursprünglich *Culture and Neurosis* lauten. Zwei Jahre später veröffentlichte Horney *New Ways in Psychoanalysis*[lc], in denen sie weitere Aspekte von Freuds Lehren inklusive der Libidotheorie, des Ödipuskomplexes und des Todestriebes verwarf.

Das große Schisma[ld] in der amerikanischen Psychoanalyse war unvermeidbar und fand schließlich 1941 statt. Karen Horney und eine Gruppe abtrünniger Psychoanalytiker traten aus dem New Yorker Psychoanalytic Institute[le] aus und gründeten das, was zur American Academy of Psychoanalysis[lf] wurde. Teil dieser Gruppe von Abtrünnigen war Erich Fromm ebenso wie Ruth Benedicts Freund Harry Stack Sullivan, und man sprach von diesen Dissidenten gewöhnlich als „den Kulturisten"[813] oder den Neo-Freudianern. Obwohl es Splittergruppen gab, die sich in den dazwischenliegenden Jahren sowohl von den traditionellen Freudianern als auch den Kulturisten abspalteten, teilt dieser fundamentale Bruch zwischen den beiden Gruppen bis heute die amerikanischen Psychoanalytiker.

Folglich kann man ableiten, dass die Anthropologie die Psychoanalyse fundamental beeinflusst und umgekehrt die Psychoanalyse die Anthropologie geformt hat. Marvin Harris beobachtete, dass „beide Disziplinen dazu tendierten, ihre innewohnenden Neigungen zu unkontrollierten, spekulativen und histrionischen[lg] Verallgemeinerungen zu verstärken, die jede auf ihrem Gebiet als Teil ihrer Berufslizenz kultiviert hatte".[814] Im Wesentlichen haben sie sich ihren Mythos gegenseitig gestärkt. Freuds Lehren über infantile Sexualität wurden von den Schriften Benedicts und Meads modifiziert, die ihrerseits wieder stark von ihren eigenen sozialen und sexuellen Absichten beeinflusst waren. Das Zusammentreffen beider Disziplinen war eine Begegnung freudscher Fabeln und anthropologischer Apologe[lh], wobei beide Seiten behaupteten, dass die Mythologie der jeweils anderen die Richtigkeit des eigenen Standpunktes bewies.

[lb] dt. Ausgabe: *Der neurotische Mensch unserer Zeit* (1951)
[lc] dt. Ausgabe: *Neue Wege in der Psychoanalyse* (1951)
[ld] hier: (Kirchen-)Spaltung
[le] Psychoanalytisches Institut
[lf] Amerikanische Akademie der Psychoanalyse
[lg] egozentrisches u. theatralisches Verhalten, neuer Begriff für Hysterie.
[lh] ursprünglich märchenhafte Erzählung, später lehrreiche Fabel, insbesondere moralisch-didaktischer Art: „Und die Moral von der Geschicht ..."[815]

5.3 Die Medien entdecken den neuen Freud

Seit Freuds Theorie mit Beginn des 20. Jahrhunderts in Amerika angekommen war, erweckte er die Neugier von Zeitungen und Magazinen. Sein Name war ein wahres Phallussymbol, eine Gelegenheit, die erotischen Wünsche der Leser unter dem Deckmantel wissenschaftlicher Diskussion zu kitzeln. Nach dem Zweiten Weltkrieg jedoch entdeckten die Medien einen neuen ernsthafteren Freud, denselben, der von den New Yorker Intellektuellen umworben wurde. Der neue Freud war ein Mann, der nicht nur dem menschlichen Sexualleben Erlösung bringen würde, sondern auch versprach, seine Seele zu retten.

Schrittmacher der medialen Präsentationen des neuen Freuds war das *Life*- und *Time*-Verlagsimperium von Henry und Clare Boothe Luce. Frau Luce unterzog sich, in einem Versuch „ihre seelischen Ecken und Kanten abzuschütteln"[816], 1929 der Psychoanalyse und baute sie als Bühnenautorin der 1930er in ihre Produktionen ein. In *The Women*[li] z. B. wurde Sievers' *Freud on Broadway* zufolge „die Psychoanalyse zu einem Modetick dieser reichen Frauen, der ihren Bedarf an Aufmerksamkeit, Schmeichelei und Zuhörern ihres bösartigen Geschwätzes zufriedenstellte".[817] Es ist unklar, ob Henry Luce sich ebenfalls einer Psychoanalyse unterzog, obwohl bekannt ist, dass er in den 1920ern Freuds Neffen, Edward L. Bernays, als Beauftragten für Öffentlichkeitsarbeit in New York anstellte.[818] 1943, als Clare Boothe Luce in den Kongress gewählt wurde, machte sie Bernays ebenfalls zu ihrem Berater für Öffentlichkeitsarbeit.[819]

Vor dem Hintergrund des Interesses der Luces an Freud war es nicht verwunderlich, dass 1947 das *Life*-Magazin einen neunseitigen Artikel mit dem einfachen Titel *Psychoanalysis* abdruckte. „Ein Aufschwung hat den einst obskuren und viel geschmähten Beruf des Psychoanalytikers erfasst"[820], begann der Artikel. „Er reflektiert lediglich die Zunahme populären Wissens und populärer Akzeptanz der Psychiatrie und besonders der Psychoanalyse als eine Heilmethode."[821] Der Artikel erklärte weiter in allen Einzelheiten grundlegende freudsche Konzepte – Es, Ego, Superego, den Ödipuskomplex, Übertragung usw. – und hob „unterdrückte sexuelle Wünsche" und „kindliche Erfahrungen" als Ursache für die meisten Unzufriedenheiten hervor. Es hieß, dass die Patienten, die am meisten von der Psychoanalyse profitierten, „Männer und Frauen mittleren Alters sind, deprimiert von einem Gefühl der Nutzlosigkeit und auf der Suche nach Lebenssinn, Männer und Frauen, immer noch im Würgegriff des Ödipuskomplexes, und Homosexuelle beiderlei Geschlechts".[822] Die sehr hohen Kosten der Psychoanalyse wurden bestätigt, aber „diese Sätze wurden mit der Tatsache gerechtfertigt, dass die psychoanalytische Ausbildung erst da beginnt, wo die ärztliche aufhört".[823] Fallgeschichten erfolgreicher „Heilungen" waren beigefügt, zusammen mit Bildern von Freud, Jung, Adler, Brill, Franz Alexander,

---

[li] dt. Verfilmung: *The Women – Von großen und kleinen Affären* (2008)

Karl Menninger, Karen Horney, Gregory Zilboorg und anderen. Von der freudschen Theorie hieß es, „sie habe das menschliche Wissen bereits gründlich beeinflusst", und „zukünftige Elterngenerationen könnten neurosenfreie Generationen von Kindern erziehen, in dem sie die Fehler vermeiden, die die Ursachen neurotischer Tendenzen darstellen". Dieser enthusiastische Artikel war *Lifes* Lobgesang auf Freud, eine psychoanalytisches Bittgesuch für eine neue und bessere Welt.

Nach dem Krieg lief im *Time*-Magazin außerdem ein beständiges Stakkato psychoanalytisch inspirierter Artikel. „The True Freudians"[lj] erschien am 10. September 1945 zusammen mit einem Bild von Dr. Abraham A. Brill, auf dem er eine hervorstechende Zigarre rauchte.[824] Die Bildunterschrift lautete: „In the Beginning was Sex." „For the Psyche" folgte in *Time* am 2. September 1946, "Freudians and Catholics" am 4. August 1947 und "Couch and the Confessional"[lk] am 2. August 1948. Bis zum 25. Oktober 1948 war die Psychoanalyse in *Time* zu einer ausladenden Titelseitengeschichte geworden, die sich durch Behauptungen wie sie habe „einige außergewöhnliche Ergebnisse erzielt"[825] und einem Randfenster mit psychoanalytischem „Fachjargon" für den Laien auszeichnete. Der Psychoanalytiker William Menninger gab bekannt, dass Gehirnschäden „derselben Art von einer Kugel, Bakterien oder einer Schwiegermutter hervorgerufen werden können".[826] Das Psychotrauma war in der Tat angekommen.

Das Verlagsmilieu von *Life* und *Time* reflektierte akkurat den zunehmenden freudschen Fokus in anderen Artikeln. Ezra Goodman zufolge, der häufig zum *Time*-Magazin beisteuerte, schrieb in 1950ern: „Die Betonung zweitklassiger Psychiatrie zeigte sich besonders, da der Großteil der Belegschaft des Magazins sich einer Analyse unterzogen hatte oder unterzog und sich intensiv mit dem Thema beschäftigte. Die Geschichten im Magazin lasen sich oft eher wie psychiatrische als journalistische Berichte, und zu einem Zeitpunkt zog es ernsthaft in Betracht, eine neue zusätzliche Abteilung ‚Psychiatrie' einzurichten."[827] Es gehörte zur Praxis von *Time*, seine Artikel über berühmte Persönlichkeiten Psychoanalytikern „zu einer spontanen Analyse [vorzulegen]. … Manchmal wurde das Titelseitenmaterial einem Westküsten-Psychoanalytiker, manchmal einem von der Ostküste gezeigt. Nach einer Weile gingen *Time* nicht nur die Hollywood-Modelle aus, sondern auch die Psychoanalytiker, sie zu analysieren".

Obwohl *Life* und *Time* die Medienparade der Psychoanalyse in den späten 1940ern und 1950ern anführten, enthielten die meisten populären Magazine erhebende Artikel über Freud und seine Theorie. Einige dieser Beiträge wurden von Psychoanalytikern geschrieben wie z. B. Gregory Zilboorgs „Psychoanaly-

---
[lj] „Die wahren Freudianer"
[lk] „Am Anfang war der Sex", „Für die Seele", „Freudianer und Katholiken", „Couch und Beichtstuhl"

sis and Religion"[ll, 828] im *Atlantic Monthly* oder Erich Fromms „Oedipus Myth"[ilm] in *Scientific American*.[829] Andere waren geschrieben als persönliche „Freud-rettete-mein-Leben-und-meine-Karriere"-Darstellungen so wie „What Psychoanalysis Did for Me"[ii] des Entertainers Sid Caesars in *Look*. Eine Zigarre haltend abgebildet beschrieb Caesar seine Probleme als

> größtenteils von einem starken Unzulänglichkeitsgefühl verursacht, das seinen Grund in der Kindheit hatte. [Doch] sobald ich mir selbst klar machte, dass diese Geschehnisse in der Vergangenheit lagen, fand ich heraus, dass ich ein neues Leben beginnen konnte. ... Meine Arbeit fing an, sich zu verbessern.[830]

Mitte der 1950er nahm der Fluss freudscher Ideen durch die populären Magazine stromartige Ausmaße an. Ein Maß für dieses Interesse war der erste Band von Ernest Jones' Freud-Biographie, die zu einem „Freak-Bestseller"[ln] wurde, als sie 1953 veröffentlicht wurde.[831] Gemessen an der Zahl der Artikel über Freud oder Psychoanalyse, die vom *Readers Guide to Periodical Literature* zitiert wurden, erreichte das Interesse zwischen 1956 und 1959 einen Höhepunkt, wobei es in diesem Zeitraum (dargestellt als Anteil der Gesamtzahl veröffentlichter Artikel) mehr Artikel über Freud gab, als jemals in der Zeit zwischen 1915 und 1922.[832] Die Anzahl freudscher Zitate in den späten 1950ern war in der Tat zweieinhalb Mal so groß wie in denselben Magazinen 10 Jahre zuvor. Sie reichten von "How I Got Cought In My Husband's Analysis" (*Good Housekeeping*)[833] und "Psychoanalysis Broke Up My Marriage" (*Cosmopolitan*)[834] bis hin zu "Dialogue of Freud and Jung" (*Harper's*)[835], "Moses in the Thought of Freud" (*Commentary*)[836] und "Psychoanalysis and Confession"[lo] (*Commonweal*).[837]

Die Zeitungen der Nachkriegszeit reflektierten das neue Interesse an Freud ebenso. Dies galt insbesondere für die, die in New York herausgegeben wurden, dem Urquell freudscher Orthodoxie. Das *New York Times Magazine* fing 1946 an, regelmäßig Artikel über Freud und Psychoanalyse zu veröffentlichen. In einem Artikel mit der Überschrift „Dreams – Fantasies or Revelations?"[lp] bemerkte der Autor: „Aufgrund des steigenden Einflusses der Psychoanalyse glaubt heute manch einer, dass seine Träume wichtig sind. ... Alles fing an mit Sigmund Freud."[838] In einem anderen Artikel von 1947 „Analysis of Psychoanalysis"[lq] stellte William C. Menninger fest, dass „die Psychoanalyse niemals zuvor

---

[ll] „Psychoanalyse und Religion"
[lm] „Der Ödipus-Mythos". Torrey bezieht sich wahrscheinlich auf Fromms Artikel „The Oedipus Complex and the Oedipus Myth" („Der Ödipuskomplex und der Ödipus-Mythos"; AdÜ.
[ii] „Was die Psychoanalyse für mich tat"
[ln] dt. etwa: außergewöhnlicher Bestseller
[lo] „Wie ich mich in die Analyse meines Mannes verwickelte", „Die Psychoanalyse zerstörte meine Ehe", „Freud und Jung im Dialog", „Moses im Denken von Freud", „Psychoanalyse und Beichte"
[lp] „Träume – Fantasien oder Offenbarungen?"
[lq] „Analyse der Psychoanalyse"

so oft Gegenstand allgemeiner Diskussion war. ... Die Prinzipien der Psychoanalyse werden mehr und mehr auf breiterer Basis angewendet".[839]

Der Psychoanalytiker Franz Alexander bemerkte 1949 in „Wider Fields for Freud's Techniques"[lr], dass „der Kern der freudschen Theorie darin besteht, dass die menschliche Persönlichkeit durch Erfahrungen, insbesondere aus der Kindheit geformt wird"[840] und drängte darauf, diese Theorie zur „Verbesserung der Welt" zu verwenden. In einem Artikel von 1953, „Analysis of Sigmund Freud", wurde Freud mit einem Propheten des Alten Testaments in Verbindung gebracht. Der Artikel schlussfolgerte, dass „nur wenige Männer einen größeren Einfluss auf ihr Zeitalter gehabt haben".[841] Das *New York Times Magazine* behandelte ab 1956 Freud durchgängig mit ehrfurchtsvoller Scheu, und in „The Freudian Revolution Analyzed"[ls] schrieb Alfred Kazin.

> *So wie man bestimmte Grundsätze mit Kopernikus, Newton, Darwin oder Einstein assoziiert, setzt man viele seiner tiefsten Regungen gleich mit Freud. Sein Name ist nicht länger der Name eines Mannes. Wie 'Darwin' ist er nun Synonym für einen Teil der Natur. Das ist der größte Einfluss, den ein Mensch haben kann.*[842]

[lr] „Neuer Boden für Freuds Methoden"
[ls] *Analyse der freudschen Revolution*

5.4 Bühnen-, Leinwand- und Radiostar

Zur selben Zeit als nach dem Krieg populäre Magazine und Zeitungen große Teile der amerikanischen Öffentlichkeit mit Freuds Ideen bekannt machten, fuhr gleichzeitig auch die New Yorker Theaterwelt fort, Werbung für ihn zu machen. Wie W. David Sievers in *Freud on Broadway* bemerkte: „Beim Versuch, einen Überblick über das Schauspiel der letzten Dekaden zu geben ... ist eine Tatsache besonders beeindruckend: Als Quellmaterial verwendet das Theater nun regelmäßig analytische Psychologie."[843]

Ein typisches Beispiel war Tennessee Williams. Obwohl er bis 1957 mit keiner eigenen Psychoanalyse begann[844], verwendete er in seinen frühen Stücken großzügig freudsche Themen. Sievers erachtete das 1947 zum ersten Mal produzierte *A Streetcar Named Desire*[lt] „als Quintessenz freudscher Sexualpsychologie. ... Gefangen zwischen dem Es und dem Ego-Ideal arrangiert Williams in fesselnder theatralischer Form die quälende Angst eines Mädchens vor Sexualität".[845] Esther Jackson, eine seiner Biographinnen stellte fest, dass „er die freudsche Sprache systematisch zur Beschreibung der Realität verwendet"[846] und dass der „psychologische Mythos", der seinen Stücken zu Grunde lag, stark Freud-haltig war. Die offenkundige sexuelle Symbolik des 1955 erstmals produzierten *Cat on a Hot Tin Roof*[lu] wurde in dieser Beziehung speziell zitiert.

William Inge, der sich ebenfalls der Psychoanalyse unterzog, war ein anderes Beispiel für Freuds Einfluss auf Theaterautoren.[847] *Come Back, Little Sheba*[lv], sein erster großer 1950 produzierter Erfolg, zeigte nach Sievers „beträchtlichen freudschen Einfluss".[848] Tatsächlich „lasen und billigten einige Psychiater das Manuskript, bevor es produziert wurde". Ähnlich wurde 1953 von Inges mit dem Pulitzer-Preis ausgezeichneten *Picnic*[lw] gesagt, „es stütze sich auf freudsche Einsichten, ohne dem Offensichtlichen oder dem Trivialen zu erliegen".[849] Inge selbst bestätigte Freuds starken Einfluss auf Theaterautoren aufgrund „der Gefühle und Blickwinkel, die Freud uns eröffnet hat".[850]

Eugene O'Neill war ein weiterer großer Bühnenautor, der psychoanalysiert wurde und freudsche Themen großzügig in seine Arbeit einfließen lies. Die Wiederaufnahme von *The Iceman Cometh*[lx] und das neu produzierte *Long Day's Journey Into Night*[ly] waren zwei der erfolgreichsten Stücke der 1950er. Dem Kritiker Lionel Abel zufolge hatten diese beiden Stücke viel von ihrer Popularität der Tatsache zu verdanken, dass

---

[lt] dt. Filmfassung: *Endstation Sehnsucht* (1951)
[lu] dt. Filmfassung: *Die Katze auf dem heißen Blechdach* (1959)
[lv] dt. Filmfassung: *Kehr zurück, kleine Sheba* (1954)
[lw] dt. Filmfassung: *Picknick* (1956)
[lx] dt. Filmfassung: *Der Eismann kommt* (1962)
[ly] dt. Hörspiel: *Eines langen Tages Reise in die Nacht* (1975)

> *Teile des Publikums zu Analytikern gingen und alle Rollen beider Stücke spontane Analysen und Selbstanalysen enthielten. ... eins der Vergnügen, die die Leute bei O'Neills Stücken empfanden, lag in dem Gefühl, es sei gerechtfertigt, jede Summe für eine Therapie auszugeben. Eine der Funktionen der Kunst war immer die Rechtfertigung des Lebens gewesen, und die amerikanische Lebensart der 50er war im Großen und Ganzen eine psychoanalytische.*[851]

Es gibt Hinweise darauf, dass die Theatergänger der Nachkriegszeit tatsächlich gut in psychiatrischen Vorstellungen bewandert waren. Charles Kadushin fand 1960 bei einer Studie von psychotherapeutischen Langzeitpatienten heraus, dass 90 Prozent mehrmals im Jahr Theateraufführungen besuchten.[852] Solche Daten ließen T. S. Eliots Bewertung des Erfolgs von *The Cocktail Party*[lz] glaubwürdig erscheinen, einem 50er-Jahre-Stück um einen mysteriösen Gast, der sich später als psychoanalytische Christusfigur entpuppte. Eliot führte den Erfolg des Stücks „auf die Tatsache zurück, dass sein Thema das behandelte, was die Leute damals am meisten interessierte: Trinken und Psychoanalyse".[853] Eliot selbst unterzog sich anscheinend keiner Psychoanalyse, obwohl er 1921 aufgrund psychiatrischer Symptome, die offenbar eine Depression einschlossen, für drei Monate in eine Klinik im Schweizer Lausanne eingewiesen wurde.[854] Jeffrey Berman zufolge schien die Hauptfigur in *The Cocktail Party* „eigentlich dem Schweizer Arzt nachgeahmt zu sein, der ihn 1921 behandelte".[855] Als einer der Charaktere im Stück fragte: „Was ist die Hölle?", und unmittelbar antwortete, „Die Hölle ist man selbst", nickte das New Yorker Publikum wahrscheinlich und machte sich eine gedankliche Notiz, um diesen Punkt bei der nächsten Sitzung mit dem eigenen Analytiker zu diskutieren.

Lillian Hellman war gleichfalls stark von der Psychoanalyse beeinflusst. Ihr erstes 1934 produziertes Stück *The Children's Hour*[ma] verursachte eine Sensation mit der Darstellung des Lesbiertums „als eher tragischen Charakterfehler denn als abscheuliche Abnormalität".[856] 1940 begann Hellman mit einer sieben Jahre andauernden Psychoanalyse bei Dr. Gregory Zilboorg.[857] Später unterzog sie sich bei einem anderen Therapeuten nochmals einer zweiten Analyse.[858] Hellmans Stück *Another Part of the Forest*[mb] mit 191 Vorstellungen war 1946 „meinem guten Freund Gregory Zilboorg"[859] gewidmet und enthielt dem Biographen William Wright zufolge eine „Fülle freudschen und mythischen Widerhalls" und ein „ödipal-elektraisches Vibrato".[860]

Der Fall Hellman illustrierte auch die andauernde Verbindung zwischen Psychoanalyse und Liberalpolitik im Nachkriegsamerika. Hellman bestätigte, dass sie Mitglied der Kommunistischen Partei war[861] und Russland 1937 auf der Höhe der stalinistischen Schauprozesse – obwohl sie behauptete, sie wisse nichts

---

[lz] dt. Inszenierung: *Die Cocktailparty* (1950)
[ma] dt. Inszenierung: *Kinderstunde* (1934)
[mb] dt. Inszenierung: *Ein anderer Teil des Waldes* (1946)

darüber[862] – und noch einmal 1944 besucht hatte. Diese Aktivitäten lenkten 1951 die Aufmerksamkeit des House Commitees on Un-American Activities auf sie. Unter ihren Liebhabern war auch der Marxist und Magazinherausgeber Ralph Ingersol sowie Dashiell Hammett, Kriminalautor und aktives Mitglied der Kommunistischen Partei.

Sowohl Hellman als auch Ingersol hatten sich einer Psychoanalyse bei Dr. Zilboorg unterzogen, der in Russland aufgewachsen und Sekretär des Arbeitsministers der kurzlebigen Kerensky-Regierung von 1917 war. Zilboorg war eine extravagante Figur der psychoanalytischen Gemeinde New Yorks, und einer seiner Patienten war Marshall Field III., reicher Erbe eines Kaufhausvermögens. Nach William Wright „hieß es, dass Zilboorg eine große Rolle bei Fields Politisierung gespielt habe – was auch immer er für seine mentale Gesundheit getan hat".[863] Mit Zilboorg als Koordinator[864] stimmte Marshall Field zu, *PM*, eine neue linke Zeitung zu finanzieren, die ab 1940 mit Ingersol als Herausgeber sowie Hellman und Hammett als Planungsbeteiligte erschien. Zilboorg war selbst Aktionär der Zeitung und schrieb für sie unter einem Pseudonym. Regelmäßig nahm er am Leben seiner Patienten auch außerhalb des Büros teil – er war z. B. bei zahllosen Gelegenheiten Hellmans Gast auf ihrer Farm[865] – und wurde von der American Psychoanalytic Association für derartige Aktivitäten getadelt.[866]

Ein weiterer Patient Zilboorgs war George Gershwin[867], der die Tradition fortsetzte, Psychoanalyse und Broadway-Musicals miteinander zu verbinden. Von Richard Rogers wurde gesagt, er habe psychoanalytische Ideen bereits 1926 in seiner Arbeit verarbeitet[868], und auch Oscar Hammerstein II. hatte „eine frühe Affinität" zu psychoanalytischen Themen gezeigt.[869] Sievers behauptete, dass ihre gemeinsamen Anstrengungen wie z. B. bei *Carousel*[mc] und *Oklahoma!*[md] weiterhin freudsche Ideen beinhalteten.[870] Von Alan Jay Lerner und Frederick Loewe hieß es ebenso, dass sie für ihr 1945 produziertes und mäßig erfolgreiches Musical *The Day Before Spring*[me] „der Psychoanalyse tief verpflichtet" gewesen sind.[871] Eine gescheiterte Psychoanalyse mag dem Schreiben eines anderen Musicals, *Inside U.S.A.*[mf], vorausgegangen sein, das 1948 auf die Bühne kam.[872] In einer Szene führt eine Tänzerin ihren Analytiker an den Rand einer Klippe und stößt ihn hinunter.

Vor der Gründung des Los Angeles Institute for Psychoanalysis[mg] 1946 basierten praktisch alle Filme, die ernsthaft freudsche Themen darstellten, direkt auf Broadwaystücken. In den 1930ern gehörte dazu *Reunion in Vienna* (1933)[mh], dem Robert E. Sherwoods Stück zugrunde lag und in dem traditionelle europäi-

---

[mc] dt. Filmfassung: *Karussell* (1956)
[md] dt. Filmfassung: *Oklahoma!* (1957)
[me] *Der Tag vor dem Frühling*
[mf] *Im Innern Amerikas*
[mg] Los Angeles Institut für Psychoanalyse
[mh] dt. Filmfassung: *Rendezvous in Wien* (1991)

sche Werte „durch rationale, höchst perfekt durch Psychoanalyse verkörperte Werte ersetzt wurden".[873] *Blind Alley* (1939)[mi], nach dem Stück von James Warwick, porträtiert einen allwissenden Psychiater, der einem entflohenem Mörder Lehrstunden über unbewusste Motivation und in Traumdeutung erteilt. Andere Filme der 1930er behandelten Freud weniger großzügig. Z. B. wurde in *The Front Page* (1931)[mj], basierend auf einem Stück von Ben Hecht und Charles MacArthur, ein berühmter Psychiater aus Wien geholt, um der Polizei zu helfen, ein Verbrechen aufzuklären. Bei dem Versuch wurde er ungeschickterweise selbst erschossen. In *Carefee* (1938)[mk] spielte Fred Astaire einen tanzenden Psychiater, der Gabbard und Gabbards *Psychiatry and the Cinema*[ml] zufolge die Psychotherapie „in erster Linie als Zeitvertreib für die müßigen Reichen [verwendete], denen es ein bisschen an gesundem Menschenverstand fehlte".[874] In diesem Film wurde Astaire regelmäßig als „Quacksalber" bezeichnet – sogar von den Enten, denen er im Central Park begegnete.[mm, 875]

Der Einfluss des New Yorker Theaters auf die amerikanische Kultur nahm nach dem Zweiten Weltkrieg rapide zu, da die New Yorker Autoren und Produzenten nach Hollywood abwanderten, um in der aufkeimenden Filmindustrie zu arbeiten. Mit im Gepäck hatten sie *The Basic Writings of Sigmund Freud* (1938).[mn] Die Ankunft dieser von seiner Theorie durchdrungenen Autoren und Produzenten traf mit der Gründung des Los Angeles Institute for Psychoanalysis durch Psychoanalytiker zusammen, die aus Hitlers Europa geflohen waren.

Das Los Angeles Institute war von Beginn an eine Mischung aus Freud und Marx. Seine einflussreichsten Gründer waren Otto Fenichel und Ernst Simmel, beides Flüchtlinge des Berliner Psychoanalytischen Instituts. Fenichel war Mitglied der Kommunistischen Partei gewesen[876], während man von Simmel sagte, er war „ein verschriebener Sozialist"[877] und fühlte sich dem Egalitarismus so stark verpflichtet, dass er in seinem Sanatorium in der Nähe Berlins darauf bestand, dass sich alle Angestellten einer Psychoanalyse unterzogen.[878] Zusammengeführt wurden Fenichel und Simmel in Los Angeles durch den Psychologen Max Horkheimer und den Sozialisten Theodor Adorno – beides Exilanten des Frankfurter Psychoanalytischen Instituts –, die „in ihrer Kritik der modernen Gesellschaft die Idee in Ehren hielten, Marx und Freud miteinander zu vereinen".[879]

Es war damals nach dem Krieg als sich eine Fabian-Version[mo] von Freud unter der südkalifornischen Sonne entfaltete. Viele Leitfiguren der Filmindustrie, ins-

---

[mi] *Die Sackgasse*
[mj] dt. Filmfassung: *Extrablatt* (1974)
[mk] dt. Filmfassung: *Sorgenfrei durch Dr. Flagg* (TV, 1985)
[ml] *Psychiatrie und Kino*
[mm] Das amerikanische Wort für Quacksalber lautet bezeichnenderweise *quack*.
[mn] *Grundlegende Schriften von Sigmund Freud*
[mo] Fabian Anthony Forte, besser bekannt als Fabian: früheres amerikanisches Teenager-Idol der späten 1950er und frühen 1960er.[880]

besondere solche mit jüdischen Wurzeln, identifizierten sich mit Freud als einer der ihren. Als sich bei vielen dieser führenden Köpfe Schuldgefühle und quälende Selbstbeschuldigung in der Nachfolge des Holocaust breit machten, suchten sie Wiedergutmachung in der Analyse. Bis dahin repräsentierte Freud lediglich eine Umschreibung für Hollywoods Sex – Samuel Goldwyn nannte Freud „den größten Liebesexperten der Welt"[881] und bot ihm 1922 100.000 Dollar, „um bei einem Film mitzuarbeiten, der Szenen berühmter historischer Liebesgeschichten darstellte".[882] – Doch nach dem Krieg nahm Freud ebenso persönliche wie politische und sogar spirituelle Dimensionen an.

„Für Hollywood war die Psychoanalyse ein Spaß"[883], schrieb Otto Friedrich in *City of Nets: A Portrait of Hollywood in the 1940's*.[mp] „Hollywood war voller neurotischer Leute, die den Sinn des Lebens erklärt haben wollten und die viel Geld hatten, um für die Erklärungen zu bezahlen."[884] Die Männer an der Spitze befanden sich fast alle in der Analyse: David Selznick klingelte bei seinem Psychoanalytiker „um Mitternacht an der Tür und verlangte, draußen stehend, gehört zu werden".[885] Und Darryl Zanucks Analytiker wurde während eines Arbeitsessens bei 20th Century Fox unmittelbar zu seiner Linken platziert.[886] Ezra Goodman, Historiker Hollywoods, blieb dabei, dass

> *Psychoanalytiker überall in Erscheinung traten. Bei einer Gelegenheit wurde ein rotköpfiges Starlet zusammen mit einem befreundeten Gentleman in einem ausländischen Sportwagen wegen zu schnellen Fahrens angehalten. Sie erklärte der Polizei, dass der fragliche Gentleman ihr Psychiater und sie zu schell gefahren war, weil sie emotional gestört war. Die etwas verblüfften Cops ließen die Angelegenheit fallen.*[887]

Mitte der 1950er war Bedford Drive in Beverly Hills als „die Straße der Seelenklempner" bekannt, und *Newsweek* berichtete, dass „in Los Angeles die Psychoanalyse zu einem Fimmel geworden war. ... Jeder redet über seine Analyse oder seinen Analytiker. ... Konversation ist mit psychoanalytischem Jargon durchdrungen".[888]

Noch vor Kriegsende begannen die amerikanischen Filme, Hollywoods neue Hauptbeschäftigung mit den Es' und Egos zu reflektieren. 1944 lieferte Moss Harts erfolgreiche Broadway-Hommage an seinen Psychoanalytiker, *Lady in the Dark*[mq], die Vorlage für einen Film über eine Karrierefrau (Ginger Rogers), die bei ihrem Analytiker (Ray Milland) Hilfe bei der Entscheidung zwischen konkurrierenden Freiern suchte. Der Analytiker im Film „war nicht nur mitfühlend, sondern auch intelligent, niveauvoll und weltmännisch".[889]

Der wahre Vorläufer von Hollywoods psychoanalytischer Zukunft war aber das 1945 veröffentlichte *Spellbound*.[mr] Die Idee für den Film stammte aus der per-

---

[mp] *Stadt der Netze: Ein Portrait Hollywoods in den 1940ern*
[mq] dt. Erstauführung: *Das Verlorene Lied* (1951), später: *Die Dame im Dunkeln* (1974)
[mr] dt. Fassung: *Ich kämpfe um dich* (1952)

sönlichen Analyse des Produzenten David Selznick bei seinem Analytiker Dr. May E. Romur, der in den Danksagungen des Abspanns als „psychiatrischer Ratgeber" angeführt war. Das Skript wurde vom New Yorker Bühnenautor Ben Hecht verfasst, der nach Hollywood gezogen war, um Filmautor zu werden und sich zu dieser Zeit ebenfalls in Analyse befand.[890] Alfred Hitchcock wurde als Regisseur verpflichtet, Salvador Dali engagiert, den Hintergrund für die Traumsequenzen malen, und die Hauptrollen wurden mit Gregory Peck und Ingrid Bergmann besetzt.

Spellbound war im Wesentlichen eine Reklame für die Psychoanalyse und begann mit einem erläuternden Prolog:

> *Unsere Geschichte handelt von Psychoanalyse, der Methode, mit der die moderne Wissenschaft die emotionalen Probleme der Normalen behandelt. Der Analytiker versucht, den Patienten nur dazu zu bringen, über seine versteckten Probleme zu sprechen, die verschlossenen Türen seines Gemüts zu öffnen. Sobald die Komplexe, die den Patienten gestört haben, aufgedeckt und interpretiert worden sind, verschwindet Krankheit und Verwirrung …*[891]

In seiner verdrehten hitchcockschen Inszenierung handelt der Film von einem mysteriösen Mord in einer psychiatrischen Privatklinik. Im Laufe der Aufklärung des Verbrechens erklärten verschiedene Analytiker die Techniken der Psychoanalyse. Und so wird von einer Szene gesagt, in der Ingrid Bergman eine Psychoanalytikerin spielt, dass „sie die erste detaillierte Diskussion der Gegenübertragung im amerikanischen Kino zeigt".[892] Die Analyse wurde als erfolgreich verbucht, da der Mord am Ende mit Hilfe von Anhaltspunkten aus den Träumen eines Patienten aufgeklärt wurde.

Das Goldene Zeitalter der Psychiatrie im Film, wie es Gabbard und Gabbard in *Psychiatry and the Cinema* bezeichneten, begann erst mit *Spellbound* richtig. Obwohl es gelegentlich Filme gab, die weniger schmeichelhaft für Psychiater waren, stellte in den nächsten 20 Jahren der Großteil von ihnen die Psychiater und besonders die Psychoanalytiker als „zuverlässige Stimmen der Vernunft, der Korrektur und des Wohlergehens"[893] dar. Z. B. zeigte 1949 Stanley Kramers *Home of the Brave*[ms] einen freundlichen und fähigen Psychiater, der bei einem Kriegsveteranen erfolgreich hysterische Paralyse behandelte, in dem er ihn sein psychisches Trauma noch einmal erfahren ließ. In Kramers nächstem Film, *The Caine Mutiny*[mt], freigegeben 1954, erklärte ein Psychiater Captain Queegs Persönlichkeit als Resultat von Kindheitsproblemen wie u. a. der Scheidung seiner Eltern. Als der immer aufgeregter werdende Queeg begann, zwei Stahlkugeln in seiner Hand zu rollen, wurde die Symbolik sofort von den Freudliebhabern verstanden, die in Scharen in diesen populären Film strömten.

[ms] *Heimat der Mutigen*
[mt] dt. Fassung: *Die Caine war ihr Schicksal* (1954)

Interessant ist ebenfalls, dass die Filmversion von *The Caine Mutiny* den Psychiater freundlicher behandelte hatte als Herman Wouks Originalroman. Dasselbe kann man von *The Shrike*[mu] sagen, einem Film von 1955, der auf dem drei Jahre zurückliegenden Pulitzer-Preis-Stück von Joseph Kramm basierte. In diesem Stück wurde der Psychiater als Mitverschwörer einer Frau porträtiert, der ihr half, ihren Ehemann (José Ferrer) unfreiwillig einzuweisen, weil er sie verlassen wollte. Im Film jedoch überredet der Psychiater die Frau zu einer Psychotherapie und bittet den Mann, ihrer Ehe noch eine Chance zu geben. So wurde der Broadway-Psychiater, der eigentlich nur ein Gefängniswärter war, durch das Hollywood-Drehbuch zu einem „orakelhaften Psychiater mit der Fähigkeit, psychologisch verletzte Menschen zu erkennen und zu heilen".[894]

In den meisten Filmen der späten 1950er Jahre wurden Psychiater im Allgemeinen und Psychoanalytiker im Besonderen weiter als sympathische, weise und kompetente Individuen dargestellt. Zwei der bemerkenswertesten Beispiele waren *Fear Strikes Out*[mv], in dem ein harmloser Psychiater offensichtlich den Baseball-Spieler Jimmy Piersall (Anthony Perkins) von seiner Gemütserkrankung heilte und *The Three Faces of Eve*[mw], in dem ein anderer kompetenter Psychiater einer Frau mit multipler Persönlichkeit (Joanne Woodward) half, die Widersprüche ihrer Psyche aufzulösen und von diesem Tag an glücklich zu leben. *The Three Faces of Eve* hatte Obertöne von *Spellbound* als Eröffnungswerbung für Psychiatrie. In der Einleitung intonierte Alistair Cooke feierlich, dass das, was der Zuschauer zu sehen bekam, die Wahrheit war.

So war Freud in den späten 1950ern nicht nur regelmäßiger Bestandteil von *Life*, *Time* und des *New York Times Magazine*, sondern auch zu einem Star im Theater, auf der Leinwand und im Radio geworden. 1947 wurde er bereits in *One Man's Family* in Radioserien vorgestellt, bei denen „der allwissende Psychiater einem schweren Fall von jugendlicher Straffälligkeit aufklärt, die gesamte Familie neu orientierte und Father Barbour (und sie kennen Father Barbour!) offenbar in drei Konsultationen konvertierte".[mx, 895] Die Anhänger Freuds waren zu einem größeren Angriff auf die amerikanische Kultur bereit. Beim Erreichen dieses Ziels sollte ihnen über die Brückenköpfe im Bereich von Kindererziehung und Kriminologie sehr geholfen werden.

[mu] dt. Fassung: *In all diesen Nächten* (1955)
[mv] dt. Fassung: *Die Nacht kennt keine Schatten* (1958)
[mw] dt. Fassung: *Eva mit den drei Gesichtern* (1957)
[mx] *Die Familie eines Mannes* war eine von Carlton E. Morse geschaffene und ab 1932 lang gesendete amerikanische Radio- und spätere Fernsehserie über das Leben der Familie Barbour. Der Kopf der Familie, Vater Henry Barbour, ... [verwandelte] sich im Laufe der Serie in einen hartschaligen Griesgram ..., der nicht nur stur, sondern die Messlatte war, an der Dickköpfigkeit gemessen wird.[896]

6 Freud im Kindergarten

Der größte Schaden, den wir in der Kindererziehung beobachteten, geht auf das Konto von Freud und der Neo-Freudianer, die auf dem Gebiet den Ton angaben. Sie haben Eltern verängstigt und hielten die Wahrheit von ihnen fern.
Was die Kinderpflege betrifft würde ich sagen,
war der Freudianismus das psychologische Verbrechen des Jahrhunderts.

Dr. Louise B. Ames,
Kodirektorin des Gesell Institute of Child Development[my, 897]

Benjamin Spock trug wahrscheinlich mehr als jeder andere dazu bei, die Theorie von Sigmund Freud in Amerika zu verbreiten. Durch den Verkauf von 40 Millionen Exemplaren seines Buches *Baby and Child Care*[mz] und seine ausführlichen Beiträge in populären Magazinen überzeugte Spock zwei Generationen von Müttern davon, dass Stillen, Entwöhnung, Kitzeln, Spielen, Reinlichkeitserziehung und andere zur Kindheit gehörende Aktivitäten keine so harmlosen Verhaltensweisen sind, wie es auf den ersten Blick erscheint. Nach Spock sind derartige Aktivitäten psychologische Minenfelder, die die Persönlichkeitszüge eines Kindes lebenslang bestimmen. Mütterliche Fehltritte auf diesem Terrain können zu handlungsunfähig machenden und unwiderruflichen oralen, analen oder ödipalen Narben führen. Seine gesamte Karriere hindurch war Spock völlig von der freudschen Doktrin durchtränkt und in einem Interview von 1989 bestätigte er: „Vor Grundsatz her bin ich immer noch ein Freudianer."[898]

Von Spocks Handbuch zur Kindererziehung wird gesagt, dass es nur der Bibel und den Werken von Shakespeare als durchgängig gut laufendes Buch in englischer Sprache gleich kommt. Seit seiner Veröffentlichung 1946 wurde es in 39 Sprachen von Kroatisch bis Urdu übersetzt. Als 1990 das *Life*-Magazin seine Liste der einflussreichsten Amerikaner des Jahrhunderts veröffentlichte, wurde Spock an prominenter Stelle genannt. Er wurde zu einer Methode, einem Glaubenssystem und einer Institution. Der Mann, der einst bloß der Kinderarzt Spock war, wurde einer typografischen Wandlung unterzogen und zu Spock *dem* Kinderarzt.

Es ist wichtig, sich klarzumachen, dass Homo sapiens einige tausend Jahre lang Kinder aufgezogen hat, bevor Kindererziehungsexperten begannen, Ratschläge zu erteilen. 1914 veröffentliche *Good Housekeeping* den Artikel „Mothercraft: A New Profession for Women"[na] und verkündete eine neue Ära in der „die Amateurmutter von gestern" ersetzt wurde durch „die professionelle

---
[my] Gesell-Institut für kindliche Entwicklung
[mz] dt. Ausgabe: *Säuglings- und Kinderpflege* (1958)
[na] *Das Handwerk der Mutter: Ein neuer Beruf für Frauen*

Mutter von morgen".[899] Die amerikanischen Mütter begannen, sich nach professioneller Beratung umzuschauen, und es war diese Zeit, als Sigmund Freuds Theorie aus Europa eintraf.

Im historischen Rückblick ist es überraschend, dass es so lange dauerte, bis Freuds Theorie in die Praxis amerikanischer Kindererziehung eingeflossen ist. Freud selbst hatte die Auswirkungen seiner Theorie auf die Kindererziehung vermerkt und viele seiner frühen Anhänger, insbesondere seine Tochter Anna, drängten darauf, dass freudsche Prinzipien bei dem Vorgang verwendet werden, durch den „zügellose, gierige und grausame kleine Wilde" zu „folgsamen, sozial angepassten, zivilisierten Wesen" gemacht werden.[900] Der Schlüssel zur Kindererziehung, sagte Anna Freud, ist die Erkenntnis, „dass Kinder nicht weniger als Erwachsene selbst von ihren sexuellen Impulsen und aggressiven Bestrebungen beherrscht werden".[901]

Frühe Befürworter von Freud in Amerika hoben ebenfalls die Bedeutung seiner Theorie für die Kindererziehung hervor. Max Eastman bemerkte in seinem Lobgesang auf Freud von 1915 im *Everybody's Magazin* die „neue Weisheit, die [Freud] der Kunst der Erziehung von Kleinkindern besteuert".[902] Im selben Jahr enthielt *Good Housekeeping* einen von Freud inspirierten Bericht, wie übermäßiges Liebkosen von Kleinkindern oder ihnen zu erlauben, irgendwelche sexuellen Inhalte zu sehen, wahrscheinlich zu psychischen Verletzungen führen würde.[903] Solche freudschen Warnungen zur Kindererziehung wurden weitgehend ignoriert – ausgenommen jedoch innerhalb eines kleinen Zirkels von Sozialarbeitern und Erziehern, die zur seelischen Hygiene- und Erziehungsberatungsbewegung gehörten.

Verschiedene Studien zeigten wie wenig Einfluss Freuds Theorie auf die Kindererziehung in Amerika vor dem Zweiten Weltkrieg hatte. Eine z. B. prüfte 455 Artikel über Kindererziehung, die in populären Magazinen zwischen 1919 und 1939 erschienen und suchte besonders nach Bezügen auf das Unbewusste, kindliche Sexualität oder den Ödipus-Konflikt.[904] Bezeichnenderweise wurden nur wenige solcher Bezüge gefunden, was den Autor zu dem Schluss kommen ließ, dass Freud während dieser beiden Dekaden so gut wie keinen Einfluss auf die populäre Kindererziehungsliteratur gehabt hatte. Eine andere Studie prüfte alle Artikel über Psychoanalyse in populären Fachzeitschriften zwischen 1910 und 1935 und stellte fest, dass „nur 17 Prozent dieser Artikel überhaupt etwas über die Bedeutung dieser psychologischen Ideen zur Erziehung Jugendlicher aussagten".[905] Eine dritte Studie analysierte alle Kindererziehungshandbücher der 1920er. Nur sechs von 42 erwähnten die orale oder anale Phase, zwei die ödipale und nur eine „schien erklärtermaßen und systematisch unter Beachtung von Freuds Theorie geschrieben worden zu sein".[906]

6.1 John Watson und sein Periskop

Der Hauptgrund, warum Freud so wenig Einfluss auf die amerikanische Kindererziehung vor dem Zweiten Weltkrieg ausübte, war die Popularität des Behaviorismus im Allgemeinen und die Theorie von John B. Watson im Besonderen. Ihren auf tierischen Verhaltensmodellen gründenden Ideen zufolge, die von den russischen Wissenschaftlern Pavlow und Bechterew entwickelt wurden, sahen die Behavioristen Kinder als auf Reize reagierende Maschinen, die genauso wie Tiere trainiert werden konnten. Watson stellte sich die Gehirne von Kindern als Tabulae rasae, als unbeschriebene Blätter vor, auf die jede Geschichte in Abhängigkeit von den Umweltbedingungen niedergeschrieben werden konnte. Um seine Theorie zu illustrieren behauptete Watson, irgendein „Dutzend gesunder Kinder" nehmen zu können, und mit angemessenem Training „garantiere ich, dass ich jedes zufällig ausgewählte nehmen und zu jeder Art von Spezialisten ausbilden kann, die ich möchte – Arzt, Anwalt, Artist, kaufmännischer Leiter und ja, auch zu einem Bettler und Dieb – unabhängig von seinen Talenten, Vorlieben, Neigungen, Fähigkeiten, Begabungen [oder] dem Einkommen seiner Vorfahren".[907]

Mit seinen Vorstellungen von Kindererziehung, die *Nurture* über *Nature* stellten, war Watsons Behaviorismus mit Freuds Theorien kompatibel, und er bildete nach dem Zweiten Weltkrieg die Grundlage für die Akzeptanz letzterer durch Amerikas Mütter. In der Praxis der Kinderziehung unterschieden sich diese beiden Ansätze jedoch stark. Watsons Erziehungsmethode war charakterisiert von strengen Zeitplänen und unumstößlichen Routinen im Hinblick auf das Ziel, unabhängige und selbstverantwortliche Erwachsene zu produzieren. Besonders gerne verglich er Kindererziehung mit der Dressur von Hunden: „Sofern man von einem Hund erwartet, aufzuwachsen und als Wach-, Vogel-, Fuchsspürhund oder zu irgendetwas nützlich zu sein außer einem Schoßhund, würde man nicht wagen, ihn so zu behandeln wie sein Kind."[908] Watson glaubte, dass Kinder als Teil ihrer Ausbildung Hindernisse überwinden müssen. Er selbst musste solche Hindernisse ebenfalls überwinden.[909] Als Kind hatte sein alkoholkranker Vater die Familie verlassen, und Watson wurde als Teenager zweimal verhaftet. Später als Professor für Psychologie an der Johns Hopkins hatte er eine Affäre mit einer Studentin und wurde von der Universität entlassen. Von da an verlagerte er seine Ambitionen mehr auf die Mehrung wirtschaftlicher Vorteile und übernahm eine leitende Position bei einer Werbeagentur.

Watsons Handbuch über Kindererziehung von 1928, *Psychological Care of Infant and Child*[nb], hatte großen Einfluss auf die amerikanischen Mütter und verkaufte sich mehr als 100.000 Mal. Der *Atlantic Monthly* nannte das Buch „eine Geschenk des Himmels für Eltern"[910] und *Parents' Magazine* zufolge sollte es

---

[nb] dt. Ausgabe: *Psychische Erziehung im frühen Kindesalter* (1929)

"im Regal jeder intelligenten Mutter"[911] stehen. Nach aktuellen Kindererziehungsstandards ist es ein bemerkenswertes Buch. Es empfahl für die Kinder beim Füttern einen strikten Vier-Stunden-Rhythmus, Toilettentraining ab sechs Monaten und körperliche Bestrafungen ab den ersten Monaten. Für die Nacht empfahl es „ein ruhiges Gute Nacht, Lichter aus und Tür zu. Wenn er heult, lass ihn heulen".[912]

Niemals sagte man Watson nach, Kinder zu verwöhnen:

> *Es gibt eine einfühlsame Art, Kinder zu behandeln. Behandelt sie so, als ob sie junge Erwachsene wären. Zieht sie an, badet sie mit Sorgfalt und Umsicht. Ihr Verhalten sollte immer objektiv und freundlich gefestigt sein. Drücken und küssen Sie sie niemals, und lassen Sie sie nie auf Ihrem Schoß sitzen. Falls es nicht zu vermeiden ist, küssen Sie sie einmal beim Gute-Nacht-Sagen auf die Stirn. Gebt ihnen morgens die Hand und einen Klaps auf den Kopf, wenn sie eine schwierige Aufgabe außergewöhnlich gut bewältigt haben.*[913]

Er empfahl, Kinder ab den ersten Monaten auf die Wechselfälle des Lebens vorzubereiten und insbesondere die „Überkonditionierung" zu vermeiden, die ihm zufolge aus mütterlicher Liebe resultiert:

> *Sofern Sie kein Kindermädchen haben und das Kind nicht alleine lassen können, bringen Sie es einen Großteil des Tages nach draußen in den Garten hinterm Haus. Bauen Sie einen Zaun um den Garten, so dass Sie sicher sind, dass keine Verletzungsgefahr besteht. Machen Sie das von Geburt an. Wenn das Kind anfängt zu krabbeln, geben Sie ihm einen Sandhaufen und stellen Sie sicher, dass der Garten ein paar kleine Löcher hat, so dass es hinein- und herauskrabbeln muss. Lassen Sie es lernen, Schwierigkeiten ohne Ihr wachsames Auge zu überwinden. Kein Kind sollte jedes Mal Lob, Zuwendung und Küsschen erhalten, wenn es etwas tut, was es sowieso hätte tun sollen. Wenn Ihr Herz zu weich ist, und Sie das Kind beobachten müssen, machen Sie sich ein Guckloch, so dass Sie es sehen können, ohne selbst gesehen zu werden, oder verwenden Sie ein Periskop.*[914]

Um zu enge Bindungen zu vermeiden, sprach sich Watson dafür aus, dass Kinderschwestern im regelmäßigen Turnus gewechselt werden. „Ich kann mir nicht helfen", fügte er hinzu, „irgendwie wünsche ich mir, es wäre möglich, gelegentlich auch die Mütter auszutauschen!"[915] Ein derartiges Arrangement könnte helfen, der „Mutterliebe" entgegenzuwirken, die Watson als „ein gefährliches Instrument [bezeichnete] ..., das eine unheilbare Wunde zufügen konnte".[916]

In diesem strengen behavioristischen Umfeld war es verständlich, dass in späteren Jahren Dr. Spocks einfühlsamer Rat von den Müttern begierig in Beschlag genommen wurde. Aber trotz der genannten unterschiedlichen Ansätze von Watson und Spock, teilten sie eine wichtige Annahme, die die Akzeptanz von Freud wahrscheinlicher machte. Watson wie Spock, nahm an, dass frühe Kindheitserfahrungen wichtige Prägefaktoren der Persönlichkeit waren, und er stellte explizit fest, dass „es so etwas wie angeborene Fähigkeiten, Talente, Temperamente, mentale Konstitutionen oder Charakteristika nicht gibt".[917] Mütter sollten sich fragen: „Ist es nicht möglich, dass fast nichts vererbt wird und dass praktisch der gesamte Entwicklungsweg des Kindes von der Art bestimmt wird, wie ich es aufziehe?"[918] Es war eine Version des 20. Jahrhunderts von John Locke und Jean Jacques Rousseau, die die Gemüter von Kindern bei der Geburt als blanke Schiefertafeln sahen.

6.2 Benjamin Spock: Die Gefahren des Töpfchens

Benjamin Spock wuchs in einem strengen neuenglischen, von seiner Mutter dominierten Haushalt auf. Sein Vater war Anwalt der New Haven Railroad[nc], und Spock beschrieb ihn als „sich große Mühe gebend, mir ein Kamerad zu sein", als „ernsten, aber gerechten Mann", der „bei jeder Missbilligung angemessen und ruhig blieb".[919] Im Gegensatz dazu war Spocks Mutter „zu kontrollierend, zu streng, zu moralisch. ... Ich war von ihr eingeschüchtert!"[920] Bei einer öffentlichen Gelegenheit sagte er sogar: „Meine Mutter war ein Tyrann."[921] Seine Ausbildung beinhaltete „eine private Grundschule in einem unbeheizten Zelt, in dem die Kinder in Filzsäcken saßen, um sich warm zu halten".[922] Als Kind war er sehr scheu, „fürchtete sich vor Löwen im Dickicht auf dem großen unbebauten Grundstück bei unserem Haus"[923] und hatte Angst, von italienischen Frauen gekidnappt zu werden, die in seine Nachbarschaft kamen, um Löwenzahn für eine Suppe zu pflücken. Wenn er sie kommen sah, „stürzte er mit klopfendem Herzen in den Vorraum ... [und] schlug die Tür zu". Spock war nach eigener Einschätzung „ein Musterkind ..., [das] nie ein kleines Unrecht tat, noch nicht einmal zu Halloween".

In sexuellen Angelegenheiten schien Spock besonders gehemmt zu sein. „Meine Mutter warnte uns immer wieder vor Masturbation. ... Wir durften auch keine ‚schmutzigen Gedanken haben', und sie ließ mich in dem Glauben, dass dies zu körperlichen Deformationen bei meinen Kindern führen würde."[924] Im Alter von 17 Jahren hatte Spock „niemals eine Mädchen geküsst – niemals eine Verabredung gehabt".[925] Drei Jahre war er an der Yale, bevor er zum ersten Mal einen Drink nahm.[926]

An der Yale war er sowohl in akademischer Beziehung erfolgreich, aber auch als Mitglied der Rudermannschaft der Universität, die bei den Olympischen Spielen von 1924 eine Goldmedaille gewann. Nach Yale besuchte er die medizinische Fakultät der Columbia University und schloss nach seinem dortigen Abschluss eine Ausbildung zum Kinderfacharzt am Cornell Medical College[nd] an. Während dieser Jahre heiratete er Jane Cheney, eine politische Aktivistin aus einer reichen Familie und wurde Vater seines ersten von zwei Kindern.

Durch seine Frau, die kurz nach ihrer Heirat mit einer Psychoanalyse begann, erfuhr Spock zum ersten Mal von Freuds Theorie.[927] Er erinnerte sich, während seiner Ausbildung besonders an den psychologischen Aspekten der Erkrankungen seiner Patienten interessiert gewesen zu sein[928] und deshalb viele Kinderärzte angeschrieben zu haben, wo er eine Spezialausbildung auf diesem Gebiet absolvieren könnte. Er entschied sich für eine einjährige psychiatrische

---

[nc] Eisenbahngesellschaft von New Haven
[nd] Cornell Hochschule für Medizin in New York

Facharztausbildung am Cornell Medical Center, befand die Erfahrung aber enttäuschend.

> *Sich um schizophrene und manisch-depressive Patienten zu kümmern, war überhaupt nicht das, was ich brauchte. ... Ich stellte fest, dass die Mitarbeiter ..., die einen Sinn in den psychotischen Verhaltensweisen und Gesprächen der Patienten erkennen konnten, diejenigen waren, die eine freudsche psychoanalytische Ausbildung durchlaufen hatten. Deshalb beschloss ich diese Ausbildung für mich selbst.*[929]

1933 begann Spock mit der ersten seiner insgesamt drei persönlichen Psychoanalysen bei Dr. Bertram Lewin, einem orthodoxen Freudianer und einem der ersten Mitglieder der New York Psychoanalytic Society.[ne] Er schrieb sich auch für zwei Seminare am New York Psychoanalytic Institute ein, die er fünf Jahre lang besuchte. Außerdem führte er eine beaufsichtigte Psychoanalyse von drei Patienten durch, zu der auch eine junge Frau gehörte, die er drei Jahre lang fünf Mal pro Woche sah. Spocks Versuche, Psychoanalytiker zu werden, waren seiner eigenen Einschätzung zufolge außerordentlich wenig erfolgreich, da alle drei Behandlungen fehlschlugen. Er erinnerte sich an seine Analyse der jungen Frau: „Drei Jahre lang machten wir keinen signifikanten Fortschritt. ... Die Analyse wurde durch die Rivalität der Patientin mir gegenüber blockiert."[930] Zwanzig Jahre später versuchte Spock, unter Aufsicht zwei weitere Patienten zu analysieren, gab aber wiederum zu: „In keinem der beiden Fälle war ich erfolgreich." 1941 unterzog er sich seiner zweiten eigenen Analyse, diesmal bei Dr. Sandor Rado, der einer von Freuds Lieblingsanhängern war. Spocks dritte Analyse dauerte sechs Jahre und fand in den 1980ern statt – nachdem er sich nach 48 Jahren von seiner Frau Jane scheiden lassen und Mary Morgan geheiratet hatte, die 40 Jahre jünger war als er.

Spocks erste Psychoanalyse machte ihn zu einem erklärten Anhänger der freudschen Theorie. Er bestätigte, dass „alle Kinder mit einem etwas unterschiedlichen Temperament geboren werden", argumentierte aber, dass „Persönlichkeiten durch den Einfluss der Umwelt auf das den Kindern angeborene Temperament – von dem die Eltern einen bedeutenden Teil ausmachen – geformt werden".[931] Unter Beibehaltung der psychoanalytischen Sichtweise sah Spock die frühen Erfahrungen der Kinder als ausschlaggebend für ihre spätere Entwicklung an.

Wie die meisten Anhänger der freudschen Lehre fand Spock den Beweis für die Richtigkeit der Theorie in seiner eigenen Psychoanalyse:

> *Als ich mit der Psychoanalyse bei Dr. Bertram Lewin im Alter von 30 Jahren begann, beschwerte ich mich mehrere Monate lang endlos über die Kritik- und Herrschsucht meiner Mutter. Dr. Lewin hielt mich dazu*

[ne] New Yorker Psychoanalytische Gesellschaft

> *an, mich an meine Träume zu erinnern, und ich entdeckte, dass meine Mutter so gut wie nie in ihnen vorkam – die Menschenfresser, Löwen und Kidnapper führten über die Assoziation zu meinem Vater und anderen Vaterfiguren. Dies steht in Übereinstimmung mit Freuds Beobachtung, dass die grundlegendste Rivalität – und subtilste Furcht – das ist, was ein Sohn größtenteils unbewusst gegenüber seinem Vater fühlt. Also glaube ich, obwohl die Kritik und Warnungen meiner Mutter viel dazu beisteuerten, aus mir ein schüchternes Kind zu machen, dass mich meine tieferen Instinkte dazu brachten, den Zorn meines Vaters mehr zu fürchten, obwohl ich nie sah, dass er zu Tage trat.*[932]

Wissenschaftlich orientiert versuchte Spock später, die Gültigkeit von Freuds Theorie zu beweisen. Mit einem Stiftungszuschuss von 30.000 Dollar rekrutierte er 1959 21 Familien, die ihr erstes Kind erwarteten. Jede Familie wurde zweimal im Monat sechs Jahre lang von einem von 11 angesehenen Fakultätsangehörigen der Fachbereiche Psychiatrie und Pädiatrie der Case Western Reserve University in Cleveland beraten[933], wo Spock zu dieser Zeit arbeitete. Unter den psychoanalytisch orientierten Fakultätsangehörigen waren einige, die von Anna Freud ausgebildet worden waren. Spocks Hypothese war es, dass „wir mit derart fähigen Beratern, die jede Familie jede Woche eine ganze Stunde lang betreuten, Schwierigkeiten insbesondere auf den Gebieten des Stillens, des Daumenlutschens, des Toilettentrainings und der Geschwisterrivalität vermeiden könnten."[934] Die Kinder wurden wenigstens 13 Jahre lang begleitet.

Die Ergebnisse der Studie lieferten keinerlei Beweise für die freudschen Sichtweisen, und es wurden, kaum überraschend, nur wenige Daten jemals veröffentlicht. Spock bestätigte, dass trotz der intensiven psychoanalytisch orientierten Beratung „die Kinder in der Studie genauso viel Probleme hatten wie alle anderen".[935] (Ein Kind z. B. „machte trotz all des psychiatrischen und pädiatrischen Einfallsreichtums, der in neun Jahren angewendet wurde, mit 12 Jahren immer noch ins Bett".) Den Müttern jede zweite Woche eine einstündige psychoanalytische Beratung zur Verfügung zu stellen, sollte Erziehungsprobleme vereinfachen, aber stattdessen wurden sie schwieriger. Insbesondere war das Toilettentraining bei den Kindern in der Studie „langsamer und schwieriger als die Mitarbeiter es erwarteten".[936] Die Mütter in der Studie begannen mit dem Training ihres Kindes zu Beginn des zweiten Jahres, aber „bei den ersten Anzeichen von Widerstand von Seiten des Kindes stellten sie ihre Bemühungen ein und verschoben die Angelegenheit auf später".[937] Spock beschrieb die Anstrengungen der Mütter als „inkonsequent und wankelmütig" und sagte, dass „die meisten den Mut verloren und ängstlich wurden, sobald die Kinder irgendeinen Widerstand zeigten".[938]

Weiterhin bemerkte Spock, dass es praktisch unmöglich war, vorherzusagen, welche Kinder auf der Basis früher Erfahrungen mit ihren Eltern später in der Kindheit Probleme haben würden. Er zitierte besonders zwei sehr gestörte kleine Kinder, die „sich ganz gut gemacht hatten".[939] Die wahrscheinlich ehrgeizigste jemals durchgeführte Untersuchung, ob freudianisch orientierte Kindererziehung Entwicklungsprobleme verringern kann, hatte vollständig negative Ergebnisse ergeben. Trotz solcher Schlussfolgerungen warb Spock weiterhin für Freuds Theorie, was vermuten ließ, dass sein Glaube immun gegen Entkräftung durch objektive Daten war. In einem kürzlichen Interview wiederholte er, dass „die ganze ödipale Situation wieder und wieder bewiesen wurde".[940]

6.3 Säuglings- und Kinderpflege

In vielen Beziehungen war Spocks *Baby and Child Care* für amerikanische Eltern ein Buch von unschätzbarem Wert. Mit den einleitenden Worten „Vertrauen Sie sich selbst – Sie wissen mehr als Sie glauben"[941] lieferte das Buch nützlichen und rückversichernden Rat hinsichtlich einer Vielzahl von Erziehungsproblemen. Als das überragende Lehrbuch zur Kindererziehung für fast ein halbes Jahrhundert ist *Baby and Child Care* sowohl glaubwürdig als auch tröstend.

Auch vom Grundsatz her ist es freudianisch, was genau in Spocks Absicht lag. Er bestätigte, dass „der theoretische Unterbau des gesamten Buches freudianisch ist"[942], und Lynn Bloom, eine seiner Biographinnen bemerkte: „Dr. Spock glaubt, dass seine psychoanalytische Perspektive sein bedeutendster Beitrag zur Kindererziehungsberatung ist."[943] Ab dem Zeitpunkt als er 1933 seine private Kinderarztpraxis eröffnete, erinnerte sich Spock daran, „zu versuchen, die von mir studierten psychoanalytischen Konzepte zu nehmen und sie irgendwie mit dem in Einklang zu bringen, was mir die Mütter über ihre Babys erzählten".[944] Im Glauben daran, dass „Kinder und Eltern ein Recht auf die Früchte der neuesten medizinischen und psychodynamischen Prinzipien haben"[945], wurde Spock zu einem freudschen Missionar an der pädiatrischen Front. Kaum überraschend besuchten Spocks Kinderarztpraxis solche Eltern, die sich „überproportional" aus „Psychoanalytikern, Psychologen, Sozialarbeitern und Leuten zusammensetzten, die selbst analysiert waren"[946] – also Eltern, die sein psychoanalytisches Glaubenssystem bestärkten. Spock wünschte sich auch aus persönlichen Gründen, freudsches Denken in die Kindererziehung einzugliedern: Im Glauben daran, dass sein eigener Ödipuskomplex zu seiner unglücklichen Kindheit geführt hatte, wollte er „Wege finden, Kinder ohne ganz so viel Unbehagen aufzuziehen, wie ich es erfuhr".[947]

1938 gab Spock seine erste freudsche Vision von Kindererziehung mit dem Kapitel eines medizinischen Textes in Druck, den er zusammen mit Dr. Mabel Huschka schrieb.[948] Unter dem Titel „The Psychological Aspects of Pediatric Practice"[nf] beinhaltete er eine ausführliche Diskussion des Stillens, des Toilettentrainings, der Bestrafung und der ödipalen Situation vom orthodoxen freudschen Standpunkt aus gesehen. Fünf Jahre später schlug ein Herausgeber von *Pocket Books* vor, er sollte ein Lehrbuch für Eltern schreiben, was er auch die nächsten drei Jahre lang mit Hilfe seiner Frau Jane tat. Das Buch war ein sofortiger Erfolg, erreichte drei Jahre nach seiner Veröffentlichung Verkaufszahlen von annähernd eine Millionen Exemplaren und behielt diesen Level bis heute bei.

[nf] Psychologische Aspekte der pädiatrischen Praxis

Spocks Rat an die Eltern unterschied sich radikal von Watsons starren Zeitplänen des Behaviorismus, der in den 1920ern und 30ern Mode war. Das Stillen wurde aufgrund seiner psychologischen Vorteile befürwortet, aber dem Baby sollte erlaubt werden, seinen eigenen Zeitplan zu entwickeln. Entwöhnen und Toilettentraining sollten liberal gehandhabt werden, wenn das Baby zeigte, dass es dafür bereit war – niemals vorher. In der Diskussion untermauerte Spock seine Position mit klassischer freudscher Logik:

> Wenn ein Säugling in eine Auseinandersetzung mit seiner Mutter gerät, leidet nicht nur das Training, sondern auch seine Persönlichkeit. Zuerst wird er zu eigenwillig ... zu feindselig und zu 'kampflustig'. ... Dann entstehen übergroße Schuldgefühle ... er wird sich vielleicht vor aller Art von Schmutz fürchten. ... Wenn diese Besorgnis in frühen Jahren tief eingeprägt wird, ist sie dazu geeignet, ihn zu einer kleinlichen und peniblen Person zu machen.[949]

Fortdauerndes Bettnässen war nach Spock eine unbewusste Rückentwicklung des Kindes.

Spock reflektierte Freuds Theorie auch insofern er schrieb, dass kleine Jungen Angst vor Kastration und Mädchen einen Penisneid haben. Im gesamten Buch vermied er die psychoanalytische Terminologie, sondern erklärte Freuds Theorie lieber in Laiensprache. Z. B. schrieb er über die postulierte Kastrationsangst bei Jungen:

> Er kann berechtigter Weise fragen: 'Wo ist ihr Piepmatz?' Wenn er keine unmittelbar zufriedenstellende Antwort erhält, könnte er zu dem Schluss gelangen, dass sie irgendeinen Unfall gehabt haben könnte. Und als nächstes kommt der ängstliche Gedanke: 'Das könnte mir auch passieren'.[950]

Ohne den Begriff zu verwenden wurde Freuds Ödipuskonflikt in aller Ausführlichkeit behandelt: „Wir stellen fest, dass es eine frühe Regung sexueller Gefühle in dieser Phase gibt, was ein essentieller Teil der normalen Entwicklung ist."[951] Eltern werden dazu angehalten, kindliche Masturbation aufgrund ihrer potentiell traumatischen Konsequenzen besonders behutsam zu behandeln: „Er könnte eine solche krankhafte Furcht vor allem Sexuellem entwickeln, dass er gestört aufwächst, mit der Angst oder unfähig zu heiraten oder Kinder zu haben."[952] Von körperlicher Bestrafung von Kindern wurde allgemein als unnötig abgeraten, insbesondere von Schlägen auf das Hinterteil, denn nach Freud würde dies zu sexuellen Perversionen führen („die Libido auf die kollateralen Wege gedrängt werden mag."[953]), da das Gesäß als erogene Zone empfunden würde.

In den frühen 1960ern war *Baby and Child Care* zu einem unentbehrlichen Handbuch amerikanischer Mütter geworden. Als Spocks Popularität wuchs, hielt er immer mehr Vorträge vor Elterngruppen und schrieb für populäre Magazine. An erster Stelle stand dabei *Redbook*, für das er im Oktober 1963 begann, eine monatliche Kolumne zu schreiben, zwei Jahre nachdem auch Mead mit einer Rubrik im Magazin begonnen hatte. Häufig passierte es, dass die beiden Rubriken auf gegenüberliegenden Seiten erschienen, und die Ratschläge von Spock und Mead wiesen eine bemerkenswerte Ähnlichkeit auf.

In seiner *Redbook*-Rubrik beschwor Spock die Psychiatrie im Allgemeinen und die Psychoanalyse im Besonderen zur Rechtfertigung seiner Meinungen und Ratschläge. Seine Rubriken waren untermalt mit Ausdrücken wie „die Psychoanalyse wird zeigen" (Juli 1966), „die Psychoanalyse deckt auf" (Dezember 1968), „Kinderpsychoanalytiker haben berichtet" (Juli 1975) und „es gibt viele psychoanalytische Beweise dafür" (Februar 1979). Aber zu keiner Zeit wies er darauf hin, dass solche „Beweise" pure Spekulation waren und auf keinerlei wissenschaftlicher Basis beruhten. Z. B. warnte Spock: „Psychoanalytiker glauben, dass viele Ängste vor körperlicher Unzulänglichkeit aus unnötig strenger Ablehnung von Masturbation entstehen."[954] Über den Penisneid schrieb er: „Freud lehrte – und ich glaube immer noch daran –, dass Mädchen in früher Kindheit einen m. o. w. starken unbewussten Sinn für körperliche Minderwertigkeit entwickeln."[955]

Doch es war der Ödipuskomplex, den Dr. Spock hauptsächlich zu interessieren schien, und regelmäßig schrieb er darüber:

> *[Es war] diese entscheidende Phase früher Sexualentwicklung, etwa im Altern zwischen drei und fünf Jahren. ... Ein Junge entscheidet, dass seine Mutter die anziehendste Person auf der Welt ist und dass er sie heiraten und ein Baby mir ihr haben möchte. ... Der kleine Junge wird sich langsam bewusst, dass er in seinem Vater einen mächtigen Rivalen in der Liebe zu seiner Mutter hat. ... Rivalität löst feindliche Gefühle aus. Ein Junge von vier oder fünf, obwohl er seinen Vater bewundert und liebt, nimmt jedoch trotzdem die Überlegenheit seines Vaters in Größe, Wissen und seinen Privilegien übel, inklusive der Beziehung zur Mutter des Jungen. Die Analysen von von Jungen gezeichneten Bildern, Theaterstücken und Träumen zeigen, dass sie besonders viel Rivalität und Ärger über die viel größeren Penisse ihrer Väter empfanden. ... Manchmal möchten Jungen drastische Dinge mit den Penissen ihrer Väter tun. Diese Feindseligkeit führt zu Schuldgefühlen.*[956]

Diese Phase, riet Spock, ist ausschlaggebend für die emotionale Entwicklung von Kindern. Und wenn sie nicht geschickt gehandhabt wird, können sich alle Arten ungünstiger Konsequenzen daraus ergeben wie „Erregbarkeit, Überaktivität, Schlaflosigkeit, häufige Masturbation, Schulversagen, Schwierigkeiten bei der elterlichen Führung und dem Sexualverhalten, das die Eltern missbilligten".[957] Weiterhin bestand Spock darauf, dass „psychoanalytische Erfahrung uns gelehrt hat, dass jugendliche Rebellion nicht nur in einer Ungeduld besteht, unabhängiger von den Eltern zu sein. ... Auf einer tieferen unbewussten Ebene hat sie mehr die Qualität einer nachtragenden Rivalität gegenüber dem gleichgeschlechtlichen Elternteil".[958]

Spock bot den Eltern praktische Ratschläge an, wie sie die tückischen sexuellen Sandbänke der ödipalen Phase umschiffen konnten. Z. B. sagte er: „Ich glaube es ist weise, die Regel aufzustellen ‚Lassen Sie ein Kind niemals in ihrem Bett schlafen.'"[959] Er argumentierte auch streng dagegen, Kindern zu erlauben, die Eltern nackt zu sehen. Ein kleiner Junge, sagte Spock „ist sehr geschickt darin, sich aufzuregen ... die genannte Diskrepanz in der Größe der Genitalien erweckt Groll".[960] Spock warnte auch vor „elterlichem Kitzeln und Raufen: Für manche Eltern macht das Spaß und ist für Kinder aufregend, aber nicht gut"[961], weil es sexuelle Gefühle bei Kindern stimuliert. Spock sagte, es sei zulässig, ein Baby „eine Weile mit der Hand einmal am Tag" zu kitzeln, aber riet davon ab, dass die Eltern ihr Gesicht im Bauch des Babys vergraben – „das ist zuviel für jedes Baby".[962] Spock empfahl auch strengstens, das „Baby nicht in die Luft zu werfen", trotz der Tatsache, dass die meisten Babys „laut lachen und nach mehr verlangen".[963]

Andere gefährliche elterliche Praktiken waren nach Spock Väter, die „ihren kleinen Kindern vormachten, sie seien Löwen" oder sich an „Kissenschlachten mit älteren Kindern [zu beteiligen]. Kinderpsychiater hätten zumindest in einigen Fällen entdeckt, dass dies zu aufregend sei. Es wühlt stürmische Gefühle auf, die nicht wieder ganz zur Ruhe kommen, was wiederum zu nervösen Symptomen führt".[964] Spock sagte, dass es falsch für einen Vater sei, mit seinem Sohn „Löwe zu spielen", da „im Unbewussten des Jungen der Vater eine zu bedrohliche Person ist, und er seine Ungeheuerlichkeit durch ein solches Spiel nicht noch verstärken sollte".[965] Spock behauptete zu wissen, von was er sprach: einem Biographen gegenüber bekannte er, mit seinem Sohn Mike „auf dem Boden ... Bär und Löwe gespielt zu haben"[966] und Mike musste sich „neun Jahre lang einer Psychoanalyse" unterziehen.[967]

Spock zögerte nie, jedem Kind, das Probleme zu haben schien, eine psychiatrische Betreuung zu empfehlen – und besonders die Psychoanalyse. Sowohl *Baby and Child Care* als auch seine *Redbook*-Kolumne enthielt zahlreiche Bezüge auf Situationen, bei denen professionelle Hilfe aufgesucht werden sollte. Z. B. sei es der erste Schritt bei Schulkindern,

> *die trotz hoher Motivation und Intelligenz eine Lernblockade entwickeln, die Situation mit dem Schulpersonal zu besprechen und ihre Empfehlungen zu beachten. Dies schließt oft eine psychiatrische Beratung ein. Der Psychiater rät normalerweise zu einer Psychoanalyse oder zu einer weniger intensiven, aber ausgedehnten Psychotherapie.*[968]

Als er einmal gefragt wurde, in welcher Situation genau ein Kind psychiatrische Hilfe brauchte, antwortete Spock: „Eltern sollten um Hilfe bitten, wenn sie unzufrieden mit einem Verhaltensaspekt des Kindes sind und selbst den Grund dafür nicht herausfinden konnten. Dies unterstellt, dass es keinen Unterschied macht, ob das Problem groß oder klein ist."[969] So legte Spock das Fundament für die weitverbreitete zeitgenössische kommerzielle Ausbeutung der Kinder- und Psychotherapie, wie sie insbesondere in der unnötigen psychiatrischen Einweisung vieler Problemkinder beobachtet werden kann.

6.4 War Spock permissiv?

Genauso wie Spock über seine erste Frau Jane Cheney an die Psychoanalyse herangeführt wurde, so machte er über sie auch Bekanntschaft mit liberaler Politik. „Aufgewachsen in einer republikanischen Familie stimmte Spock 1924 für Calvin Coolidge."[970] Jane jedoch „war Sozialistin auf dem College"[971] von Bryn Mawr und engagierte sich für die American Labor Party.[ng] Nach ihrer Heirat abonnierte Jane das marxistische *New Masses* und entwickelte in späteren Jahren Aktivitäten, „das Los der Kinder im republikanischen Spanien zu lindern".[972] Weiter arbeitete sie für die American Civil Liberties Union[nh], die Americans for Democratic Action[ni] (als Mitglied der nationalen Geschäftsführung) und das National Committee for a Sane Nuclear Policy (NCSN).[nj]

Während Spocks 48-jähriger Ehe mit Jane bewegte er sich nach und nach in Richtung der politischen Linken. In den 1930ern unterstützte er Roosevelts New Deal und agitierte 1956 für Adlai Stevenson, 1960 für John Kennedy[nk] und 1964 für Lyndon Johnson.[nl] Er war Mitglied im NCSN und zunehmend davon überzeugt, dass der Vietnamkrieg sowohl unmoralisch war als auch mit großer Wahrscheinlichkeit zu einem nuklearen Holocaust führen würde. Mit diesen Ansichten engagierte er sich in der Antikriegsbewegung und wurde im Oktober 1967 im Alter von 65 Jahren auf einer Antikriegsdemonstration das erste von mehreren Malen verhaftet. Im Gefängnis von New York City teilte er sich eine Neuzugangszelle mit Allen Ginsberg, „der uns alle lehrte zu meditieren. Wir sangen alle ‚OMMMMM'".[974]

Im Januar 1968 wurde Spock mit vier weiteren Aktivisten „wegen Verschwörung zur Beratung, Hilfe und Aufruf zum Widerstand gegen die Einberufung"[975] angeklagt. Vor Gericht gestellt, überführt und zu zwei Jahren Gefängnis und zusätzlichen 5.000 Dollar Geldstrafe verurteilt, wurde die Verurteilung später in einer Revisionsverhandlung wieder aufgehoben. 1972 kandidierte er als Präsident auf der Liste der Peoples Party[nm], da er davon überzeugt war, „dass eine

---

[ng] Amerikanische Arbeiterpartei
[nh] Amerikanische Bürgerrechtsunion
[ni] Die ADA ist die erfahrenste Organisation des Landes zu Vertretung liberaler Politik, liberalen Grundsätzen und liberaler Zukunft … [und] wurde [1947] kurz nach Franklin D. Roosevelts Tod von Eleanor Roosevelt, John Kenneth Galbraith, Walter Reuther, Arthur Schlesinger und Reinhold Niebuhr gegründet. Ihr damaliges Ziel? Den Traum des New Deal – die Vision und die Werte eines gerechten Amerikas für alle – für die kommenden Generationen zu bewahren.[973]
[nj] Nationales Komitee für vernünftige Nuklearpolitik
[nk] 35. Präsident der USA vom 20.01.1961 bis 22.11.1963
[nl] 36. Präsident der USA vom 22.11.1963 bis 20.01.1969
[nm] Viele Parteien verwendeten den Namen „Volkspartei" in Amerika. Hier geht es um die 1971 gegründete.

neue politische Bewegung links von der Democratic Party[nn] aufgebaut werden musste!"[976]

Die Reaktion der Republikaner auf Spocks politischen Aktivismus war vorhersehbar. Sie setzten seinen Liberalismus mit seinen Kindererziehungstheorien gleich, die sie „permissiv" nannten und tadelten ihn für seine studentischen Aktivitäten in den 1960ern. Vizepräsident Spiro Agnew zufolge wurden solche Studenten „nach einem Buch von Dr. Spock erzogen ... und eine lähmende permissive Philosophie durchdringt jede Politik, derer sie sich annehmen".[977] Norman Vincent Peale, Freund des damaligen Präsidenten Nixon[no], charakterisierte Spocks Ratschläge öffentlich wie folgt: „Füttert sie, mit was auch immer sie wollen, lasst sie nicht schreien, sofortige Befriedigung der Bedürfnisse. Und nun mischt sich Spock unter den Mob, um seine permissiven Babys zu führen, die mit seinen undisziplinierten Lehren erzogen wurden."[978] Nach Peale war dies „das undiszipliniertste Zeitalter der Geschichte".

War Dr. Spock tatsächlich permissiv und zumindest teilweise verantwortlich für die studentischen Aktivisten der 1960er? Auf privater Ebene war er es mit Sicherheit nicht. In seinen Schriften hat er sich über zu frühe Rendezvous, vorehelichen Sex, Ehebruch und Pornografie empört. Liest man ihn, so hat man den Eindruck, dass sich Spock in seinem Sozialverhalten nie weit von den strengen neuenglischen Ermahnungen seiner Mutter entfernt hat. Bei zahlreichen Gelegenheiten wies er öffentlich den Vorwurf der Toleranz mit den Worten zurück: „Nicht einmal im Entferntesten würde ich mich selbst als permissiv bezeichnen."[979]

Auf theoretischer Ebene jedoch kann man Spock vorwerfen, dies gewesen zu sein, da er die Theorie von Sigmund Freud vorangetrieben hat. Eltern wurden dazu angehalten, außerordentlich vorsichtig zu sein, die kindliche Psyche nicht zu verletzen. Denn diesen Schaden wieder gut zu machen, könnte Jahre der Psychoanalyse nach sich ziehen, wenn es überhaupt geleistet werden kann. Spocks Ansicht zufolge sind Kinder zerbrechliches Schilf, die extrem empfindlich auf geringe elterliche Widersprüchlichkeiten und emotionale Andeutungen reagieren. Nimmt man die psychoanalytische Theorie ernst, so ist es tatsächlich vorstellbar, dass schlechte Tage einer Mutter in einer entscheidenden Phase der Kindheitsentwicklung das Kind unwiderruflich in der einen oder anderen Phase fixieren kann. Die unvermeidliche Konsequenz von Spocks – und Freuds – Theorie der emotionalen Entwicklung waren viele Eltern, die unverhältnismäßig stark von Schuldgefühlen eingenommen, von Untätigkeit gelähmt und zu oft unfähig waren, „nein" zu sagen.

Zur selben Zeit als Spock vehement zurückwies, permissiv zu sein, bestätigte er jedoch, dass Versuche, seinen Erziehungsanleitungen zu folgen, häufig zu

---

[nn] Demokratische Partei
[no] 37. Präsident der USA vom 20.01.1969 bis 09.08.1974

permissiven Eltern führten. Die Studie, die er mit 21 Müttern an der Case Western Reserve University durchführte, illustrierte die Konsequenzen der freudschen Theorie nur zu deutlich.

Nach Spock war die Unfähigkeit der Mütter, etwas von ihren Kindern zu verlangen, auf die Furcht zurückzuführen „dass sie bei ihren Kindern Widerstand wecken würden".[980] „Die Eltern hatten Angst, auf das Toilettentraining zu bestehen, aus Furcht, es würde Feindseligkeit zwischen ihnen und den Kindern erzeugen."[981] Spock beschrieb einige der Mütter aus Angst, ihrem Kind weh zu tun, als völlig passiv und ungerichtet:

> *In ihrer Besorgnis ignorierten alle Mütter einige der Hinweise auf die allgemeine Bereitschaft ihrer Kinder, und einige ignorierten sogar spezifische Signale von Stuhl- oder Harndrang. In zwei Familien, bei denen die Mütter glaubten, dass die Kinder immer noch nicht bereit für das Training waren (mit über zwei Jahren), sahen die Mitarbeiter die Kinder an den Röcken ihrer Mütter zupfen und das Familienwort für Toilette sagen. In einem dieser Fälle machte der Berater die Mutter auf das aufmerksam, was er gerade beobachtet hatte und schlug vor, dass sie das Kind ins Badezimmer bringen sollte. Aber sie wendete ein, dass es sinnlos war, da er es oft zurückhielt, wenn er dort war.*[982]

Das vielleicht wichtigste Ergebnis aus Spocks Mütterstudie war, dass die mit der besten Ausbildung die tolerantesten waren. Unter den 21 Müttern der Studie hatten vier keine Hochschulausbildung, und diese vier waren erfolgreicher beim Toilettentraining ihrer Kinder als die 17 mit.[983] Als Spock die Ergebnisse seiner Mütter mit Müttern einer anderen pädiatrischen Klinik desselben Krankenhauses verglich, „bei dem die Familien zu einem großen Teil der Arbeiterklasse angehören"[984] und „wenige Familien ein College besucht haben oder an Psychologie interessiert sind"[985], stellte der fest, dass diese Mütter ihren Kindern ein ganzes Jahr vor den Müttern aus seiner Studie erfolgreich den Toilettengang beigebracht hatten. Und dies fand statt „ohne Strenge, ohne Auseinandersetzungen und ohne offensichtlichen Schaden an der Persönlichkeit".[986] Spock fasste diese Ergebnisse 1964 in einem mea culpa zusammen, dass er zusammen mit Mary Bergen verfasste:

> *Die Furcht, schmerzhafte Spannungen zwischen Mutter und Kind auszulösen, kann bei den Hochschuleltern zum Teil auf ein diffuses Bewusstsein von Freuds Entdeckungen bei der Analyse neurotischer Erwachsener zurückgeführt werden, dass die kindliche Besitzgier hinsichtlich seines Stuhlgangs im zweiten Jahr zu einem Konflikt mit seiner Mutter führen könnte und dass sich übertriebene Feindseligkeit, die Zwangsneurose und zwanghafte Charakterzüge manchmal aus einer verlängerten Auseinandersetzung um die Reinlichkeitserziehung entwickeln. Dieses Konzept war auch Bestandteil von Materialien zur Elternbildung wie denen des Autors. Im Rückblick erscheint es, als ob diese*

speziellen Kenntnisse vielen Eltern eher hinderlich waren, als dass sie geholfen hätten.[987]

1989 nannte Spock das Problem unverblümter und pessimistischer beim Namen: „Es sind professionelle Leute – wie ich – die Eltern vor der Feindseligkeit ihrer Kinder Angst machten, und ich weiß nicht, ob wir es rückgängig machen können. Die Büchse der Pandora wurde geöffnet."[988]

Trotz seiner Bemühungen war Spock nie in der Lage, das Dilemma zwischen dem Festhalten an der freudschen Kindererziehungstheorie und der Produktion von Müttern mit Schuldgefühlen und verwöhnten Kindern aufzulösen. Ein paar Jahre nach der Veröffentlichung der Erstausgabe seines Buches war Spock „sicher, dass es überarbeitet werden sollte, um der wachsenden Tendenz zur Überpermissivität bestimmter Eltern zu begegnen."[989] Unter den Familien in seiner eigenen Praxis gab es zunehmend Kinder mit Schlaf- und Essstörungen wie z. B. solche, denen erlaubt wurde, „Essen auf den Boden zu werfen"[990] oder ihre Eltern zu schlagen. Spock stellte fest, dass, obgleich früher das meist verbreitete Erziehungsproblem in übertriebener Strenge bestand, „jetzt in erster Linie Schwierigkeiten aus großer elterlicher Unschlüssigkeit entstehen".[991]

In Übereinstimmung mit diesen Erkenntnissen überarbeitete Spock für die zweite 1957er Ausgabe seines Buches viele Abschnitte wesentlich, auch solche über Disziplin und Geschwisterrivalität. Z. B. sagte er, ich „milderte die Beschreibungen der Feindseligkeit und der Persönlichkeitsstörungen ab, die gelegentlich durch Konflikte bei der Sauberkeitserziehung verursacht werden, denn ich dachte, dass zu viele Eltern sich unnötig darüber Sorgen machen".[992] In der Ausgabe von 1968 bestätigte Spock offen, dass Probleme in der Erziehung „hauptsächlich bei Familien mit hochschulischem Hintergrund auftauchen oder mit einem deutlichen Interesse an Kinderpsychologie"[993], also denselben Eltern, die sowohl Freud als auch Spock lasen. Gerade mal ein Jahr vorher hatte Spock mit klassischen freudschen Begriffen im *Redbook* erklärt, dass der kindliche Stuhlgang das „erste Tauschmedium für das Kind ist, das erste Äquivalent zu Geld. Und für den Rest des Lebens sind auf einer unbewussten Ebene ... Stuhlgang und Geld bis zu einem gewissen Grad austauschbare Symbole für das, was wertvoll ist".[994] Briefmarkensammler und Geizhälse zitierte er als Beispiele für fehlgeschlagene Reinlichkeitserziehung. So wurde den Eltern geraten, mit dem Toilettentraining entspannter umzugehen und gleichzeitig festgestellt, dass ein falscher Schritt – oder ein dramatischer Stuhlgang – aus Klein-Johnny oder Klein-Sarah lebenslange Geizhälse machen konnten.

6.5 Freud im Klassenzimmer

Natürlich war Benjamin Spock nicht der einzige Spezialist für kindliche Entwicklung, der nach dem Krieg für die Verbreitung der freudschen Theorie sorgte. Durch die Popularität seines Buchs und seine politischen Aktivitäten war er lediglich der prominenteste. Edith Buxbaums 1949 veröffentlichtes *Your Child Makes Sense*[np] mit einem Vorwort von Anna Freud beinhaltete

> *einen großzügigen Schuss von Fallstudien, mit denen die verheerenden elterlichen Fehler aufgedeckt wurden, die pathologisch kranke [sic] Kinder geschaffen haben. ... Die Wirkung von Büchern dieser Art bestand darin, bei Eltern – und besonders bei der Mutter – eine Besorgnis so großen Ausmaßes zu erzeugen, wie sie in der Geschichte der Kindererziehung ohnegleichen war.*[995]

Von ähnlicher Art wurde *The Magic Years: Understanding and Handling the Problems of Early Childhood*[nq] 1959 veröffentlicht. Die Autorin und Psychoanalytikerin Selma Fraiberg äußerte sich vollkommen überzogen gegen Praktiken wie Prügelstrafe und die psychischen Gefahren der Reinlichkeitserziehung:

> *Dieses gläserne Monster mit seinem klaffenden Rachen fragt in diesem Alter nicht nach Freundschaft oder Vertrauen. Selbst die oberflächlichste Beobachtung wird zeigen, dass es Objekte mit mächtigem Gebrüll verschlingt, in seinen geheimen Tiefen verschwinden lässt, um sich dann wieder durstig auf sein nächstes Opfer zu stürzen – das jeder sein kann.*[996]

Ein Artikel eines psychiatrischen Sozialarbeiters trug den Titel „Spoil that Baby"[nr, 997], und in einem anderen riet ein Psychologe Eltern dazu, ihre Kinder unter keinen Umständen zu disziplinieren: „Statt die Gemeinheit auszutreiben [durch die Anwendung von Disziplinierungsmaßnamen] stanzen wir sie ein. Sie bewegt sich tiefer und tiefer und gräbt sich immer fester in die Persönlichkeit und den Charakter unseres Kindes ein."[998]

Es ist auch wichtig, festzustellen, dass die freudschen Erziehungspraktiken, die von Spock verbreitet wurden, im Einklang mit den Ratschlägen von Mead, Benedict, Erik Erikson und anderen Leitfiguren progressiver Erziehungskreise standen. Mead und Spock machten Bekanntschaft als sie ihn als Kinderarzt für ihr Kind auswählte, da er psychoanalysiert war und ihr „von meinen Kinderpsychologiefreunden"[999] empfohlen wurde. Mead hielt die idyllischen Samoainseln als Modelle für Kindererziehung hoch und behauptete, sie waren fast vollständig permissiv – speziell hinsichtlich kindlicher Sexualerziehung und -erfahrung.

[np] *Dein Kind macht Sinn*
[nq] *Die magischen Jahre: Verständnis und Handhabung von frühen Kindheitsproblemen*
[nr] *Verwöhn' das Baby*

Praktiken wie Prügeln sagte Mead, seien „üblicherweise nicht [in] einer primitiven Gesellschaft anzutreffen. … Selbstgerecht angeordnete körperliche Bestrafung neigt weniger dazu, eine gesunde Vermeidungsstrategie für den nächsten Schlag, sondern eher einen tiefen und oft mörderischen Hass auf alle Autoritäten zu entwickeln".[1000]

Spock war ebenfalls zugegen als 1939 Meads Baby geboren wurde. Allerdings war er Teil einer so großen Menge, dass das Ereignis von einem Biographen Meads mit „der Atmosphäre eines Krippenfestspiels"[1001] beschrieben wurde. Die eigentliche Geburt wurde um 10 Minuten verzögert bis die Fotografen angekommen waren, da Mead anscheinend eine vollständige Aufzeichnung dieser ersten psychoanalytisch ausschlaggebenden Minuten haben wollte.[1002] Mit ihrem eigenen Kind war Mead genauso permissiv wie sie auch andere dazu anhielt und stillte sie auf Verlangen „beim kleinsten Wimmern".[1003] Ihrer Tochter zufolge setzte Mead wenige Grenzen. Z. B.: „Sie bestand nie darauf, dass ich mir die Zähne putzen sollte, da sie diesen Vorgang in ihrer Kindheit als unangenehm und schmerzhaft empfand."[1004] Fast 20 Jahre lang gingen Benjamin Spock und Margaret Mead Hand in Hand in ihren monatlichen *Redbook*-Kolumnen und warben für die freudsche permissive Kindererziehung.

Mead, Spock und Ruth Benedict waren auch an den Bemühungen von Dr. Carolyn Zachry beteiligt, Freuds Konzepte in der progressiven Schulausbildung anzuwenden. Zachry, mit einen Doktorgrad in Schulpsychologie des Columbia Teachers College[ns] und am New York Psychoanalytic Institute ausbildet, gründete 1938 das New York Institute on Human Development[nt] mit der angegliederten Progressive Education Association.[nu] Es war als „Ausbildungsinstitut für berufliche Kinderbetreuung"[1006] gedacht und klassisch Freud-orientiert. Sowohl Mead als auch Benedict nahmen an Zachrys Kursen teil, und Spock war einer der Lehrkräfte des Instituts. Diese Bemühungen verbreiteten Freuds Theorie der Kindererziehung weiter in der New Yorker Intellektuellengemeinde und besonders im Bereich der Ausbildung.

Die Eingliederung von Freuds Theorie in die Schulausbildung war bereits geplant, seit sie in Amerika angekommen war. 1910 hatte Ernest Jones einen Artikel über Psychoanalyse und Ausbildung im *Journal of Educational Psychology* veröffentlicht.[1007] Neun Jahre später erschien Wilfred Lays *The Child's Unconscious Mind: The Relations of Psychoanalysis to Education, A Book for Teachers and Parents*.[nv,] [1008] Dieser Trend wurde auch von der Mentalhygiene- und Kindererziehungsbewegung unterstützt, die in Schulen

---

[ns] selbständige, an die Columbia Universität angeschlossene Graduiertenschule für Erziehung[1005]
[nt] New Yorker Institut für Humanentwicklung
[nu] Gesellschaft für progressive Erziehung
[nv] *Das kindliche Unbewusste: Die Beziehung zwischen Psychoanalyse und Erziehung. Ein Buch für Lehrer und Eltern*

> *eine Art mentaler Hygiene-Labore [sahen]. ... Vom Standpunkt der mentalen Hygiene gesehen impliziert die Schulausbildung keinen engen Fokus auf intellektuelle Errungenschaften, sondern auf die Entwicklung des Kindes hin zu einer ausgeglichenen, emotional stabilen und kreativen Persönlichkeit. Der Lehrer im Klassenzimmer muss verstehen, dass die Ansprache intellektueller Fähigkeiten weniger wichtig ist als emotionale Harmonie.*[1009]

Am Columbia Teachers College wurde empfohlen, „eine akademische Anerkennung für eine persönliche [Psycho-]Analyse zu vergeben" und eine Gruppe „warb aktiv für die Integration von mehr psychoanalytischen Materialien in den Standardlehrplan".[1010]

Die Konsequenzen dieser Infusion freudscher Theorie in die Schulausbildung waren in der Zeit nach dem Zweiten Weltkrieg spürbar. Berufsberater[nw], die einst Schülern bei ihrer Berufs- und Hochschulwahl halfen, fingen an, sie bei persönlichen Problemen zu beraten. Schulpsychologen, die einst Schüler hinsichtlich ihrer kognitiven Probleme untersuchten und dann Förderkurse empfahlen, entwickelten sich stattdessen zu Psychotherapeuten. Die vorherrschenden Vorstellungen dieser schulischen Berater und Psychologen waren ihrer Herkunft nach freudianisch, und es wurde geschätzt, dass es bis Mitte der 1970er in den Vereinigten Staaten mehr als 60.000 schulische Vertrauenslehrer[nx, 1011] gab und 7.000 Schulpsychologen. Wie der Direktor für schulische mentale Gesundheit in Pittsburgh es ausdrückte: „Schulen sind die Zentren mentaler Gesundheit unserer Kommunen."[1012]

Freuds Einfluss auf die amerikanische Schulausbildung erreichte in den alternativen oder „freien" Schulen ihren Höhepunkt, die sich in den 1960ern über die intellektuellen Gemeinden und amerikanischen Kommunen ausbreiteten. Solche Schulen basierten auf den Prinzipien, die vom Zachrys-Institut in New York entwickelt wurden und auch auf der Arbeit von Alexander S. Neill über die Summerhill School in England, die er in seinem Buch *Summerhill: A Radical Approach to Child Rearing*[ny] beschrieb. Als schottischer Pädagoge durchlief Neill drei Mal eine Psychoanalyse inklusive einer bei Wilhelm Stekel in Wien. (Stekel, einer von Freuds ursprünglichen Anhängern, wurde von Paul Roazen beschrieben als „ein zweifelhafter Charakter mit einem schmutzigen Interesse an Fall-Materialien ... sein Interesse an Sexualität blieb quasi pornografisch".[1014]) Zusätzlich zu seinen drei persönlichen Psychoanalysen studierte Neill auch sechs Wochen bei Wilhelm Reich, der nach Neill einen Kurs in „Vegeto-Therapie"[1015] anbot, Reichs eigenwillige Art der Psychoanalyse. Neill ver-

---

[nw] Bezeichnenderweise wird der Begriff *guidance counselor*, wie er von Torrey verwendet wird, heute u. a. sowohl mit „Berufsberater" als auch mit „psychologischer Betreuer" übersetzt.
[nx] oder „psychologische Betreuer", s. o. (= die früheren Berufsberater)
[ny] dt. Ausgabe: *Theorie und Praxis der antiautoritären Erziehung: Das Beispiel Summerhill* (1969). Die Erstausgabe von 1965 unter dem Titel: *Erziehung in Summerhill. Das revolutionäre Beispiel einer freien Schule* blieb weitgehend unbeachtet.[1013]

suchte seine Schüler zu psychoanalysieren – in Summerhill, ein Name, der zu einem Synonym für schulische Permissivität auf allen Gebieten wurde. Die traditionelle Schule, sagte Neill, „fährt fort, das Leben der Kinder abzutöten. Sie träufelt Gehorsam ein, vielleicht die schlimmste der sieben tödlichen Tugenden. ... sie hemmt die natürliche Offenheit des Kindes, indem sie es dazu zwingt, seine Lehrer zu ‚respektieren', eine Rolle zu spielen, wirklich ein Scheinheiliger zu sein".[1016]

Jenseits der freien Schule und der Umwandlung von schulischen Vertrauenslehrern und Psychologen in Psychotherapeuten beeinflusste die freudsche Lehre jedoch die amerikanische Erziehung nicht so weit, dass sie Einfluss auf die praktische Kindererziehung nahm. Die Schulausbildung hat standardisierte Tests und erzeugt ein Produkt, dass über die Zeit hinweg gemessen werden kann. Diese agieren als natürliche Abschreckung für pädagogische Innovationen, die auf nicht überprüften Theorien basieren. Im Gegensatz dazu liegt das Produkt der Kindererziehung in den Augen der Betrachter.

Die größte Konsequenz des freudschen Einflusses auf die Kindererziehung bestand vielleicht in der Erzeugung von elterlichen Schuldgefühlen. Diese Schuldgefühle durchdringen die Lamina[nz] des amerikanischen Bewusstseins bis zu einem solchen Grad wie es wahrscheinlich beispiellos auf der Welt ist. Es ist, als ob die Sünden der Kinder die Eltern heimgesucht haben, eine Umkehr der biblischen Ordnung der Dinge. Solche Schuld erzeugt auf der anderen Seite ein Bedürfnis nach Sühne und Wiedergutmachung, die viele Eltern in der Psychotherapie suchten. So war die freudsche Lehre sowohl erfolgreich darin, ein Bedürfnis zu erzeugen als auch darin, ein Produkt zu liefern, mit dem dieser Bedarf zufriedengestellt werden konnte – eine kaufmännische Strategie, die in ihrer Einfachheit genauso elegant war wie in ihrer Profitabilität.

Spock selbst hob in einer seiner *Redbook*-Kolumnen hervor, um wie viel schuldiger sich amerikanische im Vergleich zu europäischen Eltern fühlten:

Eine französische Kinderpsychiaterin in Paris schrieb einen aufschlussreichen Beitrag darüber, wie unterschiedlich amerikanische und französische Eltern handeln, wenn sie zum ersten Mal in ihr Büro kommen. Die amerikanischen Eltern beginnen typischerweise: 'Wir wissen, dass wir das Problem verursacht haben müssen und dass wahrscheinlich wir es sind, die die psychiatrische Behandlung brauchen.' Sie sind wie Hunde mit eingeklemmtem Schwanz. Französische Eltern haben solche Schuldgefühle nicht. Sie sind empört. Sie sagen zu dem Psychiater: 'Wir haben diesem Kind alle Vorteile geboten – ein gutes Zuhause, gute Kleidung und Ausbildung, eine nette Familie. Doch er zeigt keine Dank-

---

[nz] Angespielt wird hier auf die *Lamina propria*, eine unter Epithelgewebe anzutreffende Bindegewebsschicht.

> *barkeit. Er ist schlecht. Wir haben ihn geschimpft, mit Entzug bestraft, geschlagen, aber nichts hilft. Nun bringen Sie ihm Benehmen bei."*[1017]

Auch Isaac Rosenfeld, prominenter Intellektueller aus dem Chicago der 1950er, hielt die Ära der permissiven Kindererziehung in einer Vignette[oa] fest. Seine akademischen Freunde, sagte er, zogen ihre Kinder in Übereinstimmung mit

> *Spock und Gesell und der Hilfe von Bruno Bettelheim [auf, und] ein sicherer Weg festzustellen, ob man einen akademischen oder nicht-akademischen Haushalt besucht, ist das Benehmen der Kinder und das Maß, mit dem man sich Gehör über ihrem Getrampel verschaffen kann. Wenn es möglich ist, eine Konversation zu führen, ist man in einem nicht-akademischen Haushalt.*[1010]

[oa] Charakterisierung

7 Freud in Gefängnissen und Strafanstalten

*Ich glaube fest daran,
dass das Konzept der Verantwortlichkeit verworfen wird.
Wie ich bereits sagte,
ist die Frage der Verantwortung in erster Linie eine metaphysische.*

Dr. William A. White, *Forty Years of Psychiatry*[ob, 1019]

Sigmund Freuds Lehre wurde in amerikanischen Gefängnissen und Strafanstalten viel schneller angenommen als in den Kinderzimmern. Musste die Kindererziehung bis nach dem Zweiten Weltkrieg auf Benjamin Spocks Schriften warten, um freudianisiert zu werden, akzeptierten Kriminologie und Strafvollzug seine Ideen bereits, als sie vor dem Ersten Weltkrieg aus Europa eintrafen. In den dazwischen liegenden Jahren wurde das amerikanische Denken über kriminelles Verhalten so stark psychoanalytisch gefärbt, dass es schwer geworden ist, sich seinen einstigen natürlichen Zustand vorzustellen.

Vor dem Erscheinen der freudschen Lehre in Amerika glaubte man größtenteils daran, dass Vererbung eine große Rolle als Ursache kriminellen Verhaltens spielte. Im späten 19. Jahrhundert z. B. wurden die Theorien von Cesare Lombroso ausführlich diskutiert.[1020] Als Professor für Psychiatrie in Italien behauptete Lombroso, dass einige Individuen als Kriminelle geboren werden und dass sie an bestimmten physischen Merkmalen (z. B. Epilepsie) oder Stigmen (z. B. unnatürlich lange Ohren oder Arme) erkannt werden können. Solche Theorien über kriminelles Verhalten wurden unterstützt durch einflussreiche Publikationen wie der von Richard L. Dugdales *The Jukes: A Study in Crime, Pauperism, Disease and Heredity* (1877).[oc, 1021] Basierend auf einer Studie über Insassen von New York State County-Gefängnissen nördlich von New York City[od], wurde von der pseudonymen Jukes-Familie behauptet, dass über einen Zeitraum von 100 Jahren aus 709 ihrer Abkömmlinge 140 Individuen hervorgegangen sind, die wegen krimineller Verstöße überführt worden waren (inkl. 60 chronischer Diebe und 50 Prostituierten).

Es sollte beachtet werden, dass selbst die, die am unerschütterlichsten an die Vererbbarkeit kriminellen Verhaltens glaubten, eingestanden, dass solche Theorien nur einige Fälle erklärten. Lombroso z. B. räumte ein, dass Vererbung nur bei 40 Prozent der Kriminellen in Betracht gezogen werden kann. Der Rest wird von Armut und Leidenschaft bestimmt. Er warb für eine unterschiedliche Be-

---

[ob] *Vierzig Jahre Psychiatrie*
[oc] *Die Jukes: eine Studie über Kriminalität, Verarmung, Krankheit und Vererbung*
[od] Gefängnisse in den Landkreisen des Bundesstaats New York nördlich von New York City. Insgesamt besteht New York State aus 62 Landkreisen.

handlung von geborenen Verbrechern einerseits, von denen er glaubte, sie seien nicht zu rehabilitieren und Armuts- und Leidenschaftsverbrechern andererseits, die seiner Meinung nach wieder eingegliedert werden können. Im 19. Jahrhundert war auch weitgehend anerkannt, dass gelegentliches kriminelles Verhalten das Produkt von Unzurechnungsfähigkeit war, und es wurde empfohlen, solche Kriminelle gesondert zu behandeln. 1843 wurde dies in England als das M'Naghten-Gesetz festgeschrieben, als ein offensichtlich unzurechnungsfähiger Mann dieses Namens Sir Robert Peels Sekretär erschoss und das Urteil lautete, er habe die Natur seiner Tat nicht verstanden. Diese Version von „nicht schuldig wegen Unzurechnungsfähigkeit" wurde später in den meisten amerikanischen Staaten angewendet.

7.1 Healy, Glueck und White

Der meist verantwortliche Mann für die Einführung von Freuds Theorie in die amerikanischen Ansichten über Kriminalität und Strafvollzug war Dr. William Healy, ein britischer Psychiater, der Freuds Arbeiten während seiner Studien in Wien und Berlin 1906 und 1907 entdeckte.[1022] Healy emigrierte in die Vereinigten Staaten und ließ sich in Chicago nieder, wo er 1909 mit einer Untersuchung von jungen Straffälligen am Juvenile Court[oe] begann. Healy war zunehmend überzeugt davon, dass die meisten jugendlichen Verfehlungen nicht durch Vererbung, sondern durch soziale Einflüsse, familiäre Beziehungen und insbesondere von frühen Kindheitserfahrungen verursacht wurden.

Unter seinen Kollegen erlangte Healy 1915 Anerkennung, als sein Buch *The Individual Delinquent*[of] veröffentlicht wurde. Die wichtigsten Gründe von Fehlverhalten waren nach Healy „mentale Konflikte und Unterdrückungen"[1023], deren Quelle „in den meisten Fällen versteckte sexuelle Gedanken oder Fantasien und innere oder milieubedingte sexuelle Erfahrungen [waren]."[1024] Zwei Jahre später demonstrierte Healys zweites Buch *Mental Conflicts and Misconduct*[og] seine weitere Orientierung hin auf eine klassische psychoanalytische Erklärung jugendlicher Straffälligkeit. Mit einer ausführlichen Beschreibung individueller Fälle illustriert, zitierte Healy in Übereinstimmung mit Freud „den Komplex" als „starken Determinanten für Gedanken und Handlungen".[1025] Die Ursache der meisten Komplexe hieß es, waren sexuelle Ideen:

> *Wir selbst waren ausgesprochen überrascht über die Entwicklung von so viel unterschiedlicher Straffälligkeit aus den Anfängen beklagenswerten Sexualwissens, das in den Bereich der Seele eindrang wie ein psychischer Schock und emotionale Störungen verursachte. Um sicher zu gehen – wir haben gehört, dass einige sehr erfahrene, intelligente Beobachter von Straffälligen, die nichts von mentaler Analyse wissen, behaupten, sie betrachten sexuelle Affären als Wurzel einer großen Anzahl krimineller Impulse.*[1026]

Healy empfahl eine modifizierte Psychoanalyse zur Behandlung der Täter.

Healys Ideal i. B. a. jugendliche Straftäter zog unter den Offiziellen des Strafvollzugs große Kreise – insbesondere nachdem er 1917 als Direktor des der Harvard University angegliederten Judge Baker Guidance Centers[oh] in Boston eingestellt wurde. Unter seinen ersten Fürsprechern waren William James und Adolf Meyer. In Chicago hatte Healy seine Arbeit auf jugendliche Delinquenten beschränkt, aber in Boston akzeptierte er auch Überweisungen aus Schulen

---

[oe] Jugendgericht
[of] *Der individuelle Straftäter*
[og] *Seelische Konflikte und Fehlverhalten*
[oh] Beratungszentrum von Richter Baker

und einzelnen Familien und machte auch Sozialarbeiter zum integren Bestandteil seiner „Behandlungs"-Teams. Healys Arbeit mit jugendlichen Straftätern wurde zum Eckstein der Mentalhygiene- und Kinderberatungsbewegung, die sich zu dieser Zeit entwickelte und von den Anhängern Freuds dominiert wurden (s. Kap. 1). Als sich 1920 das NCMH[oi] an den Commonwealth Fund[oj] mit einer Anfrage wandte, in fünf Städten Erziehungsberatungsstellen einzurichten, war es Healys Bostoner Klinik, die als Referenzmodell angeführt wurde. Es wurde behauptet, dass solche Kliniken nicht nur jugendliche Straffälligkeit verhindern würden, sondern auch hilfreich dabei wären, anderen mentalen Störungen vorzubeugen, indem man die Mütter in freudschen Prinzipien der Kindererziehung ausbildet.

Healys Eingliederung von Sozialarbeitern in das Behandlungsteam veränderte den Sozialarbeiterberuf dauerhaft. Sozialarbeiter hatten sich bis dahin um die sozialen und ökonomischen Probleme armer Leute gekümmert, aber mit dem Einzug der Erziehungsberatungskliniken wurden viele von ihnen zu Nachwuchspsychiatern. Bis Ende der 1920er war es bei Sozialarbeitern üblich geworden, sich einer persönlichen Psychoanalyse zu unterziehen. Einer erinnerte sich an Kollegen, die „besorgt die Gesichter ihrer Kameraden mit der unausgesprochenen Frage musterten: ‚Warst du schon in der Psychoanalyse?'".[1028] Ein zeitgenössisches Fachbuch zur Sozialarbeit versicherte „dass jede soziale Fallarbeit, sofern sie gründlich und gut ist, eine mentale Hygiene ist".[1029] Von nun an würde der Sozialabeiterberuf eine kleine aber wichtige freudsche Beständigkeit beweisen, so dass in den kommenden Jahren ein Kritiker behaupten könnte: „Die amerikanischen Sozialarbeiter verwirrten Freud mit der Unabhängigkeitserklärung."[1030] John C. Burnhams unveröffentlichter These „Psychoanalysis in American Civilization Before 1918"[ok] zufolge „war [William Healys] Einfluss auf die Kriminologie, Soziologie und Sozialarbeit umfassend".[1031]

Zur selben Zeit als William Healy die freudsche Theorie auf jugendliche Straffällige anwendete, führte Dr. Bernard Glueck sie bei erwachsenen Straftätern ein. Ausgebildet in Psychiatrie und Psychoanalyse unter Dr. William A. White begann Glueck 1916 mit einem vom NCMH gesponserten Forschungsprojekt im New-York-State-Gefängnis Sing Sing. Glueck untersuchte 608 aufeinander folgende Zugänge zur Strafanstalt und berichtete, dass „nicht weniger als zwei Drittel oder 66,8 Prozent bereits eine oder zwei Freiheitsstrafen vor ihrer jetzigen Inhaftierung in Gefängnissen oder Besserungsanstalten verbüßt hatten".[1032] Erschrocken über diese hohe Rückfallrate verlangte Glueck, „eine neue Art von Bemühungen ... um die Ursachen zu finden", die „die spezifischen Bestimmungsfaktoren in der Persönlichkeit eines Kriminellen selbst ausfindig machen [würden]".[1033] Bei der Untersuchung der Gefangenen nach solchen „Determi-

---
[oi] National Committee for Mental Hygiene, s. Kap. 1
[oj] Private Stiftung in den USA zur Förderung eines leistungsfähigen Gesundheitssystems[1027]
[ok] „Psychoanalyse in der amerikanischen Kultur vor 1918"

nanten" stellte Glueck fest, dass „59 Prozent unserer 608 Fälle zusätzlich zu den auftretenden verschiedenen Verhaltensstörungen – der direkte Grund für ihre Inhaftierung – auch einige Formen nervöser oder mentaler Anomalie zeigten, die auf die eine oder andere Art ihr Verhalten konditioniert hatte".[1034]

Glueck glaubte, die Quelle aller „nervösen oder mentalen Abnormalität" zu kennen, die so häufig unter Kriminellen anzutreffen war. In seinem Buch *Studies in Forensic Psychiatry* (1916)[ol] machte er es deutlich. Der Grund war

> *eine verletzende, pathogene Erfahrung oder das, was mit anderen Worten als psychisches Trauma bezeichnet wurde. ... Die von der Psychoanalyse eruierten Fakten weisen auf einen strengen Determinismus jedes psychischen Prozesses hin. ... Freud hat ein sehr überzeugendes Licht auf diese Fragestellung geworfen.*[1035]

Glueck bestätigte, dass manche Kriminelle nicht zu korrigieren sind, obwohl er die Vorstellung von einem geborenen Kriminellen einen „weit verbreiteten Aberglauben"[1036] nannte, der keine Grundlage hatte. Er argumentierte, dass die Mehrheit rehabilitiert werden könnte, wenn ihre psychiatrischen Probleme gezielt angesprochen werden. Dies könnte nur von Psychiatern und anderen durchgeführt werden, die in Prinzipien der mentalen Gesundheit und speziell in freudschen Prinzipien ausgebildet waren. Das wiederum bedeutete, dass „das Strafvollzugsproblem zum größten Teil ein psychiatrisches ist".[1037]

Gluecks spezifische Empfehlungen zur Verringerung der Rückfälligkeit und kriminellen Verhaltens im Allgemeinen war die Einrichtung

> *eines an die Strafgerichte und staatlichen Institutionen des Strafvollzugs angegliederten Systems psychopathologischer Kliniken, deren Ergebnisse – basierend auf mehr oder weniger intensiven Studien und Beobachtungen jedes überführten Verbrechers – die Richter und Bewährungshelfer, genauso wie Gefängnis- und Hafturlaubsverwalter bei ihren Entscheidungen und detaillierten Behandlung von Straftätern leiten sollten.*[1038]

Glueck befürwortete insbesondere unbefristete Strafmaße, wodurch ein Krimineller nur entlassen werden konnte, wenn ein professioneller mentaler Hygieniker sein zugrundeliegendes psychiatrisches Problem für geheilt erklärte. „Die Kriminologie", sagte Glueck, „ist ein integraler Bestandteil der Psychopathologie. Verbrechen ist eine Art abnormales Benehmen, das eine fehlerhafte psychologische Ausrichtung ausdrückt."[1039] Kriminologie und Besserung würden zu einem Teil der Psychiatrie werden. „In der Tat macht die Idee der Bestrafung den Weg frei für Korrektur und Reformation."[1040]

[ol] *Studien zur forensischen Psychiatrie*

Während William Healy sich für die Anwendung von Freuds Theorie auf jugendliche Straftäter aussprach und Bernard Glueck sie bei erwachsenen Verbrechern anwendete, warb Dr. William A. White[1041] für Freuds Vorstellungen viel aggressiver als jeder andere und verlangte, dass Gefängnisse vollständig durch psychiatrische Behandlungszentren ersetzt werden sollten. Als Psychiater wie Healy und Glueck wurde White 1903 zum Chefarzt des St. Elizabeth's Hospital in Washington D. C. ernannt. Bereits 1906 übersetzte er psychoanalytische Schriften von Alfred Adler ins Englische, traf sich im folgenden Jahr mit Carl G. Jung und war bis 1909 zu einem der loyalsten Fürsprecher von Freud geworden. 1913 gründete er den Psychoanalytic Review mit, die erste englischsprachige Zeitschrift über Psychoanalyse, und zwei Jahre später trieb er die Nominierung Freuds für den Nobelpreis für Medizin voran. Als zweimaliger Präsident der American Psychoanalytic Association und ebenso als Präsident der American Psychiatric Association (APA), hatte White professionellen Einfluss sowohl über sein viel gelesenes Lehrbuch Outlines of Psychiatry[om], das in 14 revidierten Ausgaben über drei Dekaden erschien, als auch über Psychiater wie Bernard Glueck, die er ausbildete. Beträchtlichen politischen Einfluss übte White ebenso über seine prominenten Washingtoner Privatpatienten und über seine Frau aus, die Witwe des US-Senators Thurston.

White begann, Artikel über die Anwendung der freudschen Theorie in der Kriminologie zu veröffentlichen und publizierte 1913 schließlich die beiden Bücher Insanity and the Criminal Law (1923) und Crimes and Criminals (1933).[on] White:

> *Es wurde demonstriert, dass eine gegebene Tat eines gegebenen Individuums ein Endprodukt des Lebens dieses Individuums ist und nur über die Kenntnis der Vergangenheit dieses Individuums verstanden werden kann, [insbesondere] der Region, welche das Unbewusste genannt wurde. ... Nur durch das Studium dieser unbewussten Faktoren kann das Verhalten im Allgemeinen und kriminelles Verhalten im Besonderen verstanden, kann irgendeine Methode gefunden werden, die eine vernünftige Aussicht hat, darauf Einfluss zu nehmen.*[1042]

White beschrieb Kriminelle als psychologische Geiseln ihres Unbewussten und als solche weder wahrhaft verantwortlich noch schuldfähig. „Jemand hat treffender Weise gesagt", schrieb White, „dass der Mörder, der sein Opfer vor sich liegen sieht und einen rauchenden Revolver in seiner Hand, wahrscheinlich von allen Anwesenden der am meisten überraschte ist."[1043]

White erfasste die logischen Konsequenzen solch unbewussten Determinismus' voll und ganz und rief nach „dem Ausrangieren des Verantwortlichkeitskonzeptes"[1044] für kriminelle Taten und drängte ebenfalls darauf, „dass sowohl Gefängnisse als auch Bestrafung" als anachronistisch „abgeschafft werden sollten".[1045]

[om] *Skizzen der Psychiatrie*
[on] *Geisteskrankheit und Strafgesetz* und *Verbrechen und Verbrecher*

Stattdessen sollte es eine „schrittweise Umwandlung von Gefängnissen in Labore zum Studium menschlichen Verhaltens und der Konditionierung menschlicher Handlungsweisen"[1046] geben – natürlich mit Psychiatern in verantwortlicher Position. Feste Strafen würden ersetzt durch unbefristete Strafmaße „die die Rückkehr in die Freiheit von einer Änderung im Individuum abhängig machen, die berechtigten Grund zur Annahme gibt, dass er vielleicht besser als soziale Einheit funktionieren wird, als dies in der Vergangenheit der Fall war".[1047]

Die Theorie von Sigmund Freud wurde folglich in den frühen 1920ern von vielen Kriminologen und im Strafvollzug diskutiert. Die Frage war, ob Kriminelle als solche geboren wurden oder ob sie das Ergebnis früher Kindheitserfahrungen und sozialer Einflüsse waren? Fürsprecher der Vererbungstheorie waren meist konservativ, Vertreter psychoanalytischer oder sozialer Begründungen meist liberal eingestellt. Diese Dichotomie[oo] nahm nach und nach zu, als die Diskussion über kriminelles Verhalten zu einem Bestandteil der übergeordneten *Nature-Nurture*-Debatte wurde, die in vorangehenden Kapiteln besprochen wurde. Und im August 1924 wurde die Frage der Verantwortlichkeit für kriminelles Verhalten zu einer Angelegenheit, die die Nation in Aufruhr versetzte.

[oo] Trennung

7.2 Der Mordfall Leopold und Loeb: Die Heimtücke des Teddybärs

Am 22. Mai 1924 wurde die Leiche des 13-jährigen Bobby Franks in einem Abflussrohr in der Nähe von Chicago gefunden, der durch einen Schuss in den Kopf getötet worden war. Eine versehentlich neben der Leiche fallen gelassene Brille führte die Polizei zu dem 19-jährigen Nathan F. Leopold und dem ein Jahr jüngeren Richard Loeb, die beide den Mord schnell gestanden. Als hoch intelligente und gut ausgebildete Söhne reicher jüdischer Familien sollen sie den Mord begangen haben, um zu beweisen, dass sie das perfekte Verbrechen durchführen könnten. Sie wurden allgemein als verwöhnt und arrogant beschrieben, hatten Nietzsches Schriften über den Übermenschen gelesen und gaben zu, dass sie bereits früher Einbrüche begangen und den Vorsatz für das Verbrechen vor einigen Wochen gefasst hatten.

Loebs Familie trat unmittelbar an ihren Bekannten Clarence Darrow heran, um Loeb und Leopold zu verteidigen. „Rettet unsere Jungen", baten sie Darrow, „nur Sie können sie vor dem Strick bewahren".[1048] Zu dieser Zeit war Darrow weithin bekannt durch die Verteidigung unpopulärer und politisch linker Figuren wie Eugene Debs im Fall der American Railway Union (1894)[op], dem Arbeiterführer Bill Haywood „dem Großen", der angeklagt war, den früheren Gouverneur von Idaho ermordet zu haben (1907) und der Angeklagten im Fall des Bombenanschlags auf die *Los Angeles Times* (1911). Niemand, den Darrow verteidigt hatte, wurde je zum Tode verurteilt.

Die Verteidigung von Leopold und Loeb stellte für Darrow eine Herausforderung dar, wie er ihr vorher noch nicht begegnet war. Die Angeklagten hatten das Verbrechen mit Vorsatz zugegeben, und es gab keine politischen oder ökonomischen Tatsachen, die als mildernde Umstände hätten angeführt werden können. Dieser Fall würde einem Biographen von Darrow zufolge zu „einem Meilenstein der Strafjustiz ... [werden]. Psychiatrisches Beweismaterial bildete zum ersten Mal die Grundlage einer Verteidigung."[1049] Darrow selbst schrieb kurz nach dem Prozess:

> *Zum ersten Mal wurde in einem Gerichtssaal die Gelegenheit gegeben, den mentalen Zustand eines Verbrechens angeklagter Personen nach den Vorgaben der Wissenschaft und moderner Psychiatrie ohne willkürliche und unwissenschaftliche Begrenzungen zu bestimmen, die von archaischen gesetzlichen Regularien auferlegt wurden.*[1050]

Als Rechtsanwalt war Darrow eine exzellente Wahl, um eine psychiatrische Verteidigung auf die Beine zu stellen. Großes Interesse an unbewussten Gedankenprozessen hatte er bereits in einer Kurzgeschichte gezeigt, die er 1899 veröffentlichte.[1051] Weiterhin hatte er um die Jahrhundertwende die Insassen

---
[op] Amerikanische Eisenbahnergewerkschaft

des Cook-County-Gefängnisses^oq mit der Aussage erstaunt, dass „sie nur aufgrund von Umständen im Gefängnis saßen, für die sie keinesfalls verantwortlich waren".[1052] Häufig hatte Darrow über den Mangel an Verantwortlichkeit von Kriminellen für ihre Taten geschrieben, was in seinem Buch *Crime: Its Causes and Treatment*^or gipfelte, in dem er argumentierte:

> *Für mich erscheint es klar, dass es so etwas wie Verbrechen nicht gibt – so, wie das Wort allgemein verstanden wird. Jede Handlung des Menschen sollte unter der Überschrift 'Verhalten' eingeordnet werden. Beim Studium von Verbrechen untersuchen wir bloß eine bestimmte Art menschlichen Verhaltens. Der Mensch handelt in Reaktion auf äußere Stimuli. Wie er handelt, hängt von der Natur, der Stärke und dem inhärenten Charakter der Maschine ab und von den Gewohnheiten, Bräuchen, Hemmungen und Erfahrungen, die ihm die Umwelt vermittelt. Der Mensch ist keinesfalls sein eigener Macher und hat nicht mehr Macht, als jede andere Maschine, um dem Gesetz von Ursache und Wirkung zu entgehen. Er handelt wie er muss. Deshalb gibt es so etwas wie Verantwortlichkeit nicht in dem Sinne, wie dieser Ausdruck normalerweise verwendet wird.*[1053]

Darrow sprach sich ebenfalls dafür aus, dass

> *alle Gefängnisse in der Hand von Experten, Ärzten, Kriminologen, Biologen und, vor allem, dem Humanen sein sollten. ... Die Strafen sollten unbefristet sein. ... Das unbefristete Strafmaß kann nur in einem gut ausgestatteten Gefängnis von Wert sein, wo jeder Mann sich unter kompetenter Beobachtung befindet, wie ein Kranker in einem Krankenhaus.*[1054]

Darrows Empfehlungen waren denen von William Healy, Bernard Glueck und William A. White bemerkenswert ähnlich. Die Verteidigung von Leopold und Loeb würde deshalb auf der freudschen Theorie aufbauen, und die von Darrow aufgerufenen Hauptzeugen waren Healy, Glueck und White.

Der Mordprozess Leopold/Loeb war ein öffentliches Spektakel, beispiellos in der amerikanischen Jurisprudenz. Die *Chicago Tribune* bot an, ihn live über die eigene Radiostation zu übertragen, während der konkurrierende *Evening American* mit dem Vorschlag konterte, dass der Prozess im Chicagoer White-Sox-Baseballstadium abgehalten werden sollte. Beide Zeitungen boten Sigmund Freud „jede Summe seiner Wahl an"[1055], um nach Chicago zu kommen und Leopold und Loeb für ihre Leser zu psychoanalysieren. William Randolph Hearst, der Eigentümer des *Evening American* bot sogar an, „ein spezielles Linienschiff zu chartern, so dass Freud ungestört von anderen Gästen reisen konnte".[1056]

---

^oq Gefängnis im Landkreis des Bundesstaates Illinois, der an den Michigansee im Nordosten der USA angrenzt.
^or *Kriminalität: Ursachen und Behandlung*

Die Zeitungen erkannten, dass nicht nur Leopold und Loeb vor Gericht gingen, sondern ebenso Freuds Theorie. Freud, nach einer Operation seines oralen Krebses gesundheitlich angeschlagen, der bei ihm im vorangegangen Jahr diagnostiziert worden war, lehnte die Angebote ab. Der Gerichtsaal war vollgestopft mit den namhaftesten Gerichtsreportern des Landes, die über Leopold und Loeb genauso berichten würden wie über Freuds Theorie.

Darrows Verteidigungsstrategie war es, auf „schuldig" zu plädieren und so eine Schwurgerichtsverhandlung zu vermeiden. Der dann nur von einem Richter durchgeführte Prozess würde so zu einem um mildernde Umstände werden. Darrow argumentierte, dass Leopold und Loeb für ihre Taten nicht verantwortlich waren, da bestimmte Ereignisse in ihrer Kindheit zu emotionaler Unreife geführt haben. William Healy beschrieb in allgemeinen Worten wie Kindheitserfahrungen Schaden angerichtet hatten. Der *Boston Herald* fasste zusammen: „Das heutige Verhalten baute auf den Eindrücken von Gestern auf."[1057] Es gab sexuelle Obertöne bei Healys Aussage als er eine homosexuelle Beziehung zwischen Leopold und Loeb andeutete. Leopold, sagte Healy, war „mental krank" und zitierte ihn: „Mich zu entscheiden, einen Mord zu begehen oder nicht, war praktisch dasselbe wie zu entscheiden, ob ich Pie[os] zu Abend essen sollte."[1058] Loeb, sagte Healy, war mental ebenfalls erkrankt: „Für mich ist das Verbrechen selbst das direkte Resultat einer krankhaften Motivation in Loebs Geistesleben. Die Planung und Durchführung [waren] nur möglich, da er mental abnorm war, mit einer pathologisch gespaltenen Persönlichkeit."[1059]

Dr. Bernard Glueck betonte die Unvermeidbarkeit des Verbrechens beim gegebenen mentalen Zustand der Angeklagten. Leopold, sagte er, wurde „derart von seinen Wahnideen beherrscht", dass „er nicht anders handeln konnte, als es in Verbindung mit diesem Verbrechen durchgeführt wurde".[1060] Dem Gericht wurde jedoch niemals ein Beweis für tatsächliche Wahnvorstellungen vorgelegt. Loeb, sagte Glueck, „leidet an einem so großen Zwiespalt zwischen seinem intellektuellen und emotionalen Leben, dass er unfähig ist, die Bedeutung, die Qualität der Situation zu bewerten".[1061] Der Mord repräsentierte „das unvermeidbare Ergebnis dieses seltsamen Zusammentreffens zweier pathologisch gestörter Persönlichkeiten",[1062] In einem Interview kurz nach dem Prozess sagte Glueck, er glaube, dass letztlich Leopolds und Loebs Eltern verantwortlich für das Verbrechen waren, da „keiner diese Jungen als ‚Personen' wahrnahm".[1063]

Dr. William A. White hatte gerade den Dienst als Präsident der American Psychiatric Association angetreten, als er als Starzeuge im Prozess aussagte. Es sollte seine Aufgabe sein, die Natur der Kindheitsereignisse im Detail deutlich zu machen, von denen es hieß, dass sie die Persönlichkeiten von Leopold und Loeb verbogen hätten. White „wurde es gestattet, sieben Stunden lang ohne Unterbrechung auszusagen, um die Persönlichkeit und das geistige Leben der

---

[os] Gewöhnlich ist hier der typische gefüllte amerikanische Obstkuchen gemeint. Der Begriff wird aber auch für Pasteten oder Torten verwendet.

beiden Jungen detailliert zu beschreiben".[1064] Er sprach dabei beide Angeklagte mit ihrem Kindheitsnamen an, um ihre Unreife zu betonen und sagte, dass sich die Eltern ihnen emotional entzogen, obwohl es ihnen materiell an nichts mangelte: „Dickie [Loeb] sagte mir, er dachte, seine Familie hätte ihn mehr oder weniger vernachlässigt, aber ihre Absichten waren ganz und gar gut."[1065] Leopold und Loeb waren als Kinder von Gouvernanten betreut worden und White deutete an, dass diese Frauen der Hauptgrund für die Probleme der Jungen gewesen waren. Loebs Gouvernante z. B. war „prüde und asketisch"[1066] mit „Repressionen", die Loeb überbehüteten, und sie hatte „enormen Wert auf seine Schularbeiten gelegt".[1067] Tatsächlich „schienen Fräulein Struthers und Mathilda Wantz [die Gouvernanten]" einem Bericht zufolge „genauso vor Gericht zu stehen, wie [Leopold und Loeb]".[1068] Als Konsequenz aus solchen Kindheitserfahrungen, sagte White, „entwickelte Dickie mit seinem Minderwertigkeitskomplex definitiv antisoziale Tendenzen."[1069]

Dr. White beschäftigte sich eine ganze Weile mit der emotionalen Unreife von Leopold und Loeb und betonte immer wieder die größere Pathologie des Letzteren. Als Kind, sagte White, hatte Loeb einen Teddybären gehabt, dem er seine Fantasien erzählte. Doch aufgrund der psychischen Traumata seiner Kindheit konnte Loeb sich nicht von seinen Fantasien lösen. Nach White war Loeb „emotional immer noch ein kleines Kind, das zu seinem Teddybären sprach".[1070] Sein emotionales Alter lag trotz seines hohen IQ – der nach White etwa bei 160 lag – schätzungsweise bei fünf Jahren. White stellte Bilder von Loeb als kleinen Jungen vor, wie er als Polizist und Cowboy angezogen war, und betonte den ernsten Ausdruck auf dem Gesicht des jungen Loeb. „Es gibt eine Tendenz", sagte White, „dass sich Fantasien, abnorme Fantasien, in Realität verwandeln."[1071] Nach White hatte Leopold ähnliche Probleme, aber sie waren nicht so schwerwiegend. Seine emotionale Entwicklung wurde auf ein Alter von acht Jahren geschätzt. Bei ihrem ersten Treffen umschmeichelte Leopold White mit der Bemerkung: „Ich bin so froh, Sie zu treffen, Dr. White. Ich kenne die genaue Anzahl der Zeilen, die Sie in *Who's Who*[ot] einnehmen."[1073] In den Interviews mit ihm, vertraute White seinen Kollegen später an, waren Leopold und Loeb „höchst charmant".[1074]

Whites „Teddybär-Enthüllung", wie einige Zeitungen es nannten, wurde weitestgehend lächerlich gemacht. Ein Herausgeber bemerkte:

> *Wenn die Väter und Mütter im Allgemeinen nicht mit gesundem Menschenverstand ausgestattet wären, müsste sich Chicago große Sorgen über die Teddybär-Enthüllungen im Fall Leopold/Loeb machen. Tausende von Kindern mit gesunden Vorstellungen flüstern ihre kindlichen*

[ot] Sehr bekannte 1848 erstmals aufgelegte Personenenzyklopädie des schottischen Verlagshauses A&C Black. Unter dem Titel *Wer ist's?* wurde 1905 die erste deutsche Entsprechung von Herrmann A. L. Degener herausgegeben.[1072]

> *Fantasien einem Kameraden aus dem Spielzeugland zu und werden zu gesetzestreuen Erwachsenen mit klarem Verstand.*[1075]

Eine New Yorker Zeitung druckte die Schlagzeile: „Loeb nur 5, Leopold 8, sagt der Irrenarzt, aber jeder hat ein Riesen-Ego."[1076] Die New Yorker *Herald-Tribune* stellte fest: „Die Jungen mit puppenspielenden Babys in einen Klasse zu stecken, war eine der ungewöhnlichsten Analysen, die jemals in einem Gerichtssaal verkündet wurden."[1077] Aber Dr. White hielt an seiner Meinung fest und konnte auch im Kreuzverhör nicht verunsichert werden. White behauptete seine Untersuchungen von Leopolds und Loebs Gemütern „haben zur Klärung" beigetragen „wie eine Röntgenuntersuchung des Körpers"[1078] und verneinte, dass es für „Patienten bei einer psychiatrischen Untersuchung"[1079] möglich ist, den Prüfer zu hintergehen. Das einzige Mal, dass White während seiner langen Aussage die Fassung verlor, war, als der Bezirksanwalt „schließlich aus dem Stand das Zugeständnis von White forderte, dass er – trotz der Tatsache, dass er Vollzeitangestellter der Bundesregierung war – mit 250 Dollar (2.500 Dollar in heutiger Währung) pro Tag (von den Familien der Angeklagten) bezahlt wurde"; ein Punkt, bei dem White „rot anlief und wütend wurde".[1080]

Das Urteil im Leopold/Loeb-Fall fiel zugunsten der Angeklagten und demzufolge auch zugunsten von Freud aus. Der Richter nannte „die sorgfältige Analyse der Lebensgeschichte der Angeklagten [einen] wertvollen Beitrag zur Kriminologie".[1081] Obwohl er einräumte, „dass ähnliche Analysen anderer mit Verbrechen beschuldigter Personen wahrscheinlich ähnliche oder andere Abnormalitäten enthüllen werden"[1082], befand er die Belege für mildernde Umstände für ausreichend triftig. Und so wurden Leopold und Loeb in Übereinstimmung damit anstatt zum Tode zu „lebenslänglich plus 99 Jahre" ohne Bewährung verurteilt. Loeb wurde später im Gefängnis von einem anderen Insassen getötet, aber Leopold 1958 nach 34-jähriger Haft auf Bewährung entlassen.

Der Haupteffekt des Mordfalls Leopold/Loeb bestand darin, die freudsche Theorie in den amerikanischen Gerichten zu legitimieren. Der von Psychiatern hoch gelobte Clarence Darrow war 1925 der bedeutendste Gastredner eines Treffens der American Psychiatric Association. Dort stellte man fest, dass „die wahre Verantwortung" für Leopolds und Loebs Verhalten „nach übereinstimmender Meinung"[1083] der Psychiater bei ihren Eltern lag.

William A. White wurde später vom Kongress hinsichtlich der Annahme privater Gelder in seiner Funktion als Regierungsangestellter überprüft, aber entlastet, als er einer Beurlaubung für die Zeitdauer des Prozesses zustimmte.[1084] (1925 bat Darrow White im Scopes-Prozess über die Evolutionslehre auszusagen, aber White lehnte ab.)

Darrow blieb für den Rest seines Lebens ein großer Befürworter der freudschen Theorie und war 1931 (zusammen mit White, Abraham Brill und Theodore Dreiser) einer der Hauptredner auf einem Bankett im New Yorker Ritz-Carlton Hotel anlässlich der Feier zu Freuds 75. Geburtstag.[1085]

Zusätzlich zur Legitimation machte der Prozess die freudsche Theorie weithin bekannt. Einem Historiker zufolge stellte der Fall „für den einfachen Amerikaner eine Art Crash-Kurs in Psychoanalyse [bereit] ... [und] lieferte den amerikanischen Lesern zum ersten Mal eine ausgiebige Berichterstattung über freudsche Denkweise".[1086] Durch die Assoziation der freudschen Theorie mit der liberal-politischen Person Clarence Darrows half der Prozess auch dabei, ihre entstehende Verbindung mit linker Politik in Amerika zu festigen. Die Namen von Leopold und Loeb wurden dauerhaft mit Freud in Verbindung gebracht, ein ironisches und euonymisches[ou] Resultat, sofern man in Betracht zieht, dass Nathan F. Leopolds Zweitname tatsächlich „Freudenthal"[1087] war.

[ou] Euonym = treffender Name, euonymisch = treffend, passend

7.3   Karl Menninger

Das Konzept krimineller Verantwortlichkeit in der amerikanischen Jurisprudenz wurde durch den Mordfall Leopold und Loeb grundlegend verändert. Als Ralph Edwards einen Monat nach dem Prozess im September 1924 in Baltimore wegen Scheckbetrugs angeklagt wurde, erklärte er dem Richter: „Vielleicht hab ich es getan. Aber ich hatte schon eine Verhandlung wegen einer ähnlichen Anklage und ein Seelenklempner [Psychiater] hat festgestellt, dass ich es nicht war. Es war mein Unterbewusstsein."[1088] 1926 berichtete die *Associated Press*, dass die Psychoanalyse als „Disziplinarmaßnahme für Kinder"[1089] den Platz der Prügelstrafe einnahm. Im Licht der neuen freudschen Doktrin schien Verantwortlichkeit für das Verhalten einer Person ein Widerspruch in sich zu sein, da man annahm, dass es weitgehend von unbewussten Gedankenprozessen bestimmt wurde. Lincoln Steffens, dessen Schriften Anfang des Jahrhunderts Korruptionsfälle im Geschäftsleben und in der Regierung aufgedeckt hatten, reflektierte nach einer zweimaligen Psychoanalyse über das neue Moralkonzept: „Ich erinnere mich, darüber nachgedacht zu haben, wie lächerlich meine Skandalreportagen von guten und schlechten Menschen waren und die Annahme, dass man durch Darstellung von Fakten und Verhältnissen Leute davon überzeugt, sich oder ihr Benehmen zu ändern."[1090] Die neue Moral lehrte, dass es weder gute noch schlechte Menschen gab, sondern bloß Marionetten des Unbewussten.

William A. White ging aus dem Mordfall Leopold und Loeb als der führende Fürsprecher freudscher Ansätze in der Kriminologie hervor, doch er bewegte sich auch auf die 60 und damit auf seine Pensionierung zu. Um diese Ideen in die Tat umzusetzen, wurden jüngere Leitfiguren gebraucht, und so richtete White in seiner Eigenschaft als Präsident der American Psychiatric Association kurz nach dem Ende des Leopold/Loeb-Falls ein Committee on Legal Aspects of Psychiatry[ov] ein. Zum ersten Vorsitzenden bestimmte er Dr. Karl Menninger, einen jungen Psychiater, der die Anwendung der freudschen Theorie in der Kriminologie zur seiner ersten Lebensaufgabe machen würde. Dr. Menninger sollte für den Strafvollzug das werden, was Dr. Spock für die Kindererziehung war ein populärer Evangelist der psychoanalytischen Schrift.

Menninger war wie Spock das älteste Kind einer erfolgreichen protestantischen Familie, abgesehen davon, dass die Menningers eher in Kansas denn in Connecticut lebten. Karl Menninger war ebenfalls auf eine rührende Art von seiner kontrollsüchtigen puritanischen Mutter abhängig und schrieb ihr z. B. als er im College von Selbstzweifeln geplagt wurde: „Bitte, Mama, sag mir, was du denkst. Ich bin überzeugt, dass du mich besser kennst als ich."[1091] Viele Jahre später schrieb ihm seine von ihm entfremdete Frau, was sie von der Kontrolle hielt, die seine Mutter über ihn ausübte: „Ich glaube, es wäre weit besser gewe-

---

[ov] Komitee für rechtliche Aspekte der Psychiatrie

sen, wenn ich in der Nacht gegangen wäre, in der du mir erzähltes, dass du deine Mutter in einem Brief gefragt hättest, ob wir jetzt ein Baby haben könnten."[1092] Genauso wie Spock sahen seine Kameraden in der Schule und im College Menninger auch als eine Art sozialen Außenseiter. Als Neuzugang am Washburn College stand er auf der Schwarzen Liste einer Studentenverbindung, der er sehr gerne beitreten wollte. Einer seiner Freunde hatte ihnen erzählt, er sei „schwachsinnig".[1093]

Eine solche Bewertung war übertrieben. Obwohl man in ihm nie mehr als einen durchschnittlichen Studenten sah, schloss Menninger das College ab, wechselte zur Harvard Medical School und machte dann eine Ausbildung als Psychiater am Boston Psychopathic Hospital[ow], bevor er nach Topeka zurückkehrte, um zusammen mit seinem Vater und seinem jüngeren Bruder Will die Menninger Clinic aufzubauen. Obwohl er anfänglich Interesse an biologischen Aspekten der Psychiatrie zeigte und tatsächlich zwei immer noch als bedeutend angesehene Schriften über das post-influenzale Schizophrenie-Syndrom veröffentlichte[1094], interessierte sich Menninger als Medizinstudent für Freuds Theorie. Als Auszubildender in der Psychiatrie unternahm er einen kurzen Psychoanalyseversuch[1095] bei Dr. Smith E. Jelliffe, einem engen Freund von William A. White. Jelliffe war wahrscheinlich die Person, die White auf Menninger aufmerksam machte. Menninger zog in Betracht, für eine vollständige Psychoanalyse nach Wien zu reisen, entschied sich aber dagegen. „Ich glaube nicht, dass ich den Mut habe, so lange von meiner Mama getrennt zu sein"[1096], erklärte er später.

Durch seine Patientenarbeit an der Menninger Clinic wuchs Karl Menningers Interesse an Freud immer weiter, und 1931 und 1932 unterzog er sich in Chicago formal einer Psychoanalyse bei Dr. Franz Alexander. Von Alexander sagte man, er gehörte „zu den allerbesten"[1097] von Freuds Schülern und glaubt, ihm sei die Analyse von Freuds Sohn Ernest anvertraut worden. Menninger zufolge „ermutigte [Alexander] ihn dazu, sich eine Geliebte zu nehmen"[1098], um seine gescheiterte Ehe zu kompensieren. Damals hatte Menninger eine Affäre mit der Frau eines Richters aus Topeka, der im Gegenzug wiederum ein Verhältnis mit Menningers Frau hatte. Nach dem Ende dieses „Vierergespanns" wie Menninger es nannte[1099], begann er eine Beziehung mit seiner Sekretärin Jeannetta Lyle. Sie dauerte fast zehn Jahre, bis er sich endlich von seiner Frau scheiden ließ und sie heiratete. Alexanders Rat an Karl Menninger war anscheinend kein exklusiver. Will Menninger wurde in seiner Psychoanalyse von Alexander auch zu einer Affäre angehalten, und als Wills Frau auf Alexander traf „drängte er sie sogar, sich einen Liebhaber zu nehmen".[1100]

1934 traf Karl Menninger auf Sigmund Freud. Von Franz Alexander begleitet besuchte er Wien, als er in Europa war, um am International Congress of Psychoanalysis[ox] teilzunehmen. In Freuds Haus sprach Alexander zuerst allein mit

---

[ow] Bostoner Krankenhaus für Psychopathologie
[ox] Internationaler psychoanalytischer Kongress

Freud, wobei Alexander einer Information zufolge, die Menninger später erhielt, „Freud erzählte, dass Karl sehr narzisstisch war ... [und] ihn warnte, seinen Analysanden nicht viel zu loben".[1101] Freud war Menninger gegenüber „ausgesprochen distanziert".[1102] Als Menninger ihm von der Menninger Clinic berichtete, an der Freuds Techniken zur Behandlung von schwer geisteskranken Patienten eingesetzt werden, antwortete Freud, dass er „mit der Psychoanalyse bei ernsthaft geisteskranken Patienten niemals Erfolg hatte".[1103]

Menningers Treffen mit Freud war eine bittere Enttäuschung. Später erinnerte er sich, dass „mein Narzissmus einen empfindlichen Schlag erhielt".[1104] Er schrieb sogar an Freud[1105] und telegrafierte ihm, nach Topeka zu kommen, erhielt aber keine Antworten. Trotz dieser Zurückweisung wurde Menninger zu einem noch ergebeneren Anhänger Freuds und schrieb an Alexander:

> *Freud hat mich wie Sie wissen nicht besonders freundlich behandelt, aber nichtsdestoweniger glaube ich, dass seine Ideen, seine Auffassungsgabe, seine Formulierungen allen anderen Vorschlägen so unendlich weit voraus sind, dass ich mein Banner an seinen Mast genagelt habe und es für den Rest meines Lebens gegen jeden Angriff verteidigen werde.*[1106]

Seinem Biographen zufolge „setzte [Menningers Treffen mit Freud] einen persönlichen Kreuzzug in Gang, um zu beweisen, dass er das gründlich meistern und erklären konnte, was er als die wichtiges Ideensammlung der Moderne ansah".[1107] In der *New Republic* verglich Menninger Freud mit Plato und Galileo[1108], und als Freud 1939 starb, schrieb er einen Nachruf in *Nation* und lobte „den Genius ... die Sanftheit und Anmut seines Charakters. ... Er war nahezu eine so einmalige Person, dass man ihn schwerlich mit jemanden vergleichen kann."[1109] Karl Menninger wurde seiner eigenen Einschätzung nach „freudscher als Freud".[1110]

In der Zeit um Freuds Tod hatte Menninger noch mit einer weiteren Psychoanalyse begonnen. Dieses Mal bei Dr. Ruth Brunswick in New York City, die als orthodoxe Freudianerin „die Rolle der Mutter in der Persönlichkeitsentwicklung hervorhob".[1111] Als Amerikanerin hatte Brunswick zwischen 1922 und 1938 in Wien gearbeitet und besuchte mit Unterbrechungen eine Analyse bei Freud. Nach Paul Roazens *Freud and His Followers*[oy] war Brunswick „ohne Frage Freuds Liebling in Wien"[1112] und stand mehrere Jahre lang „Freud näher als seine eigene Tochter Anna".[1113] Als „eine von Freuds brillantesten Schülerinnen"[1114] wurde Brunswick, nachdem Freud die Behandlung zum Teil vervollständigt hatte, die Verantwortung für die Psychoanalyse des Wolfsmenschen, einer von Freuds berühmtesten Patienten, übertragen. Während ihrer Analyse bei Freud und mit seiner Ermutigung hatte sich Brunswick von ihrem ersten Ehemann scheiden lassen und Mark Brunswick geheiratet.[1115] Freud analysier-

---

[oy] dt. Ausgabe: *Sigmund Freud und sein Kreis* (1976)

te damals gleichzeitig Ehemann und Ehefrau. In den letzten Jahren ihrer langen Psychoanalyse bei Freud wurde Ruth Brunswick von Morphium und anderen Drogen abhängig.[1116] (Während Brunswicks Analyse von Menninger war sie stark drogenabhängig und hatte Menninger zufolge die „Neigung, einzuschlafen, sogar Anrufe während seiner Analysestunde entgegen zu nehmen"[1117] und „bestellte [gelegentlich] Dinge für den Haushalt aus Warenhäusern".[1118] Sechs Jahre später starb Brunswick an den Verletzungen, die sie durch einen Sturz unter Drogeneinfluss erlitt".)

Trotz dreier psychoanalytischer Versuche hatte Karl Menninger sein ganzes Leben lang große Schwierigkeiten in Beziehungen zu anderen. Seinem Biographen Lawrence J. Friedmann zufolge war er „chronisch unsicher"[1119], „launisch und unberechenbar".[1120] 1951 löste er den einzigen Psychiaterstreik in der amerikanischen Geschichte aus[1121], als die emigrierten europäischen Psychiater der Menninger Clinic die Arbeit so lange niederlegten bis er zustimmte, sie genauso zu bezahlen wie ihre amerikanischen Kollegen.[1122] 1965 wurde er durch eine Revolte der Mitarbeiter kurzerhand als Chef der Klinik abgesetzt, weil sie seinen autoritären Führungsstil satt hatten und verbrachte den Rest seines Lebens in einem Chicagoer Semi-Exil.

Was Karl Menninger aus seinen persönlichen Psychoanalysen und seinen Studien von Freud ableitete, war eine einfache bestimmende Sichtweise, die seine Vorstellungen von jedem menschlichen Verhalten beherrschte. Menninger glaubte, dass Mütter sowohl auf persönlicher als auch auf kultureller Ebene der Grund für praktisch jede Psychopathologie sind. Diese Ansicht entwickelte er in zwei bemerkenswert frauenfeindlichen Artikeln[1123], die im Februar und August 1939 im *Atlantic Monthly* veröffentlicht wurden. Menningers Konzept der Erbsünde war „die Kindheitserfahrung, [von Müttern] zu stark und zu schnell zurückgewiesen worden zu sein".[1124] Diese Erfahrung der Frustration führt in Gegenzug zu „dem Hass, der im Herzen des Kindes brennt", denn die Mutter ist „diejenige, die zuerst Bitterkeit und Rachewünsche beim Kind hervorruft". Menninger fuhr fort: „Es ist die Mutter, an der sich die tiefste Ebene der Feindseligkeit festmacht. ... Wenn wir die vielen Schichten des Hasses durchdringen, kommen wir endlich zur tiefsten Wunde von allen – ‚Mutter hat mich im Stich gelassen'." Der von den Müttern verursachte Hass wurde dann aus Menningers Sicht der Grund für Neurosen, Psychosen, Alkoholismus, sexuelle Probleme, Eheprobleme, Persönlichkeitsstörungen, Verbrechen und sogar Krieg – tatsächlich lagen die Wurzeln praktisch allen individuellen und kulturellen Übels in der Enttäuschung der Kinder durch ihre Mütter.

Als von William A. White ausgewählter Erbe erwies sich Karl Menninger auch als versierter Schüler, Freuds Theorie auf Kriminologie und Strafvollzug anzuwenden. Zusätzlich zu Whites Schriften stützte sich Menninger auf William Healy, den er in Boston kennengelernt hatte[1125] und verwendete auch Ideen von

Franz Alexander, seinen zweiten Analytiker, der mit Healy zusammen 1935 *The Roots of Crime: Psychoanalytic Studies*[oz] verfasste.

Menningers Schriften über kriminelles Verhalten datieren mit 1925 auf dasselbe Jahr, in dem ihn Dr. White zum Vorsitzenden des APA Committee on Legal Aspects of Psychiatry ernannte. In einem Artikel „Psychiatrie and the Prisoner"[pa], in dem Menninger als „Professor für Kriminologie, Washburn College, Topeka" bezeichnet wurde, prangerte er die „mittelalterlichen Dummheiten"[1126] des traditionellen gesetzlichen Strafvollzugsystems an und forderte, dass eine „wissenschaftliche (psychiatrische) Einstellung früher oder später die existierende juristische Vorgehensweise vollständig ersetzen muss". Der Grund, warum dies nach Menninger notwendig war, lag darin, dass Verbrechen von Individuen mit krankem Gemüt begangen werden, und im medizinischen Rahmen das Konzept von Gerechtigkeit bedeutungslos ist. „Ist Lungenentzündung ‚gerecht'? Oder Krebs oder die Schwerkraft oder das Ausbreiten von Dampf? Welches Gerechtigkeitskriterium kann auf einen gebrochenen Arm oder einen schwachen Geist angewendet werden?"

Nach Menninger war eher eine Behandlung als eine Bestrafung von Nöten.

> *Die Ärzte nahmen den Barbieren vor einem Jahrhundert das Operieren ab. Nun übernehmen sie die Kriminologie und das Strafrecht von Politikern, Aufsehern und Anwälten. [Gefängnisse sollten einem] Gesundheitsmanagement von Experten unterstellt werden, [bei dem] ... eine 'Strafe' für einen Mörder genauso undenkbar ist wie jetzt für einen Melancholiker. ... Die Entlassung vor einer vollständigen Genesung wird genauso irregulär und unangemessen für einen Dieb oder einen Vergewaltiger sein, wie sie es jetzt für einen Paretiker*[pb] *oder einen Leprakranken ist. [Er kam zu dem Schluss, dass] die Zukunft des amerikanischen Gefängnissystems in den Händen von Psychiatern und ihren Verbündeten, den Sozialarbeitern, liegt.*

Bis zu seinem Tod in 1990 blieb Karl Menninger die folgenden 65 Jahre die lauteste Stimme, die eine Psychiatrisierung der Kriminologie forderte. In einem Artikel von 1937 lobte er „Alexander, Healy, White, Glueck und andere, ... die das wissenschaftliche Studium der Kriminalpsychologie im Hinblick auf eine menschlicherer und effektivere Kontrolle vorangetrieben haben".[1127] Die Basis solcher wissenschaftlicher Studien sei „das schlussfolgernde Genie von Freud, der für uns in wissenschaftlichen Begriffen das Konzept einer Böswilligkeit im Organismus skizziert hat, eines Instinkts in Richtung Zerstörung"[1128], eines Instinkts, der durch unbedachtes Verhalten der Mütter ihren kleinen Kindern gegenüber aktiviert wurde. Zur Zeit, als Hitler drohte, Europa in einen bewaffneten

---

[oz] *Die Wurzeln der Kriminalität: Psychoanalytische Studien*
[pa] „Die Psychiatrie und der Gefangene"
[pb] Parese (med.) = teilweise Lähmung

Konflikt zu führen, bekräftigte Menninger seine These, dass Mütter den Todesinstinkt aktivieren und deshalb der Grund für Kriege sind und bemerkte, „es basiert auf der Arbeit von Freud, dass andere vorgeschlagen haben, durch die Anwendungen unserer psychologischen Kenntnisse, den Krieg zu beenden".[1129] Ähnliche Töne wurden in Menningers *Man Against Himself* (1938)[pc] und *Love Against Hate* (1942)[pd] angeschlagen.

Karl Menningers Einfluss als freudscher Botschafter in den Gefängnissen und Strafanstalten der Nation nahm über die Jahre genauso zu wie sein Name bekannter wurde. Nach der Veröffentlichung von *The Human Mind*[pe] wurde Menninger 1930 gebeten, eine monatliche Frage-und-Antwort-Kolumne über „mentale Hygiene zu Hause" für das *Ladies Home Journal* zu schreiben[1130], den Vorläufer von Margaret Meads und Benjamin Spocks Kolumne im *Redbook* drei Jahrzehnte später. Mit Will Menninger 1948 in einer Titelgeschichte von *Time* profitierten die Menningers sehr von der Popularisierung der freudschen Theorie nach dem Zweiten Weltkrieg.[1131] Zwei Jahre später bezeichnete *Newsweek* die Menninger Clinic als „das weltweit bekannteste psychiatrische Zentrum".[1132] 1962 begleitete Walter Cronkite ein CBS-Fernseh-Team nach Topeka, um einen Film über die Menningers zu drehen, und 1979 wurden ihre Gesichter als Inbegriff des Heilens in einem Farbglasfenster der Washington Cathedral institutionalisiert. 1981 wurde Karl Menninger die Medal of Freedom[pf] verliehen, die höchste zivile Auszeichnung der Nation. Die Menningers kamen, um Freud in Amerika zu repräsentieren, und langsam wandelte sich Ehre in Verehrung.

Unter diesen Umständen war es nicht verwunderlich, dass Karl Menningers *The Crime of Punishment*[pg] viel umjubelt war, als es 1968 herauskam. Die *New York Times* nannte es „eine donnernde klare Anklage des traditionellen Strafvollzugs"[1133] während *Life* es für „ein Modell des Rationalismus"[1134] hielt und sagte: „Lesen Sie dieses Buch und weinen Sie – und beten Sie, dass Karl Menninger vielleicht in unseren Kanzleien der Ungerechtigkeit und den Ungezieferbehausungen gehört wird, die wir Strafanstalten nennen." *Time* lobte es ebenfalls und bemerkte „der Beginn öffentlicher Weisheit liegt im Verständnis des kriminellen Gemüts".[1135] Der *Saturday Review of Literature*, die *Saturday Evening Post* und die *Catholic World* enthielten alle Artikel, in denen Menninger seine Ideen und Empfehlungen zusammenfasste.[1136]

Im Vergleich zu seinen Aussagen von 1925 hatte sich Menningers Botschaft tatsächlich etwas verändert. Das Vorwort von *The Crime of Punishment* begann mit einer kurzen Schilderung des Leopold/Loeb-Mordfalls und entwarf die Perspektive, Kriminelle weniger als rechtliche, sondern eher als medizinische Prob-

---

[pc] dt. Ausgabe: *Selbstzerstörung: Psychoanalyse des Selbstmordes* (1978)
[pd] dt. Ausgabe: *Liebe und Haß. Gedanken zur Zivilisation unserer Zeit* (1976)
[pe] *Der menschliche Verstand*
[pf] Freiheitsmedaille
[pg] *Das Verbrechen der Bestrafung*

leme zu sehen. Die Wurzeln des Verbrechens, versicherte Menninger, können bis in die frühe Kindheit und besonders zu den Müttern zurückverfolgt werden. Wie er 1959 in einem *Harper's* Artikel erklärte:

> *Die Straftäter, die in unsere Kreis-, Landes- und Bundesgefängnisse geworfen werden, sind nicht die allseits geliebten Kinder, sondern es sind normalerweise ungeliebte Kinder, physisch erwachsen, aber immer noch hungrig nach menschlicher Zuwendung, die sie niemals gehabt hatten oder auf normalen Wegen nicht bekommen. Deshalb verfolgen sie abnormale Wege – abnormal von unserem Standpunkt aus gesehen.*[1137]

Solche Straftäter zu bestrafen ist deshalb nicht nur unlogisch, sondern auch ungerecht. Wie Menninger zusammenfasste: „Ich nehme an, dass alle von inhaftierten Straftätern begangenen Verbrechen insgesamt nicht den sozialen Schaden der gegen sie begangenen Verbrechen aufwiegen [Betonung im Original]."[1138]

Menninger argumentierte, dass

> *die große Mehrheit von Übeltätern, sogar 'Kriminelle', niemals inhaftiert werden sollten, wenn wir sie 'heilen' wollen.*[1139] *Bevor wir die selbstzugefügten Leiden aus krankheitskontrollierten aggressiven Angriffen reduzieren können, müssen wir die altertümliche, obsolete Einstellung zur Bestrafung zugunsten einer modernen therapeutischen aufgeben.*[1140]

Diese Einstellung würde Bußgelder der Einkerkerung und unbefristete den festen Strafmaßen vorziehen und ebenso die Behandlung von Straftätern mit Würde und Verständnis und die Entwicklung von Gefängnissen zu therapeutischen Institutionen, die von Psychiatern und Sozialarbeitern geführt werden. „Dies würde ohne Zweifel zu einer Transformation der Gefängnisse führen, wenn nicht sogar zum völligen Verschwinden ihrer gegenwärtigen Form und Funktion."[1141]

7.4 Von William Healy zu Richard Herrin und Willie Horton

Sigmund Freuds Theorie, angewendet auf kriminelles Verhalten und vorangetrieben von William Healy, Bernard Glueck, William A. White, Karl Menninger und anderen psychoanalytisch orientierten Psychiatern, sickerte langsam in Amerikas Gerichtssäle, Zellenblöcke und Bewährungsbüros. Schon 1921 vollzog Massachusetts, bereits eine Bastion der Psychoanalyse, das Briggs Law, das die psychiatrische Untersuchung von Verbrechern erlaubte, um „die Existenz irgendeiner Geisteskrankheit oder eines Defektes [festzustellen,] die seine kriminelle Verantwortlichkeit beeinflusst".[1142] Kalifornien und andere Staaten fügten unter dem Einfluss von Psychiatern und Sozialarbeitern ihren Strafgesetzen Bestimmungen über unbefristete Strafmaße hinzu. 1929 wurde vermerkt, dass „der gegenwärtige Strafvollzugsbeauftragte des Staates New York ein Psychiater ist. Ihm ist in Sing Sing eine hauptamtliche Nervenklinik unterstellt, die von einem Psychiater geleitet wird, um diesen Ansatz in das Gefängnissystem des Staates einzuführen".[1143]

Die volle Entfaltung der freudschen Theorie in der amerikanischen Kriminologie und dem Strafvollzug fand nicht vor Ende des Zweiten Weltkriegs statt. In Nazi-Deutschland waren genetisch orientierte Theorien über Kriminalität vorherrschend gewesen und bis 1936 wurden „50 Untersuchungsstationen in ganz Deutschland eingerichtet, um die genetischen und rassischen Besonderheiten von Verbrechen zu erforschen. … Jeder, der eine Strafe von drei Monaten oder länger verbüßte, musste sich untersuchen lassen".[1144] In den Nachwirkungen des Krieges gerieten genetisch orientierte Theorien über Kriminalität völlig in Verruf, genauso wie andere Teile der Nazi-Palette aus Vorurteilen und Hass. In Amerika sprachen Kriminologen von da an über die sozialen, ökonomischen und familiären Vorläufer von Verbrechen, aber nicht über seine genetischen Wurzeln.

In dieser Atmosphäre wurde das Konzept von Verbrechen als Konsequenz früher Kindheitserfahrungen und des sozialen Umfeldes in breiterem Umfang schnell akzeptiert. Behandlungseinrichtungen für die „Heilung" von Gefangenen von ihrem kriminellen Verhalten wurden 1954 in Kalifornien eröffnet (Atascadero State Hospital[ph]) und 1955 in Maryland (Patuxent Institute). Massachusetts, New York und Wisconsin steuerten ebenfalls mit Nachdruck in diese Richtung und fast alle staatlichen Vollzugssysteme waren zumindest teilweise von diesem „Behandlungs"-Konzept beeinflusst. In Topeka richtete Karl Menninger eine psychiatrische Beratung für das Police Department[pi] und das Federal Bureau of Prisons[pj] von Topeka durch seine Klinik ein.

[ph] Landeskrankenhaus von Atascadero
[pi] Polizeibehörde
[pj] Bundesamt für Gefängnisse

Dr. Seymour L. Halleck, ein von Menninger ausgebildeter Psychiater und einer der Architekten des „Behandlung"-Systems von Wisconsin, veranschaulichte die Strategie hinter derartigem Denken in seinem Buch *Psychiatry and the Dilemmas of Crime* (1967).[pk] Darin hieß es:

> *Eine Prädisposition zur Kriminalität muss zu einem großen Teil im Hinblick auf die Belastungen verstanden werden, die von den Eltern ausgingen. ... Die größten Belastungen der Kindheit in Verbindung mit krimineller Prädisposition können klassifiziert werden als elterliche Zurückweisung, elterlicher Missbrauch, elterliche Inkonsequenz und elterliche Überregulierung.*[1145]

Solche Ideen wurden weiter bekräftigt durch populäre Zulieferer der freudschen Theorie wie Dr. Benjamin Spock, der in einer seiner *Redbook*-Kolumnen die Ursachen der Kriminalität beschrieb: „Sie [die Kriminellen] wurden in ihrer Jugend nie geliebt und fühlten nie, dass sie wirklich zu ihren Eltern gehörten."[1146] Ähnlich sprach Margaret Mead, regelmäßige Besucherin und Lektorin der Menninger Clinic und Mitglied des Vorstandes über die familiären und sozialen Wurzeln von Kriminalität: „Wir können die Tatsache akzeptieren, dass Gefangene, überführte Kriminelle, Geiseln unseres eigenen menschlichen Versagens sind, eine anständigen Lebensstil zu entwickeln und zu unterstützen."[1147]

Die freudsche Theorie hat die amerikanische Kriminologie und den Strafvollzug in drei wichtigen Bereichen beeinflusst: dem Konzept der Verantwortlichkeit, der Idee der Verbrechensvorbeugung und der Verhängung von Strafmaßnahmen. Bezüglich des ersteren hatte William A. White sich unmissverständlich für „die Abschaffung des Verantwortlichkeitskonzeptes"[1148] ausgesprochen und Karl Menninger wiederholte seine Idee. Im Englischen Gesetz wurde bereits lange akzeptiert, dass Individuen, deren kriminelle Taten das Ergebnis von Wahnsinn oder einer anderen Geisteskrankheit waren, nicht für voll verantwortlich gehalten werden sollten. Aber es war der Einfluss der freudschen Ideologie, der zu einer breiten Aufweitung dieses Konzeptes führte. Dies trat äußerst dramatisch 1954 auf dem Höhepunkt der Nachkriegsblüte der Psychoanalyse zu Tage, als Richter David Bazelon das weitergab, was im Columbia District[pl] als die Durham-Entscheidung bekannt war:

> *Unsere Traditionen erfordern es auch, dass dort, wo solche [kriminellen] Taten sich ableiten aus und das Produkt einer mentalen Erkrankung oder eines Defekts sind – in dem Sinne wie diese Begriffe hier gebraucht werden –, keine moralische Schuld festgemacht werden kann, und so gibt es keine kriminelle Verantwortlichkeit.*[1149]

[pk] *Psychiatrie und die Dilemmas der Kriminalität*
[pl] Der District of Columbia ist identisch mit dem Stadtgebiet von Washington D. C., wobei die Abkürzung D. C. dafür steht. Er ist als Bundesdistrikt dem Kongress direkt unterstellt und gehört zu keinem Bundesstaat.

Der Durham-Entscheidung applaudierend nannte Karl Menninger sie „revolutionärer in ihrer Gesamtwirkung als die Entscheidung des Supreme Court[pm] zur Rassentrennung".[1150]

Der psychoanalytischen Theorie zufolge "kann das Produkt einer geistigen Krankheit oder eines Defekts"[1151] auf praktisch jede Straftat ausgedehnt werden. Es ist somit nicht überraschend, dass die Durham-Entscheidung und ihre folgenden Variationen, die die Verteidigung aufgrund von Unzurechnungsfähigkeit noch weiter ausweiten, eine Imbroglio[pn] in amerikanischen Gerichtshöfen erzeugt haben, die regelmäßig die Regionen der Lächerlichkeit durchquert und die Höhen des Absurden erreicht. Z. B. stellten 1969 die Psychiater in der Verhandlung von Sirhan Sirhan, der des Mordes an Senator Robert Kennedy beschuldigt war, der Verteidigung Aussagen hinsichtlich seiner frühen Kindheitstraumata und des Hasses seines Vaters vor, die die Presse als "einen psychiatrischen Zirkus – vielleicht als Teil des Clown-Nummer"[1152] verspottete. Sirhans erster Psychiater war Dr. Bernard L. Diamond. (Als 12-jähriger hatte er begierig den Leopold/Loeb-Prozess verfolgt, über den er „alles las, was er darüber finden konnte und auf der Stelle feststellte, dass er als Erwachsener Psychoanalytiker sein wollte".[1153])

Es ist wichtig festzustellen, dass die Durham-Entscheidung von 1954 eine vollständig logische Erweiterung des freudschen Denkens über kriminelles Verhalten war. Das Konzept verbreitete sich sehr schnell, und eine Studie zeigte, dass Freisprüche aufgrund von Unzurechnungsfähigkeit zwischen 1965 und 1976 um das Fünffache zunahmen[1154], und die durchschnittliche Haftdauer von aus demselben Grund nicht verurteilten Mördern nur acht Monate betrug. Unzurechnungsfähigkeit im weiteren freudschen Sinne wurde zunehmend zur Verteidigung von Verbrechen angeführt, und Rechtsanwälte und Psychiater wurden dabei in ihren Beschreibungen von anscheinend harmlosen Kindheitserinnerungen immer kreativer, von denen sie behaupteten, sie seien die eigentlichen boshaften Vorläufer der Verbrechen.

Ein gut veröffentlichtes Beispiel für solch einen Prozess war der von Richard Herrin, einem Absolventen der Yale University, der 1977 seine Freundin Bonnie Garland brutal mit einem Hammer zu Tode prügelte, als sie versuchte, ihre Beziehung zu beenden. Herrin gab zu, den „Plan" gehabt zu haben, sie zu ermorden, das Haus nach einer geeigneten Waffe durchsucht und die Waffe unter einem Handtuch versteckt zu haben, für den Fall, dass Bonnies Familie, die in angrenzenden Räumen schlief, ihn zufällig in der Halle sah. Herrin gab ebenfalls zu, ein paar Tage vor dem Verbrechen ein Buch über die Verteidigung auf der Basis von Unzurechnungsfähigkeit in einem Mordfall erworben zu haben[1155], obwohl diese Tatsache in der Verhandlung nicht zur Sprache kam.

[pm] Oberster Gerichtshof der USA, nur bedingt vergleichbar mit dem deutschen Bundesverfassungsgericht
[pn] ital. = Verwirrung (in der Musik)

Herrin verpflichtete einen gut bekannten Rechtsanwalt für Strafsachen und Psychiater der Verteidigung mit Hilfe eines Fonds, der von seinen Freunden und der katholischen Gemeinde der Yale University eingerichtet worden war. Herrins Anwalt behauptete, sein Klient erfuhr zur Zeit des Verbrechens eine „extreme emotionale Störung"[1156] und dass er aufgrund von Unzurechnungsfähigkeit nicht schuldig war. Herrin war Abschlussredner[po] seiner High-School-Klasse in einem mexikanisch-amerikanischen Vorort von Los Angeles, gewann ein volles Stipendium und machte später seinen Abschluss an der Yale University. Während dieser Zeit zeigte er keine offensichtlichen Zeichen einer geistigen Erkrankung.

Die beiden als Zeugen der Verteidigung angeheuerten Psychiater, die Doktoren John Train und Marc Rubinstein, waren ebenfalls voll ausgebildete Psychoanalytiker. Beide behaupteten, dass Herrin an einer „vorübergehenden situationsgebunden Reaktion"[1157] litt, als er das Verbrechen beging. Dr. Train schilderte frühe Kindheitserfahrungen, von denen er sagte, sie haben zu Herrins mentalem Zustand beigetragen. Dazu gehörten ein Hautleiden an seinen Beinen, Bettnässen und ein alkoholkranker Vater, der die Familie sitzen ließ. Als meist bedeutend wurde aber die Tatsache dargestellt, dass Herrins Mutter zu der Zeit angefangen hatte, sich mit einem anderen Mann zu treffen, als ihr Sohn in „der ödipalen Phase seines Lebens" war, die nach Dr. Train eine „sehr empfindliche Zeit in der Entwicklung eines Kindes ist".[1158] Herrins Anwalt zufolge führten diese Kindheitserfahrungen zu „einer intensiven Furcht vor dem Verlassenwerden durch geliebte Menschen".[1159] Als Herrin von einer Freundin mit dem Ende ihrer Beziehung konfrontiert wurde, ermordete er sie. Das Gericht glaubte solchen Aussagen offensichtlich und sprach Herrin aufgrund seiner „extremen emotionalen Verstörung" nicht des Mordes, sondern nur des Totschlags schuldig.

Aus der Sicht der freudschen Theorie erschien Herrins Verteidigung logisch. Wie der Psychoanalytiker Willard Gaylin in seinen Berichten über den Fall bemerkte: „Psychiatrisch gesprochen ist nichts falsch – nur krank. ... Wenn eine Handlung keine Wahl ist, sondern bloß das unvermeidliche Produkt einer Reihe von vergangenen Erfahrungen, kann ein Mensch eines Verbrechens nicht mehr schuldig sein, als er an einem Abszess schuldig ist."[1160] Frau Garland, die die Leiche ihre Tochter mit Blut und Gehirngewebe bespuckt fand, war nicht in der Lage, Verständnis für derartige freudsche Logik aufzubringen und kommentierte bitter: „Wenn man über einen Verteidigungsfond von 30.000 Dollar verfügt, Beziehungen nach Yale und zum Klerus hat, hat man einen Hammermord frei. ... Der Himmel möge Freundinnen und Freunden helfen, die die Beziehung beenden wollen."[1161] Frau Garlands Bewertung spiegelte die Anmerkung von Vladimir Nabokov wider, der sagte: „Der Glaube an Freud führt zu gefährlichen ethischen Konsequenzen, wenn ein schmutziger Mörder mit dem Gehirn eines Bandwurms zu einer geringeren Strafe verurteilt wird, weil seine Mutter ihn zu

---

[po] Die Abschlussrede wird traditionell vom jahrgangsbesten Absolventen gehalten

viel oder zu wenig geschlagen hat – es funktioniert in beiden Richtungen."[1162] In seinem Buch von 1982 über den Fall Herrin, brachte es Peter Meyer in den richtigen historischen Zusammenhang: „Wenn Menninger ein Sprecher einer bereits in Gang gesetzten Revolution war, war Richard Herrin 1978 einer ihrer Begünstigten, und die Garlands könnten eins ihrer Opfer gewesen sein."[1163] Verteidigung aufgrund von Unzurechnungsfähigkeit, die einst eng für die Anwendung bei wirklich geisteskranken Individuen definiert worden war, war durch 50 Jahre freudschen Einfluss zu einem schützenden Regenschirm geworden, der praktisch alle Verbrechen abdeckte.

Ein anderes Gebiet, auf dem die freudsche Theorie die amerikanische Kriminologie grundlegend beeinflusste, ist das Konzept der Verbrechensvorbeugung. Seit den 1920ern wurde von den Professionellen der mentalen Gesundheit argumentiert, dass jugendliche Straftäter von einem bevorstehenden Verbrecherleben abgehalten werden können, wenn sie mit Freud-inspirierten Ratschlägen und Psychotherapie versorgt werden. Seine eigenen innerseelischen Wurzeln zu verstehen, hilft dieser Theorie zufolge Menschen dabei, eher gerade als verbogen zu wachsen. Wie Dr. Thomas Salmon 1921 erklärte, „wird [von Erziehungsberatungszentren] erwartet, dass sie einen großen Einfluss auf die Verminderung von Straffälligkeiten haben, so wie es die Erfolge der National Tuberculosis Association[pp] zeigen, die die Ausbreitung dieser Krankheit deutlich verringert hat".[1164]

Von 1937 bis 1945 wurde ein ausgiebiges Forschungsprojekt durchgeführt, um die Effektivität von Beratung und Psychotherapie bei der Verbrechensvorbeugung zu bewerten. Bezeichnet als das Cambridge-Sommerville Delinquency Prevention Project[pq, 1165] bezog es mehr als 600 Jungen aus dem Gebiet von Boston ein, die als potentiell straffällig eingestuft wurden. Die Jungen wurden mit einer Münze per Zufallsprinzip entweder einer „nicht behandelten" Kontrollgruppe oder einer „behandelten" Gruppe zugeordnet, wobei die Behandlung in einer fortdauernden Beziehung zu einem Sozialarbeiter bestand. Die Sozialarbeiter trafen sich mit den Jungen im Durchschnitt zweimal im Monat über einen Zeitraum von fünfeinhalb Jahren. Von den Sozialarbeitern hieß es, dass sie sowohl traditionelle psychoanalytische als auch nicht-direktive Techniken anwendeten, die auf der Theorie des Psychotherapeuten Carl Rogers basierten. Zusätzlich wurde über die Hälfte der Jungen der Behandlungsgruppe in akademischen Fächern unterrichtet, die Hälfte wurde in Sommerlager geschickt und ein Drittel wurde an „medizinische oder psychiatrische Hilfe" überwiesen. Die Jungen waren zu Beginn des Behandlungsprogramms im Durchschnitt 10 Jahre alt und fast 16 als es endete.

1948, drei Jahre nach dem Ende des Projektes, zeigte eine erste Evaluierung der Ergebnisse, dass „die behandelten Jungen nicht weniger wahrscheinlich vor

---

[pp] Nationale Gesellschaft für Tuberkulose
[pq] Cambridge-Sommerville-Projekt zur Vorbeugung von Straffälligkeit

Gericht gestellt wurden und auch nicht weniger Verbrechen begangen hatten".[1166] Es wurde jedoch vorhergesagt, dass die Effektivität der Behandlung über einen längeren Zeitraum deutlicher wurde. „Die Evaluierung in den 1950ern ... zeigte jedoch erneut keinen Nutzen des Programms". Nach 30 Jahren wurde 1975 eine Nachuntersuchung durchgeführt, bei der noch 95 Prozent der Untersuchungsgruppe lokalisiert werden konnte. Es wurde festgestellt, dass „als Erwachsene eine gleich große Anzahl [aus den behandelten und nicht behandelten Gruppen] für ein Verbrechen verurteilt wurden. ... Jedoch beging unerwarteterweise ein größerer Anteil der Kriminellen aus der Behandlungsgruppe mehr als ein Verbrechen"[1167], und dieser Unterschied war statistisch signifikant. Weitere Analysen der Studie deckten auf, dass eine längere Behandlung die Wahrscheinlichkeit auf ein späteres kriminelles Verhalten erhöhte und eine intensivere Behandlung, bei der die Berater sich auf persönliche oder familiäre Probleme konzentrierten, dies ebenso tat. Wie Dr. Joan McCord, Professorin für Strafrecht an der Temple University die Ergebnisse zusammenfasste: „,Mehr' war ,schlechter'."[1168]

So scheint es also, dass Beratung und Psychotherapie jugendlicher Straftäter späteres kriminelles Verhalten nicht reduzieren, sondern im Gegenteil, sofern sie überhaupt einen Effekt haben, solches begünstigen. Mit den o. g. Worten von Dr. Thomas Salmon von 1921 ist es so, als ob ein Tuberkulosevorbeugungsprogramm zu einer stärkeren Verbreitung dieser Krankheit geführt hätte. Warum allerdings Beratung und Psychotherapie eher zu einem Anstieg als zu einer Abnahme kriminellen Verhaltens führen sollten, ist eine Frage der Spekulation. Dr. McCord nahm u. a. an, dass die Berater die Abhängigkeit unter den Jungen verstärkt haben und dass sie deshalb weniger in der Lage waren, die Probleme des Lebens alleine zu bewältigen, als das Programm beendet wurde. Alternativ schlug sie vor, dass „die unterstützende Einstellung der Berater die Realität der Jungen so gefiltert haben könnte, dass sie mehr vom Leben erwartet haben, als sie hätten empfangen können".[1169] Gleichermaßen plausibel ist, dass die Freud-orientierte Beratung den Jungen vermittelte, dass sie für ihr Verhalten nicht verantwortlich waren, da es ein Produkt aus ihren Kindheitserfahrungen und der Gesellschaft war. So entlastet wurden die Jungen aus der behandelten Gruppe weniger von ihrem Gewissen geplagt als die aus der nicht behandelten.

Der dritte Bereich der Kriminologie, in dem die freudsche Theorie das amerikanische Denken beeinflusste, ist das Konzept der Bestrafung. Wenn ein Individuum für sein oder ihr kriminelles Verhalten tatsächlich nicht verantwortlich ist, dann ist es unlogisch, diese Person zu bestrafen. William A. White reflektierte dies in seinen Empfehlungen, dass „sowohl Strafanstalten als auch Bestrafungen abgeschafft werden sollten"[1170] und Karl Menninger weitete diese Ansicht in „das Verbrechen der Bestrafung" aus.

Die Patuxent Institution in Maryland verkörperte das Ziel der Rehabilitation im Gegensatz zur Bestrafung von Kriminellen so überzeugend wie keine andere Strafvollzugseinrichtung der Vereinigten Staaten. Nach ihrer Gründung in 1955 wurden ihre 500 Insassen, die sorgfältig aus Bewerbern anderer Strafanstalten des Staates Maryland ausgewählt wurden, sowohl individuell als auch gruppentherapeutisch „behandelt", um ihnen zu helfen, die Wurzeln ihres kriminellen Verhaltens zu verstehen. In Übereinstimmung mit dem Ziel, die Rehabilitation an die Stelle der Bestrafung zu setzen, waren alle Insassen in Patuxent vom Tag ihrer Ankunft an zu Heimaturlauben, Arbeitserleichterungen und Haftunterbrechungen berechtigt. Der Faktor, der die Entlassung bestimmte, war nicht die bereits verbüßte Zeit, sondern wie schnell er Einsicht in sein Verhalten erlangte und dadurch „geheilt" wurde. Diesen Richtlinien zufolge wurden zu Lebenslänglich Verurteilte, im Vergleich zu 20 Jahren in anderen staatlichen Strafanstalten Marylands, von der Patuxent im Durchschnitt bereits nach acht Jahren entlassen (einige sogar schon nach vier Jahren).

Obwohl sie bereits seit 35 Jahren arbeitete, gab es bis vor Kurzem praktische keine veröffentlichten Daten über die Effektivität von Patuxent. Es wurde behauptet, dass die Rückfallquote ihrer entlassenen Gefangen bei 18 Prozent lag im Vergleich zu 47 Prozent bei anderen Gefängnissen Marylands. Jedoch muss dabei die Tatsache berücksichtigt werden, dass Patuxent nur solche Gefangenen zugelassen hatte, bei denen es ein geringeres Rehabilitationsrisiko gab. Dazu gehörte eine große Zahl Individuen, die Familienmitglieder getötet und keine Vorstrafen hatten – eine Gruppe, von der man wusste, dass sie eine sehr geringe Rückfallquote hatte. 1991 jedoch wurden die Ergebnisse einer vollständigeren Studie bekannt gegeben, die zeigten, dass trotz der Möglichkeit für Patuxent, seine Zugänge auszuwählen, „frühere Patuxent Insassen mit derselben Wahrscheinlichkeit erneut verurteilt wurden wie Personen, die aus anderen in der Studie berücksichtigten Staatsgefängnissen entlassen wurden."[1171] Von den Beratungsprogrammen hieß es, dass sie „keinen erkennbaren Effekt auf die Rückfälligkeit der Gefangenen haben".[1172]

Es ist bekannt, dass es unter den Insassen, die Patuxent behandelte und als „geheilt" entließ, einige tragische Fehlschläge gab. Nach sechsjähriger Haft tötete z. B. der wegen Mordes zu 30 Jahren verurteilte Charles Wantland[1173] nach der dritten Woche seines Hafturlaubs einen dreijährigen Jungen. Billy Ray Prevatte wurde für den Mord an einem Lehrer und Körperverletzung in zwei anderen Fällen zu lebenslanger Haft verurteilt. Nachdem er aus der Patuxent entlassen worden war, wurde er wegen Überfalls mit einer tödlichen Waffe und versuchtem Mord erneut zu 40-jähriger Haft verurteilt und ein zweites Mal von der Patuxent vier Jahre später entlassen. William Snowden[1174], 1974 zu 28 Jahren wegen Vergewaltigung und Überfalls verurteilt, erhielt 1981 von der Patuxent Hafturlaub. Fünf Monate später wurde er für eine weitere Vergewaltigung zu 20 Jahren verurteilt, 1986 wiederum von der Patuxent entlassen und 1990 erneut für den Mord an einer Frau verhaftet. 1988 geriet das Patuxent ins kritische Blickfeld der Öffentlichkeit, als aufgedeckt wurde, dass der verurteilte Vergewaltiger James Stavarakas während einer Freistellung zur Arbeit eine weitere Frau vergewaltigt hatte, und Robert Angell – einem dreifachen Mörder, der eins seiner Opfern zufällig auf der Straße aufgegriffen hatte – unüberwachte Heimaturlaube gewährt wurden. Ein Angestellter des Öffentlichen Dienstes verspottete die Patuxent als „nichts anderes als einen psychiatrischen Sandkasten" und weiter, dass „die öffentliche Sicherheit zu wichtig ist, als dass man sie der Psychiatrie überlassen könnte".[1175]

1975 wurde ein ausführlicher Rückblick auf alle „Behandlungs"-Programme (als Alternative zur Bestrafung) erwachsener Straftäter veröffentlicht. Nach Durchsicht „der Wirkung individueller Psychotherapie auf die Rückfallquote"[1176] in 13 verschiedenen Studien kamen die Verfasser zu dem Schluss, dass „keine klare positive oder negative allgemeingültige Aussage gemacht werden kann".[1177] Berücksichtigte man die Art der Psychotherapie jedoch, so wurde festgestellt, dass eine „pragmatisch orientierte Therapie", die „sich auf persönliche, berufliche und soziale Angelegenheiten konzentrierte", „hinsichtlich der Verringerung der Rückfallquote erfolgreicher [war] als eine psychoanalytisch orientierte".[1178] Sie schlossen daraus, dass „die Behandlung von Straftätern wahrscheinlich nicht erfolgreich und sogar schädlich sein wird, wenn sie bei unzugänglichen jüngeren Missetätern von lustlosen Therapeuten mit psychoanalytischer Orientierung verwaltet wird".[1179] Weitere Studien seit 1975 haben diese Schlussfolgerungen bestätigt.

Das Scheitern von Behandlungsprogrammen für erwachsene Straftäter wird auch von den staatlichen und nationalen Rückfallraten bestätigt. In die Vereinigten Staaten insgesamt wurden den Daten von 1986 zufolge „etwa 63 Prozent der entlassenen Insassen von Staatsgefängnissen innerhalb von drei Jahren für ein schweres Vergehen erneut inhaftiert".[1180] Diese Rückfallrate ist praktisch identisch mit der Zwei-Drittel-Rate bei Dr. Bernard Glueck im Sing-Sing-Gefängnis 70 Jahre früher, bevor die freudsche Theorie im Strafrechtssystem den Ton angab.

Der jüngste und wahrscheinlich best bekannte Fehlschlag eines Gefängnisprogramms, das eine therapeutische Behandlung von Gefangenen sehr stark favorisierte, war der Fall Willie Horton.[1181] 1975 überführt, 19 Mal auf einen Gaswerkswärter in Massachusetts tödlich eingestochen und seine Leiche in einer Mülltonne deponiert zu haben, zeigte Horton keine Reue für seine Tat und war auch schon früher wegen versuchten Mordes verurteilt wurden. Er wurde ohne Möglichkeit auf Bewährung zu Lebenslänglich verurteilt. Trotz seines Drogenkonsums im Gefängnis wurde Horton von seinen Sachbearbeitern 1986 für einen unbeaufsichtigten Heimaturlaub empfohlen. Dafür bekannt, eine äußerst liberale Urlaubspolitik zu betreiben, rangierte Massachusetts viele Jahre lang nur noch hinter Kalifornien in seiner Begeisterung für die psychotherapeutische Behandlung von Gefangenen. Während seines Urlaubs entfloh Horton, brach in ein Haus ein, vergewaltigte wiederholt und terrorisierte die Bewohner 12 Stunden lang.

Als der Gouverneur von Massachusetts Michael Dukakis für die Demokraten im Präsidentschaftswahlkampf kandidierte, wurde Willie Horton zu einem großen Thema in seiner Kampagne. Ein Werbespot für den republikanischen Kadidaten George Bush informierte Amerika, dass Dukakis' „Drehtür-Politik Mördern ersten Grades Wochenendurlaub gewährte, die keinen Anspruch auf Bewährung haben".[1182] Eine republikanische Briefwurfsendung bildete Dukakis neben Horton mit der Frage ab: „Ist das ihr *Pro-Family*-Team[pr] für 1988?"[1183] Dukakis wurde als klassischer Liberaler dargestellt, der an der Rehabilitation und nicht an der Bestrafung Krimineller interessiert und deshalb ein Mann war, der Kriminalität gegenüber nachgiebig eingestellt war. Ein Leitartikel der *Washington Post* bemerkte, „viele Demokraten scheinen unwillig oder unfähig zu sein, Gewaltverbrechen als eine Angelegenheit der öffentlichen Ordnung zu betrachten". Diejenigen, die für eine Bestrafung um ihrer selbst willen eintreten, fuhr sie fort, „werden als eine Art sadistisches Relikt dunkler Zeitalter angesehen".[1184]

Die Episode Willie Horton war lediglich die Fortsetzung einer Debatte, die seit der Einführung von Freuds Theorie durch William Healy vor einem dreiviertel Jahrhundert andauerte. Die Entlassung von Willie Horton war z. T. die Konsequenz aus der Tradition von Healy, Glueck, White und Menninger. Und Gouverneur Dukakis und die Demokratische Partei waren nur ihre jüngeren und prominenteren Opfer.

[pr] dt. etwa: Team für Familienfreundlichkeit

8 Philosophenkönigin und Psychiaterkönige: Die Freudianisierung Amerikas

Alles in allem, obwohl viele Ereignisse des Jahrzehnts in eine andere Welt zu gehören scheinen – zu einer wilden Party, die lange dauerte, aber traurig endete –, bleiben die Sechziger ein greifbarer Mythos, ein Punkt der Abkehr von jeder Art sozialer Diskussion, doch auch der Ursprung von Werten, die weithin und überall in unserer Kultur verbreitet sind.

Morris Dickstein, *The Gates of Eden*[ps, 1185]

Nicht von ungefähr gelangten soziale Aktivisten, Liberale und der freudsche Einfluss im Amerika der 1960er zur Blüte. Sie teilten sich viele Gene, wuchsen mit den Prinzipien von Benjamin Spock auf, rechneten Margaret Mead zu ihren Tanten und Herbert Marcuse, Paul Goodman und Norman O. Brown zu ihren Paten. Sie lasen die Schriften derselben New Yorker Intellektuellen und besuchten dieselben Theaterstücke und Filme. In Begleitung vieler hoch angesehener amerikanischer Liberaler bewegte sich Freud während der 1960er deutlich von Greenwich Village zur Hauptstraße. Und wenn man sich seine Bilder in Mittelamerika näher betrachtete, schwebte das Eidolon[pt] von Karl Marx manchmal sichtbar im Hintergrund.

Politisch gesehen war es das Jahrzehnt der Neuen Linken. Die Alten Linken – tödlich diskreditiert als die russischen Panzer in Budapest einrollten und Chruschtschow 1956 öffentlich die Verbrechen Stalins bestätigte – litten an einer fortdauernden Ausdünstung, die vom Kadaver Joseph McCarthys auszugehen schien. Die Neue Linke versammelt sich dagegen hinter Fidel Castros kubanischem Regime, organisierte Fair-Play-für-Kuba-Gremien und studentische Besuche in diesem neuen sozialistischen Paradies sowie Proteste gegen dortige amerikanische Interventionen. Später im Jahrzehnt wurden Che Guevara und andere Revolutionäre wichtig, aber nur um gleich wieder von den Massenprotesten gegen den Vietnamkrieg zur Seite gefegt zu werden.

Die Neue Linke war kein Produkt von Vietnam, obwohl es zu ihrem Symbol wurde. Richard Pells hob als Historiker hervor: „Der Radikalismus der 1960er war in erster Linie eher ein kultureller als ein politischer oder ökonomischer."[1186] Die Bürgerrechte der Schwarzen in Amerika dominierten die Tagesordnung – von den Lunch Counters[pu] in North Carolina, den Freedom Rides[pv] in Alabama

---

[ps] *Die Tore von Eden*
[pt] griech. = Bild, Idol, Erscheinung, Phantom, Geist, astrales Gegenstück eines Lebewesens
[pu] kleine Restaurants, in denen zu Zeiten der Rassentrennung Schwarze in den für Weiße gekennzeichneten Bereichen nicht bedient wurden. Im Laufe der Bürgerrechtsbewegung besetzten Schwarze und deren Unterstützer diese Bereiche und verlangten, bedient zu werden.[1187]

und den Kampagnen zur Wählerregistratur in Mississippi bis hin zu Aufständen in Harlem, Watts und Detroit. Es war das Jahrzehnt der Sit-ins, Teach-ins und der vom Student Nonviolent Coordinating Committee[pw] und dem Congress for Racial Equality[px] organisierten und von der Neuen Linken unterstützten Märsche. Hispo-Amerikaner und auch arme Weiße gelangten gelegentlich zu Berühmtheit wie beim Farmarbeiterboykott in Delano, Kalifornien, und der Bergarbeiterbewegung in Hazard, Kentucky.

Die Grundrechte der Studenten waren ebenfalls integraler Bestandteil der Neuen Linken. Die Free Speech Movement[py] aus Berkeley und die studentischen Übernahmen an der Columbia University und hunderten von Campus waren Teil einer breiten Bewegung, mit der die Studenten Kontrolle über ihrer Kurse und ihr Leben verlangten. Liberalisierter Sex und Drogenkonsum waren Elemente dieses neuen Sozialvertrages, und zur Unterstützung ihrer Position riefen die Studenten Mentoren wie Timothy Leary, Ken Kesey, Allen Ginsberg, Lenny Bruce und Bob Dylan an.

In diesem Milieu von Liberalismus und sozialem Aktivismus konnte sich die Theorie von Sigmund Freud noch besser verbreiten. Psychoanalyse und introvertiert orientierte Psychotherapie, einst exotische Spielereien der Reichen, wurden in den reichen Gemeinden der Vorstädte und Universitäten immer leichter zugänglich als Psychiater, Psychologen und psychiatrische Sozialarbeiter begannen, rasant an Zahl zuzunehmen. Bereits 1961 bewertete *Esquire* die Szene und berichtete, dass „jeder ... sich selbst permanent [psycho-]analysiert und als Zugabe dann seine Verlobte, seine Mutter, seinen Lieblingsdichter und seinen Hauptgegner".[1190] Im selben Jahr veröffentlichte *Atlantic Monthly* die Beilage „Psychiatry in American Life"[pz] und stellte fest, dass die

> [psychoanalytische] Revolution in den Vereinigten Staaten unkalkulierbar groß gewesen ist. ... Psychoanalyse und Psychiatrie haben die Medizin im Allgemeinen beeinflusst, Kunst und Kritik, populäre Unterhaltung, Werbung, Kindererziehung, Soziologie, Anthropologie, die juristische Denkweise und Praxis, Humor, Manieren und Moral und sogar die Religion organisiert.[1191]

Und das war nur der Anfang.

[pv] „Freiheitsfahrer" genannte Bürgerrechtsaktivisten fuhren u. a. mit Bussen in den rassengetrennten Süden der USA, um die Entscheidung des Obersten Gerichtshofs Boynton gegen Virginia zu testen.[1188]
[pw] Gewaltloses studentisches Koordinations-Komitee.
[px] US-Organisation mit prominenter Rolle in der US-Bürgerrechtsbewegung und Rassengleichheit
[py] Die 1964 an der Universität von Kalifornien gegründete „Bewegung für Meinungsfreiheit" war eine studentische Protestaktion als Reaktion auf die von der Universitätsleitung veranlasste Einschränkung der politischen Betätigungsmöglichkeiten für studentische Gruppierungen.[py]
[pz] „Psychiatrie im amerikanischen Leben"

8.1 Margaret Mead – ex cathedra

1961 fing Margaret Mead ebenfalls an, eine monatliche Kolumne für *Redbook* zu schreiben, ein populäres Frauenmagazin mit einer Auflage von 4,5 Millionen. Mit Ausnahme von Benjamin Spock trug Mead wahrscheinlich mehr als jedes andere Individuum dazu bei, sowohl die freudschen Ansichten zu popularisieren als sie auch mit der Denkweise des liberalen Hauptstroms zu verbinden. Sie war eine eindrucksvolle Kraft der amerikanischen Kultur und wurde 1961 von der American Association of University Women[qa] zur Woman of the Year[qb] ernannt und 1969 vom *Time*-Magazin zur Mother of the World.[qc, 1193] Zu ihrem 75. Geburtstag schalteten das American Museum of Natural History und ihr Verleger eine ganzseitige Gratulationsanzeige in der *New York Times*. Inzwischen hatte sie sich einen gegabelten Gehstock zugelegt, einen Wandschrank voller Umhänge und das Gesicht einer Prophetin mit dem Mantel von Allwissenheit.

Mead tauchte fast überall auf, äußerte ihre Meinung über fast alles und gegenüber fast jedem. Während einer repräsentativen neunmonatigen Periode in 1963 „hielt [sie] mehr als 100 Reden im In- und Ausland, nahm an fast 50 Radio- oder Fernsehprogrammen teil und schrieb Dutzende von Merkblättern und Artikeln"[1194] – zusätzlich zu ihren Pflichten als Co-Kuratorin des American Museum of Natural History und als Lehrkraft an der Columbia University. Ihre Freunde charakterisierten sie als „eine Frau von enormer Selbstsicherheit"[1195] und „großzügig ausgestattet [mit] dem Mut [ihrer] Überzeugungen".[1196] Die weniger Beeindruckten meinten, dass „ihr Egoismus unkontrollierbar war"[1197], nannten sie „Mead, die Muttergöttin"[1198] und erzählten einen Witz über das, was Mead sagte, als sie dem Orakel von Delphi vorgestellt wurde: „Hallo, gibt es da nicht etwas, was Sie vielleicht wissen möchten?"[1199]

Redbook war eine von Margaret Meads effektivsten Plattformen, da es ein viel breiteres Publikum erreichte als ihre anthropologischen Schriften jemals zuvor. Von 1961 bis zu ihrem Tod in 1979 behandelte Mead eine außergewöhnliche Anzahl von Themen wie die Fluorierung von Wasser, Gebete in öffentlichen Schulen, die Legalisierung von Wetten außerhalb der Rennbahn, warum Leute zu viel essen, die nationale Schuld, sollte es Amerikanern erlaubt werden, nach Kuba zu reisen, das politische Zwei-Parteien-System, Jean Paul Sartres Ablehnung des Nobelpreises und die Authentizität von Shakespeares Autorenschaft.

Die meisten von Meads Beiträgen zu *Redbook*, weil sie wirklich überall schrieb, betrafen ihre Theorien über das menschliche Verhalten und deren Anwendung

---

[qa] Gegründet 1881 tritt die AAUW (Amerikanische Gesellschaft für Frauen an Hochschulen) für die Weiterentwicklung von Gleichberechtigung von Frauen und Mädchen durch Fürsprache, Ausbildung und Forschung ein.[1192]
[qb] Frau des Jahres
[qc] Mutter der Welt

in der Ehe, der Kindererziehung und bei anderen persönlichen und sozialen Problemen. Ihre Ideen waren von klassischer psychoanalytischer Herkunft, obwohl sie es vermied, den freudschen Jargon zu verwenden. Z. B. beschrieb Mead in „A New Understanding of Childhood"[qd] wie die von Freud durchgeführten Untersuchungen "drastisch" unser Verständnis der Kindheit verändert hatten.[1200] In einigen Kolumnen äußerte sie sich vage über die genaue Natur von Kindheitsproblemen, von denen sie behauptete, sie seien die Wurzel aller Menschheitsprobleme. Z. B. schrieb sie: „Die Quelle der Schwierigkeiten eines Kindes könnte eine Reihe von Ereignissen sein, die seine Beziehungen zu anderen tief beeinflusste"[1201], oder „Es gibt auch Schwierigkeiten, die das Ergebnis schrecklicher Erziehungsunfälle sind."[1202] Bei anderen Gelegenheiten interpretierte sie ausdrücklich die freudsche Doktrin:

> *Vergleichende Studien lassen vermuten, dass die Art wie den Kindern beigebracht wird, ihren Schließmuskel zu kontrollieren, in enger Beziehung zu der Art steht, wie ihnen vieles andere beigebracht wird – über Reinlichkeit im Allgemeinen, ob der menschliche Körper mit Freude akzeptiert oder als etwas Beschämendes behandelt werden soll, über die Bedeutung von Eigentum, über Pünktlichkeit und Routine.*[1203]

Die Behandlungsmethode für Probleme, die aus der Kindheitsentwicklung resultieren, war nach Mead die Psychoanalyse, die sie als andere Form einer „modernen wissenschaftlichen Behandlung"[1204] der mental Erkrankten oder Gestörten beschrieb. „Freuds Glaube", sagte Mead, „bestand darin, dass verstörte Individuen sich selbst befreien und glücklicher und produktiver werden konnten, wenn sie das Verlorene wiederentdecken und verstehen können, was verkehrt lief".[1205] „Der Wille, sich selbst in einem Rahmen der Analyse anzuschauen … kann unermesslich dazu beitragen, sich selbst als Person wahrzunehmen".[1206] Obwohl Mead zugab, dass sie selbst sich nie einer Psychoanalyse unterzogen hatte[1207], trat sie sehr bei ihren Freunden, bei den Beschäftigten des Museum of Natural History und den Lesern von *Redbook* dafür ein.

Wie in einem populären Frauenmagazin zu erwarten, schrieb Margaret Mead häufig über Ehe, Scheidung und Kindererziehung. Zu ihren Beiträge gehörten: „What Does the American Man Expect of a Wife?" (Mai 1962), "A Continuing Dialog on Marriage" (April 1968), "Double Talk About Divorce" (Mai 1968), "What Makes a Lousy Marriage?" (Februar 1969), "Too Many Divorces Too Soon (Februar 1974), "What Makes Marriage Such a Special Relationship?" (Mai 1975), "Every Home Needs Two Adults" (Mai 1976) und "Can the American Family Survive?" (Februar 1977).[qe] Sie gab jedoch nie an, wo sie ihre Refe-

---

[qd] *Ein neue Verständnis der Kindheit*
[qe] „Was erwartet der amerikanische Mann von einer Ehefrau?", „Fortgesetzter Dialog über die Ehe," „Ausflüchte über die Scheidung", „Was führt zu einer lausigen Ehe?", „Zu viele Scheidungen zu früh", „Was macht die Ehe zu einer so besonderen Beziehung?", „Jedes Heim braucht zwei Erwachsene", „Kann die amerikanische Familie überleben?"

renzen als Expertin für Ehen erworben hatte, noch wie diese Fachkompetenz mit ihren eigenen drei gescheiterten Ehen harmonierte, von denen die längste nur sechs Jahre gehalten hatte. Meads Ratschläge zur Kindererziehung wirkten ähnlich heuchlerisch, wenn man sie der Tatsache gegenüberstellte, dass sie ihren eigenen Angaben zufolge nie „drei ununterbrochene Tage mit ihrer Tochter verbrachte"[1208] als sie zwischen zwei und vier Jahre alt war. Als ihre Tochter 13 war, ging Mead weiterhin „für fast ein Jahr [in den Südpazifik] ... und kommunizierte in erster Linie über einfache Briefe, die sich ihre Familie und Freunde teilen mussten und die als einzeilige Blaupapier-Durchschläge in ihrem Büro eintrafen". Ihre Tochter las sie nach eigenen Angaben „kaum oder überhaupt nicht".[1209]

Und doch war Margaret Mead eine gebrauchsfertige Prophetin der 1960er, eine Brücke zwischen freudschem Dogma und der sozialen Agenda der Neuen Linken. Als lebenslange Liberale[1210] diente sie in einem Gutachterkomitee für Frauenangelegenheiten bei Präsident Johnson, unterstütze das Sozialprogramm der Great Society[qf] und den Präsidentschaftswahlkampf von Hubert Humphrey 1968. Sie glorifizierte die Jugendkultur und behauptete: „Es gibt keine Eltern, die wissen, was die, die in den letzten 20 Jahren aufgewachsen sind, über die Welt wissen, in die sie geboren wurden. ... Die junge Generation, frei, ihren eigenen Entschlüssen zu folgen, kann ihre Eltern in Richtung des Unbekannten führen."[1212] Solche Aussagen in Kombination mit der Befürwortung der Legalisierung von Marihuana[1213] und ein Loblied auf Meskalin und LSD als „Hilfsmittel der Therapie"[1214] vor einem Unterausschuss des Senats, machten sie auf dem Campus ungeheuer populär, wo sie mindestens 80 Vorträge pro Jahr hielt.[1215]

Davon abgesehen war Margaret Mead perfekt dafür geeignet, sich des Themas Bürgerrechte anzunehmen als es im amerikanischen Bewusstsein auftauchte. So wurde ihre professionelle Karriere mit dem Versuch verbracht, die Dominanz von *Nurture* über *Nature*, der Kultur über die Gene zu demonstrieren. Und als das Rassenthema zu einem nationalen wurde, bestand Mead immer wieder darauf, dass alle Menschenkinder „mit derselben Bandbreite von Möglichkeiten"[1216] geboren werden und dass „der stärkste Einfluss auf die mentalen Errungenschaften des Menschen von seiner Kultur auszugehen scheint".[1217] Gruppen, die Rassen genannt werden, weisen nach Mead keine „messbaren Unterschiede ihrer Fähigkeiten im Vergleich zu Individuengruppen aus jeder anderen Kultur [auf]".[1218] Besonders hinsichtlich der Frage der Intelligenz gab es ihr zufolge keine Hinweise, dass rassische Unterschiede eher biologischen oder kulturellen Ursprungs waren. Mead billigte vorehelichen Sex, Ehen auf Probe und lobte den Nudismus als einen Weg, „Puritanismus und Prüderie zu

---

[qf] Bündel sozialreformistischer inländischer Programme, die auf Initiative von Präsident Johnson aufgelegt wurden. Zwei Hauptziele der „Großen Gesellschaft" waren die Ausrottung von Armut und rassischer Benachteiligung.[1211]

verringern, was letztlich zu einer Reduktion von Neurosen und bestimmten Arten des Verbrechens"[1219] führen würde. Sie kritisierte Gesetze gegen Homosexualität heftig[1220] und behauptete, dass solche Gesetze ebenso wie gegen Drogenkonsum lediglich zu einer Geringschätzung aller Gesetze führen und deshalb zu kriminellem Verhalten ermutigten.

Mead schrieb und sprach bei zahlreichen Gelegenheiten über Homosexualität und bestand darauf, dass „bisexuelle Potentiale normal sind".[1221] Wenn jemand ausschließlich homosexuell ist, liegt es ihrer Ansicht nach „wahrscheinlich an einem Kindheitstrauma, dass sie dazu brachte, sich vor dem anderen Geschlecht zu fürchten oder es zu hassen oder alternativ dazu, dass sie die Rolle des anderen Geschlechts zutiefst bevorzugen".[1222] Im Januar 1975 verwendete sie die gesamte *Redbook*-Kolumne für einen Diskurs über „Bisexuality: What's It All About?"[qg], in der sie behauptete, dass „eine Mehrheit [von Menschen] in ihrer potentiellen Liebesfähigkeit bisexuell ist" und nannte Bisexualität „eine normale Form menschlichen Verhaltens". In einem Artikel über „Cultural Determinants of Sexual Behavior"[qh] behauptete sie ausdrücklich, dass Bisexualität ein der Hetero- oder Homosexualität überlegener Zustand ist: „Wenn der Begriff natürlicherweise ein Verhalten beschreibt, zu dem alle Menschen potentiell fähig sind, dann könnten wir auch argumentieren, dass das Individuum, das zu einer homosexuellen Reaktion völlig unfähig ist, ein menschliches Potential nicht entwickelt hat."[1223] Trotz solcher Verteidigungen der Bi- und Homosexualität hatte Mead ihre eigene Bisexualität nie öffentlich zugegeben, und in einem *Redbook*-Interview setzte sie auf dumme Weise die beginnende öffentliche Schwulen- und Lesbenbewegung herab als sie sagte: „Mit einem Anstecker ‚Ich bin eine Lesbe' herumzurennen, hat nichts damit zu tun, ein Mensch zu sein."[1224]

[qg] „Bisexualität: Was ist das?"
[qh] „Kulturelle Determinanten des Sexualverhaltens"

8.2 Marcuse, Goodman und Brown

Margaret Meads Botschaft wurde von den Studenten der Universitäten häufig als ein Durcheinander von Freud, Sex, Drogen und Studentenbewegung interpretiert. Auf den Hochschulgeländen der 1960er wurde Freud viel gelesen und tatsächlich bemerkte David Kiesman über die Studenten der University of Chicago bereits in den 1950ern, dass sie „mir zu sehr dazu neigten, [Freud] als Teil ihres Progressivismus' im Ganzen zu schlucken".[1225] In den 60ern lasen die Studenten dann auch die mutmaßlichen Gurus der Neuen Linken – Herbert Marcuse, Paul Goodman und Norman O. Brown. Deren Botschaft hatte viele Ähnlichkeiten mit der von Mead, was die Assoziation von freudscher Theorie mit liberaler Politik erneut sehr verstärkte.

Nach Morris Dicksteins *Gates of Eden: American Culture in the Sixties*[qi] waren Marcuse, Goodman und Brown „die Theoretiker, deren Arbeiten den wichtigsten Einfluss auf die neue Kultur der 60er hatte".[1226] Alle drei bekannten sich zu liberalen Ansichten – Marcuse als Marxist, Goodman als Anarchist und Brown als „typischer 30er-Jahre-Radikaler"[1227] –, und alle drei sahen in den Studenten die Vorhut eines neuen Proletariats. Alle drei waren ebenfalls orthodoxe Freudianer (Marcuse und Goodman attackierten öffentlich Horney, Fromm und die Neo-Freudianer) und waren weiter der Ansicht, dass den meisten Missständen der Gesellschaft sexuelle Unterdrückung zugrunde lag. Sie entwarfen ein freudsches Utopia, in dem es keine Geisteskrankheiten und keine unnötige sexuelle Unterdrückung gab, ein erotisches Erewhon[qj] mit Priapos als König.

Herbert Marcuse[1229] wurde als Sohn reicher Eltern 1898 in Berlin geboren, promovierte in Philosophie und wanderte in die Vereinigten Staaten aus, als Hitler die Macht übernahm. Während des Zweiten Weltkrieges arbeitete er als ziviler Aufklärungsoffizier für das Office of Strategic Services (OSS), dem Vorläufer der Central Intelligence Agency (CIA) und wechselte nach dem Krieg für sechs Jahre ins State Department.[qk] Danach lehrte er 12 Jahre lang Philosophie an der Brandeis University und ging anschließend nach San Diego an die University of California als sein Vertrag nicht verlängert wurde. *Eros and Civilization* (1955)[ql] und *One-Dimensional Man* (1964)[qm] wurden zur Pflichtlektüre der Neuen Linken und von Greg Calvert, einem Führer der Students for a Democratic Society (SDS)[qn], als „die aufregendsten zur Verfügung stehenden Arbeiten"[1230]

[qi] *Die Tore von Eden: Die amerikanische Gesellschaft in den 60ern*
[qj] Ist auch der Titel einer utopischen Satire von Samuel Butler von 1873 auf das viktorianische England. Die Bezeichnung *Erewhon* leitete Butler aus dem rückwärts gelesenen Wort „nowhere" ab.[1228]
[qk] Auswärtiges Amt
[ql] dt. Ausgabe: *Eros und Kultur* (1957)
[qm] dt. Ausgabe: *Der eindimensionale Mensch* (1967)
[qn] Studenten für eine demokratische Gesellschaft

charakterisiert. 1967 veranstaltete das New Yorker SDS-Regionalbüro eine Konferenz über Marcuses Arbeiten.[1231]

1968 wurde Marcuse mit den studentischen Aufständen an der Columbia University identifiziert. Es hieß, der Studentenführer Mark Rudd war von Marcuses Schriften inspiriert worden, die ihm von Marcuses Stiefsohn[1232], einem Mitstudent, übergeben worden waren. Und vom Slogan der Demonstranten „Der Aufstand ist die soziale Verlängerung des Orgasmus"[1233] hieß es ebenfalls, er stammte ursprünglich von Marcuse. Die *New York Times* nannte ihn „den ideologischen Führer der Neuen Linken"[1234], und Mitglieder des Kongresses und der American Legion[qo] attackierten ihn öffentlich. Nach einer Morddrohung tauchte Marcuse unter.[1235]

Marcuse versuchte, die Lehren von Marx und Freud miteinander zu verschmelzen. Bevor er aus Deutschland auswanderte, verkehrte er schriftlich mit Marx, doch mit zunehmendem Alter wandelte er sich offenbar zu einem weniger klassischen Marxisten und mehr, mit den Worten von Leszek Kolakowski, zu „einem Prophet eines semi-romantischen Anarchismus' höchst irrationaler Art".[1236] Als Angela Davis, eine seiner Studentinnen, angeklagt war, Waffen (an Jonathan Jackson) in das Gefängnis von San Quentin geschmuggelt zu haben, schrieb Marcuse einen offenen Brief in *Ramparts,* in der er ihre Taten als „einem moralischen Imperativ" gehorchend rechtfertigte und schlussfolgerte, dass „dein Fall unser Fall ist".[1237] Dem Historiker Paul Robinson zufolge waren für Marcuse studentische Protestanten, Bürgerrechtskämpfer und Antikriegsdemonstranten „die wahren Nachkommen des klassischen marxistischen Proletariats".[1238]

Marcuses Marxismus war insoweit mit Freuds Theorie verschmolzen wie es die Unterdrückung sexueller Instinkte als Preis für die Zivilisation betraf. In *Das Unbehagen in der Kultur* behauptete Freud, „einen großen Teil der Schuld an unserem Elend trage unsere so genannte Kultur" und dass „der Preis für den Kulturfortschritt in der Glückseinbuße durch die Erhöhung des Schuldgefühls bezahlt wird."[1239] In ähnlicher Stimmung schrieb Marcuse: „Die Krankheit des Einzelnen wird letztlich verursacht und aufrecht erhalten durch die Krankheit seiner Kultur."[1240] War Freud jedoch pessimistisch, was eine Veränderung der Kultur betraf, so glaubte Marcuse nicht nur daran, sondern er stellte auch eine Blaupause für das, was er als „ein neues Stadium der Kultur"[1241] erkannt hatte, zur Verfügung. Sexuelle Unterdrückung war ursprünglich notwendig, damit sich die Arbeiter auf die Produktion konzentrieren konnten. Angesichts moderner Produktionstechniken war eine derartige Unterdrückung nicht mehr notwendig, und Marcuse wies sie deshalb als „überflüssige Repression" aus. Sobald derartige Repression abgeschafft worden war, konnte die Menschheit zu einem Zustand ursprünglicher infantiler Sexualität zurückkehren (Marcuses „polymorphe Perversion"), bei dem der ganze Körper zu einer Quelle sexuellen Vergnügens wurde.

[qo] Veteranenorganisation der US Armee

Marcuse sprach sich für eine Rückkehr der Kultur zu einem idyllischem Zustand aus, in dem es keine Geisteskrankheiten gab und in dem „das Sein im Wesentlichen ein Kampf um Vergnügen ist".[1242] Richard Kings *The Party of Eros*[qp] zufolge war Marcuse ein Utopist, der „eine neue erotische Pastorale"[1243] zu Stande bringen wollte, in der „Spielen, sinnliche Handlungen und Erfüllung die gewünschten menschlichen Aktivitäten waren".[1244]

Da es viel gelesen wurde, trug *Eros and Civilization* signifikant dazu bei, Freuds Idee in der Generation der studentischen Neuen Linken seriös zu machen. Viele Studenten machten durch Marcuse zum ersten Mal mit Freud Bekanntschaft. An der Columbia z. B. erinnerte sich der zukünftige Freud-Biograph Peter Gay „von Herbert Marcuses *Eros and Civilization* ergriffen"[1245] gewesen zu sein und unterzog sich später einer Psychoanalyse. Der Untertitel von Marcuses Buch ist tatsächlich auch „A Philosophical Inquiry Into Freud"[qq] und die *New York Times* lobte es mit Ausnahme der Arbeit von Ernest Jones als „die bedeutendste Abhandlung der psychoanalytischen Theorie seit Freud selbst die Veröffentlichungen eingestellt hat".[1246] Die Studenten zog es zu Marcuse, da er sie zu Anführern in seiner utopischen Welt machte, die Gesellschaft als „psychotoxisch" bezeichnete und sexuelle Freizügigkeit predigte. Die „polymorph Perversen" inklusive der Homosexuellen wurden besonders gelobt. Wie Paul Robinson bemerkte: „Der sexuelle Abweichler war der Held von *Eros and Civilization*."[1247]

Sexuelle Abweichler spielten in der Arbeit von Paul Goodman eine sogar noch größere Rolle. In New York geboren, besuchte Goodman das City College und promovierte später an der University of Chicago in Geisteswissenschaften. Er lehrte an verschiedenen Hochschulen, schrieb regelmäßig für Magazine wie den *Partisan Review* und steuerte auch Beiträge zu anarchistischen Veröffentlichungen bei. Ein Historiker nannte ihn „den Hauptwortführer der nichtmarxistischen Tradition des westlichen Radikalismus".[1248] Wie viele Anarchisten lehnte er es ab, das amerikanische Engagement im Zweiten Weltkrieg zu unterstützen. Er argumentierte, dass die Arbeiterklasse sich mehr vor Roosevelt als vor Hitler fürchten müsste und fiel aufgrund dieser Position bei der New Yorker *Intelligentia* in Ungnade.

Goodman war Freudianer mit einem starken Schuss Wilhelm Reich'scher Ideen. Er verband sexuelle und politische Unterdrückung und argumentierte, dass „die Unterdrückung kindlicher und jugendlicher Sexualität der direkte Grund für die Gefügigkeit der Menschen gegenüber gegenwärtigen Vorschriften jedweder Art ist".[1249] Dies wurde von zwei Kritikern verspottet als die „Gonaden-Theorie der Revolution".[1250] Goodman selbst war militant bisexuell. Er hatte eine Frau und einen Sohn, ließ sich aber wie Margaret Mead auf homosexuelle Beziehungen ein. Goodman war auch einer der ersten, die an den Encounter-Gruppen und der Gruppentherapiebewegung der Nachkriegszeit teilnahm. 1951

[qp] *Die Party des Eros*
[qq] „Eine philosophische Untersuchung von Freud"

verfasste er zusammen mit Fritz Perls und Ralph E. Hefferline *Gestalttherapie*, worin die Theorien von Freud und Reich prominente Plätze einnahmen.

Goodmans Hauptbeitrag zur Neuen Linken war sein Buch *Growing Up Absurd: Problems of Youth in the Organized Society*.[qr] 19 Verleger hatten das Manuskript abgelehnt[1251] bevor Norman Podhoretz, der Herausgeber von *Commentary*, eine Fortsetzung daraus machte und Random House davon überzeugte, es 1960 zu veröffentlichen. Goodmans Vorwand für das Buch erschien auf der ersten Seite: „Ich nehme an, dass die junge Generation wirklich eine lohnenswertere Welt braucht, um überhaupt aufzuwachsen, und ich konfrontiere dieses reale Bedürfnis mit der Welt, die sie bekommen haben."[1252] Goodman fuhr fort, die gegenwärtige Gesellschaft zu beschreiben, in der die Einzelnen sich trotz ihres Wohlstands von Schulen, Arbeitsstellen und insbesondere von einander entfremdeten. Nach Goodman lagen die Ursachen dafür zu einem großen Teil darin, dass die Gesellschaft permanent die instinktiven Bedürfnisse und Egoentwicklung des Menschen behinderte und ihn dadurch in Konformität und unterdrückte Modi zum Vorteil der Gesellschaft zwingt.

Weite Teile von *Growing Up Absurd* sind Vorschlägen zur Organisation der Gesellschaft gewidmet, die Goodman bereits in Skizzen früherer Schriften abgewickelt hatte. Dezentralisierung von Autoritäten in kleinen Einheiten, Mitsprache der Arbeiter im Management, Entwicklung von Kleinunternehmen, Stadtplanung und Bürgerrechte z. B. würden eine „organische Einheit von Arbeit, Leben und Spiel"[1253] erzeugen. Die Vorläufer – dazu bestimmt, die Gesellschaft in die Zukunft zu führen – waren die Studenten, die „Goodmans Terminologie zufolge, die am meisten ausgebeutete soziale Gruppe Amerikas waren und deshalb als Wegbereiter der sozialen Regeneration dienen müssten".[1254]

Wenige Jahre nach der Veröffentlichung war *Growing Up Absurd* über 100.000 Mal verkauft worden und wurde als eine der Campus-„Bibeln" der 1960er betrachtet.[1255] In einer 1965er Studie von SDS-Führern[1256] wurde festgestellt, dass die Hälfte von ihnen Goodman und Marcuse gelesen hatte, weit mehr als Marx, Lenin oder Trotzki. Goodman war aktiv an den Campusunruhen einschließlich der in Berkeley beteiligt und nahm später in der Dekade an den Anti-Vietnam-Protesten teil. Er blieb ebenfalls ein offener Befürworter der Rechte Homosexueller und schrieb: „Meine homosexuellen Handlungen haben mich zu einem Nigger gemacht, willkürlicher Brutalität untertan und minderwertig, wenn nicht jeder ausgehende Impuls als selbstverständliches Recht gesehen wird."[1257] Goodmans autobiographische Bemerkungen, *Five Years* (1966)[qs], offenbaren einen mit gelegentlichen homosexuellen Begegnungen und dem zugehörigen, von der Gesellschaft auferlegten Stigma beschäftigten Mann.[1258]

[qr] dt. Ausgabe: *Aufwachsen im Widerspruch: Über die Entfremdung der Jugend in der verwalteten Welt* (1972)
[qs] *Fünf Jahre*

Norman O. Brown war der dritte und wahrscheinlich geringste der 1960er Campus-Guru-Dreifaltigkeit. Ausgebildet in England und promoviert in Altphilologie, wanderte Brown 1936 nach Chicago aus. Er war „tief vom Spanischen Bürgerkrieg und dem Stahlarbeiterstreik in Gary [Indiana] aufgewühlt" und „identifizierte sich mit den sozialen Bewegungen der Linken".[1259] Im Zweiten Weltkrieg arbeitete er für das OSS und ging danach an die Wesleyan University, wo er Vorsitzender des Fachbereichs Klassische Literatur wurde. Verheiratet und mit vier Kindern lehrte er 1953 Latein, griechische Mythologie und westliche Zivilisation als Marcuse ihm vorschlug, Freud zu lesen – was er bis dahin noch nicht getan hatte.

„Ich habe nie und werde nie wieder die Erfahrung machen, die ich bei der Lektüre von Freud hatte. ... Alles ätzte sich in meinen Verstand ein. Ich las seine Schriften sechs oder zehn Mal. ... Freud ließ mein Universum zusammenbrechen. [Und] ... Freud hatte eine prompte und explosive Wirkung auf mich"[1260], erklärte Brown, und nach weniger als einem Jahr begann er mit *Life Against Death: The psychoanalytical Meaning of History*[qt], das ihn weithin bekannt machte.

Browns einleitender Satz fasste das Buch zusammen: „Es gibt ein Wort, sofern wir sie überhaupt verstehen, das der Schlüssel zu Freuds Denkweise ist. Das Wort lautet ‚Unterdrückung'. ... Das Wesen der Gesellschaft liegt in der Unterdrückung des Einzelnen und die Essenz des Einzelnen liegt in der Unterdrückung von sich selbst."[1261] Brown versuchte, die klassische freudsche Theorie auf die Geschichte anzuwenden und konzentrierte sich besonders auf den Lebenswillen, den Todesinstinkt und die Phasen infantiler Sexualität. Ein ganzer Abschnitt von Browns Buch ist mit Kapiteln wie „The Excremental Vision"[qu] Studien der „Analität" gewidmet. Diese Sichtweisen wurden von Brown wie folgt zusammengefasst:

> *Unter den Annahme, dass unsere kapitalistische Zivilisation in großem Umfang und nicht nur auf individueller Ebene anal-neurotische Züge zeigt, kann die orthodoxe psychoanalytische Lehrmeinung kein [anderes] sozialtherapeutisches Programm hervorbringen außer einer Änderung der Reinlichkeitserziehungsmuster ...*[1262]

Browns Lösung der Unterdrückung des modernen Menschen war die Emanzipation der Libido-Energie: „Was die weite Welt braucht, ist natürlich ein bisschen mehr Eros und etwas weniger Streit."[1263] Wie Marcuse und Goodman entwarf er ein nicht-repressives Utopia, was durch Psychoanalyse erreicht werden konnte, obwohl Einzelheiten dazu nur vage skizziert wurden:

> *Uns jedoch ist es ein Anliegen, die Psychoanalyse in eine umfassenderer Theorie zur menschlichen Natur, Kultur und Geschichte umzufor-*

[qt] dt. Ausgabe: *Zukunft im Zeichen des Eros* (1962)
[qu] „Die exkrementale Vision"

men, um sie dem Bewusstsein der Menschheit als Ganzes und als neue Phase im historischen Prozess der menschlichen Selbsterkenntnis zur Verfügung zu stellen.[1264]

Brown übernahm Marcuses Ziel der Rückkehr des menschlichen Köpers in seinen ursprünglichen „polymorph-perversen" Zustand „vom vollen Leben des ganzen Körpers entzückt, den er jetzt fürchtet ... ein rein sinnliches Leben".[1265]

Obwohl Brown in vielerlei Hinsicht Marcuses Denkweise sehr detailliert folgte, entfernte er sich jedoch weit davon, als er der christlichen Theologie eine wichtige Rolle beim Erreichen dieses Utopia zuwies. In *Life Against Death* schrieb er: „Hier stimmen christliche Theologie und Psychoanalyse wieder überein – der wiederauferstandene Körper ist der verklärte Körper. Die Abschaffung der Unterdrückung würde die unnatürliche Konzentration der Libido auf bestimmte körperliche Organe abschaffen ..."[1266] Diese Idee wurde ausführlich in Browns *Love's Body* (1966)[qv] entwickelt, worin er versuchte, Freud, Marx und Christentum miteinander zu verschmelzen: „Freud und Marx und Papst Johannes: die Sache ist die, sie zusammen zu bringen."[1267]

Life Against Death wurde von Wesleyan University Press 1959 veröffentlicht und nur von der Studentenzeitung besprochen. Ein Jahr später wurde es durch Zufall vom Verleger Jason Epstein entdeckt und Norman Podhoretz vom *Commentary* übergeben, der „überwältig [und] überzeugt [davon war], dass wir über ein großes Buch eines großen Denkers gestolpert waren".[1268] Podhoretz überredete Lionel Trilling zu einer Rezension, und Trilling schrieb: „Eins der interessantesten und wertvollsten Bücher unserer Zeit. Dr. Browns Beitrag zum moralischen Denken – und besonders da, wo er sexuelle Verhaltensweisen behandelt – kann nicht genug betont werden. ... Es stellt uns die beste Interpretation von Freud zur Verfügung, die ich kenne."[1269] Bis 1966 wurden 50.000 Exemplare des Buches verkauft, und es hieß, es ist „eins der Untergrundbücher, von dem die Studenten spürten, dass sie es lesen mussten, um in zu sein".[1270] Theodore Roszak nannte in *The Making of a Counter Culture*[qw] die Arbeit von Brown (und Marcuse) "eine der definierenden Merkmale der Gegenkultur"[1271] und bezeichnete Brown als „einen in der Tat sehr professionellen Propheten: Einen Dionysos mit Fußnoten".[1272]

Marcuse, Goodman und Brown trugen wesentlich dazu bei, die freudsche Theorie unter den 1960er Studenten bekannt zu machen und sie mit liberaler Ideologie zu assoziieren. Unterdrückung war die Erklärung für alles, was falsch war,

---
[qv] dt. Ausgabe: *Love's Body. Wider die Trennung von Geist und Körper, Wort und Tat, Rede und Schweigen* (1977)
[qw] dt. Ausgabe: *Gegenkultur. Gedanken über die technokratische Gesellschaft und die Opposition der Jugend* (1973)

ein Wiener Stein von Rosetta[qx], der dazu verwendet werden konnte, die Missstände Einzelner und einer ganzen Gesellschaft zu entschlüsseln. Frederick J. Hoffman zufolge „diente die [Repression] jungen Männern und Frauen dieser Zeit als bequemes Label für all ihre Beschwerden gegenüber der Gesellschaft. ... Unterdrückung wurde zur amerikanischen Krankheit."[1274]

Die beiden logischen Gegengifte zur Repression waren politischer Aktivismus und Sex. Und dies war die Botschaft von Marcuse, Goodman und Brown, die sehr deutlich auf dem Campus vernommen wurde. Morris Dickstein, zu dieser Zeit studentischer Aktivist in Columbia, reflektierte diese Einschätzung in *Gates of Eden*, seiner Retrospektive der 1960er. In Erinnerung seiner eigenen Reaktion auf Browns *Life Against Death* bemerkte Dickstein:

> *Ich kann mich daran erinnern wie aufgeregt ich einst war, und ich spüre es z. T. noch heute. Aber es ist bedauerlicherweise hart zu wissen, worin die Ursache dieser Aufregung lag ... Browns und Marcuses Angriff auf die 'Tyrannei genitaler Organisation' und ihr Lobgesang auf die 'polymorph perverse' kindliche Sexualität. ... Ich finde es schwierig, mir vorzustellen, welche Bedeutung diese Dinge für mich hatten, jemand, der gerade erst diese tyrannisierte Phase erreicht hatte, die sie attackierten. Für mich bedeuteten sie keinen ontologischen[qy] Durchbruch der menschlichen Natur, sondern wahrscheinlich nur grenzenlosen Geschlechtsverkehr, eine Menge davon. ... Diese Männer versprachen offensichtlich, dass die guten Zeiten gleich hinter der nächsten Ecke warteten.*[1276]

[qx] halbrunde, steinerne Stele mit einem in drei Sprachen eingemeißelten Priesterdekret als Ehrung des ägyptischen Königs Ptolemaios V., seiner Frau und deren Ahnen. Der Stein trug maßgeblich zur Übersetzung der ägyptischen Hieroglyphen bei.[1273]
[qy] Die Ontologie ... ist eine Disziplin der theoretischen Philosophie. ... Heute werden in der systematischen Philosophie die Ausdrücke „Ontologie" und „Metaphysik" zumeist gleichsinnig gebraucht.[1275]

8.3 Die intellektuelle Elite Amerikas

Herbert Marcuse, Paul Goodman und Norman O. Brown waren neben ihrer Eigenschaft als wichtigste intellektuelle Einflussfaktoren auf die Studentenkreise der 1960er auch Teil eines größeren Zirkels, der häufig als die amerikanische intellektuelle Elite bezeichnet wurde. In seiner Studie *The American Intellectual Elite* (1974)[qz] demonstrierte Charles Kadushin, dass die Hauptstadt dieser Gruppe New York City war, denn ein Drittel war dort aufgewachsen[1277], und über die Hälfte von ihnen lebte zur Zeit der Studie in New York. Angefangen mit Mitarbeiterlisten großer intellektueller Zeitschriften, identifizierte Kadushin etwa 200 führende amerikanische Intellektuelle[1278] und interviewte später 110 von ihnen. Er bat sie, „Intellektuelle zu nennen, die sie bei kulturellen oder soziopolitischen Fragestellungen beeinflusst haben oder von denen sie glaubten, dass sie hohes Ansehen in der intellektuellen Gemeinde genossen"[1279] – kurz gesagt, sich gegenseitig zu bewerten. Das Resultat war eine Liste von 70 „Weisen", von denen die am höchsten bewerteten die folgenden 21 waren: Hannah Arendt, Daniel Bell, Saul Bellow, Noam Chomsky, John K. Galbraith, Paul Goodman, Richard Hofstadter, Irving Howe, Irving Kristol, Dwight Macdonald, Norman Mailer, Herbert Marcuse, Mary McCarthy, Daniel P. Moynihan, Norman Podhoretz, David Riesman, Arthur Schlesinger jun., Robert Silvers, Susan Sontag, Lionel Trilling und Edmund Wilson.

Einige Mitglieder der intellektuellen Elite wie Macdonald, McCarthy, Trilling und Wilson waren auch Teil der New Yorker Vorkriegsdenker, mit ihrem Hauptquartier im *Partisan Review*. Die Mehrheit von ihnen jedoch waren Mitglieder der intellektuellen Gemeinde der zweiten und dritten Generation, die aber zwei wichtige Charakteristika mit der ursprünglichen Gruppe teilten: sie waren stark von der freudschen Theorie beeinflusst und ihre politischen Neigungen ausgesprochen liberal. Um diesen Eindruck zu testen, wurden ausgewählte Schriften von jedem dieser 21 Intellektuellen untersucht und den 13, die 1990 noch lebten, ein Fragebogen übersandt. (Die Ergebnisse dieser Analyse werden detailliert in Anhang A besprochen.)

Von den von Kadushin 1974 identifizierten 21 führenden Intellektuellen lagen von zweien (Irving Howe and Daniel P. Moynihan) keine ausreichenden Informationen vor, um den Einfluss der freudschen Theorie auf ihr Denken bewerten zu können. Bei sechs der verbleibenden 19 schien die freudsche Theorie keinen bedeutenden beruflichen Einfluss gehabt zu haben (Hannah Arendt, Noam Chomsky, John K. Galbraith, Richard Hofstadter, Irving Kristol und Arthur Schlesinger jun.). Aber die restlichen 13 (68 Prozent) schienen zu einem Zeitpunkt ihrer Karriere signifikant von der freudschen Theorie beeinflusst worden zu sein, obwohl in drei Fällen (Saul Bellow, Paul Goodman und Norman Mailer)

[qz] Die amerikanische Intellektuelle Elite

die psychoanalytischen Ableitungen von Wilhelm Reich offensichtlich wichtiger waren als die von Freud selbst. Wie Alfred Kazin 1959 die Situation zusammenfasste: „Freud kam für die Intellektuellen wie gerufen."[1280] Es ist ebenfalls bemerkenswert, dass sich 12 der 13 Intellektuellen, die stark von Freud oder Reich beeinflusst waren (mit Ausnahme von Saul Bellow), auch zu einem Zeitpunkt ihrer Karriere mit liberal-politischen Ansichten identifizierten. Die amerikanische intellektuelle Elite der 1960er und 70er vermehrte Freuds zunehmendes Ansehen, trug dazu bei, seine Theorie zu verbreiten und sie mit liberal-politischer Denkweise zu verbinden.

Bei der Bewertung der Anziehungskraft der freudschen Theorie der Nachkriegszeit auf die amerikanischen Intellektuellen muss die Auswirkung des Holocaust berücksichtigt werden. Wie in Kapitel 5 diskutiert, war die Ermordung von Millionen Juden kein Ereignis, das nur zwischen 1942 und 1945 stattfand, sondern eines, das kontinuierlich über die 50er und 60er hinweg und auch heute noch nachwirkt. Dieses Geschehen veränderte die jüdische Geschichte und das Bewusstsein auf so besondere Weise, dass es dazu kein nicht-jüdisches Äquivalent gibt. Da nahezu die Hälfte der amerikanischen intellektuellen Elite Juden war[1281], hatte der Holocaust so gut wie unausweichlich einen grundlegenden Effekt auf ihre persönlichen Bedürfnisse und Wahrnehmung der Welt.

Susan Sontag ist ein gutes Beispiel dafür, wie der Holocaust die zweite und dritte Generation amerikanischer Intellektueller beeinflusst hat. Mit 12 fand sie zufällig eine Sammlung von Fotos aus den Konzentrationslagern von Bergen-Belsen und Dachau und erinnerte sich:

> *Nichts, was ich gesehen habe – auf Fotografien oder im realen Leben –, hat mich so stark getroffen, so tief und so unverzüglich. Es scheint mir tatsächlich plausibel, mein Leben in zwei Abschnitte zu teilen. ... Eine Grenze wurde erreicht und nicht nur eine des Horrors. Ich fühlte mich zu Tode betrübt, verwundet, doch ein Teil meiner Gefühle fing an, sich anzuspannen; etwas starb; etwas weint immer noch.*[1282]

Die andauernde Wirkung des Holocaust auf die Intellektuellen zeigte sich auch als Hanna Arendt 1963 *Eichmann in Jerusalem* veröffentlichte, eine Darstellung des Prozesses von Adolf Eichmann, die die Verantwortlichkeit der an den Juden verübten Grausamkeiten diskutierte. Ein Historiker notierte, dass unter den Intellektuellen „Arendts Buch einen Hagelsturm von Kritik provozierte und eine riesige Debatte, die weit über eine bloße politische Diskussion hinausging".[1283] Dazu gehörte ein öffentliches Forum, das eine erbitterte Auseinadersetzung lostrat.[1284] Sogar nicht-jüdische Intellektuelle wie Arthur Schlesinger jun. beobachteten witzig: „Neben Himmler fing sogar Babbitt[ra] an, gut auszusehen."[1285]

[ra] Hier ist die Hauptfigur des gleichnamigen satirischen Romans von Sinclair Lewis (1922) gemeint, die weitgehend als langweiliger konformistischer Spießer der amerikanischen Mittelklasse charakterisiert wird.

So wie es bedeutende Ähnlichkeiten zwischen der ersten und der späteren Generation amerikanischer Intellektuellen gab, gab es auch wichtige Unterschiede, die die Verbreitung der freudschen Theorie beeinflusste. In erster Linie war dies die Tatsache, dass die Intellektuellen sich ständig weiter über Amerika zerstreuten und sich von einer Konzentration in den Cafes von Greenwich Village in der Vorkriegszeit zu einer Nachkriegsdispersion in den Sälen auf den Campus der Universitäten verteilte. Einigen ohne Doktorgrad wie Irving Howe und Alfred Kazin wurden Professuren übertragen[1286], während anderen wie Daniel Bell der Doktorgrad von der Universität auf der Basis veröffentlichter Forschungen verliehen wurde[1287], nachdem sie einen Lehrauftrag erhalten hatten. Philip Rahv erhielt eine Professur an der Brandeis University[1288] trotz der Tatsache, dass er gar keinen akademischen Abschluss hatte. In seiner Studie stellte Kadushin fest, dass 40 Prozent der Intellektuellen Professoren an Hochschulen und Universitäten waren.[1289]

Ein weiterer wichtiger Unterschied zwischen der Nachkriegsgeneration amerikanischer Intellektueller und denen, die ihnen vorausgegangen waren, lag im höheren Ansehen der Nachkriegsgruppe. Ein Teil dieses Ansehens war politischer Natur; und als Gruppe bewegten sie sich zur politischen Mitte. Während die 1930er sich in linken Gruppen wie dem American Committee for the Defense of Leon Trotsky[rb] zusammengeschlossen hatten, waren die 1960er wie Richard Hofstadter, John K. Galbraith und Arthur Schlesinger jun. Liberale der Hauptstraße. Sogar Norman Mailer, Susan Sontag und Noam Chomsky, die im Kampf gegen den Vietnamkrieg sehr aktiv wurden, waren Teilhaber dessen, was mehr und mehr als der Wille des amerikanischen Volkes gesehen wurde. Einige Mitglieder der *Intelligentia* wie Irving Kristol und Norman Podhoretz hatten sich bis Ende der 60er weiter zur politischen Rechten bewegt und wurden als Neo-Konservative bezeichnet. So unterstützte Podhoretz in den 1980ern aktiv Präsident Ronald Reagan[1290], ein Ereignis, dass für ihre radikalen intellektuellen Brüder vor 50 Jahren undenkbar gewesen wäre.

Doch abgesehen von politischem Zentralismus gab es zusätzlich auch Hinweise auf andere Formen der Respektabilität. Wie Alexander Bloom den neuen Status in seinen *Prodigal Sons: The New York Intellectuals and Their World*[rc] zusammenfasste: „Ein Intellektueller zu sein, wurde mehr zu einem Beruf denn zu einer Lebensart."[1291] Diana Trilling erinnerte sich, dass die Intellektuellen der 30er „sich sogar dafür rechtfertigen mussten, einen komfortablen Stuhl zum Sitzen zu haben", während in den 60ern „jeder ein gut gepolstertes Sofa besaß".[1292] Und während die frühere Gruppe ausschließlich für Zeitschriften mit beschränkter Auflage wie den *Partisan Review* geschrieben hatte, lieferten die Nachkriegsintellektuellen zunehmend Beiträge für Zeitschriften mit höheren Auf-

---

[rb] Amerikanisches Komitee zur Verteidigung Leonid Trotzkis
[rc] *Verlorene Söhne: Die New Yorker Intellektuellen und ihre Welt*

lagen wie den *New Yorker*. Tatsächlich wurde einem Beobachter zufolge der „*Partisan Review* für den *New Yorker* zu so etwas wie ein Farm Team[rd]".[1294]

Das neue Ansehen der Nachkriegsintellektuellen symbolisierte auch ein 1956er Titelseitenbericht von *Time* mit Bildern von Lionel Trilling, Sidney Hook und Walter Lippmann und u. a. Zitaten von Irving Kristol, Edmund Wilson, David Riesman, Daniel Boorsin und Leslie Fiedler. „Was bedeutet es, ein Intellektueller in den Vereinigten Staaten zu sein?", fragte *Time* und antwortete, dass viele „gekommen waren, um letztlich festzustellen, dass sie wahre und stolze Teilhaber des Amerikanischen Traums sind".[1295] Noch größeres Ansehen erwartete die Intellektuellen, als John F. Kennedy 1960 in das Weiße Haus einzog und „anfing, sie zu umschmeicheln, indem er sie z. B. zum Abendessen in sein Haus einlud".[1296] Manche wie John K. Galbraith, Arthur Schlesinger jun. und Daniel P. Moynihan blieben, um in der Kennedy-Administration zu arbeiten, und wie Norman Mailer sich an die Zeit erinnerte „genossen wir ein bisschen das Flair von unteren Mitgliedern des Königshauses".[1297]

Damit beeinflusste die neue Wertschätzung der amerikanischen *Intelligentia* neben der freudschen Theorie auch unwiderruflich alles, was sie repräsentierte. Es waren nicht länger nur die politisch radikalen Intellektuellen am City College und der Columbia, die dem Doktor aus Wien als Retter der Welt zu Füßen lagen, sondern ebenso liberale Mainstream-Professoren der Universitäten von Buffalo und Brandeis. Hat nicht *Time* selbst bestätigt, dass solche Männer und Frauen verehrungswürdig waren? – Und so verdient ihr Regelwerk für die Menschheit auch sorgfältiges Zuhören. Und wenn die Autoren von Artikeln des *New Yorker* in der Psychoanalyse waren, dann muss es damit sicherlich etwas auf sich haben. Als Teil dieser Mode ritt Sigmund Freud auf den Rockschößen der amerikanischen Intellektuellen aus New York hinaus in das Herz des akademischen Amerikas.

[rd] Unter Farm Teams werden v. a. im Sport Mannschaften verstanden, in denen junge Spieler ausgebildet werden, bis sie genügend Erfahrungen gesammelt haben, um in höheren Klassen zu spielen.[1293]

8.4 Freud und die Demokratische Partei

Als die amerikanischen Intellektuellen in der Nachkriegszeit vom Marxismus zur demokratischen Linken wechselten, identifizierten sich auch andere Anhänger Freuds zunehmend mit der Demokratischen Partei. Dieser Trend war selbst unter den Psychoanalytikern besonders augenscheinlich. Eine Studie über Psychoanalytiker von Arnold A. Rogow von 1966 zeigte, dass ihre Präferenzen bei den Wahlen zwischen 1948 und 1964 wie folgt aussahen[1298]:

1948	Republikaner (Dewey)	12%
	Demokraten (Truman)	62%
	Progressive (Wallace)	22%
	nicht stimmberechtigt/nicht gewählt	4%
1952	Republikaner (Eisenhower)	21%
	Demokraten (Stevenson)	79%
1956	Republikaner (Eisenhower)	15%
	Demokraten (Stevenson)	85%
1960	Republikaner (Nixon)	6%
	Demokraten (Kennedy)	91%
	nicht stimmberechtigt/nicht gewählt	3%
1964	Republikaner (Goldwater)	3%
	Demokrat (Johnson)	95%
	nicht stimmberechtigt/nicht gewählt	2%

Die Anhänger Freuds hatten fast zweimal so häufig für Henry Wallace' linksprogressive Partei gestimmt und Thomas Dewey und Richard Nixon nur sechs und Barry Goldwater nur drei Prozent ihrer Stimmen gegeben. (Weiterhin hatten 62 Prozent der Psychoanalytiker Geld für den Präsidentschaftswahlkampf von 1964 gespendet[1299], ein Rekord in monetärer Unterstützung, der wahrscheinlich von keiner anderen Berufsgruppe erreicht wurde.) Sogar die an den Universitäten unterrichtenden und gut für ihre liberal-politischen Ansichten bekannten Sozialwissenschaftler hatten 1964 Goldwater 10 Prozent ihrer Stimmen gegeben.[1300] (Es gibt keine vergleichbaren Aufzeichnungen über Wahlpräferenzen bei Psychoanalysepatienten, aber es ist zu vermuten, dass sie sich in derselben Größenordnung bewegten wie die der Analytiker selbst.[1301])

Die Anziehungskraft der Demokratischen Partei auf die Freudanhänger war nicht überraschend. Die Partei von Jefferson und Jackson – die über ein Jahrhundert lang ihr Programm auf niedrigen Zöllen, einem ausgeglichenen Bundeshaushalt und einer schmalen Bundesbürokratie aufgebaut hatte – verwandelte sich in die Partei liberaler Sozialprogramme. In den Wahlen von 1924 erhielt der demokratische Kandidat John W. David nur 28 Prozent der Stimmen, und gegen Ende der 1920er nannte man die Demokraten die Partei „einer permanenten Minderheit".[1302] Seit 1861 wurden nur zwei demokratische Präsidenten gewählt. Doch als 1929 die Wall Street fiel, änderte sich die politische Landschaft abrupt. Plötzlich verloren die Republikaner – die Partei der Geschäftsleute und Unternehmer Amerikas – ihre Attraktivität, und die Demokraten erhoben sich von ihren Knien. Sie waren die Partei der neu eintreffenden Immigranten – was natürlich die europäischen Psychoanalytiker einschloss – und ebenso die der schnell wachsenden Großstädte, wo die meisten Freudanhänger lebten. Nicht zu vergessen, vertraten die Demokraten auch die Sozialprogramme, die konzipiert waren, die Lebensbedingungen und damit der freudschen Theorie zufolge auch das „Unbehagen der Kultur" zu verbessern.

Die Assoziation der Demokraten mit liberalen Sozialprogrammen begann nicht *de novo* mit Franklin D. Roosevelts New Deal. Woodrow Wilsons Administration hatte das Frauenwahlrecht eingeführt, ein Kinderarbeitsgesetz verabschiedet und den ersten jüdischen Richter (Louis Brandeis) für den Supreme Court nominiert. 1924 nahmen die Demokraten die Feststellung in ihr Programm auf, sie seien die Partei, die „sich hauptsächlich mit den Menschenrechten befasst".[1303] Im Gegensatz dazu hieß es von den Republikanern, sie „kümmerten sich vorwiegend um materielle Dinge". Der New Deal war eine Gelegenheit, derartige Rhetorik in die gesetzgeberische Handlung des Social Security Act[re] umzusetzen, der Bundeszuschüsse für Ältere, Blinde, abhängige Kinder sowie Mutterschafts- und Kinderbetreuung ebenso vorsah wie eine Arbeitslosenversicherung. Die Bundesregierung übernahm für das persönliche Wohlergehen ihrer Bürger Verantwortung bis zu einem Grad, der bis dahin unbekannt war. Bei der Amtsübernahme verkündete Roosevelt, dass „soziale Werte edler sind als bloßer monetärer Profit"[1304], und einer der Hauptarchitekten seines New Deal war Harry Hopkins[1305], einst Sozialarbeiter in New York City.

Nach dem Zweiten Weltkrieg wurde die Verbindung zwischen persönlicher Wohlfahrt und demokratischer Politik mit Präsident Harry Trumans Fair Deal[rf] fortgeführt. Das demokratische Abkommen von 1948 beinhaltete das umfangreichste Bürgerrechtsprogramm[1307], das jemals in ein demokratisches Wahlprogramm aufgenommen wurde. Die später von der Truman-Administration[rg] unterstützte Gesetzgebung umfasste weitergehende Sozialversicherungsabgaben, eine umfassende Wohnungsbauvorlage, eine Erhöhung des Mindestlohns

---

[re] Rentenversicherungsgesetz der USA
[rf] Serie von Truman ab 1949 skizzierten ökonomischen Reformen, da nach ihm jeder Bevölkerungsteil das Recht hat, von seiner Regierung einen Fair Deal, einen „gerechten Handel" zu erwarten.[1306]
[rg] Harry S. Truman: 33. Präsident der USA von 12.04.1945 bis 20.01.1953.

und eine landesweite Krankenversicherung. Die entstehende demokratische Allianz schloss Arbeitergewerkschaften, Immigranten und Minderheiten, bürgerliche Freidenker, Journalisten und Intellektuelle ein.

Zu Zeiten von Trumans Wahlsieg waren die Profis der mentalen Gesundheit zum integralen Bestandteil der demokratisch-liberalen Koalition geworden. Dies symbolisierte 1948 die Aufnahme eines Antrags in das Wahlprogramm der Demokratischen Partei, der sich ausdrücklich für die Unterstützung des Mental Health Act[rh] aussprach[1308], eine Referenz an die Gesetzgebung, die zwei Jahre zuvor das National Institute of Mental Health (NIMH)[ri] geschaffen hatte. Der augenscheinliche Grund für die Errichtung dieses Instituts wurde noch mehr durch Hinweise gestützt[1309], dass staatliche psychiatrische Kliniken wahre „Schlangengruben" und mentale Erkrankungen viel häufiger waren als bis dato angenommen. Letzteres spiegelte sich in der hohen Rate mentaler Störungen unter den Wehrdienstpflichtigen während des Krieges wider. Vom NIMH wurde erwartet, Forschungsvorhaben auf dem Gebiet mentaler Erkrankungen voranzubringen und die Ausbildung zusätzlicher Fachleute zu unterstützen.

Die Architekten des NIMH glaubten jedoch, dass sie die Gründe für mentale Störungen bereits kannten – frühe Kindheitserfahrungen und soziale Verhältnisse, die die Seelen der Amerikaner traumatisiert hatten. William Menninger, Francis J. Braceland und Robert H. Felix, die den Gesetzentwurf für die Einrichtung des Instituts erarbeiteten, waren alle Anhänger der freudschen Lehre und gehörten zu den Leitfiguren der amerikanischen Psychiatrie. (Jeder würde schließlich eine Amtszeit als Präsident der American Psychiatric Association dienen.) Menninger behauptete, dass Psychiater „eine gewisse Kenntnis der unbewussten Dynamik haben"[1310], und sie sollten deshalb „an Gemeindeangelegenheiten teilhaben, um unsere psychiatrischen Kenntnisse auf die Probleme der Bürger anzuwenden". In seiner Vision genauso unbescheiden bemerkte Braceland: „Die moderne Psychiatrie ... konzentriert sich nicht länger lediglich auf mentale Krankheiten, noch [auf] das Individuum als ‚mentalen Patienten', sondern sie fasst die Gesamtheit seines Wesens und seiner Beziehungen ins Auge."[1311] Felix fügte hinzu, dass „dort, wo es angebracht ist, kommunale Programme zur mentalen Gesundheit die Mitarbeit anderer Gemeindevertreter bei der Ausführung von Plänen zur Modifikation der Umgebung des Patienten erfordern".[1312] So war der Geist von Sigmund Freud nicht nur in Washington angekommen, sondern auch bereit, sich der mentalen Gesundheit der Nation als Spezialprojekt anzunehmen. Alles, was noch gebraucht wurde, war ein Präsident, der dies zu schätzen wusste und ihm eine Chance gab.

Die Jahre von Joseph McCarthy und Dwight Eisenhower waren keine günstigen Zeiten, um eine Agenda zur mentalen Gesundheit voranzutreiben und noch weniger für eine, die mit liberal-politischen Ideologien assoziiert wurde. So fes-

---

[rh] Gesetz zur seelischen Gesundheit
[ri] Nationales Institut für seelische Gesundheit

tigten die Freudianer ihre Basis in den medizinischen Schulen und psychoanalytischen Instituten des Landes und erwarteten die Rückkehr von Politikern, die ihre besonderen Fähigkeiten anerkannten. Außerdem steuerten sie enorm zur vom Kongress ernannten Joint Commission on Mental Illness and Health[rj] bei, einer hydraköpfigen Gruppe, die zwischen 1955 und 1960 einen Plan für zukünftige Mental-Gesundheitsdienste entwarf – inklusive der Empfehlung für eine wesentlich höhere Beteiligung des Bundes bei der Finanzierung dieser Leistungen.

Gleichzeitig bildeten sich während der Eisenhower-Jahre die Anfänge einer organisierten, fast ausschließlich republikanischen Opposition zur Lobby der mentalen Gesundheit. Vorwiegend von politischen Gruppen des rechten Flügels ausgehend, zeigten sich 1956 sehr starke Antipathien gegen die mentale Gesundheit als Reaktion auf ein Bundesvorhaben, in Alaska eine psychiatrische Klinik einzurichten. Die Gegner der mentalen Gesundheit brachten vor, der Entwurf wäre bloß „ein Plan, ein Konzentrationslager [für politische Gefangene] einzurichten".[1313] Ein Zeuge sagte gegen das Vorhaben aus: „Psychiatrie ist eine ausländische Ideologie. Sie ist jedem amerikanischen Denken fremd."[1314]

Während der späten 1950er Jahre brachten die Gegner der mentalen Gesundheit die Psychiatrie zunehmend mit linker politischer Denkweise in Verbindung. D.A.R., die offizielle Zeitschrift der Daughters of the American Revolution[rk], behauptete, dass „mentale Gesundheit eine Waffe der Marxisten ist"[1315], und der Newsletter des rechtsgerichteten New Yorker National Economic Council[rl] stellte fest: „Mentale Gesundheit ist eine ungenaue Bezeichnung für das, was in Wahrheit eine geschickt von kommunistischen Agitatoren eingesetzte Waffe ist, um Konformität in die marxistischen Ideologie zu bringen."[1316] Demonstrationen und literarische Opposition gegen mentale Gesundheit verbreiteten sich schließlich über mehr als die Hälfte der Staaten, obwohl das südliche Kalifornien und Texas die ideologischen Zentren blieben. Die gegnerischen Kräfte der mentalen Gesundheit vermischten sich immer mehr mit der Opposition zur Fluorierung von Wasser, zur Aufhebung der Rassentrennung in Schulen, zur Polio-Schutzimpfung und auch mit unbelehrbar bigotten, juden- und schwarzenfeindlichen Gruppen. Der Effekt davon war eine Verfälschung und schließlich die Diskreditierung der Gegner der Mental-Gesundheitsbewegung und ihre Übergabe an den intellektuellen Schlackehaufen der Anhänger von John Birch. Für viele Amerikaner bestätigte die Gegenbewegung zur mentalen Gesundheit jedoch deutlich früher stillschweigend unterstellte Vermutungen, dass nämlich zu ihren besten Zeiten die Psychiatrie im Allgemeinen und Freud im Besonderen mit der demokratischen Sache und in ihren schlechtesten mit Marxismus und Kommunismus in Verbindung stand.

[rj] Gemeinsame Kommission für seelische Erkrankungen und Gesundheit
[rk] Töchter der Amerikanischen Revolution, patriotische Frauenvereinigung der Vereinigten Staaten
[rl] Nationaler Wirtschaftsrat

8.5 Mentale Gesundheit in der Great Society

Die Wahl von John F. Kennedy ins Weiße Haus in 1960 war ein bedeutsames Ereignis für die amerikanische Psychiatrie. Hier gab es einen Präsidenten, der sie verstehen und schätzen könnte, ein intellektueller Präsident, der ein mit dem Pulitzer Preis ausgezeichnetes Buch veröffentlicht hatte. Am wichtigsten aber war, dass hier ein Präsident war, dessen eigene Schwester Rosemary anerkanntermaßen geistig zurückgeblieben und, wie ein paar Insider wussten, auch geisteskrank war.[1317]

Präsident Kennedy enttäuschte die Anhänger Freuds nicht. Er stelle ein ressortübergreifendes Komitee zusammen, um spezifische Empfehlungen für die Gesetzgebung zur mentalen Gesundheit auszuarbeiten. Daniel P. Moynihan war eines seiner wichtigsten Mitglieder, und Anfang 1963 übergab Kennedy eine historische Special Message to Congress[rm] über „Mental Illness and Mental Retardation".[rn] Insbesondere beantragte Kennedy ein von der Bundesregierung finanziertes Programm zur Errichtung von Community Mental Health Centers (CMHC)[ro], das es sowohl erlaubte, Individuen mit mentalen Erkrankungen näher an ihrem Wohnort zu behandeln als auch neuen Fällen mentaler Erkrankung vorzubeugen, indem man sie bereits in einem frühen Stadium behandelte. Mit einer solchen Verbesserung der mentalen Gesundheit des Landes hieß es, könnten staatliche psychiatrische Kliniken nach und nach geleert und letztlich geschlossen werden. Ohne Schwierigkeiten wurde das CMHC-Gesetz vom Kongress verabschiedet und drei Wochen vor seiner Ermordung von Präsident Kennedy mit seiner Unterschrift in Kraft gesetzt.

Obwohl die CMHC dem Kongress gegenüber als neues System zur Behandlung mental Erkrankter vorgestellt wurden, war das Programm von Anfang an von den Anhängern Freuds unterminiert, die darin endlich eine Gelegenheit sahen, ihren Glauben in die Tat umzusetzen. Dr. William Menninger, einer der Architekten des NIMH, hatte deutlich gemacht, dass die freudsche Theorie „die einzige logische Grundlage der präventiven Psychiatrie bietet – eine rechtsgültige mentale Hygiene".[1318] Sofern sich Gelegenheit bot, hatten sich die freudschen Psychiater niemals gescheut zu behaupten, dass ihr spezieller Einblick in das menschliche Verhalten sie als Verschreibung für die sozialen Probleme der Welt qualifizierte. 1941 z. B. stellte Dr. George S. Stevenson, Präsident der American Psychiatric Association fest, das Kriege „Probleme der mentalen Gesundheit"[1319] waren, denn ihre Wurzeln liegen in „psychologischen und psychopathologischen Faktoren". Ähnliche hatte Dr. G. Brock Chisholm, Präsident der World Federation for Mental Health[rp], 1946 behauptet, „wenn sich die Mensch-

---

[rm] Sonderbotschaft an den Kongress
[rn] „Seelische Erkrankung und mentale Entwicklungsstörungen"
[ro] Kommunale Zentren zur mentalen Gesundheit
[rp] Weltföderation für mentale Gesundheit

heit von ihrer lähmenden Bürde von Gut und Böse befreien könnte, müssen es die Psychiater sein, die die ursprüngliche Verantwortung übernehmen".[1320]

Von Anfang an wurde das bundesfinanzierte CMHC-Programm dazu benutzt, die freudsche Theorie menschlichen Verhaltens im großen Maßstab zu testen und anzuwenden. Dr. Robert Felix, Direktor des NIMH z. Z. der Verabschiedung des CMHC-Gesetzes, drängte seine Kollegen, Psychoanalyse und öffentliche Gesundheit miteinander zu verbinden wie er es getan hatte und sich in „Erziehung, Sozialarbeit, Industrie, Kirchen, Freizeit und Gerichten" zu engagieren, so dass Mental-Gesundheitsdienste „voll integriert und regulärer und permanenter Teil der gesamten sozialen Umgebung" sein würden. [1321]

Felix' Vision eines von der Regierung geforderten Utopias mentaler Gesundheit wurde von anderen Psychiatern des NIMH geteilt. Z. B. behauptete Dr. Stanley Yolles, Felix' nachfolgender Direktor des NIMH 1964, dass die Verantwortung der Fachkräfte der mentalen Gesundheit darin lag, „das Leben der Menschen durch Verbesserung ihrer physischen Umwelt, ihrer Bildungs- und kulturellen Möglichkeiten und anderer sozialer und milieubedingter Verhältnisse zu vervollkommnen".[1322] Yolles zeigte mit Stolz auf Belegschaftsmitglieder der CMHC, die „zusätzlich zum klassischen Bereich der mentalen Krankheiten Klienten bei Problemen mit der Wohnung, der Sammlung von Rechnungen oder bei Leseschwierigkeiten helfen".[1323] Yolles betonte besonders eindringlich die Verantwortlichkeit der Psychiater im Kampf gegen die Armut: „Da die Umstände der Armut eine Brutstätte für Gemütserkrankungen darstellen, bedürfen sie einer professionellen Zuwendung des modernen Psychiaters."[1324]

Beweise dafür, dass Armut geistige Krankheiten bedingt, gab es jedoch niemals – mit Ausnahme von seltenen Fällen, in denen schwere Unterernährung zu Pellagra führte. Worüber Yolles Überlegungen anstellte war eine moderne Version von Freuds *Das Unbehagen in der Kultur*, in dem gesellschaftliche Verhältnisse als Ursache mentaler Störungen angenommen werden. Diese Sicht wurde von vielen anderen prominenten Psychiatern des NIMH wie auch von Dr. Leonard Duhl geteilt. Ausgebildet in Psychoanalyse argumentierte Duhl, dass Geisteskrankheit „ein sozial bestimmter Zustand ist und mentale Gesundheit als soziales Problem begriffen werden muss".[1325] Psychiater sollten ihm zufolge helfen, "ein Sozialsystem aufzubauen, das seelisch gesunde Individuen hervorbringt"[1326] und einen besonders genauen Blick auf die Verhältnisse in den Städten werfen. „Im Hinblick auf mentale Erkrankungen stellt die Gesamtheit des urbanen Lebens den einzig vernünftigen Fokus dar ... unser Problem umfasst nun die gesamte Gesellschaft, und wir müssen jeden ihrer Aspekte untersuchen, um zu bestimmen, was zu geistiger Gesundheit führt."[1327]

So wurde die freudsche Theorie vorbehaltlos zu offizieller Regierungspolitik. Die „Prävention mentaler Erkrankungen" und das „Voranbringen mentaler Gesundheit" führten mit Bundesmitteln geförderte Psychiater in Regierungsbüros mit utopischen, auf offiziellem Briefpapier gedruckten Plänen durch. Nie zuvor wurden, wie von Saul Alinsky in Chicago, Bundesgelder dazu verwendet, einen kommunalen Aktivisten dafür zu bezahlen, einem CMHC zu erklären wie man mentale Gesundheit vorantreibt.[1328] Nie zuvor wurden Gelder des Bundes verwendet, einem CMHC dabei zu helfen, einer Gemeinde eine Ampel an einer vielbefahrenen Kreuzung zu installieren, wie es in einem CMHC in Los Angeles passierte. Niemals zuvor wurden Mittel des Bundes wie in Philadelphia dazu verwendet, dem Gemeindevorstand eines CMHC dabei zu helfen, seine Mission als „die Beseitigung zugrundeliegender Ursachen mentaler Gesundheitsprobleme wie die ungleiche Verteilung von Chancen, Einkommen und Vorteilen aus technischem Fortschritt"[1329] zu definieren.

Es ist kaum überraschend, dass die grandiosen Erwartungen an die CMHC sich nicht erfüllten. CMHC, die versuchten, Agenten gesellschaftlicher Veränderungen zu werden, trafen auf politische Realitäten und stellten fest, dass andere Führungskräfte der Kommunen nicht Willens waren, ihre freudsche Weisheit allein um des Glaubens willen zu akzeptieren. CMHC wie die Lincoln Hospital Mental Health Services[rq] in New York[1330], die sozialen Aktivismus predigten, wurden von genau den sozialen Aktivisten übernommen, die sie losgebunden hatten. So hatten in den frühen 1970ern die meisten CMHC bereits den Versuch aufgegeben, die Gesellschaft konform mit den freudschen Spezifikationen zu verändern und kehrten zurück zu einem Dasein als traditionelle ambulante Kliniken zur mentalen Gesundheit, die Beratung und Psychotherapie für einzelne Patienten anboten.

Im Rückblick ist es interessant, auf die Ähnlichkeiten zwischen den von Freud inspirierten Visionen sozial-technischer Planungen für die CMHC der 1960er und den von Marx beeinflussten hinzuweisen, die in den 1930ern vorangetrieben wurden. Beide basierten auf menschlichen Verhaltenstheorien, für die es kaum eine wissenschaftliche Grundlage gab. Beide betonten humanistische und liberal-soziale Werte, und beide wurden mit einer Hingabe vorangetrieben, die sich oft in religiöse Inbrunst verwandelte. Dr. Harold G. Wittington, einer der ersten CMHC-Direktoren, bemerkte bereits 1965: „Die Sowjetunion hatte bereits seit einigen Jahren über psychiatrische Einrichtungen verfügt, die sehr an unsere umfassenden CMHC erinnern ... [und die] die soziale Verwurzelung des Menschen und die gesellschaftliche Verflechtung jedes menschlichen Verhaltens betonten."[1331] Drei Jahre später kritisierte Dr. Lawrence Kuble seine CMHC-Kollegen dafür, „die russische Fantasie [zu hegen], dass alle psychischen Erkrankungen auf soziale Ungerechtigkeiten zurückzuführen sind und sie sowohl geheilt als ihnen auch vorgebeugt werden kann, wenn man die Missstände unserer Sozialordnung behandelt".[1332] Während das sowjetische Experiment auf Marx basierte, waren die amerikanischen CMHC eine Begleiterscheinung Freuds. Doch ihre Ähnlichkeiten stärkten die Verbindung, die sich zwischen Freud und der amerikanischen politischen Linken entwickelt hatte.

[rq] Psychologische Dienste des Lincoln Hospitals

Obwohl sich der Einfluss der freudschen Lehre z. Z. der Kennedy-Administration primär auf die CMHC-Bewegung konzentrierte, beeinflusste sie indirekt auch andere Aspekte sozialer Programmgestaltung. Armut z. B. wurde von den Offiziellen des NIMH als einer der Hauptgründe seelischer Erkrankungen genannt, und aus dieser Sicht konnte der gesamte Krieg gegen die Armut, der von Kennedy angeregt und unter Präsident Lyndon Johnson durchgeführt wurde, als ein Programm zur mentalen Gesundheit gesehen werden. Es erscheint ebenfalls interessant, dass die drei führenden Architekten von Präsident Johnsons 1964er Anti-Armuts-Kampagne des Office of Economic Opportunity[rr] stark von freudschen Ansichten durchdrungen waren. Zu ihnen gehörte auch Michael Harrington, dessen Buch über die Armut, The Other America[rs], von Präsident Kennedy gelesen wurde. Harrington glaubte, dass „Arme dazu tendieren, viel höhere Psychoseraten zu haben als andere Klassen oder Schichten, denn ein Leben in Armut ist ein konstanter Angriff sowohl auf die Psyche als auch auf den Körper".[1333] Harringtons eigene vierjährige Psychoanalyse[1334] begann 1965, ein Jahr nachdem er in Johnsons Great Society einbezogen wurde. Aber bereits 1964 bestätigte er, dass „ich meinen Freud gelesen und in einer New Yorker Welt gelebt habe, wo die Mehrheit meiner Freunde psychoanalysiert war oder wurde".[1335]

Die anderen beiden Architekten von Johnsons Programm, den Armen zu helfen, waren Frank Mankiewicz und Paul Jacobs, die zusammen mit Harrington „im Januar 1964 zwei hektische Wochen mit 16- und 18-Stunden-Arbeitstagen"[1336] daran arbeiteten, einen Plan an Sargent Shriver, Präsident Johnsons Direktor des Office of Economic Opportunity, zu übergeben. Obwohl Mankiewicz persönlich nicht analysiert wurde, war sein Vater in der Analyse, und so „wuchs [er] in einem Zuhause auf, in dem freudsche Konzepte im Vordergrund standen".[1337] Mankiewicz zufolge war Paul Jacobs ebenfalls „von freudschem Denken durchtränkt", und es scheint wahrscheinlich, dass sowohl Mankiewicz als auch Jacobs Harringtons Glauben teilten, mentale Erkrankungen würden z. T. von Armut verursacht. Die Tatsache, dass Mankiewicz prominenter liberaler Demokrat war (er organisierte später George McGoverns Präsidentschaftswahlkampf von 1972), Harrington führender Sozialist und Jacobs „Exanhänger Trotzkis und Gewerkschaftsorganisator"[1338], platzierte dieses Programm direkt auf der liberalen Seite des politischen Spektrums.

Der Krieg gegen die Armut war im Rückblick gesehen eines der humansten und bestgemeinten Programme, die je von einer Bundesregierung auf den Weg gebracht wurden. Es gibt Belege dafür, dass Programme wie Medicare, Supplemental Security Income und Food Stamps die Armut in erster Linie unter den

---

[rr] Als Teil von Präsident Johnsons Great Society diente diese Dienststelle der Verwaltung der meisten Anti-Armutsprogramme.
[rs] Das andere Amerika

Älteren reduzierten. Auch wurde der Erfolg des Head-Start-Programms[rt] für Kinder, bessere Ernährung, kulturelle Bereicherungen und elterliche Beteiligung am kindlichen Lernprozess bereitzustellen, allgemein anerkannt.

Solche Erfolge gab es jedoch trotz und nicht wegen der freudschen Theorie, die entweder bewusst oder unbewusst bei der Gestaltung des Programms mitwirkte. Es gibt keinen Hinweis darauf, dass der Kampf gegen die Armut die Rate mentaler Erkrankungen reduzierte oder dass man damit dem oft zitierten Ziel der „mentalen Gesundheit" näher gekommen wäre.

[rt] Medicare: Öffentliche Versicherung für ältere und/oder behinderte Menschen; Supplemental Security Income: Monatliches Grundeinkommen für Ältere, Blinde oder Behinderte; Food Stamps: Essensmarken; Head Start: kompensatorisches Erziehungsprogramm, dass v. a. Bildungschancen von Kindern aus sozial schwachen Familien verbessern und ihre Resilienz (Widerstandfähigkeit, Flexibilität) steigern soll.

8.6   Freud an den Universitäten

Als es die von Freud beeinflussten New Yorker Intellektuellen in den 1950ern auf die Campus amerikanischer Universitäten zog, wurde konsequenterweise seine Lehre auch in den akademischen Lehrplan eingebaut. Die Studenten lasen Marcuse, Goodman und Brown und lauschten Sprechern wie Margaret Mead dabei, die freudsche Theorie als den Weg zur Emanzipation einer nicht repressiven Gesellschaft zu preisen. Immer mehr Lehrkräfte unterzogen sich einer persönlichen Psychoanalyse und immer mehr Studenten schrieben sich für Kurse ein, die freudsche Konzepte behandelten. Die Universitäten wurden zu einer Brutstätte freudscher Sporen, die von ihren gebildeten jungen Bürgern in jede Stadt Amerikas zurückgetragen wurden.

Sozial- und Geisteswissenschaften wurden besonders stark von psychoanalytischen Lehren durchtränkt und praktisch jeder Einführungskurs in Anthropologie beinhaltete Meads *Coming of Age in Samoa* und Benedicts *Patterns of Culture*. Kurse über Kultur und Persönlichkeitsentwicklung waren stark frequentiert und hoben normalerweise auf Schriften von Psychoanalytikern wie Erik Erikson und George Devereux ab. Im Gegensatz dazu widerstanden jedoch die meisten psychologischen Fachbereiche dem Ansturm der freudschen Theorie (die von vielen Psychologen als nicht wissenschaftlich fundiert genug angesehen wurde) und bezogen sie nur als eine Theorie zur abnormalen Persönlichkeitsentwicklung ein.

Die englischen Fachbereiche vieler Universitäten jedoch bauten die freudsche Theorie in Kurse zur Literaturkritik ein. Prototypen derartiger Bemühungen waren *Hamlet and Oedipus* (1949)[ru] von Ernest Jones sowie die Analyse von *Life and Works of Edgar Allan Poe* (1949)[rv] durch Marie Bonaparte – eine von Freuds Patientinnen und Fürsprecherinnen. In den frühen 1970ern hatten sich Zeitschriften wie *Imago* auf psychoanalytische Literaturstudien spezialisiert, und Fachbücher mit Titeln wie *The Practice of Psychoanalytic Criticism*[1339], *The Unspoken Motive: A Guide to Psychoanalytic Literary Criticism* und *Out of My System: Psychoanalysis, Ideology and Critical Method* wurden veröffentlicht.[1340, rw] Das letztere, von Professor Frederick Crews[1341] als Vorsitzender des Graduiertenprogramms des Fachbereichs Englisch der University of California geschriebene Buch, pries die Psychoanalyse als „die einzige tiefgehende Motivtheorie, die die Menschheit entwickelt hat".[1342] Solche Bücher und Kurse benutzen die freudsche Lehre, um literarische Werke zu erklären oder Autoren zu analysieren.

[ru] *Hamlet und Ödipus*
[rv] *Leben und Werk von Edgar Allan Poe*
[rw] *Die Praxis der psychoanalytischen Kritik; Das unausgesprochene Motiv: Eine Richtlinie zur psychoanalytischen Literaturkritik; Raus aus meinem System: Psychoanalyse, Ideologie und Methode der Kritik*

Geschichte war ein weiteres universitäres Fachgebiet, auf das die freudschen Ansichten überraschenderweise starken Einfluss nahmen. Die Anwendung psychoanalytischer Prinzipien auf Geschichte wurde von Freud selbst in seiner Auslegung der Geschichte allgemein demonstriert (*Das Unbehangen in der Kultur*) sowie in seiner psycho-historischen Analyse von Leonardo da Vinci (*Eine Kindheitserinnerung des Leonardo da Vinci*[rx]) und Präsident Woodrow Wilson (*Thomas Woodrow Wilson – Der 28. Präsident der Vereinigten Staaten von Amerika – Eine psychoanalytische Studie*[ry]). Freuds Arbeit über da Vinci, die einzig auf der Erinnerung basierte, dass ein „Geier" ihn als kleines Kind attackierte, erwies sich später als grundlegend falsch, da das italienische Wort für Milan (*nibbio*)[1343] – ein kleinerer Vogel, der nicht zu Freuds psychoanalytischen Formulierungen passte – versehentlich mit „Geier" (*avvoltoio*) falsch übersetzt wurde. Freuds Arbeit über Wilson, geschrieben in Zusammenarbeit mit seinem Patienten William C. Bullitt, wurde heftig von den meisten Historikern kritisiert. Barbara Tuchman z. B. sagte: „Die Autoren haben es zugelassen, dass emotionale Vorurteile ihre Untersuchung leiten, was zu undisziplinierten Argumentationen, wilden Übertreibungen und falschen Schlussfolgerungen geführt hat."[1344] Freuds eigene psycho-historischen Bemühungen waren somit kein glücklicher Start in diesem Bereich.

Die psycho-historische Arbeit, die allgemein als gutes Beispiel dafür angeführt wird, wie Freuds Theorie die Geschichte erleuchten kann, ist Erik Eriksons *Young Man Luther: A Study in Psychoanalysis and History* (1958).[rz] Erikson, der nach dem Gymnasium keine weitere Ausbildung absolviert hatte[1345], wurde zu einem gut bekannten Laien-Analytiker und später zum Professor für Humane Entwicklung an der Harvard University ernannt. Beim Versuch, zu verstehen, warum Luther gegen die Kirche rebellierte, verwendete Erikson Charakteristika aus Luthers Persönlichkeit, die die „aktiven Überbleibsel seiner Verdrängungen der Kindheit" aufdeckten.[1346] Im Einzelnen schrieb Erikson:

> *Wir müssen schlussfolgern, dass Luthers Gebrauch von ablehnenden und analen Mustern ein Versuch war, ein Sicherheitsventil zu finden, als unerbittlicher innerer Druck drohte, die Hingabe unerträglich und die Erhabenheit hassenswert zu machen, dass er wieder kurz davor stand, Gott in höchster Rebellion abzulehnen und sich selbst in böswilliger Melancholie. Die regressiven Aspekte dieses Drucks und die daraus resultierende obsessive und paranoide Konzentration auf einzelne Figuren wie den Papst oder den Teufel lassen kaum Zweifel, dass eine Übertragung von einer Elternfigur auf universelle Persönlichkeiten stattgefunden hatte und dass das zentrale Thema in dieser Übertragung analer Trotz war.*[1347]

[rx] engl. Titel: *Leonardo Da Vinci and a Memory of His Childhood*
[ry] engl. Titel: *Thomas Woodrow Wilson: A Psychological Study*
[rz] dt. Ausgabe: *Der junge Mann Luther. Eine psychoanalytische und historische Studie* (1978)

Dies ist klassische freudsche Theorie, Ereignisse der frühen psychosexuellen Entwicklung einer Person zu verwenden, ihr späteres Verhalten zu erklären. An anderer Stelle lehnte Erikson derart vereinfachtes Denken z. T. ab und nannte es

> *Ursprungologie, ... eine Denkgewohnheit, die jede menschliche Situation auf eine Analogie zu einer anderen reduziert und letztlich auf diesen frühesten, einfachsten und infantilsten Vorläufer, von dem man annimmt, er sei ihr ‚Ursprung'.*[1348]

Nach der Veröffentlichung von *Young Man Luther* verbreitete sich das psychoanalytische Theoretisieren rapide in den historischen Fachbereichen vieler Hochschulen und Universitäten. 1977 zeigte eine Untersuchung, dass mehr als 200 Hochschulen, Universitäten und psychoanalytische Institute Kurse über Psycho-Historie anboten.[1349] *The Journal of Psychohistory* erschien regelmäßig, und Jahrestreffen wurden für Historiker abgehalten, die interessiert daran waren, diesem Ansatz zu folgen. Artikel und Bücher psychoanalysierten historische Figuren wie John Quincy Adams, Napoleon, Stalin, Hitler und Richard Nixon.

Der gemeinsame Nenner der Psycho-Historie liegt in der Verwendung eines freudschen (oder neo-freudschen) Referenzsystems, um historische Verhaltensweisen und Ereignisse zu erklären. Wie die Historikerin Gertrude Himmelfarb in einer aufschlussreichen Kritik des Fachgebiets schrieb: „Die Psycho-Historie leitet ihre ‚Fakten' nicht aus der Geschichte ab, sondern aus der Psychoanalyse."[1350] Somit ist die Gültigkeit dieser Herangehensweise nur so gut wie die Gültigkeit der freudschen Theorie. Wie Martin Gross in *The Psychological Society*[sa] bemerkte „tauchen in dieser psychoanalytischen Neuschreibung der Geschichte keine Schlachten und Streitereien oder Männer und ihre Geliebten, sondern Mutter, Vater und Geschwister als Gestalter der Weltgeschichte auf".[1351] Richard Nixon verhielt sich nach James W. Hamilton so wie er es als Präsident tat, da „Richard eine starke Rivalität und Feindseligkeit gegenüber [seinem jüngeren Bruder] Donald fühlte, insbesondere, da er geboren wurde, als die anale Phase anfing, seine psychosexuelle Entwicklung zu beherrschen, und er ihm gegenüber Todeswünsche hegte".[1352]

[sa] *Die psychoanalytische Gesellschaft*

8.7 Freud in der Verlagsindustrie

Seit den 1930ern hatte die Verlagsindustrie zur New Yorker *Intelligentia* eine Beziehung, die sich irgendwo zwischen eng und frei inzestuös bewegte. Intellektuelle und Verleger, oft über Heirat oder gemeinsame Beziehungspartner miteinander verwandt oder bekannt, empfehlen und überprüfen gegenseitig ihre Arbeiten und geben vielversprechende Manuskripte zur Veröffentlichung weiter. Wie bereits früher zitiert, gehörte zu solchen Arrangements z. B. Norman Podhoretz' Fortsetzungsreihe von Paul Goodmans *Growing Up Absurd* in *Commentary*, um dann Random House davon zu überzeugen, es zu veröffentlichen. Es beinhaltete auch die Entdeckung von Norman O. Browns *Life Against Death* durch den Verleger Jason Epstein, der es an Podhoretz weiterleitete und der wiederum in Gegenzug Lionel Trilling dazu überredete, es zu prüfen. Die New Yorker intellektuelle Gemeinde und die Verlagsindustrie sind zwei essentielle Bestandteile eines großen Ganzen.

Aus diesem Grund wäre es überraschend, festzustellen, dass die Verlagsindustrie weniger gründlich von Freuds Ansichten beeinflusst wurde als die Intellektuellen. Obwohl eine systematische Studie zu dieser Frage nie erstellt wurde, fand 1990 eine Umfrage in einer zufällig ausgewählten Gruppe New Yorker Psychiater statt, die wenigstens 30 Jahre lang praktiziert hatten. Die teilnehmenden schätzten, dass 50 bis 80 Prozent der Herausgeber von Büchern oder literarischen Zeitschriften eine psychodynamische Psychotherapie zu einem Zeitpunkt ihrer Karriere durchlaufen hatten. Bezüglich der Frage, ob eine derartige Psychotherapie m. o. w. üblich oder in etwa dieselbe war wie vor 30 Jahren, waren sich die Befragten einig. Einer der Psychoanalytiker kommentierte die Situation mit der Bemerkung, dass „vor 30 Jahren der Literaturbereich zu einem maßgeblichen Teil ein verlängerter Arm der Psychoanalyse war".[1353]

Genauso gibt es deutliche Hinweise darauf, dass freudsche Motive in der Erzählliteratur der 1960er an Bedeutung zunahmen. Grund dafür war zum einen die Tatsache, dass sich vermutlich viele Schriftsteller nach dem Zweiten Weltkrieg einer Psychoanalyse unterzogen hatten und dass zum anderen Herausgeber und Verleger – einige von ihnen waren ebenfalls in der Analyse – mehr an Manuskripten interessiert waren, die freudsche Themen beinhalteten. Ein Artikel im *Atlantic Monthly* kündete 1961 die neue literarische Ära an, und Alfred Kazin stellte darin fest: „So wie viele Psychoanalytiker Schriftsteller sein wollen, wollen viele Schriftsteller nun Analytiker sein."[1354] Wie um Kazins Standpunkt zu illustrieren folgte eine Flut von psychoanalytisch inspirierten Romanen.

Doris Lessings *The Golden Notebook*[sb] von 1962 ist ein typisches Beispiel, in dem eine jungianische Psychoanalytikerin, Mother Sugar, der Heldin Anna Wulf

---

[sb] dt. Ausgabe: *Das Goldene Notizbuch* (1962)

dabei hilft, einen Fall von Schreibblockade zu überwinden. Lessing bestätigte später, dass sie sich beim Schreiben des Buches in Psychoanalyse befand und dass Mother Sugar auf ihrer eigenen Therapeutin basierte.[1355] In Sylvia Plaths 1963 veröffentlichtem *The Bell Jar*[sc] behandelt der geschickte idealisierte Psychoanalytiker Dr. Nolan die Heldin Esther Greenwood. Tatsächlich ist Dr. Nolan ein Portrait von Plaths eigenem Psychoanalytiker[1356], der sie 1953 und nochmals 1958 wegen Depressionen behandelt hatte.

1964 wurde *I Never Promised You a Rose Garden*[sd] veröffentlicht. Unter dem Pseudonym Hannah Green von Joanne Greenberg geschrieben, beschreibt es die erfolgreiche psychoanalytische Behandlung einer jungen Frau (Deborah Blau) durch den allwissenden und freundlichen Psychoanalytiker Dr. Fried. Das Buch basiert auf Joanne Greenbergs tatsächlicher Behandlung bei Dr. Frieda Fromm-Reichmann, wurde mehr als fünf Millionen Mal verkauft[1357] und erfolgreich verfilmt.

Vielleicht das beste Beispiel, wie stark die Erzählliteratur sich in den 1960ern der Psychoanalyse verpflichtete, war die Arbeit von Philip Roth. Nach Jeffrey Bermans *The Talking Cure*[se] über die Psychoanalyse in der Literatur „sind [Roths] Charaktere die am gründlichsten psychoanalysierten der Literatur".[1358] Dr. Otto Spielvogel, der geduldig Alex Portnoys unzufriedenem Monolog in *Portnoy's Complaint* (1969)[sf] zuhört, ist Roths eigenem Psychoanalytiker nachmodelliert, bei dem er „für viele Jahre"[1359] in Therapie war. Der Psychoanalytiker in *My Life as a Man* (1974)[sg] geht ebenfalls auf Roths Analytiker zurück. Berman zufolge „hat kein Romanautor uns eine authentischere Darstellung der Psychoanalyse mit ihren intellektuellen und emotionalen Launen gegeben als es Roth [in diesem Buch] tut".[1360]

Natürlich gibt es Ausnahmen zu dieser literarischen Hagiographie.[sh] Die auffallendste – und in der Tat „der feindseligste Anti-Freud-Künstler des Jahrhunderts"[1361] – war Vladimir Nabokov. Berman zufolge „ist kein Romanautor [gegen die Psychoanalyse] mit einer unbarmherzigeren Kampagne ins Feld gezogen"[1362] als Nabokov, der Freud einen „Wiener Quacksalber"[1363] nannte und die Psychoanalyse „eine der abscheulichsten Betrügereien, die von Menschen an sich selbst und anderen begangen wurden".[1364] Auf den Ödipuskomplex drosch Nabokov als besonders absurd ein: „Lasst die Leichtgläubigen und Vulgären weiterhin glauben, dass alle mentalen Leiden durch die tägliche Verabreichung alter griechischer Mythen auf ihre Geschlechtsteile geheilt werden könnten."[1365]

[sc] dt. Ausgabe: *Die Glasglocke* (1990)
[sd] dt. Ausgabe: *Ich hab' dir nie einen Rosengarten versprochen* (1973)
[se] dt. etwa: *Die Redekur* oder auch *Gesprächstherapie*
[sf] dt. Ausgabe: *Portnoys Beschwerden* (1970)
[sg] dt. Ausgabe: *Mein Leben als Mann* (1990)
[sh] Lebensbeschreibung von Heiligen

Nabokovs Opposition zur freudschen Theorie ging wahrscheinlich auf die Zeit zurück als er in den 1920ern in Berlin lebte. Das Berliner Psychoanalytische Institut wurde 1920 von Max Eitingon gegründet, einem wohlhabenden russischen Arzt, der „im Laufe von Abendspaziergängen in Wien"[1366] von Freud psychoanalysiert wurde. Unter der Leitung von Karl Abraham wurde das Institut sehr aktiv und war bekannt für seine besondere Sympathie Marx und dem Kommunismus gegenüber, gegen die Nabokov erbittert opponierte. 1926 besuchte Nabokov eine Vorlesung über „den Medizinmann Freud"[1367] wie er ihn nannte und begann danach seine Attacken auf „die vulgäre, schäbige und völlig mittelalterliche Welt von Freud mit ... seinen verbitterten kleinen Embryos, die von ihren natürlichen Nischen aus das Liebesleben ihrer Eltern ausspionieren".[1368]

Nabokov kritisierte die freudsche Bewegung ganz besonders „als eine Art internen Marxismus"[1369] und nannte die Psychoanalyse aufgrund ihrer Ähnlichkeit mit der marxistischen Gedankenkontrolle „nichts als eine Art Mikrokosmos des Kommunismus".[1370] Er argumentierte, dass „der Unterschied zwischen einem Vergewaltiger und einem Therapeuten nur ein Frage des Abstands ist"[1371], gab Psychoanalytikern in seinen Romanen Namen wie Dr. Sig Heiler und Dr. Rosetta Stone und forderte die Freudianer dazu auf „seine Arbeiten zu analysieren oder zu analisieren".[1372] Nabokov riet Freud und seinen Anhängern „weiter mit ihren Dritte-Klasse-Denk-Waggons durch den Polizeistaat sexueller Mythen dahinzuzuckeln"[1373] und steuerte verheerende Kritiken zu Freud und seiner Theorie bei. Doch im literarischen Milieu der 1960er waren solche selten.

8.8 Freud in der Filmindustrie

Mit dem Einfluss der freudschen Ideologie auf Hollywood nach dem Zweiten Weltkrieg spiegelten auch die Filme der 1960er die Freudomanie wider, die über Amerika hinwegfegte. Einem Psychiater zufolge, der 30 Jahre lang in Beverly Hills praktizierte, „schien in den 50ern und 60ern fast jeder aus ‚der Industrie' in Behandlung zu sein".[1374] Obwohl keine formelle Studie durchgeführt wurde, schätzte eine Umfrage unter einigen Psychiatern aus Los Angeles, die dort wenigstens seit 1960 praktizierten, dass 50 bis 60 Prozent der Autoren, Produzenten und Regisseure der Filmindustrie zu einem Zeitpunkt ihrer Karrieren eine psychodynamische Psychotherapie durchlaufen hatten. Ein Psychiater sagte, dass die Praxen seiner Kollegen aus Beverly Hills „jahrelang von diesen Film- und Fernsehleuten unterstützt" wurden. Eine Liste von Psychiatern von 1989, die zur American Psychiatric Association gehörten, zeigte, dass 131 in Beverly Hills praktizierten, bei einer Einwohnerzahl von 33.690. Demzufolge kommt ein Psychiater auf 150 dort lebende Erwachsene, was einer Konzentration entspricht, wie sie sonst nirgends auf der Welt zu finden ist.

Dr. Irving Schneider zufolge tauchten in den 1960ern psychiatrische Charaktere in mehr als einhundert Filmen auf.[1375] Am bemerkenswertesten darunter war John Hustons Film von 1962 über Freud selbst, der ursprünglich einfach den Titel *Freud*[iii] trug. Huston hatte seit 1946 über einen solchen Film nachgesonnen und rekrutierte Jean-Paul Sartre als Drehbuchautor als sich die Gelegenheit bot. „Sartre", schrieb Huston in seiner Biographie, „kannte Freuds Arbeit genau und würde eine objektive und logische Herangehensweise verfolgen. ... Für ihn waren Freuds Studien aufgrund dessen von Wert, was sie über das menschliche Gemüt zu Tage gefördert hatten."[1376] Sartres anfänglich langatmiges Drehbuch hätte einen Film länger als fünf Stunden entstehen lassen, aber es wurde mit Montgomery Clift in der Rolle von Freud auf weniger als drei Stunden gekürzt. Sowohl Huston als auch Sartre wollten Marilyn Monroe für die Rolle der Cecily engagieren, die wichtigste Patientin im Film, doch „Monroes eigener Analytiker lehnte mit der Begründung ab, dass Anna Freud dem Projekt nicht zugestimmt hatte".[1377] So wurde Susannah York stattdessen verpflichtet.

Mangelte es *Spellbound* 1945 an Subtilität für ein Empfehlungsschreiben der Psychoanalyse, so hatte *Freud* das Auftreten eines kommerziellen von der American Psychoanalytic Association gedrehten Werbespots. Es begann mit Hustons Stimme aus dem Off[iv], die Freud explizit mit Kopernikus, Darwin und implizit mit Christus verglich und den Zuschauern erklärte, dass der Film „Freuds Abstieg in eine Region fast so schwarz wie die Hölle selbst schilderte –

[iii] dt. Fassung: *Freud* (1963)
[iv] Mit *Off camera* (kurz *Off*, engl. = außerhalb) werden Ereignisse bezeichnet, die sich außerhalb des von der Filmkamera erfassten Bereichs abspielen, sich aber den Filmzuschauern durch den Ton vermitteln. Dies können Erzählstimmen, Dialoge, Geräusche, Musik sein.[1378]

das menschliche Unbewusste und wie er das Licht hineinließ".[1379] Sartres Drehbuch konzentrierte sich auf Freuds Theorien über die Phasen infantiler Sexualität und insbesondere auf den Ödipuskomplex.

Nachdem Freud im Film die Patientin Cecily von ihren Symptomen geheilt hat – von denen es hieß, dass sie von ihrer sexuellen Anhänglichkeit an ihren Vater verursacht wurden –, sitzt er zusammen mit Cecilys Mutter; und die Kamera „offenbart zwischen ihnen ein riesiges Gemälde von Cecilys Vater".[1380] Derartige Schwerfälligkeit dauerte bis zum Ende des Films an, wo Hustons Stimme aus dem Off mit der finalen Botschaft zurückkehrte:

> *'Erkenne dich selbst'. Vor 2.000 Jahren wurden diese Worte in den Tempel von Delphi graviert. 'Erkenne dich selbst'. Sie sind der Anfang der Weisheit. In ihnen liegt die einzige Hoffnung auf den Sieg über des Menschen ältesten Feind, seine Familie. Dieses Wissen ist nun in unserer Reichweite. Werden wir es nutzen? Lasst uns hoffen.*[1381]

Freud war kein Kassenschlager als er 1962 freigegeben und auch nicht im folgenden Jahr, als er als *Freud: The Secret Passion* erneut veröffentlicht wurde. So fasziniert wie die Öffentlichkeit von Freud und seiner Theorie war – die Amerikaner waren anscheinend nicht darauf vorbereitet, Christus durch Freud zu ersetzen.

Kein anderer Film vergötterte Freud so wie Hustons Versuch, obwohl viele andere Filme in den 60ern Freuds Theorie in sehr vorteilhaftem Licht präsentierten. Ein Psychiater wurde am Ende von Alfred Hitchcocks *Psycho* (1960) hinzugezogen, um die Funktion von Norman Bates' Verstand zu erklären (er hatte klare ödipale Probleme mit seiner Mutter) und instruierte die Polizei, wie sie die Leichen seiner anderen Opfer finden konnte. In Ella Kazans *Splendor in the Grass* (1961)[si] half ein weiser Psychiater Natalie Wood dabei, ihr Leben zu rekonstruieren. Die Filmversion von *David and Lisa* (1962)[sj] zeigte einen allwissenden Psychoanalytiker, der sich erfolgreich mit Davids unsensibler und kleinlicher Mutter herumschlug, der Ursache seiner Probleme im klassisch freudschen Sinne. Gabbard and Gabbards *Psychiatry and the Cinema*[sk] zufolge „verweisen, mehr als 20 Jahre nachdem er gedreht wurde, viele Psychiater immer noch auf *David and Lisa* als eine der ‚realistischsten' Darstellungen psychiatrischer Behandlung".[1382]

In den noch nicht lange zurückliegenden Jahren vermischte sich jedoch die Darstellung von Psychiatern und Psychoanalytikern in den Filmen zunehmend. Auf der einen Seite gab es sehr positive Beschreibungen in Filmen wie *I Never Promised You a Rose Garden* (1977)[sl], *Ordinary People* (1980)[sm] und *Lovesick*

[si] dt. Fassung: *Fieber im Blut* (1962)
[sj] dt. Fassung: *David und Lisa* (1964)
[sk] *Psychiatrie und das Kino*
[sl] dt. Fassung: *Ich hab' dir nie einen Rosengarten versprochen* (1978)

(1983)[sn], in dem Alec Guiness den Geist von Freud spielt und den Psychoanalytiker (Dudley Moore) dazu ermahnt, seine Gefühle der Gegenübertragung zu kontrollieren. Auf der anderen Seite gab es Filme wie *One Flew Over the Cuckoo's Nest* (1975)[so], *Dressed to Kill* (1980)[sp] und *Frances* (1982)[sq], in denen Psychiater als sadistisch, inkompetent und sogar gemeingefährlich porträtiert wurden. Vielleicht wird Hollywoods jüngste Ambivalenz gegenüber Freud am besten durch die Filme von Woody Allen verkörpert, der ohne Frage von Psychoanalyse fasziniert ist, sie aber auch gleichzeitig lächerlich macht. In *Annie Hall* (1979)[sr] sagt Allen, dass er seit 15 Jahren in Analyse sei, und wenn er im nächsten Jahr keine Fortschritte mehr machte, will er nach Lourdes gehen. Später fügt er hinzu, dass er einst selbstmordgefährdet war und sich umgebracht hätte. „Aber ich war bei einem strengen Freudianer in der Analyse. Und wenn du dich umbringst, dann musst du für die Sitzungen bezahlen, die du versäumt hast."[1383]

[sm] dt. Fassung: *Eine ganz normale Familie* (1981)
[sn] dt. Fassung: *Lovesick – Der liebeskranke Psychiater* (1983?)
[so] dt. Fassung: *Einer flog über's Kuckucksnest* (1976)
[sp] dt. Fassung: *Dressed to Kill* (1980)
[sq] dt. Fassung: *Frances* (1983)
[sr] dt. Fassung: *Der Stadtneurotiker* (1977)

8.9 Freud geht nach Esalen

Eine der weitreichendsten sozialen Änderungen, die aus dem Amerika der 1960er kamen, war die Bewegung für persönliches Wachstum, eine Bewegung mit Freud als Vater und Wohlstand und Freizeit als Mutter. Mehr als drei Jahrzehnte hat sich diese Bewegung zu einer alphabetisch geordneten Melange aus Psychoanalyse, östlichen Philosophien und Exerzitien entwickelt, die sich von Aikido, Körperenergietherapie, kreativer Aggressionstherapie, direkter Psychoanalyse, eidetischer Therapie, Gefühlstherapie und holistischer Therapie über Senoi-Traumgruppentherapie, Transaktionsanalyse, Vita-Erg-Therapie bis hin zur zaraleyanischen psychoenergetischen Therapie erstreckt. Manchmal wird sie auch als die Human-Potential-Bewegung bezeichnet, obwohl das menschliche Potential, das am deutlichsten demonstriert worden zu sein scheint, das Potential einiger Menschen gewesen ist, das große Geld mit der Enttäuschung aus Einsamkeit und Bekümmertheit anderer zu machen.

Die Bewegung für persönliches Wachstum entwickelte sich aus der freudianischen Theorie in einer Zeit, in der die Zahl von Psychiatern, Psychologen und psychiatrischen Sozialarbeitern in den Vereinigten Staaten schnell zunahm. 1945 gab es insgesamt etwa 9.000 solcher Fachleute. 1948 begann die Bundesregierung, Stipendien für Lehrprogramme zur Verfügung zu stellen; diese kulminierten 1969 zu 118,7 Millionen Dollar pro Jahr. Heute wird geschätzt, dass es etwa 200.000 solcher Fachleute gibt – 40.000 Psychiater, 70.000 Psychologen und 80.000 psychiatrische Sozialarbeiter – was einer 22fachen Steigerung während der Jahre entspricht, in denen sich die Bevölkerung der Nation nicht ganz verdoppelt hat.

Praktisch machten alle neuen Fachleute während ihrer Ausbildung mit der freudschen Theorie Bekanntschaft, und 1970 wurde geschätzt, dass ein Drittel der Psychiater zusätzlich eine formelle psychoanalytische Ausbildung durchlaufen hatte.[1384] Unter psychiatrischen Sozialarbeitern war eine persönliche Psychoanalyse noch viel verbreiteter; eine Umfrage bei über 30 Sozialarbeitern in New York City stellte bereits 1951 fest, dass sich 27 einer Psychoanalyse unterzogen hatten.[1385] Die sich entwickelnden Bereiche der Psychotherapie und Beratung wurden mit freudschen Vorstellungen infantiler sexueller Entwicklung, Verdrängung und Übertragung durchdrungen sowie der akademischen Notwendigkeit, frühe Kindheitstraumata wieder zu durchleben, um persönlich zu wachsen.

Als die Zahl der Fachleute zunahm, suchten Wohlhabende immer mehr Hilfe. Die Probleme, die solche Individuen zu den Psychiatern, Psychologen und psychiatrischen Sozialarbeitern trugen, waren keine ernsthafter geistiger Krankheiten wie Schizophrenie und manisch-depressiver Psychose wie vor dem Zweiten Weltkrieg, sondern eher das, was Charles Kadushin das "psychoanalytisches

Syndrom sexueller Schwierigkeiten, mangelndes Selbstwertgefühl und Probleme mit zwischenmenschlichen Beziehungen"[1386] nannte. Viele dieser Probleme sind Teil des menschlichen Zustands und deshalb ihrer Zahl nach unendlich, was bedeutet, dass praktisch jeder ein potenzieller Kandidat für die Psychoanalyse, andere Formen der Psychotherapie oder Erfahrungen zum persönlichen Wachstum dieser oder jener Art ist. Zusätzlichen Brennstoff erhielt die Bewegung für persönliches Wachstum über den Wirtschaftswohlstand, der dem Krieg folgte; Freizeit und Wohlstand sind amerikanische Vorbedingungen im Kampf, sein *Atma*[ss] zu verstehen.

Keine Einzelperson symbolisierte die Evolution der Bewegung für persönliches Wachstum deutlicher als der Psychoanalytiker Fritz Perls, der mithalf, die Gestalttherapie zu entwickeln. Als gebürtiger Deutscher erhielt Perls 1921 einen MD-Grad[st] in Berlin und durchlief danach sieben Jahre lang eine traditionelle psychoanalytische Ausbildung bei drei verschiedenen Analytikern. Unter den psychoanalytischen Supervisoren von Perls waren Helene Deutsch, Karen Horney, Otto Fenichel, Paul Federn, Wilhelm Reich und Edward Hitschmann. Gefragt, wie sich freudsche Denkschulen voneinander unterschieden, antwortet Perls mit Hitschmann indirekt: "Alle machen sie Geld."[1387]

Mit Hitlers Machtübernahme floh Perls nach Holland und wanderte anschließend nach Südafrika für eine Aufgabe aus, die Ernest Jones für ihn arrangierte. Nach dem Krieg ging er nach New York, wo er mit seinen Freunden Paul Goodman und Ralph F. Hefferline die *Gestalttherapie* mit verfasste und das Gestalt-Institut in Central Park West eröffnete. Ein Jahrzehnt später verließ Perls seine Frau und das Institut und wechselte zum Esalen-Institut nach Big Sur[su], Kalifornien. Als Mekka der Bewegung für persönliches Wachstum sollten sich Perls und das Institut gegenseitig berühmt machen.

Wie die eigenen Schriften von Perls deutlich machen, war er in erster Linie ein Anhänger von Freud. In seiner Biographie, die er ein Jahr bevor er an Krebs starb schrieb, nannte Perls Freud "den Edison der Psychiatrie ... und ebenso Prometheus und Luzifer, die Träger des Lichts".[1388] Er beschrieb sein einziges Treffen mit Freud, was 1936 stattfand, als er eine Abhandlung vor dem International Psychoanalytic Congress[sv] präsentierte. Perls vereinbarte einen Termin und erreichte Freuds Tür zur verabredeten Zeit. Freud öffnete die Tür:

> Perls: 'Ich kam aus Südafrika, um Ihnen diesen Artikel zu übergeben und Sie zu sehen. Freud: 'Schön, und wann gehen Sie zurück?'[1389]

Perls beschrieb sich "erschüttert und enttäuscht" von ihrer abrupten vierminütigen Konversation. Freud hatte es nicht nur versäumt, die Brillanz von Perls wis-

---

[ss] sanskr. = Geist, Höheres Selbst, Shiva-Prinzip
[st] Doctor of Medicine, Berufsdoktorat ohne Promotion, entspricht dem Staatsexamen der Medizin
[su] Küstenstreifen im US-Bundesstaat Kalinfornien
[sv] Internationaler Psychoanalytischer Kongress

senschaftlicher Arbeit über "orale Widerstände" zu schätzen, sondern ihn auch als einen Niemand brüskiert. Perls erinnerte sich an seine Reaktion als "ich werde es Ihnen zeigen – so etwas können Sie mit mir nicht machen". Nach mehr als 40 Jahren dachte Perls immer noch daran, Freud, "[als] eine der vier großen unvollendeten Situationen meines Lebens, die Fehler, die er gemacht hatte"[1390], nachzuweisen und schrieb: „Ich beginne wirklich, Spaß an meinem Leben zu haben – besonders beim Schreiben dieser Charakterskizze, die zurück auf die Psychoanalyse verweist. Immerhin, Freud, ich gab Ihnen sieben der besten Jahre meines Lebens."[1391]

Perls zufolge war die Gestalttherapie eine Aufweitung und Verbesserung von Freuds Behandlungsmethode. "Freud machte den ersten Schritt. ... Ich vollzog den nächsten Schritt nach Freud in der Geschichte der Psychiatrie".[1392] „Gestalten", was im Deutschen soviel wie „aufbauen" bedeutet, konzentrierte sich auf das Gefühl statt auf das Denken, auf Bewusstsein anstatt auf Einsicht und auf die Gegenwart statt der Vergangenheit. Es hieß, dass wie in der Psychoanalyse das Beseitigen von Widerständen für den Erfolg der Therapie wesentlich war, und Perls behauptete, im Stande zu sein, das schneller zu erreichen, als die Techniken von Freud es könnten.

Die Gestalttherapie gehörte zu den best bekannten Variationen der Human-Potenzial-Bewegung der 1960er Jahre. Esalen war das geistige Zentrum dieser Bewegung und wurde von Art Harris als "ein Spielplatz der Promiskuität, ein Cape Canaveral des inneren Raums [und] eine Hungerklinik für pummelige E-gos" beschrieben.[1393] Von dort aus verbreiteten sich Vibrationen von Sensibilitätstrainings- und Begegnungsgruppen über das mittlere Amerika in Frauen-, Ehepaar-, Kirchen- und sogar Industrie-Gruppen. Persönliches Wachstum war ein Gemisch aus Seele und Elementen, die sich von Ort zu Ort veränderten. Einige äußerst befremdliche Bestandteile wurden hinzugefügt, doch was normalerweise den Kern ausmachte, war die freudsche Theorie.

Hunderte von Variation der persönlichen Wachstumsbewegung haben sich buchstäblich seit Anfang der 60er entwickelt, und die meisten zeigen auf die eine oder andere Art freudsche Einflüsse. Die Urschrei-Therapie ist ein anderes Beispiel.[1394] Entwickelt – und patentiert – durch Dr. Arthur Janov als die einzig wirksame Methode zur Selbsterkenntnis, besteht die Urschrei-Therapie aus einem individuellen erneuten Durchleben schmerzhafter Kindheitserinnerungen. In der Tat ist dieser Prozess das klassische Abreagieren, und wird in der Version von Janov häufig begleitet von durchdringenden Schreien, sich Krümmen, Erbrechen und allgemeiner Frustration. Das endgültige "Ursprüngliche", wird behauptet, sei es, seine eigene Geburt erneut zu durchleben.

Janovs Theorie erinnert auf bemerkenswerte Weise an frühe freudsche Schriften. Schmerzhafte Kindheitserinnerungen erzeugen verdrängte Impulse und zerebralen Druck, der verschiedene Gehirnstrukturen beeinflusst; tatsächlich ist man nach der Lektüre von Janov unsicher, ob man einen Klempner oder einen

Gehirnchirurgen rufen sollte, um das Problem zu beseitigen. Wie es heißt ist die Urschrei-Therapie "bei alle Süchten wirksam ... sexuellen Funktionsstörungen, einigen hormonalen Ungleichwichten ... Asthma, Kolik, Hypertonie und Migräne ... [und] nicht-organisch bedingter Psychose".[1395] Eine Untersuchung der Urschrei-Therapie durch einen Psychoanalytiker stellte fest, dass die beiden Herangehensweisen viel gemeinsam haben[1396]; in Bezug auf die Erfolgsquote fand die Studie ebenfalls heraus, dass sich bei der Urschrei-Therapie ungefähr dieselbe Besserungsrate zeigte wie bei traditioneller freudscher Psychotherapie. Ähnlich wie die Psychoanalyse ist die Urschrei-Therapie teuer. Jahrelang waren die Gebühren von 6.000 Dollar im Voraus zu zahlen, und es hieß, dass sich der Urschrei gewöhnlich dann einstellte, wenn einem die Rechnung präsentiert wurde.

Einer der Gründe für den Erfolg von Therapien wie der Gestalt- und Urschrei-Therapie und der Bewegung für persönliches Wachstum im Allgemeinen liegt darin, dass sie Einsicht, Selbsterkenntnis und das Verständnis von Kindheitserfahrungen schneller versprechen als die traditionelle freudsche Therapie. Als Freud mit seinen Analysen begann, tat er dies innerhalb von Wochen oder höchstens Monaten. In der Nachkriegsperiode verlängerte sich die Dauer von Psychoanalysen immer weiter, so dass Zeitspannen von fünf Jahren oder mehr üblich waren. Die Gestalttherapie versprach im Gegensatz dazu *Satori*[sw] innerhalb von Tagen, und die ursprüngliche Dauer der Urschrei-Therapie sollte sich auf drei Wochen belaufen. Andere Variationen der Wachstumsbewegung versprachen, das "neue du" an einem einzigen Wochenende hervorzulocken. So stellt die persönliche Wachstumsbewegung die endgültige Freudianisierung Amerikas dar. In einer Nation, die auf Big Macs für das leibliche Wohl vertraut, übt die Idee von sofortiger Innenschau einen starken Reiz aus, eine Art McDonalds für das Gemüt.

[sw] jap. = verstehen, bezieht sich auf das Erlebnis der Erleuchtung im Zen-Buddhismus. Ein Zustand erleuchteter Innenschau.

8.10 McFreud in America

Heutzutage ist es für eine gebildete Person in Amerika so gut wie unmöglich, sich der Begegnung mit Freuds Theorie zum menschlichen Verhalten zu entziehen. Die Einführung findet gewöhnlich an der Hochschule durch Kurse in Psychologie oder Anthropologie statt, obwohl Freud auch in Englisch, Geschichte, Geisteswissenschaften, Mitarbeiterbeziehungen, Frauenforschung[sx] oder in verschiedenen anderen Kursen auftauchen könnte. In der Frauenforschung z. B. wird Margaret Meads *Male and Female* hie und da zum Lesen aufgegeben, in dem Freuds sexuelle Entwicklungsphasen als feststehende Tatsache präsentiert und spezifisch erläutert werden. Z. B.:

> *Wenn kleine Jungen und Mädchen das Alter erreichen, in dem sie mit ihrer eigenen knospenden Sexualität experimentieren, treten sie auch eine Krise in ihren Beziehungen zu Erwachsenen ein, die in der psychoanalytischen Theorie technisch die Ödipussituation genannt worden ist. ... Deshalb wirft die Ödipussituation ihren Schatten noch vor die Geburt des Säuglings zurück, und bereits dort gibt es Anzeichen, wie die potenzielle Konkurrenz zwischen Vater und Sohn oder Mutter und Tochter gehandhabt wird.*[1398]

Gewöhnlich wird die freudsche Lehre von Hochschulprofessoren wohlwollend präsentiert, da viele selbst in der Psychotherapie gewesen sind. Studenten, die persönliche Probleme haben, werden oft ermutigt, Beratungsdienste der Universität in Anspruch zu nehmen, die wie die meisten Beratungsdienste von der freudschen Theorie beeinflusst sind.

Hat man die Hochschule durchlaufen, ohne mit der freudschen Theorie in Klassenzimmern oder in der Beratung in Berührung gekommen zu sein, so wird man beinahe unausweichlich kurz danach damit konfrontiert. Gebildete Amerikaner sind selten, die nicht mindestens einen Freund unter den ungefähr 10 Millionen Menschen haben[1399], die Psychiater, Psychologen und psychiatrische Sozialarbeiter jedes Jahr zu Rate ziehen. Eine Studie unter Harvardabsolventen offenbarte, dass 31 Prozent einen Psychiater innerhalb von 25 Jahren ihrer Schulausbildung gesehen hatten[1400]; eine weitere unbekannte Zahl hatte Psychologen und psychiatrische Sozialarbeiter besucht. Mehrere Studien haben gezeigt, dass Fachleute der mentalen Gesundheit in Universitätsstädten und wohlhabenden Gemeinden stark konzentriert sind, wo sich die akademisch

---

[sx] Aus den Women's Studies [Frauenforschung], der wissenschaftlichen Betrachtung von Frauen in einer von Männern dominierten Welt, die ca. 1970 an einigen amerikanischen Universitäten entstand, entwickelten sich ca. 1975 die so genannten Gender Studies, die Geschlechterforschung. ... Erste Studiengänge für Gender bzw. Woman's Studies wurden in Deutschland 1997/98 in Berlin und Oldenburg eingerichtet und mittlerweile wird eine vielfältige Forschungskultur an verschiedenen Universitätsstandorten dazu angeboten.[1397]

Gebildeten niederlassen.[1401] Die Probleme, für die die meisten dieser Menschen Hilfe suchen, sind keine ernsten geistigen Krankheiten, sondern eher persönliche (z. B. geringe Selbstachtung) und zwischenmenschliche (z. B. eheliche) Schwierigkeiten. (Tatsächlich "wurde kürzlich darüber berichtet, dass in einem Teil der Vereinigten Staaten [in einem akademischen Umfeld] Patienten, die sich anbieten, von auszubildenden Analytikern analysiert zu werden, zuerst die Schwierigkeit präsentieren, ihre Doktorarbeiten zu vollenden".[1402]) Freud selbst stellte fest, dass „sie [die Psychoanalyse] eigentlich das Optimum ihrer Bedingungen dort antrifft, wo man sie nicht braucht, beim Gesunden".[1403] So orientierten sich die Fachleute der seelischen Gesundheit stark hin auf die besorgten Gesunden statt auf die leidenden Kranken.

Die 10 Millionen Amerikaner, die jährlich die Hilfe von Psychiatern, Psychologen und psychiatrischen Sozialarbeitern suchen, sind nur der sichtbare Teil des Beratungs- und Psychotherapie-Eisbergs. Viele Millionen Amerikaner – niemand weiß genau wie viele – suchen Hilfe bei einer Vielzahl von Eheberatern, Familientherapeuten, kirchlichen Beratern und selbsternannten Gurus, die sich irgendwo zwischen sorgsamen und fähigen Individuen und – um es mit Shakespeares Worten zu sagen – "schuftischen, ja – gaunerhaften Halunken" bewegen.[1404, sy] Gemeinsamer Nenner praktisch aller Beratung und Psychotherapie ist die freudsche Annahme, dass persönliche und zwischenmenschliche Probleme aus Kindheitserfahrungen, besonders aus den Beziehungen zu Vater und Mutter entstehen. Es heißt, dass Schüchternheit, Bindungsschwierigkeiten, Depression, Angst, Zwangsneurosen, Nachlässigkeit, Missbrauch von Substanzen, Essstörungen, schwierige Freunde, die Unfähigkeit, Sinn im Leben zu finden – praktisch alle Probleme denselben Ursprung haben.

Ein typisches Beispiel ist die Co-Abhängigkeits-Beratung, die letzte in einer langen Reihe von amerikanischen therapeutischen Modeerscheinungen. Pia Mellody, eine der Leitfiguren der Co-Abhängigkeits-Bewegung, erklärte, dass Co-Abhängigkeit durch den auch "dysfunktionale Erziehung" genannten elterlichen "Missbrauch" von Kindern verursacht und weiterhin definiert wird als "jede Erfahrung, die nicht der Erziehung diente oder beschämend war".[1406] Ein anderer Autor definierte die Ursache von Co-Abhängigkeit als "Kindesmisshandlung i. w. S., um jedes emotionale oder physische Verlassenwerden, Verachtung oder unzulängliche Erziehung einzuschließen".[1407]

Mellody zufolge "mangelt es einem co-abhängigen Erwachsenen aufgrund der dysfunktionalen Kindheitserfahrungen an Reife und an der Fähigkeit, ein erfülltes sinnvolles Leben zu führen"[1408], was zu Problemen in der Beziehung zum Selbst und mit anderen führt. Die Behandlung für Probleme der Co-Abhängigkeit ist essentiell freudianisch: "Die Wiederherstellung umfasst die

---

[sy] Eigene Übersetzung. Torrey bezieht sich hier auf die Passage aus Henry IV.: „A whoreson Achitophel! a rascally yea-forsooth knave!" Von von Schlegel und Ludwig wird diese Stelle wie folgt übersetzt: „So'n verwetterter Achitophel! ein schuftischer Mit-Verlaub-Hans!"[1405]

Überprüfung ihrer Vergangenheit, um prägende Erfahrungen ihres frühen Lebens zu identifizieren, die nicht erzieherisch oder missbräuchlich waren."[1409] Freudsche Abwehrmechanismen und das Unbewusste werden sehr stark betont und mit von den Anonymen Alkoholikern abgeleiteten Wiederherstellungsprinzipien gemischt.

Die meisten anderen Beratungs- und Psychotherapieformen beruhen ebenfalls auf der freudschen Theorie; Etikette und Form der Schachtel ändern sich, doch die Grundsubstanz von allen wird in derselben Wiener Fabrik verladen. Dies gilt für Langzeitvariationen wie die Familientherapie, die die Schuld für Probleme von Mutter und Vater auf die Großmutter und den Großvater erweitert[sz], aber auch für "eintagsfliegenhafte" Therapie-Moden eines John Bradshaws, dessen Vorträge 1990 das 3.000 Plätze fassende Javits-Tagungszentrum in New York vollständig füllten und dessen Profil 1991 im *Time*-Magazin („Father of the Child Within[ta]") erschien.[1410] Bradshaws Botschaft konzentrierte sich auf die Behauptung, dass alle Individuen "missbrauchte Kinder" sind: "Vieles, von dem wir denken es handele sich um normale Erziehung, ist eigentlich missbräuchlich", sagte er.[1411] Sein Rat an Leute, die ihre Probleme beheben wollen, lautete, das "vernachlässigte, verwundete Kind" in jeder Person zu finden und ihm dann "die vorbehaltlose, von Eltern vorenthaltene Liebe zu geben".[1412] Es scheint kein Ende mit diesen Therapie-Gimmicks zu nehmen, von denen jede behauptet, neu und besser zu sein. Ein Beobachter nannte die Therapieszene eine "Dogma-frisst-Dogma-Welt".[1413] Zulieferer dieser neuen Therapien ließen uns glauben – um es frei nach einem Kritiker wiederzugeben –, dass der Kern der Kernfamilie[tb] derselbe ist, wie in einer Nuklearexplosion.[1414] Ursprünglich wurde die freudsche Theorie nur in teuren psychoanalytischen Boutiquen von Central Park West an wohlhabende Kunden wie Mabel Dodge und Marshall Field III. verkauft. Doch wie die meisten Luxusartikel in Amerika wurde sie neu verpackt und ist jetzt für jedermann in den "McFreud"-Outlets[tc] verfügbar.

Der freudschen Theorie begegnet auch jeder, der sich in Amerika entscheidet, Kinder zu bekommen. Bereits vor der Geburt des Babys müssen die zukünftigen Mütter eine Entscheidung über das Stillen treffen, das nach Freud eines der entscheidenden Ereignisse des Lebens ist. Amerikaner beschäftigen sich so zwanghaft damit und sind so ängstlich hinsichtlich dieser Entscheidung geworden – die andere Säugetiere ganz leicht zu bewältigen scheinen –, dass ein Buch *Preparation for Breastfeeding*[td] 172 Seiten hat und für sich selbst mit einer Auflage von "mehr als 175.000 Exemplaren"[1415] Werbung macht.

[sz] Die Familientherapie wurde u. a. von Murray Bowen popularisiert, der seine Psychoanalyse-Ausbildung unter Karl Menninger erhielt.
[ta] „Vater des inneren Kindes"
[tb] Der Ausdruck *nuclear family* im Original wird auch mit „Kleinfamilie" übersetzt, was hier aber eher von untergeordneter Bedeutung ist.
[tc] *Outlet* bürgert sich langsam auch als neudeutscher Ausdruck für Verkaufs-/Vertriebsstellen ein.
[td] *Vorbereitung auf das Stillen*

Sobald das Kind geboren ist, muss eine andere Entscheidung bezüglich des zu verwendenden Kindererziehungs-Handbuchs getroffen werden. Da, wie man weithin glaubt, die frühen Kindheitserlebnisse so kritisch für die spätere Entwicklung sind, wählen die meisten Eltern aus der Fülle der vorhandenen mehrere. Ein Beobachter bemerkte 1976, dass "die durchschnittliche Buchhandlung mindestens 30 verschiedene Kindererziehungstitel in ihren Regalen hat"[1416], während Bibliotheken Listen zu diesem Thema führen, die sich oft auf mehrere 100 Einträge belaufen. Viele Erziehungsratgeber beinhalten die freudsche Theorie auf eine Art, die unterstellt, dass sie eine feststehende Tatsache ist, und man findet so z. B. eine Diskussion der ödipalen Beziehung in Ellen Galinskys *Between Generations: The Six Stages of Parenthood* (1981)[te]:

> *Kinder werden im Vorschulalter wirklich romantisch und kokett mit ihren Eltern. Im freudschen und psychoanalytischen Schema beginnt das im Säuglingsalter, wenn sowohl Jungen als auch Mädchen sich primär mit ihren Müttern identifizieren. Der Junge konkurriert in den Vorschuljahren mit dem Vater um die Liebe der Mutter, aber begreift schließlich, dass er kein Gegner für diesen größeren, stärkeren Mann ist, lässt das Hofmachen sein und entscheidet sich stattdessen dafür, Qualitäten seines Vaters anzunehmen, sich mit ihm zu identifizieren. Das kindliche Mädchen will ihren Vater, aber realisiert, dass ihre Mutter ihn schon gewonnen hat und bleibt mit der Mutter identifiziert.*[1417]

Enttäuschenderweise stellen nur wenige Erziehungshandbücher ausdrücklich fest, dass die Geschehnisse um das Stillen, die Reinlichkeitserziehung und sexuelle Identifizierung, die Freud als entscheidend für ein Kind beschreibt, tatsächlich nur Phasen der normalen Kindheitsentwicklung sind. *Creative Parenting*[tf] von William Sears ist ein gut gelungenes Beispiel für ein solches Handbuch:

> *Ein Wort über den berüchtigten Ödipuskomplex scheint hier angebracht zu sein. Das ist das Liebesdreieck, in dem in den meisten Familien der Junge wünscht, den Vater und das Mädchen die Mutter zu ersetzen. Diese Idee ist eine unbedeutende und vorübergehende Phase. Kinder scheinen eher zu beabsichtigen, einem Elternteil ähnlich zu werden als es zu ersetzen.*[1418]

Auch wenn Eltern außerhalb traditioneller Erziehungshandbücher nach Rat suchen, stoßen sie immer wieder auf die freudsche Theorie. Wie in Büchern der Psychoanalytikerin Alice Miller mit Titeln wie *Das Drama des begabten Kindes*[tg] und *Du sollst nicht merken: Variationen über das Paradies-Thema*[th] ist dies in einigen Fällen eindeutig. Sie betonte "die entscheidende Bedeutung der frühen

---
[te] *Zwischen den Generationen: Die sechs Phasen der Elternschaft*
[tf] *Kreative Erziehung*
[tg] engl. Ausgabe: *Prisoners of Childhood (1981)*
[th] engl. Ausgabe: *Thou Shalt Not be Aware: Society's Betrayal of the Child* (1984)

Kindheit"[1419] in der Persönlichkeitsentwicklung.[ti] In anderen Fällen ist die freudsche Theorie eher unterschwellig zwischen den Zeilen versteckt wie im Artikel von *Parents* "When Young Children Need Therapy"[tj, 1421] oder liegt sogar im Ansehen von Autoren, die Geschichten schreiben sollten, die nichts mit Therapie zu tun haben. (Z. B. "ist Dr. und Diplomsozialarbeiterin Rebecca Shahmoon Shanok die Direktorin des Early Childhood Group Therapy Program des Child Development Centers und Therapeutin einer privaten Praxis".[tk, 1422]) Die Nachricht an die Eltern ist klar: Die Kindheit ist ein psychisches Minenfeld, durch das nur die erfahrendsten Eltern mit viel professioneller Hilfe und genauso viel Glück jemals hoffen können, erfolgreich zu navigieren.

Eine der neueren und am kommerziell erfolgreichsten Verpackungen der freudschen Theorie in Amerika ist die Idee der "alles, was Kinder brauchen Therapie". Gewinnorientierte psychiatrische Krankenhäuser verpflegen Kinder und Jugendliche und haben die amerikanische Landschaft mit Werbetafeln und Radiospots zugepflastert, die suggerieren, dass Eltern nachlässig sind, wenn sie ihre Kinder bei irgendwelchen Probleme nicht im Krankenhaus behandeln lassen – was soviel heißt wie alle Kinder. Diese Idee erreichte schließlich ein absurdes Ausmaß, indem sie auch auf Säuglinge ausgedehnt wurde. *Newsweek* meldete: "In den Büros von Kliniken und privaten Praxen des ganzen Landes kommen gestörte und störende Kinder von drei Monaten in den Genuss der Krippentherapie."[1423] Das *New York Times Magazin* enthielt einen lobenden Bericht über eine derartige Säuglingstherapie, der bestätigte, dass "das Vermächtnis von Freud ... ein Eckstein der gegenwärtigen Arbeit ist".[1424]

Auch vor Gericht hat die freudsche Theorie neue Grenzen zur Lächerlichkeit überschritten als Kinder ihre Eltern wegen "schlechter Elternschaft" verklagt haben. Der best publizierte derartige Fall war der des 24 Jahre alten Tom Hansen aus Boulder, Colorado, der seine Eltern auf 350.000 Dollar verklagte. Hansens Rechtsanwalt erklärte, dass die seelische Gesundheit seines Klienten durch "unzulängliche Erziehung ... ein Muster psychologischen Entzugs" beeinträchtig war.[1425] Zu den spezifischen Anschuldigungen von Hansen gehörte auch, dass ihn sein Vater Unkraut im Hof hatte jäten lassen, als er seinen Sohn beim Marihuanarauchen erwischt hatte. In einem anderen Fall in Washington State verklagten zwei Teenagerschwestern ihre Eltern auf den psychologischen, durch elterlichen Streit verursachten Schaden.[1426] Kolumnistin Ellen Goodman bemerkte scharfsinnig, dass Fälle wie Tom Hansen die Öffentlichkeit faszinieren, weil er "öffentlich das getan hat, was so viele andere privat tun: Er verkündete, dass seine Eltern Schuld sind an seinem Leben".[1427]

[ti] Obwohl sie Kindheitserfahrungen großen Wert beimaß und ausgebildete Psychoanalytikerin war, distanzierte sich Alice Miller 1987 von der Psychoanalyse, da sie der Meinung war, dass die psychoanalytische Theorie und Praxis psychologische Verletzung der Kindheit nur verbrämte, anstatt sie aufzudecken und aufzulösen [AdÜ].[1420]
[tj] „Wenn Kinder eine Therapie benötigen"
[tk] Frühkindliches Gruppentherapieprogramm des Kinderentwicklungszentrums.

Jenseits von Universitätskursen, Beratung und Kindererziehung kann man die freudsche Lehre ihr Haupt durch viele kulturelle Vorhänge stecken sehen. 1990 wurde ein neues Musical *Freudiana*[1428] in Wien mit Plänen uraufgeführt, es nach New York zu bringen. Wie man sagte stellten „die freudschen Theorien zum Ödipuskomplex, zum Ego und Es" genauso wie Träume die Basis für das Songbook und auch für den Refrain des Liedes "Die Antworten warten in der Dunkelheit der Kindheit" dar. Zu einem Konzert von P. D. Q. Bach[tl] in der Carnegie Hall gehörte 1990 auch das Oratorium *Oedipus Tex*[1429], und die Paul Taylor Dance Company eröffnete am New York City Center mit "The Sorcerer's Sofa"[tm] unter Verwendung der Couch eines Psychoanalytikers mit der Aufschrift "A Chaste Lounge".[tn, 1430] Theater und Kino verarbeiteten die freudsche Theorie weiterhin auf prominente Weise in den New Yorker Anthology Film Archives[to, 1432] mit einem Portrait der Psychoanalyse im Kino als Fortsetzungsreihe.

In gedruckter Form scheint Freuds Theorie allgegenwärtig zu sein. Psychologieabteilungen in Buchhandlungen beinhalten Dutzende von Titeln von, über und abgeleitet von Freud. Auf professioneller Ebene verzeichnete die *International Universities Press* in ihrem Katalog von 1991 allein 150 Bücher über Freud und seine Theorie, einschließlich *Oedipus in the Stone Age, A Psychoanalytic Study of the Myth of Dionysus and Apollo* und *Sigmund Freud's Dreams*.[tp] Leser, die Romane bevorzugen, können Freud herausragend in den Werken von Romanschriftstellern wie Philip Roth und Doris Lessing finden, während Zeitschriftenliebhaber Artikeln begegnen wie "Re-examining Freud" (*Psychology Today*), "Encountering Freud" (*Society*), "Confessions of a Head Case" (*Esquire*), "Van Gogh and Gauguin on a Couch" (*Art in America*) und "Dreams on a Couch" (*Newsweek*).[tq] Unter den Zeitschriften bleiben der *New Yorker*, das *New York Times Magazine* und der *New York Review of Books* die angesehensten Lieferanten der freudschen Theorie. Zwischen 1980 und 1988 waren diese drei Zeitschriften, die nur zwei Prozent aller im *Readers' Guide to Periodic Literature* verzeichneten Zeitschriften einnahmen, verantwortlich für 24 Prozent aller Artikel über Freud und Psychoanalyse.

Auch in Zeitungen und Fernsehen taucht die freudsche Lehre auf. Z. B. veröffentlichte Kitty Dukakis 1990 Ihre Autobiographie *Now You Know*[tr], machte die

---

[tl] Satirisches Werk des fiktiven letzten Sohns von J. S. Bach, P. D. Q. Bach, Pseudonym von Prof. Peter Schickele, in dem er sich über Country Music und Rap lustig macht.
[tm] *Des Zauberers Sofa*
[tn] dt.: „Ein keusches Sofa", wobei der englische Titel auch auf das französische Chaiselongue anspielt.
[to] Ein von Filmemachern und -sammlern gegründetes unabhängiges Museum zu Bewahrung, Ausstellung und Studium der Filmkunst
[tp] *Ödipus in der Steinzeit, Eine psychoanalytische Studie des Dionysos- und Apollo-Mythos* und *Die Träume von Sigmund Freud*
[tq] „Freud neu geprüft", „Begegnung mit Freud", „Konfessionen eines Spinners", „Van Gogh und Gauguin auf der Couch" und „Träume auf der Couch"
[tr] *Nun wisst ihr es*

Runde durch Talk-Shows und erklärte, wie ihre Sucht nach Alkohol und Rauschgift von ihrer zurückweisenden Mutter verursacht wurde. Zusätzlich zum Dukakis-Fall wurden 1990 innerhalb eines einzigen Monats die folgenden Berichte in Zeitungen gefunden:

- ein Buch über Joel Steinberg und Hedda Nussbaum (angeklagt, ihre adoptierte Tochter Lisa zu Tode geprügelt zu haben), das versuchte, ihr Verhalten mit Bezug auf ihre Kindheit zu erklären[1433],

- ein Bericht über die Gerichtsverhandlung von Edward Diggs, angesehener Rechtsanwalt aus Annapolis und angeklagt, ein Unternehmen um Millionen von Dollars betrogen zu haben. Ein Psychiater bezeugte, dass Herr Diggs "das einzige Kind einer Familie gewesen war, wo Tischmanieren mehr Bedeutung beigemessen wurden als persönlichen Problemen"[1434] und

- die Zeugenaussage in der Verhandlung von John E. List, beschuldigt, seine Frau, seine Mutter und drei Kinder ermordet zu haben. Sie versuchte „aufzuzeigen, dass Herr List, Produkt einer strengen Familie und strikter religiöser Erziehung, seine Familie aus Liebe und in Sorge um ihr Seelenheil tötete".[1435]

Die freudsche Theorie hat tatsächlich unser Denken und die Atmosphäre, durch die wir Ereignisse betrachten, in solchem Maß durchdrungen, dass wir uns ihrer Existenz kaum bewusst sind. Wie Peter Gay bemerkte: "Es ist alltäglich, dass wir heutzutage alle Freud sprechen, ob wir es merken oder nicht."[1436] Es ist ein integraler Bestandteil unserer Kultur geworden, mit der Freiheit, Eltern und Kindheitserfahrungen verantwortlich zu machen, so amerikanisch wie die Rede- und Pressefreiheit. Die Theorie von Freud ist ein Teil der eigentlichen Seele der Nation geworden. Als W. H. Auden in einem Gedicht über Freud schrieb:

> *Für uns ist er inzwischen keine Person mehr,*
> *sondern eine ganze Weltanschauung.*[1437]

9   Die wissenschaftliche Basis der freudschen Lehre

Außer den großen Religionen ist kein anderes Denksystem der heutigen Zeit von so vielen Menschen als systematische Interpretation des menschlichen Verhaltens angenommen worden.

Alfred Kazin, *The Freudian Revolution Analyzed*[1438, ts]

Für die Ideen von Sigmund Freud sind die letzten Jahre des 20. Jahrhunderts in Amerika gleichzeitig die besten und die schlimmsten. Seine Vorstellungen „findet man jetzt fest eingeimpft in den ungeprüften Glauben von Durchschnittsmann und -frau ... als elementaren Teil unseres kulturellen Wesens".[1439] Harold Bloom behauptete sogar in der *New York Times*, dass die Ideen von Freud "begonnen haben, mit unserer Kultur zu verschmelzen und tatsächlich jetzt die einzige westliche Mythologie bilden, die die zeitgenössischen Intellektuellen gemeinsam haben".[1440] Ein Anhänger verglich die Theorie von Freud mit der Quanten- und Relativitätstheorie und vermutete, dass seine Arbeit "sich am Ende als entscheidender und weitreichender erweisen könnte, als die Entdeckungen von Planck und Einstein. ... Wird das 20. Jahrhundert in die Geschichte als das freudsche Jahrhundert eingehen?"[1441]

Als die Ideen von Freud der amerikanischen Denkweise und Kultur eingeprägt wurden, stellte man sie aber auch wissenschaftlich in Frage. In seinem jüngsten Buch *Psychoanalysis: A Theory in Crisis*[tt] beobachtete Marshall Edelson, dass "Psychoanalyse, als Erkenntnisrahmen über Menschen oder den menschlichen Geist, Gegenstand einer ablehnenden, ernüchterten und oft abschätzigen Polemik geworden ist", und einige behaupteten, dass "jetzt das apokalyptische Ende eines erfolglosen und aufgebrauchten Paradigmas gekommen ist".[1442] Die gegenwärtige Situation der freudschen Theorie, die breite kulturelle Zustimmung findet, aber gleichzeitig wissenschaftlich verrufen ist, erinnert an die Beschreibung von Thomas Kuhn von sich ändernden Ideen in seinem brillanten Aufsatz "The Structure of Scientific Revolutions".[tu] Kuhn argumentierte, dass wissenschaftliche Revolutionen stattfinden, wenn bestehende Paradigmen, die er als "allgemein anerkannte wissenschaftliche Errungenschaften"[1443] definierte, "aufgehört haben, bei der Erforschung eines Naturaspekts dienlich zu sein, zu dem dieses Paradigma früher selbst den Weg gewiesen hat".[1444] Der Sinn der Funktionsstörung führt dann zur Krise und beschleunigt eine wissenschaftliche Revolution, die zum Erscheinen eines neuen Paradigmas führt. Die freudsche Theorie hat ein Paradigma zur Verfügung gestellt, durch das die meisten Ame-

---
[ts] *Analyse der freudschen Revolution*
[tt] *Die Psychoanalyse: Eine Theorie in der Krise*
[tu] „Die Struktur wissenschaftlicher Revolutionen"

rikaner die letzten vier Jahrzehnte menschliches Verhalten betrachtet haben, doch es funktioniert nicht mehr angemessen. Es ist, als ob die Amerikaner jetzt unbewusst Freuds Lehre zum Frühstück und Mittagessen essen und sie dann zum Abendessen verächtlich verschmähen. In der Formulierung von Kuhn führt das zu Verdauungsstörung.

9.1 Direkte Tests der freudschen Theorie

In den Jahren, in denen Freuds Theorie in die amerikanische Denkweise und Kultur integriert wurde, wurden auch sporadisch Versuche unternommen, sie mit einem wissenschaftlichen Rahmenwerk zu versorgen. Dies war von Bedeutung, da seine Anhänger behaupteten, dass sie tatsächlich wissenschaftlich war. Dr. Abraham Brill sprach z. B. oft von den von Freud entdeckten "Gesetzen"[1445] und sagte, dass "Psychoanalyse das Mikroskop für das Studium des Geistes ist".[1446] Populäre Beschreibungen der freudschen Theorie und Therapie schlossen gewöhnlich die Ansicht ein, dass sie wissenschaftlich waren. In einem Artikel in *Good Housekeeping* von 1915 z. B. versicherte der Autor seinen Lesern, dass "diese neue Therapie bestimmt wissenschaftlich ist. ... Noch einmal sollte es wiederholt werden, dass es keine Mode, sondern eine Wissenschaft ist".[1447] Dieser Grundsatz von "Freud als Wissenschaftler" ist wie eine Litanei im Laufe der Jahre von seinen Anhängern und ebenfalls in Peter Gays jüngster Biographie wiederholt worden, in der er Freud "einen eigensinnigen Mann der Wissenschaft nannte".[1448]

Freud selbst war sich viel weniger sicher, dass seine Theorie auf einer wissenschaftlichen Basis ruhte. Obwohl er als Wissenschaftler ausgebildet worden war und bei Gelegenheit wissenschaftliche Metaphern anrief, um seine Position zu unterstützen, scheint nach der Jahrhundertwende sein Interesse, seine Theorie wissenschaftlich überprüfbar zu machen, abgenommen zu haben. 1900 schrieb er einem Freund:

> *Ich bin nämlich gar kein Mann der Wissenschaft, kein Beobachter, kein Experimentator, kein Denker. In bin nichts als ein Conquistadorentemperament, ein Abenteurer, wenn Du es übersetzen willst, mit der Neugierde, der Kühnheit und der Zähigkeit eines solchen.*[1449]

Freud kritisierte diejenigen, die um die Gültigkeit seiner Theorie besorgt waren und sagte: "Jene Kritiker, die ihre Untersuchungen völlig auf methodologische Fragen konzentrieren, erinnern mich an Leute, die dauernd ihre Brille putzen, anstatt sie aufzusetzen und damit um sich zu blicken."[1450] In späteren Jahren, als ein Psychologe ihm schrieb, um ihm zu sagen, dass er eine wissenschaftliche Untermauerung für seine Theorie gefunden hatte, antwortete er gereizt, dass seine Theorie keine Bestätigung brauchte.[1451]

Dann gibt es einen Aspekt von freudschem Denken, der mit offenbarer Wahrheit enger verbunden ist, als mit Wissenschaft. Laut Dr. Heinz Hartmann behauptete Freud, dass "die elementaren Vorstellungen der Wissenschaft eher die Wurzel als das Fundament der Wissenschaft bilden und geändert werden sollten, wenn sie nicht mehr fähig scheinen, Erfahrung zu erklären".[1452] Man sollte sich auch daran erinnern, dass Freud aktiv Experimente mit okkulten Phänomenen im Laufe dieser Jahre durchführte, und es in solch einem Zusammenhang gestanden haben kann, dass Freud einmal verkündete: "Wir sind im Besitz der Wahrheit; ich bin so sicher wie vor fünfzehn Jahren."[1453]

Die Kritiker von Freud bemerkten die wissenschaftlichen Schwächen seiner Theorie seit ihren frühsten Tagen. Nach einer der ersten öffentlichen Präsentationen seiner Theorie vor seinen Wiener Kollegen 1896 lehnte ein prominenter Arzt sie einfach als "ein wissenschaftliches Märchen"[1454] ab. 1900 verspottete die Wiener Medizinische Gesellschaft ihn in einer Stichelei, in der der Arzt mit ernster Miene auf der Bühne erklärte:

> *Wenn der Patient seine Mutter liebt, dann ist das der Grund für seine Neurose; und wenn er sie haßt, dann ist dies die Ursache für genau dieselbe Neurose. Unabhängig, um welche Krankheit es sich handelt, die Ursache ist immer die gleiche. Und egal, welche Ursache eine Krankheit hat, es ist immer die gleiche Krankheit. Daher gibt es auch nur eine Heilmethode: einundzwanzig einstündige Sitzungen zu je fünfzig Kronen.*[1455]

Eine Rezension der *Traumdeutung* von 1913 bemerkte, dass "dieses Buch bezeichnend für das völlige Fehlen der Eigenschaften ist, die zu wissenschaftlichem Fortschritt führen".[1456] 1916 behauptete ein Artikel in *Nation*, dass die Theorie von Freud „weder theoretisch noch empirisch begründet war. ... sie erweckt den Eindruck unwissenschaftlicher Methodik".[1457] Ein Artikel in *Current Opinion* desselben Jahres behauptete, dass die "Sexualtheorie" von Freud „auf demselben Boden [stand] wie die Grüne-Käse-Hypothese von der Zusammensetzung des Mondes"[1458], und 1917 verglich Psychiater Boris Sidis die Psychoanalyse mit der "Astrologie, Alchemie, Chiromantie [Handlesekunst], Oneiromantie [Wahrsagen der Zukunft aus Träumen] und allgemein mit mittelalterlicher Symbolik".[1459]

Was, wenn überhaupt, ist die wissenschaftliche Basis der freudschen Theorie? Die Frage muss gestellt werden, weil die Wissenschaft weiter von den Anhängern Freuds angerufen wird, um ihre Therapiemethoden ebenso wie ihre Rezepte für soziale Veränderung zu rechtfertigen. Wenn es keine wissenschaftliche Basis für die Theorie gibt, wenn es, wie die britischen Forscher Hans Eysenck und Glenn D. Wilson behaupten, bloß "die verfrühte Kristallisierung fadenscheiniger Orthodoxie"[1460] ist, dann erhebt ihre Fortführung als Wissenschaft eine Art betrügerischen Anspruch.

Die wissenschaftliche Stichhaltigkeit der oralen, analen und ödipalen Entwicklungsphasen ist von mehreren Forschern im Laufe der Jahre nachgeprüft worden. 1937 kamen Gardner Murphy und seine Kollegen zu der Erkenntnis:

> *Obwohl wir jetzt für einige Zeit psychoanalytischen und anderen psychiatrischen Hypothesen bezüglich der Effekte des Geburts- und Entwöhnungstraumas ausgesetzt worden sind, der extremen Betonung der frühzeitigen Kontrolle von Harnlass und Stuhlgang, der übermäßigen*

> *Aufmerksamkeit von Erwachsenen und der Entthronung durch das zweite Kind, haben wir fast keine objektiven Aufzeichnungen über die Entwicklung von Kindern, die diese Erfahrungen durchlaufen oder Experimente, die bestimmte Aspekte des Problems kontrollieren.*[1461]

Zehn Jahre später rezensierte Harold Orlansky die sachdienlichen "empirischen Daten, die sich auf die Theorie beziehen, dass verschiedene Eigenarten der Säuglingspflege die erwachsene Persönlichkeit bestimmen"[1462] und berichtete, dass "unsere Schlussfolgerungen weitgehend negativ ausgefallen sind". Obwohl Freud gegenüber wohlwollend eingestellt, bestätigten 1952 Ernest Hilgard et al. in einer Rezension, dass

> *jeder, der versucht, eine ehrliche Bewertung der Psychoanalyse als Wissenschaft abzugeben, bereit sein muss zuzugeben, dass sie, wie angegeben, größtenteils eine sehr schlechte ist und dass der Großteil der Artikel in ihren Zeitschriften ganz und gar nicht als Forschungsveröffentlichung verteidigt werden kann.*[1463]

In den letzten Jahren gab es drei umfassende Rezensionen von Untersuchungen, die sich auf die Frage beziehen, ob frühe Kindheitserfahrungen entscheidende Determinanten der erwachsenen Persönlichkeit darstellen. Paul Kline, der selbst Versuche durchführte, Toilettentraining mit der späteren Persönlichkeit in Beziehung zu setzen, schloss in *Fact and Fantasy in Freudian Theory* (1972)[tv], dass es Hinweise auf Gruppierungen von Persönlichkeitseigenschaften gibt, die allgemein als oral (vom Essen beherrscht, überabhängig, passiv) und anal (rechthaberisch, geizig, dickköpfig) bezeichnet werden, dass aber "lediglich zwei Studien die freudsche Theorie nur geringfügig unterstützen" und diese Persönlichkeitseigenschaften mit "Kindererziehungspraktiken"[1464] in Verbindung bringen (eine dieser Studien war seine eigene). Kline fügte hinzu:

> *Die freudsche Theorie, soweit sie überhaupt von Daten abhängig ist, ruht auf solchen, die nach den Kriterien wissenschaftlicher Methodik völlig unzulänglich sind. Diese Daten bestehen größtenteils aus den freien Assoziationen von Patienten, die sich einer Therapie unterziehen und ihren Traumberichten, und beide Quellen sind quantitativ unbestimmbar und mit subjektiver Interpretation gespickt.*[1465]

Die Doktoren Seymour Fisher und Roger P. Greenberg, Psychologen, die auch mit der freudschen Theorie sympathisierten, unternahmen eine ehrgeizige Zusammenstellung von freudschen Studien in *The Scientific Credibility of Freuds Theories and Therapies* (1977).[tw] Fisher und Greenberg fanden wie Kline Hinweise, die für eine Gruppierung von erwachsenen Charaktereigenschaften so genannter oraler bzw. analer Persönlichkeiten sprechen. Sie schlussfolgerten, dass "es wahr ist, dass in der wissenschaftlichen Literatur wenig zur Untermau-

---
[tv] *Fakt und Fantasie der freudschen Theorie*
[tw] *Die wissenschaftliche Glaubwürdigkeit der freudschen Theorien und Therapien*

erung von Freuds Ansicht gefunden wurde, dass die oralen und analen Muster in entscheidenden frühen oralen und analen Entwicklungsstadien entstehen".[1466] Die Tatsache, dass Gruppierungen von Persönlichkeitszügen bei Erwachsenen bestehen, wird weitgehend akzeptiert, aber deren Existenz allein stellt keinen Beweis zur Untermauerung der freudschen Theorie dar. Wenn Freud richtig lag, dann muss zwischen solchen Gruppen von Charaktereigenschaften und frühen Kindheitserfahrungen eine Beziehung nachgewiesen werden.

Die dritte Hauptrezension wissenschaftlicher Beweise der freudschen Theorie wurde von Hans Eysenck und Glenn D. Wilson in *The Experimental Study of Freudian Theories* (1973)[tx] veröffentlicht. In diesem Band fanden die Autoren

> *nicht eine Studie, auf die mit Zuversicht verwiesen und von der gesagt werden konnte: 'Hier ist der endgültige Beweis dieser oder jener freudschen Ansicht; eine Stütze, die unempfindlich gegen alternative Interpretation und wiederholt worden ist, der ein korrektes experimentelles Design zu Grunde liegt, die einer korrekten statistischen Behandlung unterzogen wurde, getrost verallgemeinert werden kann und die auf einer repräsentativen Stichprobe der Bevölkerung beruht.'* [1467]

Nach einem dreiviertel Jahrhundert ist das eine ernste Anklage gegen die Psychoanalyse. In einem späteren Band von 1985 war Eysenck in seiner Bewertung der wissenschaftlichen Verdienste von Freuds Theorie weniger höflich. Er verglich die Ideen von Freud mit

> *einem mittelalterlichen Sittlichkeitsspiel, [popularisiert] mit solchen mythologischen Figuren wie dem Ego, dem Es und dem Superego ... zu absurd, um wissenschaftlichen Status zu verdienen.*[1468] *[Freud war] zweifellos ein Genie – nicht der Wissenschaft, sondern der Propaganda, nicht des strengen Beweises, sondern der Überredung, nicht des Designs von Experimenten, sondern der literarischen Kunst. Sein Platz ist nicht – wie er in Anspruch nahm – neben Kopernikus und Darwin, sondern bei Hans-Christian Andersen und den Gebrüdern Grimm, den Märchenerzählern.*[1469]

Zusätzlich zu den o. g. rezensierten Studien hat es auch begleitende Studien gegeben, die spezifische Ereignisse in der Kindheit protokollierten und dann den Kindern bis ins Erwachsenleben folgten, um die Beziehung zwischen den Kindheitsereignissen und erwachsenen Persönlichkeitsmerkmalen festzustellen. Die gründlichste dieser Studien wurde in Yellow Springs, Ohio, durchgeführt, wo ab 1929 insgesamt 650 Kinder von Geburt bis zum Alter von 18 Jahren intensiv begleitet wurden. Unter den in der Studie gesammelten Daten waren Informationen über das Stillen und das Toilettentraining. Trotz solcher Da-

---

[tx] *Experimentelle Untersuchung freudscher Theorien*

ten und ungeachtet der Tatsache, dass Dr. Lester Sontag, 40 Jahre lang Direktor der Studie, psychoanalytisch geschult war, wurden niemals Ergebnisse dieser Studie vorgelegt, die die freudsche Theorie bekräftigten. Einem Interview mit Dr. Sontag[1470] zufolge liegt der Grund dafür darin, dass es sehr früh im Verlauf der Studie klar wurde, dass vererbte Verhaltensvorläufer viel wichtiger waren als Erfahrungen wie Stillen und Toilettentraining. Zu diesem Schluss kam auch Dr. George Vaillant, der eine Gruppe von Harvard-Absolventen 30 Jahre lang begleitete und randalierte, dass "die Kindheit die erwachsene Entwicklung weit weniger beeinflusste als man erwarten würde".[1471]

Gibt es wirklich überhaupt keine wissenschaftlichen Beweise zur Untermauerung von Freuds Lehre, dass Kindheitserfahrungen wichtige Determinanten erwachsener Persönlichkeitsmerkmale sind? Von den drei Kindheitsstadien sagt man, ist das anale, das um den 18. bis 24. Monat herum seinen Höhepunkt haben soll, das zum Studieren am besten geeignete, denn sowohl Zeitablauf als auch die Strenge des Toilettentrainings sind quantitativ bestimmbar; und die damit verbundenen erwachsenen Persönlichkeitsmerkmale wurden von Freud selbst deutlich skizziert. Seine Hypothese war, dass ein Toilettetraining, das "zu früh, zu spät, zu streng oder zu triebhaft war"[1472] zur „Fixierung" der kindlichen Persönlichkeit auf dieser Entwicklungsstufe führen kann. Mit dieser Festlegung verbundene erwachsene Persönlichkeitseigenschaften, wie in Freuds Aufsatz "Charakter und Analerotik"[ty] von 1908 beschrieben, waren ein Dreiklang von Ordnungsliebe (häufig verbunden mit Pflichterfüllung und Verlässlichkeit), Sparsamkeit (die „bis zum Geize gesteigert erscheinen" kann) und Eigensinn (der "in Trotz über[geht], an den sich leicht Neigung zur Wut und Rachsucht knüpfen").[1473] Zusätzlich zu diesen Eigenschaften bemerkte Freud, dass die Fixierung auf die anale Phase Homosexualität, Paranoia, Verstopfung und eine primäre Beschäftigung mit Geld (von dem er glaubte, es war ein Ersatz für Fäkalien) verursachen kann. Ernest Jones fügte später hinzu, dass "alle Sammler anal-erotisch sind".[1474] Wie von Fisher und Greenberg aufgestellt, besteht die Hypothese dann darin, dass "Personen, die in die anale Charakterklassifikation passen, spezielle Erfahrungen während der analen Phase gehabt haben".[1475]

Insgesamt 26 veröffentlichte Studien, die sich auf die Freuds Theorie von der Beeinflussung erwachsene Persönlichkeitszüge durch das Toilettentraining beziehen, wurden in einer oder mehreren der o. g. Rezensionen zitiert. (Diese Studien werden im Anhang B zusammengefasst.) Man kann sehen, dass die Mehrheit der Untersuchungen entweder die Theorie nicht überprüfte (z. B. einfach nur die Existenz von erwachsenen Persönlichkeitsmerkmalen feststellte, ohne sie mit vorangehendem Toilettentraining in Beziehung zu setzen), erwachsene Charakterzüge betrachtete, die nicht spezifisch mit der analen Stufe in Verbindung stehen sollen (z. B. Aggression) oder grobe methodische Fehler vorwies (z. B. keine Kontrollgruppe verwendete).

[ty] engl. Titel: „Character and Anal Eroticism"

Nur vier der Studien entsprachen minimalen akzeptablen wissenschaftlichen Kriterien zur Überprüfung der Theorie. Die Ergebnisse in allen vier zeigten keine Beziehung zwischen den Erfahrungen des Toilettentrainings und späteren Persönlichkeitseigenschaften (Sewell, 1952; Bernstein, 1955; Beloff, 1957; Hetherington und Brackbill, 1963). Auch die Ergebnisse der anderen 22 Studien stützen die Annahme nicht, dass Kindheitserfahrungen erwachsene Persönlichkeitszüge bestimmen. Alle Untersuchungen bleiben für Freuds Anhänger durchweg enttäuschend, was an der Tatsache gemessen werden kann, dass seit 1970 keine zusätzlichen Untersuchungen mehr durchgeführt wurden. Der einzige höchst interessante Befund der 26 Studien zeigte sich tatsächlich in einer unerwarteten Beziehung zwischen kindlichen Persönlichkeitszügen wie Ordnungsliebe und ähnlichen Charakterzügen der Eltern des Kindes in drei Studien (Beloff, 1957; Finney, 1963; Hetherington und Brackbill, 1963). Dieses Resultat stützt Daten, die darauf hindeuten, dass erwachsene Persönlichkeitseigenschaften einen großen genetischen Anteil haben, wie noch besprochen werden wird.

Es gibt keine einzige Studie, die Freuds These der Beziehung zwischen analer Entwicklungsphase und erwachsenen Persönlichkeitseigenschaften verifiziert. Zur selben Schlussfolgerung kommt man, wenn Studien in Zusammenhang mit der oralen und der ödipalen Phase untersucht werden. Es gibt Untersuchungen, die zeigen, dass einige Individuen Gruppierungen von als „oral" bezeichneten Persönlichkeitszügen aufweisen, aber keine Studie, die eine Verbindung zwischen derartigen Charakterzügen und dem Stillen oder anderen Ereignissen der oralen Entwicklungsphase herstellt.[1476] Studien der oralen Phase sind besonders schwierig durchzuführen, weil Freud selbst orale Persönlichkeitszüge nicht beschrieb. (Sie wurden später von Karl Abraham beschrieben.) Außerdem gibt es Hinweise, dass die Länge des Stillens durch die Mutter – häufig verwendet als Maß für die mütterliche Akzeptanz des Kindes – nicht notwendigerweise dem entspricht, wie annehmend oder abweisend die Mutter dem Kind gegenüber tatsächlich ist.

Die Forschung über die ödipale Phase und ihre mögliche Beziehung zur erwachsenen Persönlichkeit wird trotz der Bedeutung, die dieser Stufe von Freud selbst beigemessen wird, von ähnlichen methodologischen Problemen geplagt. Im Vergleich zum Stillen oder dem Toilettentraining sind die Ereignisse der ödipalen Periode nur sehr schwer quantitativ erfassbar. Wie von einem Forscher hervorgehoben wurde, könnte ein Junge, der lieber von seinem Vater anstatt seiner Mutter ins Bett gebracht werden wollte, dem Vater gegenüber feindlich gesonnen (indem er ihn von der Mutter trennt), liebevoll dem Vater gegenüber, ängstlich oder liebevoll gegenüber der Mutter sein (ihr erlaubend, sich auszuruhen).[1477] Es gibt Studien, die zeigen, dass kleine Jungen ebenso wie kleine Mädchen eine engere Beziehung zu ihren Müttern als zu ihren Vätern haben, doch dies ist kaum überraschend angesichts der primären versorgenden Rolle der Mutter in den meisten Familien. Ähnlich ist beobachtet worden, dass sich kleine Kinder manchmal sexuell mit dem Elternteil des entgegengesetzten Geschlechts identifizieren, aber es gibt keine Hinweise, dass dies nicht mehr ist als eine normale Phase der Entwicklung und Teil ihrer beginnenden sexuellen Identität.

Einige Aspekte von Freuds Ödipustheorie sind überzeugend widerlegt worden. Die Behauptung, dass Frauen auf die Penisse von Männern neidisch sind, ist von Fisher geprüft und für falsch befunden worden: "Es kann sofort erklärt werden, dass sich Freud in seiner Annahme irrte, dass die durchschnittliche Frau ihren Körper in negativeren und herabsetzenderen Begriffen wahrnimmt als der durchschnittliche Mann."[1478] Ähnlich kann gezeigt werden, dass die Identifizierung kleiner Jungen mit ihren Vätern nichts zu tun hat mit einer Furcht vor Kastration wie von Freud postuliert, sondern eher mit einer positiven, fördernden Einstellung von Seiten des Vaters aus".[1479] Der Kern der Ödipushypothese, dass Ereignisse der ödipalen Phase erwachsene Persönlichkeitsmerkmale entscheidend bestimmen werden, wurde nicht widerlegt, aber es gibt auch keine Studien, die eine derartige Hypothese stützen. In diesem Sinn bewegt sich Freuds Ödipustheorie auf genau derselben wissenschaftlichen Ebene wie die Theorie vom Ungeheuer von Loch Ness – sie ist nicht abschließend widerlegt, und es kann sich jederzeit jemand finden, der sie beweist.

9.2 Indirekte Tests der freudschen Theorie

Zusätzlich zu den direkten Tests der freudschen Lehre hinsichtlich der Determinierung erwachsener Persönlichkeitszüge durch frühe Kindheitserfahrungen legen indirekte Tests ebenfalls die Unrichtigkeit der Theorie nahe. Kindheitserfahrungen variieren stark von Kultur zu Kultur, und wenn solche Erfahrungen bei der Bestimmung der erwachsenen Persönlichkeit bedeutend sind, sollte es kulturelle Korrelationen von Kindheitserfahrungen mit erwachsenem Verhalten geben. Z. B. ist man in einigen Kulturen nachsichtig und erlaubt kleinen Kindern, sich frei zu bewegen; früher wurden in der traditionellen albanischen Kultur jedoch Kinder im ersten Jahr fest „an eine Holzwiege gebunden, die üblicherweise in der dunkelsten Ecke des Zimmers platziert war, häufig mit einem Tuch über ihren Köpfen, so dass kein Licht wahrnehmbar ist".[1480]

In der Praxis variiert das Toilettentraining von dem der Tanala in Madagaskar – bei denen damit vor dem dritten Lebensmonat begonnen und "vom Kind erwartet wird, im Alter von sechs Monaten kontinent zu sein", und Unfälle danach „streng bestraft" werden – bis hin zu den permissiven Sirionos in Amerika, wo "ein Kind sich nicht bevor es das Alter von sechs [Jahren] erreicht hat allein um sein Stuhlgangsbedürfnis kümmern muss".[1481] Gemäß Freuds Theorie, sollte es danach unter den Tanala eine außergewöhnliche Zahl von Buchhaltern, Putzfrauen und Briefmarkensammlern geben und Orte, die mit Schweizer Dörfern in Tadellosigkeit konkurrieren. Versuche von Anthropologen, derartige Kindererziehungspraktiken mit erwachsenen Persönlichkeitszügen verschiedener Kulturen in Verbindung zu bringen, waren erfolglos und sind inzwischen größtenteils aufgegeben worden.

Viele Kulturen haben andere Kindheitserfahrungen, die bestimmt traumatisch sind und von denen im Hinblick auf die freudsche Lehre erwartet werden könnte, einen Effekt auf die erwachsene Persönlichkeit zu haben. Z. B. werden in einigen Kulturen kleinen Kindern systematisch Füße oder Köpfe durch Einschnüren verformt. In anderen Kulturen werden Ohren, Nase und Mund des Kindes durchstoßen, und ihre Körper sind durch schmerzhafte Methoden geritzt oder tätowiert. Männliche Beschneidungs- und weibliche Klitoridektomieriten werden häufig in der Pubertät unter beträchtlichen Schmerzen durchgeführt. Sie sind in einigen Kulturen üblich und sollten dramatische Illustrationen der freudschen Lehre hinsichtlich der Kastrationsangst zur Verfügung gestellt haben. Wenn Freud richtig lag, sollte die weit verbreitete amerikanische Gewohnheit, Männer im Säuglingsalter zu beschneiden – ein aus der Sicht des kleinen Kindes schmerzhaftes und herausragendes Ereignis – auch erwachsene Persönlichkeitszüge beeinflussen; ein Vergleich beschnittener mit unbeschnittenen Männern sollte Persönlichkeitsunterschiede zeigen. Trotz mehrerer Jahrzehnte anthropologischer Arbeit in Kulturen rund um die Welt – die zu einem großen Teil von psychoanalytisch behandelten Anthropologen geleistet worden war und die mit der freudschen Theorie sympathisierten – gibt es praktisch keinen kulturübergreifenden Beweis, der die Theorie hinsichtlich der Bedeutung von Kindheitserfahrungen bei der Formung der erwachsenen Persönlichkeit stützt.

Eine weitere Methode, die Stichhaltigkeit von Freuds Theorie indirekt zu prüfen, besteht in der Betrachtung der Ergebnisse der Freud-inspirierten prophylaktischen Behandlung. Den Grundsätzen der mentalen Hygiene zufolge, sollten Mütter erfahrener bei der Vermeidung psychischer Fallen der oralen, analen und ödipalen Entwicklungsphasen werden, wenn sie in der freudschen Lehre ausgebildet werden. Dr. Spocks Studie mit 21 Müttern in Cleveland war die vollständigste, die nach derartigen Richtlinien durchgeführt wurde und stellte fest, dass Mütter mit besseren Kenntnissen der freudschen Theorie mehr und nicht weniger Schwierigkeiten bei der Erziehung ihrer Kinder hatten. Logischerweise könnte man auch erwarten, dass Psychiater, Psychologen und psychiatrische Sozialarbeiter, da sie über die meisten Kenntnisse der freudsche Theorie verfügen, selbst Kinder mit weniger Problemen erziehen würden als Fachleute aus anderen Bereichen. Obwohl diese These formell niemals überprüft wurde, entlockt die Diskussion mit Fachleuten der mentalen Gesundheit darüber ein verlegenes Lächeln von der Art "Sie machen wohl Witze". Anekdotische Berichte wie die kürzlich veröffentlichten *Children of Psychiatrists and Other Psychotherapists*[tz] lassen annehmen, dass solche Kinder nicht weniger Probleme haben.[1482]

Dennoch behaupteten Freuds Anhänger, dass Indikatoren "schlechter seelischer Gesundheit" wie Selbstmord, Scheidung und Verbrechen zurückgehen würden, wenn genügend Fachleute verfügbar wären, um Millionen von Individuen gemäß freudscher Grundsätze zu behandeln. Doch trotzdem die Zahl von Fachleuten der seelischen Gesundheit zugenommen hat, ist die Selbstmordrate praktisch unverändert geblieben[1483], und die Scheidungs- und Verbrechensquoten haben sich dramatisch während derselben Jahre erhöht.[1484] Außerdem scheiterte ein Programm, das versuchte, Verbrechen zu verhindern, indem man gestörten Jugendlichen eine Beratung anbot.[ua] Derartige Ergebnisse erzeugen weder Vertrauen in die Aussagekraft mentaler Hygiene noch in die der freudschen Theorie.

Das Scheitern sowohl direkter als auch indirekter Studien, die freudsche Entwicklungstheorie zu stützen, stellte eine permanente Peinlichkeit für die Freuds Anhänger dar und provozierte zwei grundsätzliche Antworten. Eine beruft sich auf die freudsche Vorstellung von der Reaktionsformierung, um die Misserfolge zu erklären. Z. B. wurde in einer Untersuchung unter Männern zu Vorlieben hinsichtlich der Brustgröße gemäß freudscher Richtlinien theoretisiert, dass Männer, die abhängiger waren (weil sie wie man sagte in der oralen Entwicklungsphase fixiert sind), auch großbrüstige Frauen bevorzugen sollten.[1485] Als die Er-

---

[tz] *Kinder von Psychiatern und anderer Psychotherapeuten*
[ua] s. Kap. 7

gebnisse der Studie genau das Gegenteil zeigten – die abhängigen Männer bevorzugten kleinbrüstige Frauen – hieß es, dies resultiere aus einer Reaktionsformierung bei den Männern. Eine derartige Erklärung ist keine Wissenschaft, sondern nur psychoanalytische Relativität, in der alle Ergebnisse zur Unterstützung der freudschen Theorie interpretiert werden können. Psychoanalytiker sind für derartige mentale Gymnastik regelmäßig kritisiert worden. Z. B. kommentierte der Wissenschaftsphilosoph Ernest Nagel in einem 1959er Aufsatz "Methodological Issues in Psychoanalytic Theory"[ub]: "Eine Theorie darf nicht auf solche Art und Weise formuliert werden, dass sie immer so ausgelegt und manipuliert werden kann, um alle gegenwärtigen Tatsachen zu erklären, gleichgültig, ob kontrollierte Beobachtung einen Stand der Dinge oder sein Gegenteil zeigt."[1486]

Die andere von den Anhängern Freuds angeführte Erklärung für den Misserfolg o. g. Studien lautet, dass es nicht die eigentlichen Ereignisse sind, die von Bedeutung sind, sondern eher die kindliche Interpretation der Ereignisse. Freud selbst sanktionierte dieses Denken in einem Aufsatz von 1905, "Meine Ansichten über die Rolle der Sexualität in der Ätiologie der Neurosen",[uc] in dem er berichtete:

Als nun weitere Erkundigungen bei normal gebliebenen Personen das unerwartete Ergebnis lieferten, daß deren sexuelle Kindergeschichte sich nicht wesentlich von dem Kinderleben der Neurotiker zu unterscheiden brauche. ... Es kam also nicht darauf an, was ein Individuum in seiner Kindheit an sexuellen Erregungen erfahren hatte, sondern vor allem auf seine Reaktion gegen diese Erlebnisse ...[1487]

Dieses aufschlussreiche Eingeständnis zeigt, dass Freud sich 1905 bewusst war, dass es keine Unterschiede in den realen sexuellen Kindheitserlebnissen bei Erwachsenen mit und ohne Neurosen gibt. Folglich gab es tatsächlich keine wissenschaftliche Basis für seine Theorie der Persönlichkeitsentwicklung. Solch eine Erkenntnis war zweifellos ein Hauptgrund für das lauwarme Interesse Freuds an der wissenschaftlichen Bestätigung seiner Theorie. Wie Philip Rieff bemerkte "musste [Freud] feststellen, dass das Imaginierte nicht weniger Macht hatte als das Wirkliche".[1488] Dies ist genau das Denken, das der Psychoanalyse ihren zweifelhaften Status innerhalb der wissenschaftlichen Gemeinschaft eingebracht hat. Wie Eysenck es zusammenfasste: "Keine andere Disziplin, die unsere Aufmerksamkeit erfordert hat, hat sich so sehr von der experimentellen Überprüfung ihrer Theorien deutlich und entschieden abgeschnitten – sogar Astrologie und Phrenologie[ud] stellen Behauptungen auf, die empirisch nachprüfbar sind."[1489]

[ub] „Methodische Fragen der psychoanalytischen Theorie"
[uc] engl. Ausgabe: "My Views on the Part Played by Sexuality in the Etiology of the Neuroses"
[ud] Zu Beginn des 19. Jhd. von Franz Josef Gall begründete topologische Lehre (s. Kap. 9.6)

9.3 Hinweise auf genetische Determinanten der Persönlichkeit

Zur selben Zeit wie direkte und indirekte Tests durchweg die Unrichtigkeit der freudschen Theorie nahe legten, zeigten sich ebenfalls Hinweise, dass genetische Faktoren die einzig wichtigen Determinanten vieler, wenn nicht der meisten Persönlichkeitszüge sind. Beim Menschen ließen sich solche Hinweise vorzugsweise aus Zwillings- und Adoptionsstudien ableiten.

Ältere Untersuchungen an einzeln aufgewachsenen Zwillingen beinhalteten Studien an 20 Paaren in Amerika[1490], 12 in Dänemark[1491] und 44 in England.[1492] Letztere schätzte z. B., dass 61 Prozent des als "Extravertiertheit" bezeichneten Charakterzugs genetisch bestimmt sind und beschrieb ein getrennt aufgewachsenes eineiiges Zwillingspaar, "die beide – obwohl sie nichts von einander wussten – viele Haustiere hielten, komische Rollen im Laientheater spielten und gerne Jobs als Außendienst-Verkäuferinnen annahmen".[1493] Eine andere frühere Studie an 850 High-School-Zwillingspaaren (514 eineiige, 336 zweieiige) berichtete, dass etwa 50 Prozent der über die Fragebögen festgestellten Variation der Persönlichkeitszüge erblich bedingt zu sein scheint.[1494] Ähnlich zeigte eine sorgfältig kontrollierte Studie an neugeborenen Zwillingen[1495], dass eineiige Zwillinge sich insbesondere hinsichtlich von Merkmalen wie sozialem Bewusstsein, Ängstlichkeit, der Tendenz zu lächeln und Laute von sich zu geben viel ähnlicher sind als zweieiige.

Neuere Studien an Zwillingen und Adoptierten verstärkten die Hinweise auf die Bedeutung genetischer Determinanten von Persönlichkeitsmerkmalen. Von diesen Untersuchungen wurde die Minnesota Study of Twins Reared Apart[ue] am besten publiziert. 86 der getrennt aufgezogenen Zwillingspaare (56 ein-, 30 zweieiige) wurden mit 331 gemeinsam aufgewachsenen Paaren (217 ein-, 114 zweieiige) verglichen. Die Medien verbreiteten die Geschichten von mehreren getrennt aufgewachsenen Paaren, bei denen sich außerordentliche Ähnlichkeiten herausstellten als man sie schließlich zusammengebrachte (z. B. Bridget und Dorothy[1496], die beide sieben Ringe und drei Armbänder trugen oder Jim und Jim, die dieselbe Zigarettenmarke rauchten, dieselbe Automarke fuhren und beide Teilzeit-Hilfssheriffs waren).

Obwohl die Datenanalyse der Minnesota-Studie nicht vollendet worden ist, so hat das, was veröffentlicht wurde, wie frühere Studien gezeigt, dass "genetische Faktoren einen ausgesprochenen und tiefgreifenden Einfluss auf Verhaltensvariationen haben".[1497] Bezüglich spezifischer Persönlichkeitsmerkmale zeigte die Studie, "dass im Durchschnitt ungefähr 50 Prozent der gemessenen Persönlichkeitsdiversität[uf] der genetischen Diversität zugeschrieben werden kann".[1498] Einige Persönlichkeitszüge wie "negative Emotionalität" (gestresst, abgespannt,

---

[ue] Minnesota-Studie an getrennt aufgewachsenen Zwillingen
[uf] der Grad der Variation in einer Population

verängstigt, verärgert) schienen zu mehr als 50 Prozent erblich zu sein, während andere wie "soziale Nähe" (bevorzugt emotionale Intimität, bietet anderen Hilfe an) zu etwas weniger als 50 Prozent vererbbar waren. Am meisten überraschend aber war die Feststellung, dass die Variation in einigen sozialen Einstellungen wie Religiosität (religiöse Interessen und Einstellungen) und Traditionalismus (die Tendenz, Regeln und moralischen Standards zu folgen) auch zu etwa 50 Prozent erblich zu sein schien.[1499]

Zusätzlich zur Studie von Minnesota werden gegenwärtig sowohl in Schweden[1500] als auch in Finnland andere Studien an getrennt aufgezogenen Zwillingen durchgeführt. Die im Vergleich zu der aus Minnesota zahlenmäßig umfangreichere schwedische Studie umfasst eine große Zahl von Zwillingspaaren über 50 Jahre, und ihre Ergebnisse weisen darauf hin, dass genetische Persönlichkeitsdeterminanten von Bedeutung sind, aber mit zunehmendem Alter weniger wichtig werden. Doch sogar bei solchen älteren Zwillingspaaren wurde festgestellt, dass ein Drittel ihrer Einstellungen hinsichtlich der Verantwortlichkeit für Missgeschicke und der Kontrolle über ihr Leben genetischen Faktoren zuschreibbar war.[1501] In der finnischen Zwillingsstudie wurde festgestellt, „dass sich getrennt aufgezogene Zwillinge in einigen Charakterzügen ähnlicher waren als gemeinsam aufgewachsene"[1502] – eine Folge bewusster Anstrengungen der gemeinsam aufgezogenen, sich voneinander zu unterscheiden und getrennte Identitäten zu etablieren. In einer anderen Studie mit Zwillingen wurde berichtet, dass die "grobe Schätzung der Erblichkeit im weiteren Sinn"[ug, 1503] für Altruismus bei 56 Prozent lag, die für Empathie bei 68 und die für Hegung bei 72. Schüchternheit ist ein weiterer Persönlichkeitszug[1505], von dem man annimmt, das er hochgradig erblich ist und der sowohl im Colorado Adoption Project[uh] als auch an der Harvard University gut untersucht wurde.

Der am meisten hinsichtlich seiner Vererbbarkeit umstrittene Charakterzug war Kriminalität. Eine auf Dänemarks nationaler Zwillingsregistratur basierende Studie fand heraus, dass die Chancen eines zweiten männlichen Zwillings, inhaftiert zu werden, wenn der erste festgenommen worden war, unter gleichgeschlechtlichen zweieiigen Zwillingen bei 18, aber bei 34 Prozent bei eineiigen Zwillingen lagen.[1506] Eine ähnliche Studie in Norwegen berichtete von einer geringeren Übereinstimmung (15 Prozent für zweieiige, 26 für identische).[1507] Doch die norwegische Studie beinhaltete eine größere Auswahl von Verbrechen inklusive Verkehrsdelikte und Verrat.

Eine umfassende von Dr. Sarnoff A. Mednick und seinen Kollegen in Dänemark durchgeführte Adoptionsstudie stellte fest, dass bei 13,5 Prozent adoptierter

---

[ug] Erblichkeit oder Heridität im weiteren Sinn: Der Parameter H^2 spiegelt alle möglichen genetischen Anteile der phänotypischen Varianz einer Population wider (z. B. additive Geneffekte, Dominanz-, interaktive oder direkte väterliche und mütterliche Einflüsse). Im Gegensatz dazu steht die Erblichkeit im engeren Sinne, die nur additive Geneffekte auf den Phänotyp betrachtet (h^2).[1504]
[uh] Coloradoer Adoptionsprojekt

Jungen die Möglichkeit besteht, als Erwachsene für ein Verbrechen verurteilt zu werden, wenn weder ihre Adoptiv- noch ihre biologischen Eltern jemals straffällig wurden. Diese nahm nur leicht auf 14,7 Prozent zu, sofern ihre Adoptiveltern und stieg auf 20 Prozent, falls ihre biologischen Eltern verurteilt worden waren.[1508] Wurden sowohl die biologischen als auch die Adoptiveltern überführt, so hatte man später 24,5 Prozent der Jungen aufgrund einer Straftat verurteilt. Dr. Mednick und seine Kollegen schlossen daraus, dass "ein von kriminellen Eltern übertragener Faktor die Wahrscheinlichkeit vergrößert, dass ihre Kinder in kriminelle Aktivitäten verwickelt werden".[1509]

Obwohl es scheint, dass die Gene eine Rolle bei der Vorherbestimmung von Kriminalität spielen, ist das Ausmaß dieser Rolle sehr strittig. Wie Christopher Jencks in einer Rezension derartiger Studien bemerkte: "Während die Adoptionsstudien sicher nahe legen, dass Gene eine Bedeutung haben, zeigen sie nicht, dass sie von sehr großer Bedeutung sind."[1510] Die Adoptionsstudien sind auch wegen der möglichen selektiven Unterbringung von Söhnen aus kriminellen Haushalten in ähnliche Haushalte kritisiert worden, und es ist nicht klar, was genau das Vererbte ist, dass zu kriminellem Verhalten führt. Es könnten einfach nur Persönlichkeitszüge wie Mangel an Empathie, Impulsivität oder die Unfähigkeit sein, Befriedigung, Narzissmus oder andere ähnliche Charakterzüge zurückzustellen, die kriminelles Verhalten wahrscheinlicher machen, wenn eine Person bestimmten sozialen Bedingungen oder Milieus ausgesetzt wird.

Leider haben die Diskussionen über die Erblichkeit kriminellen Verhaltens dazu tendiert, Hinweise auf die hochgradige Vererbbarkeit vieler Charakterzüge zu verschleiern. Die andere umstrittene Maßeinheit, die oft mehr Hitze als Licht erzeugt hat, war der Intelligenzquotient – ein dreiviertel Jahrhundert lang der Kern der *Nature-Nurture*-Kontroverse. Dass es individuelle Unterschiede in der Intelligenz gibt, ist unbestreitbar. Ob dagegen ein IQ-Test solche Unterschiede misst oder stattdessen eine akademische Begabung, Lernen im Klassenzimmer oder die Exposition zu einer Sprache, muss stark in Frage gestellt werden. Es gibt viele bessere und erforschte Methoden, Gehirnfunktionen zu messen, die eine hohe Erblichkeit haben (z. B. Wahrnehmungsgeschwindigkeit, räumliches Vorstellungsvermögen, absolutes Gehör). Es ist produktiver, solche Gehirnfunktionen zu studieren, als den IQ zu untersuchen, der so offensichtlich stark von sozialen und kulturellen Faktoren beeinflusst wird.

Die Ergebnisse, dass genetische Faktoren wichtige Determinanten menschlichen Verhaltens sind, stellen keine Überraschung für Tierärzte, Hunde- und Pferdezüchter dar. Tatsächlich haben Halter sogar von Geburt an markante Charakterunterschiede bei der Nachkommenschaft ihres Hundes oder ihrer Katze bemerkt. Auf Laborniveau ist bereits jahrelang bekannt, dass Säugetiere wie Mäuse und Ratten ingezüchtet werden können, um mehr oder weniger aktive bzw. furchtsame Stämme zu erzeugen. In einer Studie an Mäusen z. B. "besteht nach 30 selektierten Generationen ein 30facher Unterschied zwischen den Linien mit hoher bzw. niedriger Aktivität".[1511] Ähnlich haben umfangreiche Arbeiten gezeigt, dass "Vererbung ein wichtiger quantitativer Determinant des Verhaltens bei Hunden ist, und dass genetisch bedingte Verhaltensunterschiede ebenso zuverlässig gemessen und analysiert werden können wie vererbte Unterschiede in der Körpergröße".[1512] In Feldforschungen unter Schimpansen (von denen sie einen „Freud" nannte) berichtete Jane Goodall von "ausgesprochen individueller Variation im Verhalten, das jedem Schimpansen seine oder ihre einzigartige Persönlichkeit gibt"[1513] – obwohl weder Goodall noch andere Forscher bis jetzt die Beziehung solcher Unterschiede zu Persönlichkeitseigenschaften der Eltern und Großeltern der Schimpansen untersucht haben.

Zusammengefasst häuft sich schnell die Zahl der Hinweise, dass genetische Faktoren eine große Rolle bei der Ausbildung vieler Persönlichkeitseigenschaften spielen. Wie die Doktoren Alexander Thomas und Stella Chess in ihrer wegweisenden Studie an 133 Subjekten vom Säugling bis zum Erwachsenen bemerken: "Die Kontinuität des ein oder anderen Temperaments über den Lauf der Zeit vom Säuglings- bis ins frühe Erwachsenenalter hinein ist bei mehreren unserer Subjekte auffallend offensichtlich gewesen."[1514] In einer neuen Rezension der Verhaltensgenetik beobachtete Dr. Robert Plomin, dass im Laufe des letzten Jahrzehnts die "zunehmende Akzeptanz des Einflusses der Vererbung auf individuelle Entwicklungsunterschiede eine der bemerkenswertesten Änderungen auf dem Gebiet der Psychologie darstellt".[1515] Dies formuliert für die wissenschaftliche Gemeinschaft nur das, was Eltern von mehr als einem Kind schon immer gewusst haben.

9.4 Hinweise auf nicht-genetische Determinanten der Persönlichkeit

Wenn genetische Faktoren zu etwa 50 Prozent für viele Persönlichkeitszüge verantwortlich sind, dann müssen es nicht-genetische Faktoren für die restlichen 50 Prozent sein. Unter dem Dach der nicht-genetische Faktoren sammelt sich eine lange Reihe von möglichen Einflüssen auf ein Kind. Dazu gehören unzulängliche Sauerstoffversorgung im Mutterleib, Geburtstrauma, Infektionen, frühe familiäre Kindheitserfahrungen, Unfälle, Gruppenzwang, Schulerfahrungen und kulturelle Einflüsse. Gibt es irgendeinen Hinweis, der die relative Wichtigkeit früher familiärer Kindheitserfahrungen innerhalb dieses Spektrums von nicht-genetischen Determinanten nahe legt?

Bislang durchgeführte Studien lassen vermuten, dass frühe familiäre Kindheitserfahrungen einen sehr kleinen Prozentsatz des gesamten nicht-genetischen Einflusses auf Persönlichkeitszüge ausmachen. Die stärksten Hinweise lieferte eine Rezension von Adoptionsstudien, in denen gezeigt wurde, dass "in denselben Haushalten aufgewachsene Paare nicht verwandter Kinder keine größeren Ähnlichkeiten in den Persönlichkeiten zeigen als zufällig ausgewählte".[1516] Ungeachtet der Tatsache, dass adoptierte Kinder zusammen aufgezogen werden und denselben Vater und dieselbe Mutter erfahren, sind ihre Persönlichkeiten nicht ähnlicher als die zweier Individuen, die sich nie getroffen haben. Eine Untersuchung der Extravertiertheit, dem wahrscheinlich am besten studierten Charakterzug, ergab, dass familiäre Erfahrungen für "nicht mehr als fünf Prozent der Varianz [dieses Persönlichkeitszugs] verantwortlich sein konnten".[1517] Studien von getrennt aufgezogenen eineiigen Zwillingen sind zu ähnlichen Ergebnissen gekommen wie Adoptionsstudien. Forscher der Minnesota-Studie berichteten, dass "der Effekt, im selben Zuhause aufzuwachsen, für viele psychologische Charakterzüge unwesentlich ist"[1518], und die schwedische Studie schloss, dass "der Einfluss des Aufwachsens in derselben Familie (gemeinsamen Familienumgebung) vernachlässigt werden kann. ... Schätzungen [der gemeinsamen Umgebung] waren durchweg gering und für weniger als 10 Prozent der gesamten phänotypischen[ui] Varianz verantwortlich".[1520]

Dies bedeutet nicht, dass frühe Kindheitserfahrungen keine Rolle bei der Ausformung von Persönlichkeitsmerkmalen spielen. Durch das Weitergeben von Werten an kleine Kinder können die Eltern den Ausdruck der Persönlichkeit, wenn auch nicht die Persönlichkeit des Kindes per se beeinflussen. Z. B. kann

---

[ui] Als Phänotyp wird die Summe aller äußerlich erkennbaren Eigenschaften eines Subjekts (Mensch, Tier oder Pflanze) in morphologischer, physiologischer und psychologischer Hinsicht bezeichnet. Im Gegensatz dazu benennt der Genotyp die gesamte genetische Ausstattung, das Genom, eines Individuums. Der Phänotyp umfasst auch erworbene Eigenschaften, die angeblich nicht vererbbar sein sollen, was aber durch neuere Studien der Epigenetik des schwedischen Sozialmediziners Lars Olov Bygren und seines Teams in Frage gestellt wird (s. a. S. 12: „Die Wissenschaft ...").[1519]

ein intelligenter extrovertierter aggressiver Junge Missionar werden, wenn er in einer tief religiösen Familie, ein korporativer Manager, wenn er in einer Geschäftsfamilie der Oberschicht oder ein großer Rauschgifthändler, wenn er in einer Familie aufwächst, in der Drogen und Alkohol bestimmend sind. Die zu Grunde liegende Persönlichkeit des Jungen ist dieselbe, obwohl die Art wie sie ausgedrückt wird ziemlich verschieden ist. Es scheint auch klar, dass einige Charakterzüge mehr genetisch bestimmt sind als andere.

Ebenfalls ist es offensichtlich, dass stark abweichende Kindheitserfahrungen die Persönlichkeitszüge des Kindes permanent verändern können. Z. B. wurde in einem neueren Artikel "Childhood Traumas"[uj] im *American Journal of Psychiatry* ein Fall angeführt, bei dem ein sechsjähriges Mädchen in einem Zirkus von einem flüchtigen Löwen angegriffen wurde.[1521] Sie erlitt schwere Bisswunden im Gesicht und der Kopfhaut, die zu vielfachen chirurgischen Eingriffen und zur Entstellung führten. Die Tatsache, dass das Mädchen "– früher kontaktfreudig und freundlich – kaum aus dem Haus ging und sich selten in die Nachbarschaft wagte"[1522], ist kaum überraschend. Zu anderen äußerst anormalen Kindheitserfahrungen, die Persönlichkeitszüge dauerhaft beeinflussen könnten, gehören schwere und zu Behinderungen führende Krankheiten wie Kinderlähmung, schwerer körperlicher Missbrauch, sexueller Missbrauch (was zu dissoziativen Zuständen oder "multiplen Persönlichkeiten" im Erwachsenalter führen kann) und das Beobachten von oder die Teilnahme an menschlichen oder natürlichen Katastrophen wie Mord oder Überschwemmung. Sogar unter diesen Umständen ist es jedoch beeindruckend, wie bei vielen Kindern solche Erfahrungen offenbar geringe oder keine Auswirkungen auf ihre Persönlichkeit haben.

In ihren Versuchen, die Maßgeblichkeit von Kindheitserfahrungen zu beweisen, zitieren die Anhänger von Freud gerne die Studien von Konrad Lorenz, Harry Harlow und ihren Kollegen. Lorenz "prägte" Gänseküken, indem er selbst die Rolle der Mutter in einer frühen Phase der Entwicklung übernahm, und die Gänse ihm danach folgten. Wie ein Psychoanalytiker erklärte: "... die ödipale Phase – ungefähr dreieinhalb bis sechs Jahre – ist wie Lorenz, der vor dem Küken [sic] steht, die nachhaltig prägendste, wichtigste und formendste des menschlichen Lebens, sie ist die Quelle des gesamten nachfolgenden erwachsenen Verhaltens."[1523] Ähnlich unterbanden Harlow et al. den Kontakt von Säuglingsaffen zu ihren Müttern und zu anderen Affen und fütterten sie stattdessen aus Flaschen, die von Ersatzmüttern aus Draht und Stoff gehalten wurden. Diese Erfahrungen sind bestimmt für die Gänse und Affen ebenso anormal wie der o. g. flüchtige Löwe für das Mädchen. Die überraschende Feststellung war nicht, dass das Verhalten der Gänse und Affen durch diese Erfahrung beeinflusst wurde, sondern eher, wie wenig sie beeinflusst wurden; bei den Affen wurde z. B. festgestellt, dass sie sich sozial relativ gut anpassten

---

[uj] Kindheitstraumata

nachdem sie mit anderen Affen zusammengebracht wurden, selbst, wenn sie keine Affenmutter gehabt hatten.

Andere Arbeiten, die von den freudschen Anhängern hervorgehoben werden, um die Relevanz von Kindheitserfahrungen zu beweisen, sind die Studien der Psychoanalytiker René Spitz und John Bowlby. Spitz registrierte die Wirkungen mütterlichen Entzugs bei Säuglingen in englischen Waisenhäusern während des Zweiten Weltkriegs. Diejenigen, die bis auf ein Minimum von menschlichem Kontakt ausgeschlossen wurden, wurden zurückgezogen und depressiv, waren kränklicher und hatten eine höhere Sterblichkeitsrate. Die Verhältnisse in diesen Waisenhäusern waren äußerst anormal, verglichen mit normalen Haushalten und ähnelten Zuständen, die kürzlich von Waisenhäusern in Rumänien beschrieben wurden. Die Tatsache, dass Säuglinge von solchen Bedingungen beeinflusst werden, sollte folglich erwartet werden. Umstrittener waren die Nachkriegsberichte von John Bowlby über die Wirkungen der Verwaisung. Seine oft zitierten Berichte an die Weltgesundheitsorganisation behaupteten, den Beweis erbracht zu haben, dass der Verlust der Mutter im Säuglingsalter beinahe unabwendbar zu schweren Problemen im späteren Leben führt. Viele Fachleute kindlicher Entwicklung und sogar Psychoanalytikerinnen wie Anna Freud haben die Schlüsse von Bowlby in Frage gestellt. Letztere behauptete: "Wie das Kind auf den Verlust der Mutter reagierte, hing von der Stärke seiner Ego-Struktur ab."[1524]

Neuere Studien lassen annehmen, dass die Schlussfolgerungen von Bowlby grundsätzlich fehlerhaft sind und dass die Trennung eines Säuglings von seiner Mutter nicht notwendigerweise schädlich sein muss. Eine Forschergruppe untersuchte Kinder, die in ihren ersten Jahren in einer Einrichtung lebten und später adoptiert wurden oder zu ihren biologischen Eltern zurückkehrten. Die Einrichtung war aufgrund ihres hohen Personalumlaufs erwähnenswert, so dass bis zum Alter von vier Jahren jedes Kind im Durchschnitt 50 verschiedene Betreuungspersonen gehabt hatte. Als diese Kinder im Alter von acht und 16 Jahren untersucht wurden, stellte man jedoch fest, dass "die ehemaligen Heimkinder keine schwerwiegenderen Gesundheits-, Verhaltens- oder emotionalen Probleme hatten"[1525] als Kinder, die nicht im Heim lebten. Eine andere Studie verglich Kinder aus Waisen- oder Pflegehäusern mit adoptierten, wobei im Alter von 35 Jahren zwischen den beiden Gruppen kein bedeutender Unterschied festgestellt wurde. Eine weitere Untersuchung, die Kinder begleitete, die in ihrer Jugend "schwer misshandelt" und dann adoptiert wurden, stellte fest, dass sich die große Mehrheit als Jugendliche gut gemacht hatten. Dr. Wagner H. Bridger fasste in einer neuen Rezension solcher Studien die Ergebnisse zusammen: "Kurzzeitereignisse haben gewöhnlich keine Langzeiteffekte. Sogar die schlimmsten frühen Erfahrungen richten wenig permanenten Schaden an, wenn sich die Umwelt des Kindes später verbessert."[1526]

So gibt es abgesehen von äußerst anormalen Erfahrungen keine Beweise, dass normale Entwicklungsereignisse der Kindheit spätere Charakterzüge in bedeutendem Maß gestalten, obwohl sie den Ausdruck dieser Charakterzüge beeinflussen können. Auch wenn die Amerikaner bedingt durch den freudschen Einfluss so konditioniert wurden, dass jedes kleinere Ereignis der Kindheit eine entscheidende Rolle bei der Bestimmung der erwachsenen Persönlichkeit spielt, scheint die Wahrheit ganz woanders zu liegen. In der Tat haben mehrere Studien gezeigt, dass die meisten Eltern ihre Kinder auf derselben Entwicklungsstufe bemerkenswert ähnlich behandeln. In einer Langzeitstudie wurden 50 Mütter auf Video aufgenommen, während sie sich mit zwei ihrer Kinder im Alter von jeweils einem Jahr beschäftigten. Die Ergebnisse zeigen, dass "die Mütter in ihrem Verhalten zu beiden Kindern im selben Alter bemerkenswert konsistent waren ... Diese Daten lassen vermuten, dass unterschiedliche mütterliche Behandlung der Kinder im Säuglingsalter, bei Geschwisterpaaren keine primäre Quelle für markante individuelle Unterschiede zu sein scheint."[1527] Eine andere Studie fand heraus, dass nur neun Prozent der Kinder berichteten, dass es "große Unterschiede"[1528] in der Art gab, wie die Eltern sie verglichen mit ihren Geschwistern behandelten, während weitere 35 Prozent "kleine Unterschiede" meldeten. Zwei Zwillingsstudien stellten ebenfalls fest, dass die Eltern beide sehr ähnlich behandelten.[1529]

Wenn frühe Kindheitserfahrungen verhältnismäßig unbedeutende Ursachen charakterlicher Merkmale darstellen – abgesehen von Kindern, die äußerst anormalen Umständen unterworfen wurden – was sind dann die Faktoren, die die restlichen etwa 50 Prozent der nicht genetisch bedingten Charakterunterschiede ausmachen? Gruppenzwang, Schulerfahrungen, kulturelles Einflüsse und Lehrer, Pfadfinder-Leiter und Trainer spielen mit großer Sicherheit Hauptrollen, obwohl diese Einflüsse schwer zu messen sind. In einer Studie wurde bemerkt, dass

> *in Familien, in denen die Eltern eine andere Sprache als die der größeren Gemeinschaft sprechen oder einen abweichenden Akzent, Kinder stets die Sprache und den Akzent der Gemeinschaft und nicht der Familie sprechen. Dies lässt noch einmal das Ausmaß vermuten, mit dem wir dazu neigen, die Bedeutung des elterlichen Einflusses auf die kognitive Entwicklung von Kindern zu überschätzen.*[1530]

Es wird auch immer klarer, dass nicht-genetisch bedingte biologische Faktoren bedeutende Vorläufer von Persönlichkeitsmerkmalen bei einigen Individuen sein können. Dazu gehört beispielsweise ein Kind, das eine verringerte Blutversorgung zum Gehirn während der Schwangerschaft erlebte, gewissen Chemikalien in entscheidenden Entwicklungsphasen ausgesetzt wird (z. B. Kokain oder Alkohol), kleinere Gehirnschäden als Folge des Geburtstraumas oder als Ergebnis einer das Gehirn betreffenden Kindheitsinfektion erlitt, schwer unterernährt ist oder ein Gehirntrauma später im Leben erfuhr. Diese Aspekte der

Persönlichkeitsentwicklung, die relativ vernachlässigt worden sind, werden wahrscheinlich wichtige Forschungsgebiete im kommenden Jahrzehnt.

9.5 Ein Wiedersehen mit der *Nature-Nature*-Debatte

Es ist unumstößlich, dass Persönlichkeitszüge und menschliches Verhalten durch die Wechselwirkung zwischen *Nature* und *Nurture*, Genen und Kultur i. w. S. bestimmt werden. Genetiker legen ausnahmslos Lippenbekenntnisse ab was kulturelle Einflüsse betrifft, und die Anhänger der letzteren erkennen an, dass die Gene eine Rolle spielen. Sogar Freud gab zu, dass

> *das einzelne Ich von vornherein mit individuellen Dispositionen und Tendenzen ausgestattet ist [und] daß dem noch nicht existierenden Ich bereits festgelegt ist, welche Entwicklungsrichtungen, Tendenzen und Reaktionen es späterhin zum Vorschein bringen wird.*[1531]

Ähnlich schrieb Margaret Mead, für die kulturelle Verhaltensvorläufer allmächtig waren:

> *Wenn man ein eigenes Kind hat, ist es eine der faszinierendsten Beschäftigungen, das Auftauchen von erblichen Charakterzügen und Neigungen zu beobachten, die der einen oder anderen Seite der Familie zugeschrieben – oder für die sie verantwortlich gemacht werden kann. ... Irgendwie verkörpert das neugeborene Baby die Persönlichkeit, die es haben wird.*[1532]

Die Frage ist dann nicht, *ob* Vererbung und soziales Umfeld miteinander wechselwirken, um Persönlichkeitszüge und Verhalten zu bestimmen, sondern eher, *wie* sie es tun. Etwas Licht ist auf diese Frage in den letzten Jahren durch die Zwillingsstudien des späten Dr. Ronald S. Wilson an der Universität von Louisville geworfen worden.[1533] Durch Begleiten von 74 ein- und zweieiigen Zwillingspaaren im Alter von drei Monaten bis zu sechs Jahren zeigte Wilson, dass die physische und geistige Entwicklung von eineiigen Zwillingen ungewöhnlich kongruente Schübe und Verzögerungen verglichen mit zweieiigen Zwillingen hat. Es scheint, dass Individuen – mit den Worten von Wilson – "eine genetische Blaupause" haben, die nicht nur bestimmt, welche geistige Kapazitäten und Persönlichkeitszüge sie haben werden, sondern auch, wann diese Kapazitäten und Charakterzüge sich manifestieren. Gene sind offensichtlich keine statischen, einmaligen Geschenke der Natur, sondern eher permanente Einflüsse. Wilson fasste seine Beobachtungen im folgenden Zitat eines anderen Forschers zusammen:

> *Es ist äußerst wichtig, anzuerkennen, dass sich der Einfluss der Gene nicht nur bei der Empfängnis, der Geburt oder zu jedem anderen einzelnen Zeitpunkt in der Lebensgeschichte eines Individuums manifestiert. Entwicklungsprozesse sind fortlaufenden genetischen Einflüssen unterworfen, und verschiedene Gene sind zu verschiedenen Zeiten wirksam.*[1534]

Praktisch bedeutet dies, dass die Art, wie ein Individuum durch nicht-genetische Faktoren wie Familie, Freunde und Kultur beeinflusst wird, noch komplexer ist als früher angenommen. Es gab in den letzten Jahren viele Diskussionen über reziproke Beziehungen und die Eignung von Charakterzügen des Kindes und seiner Eltern. Z. B. könnte ein schüchternes oder antriebsloses Kind für Eltern "sehr schwierig" erscheinen, die entgegengesetzte Eigenschaften haben. Inzwischen ist klar, dass eine zeitliche Dimension zu dieser Reziprozität hinzugefügt werden muss: Ein Kind, das anfänglich schüchtern ist, kann vorzeitig von Eltern und Gleichaltrigen so etikettiert werden, was das Hervortreten seiner späteren weniger schüchternen Persönlichkeit schwieriger macht. Menschliche Charaktermerkmale schlüpfen offensichtlich nicht wie eine Motte aus dem Kokon als Einzelereignis in der Zeit, sondern erscheinen eher als laufende Reihe genetischer Ereignisse, die über die Lebenszeit der Person andauern.[uk]

Worin besteht dann die Rolle von Eltern, Gleichaltrigen, Kultur und anderen Aspekten der kindlichen Umwelt? Sie stellen das Milieu zur Verfügung, in dem genetisch bedingte Charakterzüge auftauchen und sich entwickeln. Die Verhaltensgenetikerin Dr. Sandra Scarr verglich die Rolle der kindlichen Umwelt mit der Rolle der Ernährung bei der Festlegung der Körpergröße. Eine Person mit "mittel-großen" Genen wird abhängig von ihrer Ernährung in der Kindheit ein bisschen unter- oder ein bisschen überdurchschnittlich wachsen. Doch "egal wie gut versorgt – jemand mit 'kleinen' Genen wird niemals größer sein als der Durchschnitt".[1535] Alle ererbten Persönlichkeitszüge stehen so unter dem Einfluss der Umwelt. Altruismus und Aggression können in der einen Familie, Nachbarschaft oder Kultur bestärkt und belohnt werden, während das Gegenteil in anderen der Fall sein kann. Aber es gibt eine Grenze, bis zu der nicht-genetische Faktoren Einfluss auf Persönlichkeitszüge nehmen können: man kann keinen seidenen Geldbeutel aus dem Ohr einer Sau machen und auch kein Schweineohr aus einem Seidenportemonnaie.

Die Tauglichkeit der genetischen Ausstattung eines Kindes hinsichtlich der Erwartungen seiner Umwelt wurde auch von den Doktoren Thomas und Chess in ihrer Langzeitstudie an 133 Kindern bemerkt:

> *Eltern können dieselben Anforderungen an zwei Kinder mit verschiedenen Temperamenten stellen, und die Wirkungen auf die Kinder werden verschieden sein. So können Eltern z. B. annehmen, dass sich ihr Kind schnell und einfach dem Schulbeginn anpasst, aber das kann nur einem Kind möglich sein, das auf neue Situationen positiv reagiert und sich schnell auf Veränderungen einstellt. Erfolgreiche Anpassung wird auf elterliche Billigung und Lob treffen und die Eltern-Kind-Wechselwirkung zu einer positiven machen. Reagiert das Kind stattdessen auf neue Situationen unbehaglich, neigt zu Rückzugsversuchen und stellt sich langsam auf Veränderungen ein, wird es die anfängliche*

[uk] s. a. S. 12

> *Anpassung an die Schule als schwierig empfinden. Erkennen die Eltern diese Reaktion beim gegebenen Temperament nicht als normal für das Kind, können sie kritisieren und eine schnellere Anpassung fordern, zu der das Kind nicht fähig ist. Die Eltern-Kind-Wechselwirkung wird, im Gegensatz zum positiven Austausch im ersten Fall, negativ sein. Eigentlich erfahren die beiden Kinder dieselben elterlichen Einstellungen und Erwartungen, doch sind die Effekte verschieden, und die beiden Kinder erfahren eine radikal verschiedene, nicht gemeinsame Umwelt.*[1536]

Solche Beobachtungen ließen einige Forscher darüber spekulieren, ob ein bedeutender Teil von dem, was als der "Umwelteinfluss" auf Persönlichkeitszüge bezeichnet wird, tatsächlich nicht "eher eine Genotyp-Umwelt-Wechselwirkung repräsentiert als die Umwelt als alleinige Quelle der Varianz".[1537] Wichtig sind nicht die Erwartungen der Familie, Gleichaltriger oder der Kultur per se, sondern eher die Erwartungen der Familie, Gleichaltriger oder der Kultur *im Licht* der genetischen Ausstattung des Individuums.

Das Haupthindernis zur weiteren Lösung der *Nature-Nurture*-Frage aber liegt im Widerstand, dieses Feld zu erforschen. Die Behauptungen, dass die Gene die einzig bedeutenden bestimmenden Faktoren der Persönlichkeitsmerkmale sind und dass elterliche Erziehungspraktiken, abgesehen von groben Abweichungen, verhältnismäßig unbedeutend sind, provozieren "Nazi- und Rassistenrufe", weil die *Nature-Nurture*-Frage weiterhin so politisiert wird. Als der führende Forschungsgenetiker Dr. Irving Gottesmann[1538] über Verhaltensgenetik an der Universität Texas las, wurden *Swastikas*[ul] über die Poster gemalt, die die Vorlesung ankündigten. Als der Harvard-Zoologe Dr. Edward O. Wilson[1539] einen Vortrag über Soziobiologie auf der Sitzung der American Association for the Advancement of Science[um] hielt, übergoss ihn eine Studentengruppe mit Wasser und nannte ihn einen Rassisten. Als der Anthropologe Dr. Vincent Sarich in Berkeley über genetische Unterschiede beim Menschen las, wurde seine Klasse von "mehr als fünfzig Studenten"[1540] gestört, die ihn ebenfalls einen Rassisten nannten.

Seitdem genetische Forschung mit Eugenik und konservativen oder reaktionären Weltanschauungen historisch in Verbindung gebracht wurde, wird ein Großteil der Opposition gegen die Prüfung genetischer Aspekte von Persönlichkeitsmerkmalen mit Individuen liberal-politischer Ansichten assoziiert. Einer der prominentesten darunter war der Genetiker der Harvard University Dr. Richard C. Lewontin, der auch "ein freimütiger und eigenartiger Marxist genannt worden

---

[ul] sanskr. = Glücksbringer – uraltes Zeichen für Unschuld und Weisheit, stilisierte Form von Shri Vishnus *Sudarshana Chakra* und Symbol des Gottes Shri Ganesha. Es wurde im 3. Reich und wird leider immer noch als Hakenkreuz missbraucht.
[um] Amerikanische Gesellschaft für den Fortschritt in der Wissenschaft

ist".¹⁵⁴¹ Lewontin kritisiert in *Not in Our Genes* (1984)ᵘⁿ, das zusammen mit dem Neurobiologen Dr. Steven Rose und dem Psychologen Dr. Leon J. Kamin verfasst wurde, die Erforschung genetisch bedingter menschlicher Charakterzüge und Fähigkeiten als "biologischen Determinismus", was nach der Behauptung der Autoren "ein Teil des Versuchs [ist], die Ungleichheit unserer Gesellschaft zu bewahren und die menschliche Natur nach ihrem eigenen Bild zu formen".¹⁵⁴² Lewontin, Rose und Kamin sagen, dass sie im Gegensatz dazu "ein Engagement für die Aussicht auf die Entwicklung einer sozial gerechteren – einer sozialistischen – Gesellschaft teilen".¹⁵⁴³ Vor der Entwicklung der Genetik leiteten die privilegierten und wohlhabenden Klassen der Welt ihre Position rational von religiösen Mythen ab, aber mit ihrer Entdeckung wurde eine neue pseudowissenschaftliche Rationalisierung verfügbar. Lewontin et al. setzen die traditionelle Opposition von Franz Boas, Ruth Benedict, Margaret Mead und anderer Gegner der Erforschung genetisch bedingter menschlicher Charakterzüge aufgrund ihrer missbräuchlichen Anwendung fort.

Erkenntnisse der Genetik zu missbrauchen, macht sie jedoch nicht falsch. Es ist unbestreitbar, dass es genetische Unterschiede zwischen Individuen sowohl in Bezug auf physische Eigenschaften (z. B. Größe), geistige Fähigkeiten (z. B. visuelle Wahrnehmung) als auch auf Persönlichkeitszüge (z. B. Schüchternheit) gibt. In der Declaration of Independenceᵘᵒ heißt es, dass "alle Menschen gleich geschaffen sind". Wie Dr. Irving Gottesman bemerkt hat, bedeutete das nicht, dass alle Menschen gleiche Fähigkeiten haben, sondern eher, dass alle Menschen "gleichen Schutz des Gesetzes und das Recht auf Chancengleichheit haben sollten, um Talente in vollem Umfang und kompatibel mit den Rechten anderer zu entwickeln".¹⁵⁴⁴

So wie es genetische Unterschiede zwischen Individuen gibt, so scheint es auch unbestreitbar, dass es genetische Unterschiede zwischen Gruppen von Individuen gibt. Solche Unterschiede können physische (z. B. Laufgeschwindigkeit) oder geistige Fähigkeiten beinhalten (z. B. Wahrnehmung), Persönlichkeitszüge (z. B. Aggression), physiologische Eigenschaften (z. B. Reaktion auf Alkohol) oder die Neigung zu speziellen Krankheiten (z. B. Phenylketonuria). In den USA stellen z. B. schwarze Athleten 17 Prozent der Baseball-Spieler der obersten Spielliga, 60 Prozent der Spieler in der National Football Leagueᵘᵖ, 75 Prozent in der National Basketball Associationᵘᑫ und 98 Prozent der 50 ersten Sprinter beim 100-Meter-Lauf.¹⁵⁴⁵ Doch haben Schwarze nur einen Anteil von 12 Prozent an der Gesamtbevölkerung. Es gibt wahrscheinlich nicht mehr als ein halbes Dutzend Sportfans in Amerika, die glauben, dass diese Konzentration von Talenten ausschließlich nicht genetisch begründet ist, obwohl es undiplomatisch ist, so etwas zu sagen. Der Grund ist, dass jede Diskussion geneti-

---

ᵘⁿ dt. Ausgabe: *Die Gene sind es nicht* (1987)
ᵘᵒ Unabhängigkeitserklärung
ᵘᵖ Nationale Football-Liga
ᵘᑫ Nationale Basektball-Profiliga Nordamerikas

scher Unterschiede zwischen Individuengruppen mit Rassismus gleichgesetzt wird.

Für viele Menschen impliziert die Vorstellung von Rassismus, dass unterschiedliche „Rassen" genannte Gruppen noch in der Welt verbleiben. Wahrscheinlich war dies vor Tausenden von Jahren richtig, doch heutzutage ist es das nicht mehr. Sogar isolierte Gruppen wie die australischen Aborigines sind überraschenderweise genetisch heterogen. Wie Lewontin et al. hervorgehoben haben "ist keine Gruppe ihrem Ursprung nach mehr hybrid als die heutigen Europäer, die eine Mischung aus Hunnen, Ostgoten und Vandalen aus dem Osten, Arabern aus dem Süden und Indo-Germanen aus dem Kaukasus sind".[1546] Franz Boas führte dasselbe Argument 60 Jahre zuvor an: "In praktisch jeder Nation gibt es ein Gemenge verschiedener Typen, die sich in einigen Fällen mischen und sich über das ganze Land verteilen. ... So haben wir so wenig Recht zu sagen, dass es eine jüdische Rasse gibt, wie eine französische, eine deutsche oder ein spanische."[1547]

In Studien zur globalen Verbreitung menschlicher Proteine wurde festgestellt, dass 85 Prozent aller Unterschiede "innerhalb derselben lokalen Bevölkerung, des Stamms oder der Nation bestehen; weitere acht Prozent liegen zwischen Stämmen oder Nationen innerhalb einer ‚Hauptrasse' und die restlichen sieben Prozent zwischen ‚Hauptrassen'".[1548] Folglich ist es wissenschaftlich falsch, sich auf Rassen als noch existierend zu beziehen. Versuche, einen genetischen Charakterzug zu charakterisieren, der in einer Menschengruppe als ein Rassenmerkmal bestehen kann, zeugen einfach nur von Ignoranz, da 85 Prozent der menschlichen genetischen Varianz innerhalb jeder Gruppe vorkommen. Genetische Unterschiede zwischen Individuen übertreffen alle anderen Versuche, die Menschheit zu unterteilen, während genetische Unterschiede zwischen Gruppen keinen vorhersagbaren Wert für ein Individuum haben. Z. B. könnte jemand, der dumm genug ist, eine Basketball-Mannschaft allein aufgrund der Hautfarbe zusammenzustellen, Bill Cosby und Ray Charles in seiner Mannschaft haben und Larry Bird[ur] im anderen Team.

Ein anderer Grund für den zeitgenössischen Widerstand gegen die Überprüfung der Rolle der Vererbung bei der Ausprägung von Charakterzügen ist, dass populärerweise der Begriff "genetisch" mit "unvermeidlich" gleichgesetzt wurde. Wie Lewontin et al. feststellten: "Der Determinist würde dann wollen, dass die menschliche Natur durch unsere Gene festgelegt ist."[1549] Die menschliche Natur wird durch Gene nicht "festgelegt", sondern eher innerhalb bestimmter Grenzen beschränkt. Die Herausforderung für die Gesellschaft wird es sein, allen Individuen die besten Möglichkeiten zu bieten, um das genetische Potential zu entwickeln, welches auch immer sie haben. Das muss damit beginnen, nachteilige Umwelteinflüsse wie schlechte Ernährung genauso wie die Aufnahme von Drogen- oder Alkohol in der pränatalen Periode zu minimieren. Nach der Geburt

---

[ur] Ehemaliger – weißer – herausragender amerikanischer Basketball-Spieler der 1980er Jahre.

sollten alle Säuglinge und Kleinkinder eine intellektuell stimulierende Umgebung erhalten [Berichte] wie sie in einem umfassenden Head Start- und Ganztagsbetreuungs-Programm möglich wäre. Impfungen und ärztliche Versorgung sollten allen Kindern garantiert werden, und die Lernniveaus in Schulen sollten es allen Kindern – mit größerem und kleinerem intellektuellen Potential – erlauben, sich zu ihrem Besten zu entwickeln. Untersuchungen haben gezeigt, dass es mit Rücksicht auf die großen Unterschiede im Zeitablauf der Individualentwicklung wichtig ist, Schulen so zu strukturieren, dass Spätentwickler entdeckt und ihrem angemessenen Leistungsniveau zugeordnet werden können. Ein Aspekt der Demokratie ist die Chancengleichheit. Wie Dr. Theodosius Dobzhansky es in seinem hervorragenden Buch *Genetic Diversity and Human Equality*[us] zusammenfasste: "Menschen können von den Gesellschaften, in denen sie leben, gleich oder ungleich, aber sie können nicht genetisch oder biologisch identisch gemacht werden, auch wenn das reizvoll wäre."[1550]

[us] *Genetische Diversität und Gleichstellung des Menschen*

9.6 Freudsche Theorie und Phrenologie

Um die wissenschaftliche Basis der freudschen Lehre in die richtige Perspektive zu setzen, scheint es nützlich, sie mit einer ähnlichen Bewegung des 19. Jahrhunderts zu vergleichen. Die Phrenologie war eine Theorie zur menschlichen Persönlichkeit und des Verhaltens, von der behauptet wurde, sie sei wissenschaftlich begründet und die ebenfalls in Amerika sehr populär wurde. Die Parallelen zwischen der phrenologischen und der freudschen Bewegung ein Jahrhundert später sind bemerkenswert.

Die Phrenologie entwickelte sich aus den Schriften von Franz Joseph Gall[1551], der ähnlich wie Freud seine medizinische Ausbildung an der Wiener Universität vollendete und sich eine schicke private Praxis in dieser Stadt einrichtete. Mit Hilfe seiner Privatpatienten entwickelte Gall die Theorie, dass spezifische geistige Funktionen nicht nur mit speziellen Gehirnarealen in Verbindung stehen – eine Idee, die inzwischen bewiesen worden ist – sondern, dass diese Funktionen auch über Ausbeulungen auf dem Schädel, die über den Gehirngebieten liegen, gemessen werden konnten. Gall beschrieb 37 verschiedene Gehirnfunktionen wie Selbstachtung, Frohsinn, Wohlwollen, Spiritualität, Stimmung und Ordnungssinn, von denen er behauptete, sie könnten auf dem Schädel physisch identifiziert werden. Wie auch bei Freud fanden die Ideen von Gall in Wien keine besondere Anerkennung, und so ging er nach Paris und in andere europäische Städte, um Vorträge zu halten. Dabei wurde er von seinem treuen Anhänger Johann Spurzheim begleitet, der die Arbeit 1928 nach Galls Tod fortsetzte. Vier Jahre später ging Spurzheim nach New England[ut], wo er eine Reihe von Vorträgen in Boston und New Haven gab und dabei den Anstoß für die schnelle Verbreitung der Phrenologie in Amerika gab.

Die stärkste Unterstützung fand die Phrenologie in Amerika anfänglich in gebildeten Gruppen in New York und Boston. Der berühmte Pädagoge Horace Mann "sah in der Phrenologie die größte Entdeckung aller Zeiten und gründete alle seine Theorien von geistiger und moralischer Verbesserung auf den Ideen, mit denen sie ihn ausgestattet hatte".[1552] Samuel Gridley Howe, Philanthrop und Reformer, war Präsident der Boston Phrenological Society[uu] und seine Frau, Autorin und Pädagogin Julia Ward Howe, verwendete phrenologische Prinzipien in ihrem Unterricht. Henry Ward Beecher empfahl "eine praktische Kenntnis des menschlichen Geistes wie durch die Phrenologie"[1553] als beste Übung, ein Christ zu sein, und Horace Greeley verbreitete die Phrenologie über seine Kolumnen in der *New York Tribune* und schlug vor, "dass Eisenbahner der Form ihrer Köpfe nach ausgewählt werden".[1554] Prominente von P. T. Barnum, Clara Barton, Amelia Bloomer und John Brown bis hin zu Andrew Carnegie,

---

[ut] Neu England, hier: nordöstliche Region der USA an der Grenze zu Kanada
[uu] Phrenologische Gesellschaft von Boston

Thomas Edison, James A. Garfield, Ulysses S. Grant und Brigham Young ließen ihre Schädel überprüfen, und die Ergebnisse wurden im *Phrenological Journal* veröffentlicht.

Auch auf amerikanische Autoren nahm die Phrenologie Einfluss. Edgar Allen Poe, der feststellte, dass die Phrenologie "die Erhabenheit einer Wissenschaft erreicht hat und sich als solche unter die bedeutendsten einreiht, die die Aufmerksamkeit denkender Wesen in Anspruch nehmen kann"[1555], bezog sich in seinen Geschichten oft darauf. Walt Whitman fügte seine eigene phrenologische Karte frühen Ausgaben von *Leaves of Grass*[uv] bei, und William Cullen Bryant und Mark Twain waren beide begeisterte Phrenologen. Herman Melville jedoch verspottete sie in *Moby Dick*, als er die Beulen auf dem Kopf des Wals beschrieb. Populäre Zeitschriften wie das *Ladies' Magazine* und das *Boston Literary Magazine* druckten Kolumnen darüber. Das *Phrenological Magazine* und der *New York Literary Review* verbanden die Phrenologie mit Literatur, ähnlich wie der *New York Review of Books* ein Jahrhundert später letztere mit der freudschen Theorie verschmolz.

Mit der Einrichtung von 40 bis 50 örtlichen Phrenological Societies, von Zeitschriften wie *American Phrenological Journal* und *Annals of Phrenology* und einem Lehrgang am American Institute of Phrenology[uw] erhielt die Phrenologie eine feste Basis unter den amerikanischen Ärzten. 1837 wurde der Vorsitz des Fachbereichs Geistes- und Moralphilosophie an der University of Michigan George Combe, Amerikas bestbekanntem Phrenologen angeboten. Einige der führenden Psychiater des Landes wie z. B. die Doktoren Amariah Brigham und Isaac Ray waren stark von der Phrenologie beeinflusst und versuchten, ihre Grundsätze bei der Behandlung psychisch erkrankter Patienten anzuwenden. Das *American Journal of Insanity* brachte zahlreiche Artikel darüber.

Die wirkliche Popularität der Phrenologie entstand jedoch aus ihrer Anwendung auf Probleme des Lebens wie "Gesundheit, Alkoholabstinenz, Kindererziehung, Erinnerungstraining, Eugenik, Ehe und Religion".[1556] Ungeachtet der Tatsache, dass Gall als Gründer der Phrenologie politisch konservativ und sozial elitär war, wurde seine Bewegung in Amerika mit liberaler Politik und sozialer Reform assoziiert. Einem Historiker zufolge "war ihre Akzeptanz auf manche Art ein *Schibboleth*[ux] des Liberalismus".[1558] Die Kindererziehung wurde besonders beeinflusst, und den Müttern viel Verantwortung auferlegt, um die richtigen Fähigkeiten des Gehirns zu entwickeln, während ihre Kinder noch jung waren. Auch die Kriminalwissenschaft wurde stark beeinflusst: "Die Phrenologen kamen zu dem sehr vernünftigen, wenn auch unkonventionellen Schluss, dass die große

---

[uv] dt. Ausgabe: *Grashalme* (1907)
[uw] Amerikanisches Institut für Phrenologie
[ux] hebr. = Getreideähre. Schibboleth hat aber die Bedeutung von „Erkennungszeichen", „Slogan" oder „Schlagwort", da es mundartliche Formulierungen bezeichnet, die Nicht-Einheimische nicht korrekt aussprechen können und sich so als nicht zugehörig zu erkennen geben.[1557]

Mehrheit der Verbrecher impulsiv handelt und keinen ausreichenden Sinn für Moral hat, um von möglicher Vergeltung zurückgehalten zu werden."[1559] Strafe würde deshalb nichts nützen und "Gefängnisse sollten eher Rehabilitationszentren sein".[1560] George Combe führte in Sing Sing eine phrenologische Untersuchung durch, demselben Gefängnis, in dem Bernard Glueck 70 Jahre später zur freudschen Theorie forschen würde.

Je weiter sich die Phrenologie überall in Amerika verbreitete, desto mehr wurde sie aufgrund einer Vielzahl von Gründen kritisiert. Unwissenschaftlich war sie, hieß es, "eine Quacksalberei, die durch Frechheit siegt".[1561] Tatsächlich machten seine Anhänger nach Galls ursprünglichen Studien praktisch keine Anstalten mehr, weitere Forschungen darüber durchzuführen. Man sagte auch, die Phrenologie untergrabe die Religion und förderte "Atheismus, Materialismus und Determinismus; die wirklichen Opfer waren moralische Verantwortung und freier Wille".[1562] In *The Humbugs of New York* (1839)[uy] empfahl ein Arzt: "Meiden Sie Phrenologen noch mehr als die französischen Ungläubigen."[1563]

Je weiter sich die Phrenologie ausbreitete, desto geringer wurde ihr Ansehen. In den 1860er Jahren tauchte sie als regelmäßige Vorstellung in Wanderzirkussen auf, mit Phrenologen, die manchmal Lesungen mit verbundenen Augen durchführten. Ein Phrenologe allein führte mehr als 200.000 Untersuchungen durch, und die Phrenologie wurde zu einem immer größer werdenden – und lukrativen – Geschäft. Mit dieser Popularisierung und Geschmacklosigkeit verloren Bostons und New Yorks Eliten, ihre ursprünglichen Stützpfeiler, allmählich das Interesse.

In den 1890er Jahren hatte die Phrenologie ihre Anmut verloren, wurde aber gelegentlich noch von einigen verwendet, die nach einer Methode zum Verstehen menschlichen Verhaltens suchten. Ein solches Individuum war die Anarchistin Emma Goldman, die sich einer Schädelüberprüfung kurz nach ihrer Freilassung aus New Yorks Blackwell-Gefängnis unterzog. Wie man sagte illustrierten die Ergebnisse der Untersuchung, veröffentlicht im *Phrenological Journal* im Februar 1895, dass

> *die Gesichtszeichen der Zerstörung sehr ausgeprägt sind. ... Verlangen nach Bestätigung und Entschlossenheit sind besonders stark. ... Äußern beinahe Mangel an Ehrfurcht und Glauben. [Von größter Bedeutung war, berichtete der Prüfer, dass] ihre obere Stirn schön entwickelt ist. ... Jedoch ist ihre untere Stirnhälfte beinahe ebenso fehlerhaft wie der obere Teil schön. ... Das zeigt einen Wunsch nach Beobachtung, Präzision, Genauigkeit und Spezifizierung in der Sammlung oder Anwendung von Daten. Mit anderen Worten wird sie fundiert, aber häufig aufgrund unzureichender Beweise schlussfolgern.*[1564]

[uy] *New Yorker Humbug*

Die Phrenologie brachte Emma Goldman offensichtlich nicht das, wonach sie suchte. Acht Monate später fand sie es in Wien im Oktober 1895. Der Vortragende war Sigmund Freud, der den Mantel anhatte, der von Franz Joseph Gall in denselben Hörsälen ein Jahrhundert früher getragen worden war. Das „freudsche Jahrhundert" hatte begonnen.

10 Eine Bilanz von Freuds amerikanischem Konto

> Aber läuft nicht jede Naturwissenschaft
> auf eine solche Art von Mythologie hinaus?
> Sigmund Freud, in einem Brief an Albert Einstein[1565]

Am 1. Mai 1889 behandelte Sigmund Freud seine erste Patientin "Emmy von N." mit einer neuen Methode, die ihm von Dr. Joseph Breuer vorgeschlagen wurde. Im Laufe des folgenden Jahrzehnts entwickelte Freud diese Behandlung fort und nannte sie "Psychoanalyse". Sorgfältig arbeitete er auch seine Ansicht aus, dass sexuelle Kindheitserfahrungen die meisten Probleme bei Erwachsenen verursachen; und er erforschte Träume und das Unbewusste als Mittel, um Zugang zu Kindheitserinnerungen zu erlangen, die dann wiederum verwendet werden konnten, die Ursachen der Probleme zu verstehen. Einhundert Jahre sind vergangen seitdem Freud sich auf den Weg zu diesen Wanderungen in die menschliche Seele machte. Ein angebrachter Zeitraum, die Auswirkungen seiner Arbeit zu bewerten. Dabei sollte auf die Ironien hingewiesen werden, die sich während des freudschen Jahrhunderts in Amerika entwickelt haben.

10.1 Die Ironien im freudschen Amerika

Mehr als jedes andere Land der Welt akzeptierte Amerika Freuds Theorie und verbreitete seinen Namen. Und doch war es gerade dieses Land, das von Freud aufrichtig gehasst wurde. Häufig bezog er sich darauf als einen "gigantischen Irrtum".[1566] Als Max Eastman ihn fragte, warum er es hasste, antwortete er:

> 'Amerika hassen?', sagte er. 'Ich hasse Amerika nicht, ich bedauere es!' Er warf seinen Kopf wieder zurück und lachte ausgelassen. 'Ich bedauere, dass Kolumbus es jemals entdeckte!' ... Amerika ist ein schlechtes von der Vorsehung durchgeführtes Experiment. Wenigstens denke ich, dass es die Vorsehung gewesen sein muss. Ich wenigstens sollte es hassen, dafür verantwortlich gehalten zu werden.' Mehr Gelächter.[1567]

Hinsichtlich des Tabaks bemerkte er bei einer anderen Gelegenheit, dass er für diese "Untat des Kolumbus [die Entdeckung Amerikas] eigentlich keine andere Entschuldigung weiß."[1568] Freud war nie im Stande, sich mit der Tatsache zu versöhnen, dass ein Land, das er verabscheute, das Land war, das seine Ideen am enthusiastischsten akzeptiert hatte.

Es gab viele Gründe für Freuds Abneigung gegen Amerika. In der Korrespondenz nannte er die Amerikaner "Wilde"[1569] und sagte, dass die [Psycho-]Analyse den Amerikanern passt wie ein weißes Hemd einem Raben.[1570] In einem Brief verglich er die Anwendung der von Wien inspirierten Psychoanalyse in Amerika mit der entwürdigenden Beschäftigung von Wiener Frauen als Bedienstete in anderen Ländern.[1571] Er behauptete auch, dass sein kurzer Besuch in Amerika 1909 seine Darmprobleme verschlimmert hatte, ungeachtet der Tatsache, dass er sich über ähnliche Symptome bereits zwei Jahrzehnte lang vor seinem Besuch beklagt hatte. In bizarren Nachträgen behauptete Freud, dass die amerikanische Reise auch seine Handschrift veranlasst hatte, sich zu verschlechtern.[1572]

Abgesehen von seinem kurzen Besuch bestand der hauptsächliche Kontakt von Freud und Amerikanern aus Individuen, die nach Wien kamen, um von ihm psychoanalytisch behandelt zu werden. Jahrelang füllten amerikanische und englische Patienten mehr als die Hälfte seiner Praxis.[1573] Sie brachten ein breites Sortiment von Problemen mit, von der Sorge der Dichterin Hilda Doolittle über ihre Bisexualität[1574] bis hin zur Zurückgezogenheit des Bankerben James Loeb. (Nachdem er die Psychoanalyse bei Freud vollendet hatte, baute Loeb "ein großes Haus auf einem tief bewaldeten Grundstück ... wo er als Einsiedler lebte".[1575]) Amerikanische Patienten brachten auch beträchtliche Geldbeträge mit – ein wichtiger Grund, warum Freud sie behandelte. "Worin liegt der Nutzen von Amerikanern, wenn sie kein Geld bringen?", fragte er 1924.[1576] "Sie sind für nichts anderes gut". Bei einer anderen Gelegenheit sagte er, dass "Amerika zu nichts anderem zu gebrauchen ist, als Geld zu liefern".[1577] Gleichzeitig bedauerte er die Tatsache, dass der größte Teil des Einkommens vom Verkauf seiner Bücher aus Amerika stammte und fragte, ob es nicht traurig ist, dass wir von diesen Wilden materiell abhängig sind, die keine Menschen der besseren Klasse sind?[1578]

Freud schob auch politische Gründe für seine Ablehnung Amerikas vor. Einem Gelehrten zufolge "mochte Freud die amerikanische Ideale der Gleichheit nicht und insbesondere nicht die Gleichmacherei unter den Geschlechtern".[1579] Er bezog sich auf die amerikanische "Frauenherrschaft"[1580] und stellte fest, dass "amerikanische Frauen ein antikulturelles Phänomen sind".[1581] Während seines Besuchs in Amerika fühlte er sich auch von der den Schwarzen gewährten Gleichberechtigung abgestoßen und stellte fest: "Amerika wird bereits von der schwarzen Rasse bedroht."[1582, uz] Es sollte auch nicht vergessen werden, dass sich Freud manchmal mit der deutschen Sache identifizierte. Z. Z. des Ersten Weltkriegs "fuhr er fort, sich die Sache der Zentralmächte zu eigen zu machen".[1583] Während dieses Kriegs kämpften alle seine drei Söhne gegen die Alliierten, und sein ältester Sohn Martin wurde festgenommen. Mehrere Wochen war er unsicher, ob er getötet worden war oder nicht.[1584] Der einzige Sohn von Freuds Lieblingsschwester Rosa wurde ebenfalls getötet[1585], und mehrere seiner engsten Partner wie Abraham, Eitingon, Ferenczi und Rank sowie sein Schwiegersohn kämpften alle gegen die Alliierten. Folglich war Amerika für Freud offensichtlich der Feind gewesen und war es offensichtlich immer noch.

Eine andere Ironie des freudschen Amerikas bildete die Assoziation von Freuds Namen mit der amerikanischen Sozialreform und liberaler Politik. Freud selbst war in seinen jüngeren Jahren apolitisch und wählte selten[1586], wurde jedoch mit zunehmendem Alter konservativ. Bei einer Gelegenheit fragte Max Eastman ihn nach seinen politischen Ansichten und Freud antwortete: "Politisch bin ich gar nichts."[1587] 1918 äußerte er sich skeptisch über die Russische Revolution[1588], und sagte 1930: „[Es] fehlt mir doch jede Hoffnung, daß der von den Sowjets eingeschlagene Weg zur Besserung führen wird."[1589] Er behauptete auch: „Aber seine [des Kommunismus] psychologische Voraussetzung vermag ich als haltlose Illusion zu erkennen"[1590], und er wurde beschrieben, wie er seinem Bruder "mit einem verständnisvollen Lächeln" dabei zuhörte „die Übel des Sozialismus zu diskutieren".[1591]

Als das reaktionäre Dollfuß-Regime in Österreich 1932 an die Macht gelangte, unterstützte Freud es sogar als Dollfuß die Redefreiheit abschaffte[1592], die Kommunistische Partei verbot und brutal einen Streik der liberalen Sozialdemo-

---

[uz] Etwas relativierend sollte man vielleicht hinzufügen, dass dieses Zitat nach Jones offensichtlich scherzhaft gemeint war. Vollständig lautet es: „Amerika wird bereits von der schwarzen Rasse bedroht. And it serves her right. [Und es geschieht ihm recht.] Ein Land, in dem es nicht einmal Walderdbeeren gibt." Aber nichtsdestotrotz spiegelt es offenbar eine gewisse Grundhaltung Freuds wider.

kraten niederschlug. Wie viele konservative Intellektuelle der damaligen Zeit hatte er für die Versuche Benito Mussolinis Verständnis, Ordnung in Italien zu schaffen und, gefragt ein Buch für ihn zu signieren, schrieb er: "Benito Mussolini mit dem respektvollen Gruß eines alten Mannes, der im Herrscher den kulturellen Helden erkennt."[1593] Die Opposition von Freud gegen Hitler war jedoch eindeutig, da er die durch den Antisemitismus des Führers aufgeworfenen Gefahren verstand.

Genauso viel Ironie liegt in der Assoziation von Freuds Namen mit Humanismus und Gleichheit in Amerika. Nach David Riesman war Freud

> *ein Anhänger einer Theorie von Eliten, dass die Gesellschaft zwischen einer kleinen Klasse von Führern und einer großen Klasse von Geführten unabwendbar aufgeteilt war. ... Bekommt man Einblicke in das Verhalten [von Freud] zu den wenigen Angehörigen der niedrigeren Klassen, mit denen er in Kontakt kam, wie Dienstmädchen und Taxifahrern, so findet man bei ihm die Neigung, ausbeuterisch und sogar niederträchtig zu sein.*[1594]

Freud erkannte diesen Charakterzug als eine seiner Hauptschwächen an. Einem Freund schrieb er: „Im tiefsten Inneren bin ich ja doch überzeugt, daß meine lieben Mitmenschen – mit einzelnen Ausnahmen – Gesindel sind."[1595] Und zu einem anderen: „Aber ich habe an den Menschen durchschnittlich wenig 'Gutes' gefunden. Die meisten sind nach meinen Erfahrungen Gesindel, ob sie sich laut zu dieser, jener oder keiner ethischen Lehre bekennen."[1596]

Die Entwürdigung seiner Mitmenschen beschränkte sich nicht auf seine Patienten, sondern erstreckte sich ebenso auf seine Anhänger: "Die Nichtswürdigkeit der Menschen, auch der Analytiker, hat uns immer großen Eindruck gemacht ..."[1597]

Logischerweise führte Freuds Glaube an gesellschaftlichen und politischen Elitarismus zur Entwicklung der Psychoanalyse als eine Behandlungsmethode für die Elite. Freuds erste Patientin war "Emmy von N.", eine wohlhabende und gebildete Witwe, und vermögende Patienten bildeten später die große Mehrheit in seiner Praxis. Gemäß einer Studie waren nur drei Prozent von Freuds Patienten arm.[1598] Wirtschaftswissenschaftler Peter F. Drucker, dessen Eltern mit Freud bekannt waren, behauptete, dass viel vom Widerstand gegen Freud in Wien nicht von den sexuellen Ideen Freuds herrührte, sondern eher aus seiner elitären Praxis:

> *Freud akzeptierte zum Beispiel keine Fürsorgepatienten, sondern plädierte stattdessen dafür, daß der Psychoanalytiker keinen Patienten kostenlos behandeln sollte und daß der Patient nur dann von Behandlung profitierte, wenn er kräftig dafür bezahlen musste. ... Vor allem aber wurde Freud von den Wiener Medizinerkreisen alles andere als ignoriert oder übersehen. ... Richtig ist jedoch, daß die Wiener Ärzte-*

schaft Freud als Person ablehnte, weil sie ihn einer groben Verletzung ihrer ärztlichen Ethik bezichtigte. [1599]

Die Entwicklung der Psychoanalyse in Amerika setzte die elitäre Tradition Freuds fort, während sie gleichzeitig versuchte, sie in liberale und sozialistische Anschauungen zu integrieren. Das Ergebnis war ein Janus-köpfiges Wesen[va], das auf der einen Seite Midas[vb] und der anderen Marx zeigte. Die inhärenten Widersprüche der freudschen Therapie in Amerika wurden schon 1915 illustriert, als der leidenschaftliche Marxist Max Eastman die Verdienste der Psychoanalyse pries[1600], von der er sagte, dass sie damals 200 bis 500 Dollar pro Monat kostete (2.000 bis 5.000 Dollar nach heutiger Währung). Solche Widersprüche waren auch 1926 sichtbar, als Sandor Ferenczi mit seiner New Yorker Vortragsreihe eine große Zahl von Marxisten anzog, aber gleichzeitig auch eine "Flotte von Limousinen".[1601] In den 1920er Jahren berechnete Freud seinen amerikanischen Patienten 20 Dollar pro Stunde (200 in heutigen Dollars)[1602], dieselbe Gebühr, die Dr. Abraham Brill von Mabel Dodge in New York erhob.[1603]

Gelegentlich hoben sich im Laufe der Jahre Psychoanalytiker von ihresgleichen ab, indem sie berechneten, was immer der Markt hergab. Bemerkenswertes Beispiel dafür war Dr. Gregory Zilboorg, der 1917 sozialistisches Mitglied der Kerensky Regierung in Leningrad war und 1940 100 Dollar pro Stunde (770 heutige Dollar) als Psychoanalytiker in New York berechnete.[1604] Solche Gebühren, insbesondere der liberal-politischen Rhetorik des Berufs gegenübergestellt, führten unvermeidlich unter vielen Praktikern zu Zynismus. Wie Dr. Karl Menninger beobachtete "beschäftigen wir uns in unserer gegenwärtigen Arbeit mit einigen reichen Individuen ... deren persönliches Seelenheil oder Mangel an Seelenheil keinen großen Unterschied für die Welt machen wird".[1605] Derartiger Zynismus ergoss sich auch in die allgemeine Öffentlichkeit wie in der Bewertung des *American Mercury* von 1935*:* "Wenn die freudsche Doktrin wahr ist und die Rettung aus den menschlichen Konflikten nur in der universalen und katholischen Psychoanalyse liegt, dann sind die Freudianer angeklagt, die habgierigsten Menschen der Welt zu sein."[1606]

Trotz ihrer liberal-politischen Rhetorik führten die traditionellen Praktiker der freudschen Therapie in Amerika Freuds eigenen Elitarismus fort. Eine Umfrage von 1966 bei Psychoanalytikern ergab, dass der durchschnittliche Analytiker nur 28 Patienten pro Jahr behandelte und weitere 23 in der Beratung sah.[1607] Unter den Patienten in der Psychoanalyse hatten 83 Prozent Hochschulabschlüsse und 50 Prozent höhere Schulen besucht. Diese demographische Be-

---

[va] Ianus: rein römischer, doppelköpfiger Gott. Der so genannte Ianuskopf gilt deshalb als Symbol für Zwiespältigkeit.

[vb] Der Sage nach war König Midas bekannt für seine Gier und Dummheit. Z. B. wünschte er sich, dass alles, was er berührte, zu Gold würde – wodurch auch sein Essen und Trinken zu Gold wurde und er drohte, zu verhungern und zu verdursten.

schreibung von Patienten der 1960er spiegelte eine bereits 1913 veröffentlichte Satire auf psychoanalytische Patienten wider[1608]:

> *Brillante Ergebnisse werden in einem gegebenen Fall manchmal durch die bloß einstündige tägliche Anwendung der Methode über drei Jahre erzielt. Das trifft besonders zu, wenn sowohl Patient als auch Arzt in griechischer und römischer Mythologie, klassischer griechischer Dichtung, Legende und Tragödie, Volkskunde und Gesang versiert sind.*[1609]

Sie ließ auch die Bewertung der freudschen Therapie durch den ausgebildeten Psychoanalytiker Dr. Robert Michels von 1990 erahnen:

> *Wenn wir es als ärztliche Behandlung betrachten, stellt diese beschränkte Verfügbarkeit eine Krise des Gesundheitswesens und einen moralischen Skandal dar. Als eine Art der Erleuchtung und Bereicherung des Lebens gesehen, ähnelt die Psychoanalyse jedoch Weltreisen, einer Saisonkarte für die Oper oder einer höheren Ausbildung an einer großen privaten Universität.*[1610]

10.2 Freuds Guthaben: Das Unbewusste, Humanismus und die Psychotherapie

Bei der Bewertung der Beiträge der freudschen Lehre zur amerikanischen Denkweise und Kultur sollte die Rolle, die Freud in der postviktorianischen sexuellen Reform spielte, nicht vergessen werden. Obwohl die Verfügbarkeit von empfängnisverhütenden Mitteln und die Homosexuellenbewegung die Auseinandersetzungen über strenge Kontrolle und Homosexualität im Wesentlichen hat hypothetisch werden lassen, spielte seine Lehre eine bedeutende Rolle bei der Aufweitung der Sittlichkeitsgrenzen in einer Zeit, als Abstinenz noch einen Wert darstellte. Wie Havelock Ellis rückblickend 1939 bemerkte: "Was wir auch schließlich von der Psychoanalyse als eine technische Methode denken werden, sie setzte einen gewaltigen Akzent auf die allgemeine Beachtung und Anerkennung von Sex im Leben."[1611] Ein anderer Beobachter stellte kurz und bündig fest: "Freud fand Sex als Abfall im Anbau und ließ ihn als geehrten Gast ins Wohnzimmer."[1612]

Sich für Träume und das Unbewusste zu interessieren, wird aus der historischen Perspektive wahrscheinlich als Freuds bedeutendstes Vermächtnis betrachtet. Obwohl er beides in erster Linie als Mittel sah, Kindheitserinnerungen bewusst zu machen und dabei seine Theorie zu beweisen, dass sexuelle Kindheitstraumata erwachsener Psychopathologie zu Grunde liegen, verwandelte seine Synthese existierende Ideen in eine Form, die von einem breiten Publikum verstanden werden konnte und Versprecher und Phallussymbole in eine universale Sprache. Die aktuelle Traumforschung lässt annehmen, dass Freuds Darstellung etwas vereinfacht war; tatsächlich können Träume kein Königsweg zum Unbewussten sein, doch sie bleiben wenigstens eine befahrbare Nebenstraße. Ähnlich hat die neuere Forschung über das Unbewusste gezeigt, dass es viel komplizierter ist, als Freud es porträtierte.[vc] Inzwischen sind Erinnerungen verschiedener Arten bekannt, die unterschiedlichen Abteilungen des Gehirns zugeteilt werden, während Gefühle nachgewiesenermaßen neurophysiologisch unabhängig von bewussten Gedankenprozessen sind. G. Stanley Halls Charakterisierung des Intellekts als "schwimmender Speck auf einem Meer aus Gefühlen "[1613] erweist sich als genau. Freuds Popularisierung der Träume und des Unbewussten hat auch materiellen Wohlstand für Künstler und Schriftsteller hervorgebracht, was wahrscheinlich der Hauptgrund ist, warum sich diese Gruppe von der freudschen Theorie so stark angezogen fühlte.

Ein anderer großer Beitrag Freuds war der Brutkasten, den seine Theorie für das Wachstum des humanitären und egalitären Denkens in Amerika zur Verfügung stellte. Obwohl Freud persönlich keine dieser Einstellungen teilte, wurde seine Theorie auf die existierende Gleichheitsbewegung gepfropft und entwi-

---

[vc] s. a. S. 12

ckelte sich zu einem Weckruf nach sozialer Reform und Vervollkommnung des Menschen. Reuben Fine betonte diesen Aspekt des freudschen Denkens in seiner *History of Psychoanalysis*[vd] und nannte es "eine imposante Vision der Menschheit. ... Die Vision dessen, was die Menschheit werden könnte. ... Das tägliche Leben ist eine bloße Karikatur dessen, was sie sein könnte".[1614] Ähnlich bemerkte Laura Fermi, dass "es die humanitäre Tradition in Amerika war, die Psychiater und psychiatrische Sozialarbeiter in die Psychoanalyse zog".[1615] Auch Kritiker Walter Kaufmann, der Freud 1960 in einem Aufsatz mit Abraham Lincoln vergleicht, fühlte sich zu diesem Aspekt seiner Denkweise hingezogen:

> *Wie kein Mensch vor ihm, verlieh [Freud] der Ansicht Substanz, dass alle Menschen Brüder sind. Verbrecher und Wahnsinnige sind keine verkleideten Teufel, sondern Männer und Frauen, die ähnliche Probleme haben wie wir selbst; und da, mit Ausnahme der ein oder anderen Erfahrung, gehen du und ich.*[1616]

Vermutlich ist es auch diese Fassette von Freud, die viele sozialbewusste und humanistische Amerikaner wie u. a. Michael Harrington[1617] und Robert Coles[1618] in den letzten Jahren angezogen hat.

Vielleicht die wesentlichste durch das Vermächtnis von Freud mit gestaltete Änderung in der amerikanischen Kultur war die Popularisierung von Beratung und Psychotherapie. In keiner anderen Nation der Welt sind diese so sehr zu einem Teil der Kultur geworden wie in Amerika. Obwohl anerkanntermaßen ein zunehmender Anteil der Beratung und Psychotherapie nicht direkt freudianisch ist, ist es ein Großteil davon jedoch indirekt, insofern angenommen wird, dass Probleme Erwachsener eine Folge von Kindheitserfahrungen sind und das Reden darüber oder sie zu verstehen helfen wird, diese Probleme zu beheben. Verglichen mit anderen Ländern ist es ziemlich wahrscheinlich, dass die gewaltige Popularität von Beratung und Psychotherapie in Amerika eine unmittelbare Folge der größeren hiesigen Beliebtheit von Freud ist.

Der lobenswerte Aspekt der weiten Verbreitung von Beratung und Psychotherapie liegt darin, dass eine introspektivere Kultur gefördert wurde, in der persönlichen Gefühlen und zwischenmenschlichen Beziehungen größere Bedeutung beigemessen und im Leben mehr als nur eine Anhäufung von materiellen Besitztümern gesehen wird. Viele Amerikaner leiten große Zufriedenheit daraus ab, auf vielfältige Art und Weisen ihr psychisches Nirwana anzustreben und werden behaupten, dass das Streben danach an sich ihre Lebensqualität außerordentlich verbessert hat.

Es sollte jedoch zur Kenntnis genommen werden, dass die besondere Methode der von Freud geförderten Psychotherapie – die Psychoanalyse – sich weder wirkungsvoller noch wirkungsloser als andere Arten der Psychotherapie erwie-

---

[vd] *Die Geschichte der Psychoanalyse*

sen hat. Fischer und Greenberg schlossen in einer erschöpfenden Rezension von Untersuchungen zur Wirkung der Psychoanalyse, dass "es sehr wenige Hinweise in der experimentellen Literatur gibt, die auch nur vermuten lassen, dass die Ergebnisse der 'Psychoanalyse' genannten Therapien sich in irgendeiner Weise von anderes gekennzeichneten Behandlungen unterscheiden".[1619] Dieser Befund stimmt mit einem großen Teil der Forschungen über Psychotherapie überein, die in den letzten drei Jahrzehnten erschienen ist. Sie lassen stark annehmen, dass verschiedene Psychotherapien eine Wirkung haben, was bedeutet, dass sich die Person, die die Psychotherapie erlebt, besser fühlt – doch nicht wegen der besonderen Methodik der angewandten Therapieform, sondern eher aufgrund allgemeiner Grundsätze, die praktisch allen zugrunde liegen.

Die allgemeinen Grundsätze der Psychotherapie wurden von Dr. Jerome Frank[1620] in seinem viel gelesenen Buch *Persuasion and Healing* (1961)[ve] deutlich beschrieben. Im Laufe der Jahre verfeinert, sollten sie wenigstens die folgenden umfassen: persönliche Qualitäten des Therapeuten (Aufrichtigkeit, Einfühlungsvermögen, Wärme), Mechanismen, um die positive Erwartungshaltung der Therapie-suchenden Person zu steigern (z. B. ein Diplom des Therapeuten von einer sehr renommierten Universität an der Wand), die Fähigkeit des Therapeuten, dem was falsch ist einen Namen zu geben (Rumpelstilzchen-Prinzip[1621]) und schließlich ebenso, die Person davon zu überzeugen, dass er/sie das Problem gemeistert hat.

Praktisch alle Techniken der Psychotherapie verwenden diese grundlegenden allgemeinen Prinzipien, und es sind diese Prinzipien, die die Psychotherapie effektiv machen. So ist es nicht überraschend, dass alle Studien, die die freudsche Psychoanalyse, Gesprächs-[vf], Urschrei-, Gestalt- oder andere Formen der Psychotherapie vergleichen, zu bemerkenswert ähnlichen Ergebnissen kommen. Ein Forscher hat die Situation mit dem Kochen eines Ragouts aus einem Elch und einem Kaninchen verglichen.[1622] Der Elch stellt die allgemeinen Grundsätze dar, die der gesamten Psychotherapie zugrunde liegen, während das Kaninchen die besondere Methode vertritt. Es ist offensichtlich, dass man die Art des verwendeten Kaninchens ändern kann, aber das Gulasch noch genauso schmecken wird. So besteht einer von Freuds Beiträgen zur amerikanischen Kultur in der Popularisierung von Beratungsdiensten und Psychotherapie im Allgemeinen, doch seine Psychoanalyse hat sich nicht wirksamer erwiesen als andere Techniken.

[ve] *Überzeugung und Heilung*
[vf] Wird auch klienten- oder personenzentrierte Psychotherapie genannt, die auf Carl R. Rogers zurückgeht.

10.3 Freuds Soll: Narzissmus, Verantwortungslosigkeit, Verunglimpfung von Frauen und falsch verteilte Ressourcen

Obwohl die freudsche Lehre und die ihr folgende Bewegung einige wichtige Beiträge zur amerikanischen Denkweise und Kultur geleistet haben, haben sie auch viele Schulden hinterlassen. Eine der bedeutendsten ist Freuds Beitrag zur "Ich"-Generation, einer Oberhoheit der eigenen Person, die die primäre Aufmerksamkeit auf das persönliche Glück richtet. Der Kern der freudschen Theorie und Therapie ist grundsätzlich narzisstisch in der Annahme, dass jemandes Glück das höchste Gut ist. Die wurde 1956 klar von Alfred Kazin beschrieben: "Der überwältigende Erfolg des Freudianismus in Amerika liegt im allgemeinen Beharren auf individueller Erfüllung, Befriedigung und Glück. ... Das Beharren auf persönlichem Glück stellt die größte revolutionäre Kraft heutiger Zeiten dar."[1623]

Der der freudschen Theorie und Therapie innewohnende Narzissmus ist auf viele ihrer psychotherapeutischen Sprösslinge ebenso anwendbar. Von der adlerschen Individualtherapie bis hin zur zaraleyanischen psychoenergetischen Technik besteht die Hauptzutat zur Buchstabensuppe der amerikanischen Psychotherapie aus dem "Ich". Dies wird gut von Frederick Perls "Gestalt-Gebet" illustriert, dem Mantra der "Ich"-Generation:

> *Ich mache mein Ding, und du machst deins,*
> *Ich bin nicht auf dieser Welt,*
> *um deinen Erwartungen zu entsprechen,*
> *Und du bist nicht auf dieser Welt, nach den meinen zu leben.*
> *Du bist du, und ich bin ich,*
> *Und wenn wir zufällig einander finden,*
> *ist das wunderbar.*
> *Wenn nicht, kann man auch nichts machen.*[1624]

Tatsächlich liegt der Fokus praktisch aller psychotherapeutischen Systeme, von denen viele in Amerika kommen und gehen wie zerebrale Herbst-Moden, nicht in irgendeinem höheren Ideal, nicht im Mitmenschen, sondern nur in einem selbst.

Mehrere Beobachter haben die zunehmende primäre Beschäftigung der Amerikaner im 20. Jahrhundert mit der eigenen Person kommentiert. Der Historiker Christopher Lasch zeichnete in *The Culture of Narcissism*[vg] ein apokalyptisches Bild der amerikanischen Zivilisation, die um ihr Ego herum zusammenbricht: "In einer sterbenden Kultur scheint der Narzissmus – in Gestalt persönlichen 'Wachstums' und 'Bewusstseins' – die höchste Realisierung geistiger Erleuchtung zu verkörpern."[1625] Lasch verließ sich jedoch bei seinen Formulierungen

---

[vg] dt. Ausgabe: *Das Zeitalter des Narzissmus* (1980)

des Narzissmus selbst stark auf die freudsche Theorie und scheiterte am Verständnis, dass sie einen der Hautbeiträge zu dem Problem geleistet hat, das er beschrieb. Auch Kolumnist Charles Krauthammer bemerkte ein Hinübergleiten zum nationalen Narzissmus, in dem das neue Gebot lautet: "Liebe dich selbst, dann deinen Nachbarn. Die Formulierung ist eine Lizenz zu unablässiger Maßlosigkeit, da die Suche nach der Eigenliebe nie zu Ende ist, und da die Verpflichtung, andere zu lieben, aufgeschoben werden muss, solange die Suche weitergeht."[1626]

Narzisstische Individuen hat es immer gegeben, aber das Amerika des 20. Jahrhunderts könnte die erste Kultur sein, in der die Suche nach sich selbst und dem Glück mit einem höheren Gut gleichgesetzt worden ist. Diese donquichotischen, halbblinden Sucher wandern von Therapeut zu Therapeut in einer fortwährenden Suche nach einem psychischen Stein von Rosetta, von dem sie glauben, dass er ihnen ihre Hemmungen nehmen und sie dadurch befreien wird. Kazin bezog sich darauf als "die Schoßhund-Psychologie der Amerikaner ... den Mythos der universalen 'Kreativität', die Annahme, dass jede unbeschäftigte Hausfrau dazu bestimmt ist, eine Malerin zu sein und jeder sexuelle Abweichler in Wirklichkeit ein Dichter ist."[1627] Kazin fügt hinzu, dass es unter solchen Umständen „für den Schreiberling und den Quacksalber leicht ist, zusammenzukommen!" Eine noch härtere Bewertung der Effekte der freudschen Therapie nahmen Edward und Cathey Pinckney vor als sie schrieben, dass "es die bemerkenswerteste Errungenschaft der Psychoanalyse zu sein scheint, jemanden, der heimlich unausstehlich ist, offen unausstehlich zu machen".[1628] Man kommt nicht daran vorbei, sich zu fragen, was mit vielen der Individuen in der Langzeitpsychotherapie geschähe, wenn sie dieselben Stunden mit Sozialdienst verbringen oder ihre Zeit freiwillig dem Wohl anderer widmen würden, die sie jetzt mit dem Aufstoßen von Kindheitsbagatellen verbringen.

Eine zweite Hauptverbindlichkeit der freudschen Theorie war die Förderung von Verantwortungslosigkeit. Dies entwickelte sich logisch aus der Ansicht, dass Individuen von starken unbewussten Kräften regiert werden, die sich aus frühkindlichen Erfahrungen entwickeln und die sich ihre Handlungsfreiheit widerrechtlich aneignen. Dies hat, mit den Worten eines Schriftstellers,

> *zum Goldenen Zeitalter der Entlastung geführt. ... Beinahe niemand kann wirklich für zurechnungsfähig gehalten werden. ... Bonnie und Clyde kamen etwas zu früh. Heutzutage hätten sie sich ein Jahr lang in der Betty Ford Clinic als Opfer notorischer Bankraubssucht niederlassen können.*[1629]

Es sind die Bereiche der Kinderziehung und des kriminellen Verhaltens, in denen die freudsche Theorie die stärkste Auswirkung gehabt hat und in denen traditionelle Vorstellungen von Verantwortung in Frage gestellt wurden. Im freudschen Plan werden Männer und Frauen immer mehr als Marionetten ihrer Seelen gesehen, die in erster Linie von den Anordnungen ihrer Egos regiert werden. Die Begleiterscheinung von "macht nicht mich verantwortlich" heißt "Schuld sind meine Eltern", was deutlich von den frühsten Tagen der freudschen Bewegung an wie in dieser Interpretation von 1926 ausgedrückt wird:

> *Mentale Hygieniker betonen einen wichtigen Punkt, nämlich dass in den meisten Fällen von Nervosität, in vielen Fällen von Kriminalität, in einigen Fällen von Geisteskrankheit und in fast allen Fällen kindlicher Verhaltens- oder Führungsstörungen, die Spur unvermeidlich und direkt zurück zum Zuhause und den Eltern führt. [Betonung im Original.]*[1630]

Im freudschen Schema werden Mutter, Vater, Familie, soziale Verhältnisse und Kultur zu den kausalen Agenten für alles, was falsch ist. Die Kräuselung der persönlichen Verantwortungslosigkeit breitet sich langsam aus, um immer größere Gebiete zu bedecken, bis die Bezeichnungen "gut" und "schlecht" nicht mehr von Bedeutung zu sein scheinen.

Die dritte bedeutende Auswirkung der freudschen Theorie auf die amerikanische Kultur war die Verunglimpfung von Frauen. Freud gab zu, dass er Frauen nicht verstand – nannte sie einen "dark continent"[1631, vh] –, war aber zur gleichen Zeit auffällig von ihnen abhängig. Den größten Teil seines Lebens umgab Freud sich mit Frauen – einer Ehefrau, Tochter, Schwägerin und weiblichen Anhängern –, die ihn verehrten und sich um jedes seiner Bedürfnisse kümmerten. Wie man sagt hat ihm seine Ehefrau sogar regelmäßig Zahnpasta auf die Zahnbürste getan.[1632] Man vermutet auch, dass er Schwierigkeiten in seinen Beziehungen mit Frauen hatte, da er z. B. nicht in der Lage war, dem Begräbnis seiner eigenen Mutter beizuwohnen, obwohl er derzeit nur zwei Stunden entfernt Urlaub machte.[1633]

Von Natur aus ist die freudsche Lehre frauenfeindlich und herablassend. Danach sind Frauen narzisstischer als Männer und „man [muss] dem Weib wenig Sinn für Gerechtigkeit zuerkennen".[1634] Mädchen nannte er "penisloses Geschöpf"[1635] und sah Frauen als verhinderte Männer, in einen fortwährenden untergeordneten Status durch diesen Mangel an einem Penis gedrängt. Nach Fisher und Greenberg

> *theoretisierte Freud, dass die Frau nie ganz ihren Penismangel akzeptiert und porträtierte sie folglich als unfähig, ein chronisches Gefühl körperlicher Minderwertigkeit abzuschütteln, neidisch auf diejenigen, die wirklich einen Penis besitzen und motiviert, Ersatz zu finden.*[1636]

Ein solcher Ersatz war Freud zufolge der Wunsch, Kinder zu haben, was er als den Versuch ansah, einen fehlenden Penis zu kompensieren. Für Freud waren Frauen nicht nur Handlangerinnen für Männer, sondern anatomisch und intellektuell minderwertige Wesen. Wie er es einmal ausdrückte sind Frauen "für etwas Besseres auf die Welt gekommen als weise zu werden".[1637] Sogar Ernest

---

vh „dunklen Kontinent"

Jones, dessen Biographie Freud als Heiligen porträtiert, gab zu, dass "die Hauptfunktion des weiblichen Wesens darin bestand, für die Bedürfnisse des Mannes – und zu seinem Trost – als hilfreicher Engel da zu sein".[1638]

Einige Anhänger von Freud, insbesondere Karen Horney, stimmten mit dieser Verunglimpfung von Frauen nicht überein und sagten dies öffentlich. Die Mehrheit akzeptierte jedoch seine Einschätzung von Frauen und vermittelte diese Bewertung stillschweigend, wenn nicht ausdrücklich, ihren Patienten. Als Karl Menninger 1939 über "den tiefsten Schmerz von allen – ‚Mutter hat mich im Stich gelassen'"[1639] schrieb, spiegelte er eine Sicht von Müttern wider, die der freudschen Theorie inhärent ist. Logischerweise hat diese Theorie zu einer Epidemie von Schuldzuweisungen an Mütter und verbalen Niedermachens von Frauen unter den Fachleuten der seelischen Gesundheit geführt. Z. B. berichtete eine zwischen 1970 und 1982 in Fachzeitschriften veröffentlichte Studie von 125 Artikeln, dass "Mütter für 72 verschiedene psychologische Erkrankungen ihrer Kindern verantwortlich gemacht wurden ... einige Väter, aber keine einzige Mutter wurde jemals als emotional gesund beschrieben und von keiner Mutter-Kind-Beziehung wurde gesagt, dass es eine gesunde war".[1640] Ein Sozialarbeiterin erinnerte sich, dass "wir es [während der Ausbildung] für selbstverständlich hielten, dass Mütter viel Pathologie verursachten. ... Wenn ein Patient in Schwierigkeiten ist, liegt die Annahme zu Grunde, dass die Mutter etwas falsch gemacht haben muss. ... War [das Problem] nicht viral oder bakteriell, dann musste es maternal sein".[1641] Die Vorstellung des pathogenen Bemutterns durchdringt inzwischen fast alle Formen der Psychotherapie und der größte Teil der Individual- und Familienpathologie wird davon abgeleitet.

Den relativen Rollen gegenübergestellt, die Männer und Frauen bei der Genese individueller und sozialer Pathologien spielen, erscheint die freudsche Tradition des Beschuldigens von Müttern und Niedermachens von Frauen absurd. Obwohl Frauen 51 Prozent der amerikanischen Bevölkerung stellen, sind sie für nur für 13 Prozent der Überfälle[1642], neun Prozent der Verkehrsdelikte, sechs Prozent der Raubüberfälle und Einbruch-Diebstähle und fünf Prozent der Morddelikte verantwortlich. Nur ein Prozent der Individuen in der Todesmeile sind Frauen und "in den meisten dieser Fälle beging ein [männlicher] Mitangeklagter das eigentliche Verbrechen".[1643] Frauen tauchen auffallenderweise in Berichten über öffentliche Bestechung und Finanzbetrug kaum auf und haben historisch gesehen eine sehr kleine Rolle bei der Initialisierung von Kriegen gespielt. Und doch wird gesagt, dass gemäß der freudschen Theorie Frauen und nicht Männer für viele der Probleme in der Welt verantwortlich sind.

Die mit der Ausbreitung der freudschen Theorie über Amerika zunehmende Verunglimpfung von Frauen ist für einen außergewöhnlichen Betrag an Schuld und Kummer verantwortlich. Frauen waren zwischen der Skylla gefangen, die Kinder zu maßregeln und dabei ihre zerbrechlichen freudschen Egos zu beschädigen und der Charybdis[vi], die Kinder tun zu lassen, was sie wollen und sie dadurch zu verwöhnen. Die freudsche Theorie, ursprünglich verkündet als der Eckstein der Kindererziehung der modernen Frau, war stattdessen ein Mühlstein. Frauen sollten sich nicht nur für die Taktlosigkeit ihrer Kinder, sondern gemäß Freudianern wie Karl Menninger auch für einen Großteil des Leids dieser Welt verantwortlich fühlen. Um ihre Schuldgefühle zu erleichtern, gehen Frauen oft bei denselben Fachleuten zur seelischen Gesundheit in Psychotherapie, die Freuds Lehre vorangetrieben haben. Vom Standpunkt der Fachleute aus ist das ein gutes Geschäft: Schaffe ein Problem und werde dann dafür bezahlt, es zu lösen. Aus einer anderen Perspektive wird man jedoch an die Beobachtung von Karl Kraus erinnert: "Psychoanalyse ist jene Geisteskrankheit, für deren Therapie sie sich hält."[1644]

Eine andere schockierende Auswirkung der freudschen Theorie auf die amerikanische Denkweise und Kultur war die falsche Verteilung von Ressourcen. Auf dem Gebiet der psychischen Erkrankungen war dies am deutlichsten, wo eine riesige Mehrheit von 200.000 Psychiatern, Psychologen und Sozialarbeitern der Nation ihre Zeit damit verbringen, Beratungsleistungen und Psychotherapien durchzuführen, die direkt oder indirekt auf der freudschen Lehre basieren. Sich mit einem Therapeuten über seine Mutter zu unterhalten, ist praktisch ein nationaler Zeitvertreib geworden, der sich immer noch einen außerordentlich großen Anteil fachlicher Ressourcen widerrechtlich aneignet, die eigentlich ernstlich geistig Kranken zur Verfügung stehen sollten.

Die Verlierer dieser falschen Verteilung von Ressourcen waren Individuen mit schweren psychischen Erkrankungen wie Schizophrenie und manischer Depression. Solche Patienten sind sowohl schlechte Kandidaten für Freud-inspirierte Beratungsleistungen als auch für Psychotherapien, weil ihre Gehirnfunktionsstörung häufig logisches Denken ausschließt und derartige Behandlungsmethoden deshalb unwirksam sind. Individuen mit schweren Geisteskrankheiten erfordern Medikation und Rehabilitation statt Diskussionen über frühe Kindheitserfahrungen. Freud selbst ignorierte praktisch Patienten mit ernsten geistigen Krankheiten und schrieb, „daß ich diese Kranken nicht liebe."[1645] Nach seiner Ansicht waren solche Patienten keine angemessenen Kandidaten für seine Behandlung und die meisten seiner Anhänger glaubten dies ebenfalls. Ein Ergebnis davon ist der traurige Anblick von etwa 200.000 nicht behandelten psychisch kranken Individuen unter der obdachlosen Bevölkerung des Landes[1646], ungeachtet der Tatsache, dass Amerika über mehr Fachleute zur mentalen Gesundheit verfügt, als jedes andere Land. In diesem Geschehen liegt ein weiteres Vermächtnis der freudschen Theorie.

Ein weiterer Aspekt dieser Fehlverteilung von Ressourcen war der Verlust von Fachleuten, deren Energie hin zu Psychotherapie und weg von sozialen Veränderungen gelenkt wurde. Am deutlichsten tritt dies in der Sozialarbeit hervor,

---

[vi] Skylla und Charybdis: Meeresungeheuer der griechischen Sage (Odyssee)

deren Praktiker einst in der vordersten Reihe von Bemühungen standen, die Gesellschaft im Kampf gegen Armut und für bessere Arbeitsbedingungen voranzubringen. In den letzten Jahrzehnten wurden Sozialarbeiter fast ausschließlich zu Psychotherapeuten, die an individuellen Egos herumpfuschen, anstatt zu versuchen, soziale Systeme umzugestalten. Die Folge dieser Veränderung wurde kürzlich von einem älteren Sozialarbeiter artikuliert:

> *Wenn wir die historischen Präzedenzfälle abtrennen, die die Sozialarbeit von anderen Berufen unterscheidet – mit den Armen und Entrechteten zu arbeiten –, riskieren wir, genauso wie die Fachleute der Psychologie und Psychiatrie zu werden, außer wir berechnen weniger. ... Wenn wir auf unsere Verantwortung den Armen gegenüber verzichten und soziale Veränderung wieder populär wird, können wir nur hoffen, dass uns die Armen verzeihen werden.*[1647]

Trotz der historischen Verbindung der freudschen Theorie mit der Sozialreform in Amerika sind beide praktisch gesehen Antithesen. Die freudsche Lehre ist von Natur aus passiv, mit sich selbst beschäftigt und geht davon aus, dass Veränderung innerhalb von Individuen beginnen muss statt innerhalb sozialer Systeme. Ein Individuum, das ein Reformer ist und sich einer Psychoanalyse unterzieht, erfährt schnell, dass Proteste gegen soziale Ungerechtigkeiten bloße Verschiebungen der Wut gegen den Vater sind, eine andere Manifestation der Neurose. In einer ähnlichen Stimmung drohte nach Arthur Miller die Psychoanalyse „an einer befriedigenden, aber sterilen Objektivität auszubluten"[1648] und Norman Mailer kritisierte sie wie folgt:

> *In der Praxis ist Psychoanalyse jetzt allzu oft nicht mehr als ein psychischer Aderlass. Der Patient wird weniger verändert als gealtert, und die kindlichen Phantasien, die er ermutigt wird auszudrücken, sind verurteilt, sich an den unzugänglichen Reaktionen des Analytikers zu erschöpfen. Das Ergebnis für allzu viele Patienten ist eine Verminderung, eine 'Beruhigung' ihrer interessantesten Eigenschaften und Laster. In der Tat ist der Patient weniger verändert als abgenutzt – weniger schlecht, weniger gut, weniger klug, weniger eigenwillig, weniger destruktiv, weniger kreativ.*[1649]

Bei vielen sozialen Aktivisten hat die Analyse ihrer unbewussten Motive, die Welt verbessern zu wollen, Eifer oft in Einheitsbrei verwandelt. Das gilt nicht nur für Reformer wie Jerry Rubin, der nach seiner Opposition gegen den Vietnamkrieg

> *Erfahrungen mit EST*[vj]*, Gestalttherapie, Bioenergetik, Rolfing*[vk]*, Massage, Jogging, Reformhauskost, Tai Chi, Esalen, Hypnose, modernem*

[vj] ... Werner Erhard ... gründete ... 1971 das Erhard Seminar Training (EST). Daraus wurde 1984 das Programm "Landmark Forum" entwickelt. ... Es folgte die Umbenennung in Landmark Educati-

Tanz, Meditation, Silvas Gedankenkontroll-Methode, Arica[vl]*, Akupunktur, Sexualtherapie, reichscher Therapie und Morehouse*[vm] *– mit einem Sammelsurium-Kurs im Neuen Bewusstsein machte.*[1654]

Es gilt auch für Tausende von jungen sozialbewussten Aktivisten und potenziellen Reformern, die, sobald sie mit einer Freud-inspirierten Psychotherapie beginnen, anfangen, sich endlos um ihren psychischen Bauchnabel zu drehen und für immer von der politischen Szene verschwinden. Philip Rieff bemerkte diese "politische Teilnahmslosigkeit vieler gebildeter Amerikaner mit liberal-politischen Ansichten, die vom Freudianismus instruiert worden sind".[1655] Der Verlust dieser Individuen im Kampf um soziale Veränderung war nicht nur eine Fehlverteilung von Ressourcen, sondern auch eine der bedeutendsten negativen Wirkungen der freudschen Theorie auf die amerikanische Kultur.

---

on. ... Die Tochtergesellschaft Vanto Group ... bietet Training und Beratung für Unternehmen und Organisationen an.[1650]

[vk] Rolfing ... ist ein markenrechtlich geschützter Begriff für eine komplementärmediziniache manuelle Behandlungsmethode, die auch Strukturelle Integration genannt wird. Es handelt sich um eine Verbindung von Bindegewebsmassage und Körperarbeit. ... Diese Methode wurde in den 1950er Jahren von der amerikanischen Biochemikerin Ida Rolf (1896 - 1979) entwickelt. Ida Rolf teilte den Körper in verschiedene Abschnitte ein, die bei optimaler Haltung gewissermaßen wie Bauklötze bei einem Turm im Lot aufeinander liegen. Sei einer dieser "Klötze" verschoben, gerate der ganze Körper aus dem Gleichgewicht.[1651]

[vl] Von Oscar Ichazo gegründete „Theorie und Methode zur endgültigen Analyse der menschlichen Seele und das Erreichen makelloser Erleuchtung".[1652]

[vm] Anfang 1998 fing Dr. [David] Morehouse damit an, Zivilisten in den genauen militärischen Protokollen und Standards der Remote-Viewing-Einheit auszubilden, in der er selbst zwischen 1987 und 1990 unterrichtet wurde. ... Koordiniertes Remote Viewing wird vom US-Verteidigungsministerium definiert als "die erlernte Fähigkeit, Raum und Zeit zu transzendieren, um entfernte Menschen, Plätze und Dinge in Zeit und Raum zu sehen und Informationen über sie zu sammeln."[1653]

10.4 Die freudsche Lehre als Religion

Von ihren frühesten Anfängen in Wien an sind die Ähnlichkeiten der freudschen Theorie und Therapie mit einer Religion bemerkt und kommentierten worden. In der Tat bemerkte sogar die erste psychoanalytische Patientin Bertha Pappenheim, die von Freuds Mentor Dr. Josef Breuer behandelt wurde, dass die „Psychoanalyse in der Hand des Arztes dasselbe ist wie die Beichte in der Hand des katholischen Priesters."[1656] Diese Parallele wurde auch von Max Graf, einem der ersten Mitglieder von Freuds Mittwochsgesellschaft klar gezogen und an dessen Sohn, dem „kleinen Hans", Studien zur Erforschung von Phobien durchgeführt wurden. Graf erinnerte sich:

> *In diesem Raum herrschte eine Atmosphäre wie bei einer Religionsgründung. Freud selbst war ihr neuer Prophet, der die bis dahin vorherrschenden psychologischen Forschungsmethoden oberflächlich erscheinen ließ. Und seine Schüler – alle inspiriert und überzeugt – waren seine Apostel.*[1657]

Als Freud Alfred Adler ausschloss, da er die Bedeutung der Sexualität minimierte und so von der freudschen Doktrin abtrünnig wurde, beobachtet Graf: "Freud – als Oberhaupt einer Kirche – verbannte Adler und vertrieb ihn aus der offiziellen Kirche. Innerhalb eines Zeitraums von ein paar Jahren erlebte ich die ganze Entwicklung einer Kirchengeschichte mit ..."[1658]

Auch Wilhelm Stekel äußerte sich über die religiösen Aspekte der freudschen Bewegung. Ursprünglich einer von Freuds Patienten, war Stekel Mitbegründer der Mittwochsgesellschaft und einer seiner ergebenen Anhänger. In seiner Biographie beschrieb Stekel sich als "den Apostel von Freud, der mein Christus war."[1659] Offensichtlich ermutigte Freud solche Lehenstreue und "salbte" 1913 fünf seiner vertrautesten Anhänger – Hanns Sachs, Otto Rank, Ernest Jones, Karl Abraham und Sandor Ferenczi – zu einem Geheimen Komitee[1660] und übergab jedem einen Goldring, gekrönt mit einem antiken griechischen *Intaglio*[vn] wie sein eigener.

Stekels Verwendung von Christus war nicht ganz das richtige Image für Freud und seine frühen Anhänger – denn von ihrer Gründung in 1902 bis 1906 waren alle 17 Mitglieder der Mittwochsgesellschaft jüdisch.[1661] Vor der Gründung der Gesellschaft hatte Freud die Wiener B'nai-B'rith-Loge, der er sich 1897 angeschlossen hatte, als Forum für seine Ideen genutzt, und zwischen 1897 und 1902 präsentierte er mehrere seiner Theorien auf ihren Sitzungen.[1662] Dennis B. Klein zeigte in *Jewish Origins of the Psychoanalytic Movement*[vo] wie gründlich Freuds Ideen unter dem Einfluss jüdisch-talmudischer Überlieferungen standen,

---

[vn] Tiefdruck
[vo] *Die jüdischen Ursprünge der psychoanalytischen Bewegung*

während David Bakan in *Sigmund Freud and the Jewish Mystical Traditions*[vp] behauptete, dass viele seiner Ideen über Sexualität dem mystischen Judaismus der Kabbala "erschreckend nahe"[1663] standen. Unter der Vorgabe dieses traditionellen religiösen Ethos ist es kaum überraschend, dass ein Gerücht in Umlauf kam, eine psychoanalytische Gesellschaft "habe spezielle Steuern zu zahlen, mit der Begründung, eine religiöse Vereinigung zu sein"[1664], als sie begann, sich in Zürich zu treffen.

Als die freudsche Bewegung in New York ankam, behielt sie zwar die oberflächliche Aura eines weltlichen Judentums bei, hatte sich jedoch zu einer psychoanalytischen Ökumene erweitert. Freud offerierte Verständnis für das Unbekannte, eine Erklärung für das Böse und in späteren Jahren sogar einen Schöpfungsmythos (*Totem und Tabu*). Irrationales Verhalten und das Schlechte konnten durch verdrehte Libido und irregeführte Es' – Produkte aus Kindheitserfahrungen – erklärt werden. Die Postulate von Freud sprachen Männer und Frauen an, die die formelle Religion beiseite geschoben hatten, die aber immer noch nach der Gewissheit eines ödipalen Katechismus gierten. Von Hanns Sachs wurde dieser theologische Reiz der freudschen Theorie gut beschrieben, als er nach der Lektüre der *Traumdeutung* bemerkte: "Ich hatte für mich das gefunden, was der Mühe wert war, dafür zu leben. Viele Jahre später entdeckte ich, dass es auch das einzige war, durch das ich leben konnte."[1665]

Die Ausbildung von Psychoanalytikern verglich er ebenfalls mit der des Klerus:

> *Die Kirchen haben stets von denjenigen ihrer Anhänger, die ihr ganzes Leben in den Dienst des Jenseitigen und Übersinnlichen stellen wollten, also von künftigen Priestern und Mönchen, eine Probezeit, ein Noviziat gefordert. ... Wie man sieht, braucht die Analyse etwas, was dem Noviziat der Kirche entspricht.*[1666]

Zum Verständnis dessen, was falsch an einer Person ist, gehört die Möglichkeit, es richtig zu machen. Der freudschen Theorie nach beinhalten jemandes Fehler keine persönliche Schuld, weil sie unvermeidliche *Sequelae*[vq] von Kindheitserfahrungen sind. Die Bekenntnisse eines Individuums, das sich einer freudschen Therapie unterzieht, sind weniger ein Akt der Absolution als eher ein Akt des Verstehens und der Aufklärung. Die Erlösung innerhalb eines freudschen Bezugsrahmens wird durch die Verbindung von Neurosen der Gegenwart mit Ereignissen der Vergangenheit erreicht. Es ist eine intellektuelle Erlösung, aber deshalb theoretisch nicht weniger wirksam.

Der Reiz der Erlösung durch Freuds Botschaft wurde in Kleins *Jewish Origins of the Psychoanalytic Movement* umfassend erforscht. Klein behauptete, dass es eine "gegenseitige Durchdringung der jüdischen Erlösungsvision und der Hoffnung der psychoanalytischen Bewegung auf die Ausrottung der Neurose

---

[vp] *Sigmund Freud und die jüdische mythologische Tradition*
[vq] med. = Spätfolgen

gab".[1667] Insofern das Übel aus Kindheitserfahrungen entstand, konnte es verbannt werden, wenn Kindheitserfahrungen modifiziert wurden. Fritz Wittels, ein anderer früher Anhänger von Freud, erinnerte sich:

> *Einige von uns glaubten, dass die Psychoanalyse das Angesicht der Erde verändern würde, glaubten, dass das Viktorianische Zeitalter, in dem wir damals lebten, über eine psychoanalytische Revolution von einem Goldenen Zeitalter abgelöst würde, in dem es keinen Platz mehr für Neurosen gäbe. Wir fühlten uns wie große Männer ...*[1668]

Freud war der Prophet, der die Menschheit aus dem Land des Es und ins Gelobte Land führen würde – ein zeitgenössischer Moses mit Couch.

Der religiöse Reiz der freudschen Theorie war ein besonderer Grund für ihre Akzeptanz in Amerika in den frühen Jahren dieses Jahrhunderts. Revoltiert wurde nicht nur gegen die viktorianische Sittlichkeit, sondern auch gegen das traditionelle Christentum. Freuds Lehre bot eine Erklärung für das Unbekannte, ein Mittel zur Erlösung und die Vision einer besseren Zukunft. Für Männer der Wissenschaft, Männer wie James Putnam und William A. White, die tief religiös waren, war der religiöse Aspekt von Freuds Denkweise sehr wichtig, insofern er eine wissenschaftliche Basis für ihre spirituellen Interessen versprach. Wie ein Historiker bemerkte, „fanden [Putnam und White] in der ‚seelischen Gesundheit' eine neue Basis, um über den Sinn der menschlichen Existenz nachzudenken und die sie mit ihren wissenschaftlichen Werten in Einklang bringen konnten".[1669] Skeptiker der Theorie bemerkten auch den religiösen Aspekt der Bewegung und kritisierten ihre Anhänger, dass sie „den Freudianismus als Religion akzeptierten [und] keine Modifikation der geringsten seiner Lehren zuließ ..."[1670]

Viele Einwohner von Greenwich Village reizte die Lehre weniger als Seele der Wissenschaft denn als sozial achtbaren Mystizismus. Derselbe Max Eastman, der drei Monate lang in psychischer Behandlung in Doctor Sahler's New Thought Sanitarium verbrachte, würde über Freuds Ideen schreiben: "Sie waren für mich ganz plausible – Homosexualität, Mutter-Fixierung, Ödipus-, Elektra- und Minderwertigkeitskomplexe, Narzissmus, Exhibitionismus, Autoerotik, der 'männliche Protest'."[1671] Dieselbe Mabel Dodge, die regelmäßig Glaubensheiler befragte[1672], würde sich der Psychoanalyse bei den Doktoren Brill und Jelliffe unterziehen, während sie ihre Glaubensheiler weiterhin zwischen den analytischen Sitzungen besuchte. Solche Mystik verschmolz leicht mit der Befürwortung von sexueller Freiheit und sozialer Reform; 1922 wohnten mehr als 400 Frauen einer "paranormalen Teegesellschaft"[1673] bei, die vom National Opera Club[vr] gesponsert wurde, wo Freuds Theorie als Sandwichbelag zwischen der Verteidigung von Spiritismus und einem leidenschaftlichen Appell an die psychische Befreiung durch Ablegen des Korsetts zu liegen kam. Der Glaube an

---

[vr] Nationaler Opernverein

Freud war damals in Greenwich Village keine formelle Religion, hatte aber dieselbe informelle Funktion. Die *Drei Abhandlungen zur Sexualtheorie*[vs] waren die *Vulgata*[vt] des Village, und die Schrift wurde Freud-gemäß regelmäßig zitiert. Für einige hat die Theorie heute immer noch dieselben religiösen Funktionen.

Wird Freuds Lehre außer ihrem religiösen Wert eine anhaltende Bedeutung haben? Nobelpreisträger Peter Medawar nahm an, dass sie im Rückblick als "der erstaunlichste intellektuelle Glaubenstrick des 20. Jahrhunderts gesehen wird; und auch als ein Endprodukt – so etwas wie ein Dinosaurier oder Zeppelin in der Geistesgeschichte, eine riesige Struktur radikal unvernünftigen Designs und ohne Nachkommen".[1675] In einer ähnlichen Ansicht sagte Vladimir Nabokov voraus, dass "unsere Enkel ohne Zweifel heutige Psychoanalytiker mit derselben amüsierten Geringschätzung betrachten werden, wie wir es mit Astrologie und Phrenologie tun".[1676]

Diese Bewertungen sind jedoch zu hart. Wahrscheinlich wird man sich daran erinnern, dass die Theorie eine wichtige Rolle in der sexuellen Befreiung Amerikas gespielt sowie die Vorstellung vom Unbewussten bekannt gemacht und geholfen hat, unsere Kultur nach innen zu wenden und den Fokus mehr auf unsere innere und zwischenmenschliche Lebensqualität zu legen. Und jetzt gibt es Anzeichen, dass die Zeit von Freud in Amerika gekommen und auch wieder gegangen ist. Sein Soll – Narzissmus, Verantwortungslosigkeit, die Verunglimpfung von Frauen und die Fehlverteilung von Ressourcen – überwiegt weit jedes restliche Haben, das seine Lehre anbieten könnte. Die Herausforderung für das 21. Jahrhundert ist es, das menschliche Verhalten auf ein festeres wissenschaftliches Fundament zu stellen und sicherzustellen, dass alle Kinder die besten Möglichkeiten haben, die Potentiale zu entwickeln, mit denen sie geboren wurden. Da sie keine wissenschaftliche Basis hat, würde die freudsche Theorie keine Rolle mehr bei diesem Versuch spielen. Langsam wird sie deshalb aus dem Blickfeld verschwinden, so wie es die Grinsekatze[vu] einst tat – außer dass in diesem Fall das Grinsen zuerst und die Geschlechtsorgane ganz zum Schluss verschwinden werden.

[vs] engl. Ausgabe: *Three Essays on the Theory of Sexuality*
[vt] Lateinischer Bibeltext, der seit der Spätantike die bis dahin gebräuchlichen älteren lateinischen Übersetzungen der Bibel (*Vetus Latina*) abgelöst hat.[1674]
[vu] Katzenfigur aus Lewis Carolls *Alice im Wunderland* (dt. Ausgabe 1869), die sich unsichtbar machen konnte.

Anhang A   Eine Analyse des freudschen Einflusses auf Amerikas intellektuelle Elite

Wie in Kapitel 8 besprochen, bat Charles Kadushin in *The American Intellectual Elite* 110 amerikanische Intellektuelle ihren gegenseitigen Einfluss "hinsichtlich kultureller oder sozialpolitischer Angelegenheiten"[1677] zu bewerten. Aus diesen Bewertungen leitete Kadushin eine Liste von 70 "Weisen" ab, die von ihren Kollegen als die einflussreichsten eingeschätzt wurden. Um den freudschen Einfluss auf diese Gruppe zu bewerten, nahm ich die beiden höchsten der aus insgesamt 21 Individuen bestehenden Kategorien und untersuchte ihre Schriften. Außerdem sandte ich einen kurzen Fragebogen an 13, die 1990 noch lebten und fragte sie: "Wie gründlich haben Sie die Arbeiten von Freud oder anderen psychoanalytischen Schriftstellern gelesen?", und "Welche Bedeutung hatten freudsche (und andere psychoanalytische) Sichtweisen bei der Entwicklung Ihres eigenen Denkens?" Acht Antworten wurden erhalten.

Das Folgende stellt eine Analyse des freudschen Einflusses auf diese 21 Intellektuellen dar. Zusätzlich vermerkte ich die politischen Neigungen jedes einzelnen, um zu bestimmen, wie eng der freudsche Einfluss unter ihnen mit liberal-politischen Ansichten verbunden war. (Für eine Zusammenfassung dieser Daten, s. Kap. 8.)

Hannah Arendt: Philosophin und Autorin von The *Origins of Totalitarianism.*[vv] Wie sie durch ihre Arbeit bewies, schien Arendt nicht von der freudschen Lehre beeinflusst zu sein.

Daniel Bell: Angesehener Soziologe und Autor von The *End of Ideology.*[vw] Bell "las ausführlich im freudschen Kanon. ... Ich würde sagen, dass ich wahrscheinlich alle metapsychologischen Arbeiten von Freud mit einiger Sorgfalt"[1678] sowie einige Arbeiten von Jung, Horney, Reich und Adler gelesen habe. Er unterzog sich auch "für ungefähr fünf Jahre" einer persönlichen Psychoanalyse. Während er an der University of Chicago (mit David Riesman) und der Columbia University unterrichtete, integrierte Bell Freuds Arbeit in einige seiner Kurse. In seiner späteren Arbeit erscheinen gelegentliche Referenzen auf die freudsche Theorie (z. B. ein Kapitel über den Nationalcharakter in *The Winding Passage*[vx]). Doch Bell gibt an, dass er das Interesse an der Psychoanalyse nach 1960 verlor und inzwischen die freudsche Theorie "angewandt, auf Geschichte und Soziologie äußerst unzulänglich findet". Politisch „lieferte [Bell] noch als Teenager Straßenecken-Reden für sozialistische Kandidaten"[1679] und stand in der Nachkriegszeit für liberalen Antikommunismus. Er charakterisiert sich selbst kürzlich

---
[vv] dt. Ausgabe: *Elemente und Ursprünge Totaler Herrschaft* (1955)
[vw] *Das Ende der Ideologie*
[vx] *Die gewundene Passage*

als einen "Sozialisten der Ökonomie, einen Liberalen der Politik und einen Konservativen der Kultur".[1680]

Saul Bellow: Nobelpreisträger für die Literatur von 1976. Bellow zeigte in seinen Romanen einen signifikanten Einfluss freudscher und besonders reichianischer Ideen. Gemäß einem Biographen ist

> *Henderson the Rain King*[vy] ... *so voll und ganz mit Reichianismus aufgeladen, dass fast jede Seite, jede Erzählsequenz, jede Beschreibung voll davon ist. ... Ich habe das Gefühl, dass man Henderson the Rain King nicht verstehen oder bewerten kann, ohne sich zuerst mit seinem Reichianismus zu arrangieren.*[1681]

Auch von *Seize the Day*[vz] und *Herzog*[wa] sagt man, dass sie „mit Reichianismus gesättigt"[1682] seien. "Man kann annehmen", schloss der Biograph, „dass Reich einen bedeutenden Einfluss auf Bellow während der 50er und Anfang der 60er Jahre hatte".[1683] Ein anderer Kritiker spekulierte, dass die beiden afrikanischen Stämme in *Henderson the Rain King* durch Bellow als "Wahl zwischen reichianischem und freudschem Verstehen der menschlichen Situation"[1684] aufgestellt wurden und dass "Bellow die Welt im Wesentlichen sieht wie Freud als er seine düstere Vision des menschlichen Dilemmas in *Das Unbehagen in der Kultur* entwarf".[1685] Politisch sagt man von Bellow, er habe „sich geweigert, dem Radikalismus der *Partisan*-Clique der 1950er Jahren zu verfallen ... [und] der Identifikation mit den Extremen sowohl von rechts als auch von links widerstanden".[1686]

Noam Chomsky: Linguist, prominenter Gegner des Vietnamkriegs und intellektueller Führer der Neuen Linken. Chomsky teilt mit, dass er "als Teenager Freud, Horney, Sullivan und andere las und [ihre Arbeit] faszinierend fand"[1687], aber dass die freudsche Theorie wenig, wenn überhaupt einen Einfluss auf die Entwicklung seiner Denkweise hatte.

John Kenneth Galbraith: Angesehen als "einer der führenden liberalen Ökonomen des Nachkriegszeitalters".[1688] Er sagt, dass seine persönliche Bekanntschaft mit der freudschen Theorie "außerordentlich willkürlich und beiläufig war", obwohl er in ihr einen "äußerst wichtigen und faszinierenden Gedankengang sah".[1689]

Paul Goodman: Wie in Kapitel 5 besprochen war Goodman sowohl begeisterter und militanter Anhänger der Theorien Sigmund Freuds als auch Wilhelm Reichs. Politisch war er Anarchist und "der Hauptwortführer der nichtmarxistischen Tradition des westlichen Radikalismus".[1690]

[vy] dt. Ausgabe: *Der Regenkönig* (1960)
[vz] dt. Ausgabe: *Das Geschäft des Lebens* (1962)
[wa] dt. Ausgabe: *Herzog* (1965)

Richard Hofstadter: Historiker und Autor von *The Age of Reform*.[wb] Wie seine Arbeit zeigt, scheint Hofstadter nicht besonders von der freudschen Lehre beeinflusst worden zu sein.

Irving Howe: Über den Redakteur von *Dissent* gibt es keine ausreichenden Informationen, um den Einfluss der Theorie auf seine Denkweise zu bewerten.

Irving Kristol: Redakteur vom *Public Interest*. Kristol sagt, dass er die Schriften von Freud und anderen psychoanalytischen Theoretikern "ausführlich gelesen" hat.[1691] Jedoch fügt er hinzu, dass "meine Lektüre nur dazu beitrug, eine ursprüngliche Skepsis" zu vergrößern, und dass die freudsche Theorie bei der Entwicklung seines Denkens nicht wichtig gewesen ist.

Dwight Macdonald: Wie in Kapitel 4 besprochen „strotzten [viele Schriften von Macdonald] nur so von psychologischer und psychiatrischer Fachsprache"[1692], und er interessierte sich sehr für die Theorien von Wilhelm Reich.[1693] Das genaue Ausmaß der Beeinflussung von Macdonald durch die freudsche und andere psychoanalytische Theorien ist nicht klar, aber war wahrscheinlich signifikant. Politisch war er Marxist und in den 1930 Jahren Hauptverteidiger von Trotzki.

Norman Mailer: Romanschriftsteller und Journalist. Mailer war von der psychoanalytischen Theorie stark beeinflusst, obwohl er ihre Praxis gleichzeitig verspottete. Gemäß einem Kritiker "begann Mailer als begeisterter Freudianer"[1694] und nannte Freud "ein Genie, einen unglaublichen mächtigen Entdecker von Geheimnissen, Mysterien und neuen Fragen".[1695] Später wurde er "stark von Wilhelm Reich beeinflusst"[1696] und seinen Ansichten von der sexuellen Energie. Mailer baute sogar seinen eigenen reichschen Orgonakkumulator[1697], um darin psychische Energie zu absorbieren, und er scheint den reichschen Glauben "eines guten Orgasmus als Wundermittel gegen geistige und physische Beschwerden"[1698] akzeptiert zu haben. Zur selben Zeit hat Mailer Psychoanalytiker selbst als Instrumente der Anpassung und sozialer Kontrolle porträtiert. Politisch bewegte sich Mailer zwischen der Verteidigung von Anarchismus und Sozialismus und der Anhängerschaft von Henry Wallace, John Kennedy und Jimmy Carter.

Herbert Marcuse: Wie in Kapitel 8 besprochen war Marcuse ein Philosoph, dessen Werk stark unter dem Einfluss der freudschen Theorie stand. Politisch war er Marxist und ein intellektueller Führer der Neuen Linken der 60er Jahre.

Mary McCarthy: Wie in Kapitel 4 besprochen unterzog sich McCarthy drei getrennten Psychoanalysen und verwendete freudsche Themen in ihren Romanen an prominenter Stelle. In den 1930er Jahren war sie aktive Anhängerin Leo Trotzkis und anderer Belange des linken Flügels.

[wb] *Das Zeitalter der Reform*

Daniel P. Moynihan: Autor und liberaler US-Senator. Moynihan war einer der Architekten der Bewegung für Community Mental Health Centers und blieb einer der Hauptbefürworter von Sozialprogrammen. Es gibt jedoch nicht genügend Informationen, um den Einfluss der freudschen Theorie auf sein Denken zu bewerten.

Norman Podhoretz: Redakteur des *Commentary*. Podhoretz hat „die meisten Arbeiten von Freud gelesen, doch meine Lektüre anderer psychoanalytischer Schriftstellern war lückenhaft".[1699] In den 1960er Jahren stand Podhoretz deutlich unter dem Einfluss der freudschen Lehre. Aus Goodmans *Growing Up Absurd* machte er eine Fortsetzung und half bei ihrer Veröffentlichung. Er förderte auch Norman O. Browns *Life Against Death* als "großes Buch eines großen Denkers. ... Ich lief auch herum, um seine Vorzüge in der ganzen Stadt herumzuposaunen."[1700] Politisch "kippte [Podhoretz] früh in seiner Karriere zur Linken"[1701], wurde dann aber ein Mitglied "des neokonservativen Brain Trust".[wc, 1703]

David Riesman: Soziologe und Autor von *The Lonely Crowd*[wd] (1950). Er war stark von der Theorie beeinflusst. Seine Mutter war "eine frühe und begeisterte Bewunderin von Freud"[1704] und wurde von Karen Horney analysiert.[1705] Riesman erinnerte sich: "Es gab eine Zeit in meinem Leben, als ich selbst stolz darauf war, alles gelesen zu haben, was von Freuds Schriften ins Englische übersetzt wurde."[1706] Riesman wurde von Erich Fromm persönlich analysiert. Gegen Ende der 1940er Jahre half Riesman, einen sozialwissenschaftlichen studentischen Kurs an der University of Chicago aufzubauen, bei dem mehrere Arbeiten von Freud zu den erforderlichen Lektüren gehörten. In den vier Vorträgen über Freud, die er in diesem Kurs gab, charakterisierte er ihn als "einen der größten intellektuellen Helden aller Zeiten".[1707] Riesman glaubt, dass in seiner späteren Arbeit "psychoanalytische Ideen meinen Ansatz nur auf die allgemeinste Weise geformt haben".[1708] Politisch wurde Riesman allgemein als Liberaler gesehen. Norman Podhoretz nannte *The Lonely Crowd* "vielleicht den einzig wichtigen Ausdruck [von Nachkriegsliberalismus], den die Soziologie hervorgebracht hat".[1709]

Arthur Schlesinger jun.: Autor von *The Vital Center*[we] (1949) ("das Manifest des Nachkriegsliberalismus"[1710]). Schlesinger wird als einer der führenden liberalen Historiker der Nation gesehen. Er veröffentlichte Biographien von Andrew Jackson und Franklin D. Roosevelt und arbeitete als Berater und Redenschreiber für Adlai Stevenson und John F. Kennedy. Er erkennt an, "einen guten Teil von Freud und bestimmte Teile von Jung, Fromm und anderen Schriftstellern der psychoanalytischen Schule gelesen zu haben"[1711] und zu einem Zeitpunkt,

---

[wc] Inzwischen eine allgemeine Bezeichnung für Beraterstab. Ursprünglich wurde der Ausdruck sehr mit einer Beratergruppe von Franklin D. Roosvelt assoziiert.[1702]
[wd] dt. Ausgabe: *Die einsame Masse* (1956)
[we] *Das vitale Zentrum*

"Interesse an der möglichen Anwendbarkeit der freudschen Einsichten beim Geschichtsstudium gehabt zu haben". Er bezweifelt, dass die freudsche Theorie bei der Entwicklung seiner Denkweise lebenswichtig gewesen ist, fügt aber hinzu: "Wie jeder in meiner Generation verwendete ich in der Konversation freudsche Muster und Metapher."

Robert Silvers: Seit 1963 war Silvers Mitherausgeber des *New York Review of Books* (von Tom Wolfe als "das theoretische Hauptorgan des radikalen Schicks bezeichnet"[1712]). Gefragt nach dem Einfluss der freudschen Theorie auf die Entwicklung seines Denkens antwortete Silvers: "Ich habe versucht, die freudschen Theorien und ihre verschiedenen Kritiken zu verstehen und sehr viele Aufsätze und Rezensionen über sie veröffentlicht – einige davon sympathisieren mit den freudschen Theorien, andere lehnen sie ab und wieder andere scheinen weder das eine noch das andere zu tun."[1713] Seit seiner ersten Ausgabe erschienen im *New York Review* wahrscheinlich mehr Rezensionen der Ideen von Freud als in jeder anderen nicht-psychiatrischen Publikation. Die politischen Neigungen von Silvers scheinen links zu sein – sowohl wegen der liberalen Politik des *New York Review* (er wurde eine "Plattform der radikalen Linken genannt"[1714]) als auch aufgrund Silvers öffentlicher Unterstützung der liberalen Sache.[1715]

Susan Sontag: Autorin.[wf] Sie nannte Freud sowohl "den einflussreichsten Geist unserer Kultur" als auch einen "revolutionären Geist"[1716]. Als 17-jährige Universitätsstudentin hörte sie einen Kurs über Freud und heiratete den Leiter des Kurses, Philip Rieff, zehn Tage nach ihrem Treffen.[1717] Gemäß einem Kritiker "half Sontag ihrem nun Ehemann Philip Rieff mit [seinem Buch] *Freud, The Mind of the Moralist*"[wg, 1718], ein Buch, das Freud im höchstem Maße schmeichelt. Sontag war prominente Anhängerin linksgerichteter politischer Belange, aber verurteilte 1982 öffentlich den Kommunismus.

Lionel Trilling: Wie in Kapitel 4 besprochen durchlief Trilling eine persönliche Psychoanalyse und war danach einer der aktivsten literarischen Bekehrten der freudschen Lehre. Politisch war er Marxist und in den 30er Jahren aktiver Anhänger von Leo Trotzki.

Edmund Wilson: Wie in Kapitel 4 besprochen interessierte er sich schon 1915 für die Theorie und verwendetet psychoanalytische Themen an prominenter Stelle in seiner literarischen Kritik. In den 1930er Jahren unterstützte er aktiv Kandidaten der sozialistischen und der Kommunistischen Partei.

[wf] Nach Rücksprache mit dem Autor wurde die versehentlich falsche Literaturangabe ausgelassen.
[wg] *Der Geist des Moralisten*

Anhang B Gibt es einen Zusammenhang zwischen Reinlichkeitserziehung und "analen" Charakterzügen? Eine Zusammenfassung von 26 Forschungsstudien

Der Kern der freudschen menschlichen Verhaltenstheorie liegt im Glauben daran, dass frühe Kindheitserfahrungen für die Ausprägung erwachsener Charaktermerkmale entscheidend sind. Freud bezeichnete die wichtigen Perioden der kindlichen Entwicklung als die oralen, analen und ödipalen Phasen, wobei das Hauptereignis während der analen Phase das Toilettentraining ist. Nach Freud "bestimmt die Art, wie dieses Training durchgeführt wird, ob eine anale Fixierungen resultiert oder nicht".[1719] Die folgenden Zusammenfassungen von 26 Forschungsstudien wurden zitiert, da sie die freudsche Lehren über die Reinlichkeitserziehung und "anale" Persönlichkeitszüge direkt betreffen. In Kapitel 9 findet sich ein Resümee.

Hamilton: *A Research on Marriage*[wh,1720]

Als Teil eines Interviews von 200 verheirateten Männern und Frauen wurden die Subjekte gefragt: "Erinnern Sie sich, ob Sie als Kind eine Verlängerung des Stuhlgangs mochten wegen der angenehmen Erregungen, die es Ihnen brachte?" Diejenigen, die mit "ja" (39 Subjekte) antworteten, "nein, aber es brachte einen Gefühl der Erleichterung" (10 Subjekte) und "nein, aber ich hatte Probleme mit Verstopfung" (10 Subjekte), wurden zusammen gruppiert und als "anal-erotisch" bezeichnet. Diese Gruppe wurde dann mit den anderen, die mit "nein" ohne Qualifikationen (nicht "anal-erotisch") antworteten, auf selbst angegebene Persönlichkeitsmerkmale wie Geiz, Extravaganz, Horten von toten Gegenständen, persönliches Erscheinungsbild und sadistische und masochistische Phantasien verglichen. Der Autor führte keine statistische Analyse durch, schlussfolgerte aber, dass "die Hinweise einheitlich auf Freuds allgemeine Behauptung verweisen, dass Geiz, Extravaganz, Sadismus, Masochismus, die Neigung, verhältnismäßig nutzlose Dinge zu horten, Ordnungsliebe und Sorglosigkeit wichtige dynamische Beziehungen zu anal-erotischen Neigungen stützen". Werden die Zahlen des Autors aber tatsächlich statistisch mit einem Chi-Quadrat-Test analysiert, finden sich lediglich statistisch signifikante Beziehungen zwischen sadistischen und masochistischen Phantasien.

Es sollte bedacht werden, dass der Forscher ein psychoanalytisch orientierter Psychiater war, der anerkannte, "zu jeder Zeit abhängig von Freuds Erkenntnis zu sein". Die Subjekte wurden unter seinen Freunden aus der oberen sozioökonomischen Schicht New York Citys rekrutiert und hatten größtenteils liberale und radikal-politische Ansichten. Folglich ist es eine vernünftige Annahme, dass die Mehrheit der Subjekte sich in psychoanalytischer Behandlung befand oder

---

[wh] *Eine Studie zur Ehe*

behandelt worden war und sich deshalb der von Freud vorausgesetzten Beziehung zwischen infantilen Einstellungen zum Stuhlgang und späteren Persönlichkeitszügen bewusst war. Die Tatsache, dass die Untersuchung – abgesehen von denen zwischen sadistischen und masochistischen Phantasien – keine bedeutenden Beziehungen fand, ist bei den gegebenen selbst gewählten Subjekten und der stark psychoanalytischen Tendenz der Fragen bemerkenswert. Methodologisch scheint es auch absurd, Individuen "anal-erotisch" zu nennen, die sich daran erinnern, dass ihnen der Stuhlgang ein Gefühl der Erleichterung verschaffte oder die in der Kindheit unter Verstopfung litten. Trotz der wissenschaftlich erbärmlichen Qualität dieser Studie wurde sie noch in den 1950er Jahren von Forschern als Nachweis dafür zitiert, dass "diese Männer und Frauen als Erwachsene mehr vom berichteten Geiz oder der Extravaganz zeigten als die nicht-analen. ... Diese Unterschiede stehen alle in Übereinstimmung mit der Theorie des analen Charakters".[1721]

Huschka: "The Child's Response to Coercive Bowel Training"[wi, 1722]

Diese oft zitierte Studie gibt einen Überblick über die Geschichte der Reinlichkeitserziehung von 213 Kindern im Alter von ein bis 13 Jahren, die an die Child Psychiatry Clinic des Cornell University Medical Center[wj] in New York City überwiesen worden waren. Eingewiesen wurden die Kinder wegen einer Vielzahl von Problemen wie z. B. motorische Störungen (Ticks, Sprechstörungen), "körperliche Symptome, für die keine organische Basis gefunden werden konnte", mentale Symptome (pathologische Furcht) und Verhaltensstörungen. Bei mehr als der Hälfte (104 von 169) der Kinder, bei denen gültige Historien sicher festgestellt werden konnten, wurde mit dem Toilettentraining vor dem achten Lebensmonat begonnen, was der Autor[wk] als erzwungen definierte. Die Studie impliziert, dass dieses erzwungene Toilettentraining Probleme verursacht, wie durch Einweisung solcher Kinder in eine Kinderpsychiatrie bewiesen wird.

Praktisch gesehen ist die Studie nutzlos, da der Autor zunächst keine Begründung für die Annahme präsentiert, dass die Probleme, die das Kind zeigt, in irgendeiner Weise in Beziehung zu vorangegangenem Toilettentraining stehen. Noch schwerer wiegt jedoch, dass der Autor keine Kontrollgruppe verwendet, um Praktiken des Toilettentrainings in der Allgemeinbevölkerung abzusichern und dies trotz eines Hinweises auf die neuste Ausgabe der Veröffentlichung des United States Children's Bureau[wl], nach der mit dem Toilettentraining "immer im dritten Monat begonnen werden sollte und während des achten Monats aufgehört werden kann". Folglich kann die Feststellung, dass ungefähr die Hälfte der Eltern vor dem achten Monat mit dem Training begonnen hatte, kaum überra-

---

[wi] „Kindliche Reaktion auf erzwungenes Toilettentraining"
[wj] Psychiatrische Kinderklinik des Medizinischen Zentrums der Cornell Universität
[wk] der Studie, EdÜ
[wl] US-Behörde zur Verbesserung der Vorbeugung von Kindermissbrauch, der Kinderpflege und Adoption.

schend sein, und der Mangel an einer Kontrollgruppe macht die Studie bedeutungslos.

Sears: "Survey of Objective Studies of Psychoanalytic Concepts"[wm, 1723]

In einer hochschulischen Burschenschaft schätzten 27 Männer sich gegenseitig auf Persönlichkeitszüge von Geiz, Ordnung und Halsstarrigkeit. Es gab eine geringfügige, aber signifikante Korrelation zwischen diesen Charakterzügen bei einigen Individuen, die den Autor zu dem Schluss führte, dass "es in einer Stichprobe von jungen Männern eine geringe Tendenz für anale Charakterzüge gibt, die von Freud beobachtete Konstellation einzunehmen". Daten über das Toilettentraining wurden in dieser Studie nicht gesammelt, und so unterstützte sie nur geringfügig die Existenz von Persönlichkeitszügen, die bei einigen Individuen als „anal" bezeichnet worden sind.

Blum: „A Study of the Psychoanalytic Theory of Psychosexual Development"[wn, 1724]

Diese Studie verwendete einen projektiven Test, der seit seiner Veröffentlichung in der psychologischen Literatur ausgiebig besprochen worden ist. 12 Bilder, die einen Hund namens Blacky zeigen, werden einem Subjekt mit der Aufforderung präsentiert, eine Geschichte über jedes Bild zu erzählen. Kreiert wurden die Bilder, um psychoanalytische Themen zu eruieren, und sie sind keinesfalls subtil: Z. B. soll ein Bild von Blacky, der einen anderen Hund dabei beobachtet, wie ihm sein Schwanz abgehackt wird, Assoziationen von Kastration provozieren. Das Bild, das mit der analen Entwicklungsphase verbundene Themen hervorrufen soll, zeichnet Blacky wie er zwischen den Hütten seiner Mutter und seines Vaters sein großes Geschäft erledigt.

Die ursprüngliche Studie Blums wurde mit Studenten aus Stanford durchgeführt, die einen allgemeinen Psychologiekurs belegen wollten. Seine Ergebnisse zeigten, dass diejenigen, die auf ein Bild mit psychoanalytischen Themen reagierten, dazu tendierten, genauso auf andere Bilder zu reagieren. Sowohl mit der Gültigkeit als auch der Zuverlässigkeit des Tests gibt es große Probleme.[wo] Noch wichtiger aber ist, dass nach Hilgard et al.

> *die Bilder selbst so starke Suggestionen provozieren, dass die Daten durch die Theorie korrumpiert werden. ... der Blacky-Test stellt einen Gültigkeitsgrad der psychoanalytischen Theorie hinsichtlich ihrer inneren Konsistenz zur Verfügung, aber da er innerhalb des Bezugsrahmens der analytischen Theorie bleibt, stellt er keine 'objektive' Gültigkeit der zu Grunde liegenden Annahmen bereit.*[1725]

[wm] „Ein Überblick objektiver Studien psychoanalytischer Konzepte"
[wn] „Studie zur psychoanalytischen Theorie psychosexueller Entwicklung"
[wo] s. Paul Kline, 1972: *Fact and Fantasy in Freudian Theory*, 81–83

Der Blacky-Test ist im Wesentlichen einer der inneren Stichhaltigkeit eines Glaubensystems und fiele entsprechend aus, wenn man Subjekten Bilder mit Themen des Katholizismus oder Republikanismus zeigen würde. Studenten, die das Glaubenssystem akzeptieren, würden auf viele der Bilder in ähnlicher Weise reagieren.

Holway: "Early Self-Regulation of Infants and Later Behavior in Play Interviews"[wp, 1726]

17 Mittel- und Oberschicht-Kinder im Alter zwischen drei und fünf Jahren wurden während eines 30-minütigen Interviews bezüglich ihrer Spielgewohnheiten beurteilt. Das Spiel wurde entweder als "realistisch", "Phantasie", "feindliche Aggression" oder "tangential" eingestuft. Diese Wertungen wurden dann mit Alter und Methode des Toilettentrainings verglichen, wobei man Information darüber durch Befragung der Mutter erhielt. Der Autor berichtete, dass die kombinierten Wertungen der als "Phantasie", "feindliche Aggression" und "tangential" bezeichneten Spiele "über dem Fünf-Prozent-Niveau"[wq] mit "der von den Eltern verwendeten Stuhlgangserziehungsmethode" korrelierten.

Zwei Hauptprobleme machen diese Studie wertlos. Einmal ist die Zahl der Subjekte (17) zu gering. Doch wichtiger ist die Frage, warum eine Kombination von "Phantasie"-, "feindlichem Aggressions"- und "tangentialem" Spiel mit Toilettentrainingserfahrungen korrelieren sollte? Als Beispiel eines "Phantasie"-Spiels, das von den Forschern als bezeichnend für "sich mit einer schmerzhaften Wirklichkeitssituation befassend" interpretiert wurde, zitierte der Autor: "Das Kind häuft die Möbel an, um eine Bohnenstange zu bauen".

Sewell: "Infant Training and the Personality of the Child"[wr, 1727]

Informationen über das Toilettentraining wurde bei Müttern von "162 Farmkindern alter amerikanischer Abstammung" aus stabilen Familien erfragt.

Die Kinder waren zwischen fünf und sechs Jahren alt. Diese Daten wurden mit Eigenschaften verglichen, die man durch Persönlichkeitstests und über mütterliche und Bewertungen der Lehrer der Kinder erhielt. Gemessen am Induktionszeitpunkt (früh oder spät) oder ob das Kind für Toilettenunfälle bestraft wurde, fand man keine Korrelation zwischen "der Persönlichkeitsanpassung und Charakterzügen der Kinder" und dem Stuhlgangstraining. Der Autor schloss, dass "die Ergebnisse dieser Studie ernste Zweifel an der Gültigkeit der psychoanalytischen Forderungen bezüglich der Bedeutung infantiler Disziplinierungen und der Wirkung von auf ihnen gründenden Vorschriften aufkommen lassen".

[wp] „Frühe Selbstregulierung bei Kindern und späteres Verhalten in gespielten Interviews"
[wq] D. h. der Autor nimmt an, die kombinierten Wertungen der drei Spielarten stehen signifikant mit der From des Toilettentrainings in Verbindung.
[wr] „Kindliches Training und die Persönlichkeit des Kindes"

Sears et al.: "Some Child-Rearing Antecedents of Aggression and Dependency in Young Children"[ws, 1728]

Informationen über Kindererziehungspraktiken wurde bei Müttern von 40 Vorschulkindern in Iowa gesammelt. Diese wurde dann mit Aggressionsmessungen aus direkter Beobachtung, beim Puppenspiel und mit Bewertungen der Vorschullehrer korreliert. Keine signifikante Korrelationen wurden gefunden, und die Autoren schlussfolgerten: "Es erscheint, dass die Strenge der Planung der Mahlzeiten, der Entwöhnung und des Toilettentrainings in keiner Beziehung zu verschiedenen Formen späterer vorschulischer Aggression stehen."

Whiting and Child: *Child Training and Personality: A Cross-Cultural Study*[wt, 1729]

Die Autoren wählten verfügbare anthropologische Materialien von 75 "primitiven Gesellschaften" aus und bewerteten sie hinsichtlich verschiedener Kinderschulungsverfahren einschließlich des Toilettentrainings. Dies wurde dann mit "Gebräuchen in Zusammenhang mit Krankheit und Todesbedrohung ... als Zeichen von Charaktermerkmalen typischer Mitglieder der gegebenen Gesellschaft" verglichen[1730]. Ein Hauptproblem dieser Studie war die Annahme, dass solche Gebräuche mit Kindererziehungspraktiken auf mehr als zufälligem Niveau in Beziehung stehen sollten. Ein anderes Problem bestand darin, dass einige der anthropologischen Studien von Forschern durchgeführt wurden, die strenge Anhänger der psychoanalytischen Theorie waren und so über die Daten innerhalb eines solchen Referenzsystems berichtet haben könnten. Schließlich wurde der Versuch gemacht, Kindererziehungspraktiken mit

> *Gebräuchen in Zusammenhang mit Krankheit und Todesbedrohung [zu korrelieren, um die] psychoanalytische Theorie [dahingehend anzuwenden, die] angenommen hat, dass extreme Frustration oder extreme Nachgiebigkeit einem bestimmen Verhalten in der Kindheit gegenüber eine permanente Fixierung des Interesses auf diese besondere Form des Verhaltens erzeugen können.*[1731]

Obwohl die Würfel der Forschung sehr mit der psychoanalytischen Theorie aufgeladen wurden, zeigten die Ergebnisse praktisch keine Korrelation zwischen Praktiken der Toilettenschulung und den Gebräuchen in Zusammenhang mit Krankheit und Tod.

Alper et al.: "Reaction of Middle and Lower Class Children to Finger Paints as a Function of Class Differences in Child-Rearing Practices"[wu, 1732]

Diese Studie verglich das Verhalten während des Fingerfarbenmalens von 18 Mittelschicht- und 18 Kindergartenkindern der Unterschicht. Ohne unterstützen-

---
[ws] „Einige Vorläufer von Aggression und Abhängigkeit bei der Erziehung von kleinen Kindern"
[wt] „Kindertraining und Persönlichkeit: Eine kulturübergreifende Studie"
[wu] „Die Reaktion von Kindern der Mittel- und Unterschicht auf Fingerfarben als Funktion von Klassenunterschieden bei Kindererziehungsmethoden"

de Daten wurde angenommen, dass die Mittelstandskinder ein strengeres Toilettentraining gehabt hatten. Psychoanalytisch denkend wurde vorausgesetzt, dass die Mittelstandskinder sich während der Fingermalerei zunehmend unbehaglicher durch das Unordentlich-Werden fühlen würden. Die Mittelstandskinder zeigten tatsächlich eine geringere Toleranz "schmutzig zu werden, schmutzig zu bleiben und den Produkten gegenüber, die sie erzeugen, während sie schmutzig sind". Doch da Daten des eigentlichen Toilettentrainings nicht erhoben wurden und die Autoren nicht daran dachten, alternative Erklärungen in Betracht zu ziehen – wie Mittelstandseltern, die ihre Kinder öfter als Eltern der unteren Schichten anweisen, sich nicht schmutzig zu machen – ist die Studie als ein Test der freudschen Theorie wertlos.

Bernstein: "Some Relations Between Techniques of Feeding and Training During Infancy and Certain Behavior in Childhood"[wv, 1733]

In einer Well-Baby-Klinik[ww] in New York City wurden 47 Kinder zwischen vier und sechs Jahren zufällig ausgewählt und gebeten, mit Fingerfarben, Cold Cream[wx] und Puppen zu spielen. Daten wurden auch von den Müttern hinsichtlich der Geschichte des Toilettentrainings und Verstopfung bei den Kindern gesammelt. "Keine Beziehung wurde zwischen erzwungenem Toilettentraining und Sammeln, Verstopfung oder der Reaktion auf den Schmiertest gefunden."

Sears et al.: *Patterns of Child Rearing*[wy, 1734]

Eine Gruppe von 379 Kindern aus dem Gebiet von Boston wurde von ihrer Geburt bis zum Kindergarten intensiv begleitet. Umfassende Historien wurden von ihren Müttern erhoben und die Kinder hinsichtlich ihres aggressiven Benehmens bewertet. Eine geringe Korrelation fand sich zwischen strengem Toilettentraining und aggressivem Benehmen. Die Mütter jedoch, die ein strengeres Toilettentraining durchführten, waren auch auf andere Weise strenger, was häufigere Anwendung von physischer Bestrafung, weniger Toleranz von Ungehorsam, größere Anforderung an Gepflegtheit und Ordentlichkeit usw. einschloss. Die Autoren schlossen demzufolge, dass eine Mutter, die beim Toilettentraining streng war, wahrscheinlich auch auf Ordnung bestehen konnte. Die strenge Mutter wäre somit eher sowohl die Ursache des strengen Toilettentrainings als auch des Persönlichkeitsmerkmals Ordnungsliebe, als dass das Toilettentraining per se die Ursache der Ordnungsliebe darstellt. "Der so genannte anale Charakter", bemerkten die Autoren, "könnte ein Produkt direkter Erziehung sein."

[wv] „Einige Beziehungen zwischen Füttern und [Toiletten-]Training und bestimmten Verhaltensweisen der Kindheit"
[ww] dt. etwa: Klinik für das gesunde Baby
[wx] Schutz- und Aufbausalbe
[wy] *Muster der Kindererziehung*

Eine Folgestudie wurde mit diesen Kindern im Altern von 12 Jahren durchgeführt. Dort wurden "kleinere Andeutungen eines positiven Zusammenhanges zwischen strengem Toilettentraining und späterer Aggression in der Kindertagesstätte gefunden".[1735] Unglücklicherweise wurden anale Persönlichkeitszüge nicht bewertet. Außerdem kann in Frage gestellt werden, ob Aggression ein gültiges Maß für die Wirkungen von Toilettentraining ist, da sie ein Charakterzug ist, der nach der freudschen Theorie eng mit der oralen und nicht mit der analen Entwicklungsphase in Verbindung steht.

Beloff: "The Structure and Origin of the Anal Character"[wz, 1736]

In Nordirland füllten 43 studentische Absolventen einen Fragebogen aus, um Persönlichkeitseigenschaften zu eruieren, von denen man annahm, sie seien mit der analen Phase der Entwicklung verbunden. Ihre Mütter wurden bezüglich des Alters interviewt, in dem das Toilettentraining vollendet wurde. Es wurde festgestellt, dass einige Studenten tatsächlich eine Gruppierung von Persönlichkeitseigenschaften aufweisen, die als "analer Charakter" bezeichnet wurde; jedoch wurde dies "nicht mit den Toilettentrainingserfahrungen in Beziehung gesetzt", sondern eher zu "dem Grad, mit dem diese Komponenten [anale Charakterzüge] von der Mutter dargestellt wurden". Der Autor schloss daraus, "dass – obwohl der anale Charakter eine bedeutende Dimension in der Variation der Beschreibung von Einstellungen und Benehmen unserer Subjekte darstellt – er nicht mit Toilettentrainingserfahrungen in Beziehung steht, sondern stark mit dem Grad des von der Mutter zur Schau gestellten analen Charakters".

Straus: "Anal and Oral Frustration in Relation to Sinhalese Personality"[xa, 1737]

In Sri Lanka wurde 73 Kindern der dritten Klasse Persönlichkeitstests (inkl. des Rorschach-Tests[xb]) vorgelegt. Informationen über das Toilettentraining wurden von ihren Müttern erhoben. Keine bedeutenden Korrelationen wurden zwischen den Persönlichkeitszügen der Kinder und dem Training gefunden. Die Studie ist jedoch von zweifelhafter Stimmigkeit, da die Persönlichkeitstests nicht für singhalesische Kinder bereinigt wurden.

Adelson and Redmond: "Personality Differences in the Capacity for Verbal Recall"[xc, 1738]

Zwei Erinnerungstests wurden 61 erstsemestrigen Universitätsstudenten von Bennington gegeben. Ein Test enthielt eine Passage über Freud und seine theoretischen Phasen der psychosexuellen Entwicklung. Der andere Test war ein Auszug über die Geschichte von New England. Den Studenten wurde auch der Blacky-Test vorgelegt (s. Blum), und auf der Grundlage ihrer Antwort auf das Bild von Blacky, der zwischen die Hütten seiner Mutter und seines Vaters

---

[wz] „Struktur und Ursprung des analen Charakters"
[xa] „Anale und orale Frustration der singhalesischen Persönlichkeit"
[xb] Bekannter, nach dem Schweizer Hermann Rorschach benannter Tintenkleckstest
[xc] „Persönlichkeitsunterschiede in der Fähigkeit zu verbaler Erinnerung"

macht, wurden sie als "anal-retentiv" bzw. "anal-expulsiv" eingestuft. Wie Kline bemerkte, ist es keinesfalls klar „wie sie ihre Hypothese von der psychoanalytischen Theorie ableiten".[1739] Alles, was aus dieser Studie wirklich geschlossen werden kann, ist, dass Individuen, die eine Passage über die freudsche Theorie deutlich erinnern können (gut möglich, dass sie sich mehr dafür interessieren oder der Theorie früher begegnet waren), dazu neigen, die psychoanalytisch hergeleiteten Blacky-Bilder auf eine etwas andere Weise zu sehen als Studenten, die sich weniger für Freud, aber mehr für Geschichte interessieren. Es würde sich zeigen, dass die Studie der Frage nicht standhalten kann, ob Praktiken der Toilettenschulung mit erwachsenen Persönlichkeitseigenschaften in Beziehung stehen.

Durrett: "The Relationship between Reported Early Infant Regulation and Later Behavior in Play Interviews"[xd, 1740]

In zwei standardisierten Puppenspiel-Interviews mit 60 vier- und fünfjährigen Kindern des oberen Mittelstandes in Tallahassee, Florida, wurde die Aggressionshäufigkeit bewertet. Informationen über das Toilettentraining der Kinder wurden von den Müttern gewonnen. Die Aggressionsbewertungen wurden dann mit dem Ablauf des Toilettentrainings verglichen. "Keiner der Korrelationskoeffizienten zwischen Aggression und früher Regulierung war signifikant", und tatsächlich wies keiner von denen, die Toilettentraining einbezogen, auch nur annähernd in die von der freudschen Theorie vorausgesagte Richtung. Wie oben bemerkt ist jedoch gemäß der freudschen Theorie Aggression kein gültiges Maß analer Charakterzüge.

Miller and Swanson: *Inner Conflict and Defense*[xe, 1741]

In Detroit wurden 104 High-School-Jungen mit einer Vielzahl von Methoden bewertet, um die von ihnen verwendeten Abwehrmechanismen zu identifizieren. Informationen über Erziehungspraktiken einschließlich des Toilettentrainings wurden bei ihren Müttern erhoben. Keine Korrelationen wurden zwischen der Anwendung von Abwehrmechanismen (z. B. Verleugnung) und Toilettentraining bemerkt. Selbst wenn Korrelationen gefunden worden wären, ist es unklar, wie dies die freudsche Theorie unterstützt hätte.

Pederson and Marlowe: "Capacity and Motivational Differences in Verbal Recall"[xf, 1742]

Mit 70 Studenten der Ohio State University war diese Studie ein Versuch, die o. g. Adelson- und Redmond-Studie (1958) zu kopieren und vereinigte als solche alle ihre Schwächen. Die gewonnenen Ergebnisse zeigten jedoch das genaue

---

[xd] „Beziehung zwischen berichteter frühkindlicher Regulierung und späterem Verhalten bei gespielten Interviews"
[xe] „Innerer Konflikt und Abwehr"
[xf] „Unterschiede in Kapazität und Motivation verbaler Erinnerungen"

Gegenteil der Adelson- und Redmond-Studie, was weiter den Eindruck verstärkte, dass beide Studien wertlos sind.

Finney: "Maternal Influences on Anal or Compulsive Character in Children"[xg, 1743]

Auf den Hawaiiinseln wurden 31 Jungen, die an eine Erziehungsberatungsklinik überwiesen wurden, hinsichtlich des "analen Charakters", Eigensinnigkeit und Folgsamkeit dem Klinikpersonal und Lehrern gegenüber bewertet. Die Studie wurde methodologisch ernstlich in Frage gestellt und sammelte keine Informationen über das Toilettentraining. Die Ergebnisse bestätigten die Stichhaltigkeit einer Konstellation von Charakterzügen, die als "analer Charakter" bezeichnet werden. Eine starke Beziehung wurde zwischen diesen Charakterzügen der Jungen und der Unnachgiebigkeit ihrer Mütter gefunden.

Hetherington and Brackbill: "Etiology and Covariation of Obstinacy, Orderliness and Parsimony in Young Children"[xh, 1744]

In Newark wurden 35 Kindergarten-Kindern 10 Verhaltenstests vorgelegt, um Persönlichkeitszüge von Dickköpfigkeit, Ordnung und Geiz zu bewerten. Informationen über das Toilettentraining (Alter bei Beginn, bei Vollendung und Strenge) wurden von ihren Müttern gesammelt. Keine Korrelationen wurden gefunden, und die Autoren "schlossen, dass die analytische Theorie falsch liegt, daran festzuhalten, dass zu frühes, zu spätes oder zu strenges Training in hohem Maße zu Eigensinn, Ordnungsliebe und Geiz führt. ... Es ist für die Psychoanalyse an der Zeit, die unbeugsame Verewigung dieses Aspekts ihrer Theorie zu überprüfen." Informationen über dieselben Persönlichkeitszüge wurden auch bei den Müttern und Vätern der Kinder gesammelt, und die Autoren fanden eine "bemerkenswerte Ähnlichkeit in den Mustern zwischen Jungen und Vätern und zwischen Mädchen und Müttern".

Sears et al.: *Identification and Child Rearing*[xi, 1745]

In einem weiteren Versuch, kindliche Aggression auf Erfahrungen im Kleinkindalter zurückzuführen, wurden 40 Kinder an der Stanford University hinsichtlich ihrer Aggression bewertet und die Daten mit Informationen über Kindheitserfahrungen – einschließlich "strengem und anspruchsvollem Toilettentraining" verglichen, die bei ihren Müttern erfragt wurden. Für Jungen ergab sich nur eine Korrelation (0,47) zwischen der Strenge der Toilettentrainings und "Tratschen" als eine der 14 Maßeinheiten für Aggression. Die Autoren schlossen, dass "die tatsächliche Zahl von signifikanten Korrelationen [in der Studie] kaum über der Zufallsschwelle gelegen haben kann. ... Die Hinweise sprechen mit Sicherheit

---

[xg] „Mütterliche Einflüsse auf den analen oder zwanghaften Charakter bei Kindern"
[xh] „Ätiologie und Kovarianz von Dickköpfigkeit, Ordnungsliebe und Geiz bei kleinen Kindern"
[xi] *Identifikation und Kindererziehung*

stark gegen jede Interpretation, dass kindliche Frustration per se ein bedeutendes [der Aggression] vorangehendes Ereignis ist".

Gottheil and Stone: "Factor Analysis of Orality and Anality"[xj, 1746]

Einer Gruppe von 179 jungen Männern (Alter 17 bis 26) wurde ein Fragebogen gegeben, als sie zum Wehrdienst einberufen wurden. Der Fragebogen enthielt Artikel über Stuhlgangsgewohnheiten sowie Bestandteile zur Identifikation "analer Charakterzüge". Keine Informationen über das eigentliche Toilettentraining wurden bei den Müttern in dieser Studie erhoben. Mit Hilfe der Faktorenanalyse wurde festgestellt, dass es eine ziemlich schwache Gruppierung von mit dem "analen Charakter übereinstimmenden Persönlichkeitszügen gab", und "die oralen und analen Charakterfaktoren zusammen nur für 5,3 Prozent der Gesamtvarianz verantwortlich waren". Zwischen analen Charakterzügen und Stuhlgangsgewohnheiten wurde keine Beziehung gefunden. Die Autoren schlussfolgerten: "Auf der Grundlage dieser Ergebnissen erschiene es vernünftig, sich über den Platz des Mundes und des Afters in den Konzepten und der Theorie oraler und analer Charaktertypen zu wundern."

Wiggins et al.: "Correlates of Heterosexual Somatic Preference"[xk, 1747]

An der Universität von Illinois füllten 95 männliche Studenten in einem einführenden Psychologiekurs Fragebögen "als Voraussetzung für den Kurs aus". Ein Fragebogen bat sie, ihre Vorliebe für nackte Konturen von Frauen mit unterschiedlich großen Brüsten, Pobacken und die Beinlänge zu bewerten. Andere Fragebögen bewertete Persönlichkeitsmerkmale und Gewohnheiten. Keine Information wurde über Toilettentraining oder andere Kindheitserfahrungen gesammelt. Die Vorliebe für verschiedene anatomische Regionen der Frauenkonturen wurde dann mit Persönlichkeitszügen und Gewohnheiten korreliert.

Die Ergebnisse zeigten einige selbsterklärende Korrelationen (z. B. bevorzugten Studenten, die sich oft verabredeten und den *Playboy* lesen, Frauen mit großen Busen) wie auch viele zufällig auftretende (z. B. bevorzugten Studenten mit dem Hauptfach Betriebswirtschaft Frauen mit großen Pobacken). Die Größe der Pobacken zeigte weniger Korrelationen als die Brustgröße oder die Beinlänge. Studenten, die hinsichtlich des Charakterzugs Ordnungsliebe hoch oben auf der Liste von Edwards Personal Preference Schedule[xl] standen, bevorzugten Frauen mit großen Gesäßbacken. Die Autoren stellen fest, dass diese Korrelation mit der freudschen Theorie übereinstimmt, doch dies scheint nicht mehr als zufällig zu sein. Ihre Schlussfolgerung aus dieser Studie reiht sich sicher in die klassischen wissenschaftlichen Bemühungen der Psychoanalyse ein: "In-

---

[xj] „Faktorelle Analyse von Oralität und Analität"
[xk] „Korrelationen heterosexueller somatischer Präferenzen"
[xl] „Edwards Liste persönlicher Vorlieben" ist ein auf einer vorgegebenen Auswahl basierender, objektiver, nicht-projektiver, von der Theorie von H. A. Murray abgeleiteter Persönlichkeitstest, der die individuelle Wichtigkeit von 15 normalen Bedürfnissen und Motiven feststellt.[1748]

nerhalb der Grenzen des gegenwärtigen Designs kann festgestellt werden, dass die weiblichen Körperteile Busen, Pobacken und Beine wichtige Determinanten männlicher heterosexueller somatischer Präferenz sind."

Kline: "Obsessional Traits, Obsessional Symptoms and Anal Eroticism"[xm, 1749]

In England wurden 46 "freiwilligen Studenten" (nicht weiter beschrieben) zwei Fragebögen zur Messung obsessiver und zwei Bögen zur Messung analer Persönlichkeitszüge vorgelegt. Dann wurden sie gebeten, auf den Blacky-Cartoon (s. Blum) zu reagieren, wo Blacky zwischen die Hütten seines Vaters und seiner Mutter macht. Keine Informationen über das Toilettentraining wurden erhoben, weil der Autor solche Daten für unzuverlässig hielt. Der Autor fand eine geringe Korrelation zwischen obsessiven und analen Persönlichkeitszügen (Ordnung, Geiz und Sturheit) sowie Korrelationen i. B. a. die Reaktionen auf das Blacky-Bild. Da einer der analen Charakter-Fragebögen solche Fragen enthielt wie: „Betrachten Sie das Halten von Hunden im Haus als unhygienisch?", sind solche Korrelationen kaum überraschend und hinsichtlich der von Freud vorausgesetzten Beziehung zwischen Persönlichkeitszügen und Toilettentraining nicht belastbar. Diese Studie zeigt bestenfalls, dass Studenten, die sich mit Reinlichkeit beschäftigen, sich auch mit Ordnung beschäftigen und stärker auf den Cartoon eines Hunds reagieren, der Kot absetzt, wo er es nicht sollte.

Kline: "The Anal Character: A Cross-Cultural Study in Ghana"[xn, 1750]

In Ghana wurde 123 Universitätsstudenten ein Fragebogen zur Messung des "analen Charakters" übergeben (z. B. "Führen Sie sorgfältige Buch über das Geld, das Sie ausgeben?"). Sie erzielten wesentlich höhere Punktzahlen als ihre Gegenstücke an britischen Universitäten, was, wie der Autor zugibt, wahrscheinlich an den strengeren universitären Zugangsvoraussetzungen in Ghana lag – d. h. nur die am härtesten arbeitenden und am besten organisierten Studenten werden wahrscheinlich zugelassen. Es erwies sich in Ghana als unmöglich, die Informationen über das Toilettentraining zu erheben, und in einer späteren Veröffentlichung sagt der Autor, dass seine Untersuchung "als Misserfolg" gesehen werden muss".[1751]

Pettit: "Anality and Time"[xo, 1752]

An der Universität von New York wurden 91 Studenten eines Psychologiekurses gebeten, drei Fragebögen auszufüllen, die anale Persönlichkeitszüge messen und einen Fragebogen, der Interesse an Zeit und Pünktlichkeit feststellte. Da die analen Fragebögen Teile über Pünktlichkeit enthielten und der Zeitfragebogen Teile, die sich auf anale Persönlichkeitszüge beziehen (z. B.: "Ich finde, dass ich gewissenhafter darin bin, pünktlich zu sein, als die meisten Men-

---

[xm] „Obsessive Persönlichkeitszüge, obsessive Symptome und anale Erotik"
[xn] „Der anale Charakter: Eine kulturübergreifende Studie in Ghana"
[xo] „Analität und Zeit"

schen."), war eine Korrelation des Zeitfragebogens mit denen zur Messung der analen Persönlichkeit unvermeidlich. Der Autor schloss, dass "diese Studie wesentlich die theoretischen Beziehungen zwischen Zeit und Analität unterstützt", was einfach nur sagt, dass Ordnungsliebe und Pünktlichkeit in Beziehung stehen.

Fisher: *Body Experience in Fantasy and Behavior*[xp, 1753]

Männlichen Hochschulstudenten wurde ein Körperfokus-Fragebogen gegeben, um festzustellen, welcher Teile ihres Körpers sie sich am meisten bewusst waren. Ihnen wurde auch eine Reihe von Tests (inkl. Blums Blacky-Test) vorgelegt, um Persönlichkeitsmerkmale zu identifizieren. Fisher fand, dass die Studenten, die einen höheres "Gesäß-Bewusstsein" hatten, eine größere "Empfindlichkeit auf Stimuli mit analen Vorstellungen, negative Einstellungen zu Schmutz [und] Methoden der Selbstdisziplinierung und Ordnung zeigten". Keine Informationen über das Toilettentraining wurden erhoben. Folglich schien es, dass Fisher bloß eine Gruppe von Persönlichkeitszügen verifiziert hat, die mit dem "analen Charakter" übereinstimmt und dass Hochschulstudenten mit diesen Charakterzügen ein höheres "Gesäß-Bewusstsein hatten" – möglicherweise, weil sie sich der freudschen Theorie bewusst waren und auf den Körperfokus-Fragebogen auf eine Weise reagierten, von der sie glaubten, dass sie von ihnen erwartet wurde. Da keine Informationen bezüglich des Toilettentrainings erhoben wurden, bietet die Untersuchung keine unmittelbare Unterstützung der freudschen Theorie.

[xp] „Körpererfahrung in Fantasie und Verhalten"

Personen- und Sachverzeichnis

Abraham, Karl 167, 266, 288, 314, 328
Abstinenz
    als Ursache von psychischen Störungen 42, 53, 65
    als Wert 318
    rel. Unwichtigkeit von Sexualität 20–23
    von Alkohol 309
Adelson, Joseph 343–44
Adler, Alfred 143, 144, 172, 211, 328, 332
Agnya Chakra .... s. Subtiles System
Aiken, Conrad 70, 71
Akupunktur .... s. Therapie
Alexander, Franz 142, 145, 172, 175, 220, 223
Alper, Thelma G. 341–42
Alpert, Richard 343
American Anthropological Association 36, 98, 170
American Museum for Natural History 35, 37, 87, 96, 98, 122, 134, 168, 237
Amerika
    Analyse von Freuds Einfluss 332–36
    Antisemitismus .... s. Antisemitismus
    Bewegung für persönliches Wachstum .... s. Bewegung
    Egalitarismus 314, 315, 318–19
    Freuds Antipathie zu 313–14
    Freuds Theorie in .... s. Freuds Theorie
    Intellektuelle Elite .... s. Intellektuelle Elite
    nachlassende Beschäftigung mit Sex 77–79
    sexuelle Freiheit in .... s. Sexualität
    Sexuelle Revolution in .... s. Sexuelle Revolution
    Zustrom von Psychoanalytikern 142–44
Anahata Chakra .... s. Subtiles System
anal .... s. Entwicklungsstadien
anglikanische Elite versus Boas .... s. Intellektuelle Elite
Angst
    elterliche .... s. Eltern
Anima 18
Animus 20
Anthropologie
    in der Nachkriegszeit 165–67
    Psychoanalyse und kulturelle 165–71
Antisemitismus 83, 00, 132, 137, 140, 315
    Boas und 80–89
    Freud und 315
    gemeinsames Interesse amerikanischer u. nationalsozialistischer Eugeniker 140
Aphrodisiakum
    Eigenschaften von Kokain als 49–50
Arapesh 123–25, 167
Arendt, Hannah 248, 249, 332
Arica .... s. Therapie
Armut
    als Ursache von Kriminalität 206–7
    genetisch bedingt 85
    mentale Gesundheit und 257–60

umweltbedingt 100, 134, 135
und *Nature-Nurture* 103
Atma
   als Teil des subtilen Systems 18–27
   Suche danach in der pers. Wachstumsbewegung 270–71
Autos
   und die Sexuelle Revolution 75–76
Baby and Child Care 183, 192–94, 195
Bali
   Meads Arbeit auf 167
Bateson, Gregory 106, 112, 114, 120, 125, 168
Beers, Clifford 59–60
Behaviorismus 119, 185, 186, 193
Bell, Daniel 35, 90, 145, 248, 250, 332
Bellow, Saul 248, 333
Beloff, Halla 288, 343
Benedict, Ruth
   Ansichten über Homosexualität 108–9, 127–28
   Auswirkung pers. Ziele auf ihre Arbeit 127–28
   Einfluss der Kultur auf menschl. Verhalten 105–8
   Research in Contemporary Cultures Project 168
   Sexualpolitik 105–15
   Studien der
      Dobu 125, 126, 128, 129, 130
      Kwakiutl 125, 126, 128, 130
      Zuni 125, 126, 128
   The Chrysanthemum and the Sword 168, 169
   und
      Boas 105–7, 110, 129–31
      Freuds Theorie über Kindererziehung 202
      Mead
         Beziehung 109–13, 117, 122, 125
         nehmen den Kampf auf 116–22
Bernays, Edward L. 72, 172
Beschneidung 290
Bestrafung
   und freudsche Theorie .... s. Freuds Theorie
Bewegung
   Emmanuel Movement 58
   Eugenik- .... s. Eugenik
   Frauenwahlrecht .... s. Frauen
   für persönliches Wachstum 270–73
   psychoanalytische
      in New York City 62–65
Beweise für die
   Existenz des Absoluten 29
   Falschheit der freudschen Thorie 29
Beziehungen
   sexuelle 55
      als Behandlung 57, 220
      außereheliche 54, 75
      voreheliche 75, 198, 239
      zwischenmenschliche 11, 113, 151, 271, 275, 319, 331

Personen- und Sachverzeichnis

Binding, Karl..152
Bioenergetik..s. Therapie
Blum, Gerald S...339, 343
Boas, Franz...80–81
   anglo-amerikanische Elite versus...82–89
   Ansicht über Hitler..137
   Konflikt mit Eugenikern..s. Eugenik
   politische Konflikte von...101–3
   Studien des Schädelindex von...87–89, 97–98
   Tod von..155
   und
      Benedict..105–7, 110, 129–31
      Mead..110–11, 116, 118, 129–31
      Rassismus..80–89
   Verdammung des Nazi-Regimes...152
Brackbill, Yvonne..288, 345
Briggs Law..226
Brigham, Carl...97, 116, 133
Brill, Dr. Abraham A.
   New Yorks literarische Gemeinde..69, 72–74
   und
      Dodge, Mable..67, 316, 330
      Verbreitung d. Freudianismus..................62, 64, 65, 119, 172–73, 217–18, 283
Brown, Norman O...241, 245–48, 261, 264, 335
   freudsche Theorie und..245–47
Brunswick, Dr. Ruth..221
Brustgröße, weibliche
   Präferenz bei Männern..291–92, 346–47
Bühne...s. Theater
Bürgerrechte..244
   Mead über..239–40
Buxbaum, Edith..201
Bygren, Lars Olov..152–55, 297
Cabot Lodge, Henry..84
Cambridge-Sommerville Delinquency Prevention Project..................................230–31
Campbell, Dr. C. Mache...59, 60, 61
Cannon, Cornelia..96
Chakra..s. Subtiles System
Chambers, Whittaker..148, 149, 160
Charaktereigenschaften
   adoptierter Kinder...297, 299
   Determinanten
      genetische..85, 293–96
      nicht genetische...297–301
         biologische..300–301
   Genotyp-Umwelt-Interaktion
      Bedeutung..13–14, 30–31
         bei der Formung von Charaktereigenschaften..302–4
   Studien
      Toilettentraining
         und so genannte anale Charaktereigenschaften................................336–48
      über Zwillinge...293–94, 302
         Minnisota-Studie...293–94, 297
   Toilettentraining
      Praktiken als Determinanten der erwachsenen Persönlichkeit........285, 286–88, 290, 336–48

Personen- und Sachverzeichnis

Charcot, Martin 48, 49, 62
Cheney, Jane 188, 197
Child, Irvin L. 290, 341
Chomsky, Noam 35, 248, 250, 333
Chowning, Ann 128, 129
Christliche Ethik
    Freuds Theorie und .... s. Freuds Theorie
CMHC .... 335, s. a. mentale Gesundheit
Co-Abhängigkeitsberatung .... 275–76, s. a. Therapie
Coitus interruptus
    Neurosen verursacht von 42–43
Coitus sublimatus
    die psychoanalytische Sitzung als 56
Coming of Age in Samoa 118, 121, 122, 129, 130, 135, 261
Conger, Judith C. 346–47
Conrad, Joseph 150
Coolidge, Calvin
    Rassismus und 95–96
Costian, Dan 17
Cressman, Luther 112, 116, 117, 121, 122, 123, 125, 126
Crime of Punishment, The 224–25
Danksagung zur
    amerikanischen Ausgabe 35–37
    deutschen Ausgabe 4
Darrow, Clarence 217–18
    über Strafjustiz 213–15
    und Bill Haywood 67
Davenport, Charles B. 85, 86, 91, 95, 103, 133, 138, 140, 154
Debs, Eugene 74, 101, 103, 213
Dell, Floyd 64, 65, 67, 74, 101, 104
Demokratische Partei
    Freud und die 252–55
    liberale Sozialprogramme und persönliche Wohlfahrt 253–54
Depression (wirtschaftliche) und Eugenik .... s. Eugenik
Determinanten der Persönlichkeit .... s. Charaktereigenschaften
Devereux, George 261
DeVoto, Bernard 150
Diamond, Dr. Bernard L. 228
Dobu
    Benedicts Studien der .... 126, 128, 129, s. Benedict, Ruth
Dodge, Mabel 66, 67, 68, 74, 106, 276, 316, 330
Drei-Instanzen-Modell, Freuds 16
Dreiser, Theodore 63, 69, 72, 74, 218
Dukakis, Kitty 279–80
Dukakis, Michael
    und der Fall Willie Horton 234
Durham-Entscheidung 227–28
Durrett, Mary E. 344
Eastman, Max
    als Herausgeber von *Masses* 64–65, 159
    Fragen an Freud 313, 314
    in *Everybody's Magazin* 68
    und
        Kindererziehung 184
        Liberalismus 74, 103–4

Personen- und Sachverzeichnis

Mable Dodge 66–67
Egalitarismus
   in Amerika 314, 315, 318–19
Ego
   als Teil des subtilen Systems 19, 20
   Anna Freuds Ansicht über seine Rolle bei Mutterverlust 299
   Ich 14, 321
   im Leopold/Loeb-Prozess 217
   -Objekt-Beziehungen 45
   und
      Narzissmus 321–22
      Superego und Es 11, 14
         Ablehnung der freudschen Konzepte 286
         als Teil von Freuds Modell der Psyche 16, 172, 176, 279
      wahres Ich 18
Eichelberger, Marie 111, 117, 122
Eichmann, Adolf 153, 249
Einwanderung
   Act of Immigration 90, 96
   Beschränkung durch Eugenik 90–97
   House Immigration Committee 95
   Immigration Restriction League 84, 86, 90, 100
   Johnson-Reed Act 99, 132
   und *Nature-Nurture*-Diskussion 80–104
Eliot, T. S. 121, 144, 177
Elitarismus
   der freudschen Theorie 315–17
Ellis, Havelock 53, 55, 58, 75, 318
Eltern .... s. a. Kinder
   Erziehung der 25
   Stillen 276–77
   und freudsche Theorie .... s. Freuds Theorie
Entitäten .... 27, s. a. Okkultes
Entwicklung d. menschl. Potenzials .... s. Bewegung für persönliches Wachstum
Entwicklungsstadien
   als Kern der freudschen Theorie 337
   anal 287, 343, 345, 347
      als Teil der präsexuellen Periode 44
      als Zustand der Gesellschaft 245
      bei Richard Nixon 263
      Definition 285
      fehlerhafte Zuordnung von Eigenschaften 287
      Menningers Abhandlung 167
   Studie
      Adelson and Redmond 344
      Beloff 343
      Blum 339
      Finney 345
      Fisher 348
      Gottheil and Stone 346
      Hamilton 337, 338
      Kline I 347
      Kline II 347
      Pettit 347
      Sears 339

Personen- und Sachverzeichnis

    Sears et al. 342, 343
    Straus 343
    und Erik Eriksons Interpretation von Martin Luthers Verhalten 24, 262
    Vladimir Nabokovs Ablehnung 266
  Bestätigung der Existenz 286, 288
  genital
    als Teil der präsexuellen Periode 44
    in Kindererziehungshandbüchern 184
  ödipal
    als Teil der freudschen Religion 329
    am Theater 150, 167, 177
    bei den Gänseküken von Konrad Lorenz 298
    Definition 44
    im Fall Richard Herrin 229
    im Film 268
    in Kindererziehungshandbüchern 277
    Lösung der Situation 110
    und Gesellschaft 149
    und Spock, Dr. Benjamin 191, 192, 195
  oral 343
    Definition 285
    Rauchen als Sublimation oraler Erotik 73
    Studie
      Gottheil and Stone 346
      Sears et al. 343
      Straus 343
    und Abraham, Karl 167
    und Perls, Fritz 272
    willkürliche Interpretation von Untersuchungsergebnissen 291
  präsexuelle Periode 44
  Rolle der Mütter
    als angebliche Auslöser von Entwicklungsstörungen 23–24, 183
    angebliche Vermeidung von Erziehungsfehlern durch Schulung der Mütter 291
    wissenschaftliche Stichhaltig- und Gültigkeit 284, 287, 288, 289, 336–48
Epigenetik 80–104, 297
Epilepsie 27, 138, 206
Erblichkeit .... s. Heridität
Erikson, Erik 142, 201, 261, 262, 263
  und Psycho-Historie 262–63
Erleuchtung 20, 25, 28, 29, 163, 273, 317, 321
Eros and Civilization 241, 243
Esalen
  Freud geht nach 270–73
Eskimos 82
EST .... s. Therapie
Eugenik 84–85
  Bewegung
    Abflauen der 132–35
    Ansehen der 91, 96
    Boas' Konflikt mit der 87–89, 91–92, 96–99, 135–36
    der Nazis 137–41, 152–53
  Eugenics Record Office 91, 133, 138, 154
  Eugenics Research Association .... 96, s. Ford, Henry
  Evolution zu Genozid 158
  gemeinsames Interessen von Amerikanern und Nazis 138–41

International Congresses of Eugenics 90, 96, 98, 134
und
    Boas .... s. Boas, Franz
    Einwanderungsbeschränkung 90–97
    Ford .... s. Ford, Henry
    Genetik 304–5
    Henry Osborn .... s. Osborn, Henry
    Madison Grant .... s. Grant, Madison
    Nature-Nurture-Kontorverse 100–101
    Rassismus 90–92
    Schädelindex .... s. Boas
    wirtschaftliche Depression 134–35
    Zwangssterilisation 91, 92, 99, 135, 138, 139, 140, 153, 158
Euthanasie
    amerikanisches Programm zur 153
    und deutsche Politik 152–54, 158
Eysenck, Hans 284, 286, 292
Fachleute
    Exodus jüdischer Psychiater aus Europa 142–44
    Probleme bei d. Kindererziehung .... s. Kinder
Fair Deal 34, 253
Fermi, Laura 142, 319
Fernsehen
    freudsche Theorie im 11–12, 279–80
Fiedler, Leslie 251
Film
    Freud und 179–82, 267–69
Finney, Joseph C. 345
Fischer, Ernst P. 13, 140, 320
Fisher, Dr. Seymor 285, 287, 289, 323, 348
Fitzgerald, F. Scott 71, 90, 150
Fließ, Wilhelm 42–44, 48–51
    Sexualität und Nase 43, 42–44
Ford, Henry 77, 93, 132, 135
    und Eugenik 132
Fortune, Reo 76, 112, 121, 122, 123, 125, 126, 128, 129
    Studium der Dobu 120–21, 126, 128–29
Fraiberg, Selma 148, 201
Frank, Waldo 70
Fransworth Hall, Prescot 84, 95, 100
Frauen
    Frauenwahlrecht 253
    und Sexuelle Revolution 53, 61, 66, 70–75
    und freudsche Theorie .... s. Freuds Theorie
Freeman, Derek 119, 121
Freud 267–68
Freud, Anna 184, 190, 201, 267, 299
Freud, Ernest 220
Freud, Sigmund
    Aberglaube hinsichtlich von Zahlen 48–49
    Gedankenübertragung 48–49
    Korrespondenz mit Wilhelm Fließ 43, 50–51
    Tod von 154
    und Marxismus .... s. Marx, Karl

Freuds Theorie
  als McDonalds für den Verstand 274–80
  Elitarismus 315–17
  Eltern
    Angst 183, 198–200, 201–2
    Erziehung v. neurosefreien Kindern 173
    Schuldgefühle 198–200, 204–5
  im Grasrock 123–31
  im späten 20. Jahrhundert 281–82
  in Amerika 274–80
    eine Bilanz
      Freuds Guthaben 318–20
      Freuds Soll 320–27
    Ironien seiner Theorie 313–17
  Kritik an 55–57, 284
    Vladimir Nabokovs 229–30, 265–66
  Materialisierung der 154
  religiöse Aspekte 58–59, 328–31
  über Kindererziehung vor Gericht 278
  über Sexualität 42–45
    Abstinenz .... s. a. Abstinenz
      als Ursache v. psy. Störungen 42, 53, 65
    infantile 44, 45, 64, 171, 242, 245, 268, 270
    Nase
      Genitalpunkte 42–44
      Nasalreflex 43
    präsexuelle Lust 44
    präsexueller Schreck 44
    Sexsymbole 72–73, 80–81, 318
    Sexualfunktion
      Beziehung zu Neurose 42–45
    sexuelle Traumata
      in der frühen Kindheit 44–45
    sexuelle Unterdrückung 41–42, 242–44
  Überprüfungen der 190–91, 194, 281–92
  und
    Anthropologie 165–71
    Bewegung für persönliches Wachstum .... s. Bewegung
    Bundesförderung 256–60
    Christliche Ethik 58–59, 177, 246, 267–68, 328–29, 330
    die Medien 172–75, 279–80
      Fernsehen 11–12, 279–80
      Film 179–82, 267–69
      Radio 182
      Zeitungen 174–75
    Erziehung
      amerikanische 183–84
      Benedict über 202
      Dr. Benjamin Spock über 190–96
      Max Eastman über 184
      Mead über 201–2, 237–39
    Erziehung/Ausb. 201–5, 261–63, 274–78
    Frauen
      Frauenwahlrecht .... 73–75, s. a. Frauen
      Mütter

Personen- und Sachverzeichnis

    als Ursache von Psychopathologie 222–25, 324
    Einfluss auf Mutter-Kind-Verhältnis 23–24
    Mutterliebe 185–87
    Studien über den Entzug d. Mutter 298–99
    Verunglimpfung 323–25
  Geschichte 262–63
  ihr inhärenter Narzissmus 321–22
  ihre fortdauernden Bedeutung 25, 331
  Intellektuelle .... s. Intellektuelle Elite
Kriminologie
  amerikanische 206–34
  Dr. William Healy 208–9, 226
    als Zeuge im Leopold/Loeb-Prozess 215
    und Sozialarbeiterberuf 209
  in Gefängnissen und Strafanstalten 206–34
  Jugendkriminalität 182, 230–31
  Karl Menninger über Kriminalität 222–25
  Konzept der Verantwortlichkeit 219, 227–30
  Psychiatrisierung von 222–25
  Psychotherapie und Zu- oder Abnahme von Kriminalität 230–31
  Strafvollzug
    Konzept der Bestrafung 224–25, 231–34
    Rückfallraten 232–34
      der Patuxent Institution 232–33
      Studie von Dr. Glueck 209–10
    Scheitern der Rehabilitation 233–34
  und
    Dr. Bernard Glueck 226
      als Zeuge im Leopold/Loeb-Prozess 215
      Studie über Rückfallrate in Gefängnissen 209–10
    Dr. William A. White .... 211–12, 216–17, 219, 226–27, s. a. White, Dr. William A.
  Ursachen von Kriminalität
    Armut .... 206–7, s. a. Armut
    Dr. Benjamin Spock über 227
    genetische 206–7
    Kindheitserfahrungen .... s. Kinder
    Mead über 227
    mentale Defekte/Unzurechnungsfähigkeit 227–30
  Verbrechensvorbeugung 230–31
  Vererbbarkeit von Kriminalität 294–95
  vor Gericht im Prozess
    Leopold/Loeb 214–15, 217–18
    Richard Herrin 228–30
    Sirhan Sirhan 228
    Willie Horton 233–34
Kultur 279
liberale Politik .... 144, 314–15, s. a. Neue Linke
Literatur 67–71, 148–49, 261, 279
  amerikanische 67–71, 76, 279
  in Kursen zur Literaturkritik 261
  literarische Zeitschriften 70–71
  New Yorker literarische Welt 149
  Romane 264–66
Nature-Nurture-Kontroverse 79
Norman O. Brown 245–47

357

Personen- und Sachverzeichnis

    Phrenologie 308–11
    Politik
        Marxismus .... s. Marx, Karl
    Psychoanalyse 270–71, 319–20
    Regierungspolitik 256–60
    sexuelle Freiheit in Amerika .... s. Sexualität
    Sozialarbeit .... s. Sozialarbeit
    Sozialreform 73–74, 325–27
    Theater .... s. Theater
    Verantwortungslosigkeit und 322
    Verbreitung
        in der Nachkriegszeit 156–82
        schneller in Amerika 31–32
    Wachstum der 68, 70–71, 156–82
    wissenschaftliche Basis 281–311
    Zilboorg, Dr. Gregory
        Psychoanalysis and Religion 174
Fromm, Erich 142, 144, 145, 170, 171, 174, 241, 335
Galbraith, John Kenneth 35, 197, 248, 250, 251, 333
Gall, Franz Joseph 308–11
Galton, Francis 84, 100
Geburtenkontrolle 53, 54, 63, 66, 73, 74, 75, 103
Gefängnisse
    sowjetische 159
Gefängnisse und Strafanstalten
    freudsche Theorie in den .... s. Freuds Theorie
Geisteskrankheit .... s. mentale Störungen
Geisteswissenschaften
    freudsche Theorie in den 261
Geistheilung .... s. Therapie
geistig Zurückgebliebene .... s. mentale Störungen
Genetik
    Gene als Determinanten d. Persönlichkeit .... s. Charaktereigenschaften
    genetische Unterschiede
        bei Individuen 305–6
        bei Tieren 295–96
        in Menschengruppen 305–6
    mit Eugenik assoziierte Forschung 304–5
    und Kriminalität .... s. Freuds Theorie
Genotyp-Umwelt-Interaktion .... s. Charaktereigenschaften
Geschichte
    und freudsche Theorie .... s. Freuds Theorie
Geschlechterrollen
    bei Ausübung von Kriminalität 324
    Freuds Ansicht über 314
    kulturelle Bestimmtheit der 123–24
Gestalttherapie .... s. Therapie
Gesunder Menschenverstand 15
Glueck, Dr. Bernard
    freudsche Theorie und amerikanische Kriminologie .... s. Freuds Theorie
Gnadentod .... s. Euthanasie
Goethe, Johann Wolfgang v. 12, 140
Goldman, Emma 54, 73–74, 102–4
    anarchistische Aktivitäten von 40–41
    phrenologische Studie über 310–11

Personen- und Sachverzeichnis

Gonadentheorie der Evolution 243
Goodall, Jane 296
Goodman, Ezra 173, 180
Goodman, Paul
    als
        Co-Autor von *Gestalttherapie* 271
        Mitglied der am. Intellektuellen Elite 245–46, 246–49
        orthodoxer Freudianer 241
        Vorbild für die 1960er 235, 261
    Charakterisierung 243–44, 333
    und
        Homosexualität 243
        sexuelle Unterdrückung 243
        Verlagsindustrie 264, 335
Gorer, Geoffrey 36, 168, 169
Gottheil, Edward 346
Grant, Madison
    als Präsident des AMNH 87
    Denunzierung der polnischen Juden 91–92
    Konflikt mit Boas 88–89, 97–98, 98–99, 135–36
    Kritik an 97
    Quellenmaterial 37
    sexuellen Anschauungen 103
    The Passing of the Great Race 91–92, 94, 95
    Tod von 154
    Überlegenheit der nordischen Rasse 85, 97
    und
        Abflauen der eugenische Bewegung .... s. Eugenik
        Einwanderung 95–96
        Eugenik 85–86, 96
        Nature-Nurture-Debatte 101
        Phrenologie 308–9, 308–9
Great Society
    mentale Gesundheit in der 256–60
Greenberg, Dr. Roger P. 320
Greenwich Village 64–65
    Aufstand gegen die Moral in 63
    freudsche Theorie in 63, 65, 68, 73, 74, 77, 79, 164, 235, 250, 330
Growing Up Absurd .... 244, 264, 335, s. a. Goodman, Paul
Gurus
    Falsche Gurus und Guru-Shopping 25–26
    Wahre Gurus 26–27
Hall, Dr. G. Stanley 54–55, 80
Halleck, Dr. Seymor L. 227
Hamilton, Gilbert V. 337–38
Handbücher
    über Kindererziehung .... s. Kinder
Harlow, Harry 298
Hart, Moss 150, 180
Haywood, Bill 63, 67, 74, 90, 102, 213
Healy, Dr. William
    und Jugendkriminalität .... s. Freuds Theorie
Heiliger Geist, Wind des 28
Heirat
    Mead über 238–39

Personen- und Sachverzeichnis

    nach Reinheit der Rasse 139–40
Hellman, Lillian 177, 178
Hellsichtigkeit .... 20, 26, 114, s. a. Okkultes
Heridität 294, 295
Herrin, Richard
    Prozess von 228–30
Herskovits, Melville J. 111, 130, 135
Hetherington, E. M. 288, 345
Hiss, Alger 148, 160
Hitler, Adolf 170, 179, 223, 241, 243, 263, 271
    Ausrottung der Psychoanalyse durch 142
    Boas Ansichten über 137
    Freuds Opposition zu 315
    Lösung der *Nature-Nurture*-Frage 132–55
    Machtübernahme 138
    und
        Antisemitismus 140
        biologische Vorherbestimmtheit 132
        das Ego 20
        Eugenik 138, 154
        Euthansie 152
        Holocaust 156
        Nature-Nurture-Debatte 158
        Rassenreinheit 137, 139, 140
        The passing of the Great Race 92
        Verbreitung der freudschen Theorie 159
Hoche, Alfred 152
Hochschulen und Universitäten
    Freuds Theorie an den 261–63, 274–75
Hofstadter, Richard 248, 250, 334
Hollywood
    Freud und 179–82, 267–69
    Psychoanalyse in 179–82
Holmes, Lowell D. 36, 120
Holocaust
    jüdischer
        Amerikas Reaktion 156–58, 249
        Auswirkungen 158, 179–80, 249
        und Freud 154, 158, 156–58, 179–80
    nuklearer 197
Holway, Amy R. 340
Homosexualität 53, 318
    Anfang des 20. Jhd. 113–14
    auf Samoa 118–20
    Benedicts Ansicht über .... s. Benedict, Ruth
    Goodmans Ansichten über 243
    in den Kulturen Neuguineas 123–25
    Meads Ansichten über 239–40
Hook, Sidney 145, 149, 161, 251
Horney, Karen
    als Neofreudianerin 170–71, 241, 324
    als Supervisorin von Fritz Perls 271
    Auswanderung nach Amerika 142
    Freundschaft mit Benedict 106

Horton, Willie
  der Fall 233–34
Howe, Irving 36, 145, 146, 147, 157, 248, 250, 334
Humanismus in Amerika
  und Freud 315, 318–19
Humboldt, Alexander v. 12
Huschka, Mabel 192, 338
Huston, John 267–68
Hysterie
  Behandlung in Amerika 58
  Unterdrückte Sexualität als Ursache von 42
Ich .... s. Ego
Immigration Restriction League .... s. Einwanderung
Immigration, Act of (Einwanderungsgesetz) .... s. Einwanderung
Individuen
  genetische Unterschiede zwischen .... 305–6, s. a. Genetik
Infantilismus .... s. Sexualität
Inge, William 176
Ingersol, Ralph 178
Intellektuelle Elite
  Amerika 248–51
  Anglikanische Elite versus Boas 82–89
Intelligenzquotient (IQ)
  Italienischer Einwanderer 116–17
  Tests 97, 98, 133, 295
International Congresses of Eugenics 90, 96, 98, 134
Irmas Injektion
  Freuds Traum von 50–51
Ironien .... s. Freuds Theorie
Ivy League 83
Jacobs, Paul 259
Janov, Dr. Arthur 272
Japanische Kultur 168–70
Johnson, Albert 95
Johnson, Lyndon
  Programm für mentale Gesundheit 259
Johnson-Reed Act .... 99, 132, s. a. Einwanderung
Jones, Ernest
  als Mitglied von Freuds Geheimen Komitee 328
  bei William Phillips 145
  im *Journal of Educational Psychologie* 202
  im *Partisan Review* 162–63
  Kurzfassung seiner Freudbiografie durch L. Trilling 148
  über
    Analerotik 287
    Freuds Frauenbild 323–24
    Freuds Identifikation mit Moses 47
    Freuds Traum von Irmas Injektion 52
    Kritik an Freuds Arbeit 56–57
  und
    Freuds Kokainkonsum 51
    Freuds Okkultismus 48–49
    Freuds Reputation 42
    Fritz Perls 271
    James Putnam 58

  Literaturkritik 261
  seine Freudbiographie 174, 243
Jones, Mervyn 36
Jones, Samuel S. 27
Juden
  Exodus der Fachleute aus Europa 142–44
  Grants Denunzierung der .... 91–92, s. a. Grant, Madison
  polnische 95
  und sexuelle Freiheit 140–41
Jung, C. G.
  als Analytiker 57
  Anima und *Animus* 20
  Brief von Freud 47
  in *Harper's* 174
  Interesse an Okkultem 48
  und Abraham Brill 62
  und das Unbewusste 17, 21–22
  Wort-Assoziationstest 55, 59, 64
Kadushin, Charles 177, 248, 250, 270, 332
Kamin, Dr. Leon J. 304–6
Kardiner, Abraham 106, 146, 167
Kastration(-skomplex) 113, 170, 193, 289, 290, 339
Katholiken
  Fonds für Richard Herrin 229
  Psychoanalyse als Beichte 163, 173, 174, 316, 328
  Rassismus gegen 92–93
Kazin, Alfred 37, 145, 156, 175, 249, 250, 264, 281, 321, 322
Kennedy, John F.
  mentale Gesundheit i. d. JFK-Administration .... s. mentale Gesundheit
Kinder
  Erziehung
    Benedict über 202
    Handbücher 276–78
    John Watson über 185–87
    Kitzeln und Raufen 183, 195
    Max Eastman über 184
    Mead über 201–2, 237–39
    Probleme in akademischen Haushalten u. bei Fachleuten 199–200, 205, 291
    Sex 53–54
    Stillen 276–77
    und Freuds Theorie .... s. a. Freuds Theorie
      vor Gericht 278
  Erziehung/Ausbildung
    und Freuds Theorie .... s. Freuds Theorie
  Kindheitserfahrungen
    Auswirkungen in verschiedenen Kulturen 290–91
    stark abweichende 298–300
  und
    Charaktereigenschaften .... 285, 286–89, 297–301, s. a. Charaktereigenschaften
    fehlender Nachweis eines Zusammenhangs 291–92
    Kriminalität .... 212, 215–17, 227–29, s. a. Freuds Theorie
Kindheitsprobleme
  Mead über 237–38
Psychotherapie für 275–76, 277–78
sexuelle Traumata in der Kindheit 44–45

Personen- und Sachverzeichnis

so genannte missbrauchte 276
Kindergärten
    Freud in den 183–205
Kitzeln 183, 195
Klassenzimmer
    Freud im 201–5
Kline, Paul 285, 339, 344, 347
Klitoridektomie 113
Kokain
    als Behandlung für Neurosen 42–43
    Freuds Gebrauch von 49–52
Konditionierungen .... 14, 18, 124, s. a. Superego
Kondome 42, 75
Konzentrationslager 38, 153, 157, 158, 249
    Freuds Schwestern ermordet in 158
Kriminalität .... s. Freuds Theorie
Kristol, Irving 35, 145, 248, 250, 251, 334
Ku Klux Klan 92
Kultur
    amerikanische und das New Yorker Theater 178–79
    Benedicts Ansichten ü. d. Einfluss d. .... s. Benedict, Ruth
    freudsche Theorie in der .... s. Freuds Theorie
    japanische
        R. Benedicts u. G. Gorers Beschreibung 168–70
    menschliches Verhalten bestimmt durch 105–8
    Theorien der Nachkriegszeit über 165–67
Kundalini 20, 21, 25, 28, 31
Kuttner, Alfred Booth 65, 66, 68
Kwakiutl
    Benedicts Studien der 125, 126, 128, 130
Lasswell, Harold D. 150, 151
Lenin, Vladimir Ilyitsch 132, 159, 244
Leopold, Nathan Freudenthal .... s. Leopold/Loeb-Prozess
Leopold/Loeb-Prozess .... 213–18, s. a. Freuds Theorie
    Entscheidung im 217
    Haupteffekt des 217–18
Levin, Harry 342–43
Lewontin, Dr. Richard C. 304, 306
Li, An-Che 46, 128
Life
    Freud in 172–73
Linke Gruppen .... 102–3, s. a. Neue Linke
Lippmann, Walter 63, 65, 66, 67, 68, 74, 97, 104, 251
Literatur
    freudsche Theorie in der .... s. Freuds Theorie
    Sexuelle Revolution und die 76
Loeb, Richard .... s. Leopold/Loeb-Prozess
Lombroso, Cesare 206
Lorenz, Konrad 298
Lorimer, George Horace 36, 94
Los Angeles Institute for Psychoanalysis 143
Luce, Clare Boothe 172–73
Luce, Henry 172–73
Luther, Martin
    Erik Eriksons Analyse 262–63

Freud auf einer Stufe mit ... 12
Mabel Dodges Versammlungen ... s. Dogdge, Mable
Maccoby, Eleanor E. ... 342–43
Macdonald, Dwight ... 145, 146, 148, 149, 156, 248, 334
Mailer, Norman ... 248, 250, 251, 326, 334
Mankiewicz, Frank ... 35, 259
Marcuse, Herbert ... 235, 241–43, 246–48, 261, 334
    und freudsche Theorie ... 242–43
Marlowe, David ... 344–45
Marx, Karl
    und freudsche Theorie ... 142–51, 159–64, 242
Marxismus
    Niedergang des ... 159–64
Masturbation ... 42, 43, 53, 55, 72, 188, 193, 194
Maya ... 98
McCarthy, Mary ... 146, 147, 148, 149, 248, 334
McCarthy, Senator Joseph ... 160, 235, 254
McFreud ... 274–80, s. a. Freuds Theorie
Mead, Margaret
    Ansichten über Sexualität ... 239–40
    Arbeit der Nachkriegszeit ... 165–68
    Auswirkung pers. Ziele auf ihre Arbeit ... 121, 124, 238–40
    Beziehung mit Benedict ... 109–13, 117, 122, 125
    Bisexualität von ... 38, 112, 121–22, 125, 240
    Kolumne in *Redbook* ... 237–40
    Psychoanalyse empfohlen von ... 168
    soziale und politische Agenda von ... 111
    Studien
        auf Bali ... 167
        auf Samoa ... 117–21
        der Arapesh ... 123–25
        in Neuguinea ... 123–25, 154–55
    über die Ursachen von Kriminalität ... 227
    über Ehe und Scheidung ... 238–39
    und
        Benedict nehmen den Kampf auf ... 116–22
        Boas ... s. Boas, Franz
        Bürgerrechte ... 239–40
        Dr. Benjamin Spock ... 193–94, 201–2
        Homosexualität ... 239–40
        Kindererziehung ... s. Kinder
        Neue Linke ... 239
        Sexualpolitik ... 110–15
Medien
    und freudsche Theorie ... s. Freuds Theorie
Mellody, Pia ... 275–76
Mengele, Dr. Josef ... 157
Menninger, Karl
    Interesse an Freud ... 220–21
    Kindheit von ... 219–20
    Psychoanalyse von ... 220, 221–22
    über Kriminalität ... 222–25
Menschengruppen
    genetische Unterschiede zwischen ... 305–6, s. a. Genetik

Personen- und Sachverzeichnis

mentale Gesundheit
    als Beruf u. d. Demokratische Partei 254–55
    CMHC 256–60, 335
    in der Great Society 256–60
    NCMH 59–61
        und freudsche Theorie 256–57
    NIMH 254
    und Armut .... 257–60, s. a. Armut
    und Kennedy-Administration 256, 259
mentale Störungen
    Behandlung in Amerika 58–61
    in der Sowjetunion 258
    und deutsche Politik .... s. Eutanasie
Meyer, Dr. Adolf 59–61
Miller, Arthur 161, 162, 326
Miller, Daniel R. 344
Morehouse .... s. Therapie
Moses
    Freuds Identifikation mit 47
Moynihan, Daniel P. 248, 251, 256, 335
Muladhara Chakra
    als Teil des subtilen Systems .... s. Subtiles System
    Auswirkungen von Freuds Theorie auf 20–23, 24
Muller, Herman J. 134
Mundugumor
    Meads Studien d. 123
Mütter .... s. Freuds Theorie
Nabhi Chakra .... s. Subtiles System
Nabokov, Vladimir
    Kritik an Freud 229–30, 265–66
Narzissmus 24, 148, 221, 295, 321, 330, 331
Nase
    Genitalpunkte 42–44
    Nasalreflex 43
    Nasenprobleme
        Kokain und Freuds 43–44, 50–51
Nationalsozialismus
    Boas' Verdammung des Regimes .... s. Boas, Franz
    Eugenik .... s. Eugenik
Nature-Nurture-Debatte
    Ausgang der 158
    Ein Wiedersehen mit der 302–7
    Einwanderung und die 80–104
    endgültige Lösung 152–55
    Freudianisierung von 100–104
    Hindernisse für die weitere Lösung 304–7
    Hitlers Lösung der 132–55
    Rassismus und die 80–104
    sexuelle Aspekte der 103
    sowohl als auch 13–14
    Vererbbarkeit von Genen 30–31
NCMH .... s. mentale Gesundheit
Neill, Alexander S. 203
Neue Linke 235
    und Mead 239

und Vietnam 235
Neurasthenie .... s. neurotische Störungen
neurotische Störungen
    sexuelle Unterdrückung als Ursache von 42
    und Sexualfunktion 42–45
New Deal 107, 197, 253
New York City
    freudsche Theorie in 62–74
    Literarische Gemeinde
        und
            Dr. Abraham Brill .... s. Brill, Dr. Abraham A.
        freudsche Theorie 149
    psychoanalytische Bewegung in .... s. Bewegung
    sexuelle Freiheit in 69–73
    Sozialreform in 73–74
    Theater
        Einfluss auf die amerikanische Kultur 178–79
        freudsche Theorie gefördert im 71–72
New York Times Magazine 37, 174, 175, 182, 279
New Yorker Intellektuelle
    Freud ersetzt Marx bei den 161–64
    und freudsche Theorie 148–51
NIMH .... s. mentale Gesundheit
nordische Rasse
    Überlegenheit der 85, 97, 133, 152
Nowlis, Vincent 341
Numerologie .... 48, s. Okkultes
Nurture
    Freudianisierung von .... s. *Nature-Nurture*-Debatte
Obsessionen
    sexuelle Unterdrückung als Ursache von 42
ödipal .... s. Entwicklungsstadien
Ödipus
    als Vorbild für Freud 46
Ödipuskomplex .... s. a. Entwicklungsstadien
    Ablehung durch Nabokov 265
    als normale Entwicklungsphase 277
    als Teil der freudschen Religion 330
    am Broadway 71–72
    bei Dr. Benjamin Spock 192, 193, 194–95
    bei Mead 274
    im Abflauen 77
    in den Medien
        am Broadway 177
        auf der Bühne 279
        im Film 268
        in der Zeitung 68
        in *Life* 172–73
    kulturübergreifend 129
    Nachweis 289
    ungenügender Nachweis 14
    Verwerfung durch Karen Horney 171
    wenig Bedeutung vor 2. Weltkrieg 184
    zu Beginn von Freuds Theorie 52

Okkultes
    Freuds Interesse an 48–49
        Numerologie 48
        Telepathie 48–49
    Meads Glaube an 114–15
    Siddhis 26–28
    spiritistische Sitzungen 26–28, 330
    übernatürliche Kräfte 18, 20, 26–28
    und Selbstverwirklichung 15–16, 26–28
O'Neill, Eugene 72
oral .... s. Entwicklungsstadien
Orgasmus
    als Wundermittel 334
    Aufstand als soziale Verlängerung des 242
    Mable Dodge als Pionierin des Orgasmuskults 67
    u. Sexuelle Revolution i. d. 1920ern u. 1930ern 75
Orlansky, Harold 285
Osborn, Henry F.
    als Freund von T. Roosevelt 85–86
    im Vorstand des AMNH 87
    Quellen 37
    Tod von 154
    und
        Abflauen d. Eugenik-Bewegung 132–35
        Eugenik 85, 96
        Frankfurter Ehrendoktorat 140
        Grant 91
        Grant versus Boas 98–99, 116, 135–36
        Mead 122
        Nature-Nurture-Kontroverse 100, 103
Paramchaitanya 28
Parsons, Elsie Clews 105, 108
Partisan Review
    als Farm Team 251
    als Hauptquartier der New Yorker Intellektuellen 248
    Gemeinde 145–46
    Hochzeit von Marx und Freud 144–45, 149
    Trennung von Marx und Freud 160–61, 162–63
    und Freud 163
Patterns of Culture 125, 126, 127, 128, 129, 130, 171, 261
Patuxent Institution
    Rehabilitationsprogramm an der .... 232–33, s. a. Freuds Theorie
Pavlow, Ivan P. und Bechterew, Vladimir M. 103, 193
Pederson, Frank 344–45
Penisneid 170, 193, 194, 289, 323
Perls, Friedrich S. (alias Fritz, alias Frederik) 244, 271, 272, 321
Permissivität .... s. Spock, Dr. Benjamin
Persönliche Wohlfahrt
    und Demokratische Partei .... s. Demokratische Partei
Persönlichkeitszüge .... s. Charaktereigenschaften
Perversion
    polymorphe 242

Personen- und Sachverzeichnis

Pettit, Tupper F. 347–48
Phillips, William 37, 145, 149
Phobien 42
Phrenologie 308–11
physische Merkmale
    Vererbung von .... s. Boas, Franz
Ploetz, Dr. Alfred 137
Podhoretz, Norman 35, 148, 244, 246, 248, 250, 264, 335
Poe, Edgar Allan 261, 309
Politik
    Boas' Konflikte mit 101–3
    Freud und
        die amerikanische 314
    Freuds Theorie und
        die liberale .... s. Freuds Theorie
    liberale
        von Dr. Benjamin Spock .... s. Spock, Dr. Benjamin
    Sexual-, von M. Mead und R. Benedict 110–15
präsexuell .... s. Entwicklungstadien
Proteine
    weltweite Verbreitung v. menschlichen 306
Psychiatrie
    und freudsche Theorie 59–61, 270–71
Psychoanalyse
    Bewegung in New York City und frühe Phase 62–65
    Coitus sublimatus 56
    Hitlers Ausrottung der 142
    in Amerika 171, 316–17
        Freuds Lehre und 319
        Zustrom aus Europa .... s. Juden
    in Hollywood 179–82
    kulturelle Anthropologie und 165–71
    Telepathie und 48–49
    und Dr. Benjamin Spock 188–90, 192, 194–96
Psychoanalytiker
    Honorare verlangt von 316–17
Psycho-Historie .... s. Geschichte
Psychological Care of Infant and Child 185–86
Putnam, James J. 58, 59, 73, 330
Radio
    Freud und das .... 182, s. a. Freuds Theorie
Rahv, Philip 145, 146, 149, 161, 250
Rassismus
    Benedict gegen 107
    Boas gegen 80–89
    gegen
        Iren 86, 92–93
        Italiener 86, 92–93, 96–97
        Japan-Amerikaner 93
        Juden 83–84, 91–95
        Katholiken 92–93
        Neger 86, 91, 93, 92–93, 135, 137
        Polen 91–92, 95–97
        Russen 96–97, 96–97
    in Amerika

Personen- und Sachverzeichnis

    beitragende Faktoren 92–94
    mittelständische Wurzeln des 94
Rassen
    Existenz von 306
Rassenhygiene
    Ehen basierend auf 139–40
    in Deutschland 137–39, 152–53
    und
        Calvin Coolidge 95–96
        Francis A. Walker 83–84
        Henry Osborn .... s. Osborn, Henry
        Herny Ford .... s. Ford, Henry
        Madison Grant .... s. Grant, Madison
    Nature-Nurture-Debatte 80–104
Raufen 195
Raul, Lucy 343
Red Emma .... 40, s. Goldman, Emma
Redbook
    Dr. B. Spocks Artikel in 37, 193–94, 195–96, 200, 204–5, 224, 227
    Meads Kolumne in 237–40
Redmond, Joan 343–44
Redneck 94
Reich, Wilhelm 23, 142, 144, 146, 203, 243, 249, 271, 332, 333, 334
Reichtum
    Psychotherapie 316–17
    Selbstverwirklung 26
Religion
    freudsche Theorie und .... s. Freuds Theorie
Research in Contemporary Cultures Projekt 165–67, 168–70
Riesman, David 35, 248, 251, 315, 332, 335
Ripley, William Z. 84
Ritambhara 28
Roberts, Kenneth L. 94, 95
Rogers, Carl 230
Rolfing .... s. Therapie
Rose, Dr. Steven 304–6
Rosenberg, Julius 145, 160
Rosenberg, Julius und Ethel 160
Ruach 28
Rubinstein, Dr. Marc 229
Rückfallraten
    in der Kriminologie .... s. Freuds Theorie
Ruhm
    Freuds Wunsch nach 46–47
Rumpelstilzchen-Prinzip 320
Russland
    Wickelhypothese in 169–70

Sachs, Hanns 48, 142, 143, 162, 328, 329
Sahaja Yoga 22, 28
Sahasrara Chakra .... s. Subtiles System
Salmon, Dr. Thomas W. 61, 230, 231
Sanger, Margaret 54, 63, 74, 75, 104, 106
Sanger, William 74
Sapir, Edward... 109, 117
Satguru .... 27, s. Gurus
Schädelindex.. s. Boas, Franz
Scheidung
    Gesetze 53, 73
    Mead über..238–39
    Scheidungsrate..75
        angeblicher Rückgang durch Freuds Theorie 291
    Sexuelle Revolution und 53
Schlesinger, Arthur, jun. 35, 197, 248, 249, 250, 251, 335
Schwartz, Delmore 144, 145, 146, 149
Sears, Pauline S..341
Sears, Robert R...339, 341, 343, 342–43, 345–46
Sears, William 277
Selbstverwirklichung.. 18, 19, 20, 26, 28, 29, 30, 31, 32, 72
    okkulte Kräfte...26–28, s. a. Okkultes
Sewell, William H..288, 340
Sex and Temperament in Three Primitive Societies... 123–25
Sexualität
    Abstinenz
        als Ursache v. psychischen Störungen 42, 53, 65
        als Wert 318
    Freuds Theorie über... s. Freuds Theorie
    Meads Ansichten über 239–40
    Politik
        von Benedict...105–15
        von Mead 110–15
    rel. Unbedeutendheit b. d. menschl. Entwicklung 20–23
    Sex
        Aufstieg von und Niedergang Freuds...75–79
        nachlassende Beschäftigung d. Amerikaner mit...77–79
    Sexualerziehung ....s. Kinder
    Sexualreform
        Nature-Nurture-Kontroverse a. Hilfsmittel d. Verbreitung 79
        post-viktorianische...318
    sexuelle Freiheit
        in America 53–57, 69–73
        in New York City...69–73
        Juden verbunden mit 140–41
        Sozialreform und 53–61
Sexuelle Revolution
    amerikanische in den 1920- und 1930ern..75–79
Shakespeare, William... 12, 167, 183
Shaw, George B. 63, 159
Shri Mataji Nirmala Devi 3, 18, 23, 28, 31
    absolute Wahrheit jenseits des Verstandes 17
    Amerika als Reflexion des Vishuddhi-Zentrums 31
    Das Metamoderne Zeitalter..18
    der Sitz der Seele 18

Personen- und Sachverzeichnis

Erziehung der Eltern und Streichung der freudschen Lehre 25
Freud und das Unbewusste 17, 21–22
spirituelle Suche und Reichtum 26
Vererbbarkeit von Genen 30–31
Shri Ramana Maharshi 27
Siddhis .... 27, s. a. Okkultes
Sievers, W. David 71, 149, 150, 172, 176, 178
Silvas Gedankenkontrolle .... s. Therapie
Silvers, Robert 35, 248, 336
Sirhan Sirhan Prozess 228
Sontag, Dr. Lester 35, 287
Sontag, Susan 248, 249, 250, 336
Sozialarbeit
    und Freuds Theorie
        a. zweites Zentrum d. Psychoanalyse i. Amerika 149
        Bewahrung d. freudschen Glaubens 78, 151
        falsche Verteilung von Ressourcen 325–27
        humanistische Tradition als Motivation 319
        in der Beratung 274–75
        in der Erziehungsberatung 184, 209
        Kindererziehung 201
        mentale Gesundheit und 257
        Mütter als Ursache von Psychopathologie 324
        Sozialarbeiter als Patienten psychoanalytischer Praxen 192
        Strafvollzug 223, 225, 226
        und Bewegung für persönliches Wachstum 270–71
        und Erziehungsprobleme bei Fachleuten 291
        Verbrechensvorbeugung 230
        Verbreitung im Milieu 236
    und New Deal 253
Sozialprogramme
    liberale, d. Demokratischen Partei .... s. Demokratische Partei
Sozialreform 57–61
    Freud und amerikanische 314
    Freuds Theorie
        Assoziation mit 325–27
        in New York City 73–74
    und sexuelle Freiheit 53–61
Sozialwissenschaften
    freudsche Theorie in den 261
Spellbound 100, 181, 182, 267
Spitz, Rene 142, 299
Spock, Dr. Benjamin
    Baby and Child Care 183, 192–94, 195
    elterliche Schuld und .... s. Eltern
    Kindheit von 188
    liberale Politik von 197–98
    Psychoanalyse empfohlen von 195–96
    Psychoanalyse von 188–90
    über Ursachen von Kriminalität 227
    und
        Mead 193–94, 201–2
        Permissivität 197–200
        Toilettentraining 188–91

Stalin, Josef 159
    Kritiker 149
    Säuberungsaktionen 159
Stekel, Wilhelm 203, 328
Sterilisation
    amerikanische Gesetze als Modell für Deutschland 138–40
    und Eugenikbewegung .... s. Eugenik
Stillen 276–77
Stone, George C. 346
Strafanstalten .... s. Gefängnisse
Strafjustiz
    Darrow über ....s. Darrow, Clarence
    und Freuds Theorie ....s. Freuds Theorie
Straus, M. A. 343
Strukturmodell, Freuds 16
Subtiles System des Menschen
    Abbildung 19
    Rolle der Frau 23–24
    und Freuds Theorie 20–23, 24
Summerhill School 203
Superego .... 14, 16, 22, 172, 286, s. a. Subtiles System
    als Teil des subtilen Systems 18, 19
Swadisthana Chakra .... s. Subtiles System
Tannenbaum, Samuel A. 65
Tchambuli
    Meads Studien der 123, 125
Teddybär-Enthüllungen 216–17
Telepathie .... s. Okkultes
    und Psychoanalyse 48–49
Theater
    New York City
        Einfluss auf die amerikanische Kultur 178–79
        und freudsche Theorie 71–72
    sexuelle Freiheit im 71–72
    und Freuds Theorie 71–72, 176–78, 279
Therapie
    Akupunktur 327
    Arica 327
    Bioenergetik 326
    Co-Abhängigkeitsberatung 275–76
    EST 326
    Gestalttherapie 244, 271, 272, 273, 320, 321, 326
    Morehouse 327
    Psychotherapie
        allgemeine Prinzipien der 319–20
        Arten von 276, 319–20
        falsche Verteilung von Ressourcen 325–27
        Freuds Beitrag zum Wachstum in Amerika 319
        für Kinder 275–76, 277–78
        Hilfe suchende Amerikaner 275–76
        Zu- und Abnahme kriminellen Verhaltens und 230–31
    reichsche Therapie 203, 327
    Rolfing 326
    Silvas Gedankenkontrolle 327
    so genannte Geistheilung 58

Personen- und Sachverzeichnis

-suppe, alphabethisch geordnet 25–26, 270, 321
Urschreitherapie 272–73, 320
wahre spirituelle Heilung 29–30
Thyestes 161
Tiere
   Rolle der Gene bei der Festlegung von Unterschieden 295–96
Time
   Freud in 172–73
Toilettentraining
   und Charaktereigenschaften 285, 286–88, 290, 336–48
   und Dr. Benjamin Spock 188–91
Torrey, E. Fuller
   Danksagung 35–37
   Daten von Ann Chowning 129
   Eigene Studie 77, 264, 267
   im deutschen Vorwort 11–32, 11–32
   Vorwort zur amerikanischen Ausgabe 38–39
   Widmung zur amerikanischen Ausgabe 5
Train, Dr. John 229
Träume
   Freuds Beitrag zum Interesse an 318
   Freuds Theorien betreffend 44–45
   Irmas Injektion 50–51
Trilling, Diana 250
Trilling, Lionel
   Abwendung vom Stalinismus 161
   als Autor im *Partisan Review* 144
   als Mitglied der New Yorker Intelligentia 147–49, 149, 248, 251
   Charakterisierung 336
   in der Verlagsindustrie 264
   über den Holocaust 157
   und Whittaker Chambers 160
   Zuwendung zum Freudianismus 162–63, 163, 246
Trotzki, Leo 74, 144, 145, 146, 147, 148, 159, 244, 250, 259, 334, 336
Über-Ich .... s. Superego
Unbewusste
   d. freudschen Theorien betreffend 44–45
   Freuds Beitrag zum Interesse an 318
   Shri Mataji über Freuds Unverständnis 17
   Shri Matajis Erklärungen vor der Jungian Society 21–22
   vor Freud 14
Universitäten
   Freuds Vorlesung an der Clark University 41, 54–55
   und Hochschulen
      Freud an den 261–63, 274–75
Urschrei-Therapie 272
Vegeto-Therapie .... s. Therapie
Verantwortung
   Einfluss von Freuds Theorie auf die Kriminologie 219, 227–30
   Verantwortungslosigkeit
      gefördert durch Freuds Theorie 322
Verätzung
   als Neurosenbehandlung 42–44
Verhalten, menschliches
   kulturelle Sichtweise des 154

Personen- und Sachverzeichnis

von der Kultur bestimmt (nach Benedict) 105–8
Verlagsindustrie 264–66
Vietnam
    und die Neue Linke 235
Vishuddhi *Chakra*
    und Amerika .... 31–32, s. Subtiles System
Vita sexualis 42, 62, 65, 68, 118, 172
Vorwort
    deutsches 11–32, 11–32
    E. Fuller Torreys 38–39
Wagner, Dr. Gerhard 152
Wahnvorstellungen (v. Leopold) 215
Walker, Francis A.
    Rassismus und 83–84
Watson, John B.
    Erziehungstheorie von 185–87
White, Dr. William A. 61, 73–74
    als Zeuge im Leopold und Loeb Mordfall 215–17
    Teddybär-Enthüllungen 216–17
Whiting, John W. M. 290, 341
Wickelhypothese 169–70
Widmung
    E. Fuller Torreys 5
    zur deutschen Ausgabe 3
Wiggins, Jerry S. 346–47
Wiggins, Nancy 346–47
Williams, Tennessee 106, 176
Wilson, Edmund 144, 146, 147, 149, 248, 251, 336
Wilson, Glenn D. 284, 286
Windelkunde
    Aufstieg und Fall der 165–71
Wolfsmensch 221
Woods, Frederick A. 84
Woodworth, R. S. 56
Wordsworth, William 148
Zachry, Dr. Carolyn 202, 203
Zeitungen
    und freudsche Theorie 174–75, 279–80
Zilboorg, Dr. Gregory 173, 174
    Höhe seiner Gebühren 316
    Patienten von 177–78
Zuni
    Benedicts Studien der 125, 126, 128
Zwillinge
    Studie von Persönlichkeitszügen bei .... s. Charaktereigenschaften

Literaturverzeichnis

[1] Klein, G., 2007: "Giganten" Freud – Aufbruch in die Seele, TV-Serie (Heidelberg: Interscience Film GmbH, 2007), 2. Staffel, 3. Folge, 11.07.2007.

[2] Universität für Psychoanalyse. Körner, J., 2009: International Psychoanalytic University. Online im Internet: www.ipu-berlin.de (29.11.2009).

[3] „Gene werden … ‚Nature via Nurture'." und "Vielen Genetikern … einer Fläche hat." Ernst P. Fischer: Nature or Nurture? Kommentar vom 06.02.2007. Online im Internet: www.arte.tv/de/wissen-entdeckung/angeboren-oder-anerzogen/1473488,CmC=1473500.html (23.07.2009) und bestätigt durch E. mail vom 28.05.2009.

[4] Freuds Instanzenmodell. Zenz, R., 2006: „Es (Psychoanalyse)". Online im Internet. http://de.wikipedia.org/w/index.php?title=Es_(Psychoanalyse)&oldid=57649550 (26.05.2009).

[5] „Heute ist klar … primitiver Triebe." Shri Mataji Nirmala Devi (Srivastava, N.) *Das Metamoderne Zeitalter* (Dallgow: Sahaja Yoga Germany e. V. (Hrsg.), 2000), 27; Titel der englischen Originalausgabe: Shri Mataji Nirmala Devi: *The Meta Modern Era* (Pune: Vishwa Nirmala Dharma (ed.), 1996), 31f.

[6] „es eine absolute Wahrheit … jedem erfahren werden kann." Ibid., 14; [dt. Ausgabe].

[7] Für eine ausführliche Beschreibung von Symbolen und Referenzen des subtilen Systems in verschiedenen Kulturen und Religionen und ihre Bedeutung s. Costian, D.: *Bible Enlightened: Religions and Yoga* (Baltimore: PublishAmerica, 2003).

[8] „Im feinsinnigeren … das Gute im Menschen." Shri Mataji Nirmala Devi (Srivastava, N.): *Das Metamoderne Zeitalter*, 206.

[9] Das subtile System des Menschen. Ibid., 233; [Beschriftung ergänzt].

[10] „Doch er [Jung] konnte ihm [Freud] … kollektive Bewusstsein ist." Shri Mataji Nirmala Devi: „Public program at Jungian Society in New York from 09/16/1983". In Vishwa Nirmala Dharma (ed.): *Sahaja Yoga Archive*; [eigene Übersetzung der bisher nicht veröffentlichten Transkription].

[11] „I used to live … extremely insecure." Shri Mataji Nirmala Devi: "The Mother – Heart Chakra". In R. Harris (comp.): *Sahaja Yoga Discovery Course* (London: Sahaja Yoga UK (comp.), 1995), Videomitschnitt der Rede eines öffentlichen Programms in Delhi v. 01.02.1983, eigene Übersetzung der Transkription; oder Shri Mataji Nirmala Devi: "The Heart – Security". Online im Internet: www.sahajayoga.org/video_excerpts.asp (03.06.2009).

[12] „So wie es aussieht … gestrichen wird." Shri Mataji Nirmala Devi (Srivastava, N.): *Das Metamoderne Zeitalter*, 168.

[13] Ibid., 20.

[14] „S. Jones: … Körper sieht?" Samuel S. Cohen: *Von der Illusion zur Wirklichkeit – Vertiefende Betrachtungen zu den Gesprächen Sri Ramana Maharshis* (Interlaken: Ansata, 1992), 51.

[15] „Die Wissenschaft … Teil erworben." Shri Mataji Nirmala Devi (Srivastava, N.): *Das Metamoderne Zeitalter*, 204ff.

[16] „Ich muss euch … zum ersten Mal ganz offen." Shri Mataji Nirmala Devi: „Public program in Los Angeles 1992/09/24"; In Vishwa Nirmala Dharma (ed.): *Sahaja Yoga Archive*; [eigene Übersetzung der bisher nicht veröffentlichten Transkription].

[17] Virata. Sahaja Yoga Austria: „Virata". Online im Internet: http://www.sahajayoga.at/Section02Chapter03Page13.html (23.09.2009).

[18] „The treatment of the id by the odd." E. M. Thornton: *The Freudian Fallacy: An Alternative View of Freudian Theory* (Garden City, N. Y.: Dial Press, 1984), 244.

[19] "denn die biographische Wahrheit ist nicht zu haben." Brief von Freud an Arnold Zweig v. 31.05.1936. In Ernst L. Freud (Hrsg.): *Sigmund Freud Arnold Zweig – Briefwechsel* (Frankfurt/M.: S. Fischer, 1968), 137–38; [EdÜ]. Nachweis bei Torrey: „biographical truth is not to be had." P. Roazen: *Freud and His Followers* (New York: New York University Press, 1984), 12.

Literaturverzeichnis

[20] "Wenn ich mein Leben ... Psychoanalyse widmen." E. Jones: *Das Leben und Werk von Sigmund Freud – Die letzte Phase – 1919–1939*. Übersetzt von Gertrud Meili-Dworetzki unter Mitarbeit von Katherine Jones. (Stuttgart: Hans Huber, 1962), 3:456; [Freuds Aussage gegenüber Carrington war offensichtlich in Englisch; EdÜ]. Nachweis bei Torrey: „If I had my life ... psychoanalysis." Freud to Hereward Carrington, 1921. In E. Jones: *The Life and Work of Sigmund Freud*, 3 vols., (New York: Basic Books, 1957), 3:392; [Die drei Bände von Jones' Biographie wurden jeweils 1953, 1955 und 1957 veröffentlicht].

[21] Emma Goldman. Sofern nicht anderweitig gekennzeichnet wurden Informationen über Emma Goldman aus ihrer Autobiographie *Living My Life* (New York: Alfred E. Knopf, 1931) und zwei weiteren kürzlich erschienenen Biographien von Alice Wexler: *Emma Goldman: An Intimate Life* (New York: Pantheon Books, 1984) und Canace Falk: *Love, Anarchy and Emma Goldman* (New York: Holt, Rinehart and Winston, 1984) entnommen.

[22] „an eminent young professor." Goldman: *Living My Life*, 173

[23] „something new and wonderful ... my own." Wexler: *Emma Goldman*, 36.

[24] United Steelworkers. United Steelworkers: "Who we are – Milestones in USW History – 1940s". Online im Internet: http://www.usw.org/our_union/milestones?id=0002 (23.06.09); [EdÜ].

[25] „the killing ... of a life." Wexler: *Emma Goldman*, 63.

[26] „It was Freud ... homosexuality", Ibid., 295; [aus einem Brief von 1929 von Goldman an Beckman].

[27] „For the first time ... my own needs." Goldman: *Living My Life*.

[28] „I always felt ... revulsion." Wexler: *Emma Goldman*, 22.

[29] „His simplicity and earnestness ... into broad daylight." Goldman: *Living My Life*; [Es geht aus Goldmans Biographie nicht hervor, ob sie tatsächlich Freuds Vorträge am 14., 21. und 28.10.1895 besuchte oder eine seiner späteren Vorlesungen in 1896 wie von Alice Wexler (1948, 48) behauptet, eine von Goldmans Biographinnen].

[30] „Only people ... as Freud." Ibid.

[31] „plump, demure ... in white." N. Hale: *Freud and the Americans* (New York: Oxford University Press, 1971), 5, 269. [Die Tatsache, dass Goldman einen Platz in der ersten Reihe einnahm, wird erwähnt von F. H. Matthews: „Freud Comes to America" (MA These, University of California, Berkeley, 1957), 10].

[32] „he stood out ... among pygmies." Goldman: *Living My Life*, 455. [Es gibt keine Hinweise darauf, dass Goldman sich jemals einer persönlichen Psychoanalyse unterzog. Tatsächlich bezeichnete sie einst diesen Prozess als „nichts anderes als die alte Beichte" ("nothing but the old confessional", (Wexler, 295)); viele ihrer engsten Freunde taten es jedoch und Andre Tridon praktizierte als Laienanalytiker (Hale, 327)].

[33] title of professor. E. Jones: *Das Leben und Werk von Sigmund Freud – Die Entwicklung zur Persönlichkeit und die Grossen Entdeckungen – 1856–1900*. Übersetzt von Katherine Jones. (Stuttgart: Huber, 1960), 1:339

[34] „in those days ... name was mentioned." Max Graf: „Reminiscences of Professor Sigmund Freud". *Psychoanalytic Quarterly* 11, (1942):465–76.

[35] "freiwillige oder unfreiwillige ... Coitus interruptus." S. Freud: "Zur Kritik der Angstneurose". In Freud, A., Bibring, E. und E. Kris (Hrsg.): *Gesammelte Werke – Werke aus den Jahren 1892–1899* (London: Imago Publishing, 1952), 1:358; [EdÜ]. Nachweis bei Torrey: „voluntary ... coitus interruptus." S. Freud: „My Reply to Criticisms on the Anxiety Neurosis" (1895). In *The Complete Psychological Works of Sigmund Freud*, James Trachey, (ed.), (London: Hogarth Press, 1966), 1:108; [weitere Zitate aus seinen Vorträgen von 1895 s. Percival Bailey: *Sigmund the Unserene* (Springfield: Charles Thomas, 1965), 17].

[36] „Somit schien ... unzweifelhaft festgestellt" S. Freud: „Meine Ansichten über die Rolle der Sexualität in der Ätiologie der Neurosen". In A. Freud et. al (Hrsg.): *Gesammelte Werke – Werke aus den Jahren 1904–1905*, (Frankfurt/M.: S. Fischer, 1972), 5:152; [EdÜ]. Nachweis bei Torrey: „the unique significance ... established." Sigmund Freud: „My Views on the Part Played by Sexuality in the Etiol-

ogy of the Neuroses" (1905). In *Collected Papers* (New York: International Psychoanalytic Press, 1924), 1:272–83,

[37] „dieser Anteil ... der Neurose ist." S. Freud: „Drei Abhandlungen zur Sexualtheorie". In *Gesammelte Werke*, 5:62, [EdÜ]. Nachweis bei Torrey: „The energy of the sexual ... in the neurosis." Sigmund Freud: *Three Contributions to the Theory of Sex*. In *The Basic Writings of Sigmund Freud*, Abraham A. Brill, ed., (New York: Modern Library, 1938); [Freuds Essay wurde erstmalig 1905 veröffentlicht].

[38] "Bei normaler Vita sexualis ... unmöglich." S. Freud: „Meine Ansichten über die Rolle der Sexualität in der Ätiologie der Neurosen". In *Gesammelte Werke*, 5:153, [EdÜ]. Nachweis bei Torrey: „no neurosis ... vita sexualis." Freud: „My Views on the Part Played by Sexuality in the Etiology of the Neuroses". In Freud: *Collected Papers*, 1:272.

[39] „Ich vertrete ... freieres Sexualleben" Brief von Freud an James J. Putnam v. 08.07.1915. In Ernst u. Lucie Freud (Hrsg.): *Sigmund Freud – Briefe 1873–1939* (Frankfurt/M.: S. Fischer, 1980), 321; [EdÜ]. „I stand for ... sexual life." Freud an James J. Putnam. In J. C. Burnham: „Psychoanalysis and American Medicine, 1894–1918". *Psychological Issues* 5, (1967):1–249.

[40] "mißbräuchliche... Sexualfunktion." Kommentar v. Freud in einem undatierten Brief um Ostern 1893 zum Manuskript von Wilhelm Fließ' „Die nasale Reflexneurose". In Jeffrey M. Masson (Hrsg.): *Sigmund Freud – Briefe an Wilhelm Fliess 1887–1904* (Frankfurt/M.: S. Fischer, 1986), 38; [EdÜ]. Nachweis bei Torrey: "the misuse of the sexual function." Jeffery M. Masson: *The Assault on Truth: Freud's Suppression of the Seduction Theory* (New York: Farrar, Straus and Giroux, 1984), 74, [Fließ zitierend: „The Nasal Reflex Neurosis", 1893 veröffentlicht].

[41] "Nase und weibliche Sexualität." Freud an Fließ v. 08.10.1895. Masson: *Briefe an Wilhelm Fliess*; 145, [EdÜ]. Nachweis bei Torrey: "The Nose and Female Sexuality." Freud an Wilhelm Fließ, 08.10.1895. In *The Complete Letters of Sigmund Freud to Wilhelm Fließ, 1887–1904*, Jeffery M. Masson, ed. (Cambridge: Harvard University Press, 1985), 141.

[42] "einseitigem Gesichtskrampf." Freud an Fließ, 12.06.1895, Masson: *Briefe an Wilhelm Fliess*, 133; [EdÜ]. Nachweis bei Torrey: „one-sided facial spasm." Freud an Fließ, 12.06.1895, Masson: *The Complete Letters*, 131

[43] "neuralgischem Magenschmerz." W. Fließ, 1901: „Über den ursächlichen Zusammenhang von Nase und Geschlechtsorgan". In J. M. Masson: *Was hat man dir, du armes Kind, getan? Oder: Was Freud nicht wahrhaben wollte* (Freiburg i. Br.: Kore, 1995), 117. Ursprünglich In *Sammlung zwangloser Abhandlungen aus dem Gebiete der Nasen- Ohren-, Mund- und Hals-Krankheiten* 5, (1902):238–262 (als Separatum); [EdÜ]. Nachweis bei Torrey: „neuralgic stomach pain." Masson: *The Assault on Truth*, 77.

[44] „einem Magenleiden und ... Menstruationsproblemen." J. H. Masson: Was hat man dir, du armes Kind, getan?, 102, [EdÜ]. Nachweis bei Torrey: „stomach ailments and menstrual." Masson: *The Assault on Truth*, 57.

[45] „gut ½ Meter langes Stück Gaze." Freud an Fließ, 08.03.1895, Masson: Briefe an Fließ, 117; [EdÜ]. Nachweis bei Torrey: „At least half a meter of gauze." Masson: *The Assault on Truth*, 62.

[46] „hat sie ein ... eingefallen gewesen." Masson: Was hat man dir, du armes Kind, getan?, 111; zitiert aus einem Interview v. Dr. Elias mit den Sigmund Freud Archiven 1951; [EdÜ] Nachweis bei Torrey: „her face ... in." Masson: *The Assault on Truth*, 70.

[47] "Blutungen seien ... Sehnsucht gewesen". Masson: Was hat man dir, du armes Kind, getan?, 108; [EdÜ]. Nachweis bei Torrey: „hemorrhages were ... longing." Masson: *The Assault on Truth*, 67.

[48] „Du ... hieltes die Zügel ... alles verhüten." Freud an Fließ, 22.06.1895. In J. Masson (Hrsg.): *S. Freud – Briefe an Wilhelm Fliess*, 135f; [EdÜ]. Nachweis bei Torrey: „holding in your hands ... anything." Freud an Fließ, 22.06.1895. In Freud: *The Complete Letters*, 133.

[49] „das große klinische Geheimnis ... Erinnerungen." Freud an Fließ, 15.10.1895, Ibid., 147; [EdÜ]. Nachweis bei Torrey: „great clinical secret ... memories." Freud an Fließ, 15.10.1895, Ibid., 144; s. a. Brief vom 08.10.1895.

Literaturverzeichnis

[50] "ich diese zwei Neurosen ... bezwungen halte." Freud an Fließ, 16.10.1895, Ibid., 148; [EdÜ]. Nachweis bei Torrey: „I consider the two neuroses ... conquered." Freud an Fließ, 16.10.1895, Ibid., 145.

[51] "topical around ... several decades." Lancelot L. Whyte: *The Unconscious Before Freud* (New York: Basic Books, 1960), 169–70.

[52] „Alle Erweiterung ... des Unbewußten." F. Nietzsche: *The Nietzsche Channel – Nachlass, September 1870 – Januar 1871*. Online im Internet: http://thenietzschechannel.fws1.com/nacha5.htm (01.06.09); [EdÜ]. Nachweis bei Torrey: „Every extension of knowledge ... the unconscious." *The Unconscious Before Freud*, 176; [Whyte zitiert einige Seiten aus Nietzsches Gedanken über das Unbewusste, geschrieben zwischen 1876 und 1888].

[53] Freud war Mitglied eines Leseklubs. Frank J. Sulloway: *Freud, Biologist of the Mind: Beyond the Psychoanalytic Legend* (New York: Basic Books, 1979), 468.

[54] [Freud] verdankte Nietzsche ... Whyte: *The Unconscious Before Freud*, 175.

[55] Träume als „die imaginäre Erfüllung von ... Wünschen." Wilhem Griesinger: *Die Pathologie und Therapie der psychischen Krankheiten für Aerzte und Studirende*, Zweite, umgearbeitete und sehr vermehrte Auflage (Stuttgart: Krabbe, 1867), 111; [EdÜ]. Nachweis bei Torrey: „the imaginary fulfillment of wishes." Sulloway: *Freud, Biologist of the Mind*, 324.

[56] Karl Scherner. Ibid. (Sulloway: *Freud, Biologist of the Mind*), 325.

[57] "the claim that dreams ... successive personalities." Sulloway: *Freud, Biologist of the Mind*, 322–23; [s. a. Henri Ellenberger: *The Discovery of the Unconscious* (New York: Basic Books, 1970), 303–11].

[58] „meine Anschauungen ... und des Infantilismus." S. Freud: „Meine Ansichten über die Rolle der Sexualität in der Ätiologie der Neurosen". In *Gesammelte Werke*, 5:157; [EdÜ]. Nachweis bei Torrey: „my views concerning ... infantilism." Freud: *Collected Papers*, 1:282–83.

[59] „Der das berühmte ... mächtiger Mann war!" E. Jones: *Das Leben und Werk von Sigmund Freud – Jahre der Reife – 1901–1919*, Übersetzt von Gertrud Meili-Dworetzki unter Mitarbeit von Katherine Jones (Stuttgart: Huber, 1960), 2:27f; [EdÜ]. Nachweis bei Torrey: "he dreamed ... most mighty." Lionel Trilling: Freud and the Crisis of Our Culture (Boston: Beacon Press, 1955), 31.

[60] „Freud was continually preoccupied ... ten years." Sulloway: *Freud, Biologist of the Mind*, 25.

[61] „Ein Vorhaben habe ich ... sich irren werden." Freud an Martha Bernays, 28.04.1885. In *Sigmund Freud – Briefe 1873–1939*, 144f; [EdÜ]. Nachweis bei Torrey: "I have almost finished ... seeing them go astray." Freud an Martha Bernays, 28.04.1885. In *The Letters of Sigmund Freud*, ed. Ernst L. Freud (New York: McGraw Hill, 1964), 140–41.

[62] „the myth of the hero" und "... heroic destiny." Sulloway: *Freud, Biologist of the Mind*, 36, 42 und 476 ff; [Dieser Aspekt von Freuds Charakter wurde auch von Percival Bailey in *Sigmund the Unserene* untersucht (z. B. S. 36, wo Bailey sagt, dass Freud „nicht immer Wert auf die ganze Wahrheit gelegt hat" („was not always careful to tell the whole truth"))].

[63] „So kommen wir ... in Besitz nehmen." Freud an C. G. Jung v. 17.01.1909. In McGuire, W. und W. Sauerländer (Hrsg.): *Sigmund Freud C. G. Jung – Briefwechsel* (Frankfurt/M: S. Fischer, 1974), 218; [EdÜ]. Nachweis bei Torrey: "We are certainly ... from afar." Freud an Carl Jung, 17.01.1909. In *The Freud/Jung Letters*, ed. William McGuire (Princeton: Princeton University Press, 1974), 195–96.

[64] Nachbildung der Statue. Ronald W. Clark: *Freud: The Man and the Cause* (New York: Random House, 1980), 358.

[65] „Durch drei einsame ... gemessen, gezeichnet." Freud an E. Weiss v. 12.04.1933. In *Sigmund Freud – Briefe 1873–1939, 431*; [EdÜ]. Nachweis bei Torrey: „every day ... drawing it." Ibid. (= *Freud: The Man and the Cause*, EdÜ).

[66] „und manchmal ... der heiligen Gebote hält." S. Freud: "Der Moses des Michelangelo". In *Gesammelte Werke – Werke aus den Jahren 1913-1917*, (Frankfurt/M: Fischer, 1999), 10:175; [EdÜ]. Nachweis bei Torrey: "Sometimes I have crept ... the Ten Commandments." Earl A. Grollman: *Judaism in Sigmund Freud's World* (New York: Bloch Publishing Co., 1965), 110; [zitiert Freuds Essay „The Moses of Michelangelo", anonym publiziert 1914 in *Imago*].

Literaturverzeichnis

[67] "daß er [Freud] gefühlsmäßige … identifizieren." Jones: *Leben und Werk v. S. F.*, 3:428; [EdÜ]. Nachweis bei Torrey: „had emotional reasons for identifying ... predecessor." Jones: *Freud*, 3:368.

[68] „there can be little doubt ... with Moses." Reuben Fine: *A History Of Psychoanalysis* (New York: Columbia University Press, 1979), 266.

[69] "Die Schlussfolgerung … ist kaum zu vermeiden." Eigene Übersetzung. Gay verweist hier eigentlich auf das englische Original von Jones Freud-Biographie. In der deutschen Ausgabe heißt es: "Von hier aus kommt man unfehlbar zu dem naheliegenden Schluß, daß sich Freud zu dieser Zeit und vielleicht auch schon vorher mit Moses identifiziert hatte und bestrebt war, ihm in seinem Sieg über die Leidenschaften, wie Michelangelo sie in so erstaunlicher Vollkommenheit dargestellt hatte, nachzueifern." Jones: *Das Leben und Werk S. Freuds*, 2:432; [EdÜ]. Nachweis bei Torrey: „one cannot avoid ... Moses." Peter Gay: *Freud: A Life For Our Time* (New York: W. W. Norton, 1988), 317f;

[70] "gewissermaßen ein … Telegraphie." S. Freud: „Traum und Okkultismus". In Freud, A., Bibring, E. und E. Kris (Hrsg.): *Gesammelte Werke – Neue Folge der Vorlesungen zur Einfuhrung in die Psychoanalyse*, (Frankfurt/M: Fischer, 1999), 15:38; [EdÜ]. Nachweis bei Torrey: „a kind of psychical counterpart to wireless telegraphy." Sigmund Freud: „Dreams and Occultism." In *New Introductory Lectures on Psychoanalysis, Standard Edition*, vol. 22 (London: Hogarth Press, 1964), 36.

[71] „wie er oft … rufen hören." Jones: *Das Leben und Werk von Sigmund Freud*, 3:442; [EdÜ]. Nachweis bei Torrey: „often heard ... her voice." Jones: *Freud*, 3:380.

[72] „hatte sich zwischen … Beziehung herausgebildet." Jones: *Das Leben und Werk von Sigmund Freud*, 3:265; [EdÜ]. Nachweis bei Torrey: „a quite peculiarly intimate ... daughter." Jones: *Freud*, 3:224.

[73] „he referred to ... correspondence." Paul Roazen: *Freud and His Followers* (New York: New York University Press, 1984), 390.

[74] „magical actions ... averting disaster." Ibid., 382.

[75] „found himself ... his child's life." Ibid.

[76] „a revolutionary difference ... of psychoanalysis." Ibid., 386.

[77] „brought a telepathist to a meeting." Ibid., 233.

[78] seine Experimente mit Kokain (his experiments with cocaine). Robert Byck, ed.: *Cocaine Papers: Sigmund Freud* (New York: New American Library, 1974).

[79] „Zaubermittel." Zwei Äußerungen v. Freud v. 12. u. 25.05.1884, offensichtlich in unveröffentlichten Briefen an Martha Bernays. In Jones: *Das Leben und Werk von Sigmund Freud*, 1:105; [EdÜ]. Nachweis bei Torrey: „a magical drug." Jones: *Freud* 1:78–97.

[80] "die freudigste Aufregung" und "Aufheiterung … Euphorie." S. Freud: „Ueber Coca", *Centralblatt für die gesammte Therapie* 2, (1884):289–314. Online in Internet: http://vlp.mpiwg-berlin.mpg.de/library/data/lit29488/index_html?pn=1&ws=1.5 (24.06.09) oder In Jones: *Das Leben und Werk von Sigmund Freud*, 1:106f; [EdÜ]. Nachweis bei Torrey: „the most gorgeous ... lasting euphoria." Jones: *Freud* 1:78–97.

[81] „fortified himself with ... cocaine." Gay: *Freud: A Life for Our Time*, 50

[82] „Wehe, Prinzeßchen … Literatur zusammeln." Unveröffentlichter Brief v. Freud an Bernays v. 02.06.1884. In Jones: *Das Leben und Werk von Sigmund Freud*, 1:100; [EdÜ]. Nachweis bei Torrey: „Woo to you, my Princess ... this magical substance." Freud to Martha Bernays, 02.06.1884. In Byck, 10–11.

[83] „dritte Geißel der Menschheit." Erlenmeyer, A.: „Über Cocainsucht", *Deutsche Medizinalzeitung* 7(44), (1886):483–84. In Jones: *Das Leben und Werk*, 1:120; [EdÜ]. Nachweis bei Torrey: „the third scourge of humanity." Jones, 1:94, [Erlenmeyer zitierend].

[84] Freuds Briefe an Fließ. Die folgenden Zitate stammen aus Masson: *S. Freud – Briefe an Wilhelm Fliess*; [EdÜ]. Nachweis bei Torrey: Freud – Fließ letters. Die folgenden Zitate stammen aus Masson: *The Complete Letters*.

[85] „Ich gebrauchte … zu unterdrücken." S. Freud: „Die Traumdeutung". In A. Freud (Hrsg.): *Gesammelte Werke – Die Traumdeutung – Über den Traum* (Frankfurt/M.: S. Fischer, 1976), II/III:116; [EdÜ].

Literaturverzeichnis

[86] „der Kokainpinsel ist übrigens ganz beiseite gelegt." Brief von. Freud an Fliess v. 26.10.1896. In Masson: *S. Freud – Briefe an Wilhelm Fliess*, 212.

[87] E. M. Thornton. *The Freudian Fallacy: An Alternative View of Freudian Theory* (Garden City, N.Y.: Dial Press, 1984).

[88] Studien von Kokainabhängigen (studies of cocaine abusers). Dale D. Chitwood: „Patterns and Consequences of Cocaine Use". In *Cocaine Use in America: Epidemiologic and Clinical Perspectives*, eds. Nicholas J. Kozel and Edgar H. Adams, NIDA Research Monograph 61 (Washington: Government Printing Office, 1985), 125.

[89] „[ich] leide jetzt ... Ätzung zu machen." Freud an Fliess, 12.12.1897. In Masson: *S. Freud – Briefe an Wilhelm Fliess*, 310; [EdÜ]. Nachweis bei Torrey: „now suffering painfully ... in Breslau." Freud to Fließ, 12.12.1897. In Masson: *The Complete Letters*, 285.

[90] „Herzschwäche mit ... Herzweh..." Ibid., 411; [EdÜ]. Nachweis bei Torrey: „cardiac weakness ... pain." Freud to Fließ, 27.09.1899. Ibid.

[91] Freud-Gelehrte Peter Swales (Freud scholar Peter Swales). Peter J. Swales: „Freud, Cocaine and Sexual Chemistry: The Role of Cocaine in Freud's Conception of the Libido". In *Sigmund Freud: Critical Assessments*, vol. 1, Laurence Spurling, ed. (London: Routledge, 1989).

[92] „I don't think he ... for 15 years." Ernest Jones to Siegfried Bernfeld, 03.05.1952. Dieser und die beiden folgenden Briefe stammen aus der Siegfried Bernfeld Collection der Library of Congress und wurden zitiert mit freundlicher Erlaubnis von Mervyn Jones.

[93] „I am ... not mentioning that." Jones an Siegfried Bernfeld, 28.04.1952.

[94] „Before ... everyone he met." Jones an Siegfried Bernfeld, 09.05.1952.

[95] „by the time he published ... in place." Gay: *Freud: A Life for Our Time*, 103–4.

[96] „historischer Augenblick." E. Jones: *Das Leben und Werk v. S. Freud*, 1:410; [EdÜ]. Nachweis bei Torrey: „an historic moment." Jones: *Freud*, 1:354 [korrigierte Bandangabe; EdÜ].

[97] „dream specimen." Fine, 28, [Erik Erikson zitierend].

[98] „Da aber ... verknüpft ist." S. Freud: „Zur Geschichte der psychoanalytischen Bewegung". In *Gesammelte Werke*, 10:60; [EdÜ]. Nachweis bei Torrey: „Since, however ... such discoveries." Sigmund Freud: *The History of the Psychoanalytic Movement* (New York: Collier Books, 1963), 55; [erstmalig 1914 veröffentlicht].

[99] „a certain lewd ... obscene label." Hale: *Freud and the Americans*, 260.

[100] „only to physicians and lawyers." Ibid.

[101] „In Wahrheit bringt ... die Säuglings- und Kinderzeiten." S. Freud: „Zur sexuellen Aufklärung der Kinder". In Freud, A., Bibring, E., Hoffer, W., Kris, E. und O. Isakower (Hrsg.): *Gesammelte Werke – Werke aus den Jahren 1906–1909* (Frankfurt/M.: S. Fischer, 1972), 7:21; [EdÜ]. Nachweis bei Torrey: „In reality the new-born ... childhood." Havelock Ellis: *Studies in the Psychology of Sex*, vol. 6 (Philadelphia: F. A. Davis, 1910), 36.

[102] „Immoral ... time and place." Hale: *Freud and the Americans*, 62.

[103] „semi-detached marriages." Oscar Cargill: *Intellectual America* (New York: Macmillan, 1941), 620.

[104] „laissez-faire sexual morality." Cargill: *Intellectual America*, 617.

[105] Margaret Sanger. David M. Kennedy: *Birth Control in America: The Career of Margaret Sanger* (New Haven: Yale University Press, 1970), 13.

[106] Dr. William J. Robinson. s. Hale: *Freud and the Americans*, 271, [Robinsons Essay zitierend in seinem *American Journal of Urology and Sexology*, 1915].

[107] „The chief sin of the world ... literally true." Hale: *Freud and the Americans*, 251.

[108] „but he had to ... at the door." John C. Burnham: „Psychoanalysis in American Civilization Before 1918". (Ph.D. Diss., Stanford University, 1958, 317); [zitiert mit freundlicher Erlaubnis von Prof. John C. Burnham].

[109] „barbaric and bestial proclivities." Ibid., 214.

[110] „Viennese libertine." *New York Times*, undatiertes Zitat von Catherine L. Covert: „Freud on the Front Page: Transmission of Freudian Ideas in the American Newspaper of the 1920's". (Ph.D.

Literaturverzeichnis

Diss., Syracuse University, 1975), 271; [zitiert mit freundlicher Erlaubnis von Carolyn S. Holmes, Testamentsvollstreckerin des Nachlasses von Catherine L. Covert, 1991].

[111] „worship of Venus and Priapus." Hale: *Freud and the Americans*, 300.

[112] „a direct invitation." Ibid.

[113] „I am beginning ... medicine." William S. Sadler: *Worry and Nervousness* (Chicago: McClurg, 1914), 357.

[114] "Ich glaube auch ... sind zu groß." Freud an Jung, 17.01.1909. In McGuire: *S. Freud C. G. Jung – Briefwechsel*, 217; [EdÜ]. Nachweis bei Torrey: „I also think ... too great." Freud letter to Carl Jung, 17.01.1909. In McGuire: *The Freud/Jung Letters*, 195.

[115] „The true meaning of a dream ... to digestion." H. L. Mencken in *Smart Set* 35 (1911):153–55; [zitiert bei Matthews, 43].

[116] „To Freudian writers ... generally speaking." J. V. Haberman: „A Criticism of Psychoanalysis." *Journal of Abnormal Psychology* 9 (1914):265–80.

[117] „an ingeniously obscene imagination." Warner Fite: „Psycho-Analysis and Sex Psychology." *Nation*, 10.08.1916, 127–29.

[118] „peddler of pornography." Hale: *Freud and the Americans*, 310.

[119] „But this is ... police court." C. Ladd Franklin: „Freudian Doctrines". *Nation*, 19.10.1916, 373–74.

[120] „of such vile nature ... its value." Charles Bruehl: „Psychoanalysis". *Catholic World*, Feb. 1923, 577–89.

[121] „lovers took to urging ... neurotic." Cargill: *Intellectual America*, 608.

[122] „people gave freer ... to inhibit." Sidney Ditzion: *Marriage, Morals and Sex in America* (New York: Bookman Associates, 1953), 361.

[123] the idea ... and the illicit." Edwin B. Holt: *The Freudian Wish and Its Place in Ethics* (New York: Henry Holt and Company, 1915), vi.

[124] „psychoanalysis and sex ... identical." Clarence P. Oberndorf: *A History of Psychoanalysis in America* (New York: Grune and Stratton, 1953), 134–35.

[125] „the element of sex ... the sex element." Robert S. Woodworth: „Some Criticisms of Freudian Psychology". *Journal of Abnormal Psychology* 12 (1917):174–94.

[126] „I have devoured ... this sort." Ibid.

[127] „Yes, I am of course ... against repressed desires." Hale: *Freud and the Americans*, 300.

[128] [Puritans were] „sexually abnormal." *Covert*, 273, [Andre Tridon zitierend].

[129] „Sie könne ... sich selbst." S. Freud: „Über ‚wilde' Psychoanalyse". In Freud, A., Bibring, E., Hoffer, W., Kris, E. und O. Isakower (Hrsg.): *Gesammelte Werke – Werke aus den Jahren 1909–1913*, (Frankfurt/M: Fischer, 1999), 8:118; [EdÜ]. Nachweis bei Torrey: „that she could not tolerate ... herself." Sigmund Freud: „Wild Psychoanalysis" (1910). In Strachey: *Works of Sigmund Freud*, 221–227.

[130] „die Psychoanalyse ... der nervösen Leiden." Ibid., 121; [EdÜ]. Nachweis bei Torrey: „psychoanalysis ... disorders." Ibid.

[131] „higher and nobler knowledge." Hale: *Freud and the Americans*, 416, [Zitat aus der New York Times 12.02.1916, 06. und 14.02.1916, 12].

[132] „psychoanalysis was   morals." Ibid.

[133] „I thought it ... tender love." Lavinia Edmunds: „His Master's Choice". *Johns Hopkins Magazine* Apr. 1988, 40–49. [Der Fall involvierte Dr. Horace Frink, einen von Freuds Lieblingsanhängern, der deutliche Anzeichen einer manisch-depressiven Psychose zu der Zeit zeigte, als Freud ihn drängte seine frühere Patientin zu heiraten]; [eigene Übersetzung eines offensichtlich von Edmunds angeführten englischsprachigen Zitats von Freud in einem Brief an Abraham Bijurs Analytiker.]

[134] Emmanuel Movement. Harvard University Press: Auszug aus einer Kurzbesprechung des Buchs von S. Gifford: *The Emmanuel Movement – The Origins of Group Treatment and the Assault on Lay Psychotherapy* (Boston: Harvard University Press, 1998). Online im Internet: http://www.hup.harvard.edu/catalog/GIFEMM.html?show=catalogcopy (01.08.2009); [EdÜ].

[135] „to have electrified many physicians." Barbara Sicherman: „The Quest for Mental Health in America, 1880–1917". (Ph.D. Diss., Columbia University, 1967), 196.

[136] medizinische Doktorarbeit (medical dissertation). Burnham: „Psychoanalysis in American Civilization Before 1918". [1894 notierte William James einen Beitrag von Freud und Josef Breuer über Hysterie, aber von da an bis 1906 wurde Freud in der amerikanischen medizinischen Literatur praktisch nicht mehr erwähnt].
[137] „a nobler self." Matthews: „Freud Comes to America" 57.
[138] „idealist ethic ... Divine Purpose." Ibid. 54.
[139] „man's spiritual ... Infinite." Ibid. 55.
[140] „a decorative ... touch." Ibid.
[141] „glowing ... bewilderment." Ibid. 56.
[142] „with an attempt ... of God." Burnham: „Psychoanalysis in American Civilization Before 1918", 303.
[143] „levied one ... ever been heard." Gerald N. Grob: *The State and the Mentally III* (Chapel Hill: University of North Carolina Press, 1966), 265.
[144] „mental hygiene ... justify physical hygiene." Sicherman, 332.
[145] „the moral ... ventilation." Ibid., 365.
[146] „all forms of ... unhappiness." Ibid., 333.
[147] White verlangte Reformen (White had urged reforms). Ibid., 364.
[148] „psychic infections." Ibid., 367, [Salmon 1912 zitierend].
[149] „dependent ... basis for psychoses." Ibid.
[150] „practically all the hopeful ... schools." Ibid., 279.
[151] „an ardent ... Catholic priest." Abraham A. Brill: „Professor Freud and Psychiatry". *Psychoanalytic Review* 18 (1931):241–46.
[152] „a barren ... haphazard therapy." Abraham A. Brill: „A Psychoanalyst Scans His Past". *Journal of Nervous and Mental Disease* 95 (1942):537–49.
[153] „they are doing that Freud stuff." Abraham A. Brill: „The Introduction and Development of Freud's Work in the United States". *American Journal of Sociology* 45 (1939):318–25.
[154] „worked heart and soul ... to psychiatry." Ibid.
[155] „a fine collection ... of Sex practices." „Brands for the Burning". *Time*, 27.01.1941, 30.
[156] „seemed even more ... American analysts." Burnham: „Psychoanalysis in American Civilization Before 1918", 149.
[157] „invariably." Ibid., 68.
[158] "keine Neurose … Vita sexualis möglich ist." s. S. Freud: „Meine Ansichten über die Rolle der Sexualität in der Ätiologie der Neurosen". In *Gesammelte Werke*, 5:153; [EdÜ]. „no neurosis ... vita sexualis." Freud: *Collected Papers*, 1:272.
[159] „pure air and food." Hale: *Freud and the Americans*, 396.
[160] „the urge is there ... itself." John D'Emilio and Estelle B. Freedman: *Intimate Matters: A History of Sexuality in America* (New York: Harper and Row, 1988), 223.
[161] „Brill conspicuously ... to be sexual." Burnham: „Psychoanalysis and American Medicine, 1894–1918", 110.
[162] „frank insistence ... in risqué jokes." Hale: *Freud and the Americans*, 392.
[163] Duchamps, M., 1911–1916: *Nude Descending a Staircase (No. 1–3)*. The Louise and Walter Arensberg Collection, Philadelphia Museum of Art, Philadelphia. Online im Internet: www.philamuseum.org (14.05.2009); [EdÜ].
[164] „the most important ... Declaration of Independence." Justin Kaplan: *Lincoln Steffens: A Biography* (New York: Simon and Schuster, 1974), 199.
[165] mindestens 15 cm (a minimum of six inches). Henry F. May: *The End of American Innocence: The First Years of Our Own Time* (New York: Oxford University Press, 1959), 338.
[166] Greenwich Village. Wikipedia-Autoren: „Greenwich Village". Online im Internet: http://de.wikipedia.org/w/index.php?title=Greenwich_Village&oldid=64865419 oder http://en.wikipedia.org/w/index.php?title=Greenwich_Village&oldid=316930527 (30.09.2009).

Literaturverzeichnis

[167] „cut off from the Village ... the Id." Milton Klonsky: „Greenwich Village: Decline and Fall". *Commentary* 6 (1948):461; [mit freundlicher Erlaubnis des *Commentary*].

[168] Dadaisten gelegentlich ... picknickten. Raymond Nelson: *Van Wyck Brooks: A Writers Life* (New York: E. P. Dutton, 1981), 95.

[169] „bourgeois pigs." Ibid.

[170] "directed against ... its readers." Aus dem Impressum von *Masses*, aber keine genauere Angabe; [persönliche Mitteilung von Torrey vom 26.05.2009].

[171] „serenely happy." Max Eastman: *Enjoyment of Living* (New York: Harper and Brothers, 1948), 253.

[172] „delivered through a serrated gold crown." Hale: *Freud and the Americans*, 246.

[173] „I wanted to believe ... in mental healing." Eastman: *Enjoyment of Living*, 242.

[174] „read Freud ..." und ."in my make-up." Ibid., 491.

[175] seine Schwester und seine Mutter (his sister and his mother). Ibid., 317, 344 und 356.

[176] „which I believe ..." und "... free and energetic." Zitate stammen aus zwei Artikeln von Max Eastman „Exploring the Soul and Healing the Body" und „Mr. Er-Er-Er-Oh! What's His Name?" *Everybody's Magazine* Jun. 1915, 741–50 und Jul. 1915, 95–103.

[177] „mental cancers ... will disappear." Ibid.

[178] „The attitude ... the world." Ibid.

[179] Freud Dell: James B. Gilbert: *Writers and Partisans: A History of Literary Radicalism in America* (New York: Wiley, 1967), 56.

[180] „busy analyzing ... his hands." Burnham: „Psychoanalysis in American Civilization Before 1918", 266; [Sherwood Anderson zitierend].

[181] „everyone at that time ... about it." Frederick J. Hoffman: *Freudianism and the Literary Mind* (Baton Rouge: Louisiana State University Press, 1957), 58

[182] „frustrated excitement." Hale: *Freud and the Americans*, 309.

[183] „change a thin ... contented mate." Ibid.

[184] „immensely indebted to psychoanalysis." Frankwood E. Williams: *Proceedings of the First International Congress on Mental Hygiene* (New York: The International Committee for Mental Hygiene, 1930), 620.

[185] „a new view ... supplementing it." Floyd Dell: *Homecoming* (New York: Farrar and Rinehart, 1933), 293–94.

[186] „prophet of the new liberalism." Charles Forcey: *Crossroads of Liberalism* (New York: Oxford University Press, 1961), 108; [andere Beschreibungen von Lippmanns frühen Jahren s. Edward L. Schapsmeier and Frederick H. Schapsmeier: *Walter Lippmann: Philosopher-Journalist* (Washington: Public Affairs Press, 1969) und Stow Persons: *American Minds* (New York: Henry Holt and Co., 1958)].

[187] „as ... *The Origin of the Species*." Gay, *Freud: A Life for Our Time*, 458.

[188] Intercollegiate Socialist Society (1905–1921) T. Davenport, 2009. "Organizational History". Online im Internet: www.marxisthistory.org/subject/usa/eam/iss.html (14.05.2009), [EdÜ].

[189] „The greatest advance ... of human character." Walter Lippmann: *A Preface to Politics* (New York: Macmillan, 1913), 85

[190] „the suffrage movement ... in the human psyche." Forcey: *Crossroads of Liberalism*, 112.

[191] „I cannot help feeling to thought." Walter Lippmann: „Freud and the Layman". New Republic 2 (1915):9–10.

[192] „a few years ... of the Psychoanalytic Society." Ronald Steel: *Walter Lippmann and the American Century* (Boston: Little Brown, 1980), 48.

[193] „I wish Walter Lippmann ... a little." Ibid., 173.

[194] „in continental Europe may be dispensed with." Abraham A. Brill: „The Psychopathology of the New Dances." *New York Medical Journal* 49 (1914):834–37.

[195] „Socialists ... modern artists." Gilbert: *Writers and Partisans*, 26.

[196] „display ... psychology of Sigmund Freud." Schapsmeier: *Walter Lippman*, 4.

[197] „aroused a ... lively discussion." Brill: „The Introduction and Development of Freud's Work", 318–25.

[198] „several ... give-aways." Mabel D. Luhan: *Movers and Shakers* (New York: Harcourt Brace and Co., 1936), 142.

[199] „a large, soft, overripe Buddha ... at his feet." Joseph R. Conlin: *Big Bill Haywood and the Radical Union Movement* (Syracuse: Syracuse University Press, 1969), 87.

[200] „The questions ... by medical men." Brill: „The Introduction and Development of Freud's Work", 318–25.

[201] „a pioneer in the cult of the orgasm." Christopher Lasch: *The New Radicalism in America: The Intellectual as a Social Type* (New York: Alfred A. Knopf, 1965), 118. s. a. 124.

[202] „the woman ... young clerks." Luhan: *Movers and Shakers*, 509.

[203] „revolution ..." and „... to pathology." „Dreams of the Insane". *New York Times*, 02.03.1913, sec. 5:10. [Der Artikel ist nicht unterzeichnet, entspricht aber stilistisch und inhaltlich dem, den Kuttner im folgenden Jahr signiert hat].

[204] „Freud and ... revealing them." Ibid.

[205] ein Jahr später schrieb Kuttner (a year later Kuttner wrote). Alfred Kuttner: „What Causes Slips of the Tongue?". *New York Times*, 18.10.1914, sec. 5:10.

[206] „mind was ... as a neurotic." Peter C. MacFarlane: „Diagnosis by Dreams". *Good Housekeeping*, Feb. 1915, 125–33, Mär. 1915, 278–86.

[207] „This ... about sex." Ben Hecht: *Gaily, Gaily* (New York: Doubleday and Company, 1963), 65.

[208] „to liberate ... our literature." Bernard DeVoto: „Freud in American Literature". *Psychoanalytic Quarterly* 9 (1940):236–45.

[209] „came to me ... about it." Burnham: „Psychoanalysis in American Civilization Before 1918", 268.

[210] Authors' League of America. Writers Guild of America, East (2006): "A Brief History – A look back at how the WGAE came to be". Online im Inernet: www.wgaeast.org/index.php?id=318&tx_ttnews[tt_news]=499&tx_ttnews[backPid]=109&cHash=cfc4957da9 (01.08.2009); [EdÜ].

[211] „I gave them ... or imagined." Brill: „The Introduction and Development of Freud's Work", 318–25.

[212] Dreiser las von Brill empfohlene Bücher (Dreiser read books recommended by Brill). Für eine Beschreibung der Freundschaft zwischen Dreiser und Brill s. W. A. Swanberg: *Dreiser* (New York: Charles Scribner's Sons, 1965), 234, 271 und 287.

[213] „began a series ... by a stenographer." Ibid., 399.

[214] bat Brill um ein Schreiben (he asked Brill for a letter). Ibid., 311–12.

[215] „was always entangled ... with courage and adventure." Ibid., 246.

[216] „that the conflicts ... and creativity" Ibid., 295.

[217] „strong, revealing light ... and my work." W. David Sievers: *Freud on Broadway: A History of Psychoanalysis and the American Drama* (New York: Hermitage House, 1955), 68.

[218] gegen eine seiner Affären protestierte (objected to one of his affairs). Swanberg: *Dreiser*, 320.

[219] „The novel ... as a baby." May: *The End of American Innocence*, 294.

[220] „sickened and ... grew perverse." Frederick J. Hoffman: *The Twenties* (New York: The Free Press, 1949), 30–31.

[221] „one of the heroes of modern thought." Hoffman: *Freudianism and the Literary Mind*, 256.

[222] „as a kind of therapy for Oppenheim." Siehe May: 325 und James Hoopes: *Van Wyck Brooks. In Search of American Culture* (Amherst: University of Massachusetts Press, 1977), 136.

[223] Später wurde Oppenheim selbst Amateur-Analytiker (Oppenheim himself later became). Hale: *Freud and the Americans*, 327.

[224] „Three-quarters of the poetry ... Freudian in content." DeVoto: „Freud in American Literature". *Psychoanalytic Quarterly* 9 (1940):236–45.

[225] „decided very early ... as I could." Hoffman: *Freudianism and the Literary Mind*, 280.

[226] „Oh, just one ... soupçon of jealousy." Frederick L. Allen: *Only Yesterday: An Informal History of the 1920s* (New York: Harper and Row, 1931), 76; [F. Scott Fitzgeralds *This Side of Paradise* zitierend].

[227] Arthur Hopkins. Sievers: *Freud on Broadway*, 46–47.

[228] „a minor character ... 'love-cracked'." Ibid., 50.

[229] „an ingenious ... giddy faddist." Ibid., 53–54.

[230] "she'll find out ... your mother." Ibid; [Zitatstelle ergänzt nach persönlicher Mitteilung von Torrey v. 26.05.2009].

[231] „You could not go ... hearing of someone's complex." Albert Parry: *Garrets and pretenders: A History of Bohemianism in America* (New York: Dover Publications, 1960), 278. [1933 erstmalig publiziert].

[232] „I beg your pardon ... in such a way." Hale: *Freud and the Americans*, 429.

[233] „the psychoanalytic era." Sievers: *Freud on Broadway*, 65.

[234] „dominating his sexual partner." Ibid., 77.

[235] „With flasks ... and individual freedom." Ibid., 79.

[236] „a great force." Ibid., 67.

[237] „If there is ... Dr. Freud." Alfred Kazin: *On Native Grounds* (New York: Reynal and Hitchcock, 1942), 194.

[238] O'Neill war in der Psychoanalyse (O'Neill was in psychoanalysis). Sievers: *Freud on Broadway*, 116; [Es heißt, dass O'Neills Analytiker Dr. Gilbert V. Hamilton war, der 1929 eine Studie über sexuelle Praktiken in der Ehe, *A Research on Marriage*, veröffentlichte (s. Anhang B). Mit großer Sicherheit war O'Neill deshalb einer der Probanden dieser Studie].

[239] „O Oedipus ... is adopting you." Sievers: *Freud on Broadway*, 117.

[240] „As soon as I ... speak on problems of sex." Brill: „The Introduction and Development of Freud's Work", 318–25.

[241] Child Study Association. Buchmüller, A. D.: „Child Study Association of America", *Clinical Pediatrics* 6/7 (1997):400. Online im Internet: http://cpj.sagepub.com/cgi/pdf_extract/6/7/400 (01.08.2009); [EdÜ].

[242] „we could reduce ... smallpox and typhoid." Hale: *Freud and the Americans*, 351.

[243] „unshackle our libido." Oberndorf: *A History of Psychoanalysis*, 134.

[244] „in extension classes ... New York area." Hale: *Freud and the Americans*, 400.

[245] „smoking is ... oral eroticism." Edward L. Bernays: *Biography of An Idea: Memoirs of Public Relations Counsel* (New York: Simon and Schuster, 1965), 386–87. [Bernays war ebenfalls mit Freud über Freuds Ehefrau verwandt, da Bernays Vater ihr Bruder war. Freuds Schwester und der Bruder seiner Frau heirateten drei Jahre vor Freud und wanderten 1892 nach New York City aus, als Edward Bernays ein Jahr alt war].

[246] „the first ... to advertizing." Ibid., 395.

[247] Dr. Brill z. B. unterstützte Legalisierung von Abtreibungen (Dr. Brill ... and the legalization of abortions). S. Brief von Brill an Abraham L. Wolbarst, 21.12.1943, Brill Collection, Library of Congress.

[248] „an important mode of ... forbidden wishes." Hale: *Freud and the Americans*, 474.

[249] „Puritan prudery ... our present social system." Brill: „The Psychopathology of the New Dances", 834–37.

[250] „two timid ... matrimony." Ibid.

[251] „sympathetic to the ... pre-war period." Hale: *Freud and the Americans*, 348.

[252] [Trotski] „wrote intelligently about Freud." Daniel Aaron: *Writers on the Left* (New York: Harcourt Brace and World, 1961), 46.

[253] „both contemplate ... harmony." Fine: *History of Psychoanalysis*, 447; [zitierend aus Eastmans *Marx: Lenin and the Science of Revolution*, 101].

[254] "smells ... of sexual novelties." Louis Hartz: *The Liberal Tradition in America* (New York: Harcourt Brace Jovanovich, 1955), 243.

Literaturverzeichnis

[255] „determine the ... guest list." Stephen J. Whitfield: *A Critical American: The Politics of Dwight Macdonald* (Hamden, CT: Shoe String Press, 1984), 15.

[256] zu den Gästen gehörten (guests included such notables). Margaret Sanger: *Margaret Sanger: An Autobiography* (New York: W. W. Norton, 1938), 70.

[257] „a psychoanalytic revolution ... Golden Age." Fritz Wittels: „Brill the Pioneer". *Psychoanalytic Review* 35 (1948):397.

[258] „the emphasis placed." Burnham: „Psychoanalysis in American Civilization Before 1918" 348.

[259] „grew quickly ... among intellectuals." Hale: *Freud and the Americans*, 476.

[260] „around 1916 ... Havelock Ellis." Ibid., 475.

[261] „the speakeasy usually ... as well." Allen: *Only Yesterday*, 82.

[262] „an air ... rather dashing and desirable." Ibid., 95.

[263] „The closed car ... and chaperones." Ibid., 83.

[264] „house of prostitution on wheels." Ibid.

[265] „a record of ... magazine publishing." Ibid., 84.

[266] Jurys des Pulitzerpreises (Pulitzer Prize juries). Ibid., 98.

[267] „not only ... should be continuous." Ibid., 194.

[268] „sex o'clock." D'Emilio and Freedman: *Intimate Matters*, 234.

[269] „Sex is ... news is news." Frederick L. Allen: *Since Yesterday: The 1930's in America* (New York: Harper and Row, 1939), 134.

[270] „like mah-jongg or miniature golf." Stephen D. Becker: *Marshall Field III* (New York: Simon and Schuster, 1964), 134.

[271] „to preface ... from Freud." Caroline Ware: *Greenwich Village, 1920–1930* (Boston: Houghton Mifflin, 1935), 256.

[272] „crested in the ... Depression." Covert: „Freud on the Front Page", iii.

[273] „the number ... between 1925 and 1926." Hale: *Freud and the Americans*, 477.

[274] In der eigenen Studie dieses Autors (In this author's study). Der Autor [Torrey] stellte die duplikatbereinigte jährliche Anzahl von Artikeln über Freud oder die Psychoanalyse in *The Reader's Guide to Periodical Literature* zwischen 1910 und 1988 fest und dividierte sie durch die jährliche Gesamtzahl der Seiten, um einen Wert pro 1.000 Seiten zu erzeugen. Die Artikel reflektieren ein großes Interesse an Freud und der Psychoanalyse von 1915–1922, 1939 (Todesanzeigen und Erinnerungen zur Zeit seines Todes), 1956–1959 und 1974–1976. Das Interesse von 1930–1935, 1940–1947 und 1980–1988 war in etwa gleichbleibend gering (s. a. Literaturhinweis Nr. 832).

[275] „Every issue an Oedipus Complex." E. E. Cummings: „The Tabloid Newspaper". *Vanity Fair* Dez. 1926, 86.

[276] „who ... turned on the gas." Hoffman: *Freudianism and the Literary Mind*, 68.

[277] *Psychic Psarah* (Psychic Psarah). Covert: „Freud on the Front Page", 51; [den *Dearborn Independent*, 29.03.1924, zitierend].

[278] „Doctor Paul Ehrich from an Electra Complex." Hoffman: *The Twenties*, 231.

[279] „a species of voodoo ... human sacrifices." Morris Fishbein: *The New Medical Follies* (New York: Liveright, 1927, 1927), 197.

[280] „find some ... speak." Ibid., 199.

[281] „as a candidate for oblivion." Covert: „Freud on the Front Page", 283.

[282] „psychoanalysis has ... exploitation." Anonym: „Farewell to Freud", *Commonweal* 17 (1933):452.

[283] „the psychoanalytic ... unintelligibility." W. Beran Wolfe: „The Twilight of Psychoanalysis", *American Mercury* Aug. 1935, 385–94.

[284] große Massenmagazine (major pulp magazines). Hale: *Freud and the Americans*, 545, note no. 21.

[285] „touched only a small minority of psychiatrists." Ibid., 254.

[286] nur 16.250 Mal verkauft (only 16,250 copies). Ibid., 430.

[287] „By 1930 the influence ... of Americans." Ibid., 477.

Literaturverzeichnis

[288] „intellectual influence ... in the twentieth century." Philip Rieff: *Freud: The Mind of the Moralist* (Chicago: University of Chicago Press, 1959), x–xi.

[289] „The racialists ..." Franz Boas: „An Anthropologist's Credo"; [ursprünglich publiziert in *Nation* Aug. 1938, 201 und ohne Titel nachgedruckt in Clifton Fadiman (ed.): *I Believe* (New York: Simon and Schuster, 1939), 19. Nachdruck mit freundlicher Erlaubnis der Nation Co., Inc].

[290] „it is possible ... in history. Thomas W. Gossett: *Race: The History of an Idea in America* (Dallas: Southern Methodist University Press, 193), 418; [Angesichts dieser Stellung ist es ungewöhnlich, dass eine bedeutende Biographie Boas' bisher nicht geschrieben wurde, obwohl es heißt, dass eine in Vorbereitung ist].

[291] „epoch-making discovery." Fred H. Matthews: „Freud Comes to America: The Influence of Freudian Ideas on American Thought 1909–1917" (M.A. These, University of California at Berkeley, 1957), 9.

[292] hielt ein Seminar über Freud's Lehre (he taught a seminar on Freud's theory). John C. Burnham: „Psychoanalysis in American Civilization Before 1918", 250.

[293] Totempfahle sind Sexsymbole (totem poles were sex symbols). Melville J. Herskovits: *Franz Boas: The Science of Man in the Making* (Clifton, N.J.: Augustus M. Kelley, 1973), 91.

[294] Korrespondenz (correspondence). S. z. B. Boas' Briefe vom 14.11.1912 an Smith E. Jelliffe in der Boas Collection, American Philosophical Society, Philadelphia.

[295] erstes psychoanalytisches Journal (first psychoanalytic journal). Nathan Hale: *Freud and the Americans: The Beginnings of Psychoanalysis in the United States* (New York: Oxford University Press, 1971), 329.

[296] ermutigte seine Tochter (encourage his daughter). „The Reminiscences of Franziska Boas". Niederschrift der Aufnahme eines Interviews des Oral History Research Office, Columbia University von 1972. Transkript in der Boas Collection der American Philosophical Society, Philadelphia. Zitiert mit freundlicher Erlaubnis des Oral History Research Office, Columbia University.

[297] demokratischen Aufstand von 1848. Wikipedia-Autoren: „Deutsche Revolution 1848/49". Online im Internet: http://de.wikipedia.org/w/index.php?title=Deutsche_Revolution_1848/49&oldid=63210373 (29.08.2009); [EdÜ].

[298] „in which the ideals ... a living force." Boas: „An Anthropologist's Credo", 201.

[299] resultierte in zwei Duellen (resulted in two duels). S. Alfred L. Kroeber: „Franz Boas: The Man", *American Anthropological Association Memoirs*, no. 45, 61 (1943), 7–8.

[300] „So decisive ... did not actuate them." Ibid; [wiedergegeben mit Erlaubnis der American Anthropological Association; nicht zum Verkauf oder weiterer Vervielfältigung].

[301] Baffin Island. Wikipedia-Autoren: "Baffininsel". Online im Internet: http://de.wikipedia.org/w/index.php?title=Baffininsel&oldid=62572452 (29.08.2009); [EdÜ].

[302] „I had seen ... like ours." Herskovits: *Franz Boas*, 1; [s. a. 7–8 für eine Erklärung von Boas' „zwei Prinzipien" („two principles")].

[303] „These Jews ... stupid camels." „The Reminiscences of Franziska Boas."

[304] „within the decade entered our ports." Francis A. Walker: „Restriction of Immigration", *Atlantic Monthly* Jun. 1896, 822–29.

[305] „Hungarians ... Native people." Ibid.

[306] „there is ... our soil." Ibid.

[307] „have none ... existence." Ibid.

[308] „specialized for ... other nations." Allan Chase: *The Legacy of Malthus: The Social Costs of the New Scientific Racism* (Urbana, Ill.: University of Illinois Press, 1980), 14.

[309] wahrscheinlich ebenfalls aus Chase: *The Legacy of Malthus*; [EdÜ].

[310] „all the Nordic people ... organized government." Nicholas Pastore: *The Nature-Nurture Controversy* (New York: Garland, 1984), 64; [ursprünglich publiziert 1949].

[311] Immigration Restriction League. John Higham: *Strangers in the Land: Patterns of American Nativism 1860–1924* (New Brunswick, N. J.: Rutgers University Press, 1955), 102–103 und Chase, 140–43; [Beide Bücher enthalten ausgezeichnete Beschreibungen dieser Periode].

[312] Charaktereigenschaften werden vererbt (characteristics are inherited). Chase: *Legacy of Malthus*, 154.

[313] „annihilate ... vicious protoplasm." Derek Freeman: *Margaret Mead and Samoa: The Making and Unmaking of an Anthropological Myth* (Cambridge, Mass.: Harvard University Press, 1983), 16; [Davenport zitierend].

[314] „certain races from central Europe." Henry F. Osborn: „The Second International Congress of Eugenics Address of Welcome", *Science* 54 (1921):311–313.

[315] „a large class of vipers." Henry E Osborn: „Can We Save America?" Manuskript aus der Osborn Collection des American Museum of Natural History; [versehen mit einem Vormerkhinweis für den Herausgeber von *McCall's*; zitiert mit freundlicher Erlaubnis des American Museum of Natural History].

[316] „it is for ... his spots." Ibid.

[317] „fundamentally ... differences." Ibid.

[318] „that each ... kind of soul." Henry E. Osborn an Charles E. Seashore, 30.12.1922, Osborn Collection, American Museum of Natural History; [zitiert mit freundlicher Erlaubnis des American Museum of Natural History].

[319] Ellis Island. National Park Service, 2008: „Ellis Island". Online im Internet: http://www.nps.gov/elis/ (01.08.2009); [EdÜ].

[320] „wretched outcasts", „...dominated this country", „...we call Russians." Madison Grant: „Restriction of Immigration: Racial Aspects", *Journal of National Institute of Social Sciences*, 6 (1921):1–11.

[321] Jesus Christus war auch Nordländer (Jesus Christ also had been Nordic). Grant an Henry Osborn, 03.05.1917, Osborn Collection, American Museum of Natural History; [zitiert mit freundlicher Erlaubnis des American Museum of Natural History].

[322] Freunde Theodore Roosevelts (friends with Theodore Roosevelt). Für Beispiele seiner Freundschaften s. Kollektion der Immigration Restriction League, Houghton Library, Harvard University; [z. B. Grants Brief an Prescott Hall, 18.12.1915 und Roosevelts Brief an Grant 02.12.1919].

[323] eugenischer Predigerwettbewerb (eugenics sermon contest). Daniel J. Kevles: *In the Name of Eugenics: Genetics and the Uses of Human Heredity* (New York: Alfred A. Knopf, 1985), 61; [Die Beschreibung des *Fitter-Families*-Wettbewerbe stammt auch aus dieser Quelle].

[324] „there was no ignoring ... coast to coast." Higham: *Strangers in the Land*, 110.

[325] wenn jeder Ire ... dafür gehängt würde (if each Irishman would kill). Chase: *Legacy of Malthus*, 107.

[326] In den 1890ern (In the 1890s). Die Vorfälle in Colorado, Louisiana und Pennsylvania werden erwähnt bei Higham: *Strangers in the Land*, 90.

[327] „night-riders burned dozens." Ibid., 92.

[328] „personal taunts and assaults ... became much more common." Ibid; [persönliche Mitteilung von Torrey v. 26.05.2009].

[329] „while the cephalic index ... anatomical relation." Franz Boas: „The Cephalic Index", *American Anthropologist* 1 (1899):448–61.

[330] „...oust Boas." Kroeber, 17.

[331] Rauswurf von Boas (firing of Boas). Die Korrespondenz über Boas' Entlassung aus dem American Museum of Natural History findet sich in der Boas Collection des American Philosophical Society in Philadelphia und der Osborn Collection des American Museum of Natural History in New York. Die Beziehung zwischen Boas und Osborn war komplex und sogar oberflächlich herzlich, wenn sie sich gegenseitig in den Tageszeitungen attackierten. Trotz ihrer Feindseligkeiten i. B. a. rassische Angelegenheiten brauchte Boas Osborns Hilfe, um sicherzustellen, dass seine Columbia-Studenten Zugang zu den Ressourcen des Museums hatten, während Osborn Boas brauchte, um die Berichte zur Jesup Nord-Pazifik-Expedition des Museums fertig zu stellen, die Boas bis 1928 noch nicht vollendet hatte.

[332] „demonstrate ... form of man." Franz Boas: *The Mind of Primitive Man* (New York: Macmillan, 1911), 53.

Literaturverzeichnis

[333] „the American-born … are increased." Ibid., 55.

[334] „a Magna Carta of race equality." Leslie Spier: „Some Central Elements in the Legacy", *American Anthropological Association Memoirs* no. 89, 61 (1959):146–55.

[335] „astonishing conclusions." Grant an Präsident William H. Taft, 22.11.1910, Taft Papers, Presidential Series no. 2, file 77, Division of Manuscripts, Library of Congress.

[336] "made a most amazing report … of New York." Grant an Senator E. M. Simmons, 05.04.1912, Kollektionen der Immigration Restriction League, Houghton Library, Harvard University; [zitiert mit Erlaubnis der Houghton Library].

[337] „current literature … led by Boas." Grant an Rev. Percy S. Grant, 08.04.1912, Kollektion der Immigration Restriction League, Houghton Library, Harvard University; [zitiert mit Erlaubnis der Houghton Library].

[338] „that great swamp …", „… unsanitary surroundings", „… destroy higher types." Ibid.

[339] „courses in eugenics. Chase: *Legacy of Malthus*, 124.

[340] „Love or Eugenics." Kevles: *In the Name of Eugenics*, 58.

[341] „prevention of procreation … and degenerate persons." Stephan L. Chorover: *From Genetics to Genocide* (Cambridge: MIT Press, 1979), 42.

[342] „orphans … and paupers." Chase: *Legacy of Malthus*, 16.

[343] „chicken-stealing … theft of automobile." Ibid., 135.

[344] 8.500 Individuen wurden sterilisiert (8,500 individuals). Chorover: *From Genetics to Genocide*, 42.

[345] „a work of solid merit." Frederick A. Woods: Review von *The Passing of the Great Race*, von Madison Grant, *Science* 48 (1918):419–20.

[346] markierte einen Wendpunkt (marked a turning point). Gossett: *Race*, 353.

[347] „The Polish Jew … of the nation." Madison Grant: *The Passing of the Great Race* (New York: Charles Scribner's Sons, 1916), 14.

[348] „the cross between … is a Jew." Ibid., 16.

[349] „a round skull … was appreciably longer." Ibid., 15.

[350] „be applied to race types." Ibid., 46–47.

[351] „Mistaken regard for … race." Ibid., 44.

[352] Februar 1921 (by February 1921). Higham: *Strangers in the Land*, 308.

[353] „bootlegging was half Jewish … and Irish." Paul Johnson: *Modern Times* (New York: Harper and Row, 1983), 250.

[354] Ku Klux Klan. s. Chase, 645, f. 13; [ihre Angriffe auf Schmuggler werden zitiert bei Higham, 268].

[355] In Kalifornien (in California). Higham: *Strangers in the Land*, 265.

[356] In Alabama (in Alabama). Ibid.

[357] „foreigners … set fire to their dwellings." Higham: *Strangers in the Land*, 264.

[358] „race of people … gave them hospitality." Gossett: *Race*, 332.

[359] unter die fünf „Großen Amerikaner" (among the five „Great Americans"). Henry F. May, 137.

[360] "Große Amerikaner". Wikipedia-Autoren: „Hall of Fame for Great Americans". Online im Inernet: http://en.wikipedia.org/w/index.php?title=Hall_of_Fame_for_Great_Americans&oldid=301940808 und http://de.wikipedia.org/w/index.php?title=Hall_of_Fame_for_Great_Americans&oldid=63933577 (29.08.2009); [EdÜ].

[361] „abnormally twisted … in their habit." Higham: *Strangers in the Land*, 309.

[362] „the mythical magical melting pot … into it." George H. Lorimer: „The Great American Myth", *Saturday Evening Post*, 07.05.1921, 20; [s. a. Leitartikel vom 30.04.1921, zitiert mit freundlicher Erlaubnis der *Saturday Evening Post*].

[363] „every American … immigration problem." Ibid.

[364] „New York … unravel." Ibid.

[365] „streams of undersized" und andere Zitate stammen von Kenneth L. Roberts: „Ports of Embarkation", *Saturday Evening Post*, 07.05.1921; „The Existence of an Emergency", *Saturday Evening*

Literaturverzeichnis

Post, 30.04.1921 und *Why Europe Leaves Home* (New York: Bobbs-Merrill Company, 1922), 10, 14, 22 und 230–31.

[366] „the dangers ... in racial differences." Gossett: *Race*, 404; [Quelle mit Zustimmung von Torrey v. 26.05.2009 korrigiert].

[367] „our country ... on both sides." Calvin Coolidge: „Whose Country is This?" *Good Housekeeping* 72 (1921):13–107.

[368] „rat-men." Gossett: *Race*, 405; [Quelle mit Zustimmung von Torrey v. 26.05.2009 korrigiert]

[369] „certain races ...", „... bottom of the list." Henry F. Osborn: „Eugenics – The American and Norwegian Programs", *Science* 54 (1921):482–84.

[370] „We are engaged ... well-founded government." Chase: 278, [Osborn zitierend].

[371] „As science ... society." Ibid.

[372] „Rights and Wrongs on the Racial Question." Anmerkungen in der Osborn Collection des American Museum of Natural History. Zusammen mit Boas als mögliche „Gegner" waren Robert Lowie von University of California und Herbert Spinden von der Harvard University aufgelistet.

[373] „almost half ... classed as morons." Cornelia J. Cannon: „American Misgivings", *Atlantic Monthly* Feb. 1922, 145–57.

[374] „inferior men ... demagogues." Ibid.

[375] „the army tests ... the Nordic race group." Chase: 271; Carl C. Brigham *A Study of American Intelligence* (Princeton: Princeton University Press, 1923), 207 zitierend.

[376] „only about fourteen." Walter Lippmann: „The Mental Age Of Americans", *New Republic*, 25.10.1922.

[377] „... the New Snobbery." Walter Lippmann: „A Future for the Tests", *New Republic*, 29.11.1922.

[378] „a dithyrambic praise ... of his achievements." Franz Boas: „Inventing a Great Race", *New Republic* Jan. 1917, 305–307; [zitiert mit freundlicher Erlaubnis der New Republic, Inc.].

[379] „the attempt to justify a prejudice." Franz Boas: Review of *The Passing of the Great Race* von Madison Grant, *American Journal of Physical Anthropology* 1 (1918):363.

[380] regelmäßige technische Konsultation (regular technical consultation). Kevles: *In the Name of Eugenics*, 135 und Hamilton Cravens: *The Triumph of Evolution: American Scientists and the Heredity-Environment Controversy, 1900–1941* (Philadelphia: University of Pennsylvania Press, 1978), 234.

[381] Armenier sind mongolischer Herkunft (Armenians were Mongoloid). Herskovits: *Franz Boas*, 28.

[382] „to raise a race of supermen." Franz Boas: „Eugenics", *Scientific Monthly* 3 (1916):471–78.

[383] Krebs im Gesicht diagnostiziert (Boas' facial cancer). S. „The Reminiscences of Franziska Boas"; [Boas' Tochter behauptete später, dass ihr Vater nicht wirklich unter Krebs litt, sondern, dass das Wachstum gutartig gewesen sei].

[384] „I have rather suspected ... camouflage." Grant an Henry Osborn, 29.10.1917, Osborn Collection, American Museum of Natural History; [zitiert mit freundlicher Erlaubnis des American Museum of Natural History].

[385] „there are some distinct curiosities in it." J. M. Tanner: „Boas' Contribution to Knowledge of Human Growth and Form", *American Anthropological Association Memoirs*, no. 89, 61 (1959):76–111.

[386] „despite ... certain anthropologists." Henry F. Osborn: „The Approach to the Immigration Problem Through Science." [Bis vor Kurzem unveröffentlichter und oft von den Zeitungen zitierter Beitrag. Eine Fassung befindet sich in der Osborn Collection des American Museum of Natural History. S. a. Chase, 274–75].

[387] „swayed not by ... prejudice." Franz Boas: „The Question of Racial Purity" *American Mercury* Okt. 1924, 164.

[388] „uncouth barbarian." Ibid.

[389] „Would not ... poor Nordic!" Ibid.

[390] „dubious comments about my own race." Henry F. Osborn: „Lo, the Poor Nordic!" New York Times 18.04.1924, 13.

Literaturverzeichnis

[391] „entirely ... of Madison Grant." Franz Boas: „Lo, the Poor Nordic!" New York Times, 18.04.1924, sec. 9:19.

[392] „that Jews were excluded ... from jobs." Higham: *Strangers in the Land*, 278.

[393] Johnson-Reed Act. Chase: *Legacy of Malthus*, 300.

[394] „America must be kept American." Gossett: *Race*, 407.

[395] populäres Campuslied (popular campus song). Ibid., 372.

[396] „convenient jingle of words." Freeman: 9, [Francis Galton zitierend].

[397] „the average citizen ...", „... capable of voting." Chase: *Legacy of Malthus*, 101, [Galton, 1894 zitierend].

[398] „so long as they ...", „...claims to kindness." Ibid., 100, [Galton, 1873 zitierend].

[399] „lust for equality ... universal suffrage." Higham: *Strangers in the Land*, 272, [Hall zitierend].

[400] „the true spirit ... themselves and others." Henry F. Osborn: „The Second International Congress of Eugenics Address of Welcome".

[401] „to bend ... to the great god Demos." Madison Grant: „Discussion of Article on Democracy and Heredity", *Journal of Heredity* 10 (1919):164–65.

[402] „In the democratic form ... and integrity" Grant: *The Passing of the Great Race*, 5.

[403] „the conduct ... of the community." Grant: „Democracy and Heredity", 65.

[404] „In America ... the privilege of wealth." Grant: *The Passing of the Great Race*, 6.

[405] „Vox populi ... Chant for duty." Ibid., 8.

[406] „True aristocracy ... in population." Ibid., 7.

[407] Boas selbst war Sozialist (Boas himself was a Socialist). „The Reminiscences of Franziska Boas".

[408] „the greatest experiment ... in view." Margaret M. Caffrey: *Ruth Benedict: Stranger in This Land* (Austin: University of Texas Press, 1989), 289.

[409] „was no more a Communist than Muffin." „The Reminiscences of Franziska Boas"; [Eine Kopie der FBI-Akte über Boas liegt in der Boas Collection der American Philosophical Society, Philadelphia].

[410] „handed the poem ... declared the judge." Lillian Symes and Travers Clement: *Rebel America* (New York: Harper and Brothers, 1934), 307.

[411] Senator Thomas R. Hardwick. Frederick L. Allen: *Only Yesterday*, 42.

[412] des Hauses von ... A. Mitchell Palmer (the house of . . . A. Mitchell Palmer). Ibid.

[413] „were herded ... for a week." Ibid., 48.

[414] „authorities took ... Communist party." Ibid.

[415] Sacco und Vanzetti. Freiburg, F.: „Das Vermächtnis von Sacco und Vanzetti – Die Macht des Zweifels". Online im Internet: Spiegel Online Panorama, 22.08.2007, www.spiegel.de/panorama/zeitgeschichte/0,1518,497522,00.html (04.07.2009); [EdÜ].

[416] „fundamentally unnatural." Kevles: *In the Name of Eugenics*, 88.

[417] „deplored birth ... indulgence." Ibid., 52.

[418] Dr. Abraham Jacobi. Margaret Sanger: *An Autobiography*, 181.

[419] Freud lächerlich machte (features ridiculing Freud). S. z. B. Blanche Goodwin: „Expression and the Freudian Complex", *Saturday Evening Post*, 13.06.1925, 70.

[420] „There is only ... one burning moment." Ruth Benedict: undatiertes Zeitungsfragment. In Margaret Mead: *An Anthropologist at Work: Writings of Ruth Benedict* (Boston: Houghton Mifflin, 1959), 154.

[421] Alfred Kroeber. Marvin Harris: *The Rise of Anthropological Theory* (New York: Crowell, 1968), 431.

[422] Boas verzichtete auf Zulassungsvoraussetzungen (Boas waived requirements). Judith Modell: *Ruth Benedict: Patterns of a Life* (Philadelphia: University of Pennsylvania Press, 1983), 117.

[423] Elsie Clews Parsons. S. Peter H. Hare: *A Woman's Quest for Science: Portrait of Anthropologist Elsie Clews Parsons* (Buffalo: Prometheus Books, 1985). [Für Refenzen zu Parsons Interesse an Freud s. John C. Burnham: „Psychoanalysis in American Civilization Before 1918", 239–41].

Literaturverzeichnis

[424] The New School of Social Research. Wikipedia-Autoren: "The New School". Online im Internet: http://de.wikipedia.org/w/index.php?title=The_New_School&oldid=60290613 (01.09.2009); [EdÜ].
[425] „well known for ... ideas." Margaret M. Caffrey: *Ruth Benedict*, 95.
[426] „sex relations should ... by society." Henry E. May: *The End of American Innocence*, 309.
[427] „passionate love ... poets sing." Ibid.
[428] „a kind of cultural fatalist." Edward Sapir an Ruth Benedict: 25.06.1922. In Mead: *An Anthropologist at Work*, 50.
[429] „responses ... into which he was born." Ruth Benedict: „Toward a Social Psychology", *Nature* 119 (1924):51.
[430] „The fundamental question ... what to nature." Ruth Benedict: „Nature and Nurture", *Nation*, 30.01.1924, 118.
[431] „world improver." Victor Barnouw: *Culture and Personality* (Homewood, Illinois: Dorsey Press, 1973), 110.
[432] Auf Vorschlag von Boas (Boas' suggestion). S. Modell: *Ruth Benedict: Patterns of a Life*, 248.
[433] „How can we stop this epidemic of racism?" Ruth Benedict: Vorwort zu der 1945er Ausgabe von *Race: Science and Politics* (Westport, Conn.: Greenwood Press, 1982), x. [ursprünglich 1940 veröffentlicht].
[434] „all men ... available to all." Ibid., 160.
[435] „Until the regulation of ... racial groups." Ibid., 156–57.
[436] Anhängerin von Roosevelts New Deal (supporter of Roosevelt's New Deal). Modell: *Ruth Benedict: Patterns of a Life*, 208.
[437] New Deal. Wikipedia-Autoren: New Deal. Online im Internet: http://de.wikipedia.org/w/index.php?title=New_Deal&oldid=61314562 (28.07.2009); [EdÜ].
[438] „knew that some ... be taken seriously." Mead: *An Anthropologist at Work*, 349.
[439] „As for me ... place you fill in my life." Benedict an Franz Boas, 26.12.1939. In Mead: *An Anthropologist at Work*, 417.
[440] „coal black and piercing." Alfred L. Kroeber: „Franz Boas: The Man", *American Anthropological Association Memoirs* 61 (1943):5–26.
[441] „for Ruth ... a better world." Modell: *Ruth Benedict: Patterns of a Life*, 66.
[442] „apparently ... one woman faculty member." Caffrey: *Ruth Benedict*, 190.
[443] „that fire upon our flesh." Benedict: Undatiertes Zeitungsfragment. In Mead: *An Anthropologist at Work*, 154.
[444] „We cast about ... phantoms, shadows." Ibid.
[445] „the more ... maleness in herself." Modell: *Ruth Benedict: Patterns of a Life*, 89.
[446] „the relativity of ... so-called normal." Ruth Benedict: „Anthropology and the Abnormal", *Journal of General Psychology* 10 (1934):59–82.
[447] „The etiology of homosexuality ... social." Ruth Benedict: „Sex in Primitive Society", *American Journal of Orthopsychiatry* 9 (1939):570–73.
[448] „our culturally discarded traits." Benedict: „Anthropology and the Abnormal", 59–82.
[449] „A tendency ... cultural." Ibid.
[450] „There is something cruel ... her terrible revenge." Edward Sapir an Ruth Benedict: 18.08.1925; [zitiert in Mead: *An Anthropologist at Work*, 85].
[451] „She used to wonder ... who is a cultural misfit." Margaret Mead: *Blackberry Winter: My Earlier Years* (New York: Simon and Schuster, 1972), 195–96.
[452] Natalie Raymond und Ruth Valentine (Natalie Raymond and Ruth Valentine): [Einzelheiten zu diesen Beziehungen s. Modell und Caffrey].
[453] „exquisite responsiveness to literature." „Margaret Mead Answers", *Redbook* Mai 1975, 64.
[454] „spoke with an authority ... in a teacher." Mead: *An Anthropologist at Work*, 4.
[455] „very much a father figure ...", „... transmit the message." Jane Howard: *Margaret Mead: A Life* (New York: Simon and Schuster, 1984), 56–57.
[456] „Mead considered ... waste of time." Ibid., 248.

Literaturverzeichnis

[457] Artikel zu psychoanalytischen Zeitschriften (articles to psychoanalytic journals). S. z. B. Mead: „An Ethnologist's Footnote to Totem and Taboo", *Psychoanalytic Review* 17 (1930):297–301.

[458] „perhaps the most fruitful attacks." Margaret Mead: *Growing Up in New Guinea* (London: Penguin Books, 1963), 174.

[459] „the solution to the Oedipal situation ..." Margaret Mead: *Male and Female: A Study of Sexes in a Changing World* (New York: Penguin Books, 1962), 132. [erstmalig 1949 publiziert].

[460] „command of ... professionals I ever knew." Howard: *Margaret Mead: A Life*, 332.

[461] nahm an Massenveranstaltung teil (participated in a mass meeting). Mead: *Blackberry Winter*, 107.

[462] „wearing red dresses ... 'Internationale'." Howard: *Margaret Mead: A Life*, 47.

[463] Unterstützung der Kommunisten (support of the Communists). Melville Herskovits an Margaret Mead, 09.06.1923, Mead Collection, Library of Congress.

[464] „he was ... for the good of mankind." Margaret Mead: „Apprenticeship Under Boas, *American Anthropological Association Memoirs* no. 89, 61 (1959):42.

[465] „special and different!" Mead: *Blackberry Winter*, 81.

[466] „I had wondered ... of the career-minded women I had met." Ibid., 196.

[467] „I had my father's mind ... his mother's mind." „Margaret Mead Answers Questions About", *Redbook*, Aug. 1975.

[468] bemerkten ihre männlichen Eigenschaften (noted her masculine qualities). S. z. B.: Bateson, 113.

[469] „she ... prided herself on her femininity." Robert Cassidy: *Margaret Mead: A Voice for the Century* (New York: Universe Books, 1982), 14.

[470] „you just ... fell in love with me." Bateson: 113. *With a Daughter's Eye*, 24.

[471] „Once a man wanted ... a chance with her." Howard: *Margaret Mead: A Life*, 174.

[472] Liebesbriefe an Mead (Love letters to Mead). S. Briefe von Leah Josephson Hanna an Mead, Mead Collection, Library of Congress.

[473] „Margaret ... admired her very much." Howard: *Margaret Mead: A Life*, 44.

[474] geringeres Interesse an Männern (lesser interest in men). S. z. B. Howard, 44, 50 und 113.

[475] in erster Linie als professionelle Liaisons (primarily as professional liaisons). S. z. B. Meads Briefe an Caroline Tennant Kelly in der Mead Collection, Library of Congress.

[476] mietete sich ein Zimmer (rented a room.). Modell: *Ruth Benedict: Patterns of a Life*, 126.

[477] „rests me like a ... fireplace." Howard: *Margaret Mead: A Life*, 57.

[478] „When touch seems ... dignity in living." Caffrey: *Ruth Benedict*, 192; Caffrey bezeichnete es bloß als "Tagebuch: 1923" („Diary: 1923").

[479] „perfect friendship ... buying a new dress." Modell: *Ruth Benedict: Patterns of a Life*, 154–57.

[480] lebten nur einmal zusammen (lived together only once). Caffrey: *Ruth Benedict*, 201.

[481] Mead war frigide (Mead was frigid). Howard: *Margaret Mead: A Life*, 62.

[482] „Ruth and Gregory ... and her remote beauty." Bateson: *With a Daughter's Eye*, 117.

[483] „bisexual potentialities are normal." „Margaret Mead Answers", *Redbook* Jul. 1963, 24–29.

[484] „we must recognize ... human behavior." Margaret Mead: „Bisexuality: What's It All About?" *Redbook* Jan. 1975, 29–31.

[485] „a very large ... capacity for love." Ibid.

[486] „the individual ... one human potentiality." M. Mead: „Cultural Determinants of Sexual Behavior". In *Sex and Internal Secretions*, ed. William C. Young, (Baltimore: Williams and Wilkins, 1961), 1433–79.

[487] „whether they will become ... life history." Mead: „Bisexuality: What's It All About?"

[488] „the process by ... sex attitudes." Mead: *Growing Up in New Guinea*, 174.

[489] „and several ... assumed to be homosexual." Howard: *Margaret Mead: A Life*, 50.

[490] „a revolting theme." Jonathan Katz: *Gay American History* (New York: Avon Books, 1978), 128. Für eine Historie dieser Zeiten s. a. Deborah G. Wolf: *The Lesbian Community* (Berkeley: University of California Press, 1980).

[491] „the conflicts ... always exposed." Benedict: „Anthropology and the Abnormal", 59–82.
[492] „the burden of nonconformity ... and behavior." Mead: „Cultural Determinants of Sexual Behavior."
[493] „upon the gifted ... new worlds." Mead: *Growing Up in New Guinea*, 173.
[494] ... schrieb einfühlsam über Auras (she wrote sympathetically of auras). S. monatliche Kolumnen in *Redbook* Feb. 1963, Jan. 1965, Okt. 1967 und Mär. 1977.
[495] American Society for Psychical Research. L. Lasagna: „Let Magic Cast Its Spell", *The Sciences* 24 (1984):12.
[496] „there are ... flying objects." Margaret Mead: „UFOs-Visitors From Outer Space?" *Redbook* Sep. 1974, 57–59.
[497] „spirit guides." Howard: *Margaret Mead: A Life*, 412.
[498] suchte den Rat von Medien (visited mediums). Howard: *Margaret Mead: A Life*, 187, 412–13.
[499] „disciplined subjectivity." „A Conversation With Margaret Mead and T. George Harris on the Anthropological Age", *Psychology Today* Jul. 1970, 59–76.
[500] Kritik für Scheitern, wissenschaftliche Methodik anzuwenden (her failure to use scientific methodology). Für Beispiele der Kritik an Meads Mangel an wissenschaftlicher Methodik s. Harris: *The Rise of Anthropological Theory*, 415ff und Sheila Johnson: „A Look at Margaret Mead", *Commentary* 55 (1973):70–72. Ein anderes Beispiel für Meads Schwächen als Wissenschaftlerin war ihre erneute Studie der Manu, die 1956 als *New Lives for Old: Cultural Transformations – Manus, 1928–1953* (New York, William Morrow, 1960) publiziert wurde. Obwohl sie behauptete, 32.000 Zeichnungen, 20.000 Fotos und 299 Filmrollen sowie Daten aus „einer Unzahl moderner Test wie dem TAT, Mosaik-, Benders Gestalt-, Stewarts Ringpuzzle-, Gesells Kinderentwicklungs-, Caligors Acht-Karten- und den Minnesota Formen-Test" gesammelt zu haben, veröffentlichte sie ihr Buch praktisch ohne irgendetwas von diesem Material zu verwenden. Am Ende des Buches bemerkte sie nur, dass „die Testergebnisse bis jetzt noch nicht analysiert wurden", versprach aber, dass dies in Zukunft noch nachgeholt wird (501).
[501] Carl C. Brighams gerade veröffentlichte Studie (to study Carl C. Brighams book). Howard: *Margaret Mead: A Life*, 62.
[502] gelegentliche Bezüge zur *Nature-Nurture*-Debatte (occasional references to the nature-nurture debate). S. z. B. den Brief von Eleanor Phillips an Mead, 05.07.1923, Mead Collection, Library of Congress. Es sollte jedoch hinzugefügt werden, dass die öffentlich zugängliche Korrespondenz von Mead und Benedict bemerkenswert frei ist von Bezügen auf die Eugenik-Diskussion und ihre persönliche Beziehung. Ein Teil der Ruth Benedict Collection des Vassar College wird nicht vor 1999 für Studienzwecke freigegeben – eine Auflage aus Margaret Meads Testament von 1978.
[503] „the problem ... suggested by Boas." Mead: *Blackberry Winter*, 122.
[504] "... about black people today." „A Conversation With Margaret Mead."
[505] „The home language was lower." Margaret Mead: „Sense and Nonsense About Race", *Redbook* Sep. 1969, 35–42.
[506] „extreme caution ... habits of thought." Margaret Mead: „The Methodology of Racial Testing: Its Significance for Sociology", *American Journal of Sociology* 31 (1926):657–67.
[507] „degree of assimilation ... of the English language." Franz Boas: „This Nordic Nonsense", *Forum* 74 (1925):502–11.
[508] „new and old elements of culture." Mead: „Apprenticeship Under Boas", 42.
[509] fragte Boas sie, statt dessen (Boas asked her instead). Mead: *Blackberry Winter*, 126–27. Boas hatte ein besonderes Interesse an diesem Problem. Während seiner Zeit an der Clark University war G. Stanley Hall Boas' Chef, dessen Buch *Adolescence* von 1905 energisch die These vertrat, dass die Pubertät biologischen Ursprungs ist. Boas war mit Hall z. Z. der Veröffentlichung des Buches nicht einer Meinung. In den dazwischen liegenden Jahren unterstützte Hall die Eugeniker, was seine Widerlegung von Boas' Standpunkt aus gesehen noch wünschenswerter machte. Mead bestätigte bei verschiedenen Gelegenheiten, dass Boas ihr Arbeitsthema für Samoa ausgesucht hatte; s. z. B. *An Anthropologist at Work*, 14 und Margaret Mead: *Letters From the Field 1925–1975* (New York: Harper and Row, 1977), 19.

Literaturverzeichnis

510 „always tailoring ... priorities." Mead: „Apprenticeship Under Boas", 42.

511 „The far-reaching importance ... of adult life." Edward Sapir: Review von *Psychoanalysis as a Pathfinder* von Oskar Pfister, *Dial* Sep. 1917: 267–69.

512 Sapir setzte Mead unter Druck (Sapir pressured Mead). Caffrey: *Ruth Benedict*, 198–99.

513 „Margaret described ... each other." Bateson: *With a Daughter's Eye*, 125.

514 „Adolescence represented ... satisfying ambitions." M. Mead: *Coming of Age in Samoa: A Study of Adolescence in Primitive Society* (New York: Mentor Books, 1949), 95–96; [erstmalig 1928 publiziert].

515 „that adolescence ... make it so." Ibid., 137.

516 „the results ... by our civilization." Franz Boas: Vorwort zu *Coming of Age in Samoa*.

517 „with the freedom of sexual life ...", „... crimes do not occur." Franz Boas: *Anthropology and Modern Life* (New York: Dover Publications, 1986), 125, 190; [erstmalig 1928 publiziert].

518 „The study of cultural forms." Franz Boas: *Encyclopedia of the Social Sciences*, 13 (1934):34; [zitiert bei Derek Freeman: *Margaret Mead and Samoa* (Cambridge: Harvard University Press, 1983), 101].

519 „heavy sense of responsibility." Mead: „Apprenticeship Under Boas", 42.

520 „a huge red hibiscus." Margaret Mead: *Letters From the Field 1925–1975*, 50. [s. a. S. 40].

521 „These casual ... with the salacious." Mead: *Coming of Age in Samoa*, 90.

522 „Familiarity with sex ... as senility." Ibid., 92.

523 „The present problem ... their consciences." Ibid., 142.

524 „The findings of the behaviourists ... more conflicts." Ibid., 122.

525 „Illuminating ... his pupils." Abraham A. Brill: Kommentar auf der Rückseite von Mead's *Coming of Age in Samoa*, Mentor Books edition, 1949. [Es ist nicht klar, ob er für den Umschlag geschrieben oder aus einem Review entnommen wurde].

526 „the young Margaret ... adolescent informants." Freeman: *Anthropological Myth*, 240.

527 Palagi-Dame. Wikipedia-Autoren: Palagi. Online im Internet: http://en.wikipedia.org/w/index.php?title=Palagi&oldid=283495020 (28.07.2009); [EdÜ].

528 „There are ... because she dug dirt." Nicholas von Hoffman: *Tales From the Margaret Mead Taproom* (Kansas City: Sheed and Ward, 1976), 97.

529 „I know ... the position." Ibid., 101.

530 „probably no more ... United States" Lowell D. Hohnes: *Quest for the Real Samoa: The Mead/Freeman Controversy and Beyond* (South Hadley, Mass.: Bergin and Garvey, 1987), 78.

531 „the most common ground for divorce." Ibid., 82.

532 „homosexuals ... without stigma or ridicule." Ibid., 78.

533 „Samoans very conservative ... about it." Ibid., 122.

534 „Even her most fervent ... flair for languages." Howard: *Margaret Mead: A Life*, 207.

535 „They bully and chivvy ... on head or heels." David Lipset: *Gregory Bateson: The Legacy of a Scientist* (Englewood Cliffs, N.J.: Prentice Hall, 1980), 136; [einen Brief von Bateson zitierend].

536 „Margaret ... wants to find." Holmes: *Quest for the Real Samoa*, 144; [seinen eigenen Brief von 1967 zitierend].

537 Dadaismus (Dadaism). Eine der besten Quellen für diese Bewegung in Paris ist Robert Motherwell, ed.: *The Dada Painters and Poets: An Anthology* (New York: Wittenborn Schultz, 1951).

538 „the Pope of Lesbos." George Wickes: *The Amazon of Letters: The Life and Loves of Natalie Barney* (New York: G. P Putnam, 1976), 181.

539 „Ballet mécanique." Eine gute Beschreibung dieser Aufführung kann man finden bei Hugh Ford, ed.: *The Left Bank Revisited: Selections From the Paris Tribune 1917–1934* (University Park, Penn.: State University Press, 1972), 212–13, 220–21.

540 „Margaret ... heard him come in." Howard: *Margaret Mead*, 98; [Die Informationen über Cressman und Fortune stammen aus Howards Interviews mit Cressman].

541 „creative ... practice of homosexuality." Mead: „Bisexuality: What's it All About?", 29.

Literaturverzeichnis

[542] „a culture that made the point so clearly." „A Conversation With Margaret Mead and T. George Harris", 59.
[543] „sex puritan society." Mead: *Growing Up in New Guinea*, 132.
[544] „sex ... inherently shameful." Ibid., 126.
[545] „the Manus emphasized anality." Mead: *Blackberry Winter*, 200.
[546] „In one, both men ... unadorned partners." Margaret Mead: Vorwort zu der 1950er Ausgabe von *Sex and Temperament in Three Primitive Societies* (New York: Mentor Books, 1950), vi; [erstmalig publiziert 1935].
[547] „We may say ... to either sex." Mead: *Sex and Temperament*, 206.
[548] „The differences ... culturally determined." Ibid.
[549] „I for one ... she arrives at." Jessie Bernard: „Observations and Generalizations in Cultural Anthropology", *American Journal of Sociology* 50 (1945):284–91.
[550] „According to some ... able to guess." Mead: 1950er Vorwort zu *Sex and Temperament in Three Primitive Societies*, vi.
[551] „the individual ... of his society." Ibid., 213.
[552] „temperamental affinity for ... the opposite sex." Ibid. 216.
[553] den Schmerz ... geboren worden zu sein (the pain of being born ...). Ibid., 215.
[554] „in ... ourselves and each other." Mead: *Blackberry Winter*, 216.
[555] „Gregory and I were falling in love." Ibid., 217.
[556] „Reo repudiated ... a new romance." Bateson: *With a Daughter's Eye*, 138.
[557] Fortune schlug Mead nieder (Fortune knocked Mead down). Howard: *Margaret Mead*, 160–61.
[558] „the most important ... profession." Harris: *The Rise of Anthropological Theory*, 406.
[559] „become the willing ... world." Mead: *An Anthropologist at Work*, 206.
[560] „always had to work through interpreters" Ibid., 202.
[561] „moderation is the first virtue." Ruth Benedict: *Patterns of Culture* (New York: Mentor Books, 1934), 101; [Andere Zitate über die Zuni wurden aus diesem Kapitel entnommen].
[562] „Appollonian." Ibid., 158. [Andere Zitate über die Kwakiutl stammen aus diesem Kapitel].
[563] Fortune prüfte und bestätigte Benedicts Kapitel (Fortune approved Benedict's chapter). Später behauptete er, dass er Benedicts Beschreibung der Dobuaner nicht zugestimmt hätte; s. Lipset: *Gregory Bateson: The Legacy of a Scientist*, 137f. Die Korrespondenz in den frühen 1930ern zwischen Benedict und Fortune lässt jedoch vermuten, dass Fortune sie tatsächlich überprüft und ihr auch zugestimmt hatte.
[564] „dour, prudish ... as he asks none." Benedict: *Patterns of Culture*, 151; [Andere Zitate über die Dobuaner stammen aus diesem Kapitel].
[565] „Most people ... are born." Ibid., 220–21.
[566] „the biological bases ... irrelevant." Ibid., 206.
[567] „Man is not committed ... germ plasms." Ibid., 27.
[568] „racial heredity ... in reality" Ibid., 28.
[569] „The author demonstrates ... the community." Mead: *An Anthropologist at Work*, 212; [Benedict zitierend].
[570] „when the homosexual ... always exposed." Benedict: *Patterns of Culture*, 229.
[571] „an increased tolerance ... usual types." Ibid., 235.
[572] Natalie Raymond. S. Modell, 188–90.
[573] „spread word ... a lesbian." Howard: *Margaret Mead*, 213; [Das Ereignis betraf einen Scheidungsfall, bei dem Benedict zugestimmt hatte, für den Ehemann auszusagen und die Ehefrau sie dafür im Gegenzug bedrohte].
[574] „was from the outset ... criticism." Harris: *The Rise of Anthropological Theory*, 404.
[575] „over-simplified" and „very misleading." Li An-Che: „Zuni: Some Observations and Queries", *American Anthropologist* 39 (1937):62–77.
[576] „Below the ... other societies." Ibid.
[577] „highly colored." Barnouw: *Culture and Personality*, 97.

Literaturverzeichnis

[578] „At any rate ... overstatement." Ibid.
[579] „I don't believe it." Mead: *Blackberry Winter*, 184.
[580] „I know ... without attacking it publicly." Ann Chowning: Review von *Sorcerers of Dobu* von Reo Fortune, *American Anthropologist* 66 (1964):455–57.
[581] „used no English ... over me." Reo E. Fortune: *Sorcerers of Dobu* (New York: E. P. Dutton, 1932), xi.
[582] drohten, ihn aufzuspießen (threatened to spear him). Ibid., 104.
[583] Mead beschrieb Reo Fortune (Mead pictured Reo Fortune). Mead: *Blackberry Winter*, z. B. 161, 191 und 211. S. auch Howard, 171, 267 und 314; [Vor Margaret Meads Tod sprach und korrespondierte ich [Torrey] mit ihr über Fortunes Geisteszustand und wie er seine Wahrnehmung der Dobu beeinflusst haben könnte. Mead bestätigte, dass Fortune psychologische Probleme gehabt haben könnte, verneinte jedoch hartnäckig, dass diese bei der Wahrnehmung der Dobuaner einer Rolle gespielt haben].
[584] „cheerful, laughter-loving folk." Walter E. Bromilow: *Twenty Years Among Primitive Papuans* (London: Epworth Press, 1929), 95.
[585] „There are others who ... do not." Mead: *Blackberry Winter*, 184.
[586] „a man who [gives] a counter-gift." Géza Roheim: *Psychoanalysis and Anthropology* (New York: International Universities Press, 1950), 227.
[587] Hobgin hätte ihr erzählt (Hogbin had told her). Meads Brief an Torrey vom 14.03.1974 und Konversationen mit Mead über diese Zeit.
[588] „the Dobuans ... are not imaginary." Chowning: Review von *Sorcerers of Dobu*, 455–57.
[589] Margaret Mead bestätigte (Margaret Mead acknowledged). Meads Brief an Torrey, 14.03.1974.
[590] Versuche dieses Autors (attempts by this author). Brief vom 26.04.1983 an Ann Chowning, bei zwei verschiedenen Gelegenheiten versandt und von einem Anruf begleitet. Chowning lebte in Wellington, Neuseeland, wo ebenfalls viele von Fortunes Verwandten zu dieser Zeit lebten.
[591] „It was simple ... and unyielding." Margaret Mead: *From the South Seas: Studies of Adolescence and Sex in Primitive Societies* (New York: William Morrow, 1939), x.
[592] „Anthropologists had ... measurable differences." „A Conversation with Margaret Mead and T. George Harris."
[593] „his failure ... such as Benedict." Verne F. Ray: Review von *Franz Boas: The Science of Man in the Making* von M. J. Herskovits, *American Anthropologist* 57 (1955):140.
[594] „Certainly ... within the family." Melville J. Herskovits: *Franz Boas*, 71.
[595] „It is simply ... personality movement." Harris: *Anthropological Theorie*, 407.
[596] „[Hitler] believed ... the twentieth century." Paul Johnson: *Modern Times: The World from the Twenties to the Eighties* (New York: Harper and Row, 1983), 129.
[597] „the kind of propaganda ... among our sentimentalists." Madison Grant an Henry Osborn, 23.02.1927, Osborn Collection, American Museum of Natural History.
[598] „complete retraction ... in such activities " John Higham: *Strangers in the Land: Patterns of American Nativism 1860–1924* (New Brunswick: Rutgers University Press, 1955), 327.
[600] Carnegie Institution. Wikipedia-Autoren: „Carnegie Institution for Science". Online im Internet: http://de.wikipedia.org/w/index.php?title=Carnegie_Institution_for_Science&oldid=60302792 (28.07.2009); [EdÜ].
[600] Präsident der Carnegie Institution (president of the Carnegie Institution). Hamilton Cravens: *The Triumph of Evolution: American Scientists and the Heredity-Environment Controversy, 1900–1941* (Philadelphia: University of Pennsylvania Press, 1978), 179–80.
[601] „the army [IQ] tests ... race group." Allan Chase: *The Legacy of Malthus: The Social Costs of the New Scientific Racism* (Urbana: University of Illinois Press, 1980), 271; [Brigham zitierend].
[602] „one of the most agonizing ... sciences" Ibid., 321.
[603] „tests in ... another tongue." Carl C. Brigham: „Intelligence Tests in Immigrant Groups", *Psychological Review* 37 (1930):158–65.
[604] „This review ... foundation." Ibid.

[605] „the project ... could contribute." Chase: *The Legacy of Malthus*, 326.
[606] „a definite race of ... generations." Ibid., 328.
[607] „the dominance of economics over eugenics." Ibid., 330.
[608] „hopelessly perverted ... and reactionaries generally." Daniel J. Kevles: *In the Name of Eugenics: Genetics and the Uses of Human Heredity* (New York: Alfred A. Knopf, 1985), 164.
[609] „Hoovervilles". Wikipedia-Autoren: „Hooverville". Online im Internet: http://de.wikipedia.org/w/index.php?title=Hooverville&oldid=60526286 (28.07.2009); [EdÜ].
[610] Mall. a view on cities, 2009: "National Mall". Online im Internet: http://www.aviewoncities.com/washington/mall.htm (31.08.2009); [EdÜ].
[611] „The Rich are Taller." Franz Boas: „The Rich are Taller", *New York Times*, 22.11.1931, sec. 10:2.
[612] „I do not believe ... the author." Franz Boas: „Nordic Propaganda", *New Republic*, 07.03.1934, 106–108.
[613] Boas schickte von Hindenburg umgehend einen Brief (Boas promptly sent von Hindenburg). Caffrey: *Ruth Benedict*, 282.
[614] „the crazy conditions in Germany." Ibid., 285.
[615] „everything [else Boas] wrote ... circulation." Melville J. Herskovits: *Franz Boas: The Science of Man in the Making* (Clifton: N.J.: Augustus M. Kelley, 1973), 117.
[616] „the attempt ... on a pseudo-science." Franz Boas: „Aryans and Non-Aryans", *American Mercury* Jun. 1934, 219–23.
[617] „Herr Hitler has ... race problems." Boas: „Nordic Propaganda", 106–108.
[618] Deutschen waren am besten gebildet (Germans were the best educated). Johnson: *Modern Times*, 127, 130.
[619] „Warum ist der Weisse ... als der Gorilla?" Ploetz, A. J.: *Die Tüchtigkeit unsrer Rasse und der Schutz der Schwachen: ein Versuch über Rassenhygiene und ihr Verhältniss zu den humanen Idealen, besonders zum Socialismus* (Berlin: S. Fischer, 1895), 1:91; auch „Buchübersicht". auszugsweise Online im Internet: http://books.google.de/books?id=YYlDAAAAIAAJ&dq=%2Bploetz+%2Bweisser+%2Bneger+%2Bgorilla&q=kaukasische+Rasse (31.08.2009); [EdÜ]. Nachweis bei Torrey: „Why is the white man ... the gorilla." Robert Proctor: *Racial Hygiene: Medicine Under the Nazis* (Cambridge: Harvard University Press, 1988), 24.
[620] Ploetz reiste nach Iowa (Ploetz traveled to Iowa). Proctor: *Racial Hygiene*, 98.
[621] Rasenhygiene wurde gelehrt (racial hygiene was being taught). Ibid., 38.
[622] zweite Kammer des föderalen Parlaments. Wikipedia-Autoren: „Föderalismus in Deutschland". Online im Internet: http://de.wikipedia.org/w/index.php?title=F%C3%B6deralismus_in_Deutschland&oldid=60938082; und „Reichsrat (Deutschland)". http://de.wikipedia.org/w/index.php?title=Reichsrat_(Deutschland)&oldid=59140479; und „Gesetz über den Neuaufbau des Reichs". http://de.wikipedia.org/w/index.php?title=Gesetz_%C3%BCber_den_Neuaufbau_des_Reichs&oldid=58274713; und „Machtergreifung". http://de.wikipedia.org/w/index.php?title=Machtergreifung&oldid=61986934 (alle: 28.07.2009); [EdÜ].
[623] Gesetz zur Verhütung erbkranken Nachwuchses. Wikipedia-Autoren: „Gesetz zur Verhütung erbkranken Nachwuchses". Online im Internet: http://de.wikipedia.org/w/index.php?title=Gesetz_zur_Verh%C3%BCtung_erbkranken_Nachwuchses&oldid=63478775 (25.09.2009).
[624] „should be ... of the Eugenics Records Office." Robert Proctor: *Racial Hygiene: Medicine Under the Nazis*, 101.
[625] „Wofür wir Rassenhygieniker ... eingeführt und getestet." Eigene Übersetzung. Die Literaturangabe verweist auf Proctors *Racial Hygiene* und Proctor wiederum auf Boeters, G.: "Die Unfruchtbarmachung der geistig Minderwertigen". *Sächsische Staatszeitung* 157, (1923):7 (Teil 1), 158, (1923):7 (Teil 2) und 159, (1923):6 (Teil 3) (09.-11.07.1923). Leider ist diese Angabe offenbar feh-

Literaturverzeichnis

lerhaft, denn das verwendete Zitat von Boeters konnte dort nicht gefunden werden. Wie Recherchen ergaben, ist der Artikel von Boeters offensichtlich mehrfach überarbeitet worden und in verschiedenen Fassungen nach 1923 an unterschiedlichen Stellen veröffentlich worden. Seine Ausführungen fasste er 1925 in einem Entwurf für ein Gesetz "Zur Verhütung unwerten Lebens durch operative Maßnahmen" inkl. einer Ausführungsverordnung zusammen (s. Boeters, G.: "Lex Zwickau". *Das Wohlfahrtswesen der Industriestadt Freital* 3(6), (1926):1-3 v. 01.06.1926). Dieser Entwurf diente sicherlich auch mit als Vorlage für das „Gesetz zur Verhütung erbkranken Nachwuchses, das 1934 in Kraft gesetzt wurde (s. Literaturhinweis 623). Eine Formulierung in Boeters Gesetzentwurf in der *Sächsischen Staatszeitung*, die in etwa der Richtung des verwendeten Zitats folgt, lautet: "daß alle Welt verwundert fragte, warum denn etwas so Selbstverständliches [die Legalisierung der Sterilisation v. geistig Minderwertigen] nicht schon längst bei uns ebenso einführt sei, wie in einigen Staaten von Nordamerika". Da sich die bisherige Recherche bereits als sehr zeit- und kostenaufwendig erwiesen hatte, wurde auf weitere Nachforschungen an dieser Stelle verzichtet und der Wortlaut des Zitats mit der eigenen Übersetzung wiedergeben; [EdÜ]. Nachweis bei Torrey. „What we racial hygienists ... tested long ago." Proctor: *Racial Hygiene*, 98.

[626] „state sterilization authorities ..." Kevles: *In the Name of Eugenics*, 116.
[627] „after the war ... in the United States." Proctor: *Racial Hygiene*, 117.
[628] Sobald das Sterilisationsgesetz (once the sterilization law). Ibid., 106–108.
[629] deutsche Ärzte experimentierten (German doctors experimented). Ibid., 110.
[630] rückläufige Geburtenrate (the falling birthrate). Ibid., 19.
[631] „the government provided ... to the fitter families." Kevles: *In the Name of Eugenics*, 117.
[632] „a quality marriage." Ibid., 138.
[633] Nürnberger Gesetze. Wikipedia-Autoren: „Nürnberger Gesetze". Online im Internet: http://de.wikipedia.org/w/index.php?title=N%C3%BCrnberger_Gesetze&oldid=62308885 (28.07.2009); [EdÜ].
[634] „fit to marry." Kevles: *In the Name of Eugenics*, 138–39.
[635] „an enthusiastic trip." Geoffrey Hellman: *Bankers, Bones and Beetles: The First Century of the American Museum of Natural History* (Garden City, N.Y.: Natural History Press, 1969), 194.
[636] Ehrendoktorwürde von Henry Osborn. Leiss, A., 2009: AW: Ihre Anfrage an die Goethe-Universität vom 31.08.2009, E. mail: leiss@ltg.uni-frankfurt.de (03.09.2009).
[637] „Es wird niemand wundern ... seien." Fischer, E.: „Geleit zur deutschen Ausgabe von Professor Dr. Eugen Fischer". In Grant, M.: *Die Eroberung eines Kontinents* (Berlin: Alfred Metzner, 1937), VII; [EdÜ]. Nachweis bei Torrey: „No one will be surprised ... with it." Chase: The Legacy of Malthus, 343.
[638] „cleansing process." Johnson: *Modern Times*, 342.
[639] Charles Davenport verteidigte Nazi-Versprechen (Davenport publicly defended). Chase: *The Legacy of Malthus*, 634, n. 9.
[640] „Jews are ... the sexual life." Proctor: *Racial Hygiene*, 53–54.
[641] sexuelle Degeneration ... was anständig ist („sexual degeneration ... is decent.") Robert J. Lifton: *The Nazi Doctors: Medical Killing and the Psychology of Genocide* (New York: Basic Books, 1986), 42; Lifton bezieht sich dabei auf Stämmlor, M.: "Das Judentum in der Medizin". *Sächsisches Ärzteblatt* 104 (1938):207; Eigene Übersetzung, da Artikel zeitnah nicht verfügbar war; [EdÜ].
[642] „associated sexual relations ... on Jews." Marc Fisher: „Master of the Death Camps". *Washington Post Book World*, 09.06.1991, 12.
[643] „Jewish science." Marie Jahoda: „The Migration of Psychoanalysis: Its Impact on American Psychology". In *The Intellectual Migration*, eds. Donald Fleming and Bernard Bailyn, (Cambridge: Harvard University Press, 1969).
[644] „non-Aryan physicians ... insurance schemes." Proctor: *Racial Hygiene*, 151–52.
[645] „Was wir für Fortschritte ... zu verbrennen." E. Jones: *Das Leben und Werk Sigmund Freuds*, 3:218; [EdÜ]. Nachweis bei Torrey: „What progress ... burning my books." Peter Gay: *A Life for Our Time* (New York: W. W. Norton, 1988), 592.
[646] Jeder Fünfte (One out of every five). Jahoda: „The Migration of Psychoanalysis", 282.

Literaturverzeichnis

[647] mehr als 200 deutsche Ärzte (more than 200 German physicians). Ibid., 152.

[648] „European psychoanalysis found ... continental Europe." Laura Fermi: *Illustrious Immigrants: The Intellectual Migration from Europe* 1930–41 (Chicago: University of Chicago Press, 1971), 142.

[649] Mitglieder der PAG in Wien (in Vienna). Ibid., 147.

[650] Nur 13 Prozent emigrierten (13 percent of them emigrated). Proctor: *Racial Hygiene*, 15.

[651] 190 europäische Psychoanalytiker (approximately 190 European psychoanalysts). Fermi: *Illustrious Immigrants*, 152.

[652] Die Liste der nach Amerika ausgewanderten Psychoanalytiker wurde zusammengestellt aus Fermi: *Illustrious Immigrants*, 139–73.

[653] Mitglieder der IPS in New York (New York had 76 members). Henry W. Brosin: „A Review of the Influence of Psychoanalysis on Current Thought". In *Dynamic Psychiatry*, eds. Franz Alexander and Helen Ross, (Chicago: University of Chicago Press, 1952), 525.

[654] mehr Psychoanalytiker in den Vereinigten Staaten (United States had more psychoanalysts). Reuben Fine: *A History of Psychoanalysis* (New York: Columbia University Press, 1979), 90.

[655] vor 1929 (prior to 1929). Ibid., 110.

[656] Alfred Adlers Präsentation (Alfred Adler's ...). „The Psychology of Marxism." Ibid., 438.

[657] „in the service of Communist ideology." Walter Bromberg: *The Mind of Man: A History of Psychotherapy and Psychoanalysis* (New York: Harper and Row, 1954), 223.

[658] „Partisansky Review." Carol Gelderman: *Mary McCarthy: A Life* (New York: St. Martin's Press, 1988), 91.

[659] „keep an open mind ... in Freud." Isaac Deutscher: *The Prophet Armed: Trotsky 1879–1921* (New York: Oxford University Press, 1954), 193.

[660] „We were all ... contemplating it." William Barrett: *The Truants: Adventures Among the Intellectuals* (Garden City, N.Y.: Anchor Doubleday, 1982), 38.

[661] „the most ambitious attempt ... modernism." Christopher Lasch: *The Agony of the American Left* (New York: Alfred A. Knopf, 1969), 53.

[662] „a New York intellectual ... read *Partisan Review*." James Atlas: „The Changing World of New York Intellectuals", *New York Times Magazine*, 25.08.1985, 22–76.

[663] „a Marxist purist." Stephen J. Whitfield: *A Critical American: The Politics of Dwight Macdonald* (Hamden, Conn.: Shoe String Press, 1984), 37.

[664] „a heavier ... insights of Freud." Leslie Fiedler: „The Ordeal of Criticism", *Commentary* 8 (1949):504–506.

[665] „Rahv had great respect ... and Literature." Alan Lelchuk: „Philip Rahv: The Last Years". In *Images and Ideas in American Culture*, Arthur Edelstein, ed. (Boston: Brandeis University Press, 1979), 210.

[666] „a manic-impressive." Barrett: *The Truants*, 38–39.

[667] „Most of us ... great man." Ibid.

[668] City College. Wikipedia-Autoren: „City College of New York". Online im Internet: http://de.wikipedia.org/w/index.php?title=City_College_of_New_York&oldid=68685802 (08.02.2010).

[669] alcove number 2, zu deren Mitgliedern Julius Rosenberg gehörte (Julius Rosenberg, in alcove number 2). Alexander Bloom: *Prodigal Sons: The New York Intellectuals and Their World* (New York: Oxford University Press, 1986), 251.

[670] Freud zu lesen began (began reading Freud). James B. Gilbert: *Writers and Partisans: A History of Literary Radicalism in America* (New York: John Wiley and Sons, 1967), 218.

[671] William Phillips, eds.: *Art and Psychoanalysis* (New York: Criterion Books, 1975).

[672] Edith Kurzweil and William Phillips, eds.: *Literature and Psychoanalysis* (New York: Columbia University Press, 1983).

[673] „With ... example of Chutzpah." Whitfield: *A Critical American*, 20.

[674] „not a snob but a bit stupid." Ibid.,1.

Literaturverzeichnis

[675] „political career ... by Jackson Pollack." Ronald Berman: *America in the Sixties: An Intellectual History* (New York: The Free Press, 1968), 4.

[676] „his articles in Politics." Whitfield: *A Critical American*, 48.

[677] den Theorien von Wilhelm Reich (the theories of Wilhelm Reich). Persönliche Mitteilung von Daniel Bell, 05.11.1990.

[678] „flirted with radical politics." Bloom: *Prodigal Sons*, 78.

[679] „vocabulary of psychoanalysis." Richard H. Pells: *The Liberal Mind in a Conservative Age: American Intellectuals in the 1940s and 1950s* (New York: Harper and Row, 1985), 190.

[680] „nothing at all but mild, all-purpose left." Paul Johnson, *Intellectuals* (New York: Harper and Row, 1988), 260.

[681] „astonished everyone ... seeing Wilson." Gelderman: *Mary McCarthy: A Life*, 89.

[682] begann McCarthy eine Psychoanalyse (McCarthy began psychoanalysis). Ibid., 91.

[683] „that psychoanalysis ... of myths." Ibid., 120.

[684] „blend of avant-garde ... like to become." Bloom: *Prodigal Sons*, 80; [Irving Howe zitierend].

[685] Wilson ... hatte ... Foster ... unterstützt (Wilson had supported Foster). Ibid., 45; und Johnson: *Intellectuals*, 255.

[686] versäumte ... Buch zu führen (he failed to file income tax returns). Johnson: *Intellectuals*, 266–67.

[687] entsann sich, seiner [Freuds] Theorie ... begegnet zu sein (he recalled being introduced to Freudian theory). Edmund Wilson: *Classics and Commercials: A Literary Chronicle of the Forties* (New York: Farrar, Straus and Giroux, 1950), 58.

[688] „a reminder that the lust for cruelty ... they are." Charles P. Frank: *Edmund Wilson* (New York: Twayne Publishers, 1970), 191; [Wilson zitierend].

[689] Wilson ... McCarthy ... regelmäßig schlug (regularly beat Mary McCarthy). s. Gelderman, 91ff.

[690] „a terrifying nervous breakdown." George H. Douglas: *Edmund Wilson's America* (Lexington: University of Kentucky Press, 1983), 47.

[691] James' Schwäche für kleine Mädchen (James's ... attraction to little girls). Frank: *Edmund Wilson*, 54.

[692] Ben Jonson ... analerotische Tendenzen (Jonson's ... anal erotic tendencies). Ibid., 57; [Für einen psychoanalytischen Blick auf Wilsons Verständnis der freudschen Theorie s. Louis Fraiberg: *Psychoanalysis and American Literary Criticism* (Detroit: Wayne State University Press, 1960)].

[693] „Yeats, Freud ... one's father." *Edmund Wilson Letters on Literature and Politics 1912–1972*, Elena Wilson, ed. (New York: Farrar, Straus and Giroux, 1977), 329.

[694] „With the exception of Edmund Wilson ... few decades." Irving Howe: „On Lionel Trilling", *New Republic*, 13.03.1976, 29.

[695] Trilling unterstützte Fosters Präsidentschaftswahlkampf (supported William Foster). Irving Howe: *Socialism in America* (New York: Harcourt Brace Jovanovich, 1985), 60; [s. a. Bloom, 47].

[696] Mitglied des Committee for the Defense of Leon Trotsky (as members ... for the Defense of Trotsky). Bloom: *Prodigal Sons*, 108.

[697] Freundchaft mit Whittaker Chambers (friends with Whittaker Chambers). Ibid., 254.

[698] „He had ... something of a numinous glow." Barrett: *The Truants*, 175.

[699] „brilliante" Methodologie. Lionel Trilling: „The Legacy of Sigmund Freud", *Kenyon Review* 2 (1940):152–73.

[700] Wordsworths infantiler Narzissmus (Wordsworth's infantile narcissism). Barrett: *The Truants*, 178.

[701] „the single ... new liberalism." Norman Podhoretz: *Breaking Ranks: A Political Memoir* (New York: Harper and Row, 1979), 33.

[702] „[He] has a grasp ... into his criticism." Fraiberg: *Psychoanalysis*, 213,224.

[703] Sidney Hook. Für eine Beschreibung seiner politischen Aktivitäten s. Bloom, 46. 108 und 254 und Whitfield, 39.

[704] „a scientific mythology." Bloom: *Prodigal Sons*, 101.

Literaturverzeichnis

[705] „Freud's doctrines ... of human behavior." Sidney Hook: *Out of Step* (New York: Harper and Row, 1987), 138.
[706] „the influence ... did not diminish." W. David Sievers: *Freud on Broadway: A History of Psychoanalysis and the American Drama* (New York: Hermitage House, 1955), 212.
[707] „the conflicting emotions ... the primal scene." Ibid., 215.
[708] „perhaps the most original ... in the thirties." Ibid., 261.
[709] „the analytic situation ... of 'transference'." Ibid., 262.
[710] Thornton Wilder. Ibid., 256–57.
[711] *Our Town*. Sam Wood.: *Unsere Kleine Stadt* (Originaltitel: *Our Town*). 90 Min., Schwarzweiß, USA: Sol Lesser Productions 1940 (Deutschland 1947). Online im Internet: http://www.imdb.de/title/tt0032881/releaseinfo (01.08.2009); [EdÜ].
[712] „almost all of Freud." Sievers: *Freud on Broadway*, 289.
[713] „the first musical drama." Ibid., 291.
[714] „reportedly written in tribute ..." Irving Schneider: „Images of the Mind: Psychiatry in the Commercial Film", *American Journal of Psychiatry* 134 (1977):613–20.
[715] „ran for 467 performances ..." Sievers: *Freud on Broadway*, 289.
[716] „there is no department ... not affected." Bernard DeVoto: „Freud's Influence on Literature", *Saturday Review of Literature*, 07.10.1939, 10–11.
[717] „a kind of magic show." Johnson: *Modern Times*, 12.
[718] Nachdem er sich ... einer Psychoanalyse unterzogen hatte (after undergoing psychoanalysis). Bruce L. Smith: „Intellectual History of Harold D. Lasswell". In *Politics, Personality and Social Science in the Twentieth Century: Essays in Honor of Harold D. Lasswell*, Arnold A. Rogow, ed. (Chicago: University of Chicago Press, 1969), 57.
[719] Lasswell wurde Laienanalytiker (Lasswell became a lay analyst). Roy R. Grinker: „Psychoanalysis and Autonomic Behavior". In Rogow, 108.
[720] „that human motives ... economic motives." Smith: „Intellectual History", 57.
[721] Lincoln Brigade. Wikipedia-Autoren: „Internationale Brigaden". Online im Internet: http://de.wikipedia.org/w/index.php?title=Internationale_Brigaden&oldid=62607791 (28.07.2009); [EdÜ].
[722] Boas ... spanische Loyalisten (Franz Boas . . . Spanish loyalists). Ruth Benedict an Margaret Mead, 01.09.1937, Mead Collection, Library of Congress.
[723] „carry on my research ... going crazy." *Time*, 11.05.1937, 26.
[724] „to its fanatical extreme ... traditional culture." Franz Boas: „Race Prejudice from the Scientist's Angle", *Forum* 98 (1937):90–94.
[725] „the hysterical claims ... scientific background." F. Boas: „An Anthropologist's Credo", 201.
[726] Hitler in Polen einmarschierte (Hitler invaded Poland). Johnson: *Modern Times*, 362.
[727] „useless eaters" und „lives devoid of value." Für eine gute Beschreibung dieses Zeitabschnitts in Deutschland s. Proctor, Kap. 7.
[728] G. Wagner hielt seine Rede, aus der dieses Zitat entnommen wurde, auf dem Parteitag von 1935 natürlich auf Deutsch. Online-Recherchen ergaben, dass es im Original offensichtlich heißt: „Der Nationalsozialismus erkennt die naturgegebene und gottgewollte Ungleichheit der Menschen als Grundlage allen Kulturlebens wieder an und zieht daraus seine Folgerungen." Veröffentlicht wurde die Rede anscheinend u. a. unter dem Titel: „Nationalsozialistische Rassen- und Bevölkerungspolitik", *Völkischer Beobachter* 14/9 (1935). In: Cornelia Essner: *Die 'Nürnberger Gesetze' oder Die Verwaltung des Rassenwahns 1933–1945* (Paderborn: Schöningh, 2002), 145. Auszugsweise Online im Internet: Cornelia Essner (2002): *Die 'Nürnberger Gesetze' oder Die Verwaltung des Rassenwahns 1933–1945*, Buchübersicht: http://books.google.de/ (11.08.2009). Nach Proctors Angaben wurde sie ebenfalls veröffentlicht unter dem Titel: „Unser Reichsärzteführer spricht", *Ziel und Weg – Zeitschrift des Nationalsozialistischen Deutschen Ärztebundes* 14/9 (1935). Beide genannten Zeitschriften sind in Deutschland nicht ohne Sondergenehmigung verfügbar. Auf weitere Recherchen hinsichtlich des Originalwortlautes wurde deshalb verzichtet und auf die o. g. Angaben zu-

Literaturverzeichnis

rückgriffen; [EdÜ]. Nachweis bei Torrey: „the natural and God-given inequality of men." Proctor, 181.

[729] „for those hopeless ones ... agony of living." Foster Kennedy: „The Problem of Social Control of the Congenital Defective: Education, Sterilization, Euthanasia", *American Journal of Psychiatry* 99 (1942):13–16.

[730] 18.269 Patienten getötet (18,269 killed). Proctor, *Racial Hygiene*, 191.

[731] 275.000 geistig Zurückgebliebene (275,000 mentally retarded). Stephen L. Chorover: *From Genetics to Genocide*, 101.

[732] Wannsee Konferenz (Wannsee conference). Lucy S. Dawidowicz: *The War Against the Jews* (New York: Hohlt, Rinehart and Winston, 1975), 136–39.

[733] Offizielle mit Doktorgrad (officials ... possessed doctoral degrees). Robert N. Proctor: „Science and Nazism", *Science* 241 (1988):730–31.

[734] „Gas chambers ... followed the equipment." Proctor: *Racial Hygiene*, 212.

[735] „und von den .. viel übrig." Gocbbels, J.: *Tagebücher 1924–1942 – 1940–1942* (München: Piper, 1992), 4:1776. Auszugsweise online im Internet: http://books.google.de/books?lr=&id=3bITAQAAIAAJ&dq=%2Btagebuch+%2Bgoebbels+%2B1942&q=juden (01.09.2009); [EdÜ]. Nachweis bei Torrey: „not much will remain ... of the Jews." Dawidowicz: *The War Against the Jews*, 139.

[736] "Ich kann die Gestapo .... empfehlen." Jones: *Das Leben und Werk S. Freuds*, 3:268; [EdÜ]. Nachweis bei Torrey: „I can heartily recommend the Gestapo to anyone." Jones: *The Life and Work of Sigmund Freud*, vol. 3 (New York: Basic Books, 1957), 226.

[737] „It is my last war." Otto Friedrich: *City of Nets: A Portrait of Hollywood in the 1940s* (New York: Harper and Row, 1986), 26; s. a. "Mein letzter Krieg." Jones: *Das Leben und Werk*, 3, 289; [EdÜ].

[738] „The battle ... is now won." Margaret Mead: *From the South Seas: Studies of Adolescence and Sex in Primitive Societies* (New York: William Morrow, 1939), x–xi.

[739] „We must do our share ... all of us." Franz Boas: Radio broadcast v. 27.09.1941; publiziert in Boas: *Race and Democratic Society* (New York: J. J. Augustin, 1945), 1–2.

[740] „I have a new theory about race." Mead: *An Anthropologist at Work*, 355.

[741] „The concentration camp ... of an earlier century." Stephen Whitfield: *A Critical American: The Politics of Dwight Macdonald* (Hamden, CT: Shoe String Press, 1984), 52.

[742] Kultur-Kudzu. Wikipedia-Autoren: „Kudzu (Pflanze)". Online im Internet: http://de.wikipedia.org/w/index.php?title=Kudzu_(Pflanze)&oldid=62707696 oder „Kudzu". http://en.wikipedia.org/w/index.php?title=Kudzu&oldid=304002434 (01.08.2009); [EdÜ].

[743] „the crime without a name." Paul Johnson: *Modern Times: The World from the Twenties to the Eighties* (New York: Harper and Row, 1983), 418.

[744] „On the screen ... many laughed." Alfred Kazin: *Starting Out in the Thirties* (Boston: Little Brown, 1965), 166.

[745] „could imagine ... us all up at once." Stephen J. Whitfield: „Tho Holocaust and the American Jewish Intellectual", *Judaism* (Herbst 1979):391–401; [Kazin zitierend. Dieser Artikel beschreibt sehr gut die Auswirkungen des Holocaust auf die Intellektuellen].

[746] „the horrible details ... skin of prisoners." James McCawley. „Atrocities – World War II", *Catholic World* Aug. 1945, 378–84.

[747] „the next day only 2,000 ... and mouths." Emanual Myron: „Back-Page Story", *New Republic*, 17.02.1947, 12–15.

[748] „The Germans are in many ways like us." Dorothy Thompson: „The Lesson of Dachau", *Ladies Home Journal* Sep. 1945, 6.

[749] „Before what we now know ... of men's suffering." Lionel Trilling: *The Liberal Imagination* (New York: Anchor Books, 1953), 256.

[750] „at night the red sky ... for miles." Lucy S. Dawidowicz: *The War Against the Jews* (New York: Holt, Rinehart and Winston, 1975), 148.

[751] „an elegant figure ... in posture." Robert J. Lifton: *The Nazi Doctors* (New York: Basic Books, 1986), 342–44.

Literaturverzeichnis

[752] „We are living ... bars of soap." Irving Howe: „The New York Intellectuals: A Chronicle and a Critique", *Commentary* 46 (1968):29–51. [nachgedruckt mit freundlicher Erlaubnis des *Commentary*].

[753] vier seiner älteren Schwestern (four of his elder sisters). Paul Johnson: *A History of the Jews* (New York: Harper and Row, 1987), 511.

[754] „The controversy regarding ... ideologies." Calvin S. Hall: „Temperament: A Survey of Animal Studies", *Psychological Bulletin* 38 (1941):909–43.

[755] „ten millions ... dealt with." Johnson: *Modern Times*, 271.

[756] „probably the most ... against its citizens." Ibid., [Leslek Kolakowski zitierend].

[757] eine Millionen Mitglieder (one million members). Ibid., 301.

[758] Die „Rote Plage". Wikipedia-Autoren: „Red Scare". Online im Internet: http://en.wikipedia.org/w/index.php?title=Red_Scare&oldid=296434622 (28.06.2009); [EdÜ].

[759] „exceedingly wise and gentle ... to him." Johnson: *Modern Times*, 276.

[760] „a man enters prison ... at all." Ibid., 275–76.

[761] „By the end ... begun to stink." Milton Klonsky: „Greenwich Village: Decline and Fall", *Commentary* 6 (1948):461.

[762] „The New York Intellectuals ... discussions." Alexander Bloom: *Prodigal Sons*, 251–52.

[763] „We have obviously ... American life." Editorial: „Our Country and Our Culture", *Partisan Review* 19 (1952):282–326, 420–50 und 562–97.

[764] „The ideal of the workers' ... in Thyestes." Lionel Trilling: „Our Country and Our Culture", 319.

[765] „In the West ... in the neck." Sidney Hook: „Our Country and Our Culture", Ibid., 570.

[766] „In the chastened ... the intellectuals." Philip Rahv: „Our Country and Our Culture", 304.

[767] „Freud ... as the prophet." Charles Kadushin: „The Friends and Supporters of Psychotherapy on Social Circles in Urban Life", *American Sociological Review* 31 (1966):786–802.

[768] „The demise of Marxism ... the intellectual realm." Richard King: *The Party of Eros: Radical Social Thought and the Realm of Freedom* (Chapel Hill: University of North Carolina Press, 1972), 44.

[769] „My difficulties were ... how to love." Arthur Miller: *Timebends: A Life* (New York: Grove Press, 1987), 320–21.

[770] „'Being analyzed' ... or racial issues." Melitta Schmideberg: „A Contribution to the History of the Psycho-Analytic Movement in Britain", *British Journal of Psychiatry* 118 (1971):61–68.

[771] Sigmund Freud „Dostoevski and Parricide", *Partisan Review* 12 (1945):530–44.

[772] „the way for the Report ... sensible way." Lionel Trilling: „The Kinsey Report", *Partisan Review* 15 (1948):460–76.

[773] „one of the ... twentieth century." Laura Fermi: *Illustrious Immigrants: The Intellectual Migration from Europe 1930–41* (Chicago: University of Chicago Press, 1971), 141; [den Psychoanalytiker Henry W. Brosin zitierend].

[774] „noblest ... of Western culture." John Burnham: „From Avant-Garde to Specialism: Psychoanalysis in America", *Journal of the History of the Behavioral Sciences* 15 (1979):128–34, [Lionel Trilling zitierend].

[775] „those dialectical disciplines ... the human race." Joel Kovel: „Psychoanalyst in New York". In *Creators and Disturbers: Reminiscences by Jewish Intellectuals of New York*, Bernard Rosenberg and Ernest Goldstein, eds. (New York: Columbia University Press, 1982), 238.

[776] „We were ... if you didn't." William Barrett: *The Truants: Adventures Among the Intellectuals* (Garden City, N.Y.: Anchor Doubleday, 1982), 230.

[777] Sartor Resartus. Wikipedia-Autoren: „Thomas Carlyle". Online im Internet: http://de.wikipedia.org/w/index.php?title=Thomas_Carlyle&oldid=62112668 (28.07.209); [EdÜ].

[778] „When the political ... is the same." Klonsky: „Greenwich Village: Decline and Fall", 461.

[779] „the full terror of Nazism ... and 'race'." Margaret Mead: *Blackberry Winter: My Earlier Years* (New York: Simon and Schuster, 1972), 220.

[780] „The anthropologist is concerned with ... total systems." Margaret Mead: *From the South Seas: Studies in Adolescence and Sex in Primitive Societies* (New York: William Morrow, 1939), xxv.

Literaturverzeichnis

[781] dass Mead in drei Wochen geschrieben hatte (Mead had written in three weeks). Jane Howard: *Margaret Mead: A Life* (New York: Simon and Schuster, 1984), 236.

[782] „We must see this war ... half forged." Margaret Mead: *And Keep Your Powder Dry: An Anthropologist Looks at the American Character* (New York: William Morrow, 1942), 261.

[783] „develop ... a world built new." Ibid., 273; [Mead zitierend].

[784] „two scientific approaches ... Freudian psychology." Margaret Mead: „The Study of National Character". In *The Policy Sciences*, Daniel Lerner and Harold D. Lasswell, eds. (Stanford: Stanford University Press, 1951), 70–85.

[785] „the most fruitful ... psychoanalysis." Howard: *Margaret Mead: A Life*, 189; [Mead zitierend].

[786] „that the child learns ... practices." Margaret Mead: „The Study of Culture at a Distance". In *The Study of Culture at a Distance*, eds. Margaret Mead and Rhoda Metraux (Chicago: University of Chicago Press, 1953), 37.

[787] „a large part ... in any society." Ibid.

[788] „rituals, myths, films, popular art." Ibid.

[789] „that human cultures ... in history." Mead: „The Study of National Character."

[790] „to work seriously with the zones of the body." Margaret Mead: *Male and Female: A Study of Sexes in a Changing World* (New York: Penguin, 1962), 348. [1949 erstmalig publiziert].

[791] „her Balinese field trip ... research frame." Marvin Harris: *The Rise of Anthropological theory* (New York: Crowell, 1968), 434.

[792] „the scenes in Shakespeare ... was Oedipal." Mary C. Bateson: *With a Daughter's Eye: A Memoir of Margaret Mead and Gregory Bateson* (New York: William Morrow, 1984), 43.

[793] „a coarsening of the whole intellectual approach." Howard: *Margaret Mead: A Life*, 332.

[794] Menninger zitiert anerkennend ihre Arbeit (Menninger had approvingly cited). William C. Menninger: „Characterologic and Symptomatic Expressions Related to the Anal Phase of Psychosexual Development", *Psychoanalytic Quarterly* 12 (1943):161–93.

[795] „Wherever Mead went ... her good friends." Howard: *Margaret Mead: A Life*, 332.

[796] was sie geträumt hatte (what she had dreamed). Ibid., 248.

[797] „did not maintain ... patients." Ibid., 259.

[798] „The [office] atmosphere ... had happened." Ibid., 260.

[799] „for the upper ten percent ... no analyst." Ibid.

[800] Benedict charakterisiert Drachen-Steigen-Lassen (Benedict had characterized kite-flying). Margaret M. Caffrey: *Ruth Benedict: Stranger in This Land* (Austin: University of Texas Press, 1989),319.

[801] „psychologically show ... criminality." Judith S. Modell: *Ruth Benedict: Patterns of a Life* (Philadelphia: University of Pennsylvania Press, 1983), 270.

[802] Rumäniens Kindererziehungsmethoden (Romania's child-rearing methods). Ibid.

[803] „an unborn mouse." Howard: *Margaret Mead: A Life*, 224.

[804] „and quite happily, platonic." Ibid., 293.

[805] „I have never been in Japan ... at war." Geoffrey Gorer: „Themes in Japanese Culture", *Transactions Of the New York Academy of Sciences* 5 (1943):106–124; [zitiert mit freundlicher Erlaubnis der Annals of The New York Academy of Sciences].

[806] Schlüssel zum russischen Charakter (key to the Russian character). Geoffrey Gorer and John Rickman: *The People of Great Russia* (London: Cresset, 1949). [s. a. Mead and Metraux: *The Study of Culture at a Distance*].

[807] „Gorer attempted to show ... swaddling." Harris: *The Rise of Anthropological Theory*, 445.

[808] Wickelhypothese stammt von Mead (swaddling hypothesis from Mead). Ibid.

[809] „the cradleboard [among Indians] ..." Harold Orlansky: „Infant Care and Personality", *Psychological Bulletin* 46 (1949):1–48.

[810] 1961er Studie der ... AAA (1961 survey of AAA). Weston Labarre: „Psychoanalysis and Anthropology", *Science and Psychoanalysis* 4 (1961):10–20.

[811] „varying ... insight." Ibid.

Literaturverzeichnis

[812] Karen Horneys Kurs „Culture and Neurosis" (Karen Horney's course "Culture and Neurosis"). Ibid., 250.

[813] „the culturalists." Reuben Fine: *A History of Psychoanalysis*, 139.

[814] „the two disciplines ... license." Harris: *The Rise of Anthropological Theory*, 448.

[815] Apolog. Wikipedia-Autoren: „Apolog". Online im Internet: http://de.wikipedia.org/wiki/Apolog (01.08.2009); [EdÜ].

[816] „shake off her psychic angularities." W. David Sievers: *Freud on Broadway: A History of Psychoanalysis and the American Drama* (New York: Hermitage House, 1955), 220. [s. a. Wilfrid Sheed: *Clare Boothe Luce* (New York: E. P. Dutton, 1982), 58].

[817] „psychoanalysis becomes ... malicious chatter." Sievers: *Freud on Broadway*, 221.

[818] Luce stellt Freuds Neffen an (Luce hires Freud's nephew). W. A. Swanberg: *Luce and His Empire* (New York: Charles Scribner's Sons, 1972), 55, 87.

[819] Clare Boothe Luce stellt Bernays an (Clare Boothe Luce also hired Bernays). Ibid., 194–195.

[820] „A boom has overtaken psychoanalysis." Francis S. Wickware: „Psychoanalysis", *Life*, 03.02.1947, 98–108.

[821] „It merely ... a cure." Ibid.

[822] „repressed sexual ... both sexes." Ibid.

[823] „these rates ... ends." Ibid. „already ... trends." Ibid.

[824] „The True Freudians." *Time*, 10.09.1945, 70–72.

[825] „had some extraordinary results." „Are You Always Worrying?", *Time*, 25.10.1948, 64–72.

[826] „of the same ... mother-in-law." Ibid.

[827] „The emphasis on two-bit psychiatry ..." Ezra Goodman: *The Fifty-Year Decline and Fall of Hollywood* (New York: Simon and Schuster, 1961), 248.

[828] Gregory Zilboorg: „Psychoanalysis and Religion", *Atlantic Monthly* Jan. 1949, 47–50.

[829] Erich Fromm: „Oedipus Myth", *Scientific American* Jan. 1949, 22–23.

[830] „caused ... to improve." Sid Caesar: „What Psychoanalysis Did For Me", *Look*, 02.10.1956, 48–49.

[831] „freak bestseller." Brock Brower: „Who's In Among the Analysts", *Esquire* Jul. 1961, 78–84.

[832] ... mehr Artikel über Freud (more articles on Freud). s. Literaturhinweis Nr. 274 hinsichtlich der Durchführung dieser Kalkulationen aus dem *Reader's Guide to Periodical Literature*.

[833] Hannah Lees: „How I Got Caught In My Husband's Analysis", *Good Housekeeping* Nov. 1957, 80–279.

[834] Anonym: „Psychoanalysis Broke Up My Marriage", *Cosmopolitan* Okt. 1958, 70–79.

[835] Gerald Sykes: „Dialogue of Freud and Jung", *Harper's* Mai. 1958, 66–71.

[836] David Bakan: „Moses in the Thought of Freud", *Commentary* 26 (1985):322–31.

[837] Anonym: „Psychoanalysis and Confession", *Commonweal* 69 (1959):414–15.

[838] „Because of ... Sigmund Freud." Lucy Greenbaum: „Dreams – Fantasies or Revelations?" *New York Times Magazine*, 10.11.1946, 15–61.

[839] „never before ... on a wider basis." William C. Menninger: „Analysis of Psychoanalysis", *New York Times Magazine*, 18.05.1947, 12–50.

[840] „the gist of Freud's theory..." Franz Alexander: „Wider Fields for Freud's Techniques", *New York Times Magazine*, 15.05.1949, 15–53.

[841] „few men have had a greater influence on their age." Leonard Engel: „Analysis of Sigmund Freud", *New York Times Magazine*, 04.10.1953, 12–22.

[842] „In the same way ... a man can have." Alfred Kazin: „The Freudian Revolution Analyzed", *New York Times Magazine*, 06.05.1956, 15–38.

[843] „In attempting an overview ... for source material." Sievers: *Freud on Broadway*, 400.

[844] Tennessee Williams' Pyschoanlyse (Tennessee Williams's psychoanalysis). Roger Boxill: *Tennessee Williams* (New York: St. Martin's Press, 1987), 130. [Es sollte beachtet werden, dass ein Korrekturblatt am Anfang des Buches eingelegt war, wonach Williams sich 1957 "in eine Analyse begab" und sich nicht "einer Analyse unterzog"].

Literaturverzeichnis

[845] „the quintessence ... id and ego-ideal." Sievers: *Freud on Broadway*, 376–77.

[846] „he uses ... reality." Esther M. Jackson: *The Broken World of Tennessee Williams* (Madison: University of Wisconsin Press, 1966), 60–61.

[847] William Inges Psychoanalyse (William Inge's psychoanalysis). Sievers: *Freud on Broadway*, 352.

[848] „considerable Freudian influence." Ibid.

[849] „draw upon Freudian insights ... the trite." Ibid., 355.

[850] „the feelings ... exposed in us." Ibid., 452.

[851] „the members of the audience ... a psychoanalytic one." Lionel Abel: *The Intellectual Follies: A Memoir of the Literary Venture in New York and Paris* (New York: W. W. Norton and Company, 1984), 221–22.

[852] 90 Prozent mehrmals im Jahr Theateraufführungen besuchten (90 percent patient frequency of plays). Kadushin: „The Friends and Supporters of Psychotherapy", 548.

[853] „to ... drinking and psychoanalysis." Abel: *The Intellectual Follies*, 222.

[854] Eliot wurde eingewiesen (Eliot had been hospitalized). Jeffrey Berman: *The Talking Cure: Literary Representations of Psychoanalysis* (New York: New York University Press, 1987), 93–97.

[855] „appears to ... in 1921." Ibid., 93.

[856] „as a tragic ... anomaly." Sievers: *Freud on Broadway*, 281.

[857] Hellman begann mit Psychoanalyse (Hellman began psychoanalysis). William Wright: *Lillian Hellman: The Image, The Woman* (New York: Simon and Schuster, 1986), 170–72.

[858] Hellmans zweiter Therapeut (Hellman's second therapist). Ibid., 408.

[859] „my good friend, Gregory Zilboorg." Sievers: *Freud on Broadway*, 283.

[860] „plethora of Freudian ... vibrato." Wright: *Lillian Hellman: The Image, The Woman*, 208.

[861] Hellman wurde Mitglied der Kommunistischen Partei (Hellman ... joined the Communist Party). Carl E. Rollyson: *Lillian Hellman: Her Legend and Her Legacy* (New York: St. Martin's Press, 1988), 320.

[862] ... wisse nichts [über die stalinistischen Schauprozesse] (she claimed she knew nothing [about Stalin's show-trials]). Paul Johnson: *Intellectuals*, 295.

[863] "whatever Zilboorg did for Field's mental Health..." Wright: *Lillian Hellman: The Image, The Woman*, 171.

[864] Zilboorg als Koordinator (Zilboorg['s] coordinating role). Jack Alexander: „Do-Gooder", *Saturday Evening Post*, 06.12.1941, 14–108.

[865] Zilboorg als Hellmans Gast (Zilboorg as Hellman's guest). Rollyson: *Lillian Hellman*, 158.

[866] Zilboorg von der APA getadelt (Zilboorg censured by the APA). Ibid., 171.

[867] George Gershwin als Zilboorgs Patient (George Gershwin as Zilboorg's Patient). Ibid., 157.

[868] Richard Rodgers verarbeitete psychoanalytische Ideen (Richard Rodgers ... used psychoanalytic ideas). Sievers: *Freud on Broadway*, 363.

[869] zeigten "eine frühe Affinität" ("an early affinity"), Ibid., 364.

[870] Sievers behauptete (Sievers claimed). Ibid., 364–66.

[871] „clearly indebted to psychoanalysis." Ibid., 369.

[872] *Inside U.S.A.* (*Inside U.S.A.*). Ibid.

[873] „been replaced by ... psychoanalysis." Krin Gabbard and Glen O. Gabbard: *Psychiatry and the Cinema* (Chicago: University of Chicago Press, 1987), 50.

[874] „primarily ... common sense." Ibid., 56.

[875] als „Quacksalber" bezeichnet (referred to as a "quack"). Ibid., 57.

[876] Fenichel war Parteimitglied (Fenichel a Party member). Paul Roazen: *Freud and His Followers* (New York: New York University Press, 1984), 505.

[877] „a dedicated Socialist." Otto Friedrich: *City of Nets: A Portrait of Hollywood in the 1940s* (New York: Harper and Row, 1986), 222.

[878] alle Angestellten mussten sich Psychoanalyse unterziehen (all his employees undergo psychoanalysis). Roazen: *Freud and His Followers*, 170.

[879] "cherished ... critique of modern society." Friedrich: *City of Nets*, 222.

Literaturverzeichnis

[880] Fabian. Wikipedia-Autoren: „Fabian (Sänger)". Online im Internet: http://de.wikipedia.org/w/index.php?title=Fabian_(S%C3%A4nger)&oldid=62290866 (28.07.2009); [EdÜ].
[881] "the greatest love specialist." *New York Times*, 24.01.1925; [zitiert bei Catherine Covert: „Freud on the Front Page", 168].
[882] „to cooperate in ... stories of history." Irving Schneider: „The Theory and Practice of Movie Psychiatry", *American Journal of Psychiatry* 144 (1987):996–1002.
[883] „Hollywood found that psychoanalysis was fun." Friedrich: *City of Nets*, 224.
[884] „Hollywood was full of ... explanations!" Ibid., 222.
[885] „doorbell ... to be heard." Ibid., 224.
[886] Darryl Zanucks Analytiker (Darryl Zanuck's psychoanalyst). Goodman: *The Fifty-Year Decline*, 249.
[887] „Psychoanalysts ... let the matter drop." Ibid.
[888] „in Los Angeles ... psychoanalytic jargon." „Midyear Mood of America", *Newsweek*, 04.07.1955, 46.
[889] „was not only ... source." Irving Schneider: „Images of the Mind: Psychiatry in the Commercial Film", *American Journal of Psychiatry* 134 (1977):613–20.
[890] Ben Hecht. Friedrich: *City of Nets*, 224.
[891] „Our story ... and confusion disappear." Gabbard: *Psychiatry and the Cinema*, 64.
[892] „contain ... in the American cinema." Ibid., 62.
[893] „authoritative voices of ... wellbeing." Ibid., 84.
[894] „the oracular psychiatrist wounded people." Ibid., 76.
[895] „omniscient psychiatrist ... three interviews." Franklin Fearing: „Psychology and the Films", *Hollywood Quarterly* 2 (1947):118–121.
[896] Father Barbour. First Generation Radio Archives: "One Man's Family", vol. 2, Premier Collections. Online im Internet: www.radioarchives.org/sets/PC64.htm (18.05.2009); [EdÜ].
[897] „Most of the damage ... of the century." Martin L. Gross: *The Psychological Society* (New York: Random House, 1978), 247; [Ames zitierend].
[898] „I'm still basically a Freudian." Dr. Benjamin Spock: Interview mit Torrey, 02.06.1989.
[899] „the amateur mother of yesterday." Sarah Comstock: „Mothercraft: A New Profession for Women", *Good Housekeeping* Jun. 1914, 672–78.
[900] „unrestrained ... civilized beings." Anna Freud: Vorwort zu Edith Buxbaum: *Your Child Makes Sense* (London: George Allen and Unwin, 1951), vii.
[901] „that children ... aggressive strivings. " Ibid., ix.
[902] „new wisdom ... young children." Max Eastman: „Exploring the Soul and Healing the Body", *Everybody's Magazine* Jun. 1915, 741–50.
[903] Freud-insprierten Bericht (Freudian-inspired account). Peter C. MacFarlane: „Diagnosis by Dreams", *Good Housekeeping* Feb. 1915, 125–33.
[904] 455 Artikel über Kindererziehung (455 articles on child rearing). A. Michael Sulman: „The Freudianization of the American Child: The Impact of Psychoanalysis in Popular Periodical Literature in the United States, 1919–1939" (Ph.D. diss., University of Pittsburgh, 1972), 96.
[905] „only 17 percent of these articles ..." David R. Miller and Guy E. Swanson: *The Changing American Parent: A Study in the Detroit Area* (New York: John Wiley, 1958), 186.
[906] „appeared to be ... Freudian theory." Geoffrey H. Steere: „Freudianism and Child-Rearing in the Twenties", *American Quarterly* 20 (1968):759–67.
[907] „dozen Healthy infants", „race of his ancestors." James B. Watson: *Behaviorism* (New York: W. W. Norton, 1930), 104.
[908] „If you expected ... your child." James B. Watson: *Psychological Care of Infant and Child* (New York: W. W. Norton, 1928), 82.
[909] Watson ... solche Hindernisse ebenfalls überwinden. Christina Hardyment: *Dream Babies: Three Centuries of Cood Advice on Child Care* (New York: Harper & Row, 1983), 170–71.

Literaturverzeichnis

[910] „a godsend to parents." Ibid., 173.
[911] „on every intelligent mother's shelf." Ibid.
[912] „a quiet goodnight ... let him howl." Ibid., 186; [Watson zitierend].
[913] „There is a ... difficult task." Watson: *Psychological Care*, 81–82.
[914] „If you haven't a nurse ... use a periscope." Ibid., 84–85.
[915] „Somehow I can't ... too." Ibid., 84.
[916] „mother love ... wound." Ibid., 87.
[917] „there is no ... characteristics." Watson: *Behaviorism*, 94.
[918] „Isn't it just possible ... I raise it." Hardyment: *Dream Babies*, 173; [Watson zitierend].
[919] Spocks Vater. Benjamin Spock and Mary Morgan: *Spock on Spock: A Memoir of Growing Up With The Century* (New York: Pantheon, 1989), 14.
[920] Spocks Mutter. Ibid., 18.
[921] „My mother was a tyrant." Peter Castro: „Chatter", *People* 05.08.1991, 90, [Spock zitierend].
[922] "a private ... to keep warm." Henry Allen: „Bringing Up Benjamin Spock", *Washington Post* 27.11.1989, B:1.
[923] "worried about lions ..." Benjamin Spock: „Where I Stand And Why", *Redbook* Jul. 1967, 20–33.
[924] „My mother ... my children." Spock and Morgan: *Spock on Spock*, 60.
[925] „had never ... had a date." Ibid., 65.
[926] drei Jahre an der Yale (he had completed three years at Yale). Benjamin Spock: „How My Ideas Have Changed", *Redbook* Okt. 1963, 51–126.
[927] Spocks erste Bekanntschaft mit Freud (Spock's introduction to ... Freud). Lynn Z. Bloom: *Doctor Spock: Biography of a Conservative Radical* (Indianapolis: Bobbs-Merrill, 1972), 95.
[928] den psychologischen Aspekten (the psychological aspects). Spock: „How My Ideas Have Changed", 51–126.
[929] „Taking care of schizophrenic ... myself." Spock and Morgan: *Spock on Spock*, 102–103.
[930] „Over a three-year period ... with me." Ibid., 109–10. Details über Spocks psychoanalytische Ausbildung stammen aus diesem Buch und von Bloom: *Doctor Spock*, 71–72, 95–96.
[931] „all children ... different temperaments." Benjamin Spock: „Do Parents Cause Children's Emotional Troubles?" *Redbook* Jun. 1966, 20–23.
[932] „When I began ... saw it come out." Spock and Morgan: *Spock on Spock*, 16.
[933] angesehene Fakultätsangehörige (eminent faculty members). Bloom: *Doctor Spock*, 205.
[934] „with such skilled counselors ... difficulties." Benjamin Spock: „A *Redbook* Dialog." *Redbook* Apr. 1972, 80–141.
[935] „the children in the study." Bloom: *Doctor Spock*, 209; [s. a. Spock: „A *Redbook* Dialog", wo er über die Kinder sagt, dass "die üblichen Probleme auftauchten" ("the usual problems arose")].
[936] „was slower and ... anticipated." Benjamin Spock: „Toilet Training After 18 Months", *Redbook* Jul. 1968, 22–23.
[937] „at the first signs ... a while." Ibid.
[938] „inconsistent and vacillating ... any resistance." Benjamin Spock and Molly Bergen: „Parents' Fear of Conflict in Toilet Training", *Pediatrics* 34 (1964): 112–16; [Nachdruck mit Erlaubnis von Pediatrics und der Williams and Wilkins Company].
[939] „turned out quite well." Dr. Benjamin Spock: Interview mit Torrey, 02.06.1989.
[940] „the whole Oedipal situation ... again." Ibid.
[941] „Trust yourself ... you do." Benjamin Spock: *The Common Sense Book of Baby and Child Care* (New York: Duell, Sloan and Pearce, 1946), 1.
[942] „the theoretical ... is Freudian. Spock: Interview mit Torrey, 02.06.1989.
[943] „Dr. Spock ... on child rearing." Bloom: *Doctor Spock*, 126.
[944] „trying to take ... their babies." Spock and Morgan: *Spock on Spock*, 130.
[945] „children and ... principles." Bloom: *Doctor Spock*, 75.
[946] „were disproportionately ... themselves." Spock and Morgan: *Spock on Spock*, 131.

Literaturverzeichnis

[947] „find ways ... I had experienced." Spock: „Where I Stand and Why", 20–33.
[948] Kapitel eines medizinischen Textes (chapter in a medical text). Benjamin Spock and Mabel Huschka: „The Psychological Aspects of Pediatric Practice". In *Practitioner's Library of Medicine and Surgery*, vol. 13 (New York: Appleton-Century, 1938); [zitiert bei Bloom, 84].
[949] „When a baby ... finicky person." Spock: *The Common Sense Book*, 195–96.
[950] „He's apt to say ... me, too." Ibid., 299.
[951] „We realize ... normal development." Ibid., 301.
[952] „He may develop ... children." Ibid., 303.
[953] "die Libido auf die ... werden mag." S. Freud: „Drei Abhandlungen zur Sexualtheorie". In: A. Freud et al. (Hrsg.): *Gesammelte Werke*, 5:94; [EdÜ]. Nachweis bei Torrey: „libido might be forced into collateral roads." Sigmund Freud: „Three Contributions to the Theories of Sex". In *The Basic Writings of Sigmund Freud*, ed. Abraham A. Brill (New York: Modern Library, 1938), 594.
[954] „psychoanalysts ... about masturbation." Benjamin Spock: „Teaching Children Good Attitudes Toward Good Health", *Redbook* Aug. 1972, 10–23.
[955] „Freud taught ... one degree or other." Benjamin Spock: „Should Girls Be Raised Exactly Like Boys?" *Redbook* Feb. 1972, 24–28.
[956] „[It was] that crucial stage ... of guilt." Benjamin Spock: „What I Think About Nudity in the Home", *Redbook* Jul. 1975, 29–33.
[957] „excitability ... parents disapprove." Ibid.
[958] „psychoanalytic experience ... the same sex." Benjamin Spock: „Kinds of Rebellion in Adolescence", *Redbook* Jul. 1966, 20–25.
[959] „I think it's wise '... in your bed.'" Spock: „What I Think About Nudity in the Home", 29–33.
[960] „is apt to be upset ... resentment." Benjamin Spock: „A Little Excitement Goes a Long Way", *Redbook* Jun. 1965, 24–28.
[961] „parental tickling ... for children." Benjamin Spock: „Teaching Lovingness to Children", *Redbook* Jul. 1971, 26–37.
[962] „momentarily with the hand ... for any baby." Spock: „A Little Excitement Goes a Long Way", 24–28.
[963] „tossing the baby in the air." Ibid.
[964] „pretend to be lions ... nervous symptoms." Benjamin Spock: „A Father's Companionship", *Redbook* Okt. 1974, 25–29.
[965] „in the boys unconscious ... such play." Bloom: *Doctor Spock*, 92.
[966] „getting down on ... lion." Ibid.
[967] „nine years of psychoanalysis." Ibid., 91.
[968] „who run into study ... psychotherapy." Spock: „Kinds of Rebellion in Adolescence", *Redbook* Jul. 1966, 20–25.
[969] „Parents should ask ... great or small." Benjamin Spock: „When a Child Needs Psychiatric Help", *Redbook* Mai. 1966, 19–22.
[970] „brought up in a Republican family ...." Spock: „Where I Stand and Why", 20–33.
[971] „had been a Socialist in college." Bloom: *Doctor Spock*, 59.
[972] „to alleviate the plight..." Ibid., 83.
[973] Americans for Democratic Action. Americans For Democratic Action, 2008: "ADA History – Who we are?" Online im Internet: http://www.adaction.org/pages/about/ada-history.php (02.09.2009); [EdÜ].
[974] „who taught us all ... 'OMMMMM.' " Spock and Morgan: *Spock on Spock*, 190.
[975] „for conspiracy to counsel ... draft." Ibid., 198.
[976] „that a new ... Democratic Party." Bloom: *Doctor Spock*, 337.
[977] „was raised on a book ... they espouse." Ibid., 132.
[978] „Feed 'em whatever ... teaching." Ibid.; [s. a. Allen: „Bringing Up Benjamin Spock"].
[979] „I've never considered myself ... a permissivist." Benjamin Spock: „What I Said In February About Raising Children – And What I Did Not Say", *Redbook* Jun. 1974, 22–31.

Literaturverzeichnis

[980] „that they would arouse ... their children." Spock and Bergen: „Parents' Fear of Conflict in Toilet Training".

[981] „The parents were afraid ... their children." Spock: „A *Redbook* Dialog", 80–141.

[982] „All the mothers ignored ... the bathroom." Spock and Bergen: „Parents' Fear of Conflict in Toilet Training", 112–16.

[983] vier waren erfolgreicher (these four were more successful). Ibid.

[984] „in which the ... working class." Ibid.

[985] „few of the families ... in psychology." Spock: „Toilet Training", *Redbook* Nov. 1963, 38–46.

[986] „without severity ... to the personality." Ibid.

[987] „The fear of arousing ... has helped." Spock and Bergen: „Parents' Fear of Conflict in Toilet Training", 112–16.

[988] „It's professional people ... opened." Allen: „Bringing up Benjamin Spock".

[989] „was sure that ... certain parents." Spock: „How My Ideas Have Changed", 51–126.

[990] „throw food on the floor." Ibid.

[991] „there now were ... parental hesitancy." Ibid.

[992] „took care to tone ... about them." Spock: „Toilet Training", 38–46.

[993] „occur mainly in ... child psychology." Benjamin Spock: *Baby and Child Care* (1968er Ausgabe), 259.

[994] „the first medium ... is valuable." Benjamin Spock: „Helping Your Children to Learn About Money", *Redbook* Dez. 1967, 20–22.

[995] „a generous lacing ... in child-care history." Hardyment: *Dream Babies*, 233.

[996] „This vitreus monster ... just anyone." Selma H. Fraiberg: *The Magic Years: Understanding and Handling the Problems of Early Childhood* (New York: Charles Scribners' Sons, 1959), 94.

[997] „Spoil That Baby." Gross: *The Psychological Society*, 266.

[998] „Instead of getting ... character." Ibid.

[999] „by my child development friends." Margaret Mead: *Blackberry Winter: My Earlier Years* (New York: Simon and Schuster, 1972), 248.

[1000] „unusual to find ... all authority." Margaret Mead: „Margaret Mead Answers Questions", *Redbook* Feb. 1964, 12.

[1001] „the air of a Nativity pageant." Jane Howard: *Margaret Mead: A Life* (New York: Simon and Schuster, 1984), 217.

[1002] Mead wollte eine Aufzeichnung. Mead: *Blackberry Winter*, 261.

[1003] „at the slightest whimper." Howard: *Margaret Mead: A Life*, 218.

[1004] „She never insisted ... as a child." Mary C. Bateson: *With A Daughter's Eye: A Memoir of Margaret Mead and Gregory Bateson* (New York: William Morrow, 1984), 72–73.

[1005] Columbia Teacher College. Teachers College, 2009: "About TC – TC's Heritage – Columbia University and Teachers College", Online im Internet: http://www.tc.columbia.edu/abouttc/heritage.htm?id=Columbia+University+and+Teachers+College (13.08.2009); [EdÜ].

[1006] „a training institute ... child care." Bloom: *Doctor Spock*, 65, [s. a. Spock and Morgan, 110–11 und Margaret M. Caffrey, Ruth Benedict: *Stranger in This Land* (Austin: University of Texas Press, 1989), 244.

[1007] Ernest Jones hatte einen Artikel veröffentlicht (Ernest Jones had published). John C. Burnham: „Psychoanalysis in American Civilization Before 1918", (Ph.D. diss., Stanford University, 1958), 344.

[1008] Wilfried Lays Buch erschien (his book ... was published). Wilfried Lay: *The Child's Unconscious Mind: The Relations of Psychoanalysis to Education, A Book For Teachers and Parents* (New York: Dodd, Mead, and Co., 1919).

[1009] „a kind of mental ... emotional rapport." Roy Lubove: *Professional Altruist: The Emergence of Social Work as a Career 1880–1930* (New York: Cambridge University Press, 1965), 100–101.

[1010] „that academic credit ... educational curriculum." Reuben Fine: *A History of Psychoanalysis* (New York: Columbia University Press, 1979), 564.

[1011] 60.000 schulische Vertrauenslehrer (sixty thousand school guidance counselors). Gross: *The Psychological Society*, 272.

[1012] „schools are our community mental health centers." Ibid., 271.

[1013] *Summerhill.* Wikipedia-Autoren: „Alexander Sutherland Neill". Online im Internet: http://de.wikipedia.org/w/index.php?title=Alexander_Sutherland_Neill&oldid=63778165 (26.08.2009); [EdÜ].

[1014] „a dubious character ... quasi-pornographic." Paul Roazen: *Freud and His Followers* (New York: New York University Press, 1984), 211.

[1015] „Vegeto therapy." Alexander S. Neill: *Neill! Neill! Orange Peel!* (New York: Hart Publishing Company, 1972), 511; [Die Informationen über Neills dreijährige Psychoanalyse stammen ebenfalls aus diesem Buch].

[1016] „carries on the ... to be a hypocrite." Ibid., 510.

[1017] „A Frenchwoman ... make him behave." Spock: „Do Parents Cause Children's Emotional Troubles?", 20–23.

[1018] „Spock and Gesell ... household." Isaac Rosenfeld: „Life In Chicago", *Commentary* 23 (1957):530–31.

[1019] „I believe ... a metaphysical one." William A. White: *Forty Years of Psychiatry* (New York: Nervous and mental Disease Publishing Company, 1933), 78.

[1020] Theorien von Cesare Lombroso. Für eine Zusammenfassung seiner Arbeit s. Stephen J. Gould: *The Mismeasure of Man* (New York: W. W. Norton, 1981), 132–42.

[1021] Die Jukes. Hamilton Cravens: *The Triumph of Evolution: American Scientists and the Heredity-Environmental Controversy, 1900–1941* (Philadelphia: University of Pennsylvania Press, 1978), 3–4.

[1022] Healy entdeckt Freuds Arbeiten. John C. Burnham: „Psychoanalysis in American Civilization Before 1918", (Ph.D. unpublished doctoral diss., Stanford University, 1958), 257.

[1023] „mental conflicts and repressions." William Healy: *The Individual Delinquent* (Montclair, N.J.: Patterson Smith, 1969), 352; [ursprünglich 1915 publiziert].

[1024] „most cases ... sex experiences." Ibid., 353.

[1025] „the complex ... and action." William Healy: *Mental Conflicts and Misconduct* (Boston: Little Brown and Company, 1917), 23.

[1026] „We ourselves have ... impulses." Ibid., 29.

[1027] Commonwealth Fund. The Commonwealth Fund, 2009: „About us". Online im Internet: http://www.commonwealthfund.org/About-Us.aspx (01.08.2009); [EdÜ].

[1028] „peered anxiously ... psychoanalyzed." Roy Lubove: *Professional Altruist: The Emergence of Social Work as a Career* (New York: Cambridge University Press, 1965), 88.

[1029] „that all ... is mental hygiene." Ibid., 113.

[1030] „American social workers..." *The Freudian Fallacy: An Alternative View of Freudian Theory* (Garden City, N.Y.: Dial Press, 1984), 246.

[1031] „impact on criminology ... profound." Burnham: „Psychoanalysis in American Civilization Before 1918", 261.

[1032] „not less than two-thirds ... confinement." Bernard Glueck: „Concerning Prisoners", *Mental Hygiene* 2 (1918):177–218.

[1033] „a new type ... criminal himself." Ibid.

[1034] „59 per cent." Ibid.

[1035] „an offending pathogenic ... subject." Bernard Glueck: *Studies in Forensic Psychiatry* (Boston: Little Brown, 1916), 244–45.

[1036] „wide-spread superstition" Glueck: „Concerning Prisoners."

[1037] „the penal problem ... a psychiatric one." Margo Horn: *Before Its Too Late: The Child Guidance Movement in the United States, 1922–1945* (Philadelphia: Temple University Press, 1989), 22; [Glueck zitierend].

[1038] „a system of psychopathic ... offenders." Glueck: „Concerning Prisoners", 177–218.

Literaturverzeichnis

[1039] „Criminology ... at the psychological level." Glueck: *Studies in Forensic Psychiatry*, vii.
[1040] „Indeed ... correction and reformation." Ibid., v.
[1041] William A. White. Informationen über White stammen von Arcangelo R. T. D'Amore, ed.: *William Alanson White: The Washington Years 1903–1937* (Washington: Government Printing Office, 1976), DHEW publication no. (ADM), 76–298.
[1042] „It has been demonstrated ... past." William A. White: *Insanity and the Criminal Law* (New York: Macmillan, 1923), 37–38.
[1043] „that the murderer ... most surprised." Ibid.
[1044] „the discarding of ... responsibility." White: *Forty Years of Psychiatry*, 78.
[1045] „that prisons ... be abolished." William A. White: *Crime and Criminals* (New York: Farrar and Rinehart, 1933), 231.
[1046] „gradual transformation of ... human conduct." D'Amore: *William White*, 51; [White zitierend].
[1047] „making the return ... the past." Ibid.
[1048] „Save our boys ... hanged." Arthur Weinberg and Lila Weinberg: *Clarence Darrow: A Sentimental Rebel* (New York: G. P Putnams Sons, 1980), 298.
[1049] „a milestone defense." Ibid., 297.
[1050] „For the first time ... law." D'Amore: *William White*, 110; [Darrow zitierend].
[1051] „a short story he had published." Clarence Darrow: „A Skeleton in the Closet". In *A Persian Pearl and Other Essays* (New York: Haskell House, 1974), 235–45; [ursprünglich 1899 publiziert].
[1052] „they were ... responsible." Weinberg: Clarence Darrow, 312.
[1053] „It seems to me ... used." Clarence Darrow: *Crime: Its Causes and Treatment* (New York: Thomas Y. Crowell, 1922), 274–75.
[1054] „all prisons ... in a hospital." Ibid., 278.
[1055] „any sum he cared to name." Catherine L. Covert: „Freud on the Front Page: Transmission of Freudian Ideas in the American Newspaper of the 1920's" (Ph.D. diss., Syracuse University, 1975), 124.
[1056] „to charter ... other passengers." Weinberg: *Clarence Darrow*, 301.
[1057] „The behavior ... yesterday's impressions." *Boston Herald*, 03.08.1924; [zitiert bei Covert, 27].
[1058] „mentally diseased ...", „... pie for supper." Hal Higdon: *The Crime of the Century* (New York: G. P. Putnams Sons, 1975), 216.
[1059] „To my mind ... split personality." Ibid., 217.
[1060] „governed ... with this crime." Ibid., 218.
[1061] „is suffering ... the situation." Ibid.
[1062] „the inevitable ... personalities." Ibid.
[1063] „no one ever knew." *Chicago Tribune*, 05.06.1924; [zitiert bei Covert, 67].
[1064] „was permitted to testify ... the two boys." D'Amore: *William White*, 110.
[1065] „Dickie perfectly good." Higdon: *The Crime of the Century*, 200.
[1066] „prudish and austere." *New York Times*, 03.08.1924; [zitiert bei Covert, 7].
[1067] „pushed ... his schoolwork." Higdon: *The Crime of the Century*, 207.
[1068] „Miss Struthers and Mathilda Wantz ..." Ibid., 226.
[1069] „Dickie ... antisocial tendencies." *New York Times*, 06.08.1924; [zitiert bei Covert, 6].
[1070] „still ... talking to his teddy bear." Higdon: *The Crime of the Century*, 212.
[1071] „There is a tendency ... in reality." Ibid., 208.
[1072] Who's Who. Wikipedia-Autoren: "Who's Who". Online im Internet: http://de.wikipedia.org/w/index.php?title=Who%E2%80%99s_Who&oldid=63757158 (03.09.2009); [EdÜ].
[1073] „I am ... Who's Who." Higdon: *The Crime of the Century*, 212.
[1074] „were perfectly charming." Ibid.
[1075] „if the fathers ... law-abiding."
[1076] „Loeb ... Giant Ego." *New York Journal*, 02.08.1924; [zitiert bei Covert, 1].

Literaturverzeichnis

[1077] „putting the boys ... in a criminal court." *New York Herald-Tribune*, 02.08.1924; [zitiert bei Covert, 6].

[1078] „the clarity ... of the body." *New York Journal*, 02.08.1924.

[1079] „patients ... examination." *New York Herald-Tribune*, 02.08.1924.

[1080] „finally forced ... flushed and angered." Covert: „Freud on the Front Page", 46.

[1081] „the careful analysis ... to criminology." Weinberg: *Clarence Darrow*, 312.

[1082] „that similar ... abnormalities." Ibid.

[1083] „the real responsibility." *New York Times*, 04.08.1924; [zitiert bei Covert, 67].

[1084] White wurde später überprüft (White was subsequently investigated). D'Amore: *William White*, 4, 140.

[1085] Darrow war ... einer der Hauptredner. Peter Gay: *Freud: A Life for Our Time* (New York: W. W. Norton, 1988), 574.

[1086] „a sort of crash course ... Freudian thought." Covert: „Freud on the Front Page", 2, vi.

[1087] Nathan Freudenthal Leopold: So gelistet im Karteikartenkatalog der Library of Congress.

[1088] „Maybe ... my subconscious mind." *New York Graphic*, 15.09.1924; [zitiert bei Covert, 269].

[1089] „disciplinary measure for children." *Associated Press*, 1926; [zitiert bei Covert, 270].

[1090] „I remember thinking how absurd ... own conduct. Justin Kaplan: *Lincoln Steffens: A Biography* (New York: Simon and Schuster, 1974), 201.

[1091] „Please mamma ... than I." Lawrence J. Friedman: *Menninger: The Family and the Clinic* (New York: Alfred A. Knopf, 1990), 13.

[1092] „I guess ... have a baby now." Ibid., 145.

[1093] „feebleminded." Ibid., 29.

[1094] Schriften über das post-influenzale Schizophrenie-Syndrome (papers on the post-influenzal schizophrenia syndrome). Karl A. Menninger: „Reversible Schizophrenia", *American Journal of Psychiatry* 1 (1922):573–88; Karl A. Menninger: „Influenza and Schizophrenia", *American Journal of Psychiatry* 5 (1926):469–475.

[1095] kurzen Psychoanalyseversuch (brief trial of psychoanalysis). Friedman: *Menninger*, 47.

[1096] „I don't think ... that long." Ibid., 145.

[1097] „among the very best." Paul Roazen: *Freud and His Followers* (New York: New York University Press, 1984), 510.

[1098] „encouraged him to have a mistress." Friedman: *Menninger*, 82.

[1099] dem Ende dieses „Vierergespanns" (termination of this "foursome."). Ibid., 141.

[1100] „he ... to take a lover." Ibid., 83.

[1101] „told Freud ... very much." Ibid., 108.

[1102] „utterly impersonal." Ibid.

[1103] „never had ... ill patients." Ibid., 109.

[1104] „my narcissism received ... a terrific blow." Ibid., 108.

[1105] später schrieb er an Freud (he subsequently wrote to Freud). Ibid., 109–10.

[1106] „Freud did not treat ... my life." Ibid., 110.

[1107] „launched him on ... modern times." Ibid.

[1108] Menninger verglich Freud mit Plato und Galileo (Menninger compared Freud to Plato and Galileo). Karl A. Menninger: „Death of a Prophet", *New Republic*, 09.08.1939, 23–25. [Trotz der Überschrift dieses Artikels wurde der Artikel sechs Wochen vor Freuds Tod veröffentlicht und war kein Nachruf].

[1109] „genius ... character." Karl Menninger: „Sigmund Freud", *Nation*, 07.10.1939, 373–74.

[1110] „more Freudian than Freud." Nachruf von Karl Menninger: *New York Times*, 19.07.1990, B:6.

[1111] „stressed the role of ... development" Roazen: *Freud and His Followers*, 144.

[1112] „was unquestionably Freud's favorite in Vienna." Roazen: *Freud and His Followers*, 421–22.

[1113] „closer ... daughter Anna." Ibid.

[1114] „one of Freud's most brilliant pupils." Ibid., 156.

Literaturverzeichnis

[1115] Brunswick hatte sich scheiden lassen (Brunswick had divorced). Roazen: *Freud and His Followers*, 423–26.

[1116] Brunswick wurde süchtig (Brunswick had become addicted). Ibid., 427ff. [s. a. Friedman, 86].

[1117] „tendency to fall asleep ... analytic hour." Friedman, *Menninger*, 86.

[1118] „occasionally ordering things ... stores." Steven Marcus: *Freud and the Culture of Psychoanalysis* (Boston: G. Allen and Unwin, 1984), 214. [Diese Bewertung stammt von einer Frau, die sich bei Dr. Brunswick zur selben Zeit in Analyse befand wie Menninger].

[1119] „chronically insecure." Friedman: *Menninger*, 125.

[1120] „moody and unpredictable." Ibid., 190.

[1121] „strike by psychiatrists. Ibid., 134–35.

[1122] Revolte der Belegschaft (revolt of the staff). Ibid., 304–33.

[1123] frauenfeindlicher Artikel (misogynistic articles). K. A. Menninger: „Men, Women and Hate", *Atlantic Monthly* Feb. 1939, 158–68 und „Parents Against Children", *Atlantic Monthly* Aug. 1939, 163–75.

[1124] „the childhood experience ... too rapidly." Menninger: „Parents Against Children." All other quotes are from this article.

[1125] Menninger kannte Healy (Menninger knew Healy). Friedman: *Menninger*, 92.

[1126] „medieval stupidities." Karl A. Menninger: „Psychiatry and the Prisoner", *Proceedings of the National Conference of Social Work*, (1925):552–55. [Alle anderen Zitate stammen aus diesem Artikel].

[1127] „Alexander, Healy ... effective control." Karl A. Menninger: „Combatting Man's Destructive Urge", *Survey Graphic* Okt. 1937, 520–23.

[1128] „the deductive genius ... of destructiveness." Menninger: „Parents Against Children".

[1129] „it is ... of war." Ibid.

[1130] Frage-und-Antwort-Kolumne (question-and-answer column). Karl Menninger: „Mental Hygiene in the Home", *Ladies Home Journal* Okt. 1930, 109, Nov. 1930, 101 und Dez. 1903, 75. [In diesen Kolumnen beschuldigte Menninger häufig die Mütter, verantwortlich für die Probleme ihrer Kinder zu sein].

[1131] Titelseitengeschichte von *Time* (*Time* cover story). „Are You Always Worrying?", 25.10.1948, 64–72.

[1132] „the world's best-known psychiatric center." „Menninger Appeal", *Newsweek*, 17.04.1950, 50–51.

[1133] „a thunderous ... law enforcement." Review der *New York Times* zitiert auf dem Einband von Karl Menninger: *The Crime of Punishment* (New York: Viking Press, 1969), Taschenbuchausgabe.

[1134] „a model of rationalism." Ibid.

[1135] „the beginning of ... the criminal's mind." „A Psychiatrist Views Crime", *Time*, 06.12.1968, 117–18.

[1136] Artikel von Menninger (articles by Menninger). Karl Menninger: „The Crime of Punishment", *Saturday Review of Literature*, 07.09.1968, 21–25; Karl Menninger: „Punishment as Crime", *Saturday Evening Post*, 05.10.1968, 16–22; Karl A. Menninger: „A Psychiatrist Looks at Violence", *Catholic World* Sep. 1969, 262–4.

[1137] „The offenders ... from our standpoint." Karl Menninger: „Verdict Guilty – Now What?" *Harper's* Aug. 1959, 60–64.

[1138] „I suspect that ... against them." Menninger: *The Crime of Punishment*, 28.

[1139] „the great majority of ... them." Ibid., 265.

[1140] „before ... a modern therapeutic one." Menninger: „Punishment as Crime", 16–22.

[1141] „This would ... present form and function." Menninger: „Punishment as Crime", *Saturday Review of Literature*.

[1142] „the existence of ... criminal responsibility." Winfred Overholser: „Major Principles of Forensic Psychiatry". In Silvano Arieti, ed.: *American Handbook of Psychiatry*, vol. 2 (New York: Basic Books, 1959), 1897.

Literaturverzeichnis

[1143] "the present commissioner ... of the state." Stanley P. Davies: „Mental Hygiene and Social Progress", *Mental Hygiene* 13 (1929):226–49.

[1144] „fifty ... to be examined." Robert N. Poctor: *Racial Hygiene: Medicine Under the Nazis* (Cambridge: Harvard University Press, 1988), 203.

[1145] „Predisposition ... and parental overcontrol." Seymour L. Halleck: *Psychiatry and the Dilemmas of Crime* (Berkeley: University of California Press, 1967). 88.

[1146] „They were never ... their parents." Benjamin Spock: „Love and Good Behavior", *Redbook* Aug. 1976, 23–26.

[1147] „We can accept ... way of living." Margaret Mead: „A Life for a Life: What That Means Today", *Redbook* Jun. 1978, 56–60.

[1148] „the discarding of the concept of responsibility." White: *Forty Years of Psychiatry*, 78.

[1149] „Our traditions ... criminal responsibility." Richard Arens: *Make Mad the Guilty* (Springfield, IL.: Charles C. Thomas, 1969), vii.

[1150] „more revolutionary ... segregation." Ibid., [Menninger zitierend].

[1151] "the product of mental disease or defect." Ibid. [pers. Mitteilung von Torrey vom 26.05.2009]

[1152] „a psychiatric ... clown act." G. Wright: „Sirhan's Psyche Show", *San Francisco Examiner and Chronicle*, 20.04.1969, 8.

[1153] „read everything ... to be a psychoanalyst." Covert: „Freud on the Front Page", 72.

[1154] Unzurechnungsfähigkeit stiegen um das Fünffache zwischen 1965 und 1976 (insanity increased fivefold between 1965 and 1976). Peter Meyer: *The Yale Murder* (New York: Empire Books, 1982), 200.

[1155] Herrin gab zu, Buch erworben zu haben (admitted purchasing a book). Willard Gaylin: *The Killing of Bonnie Garland* (New York: Simon and Schuster, 1982), 83–84. [Gaylin, der die Informationen aus einem Interview mit Herrin erhielt, sagte, das Buch handle „von einem Polizeibeamten, der einen Mord begangen hatte und von einem Psychiater verteidigt wurde" ("was about a police officer who, having committed a murder, is defended by psychiatrists")].

[1156] Entnommen aus den Gerichtsakten des Anwalts, aber ohne genaue Quellenangabe [EdÜ, persönliche Mitteilung von Torrey v. 26.05.2009].

[1157] „transient situational reaction." Meyer: *The Yale Murder*, 215, 219.

[1158] „the Oedipal situation in life." Ibid., 217.

[1159] „an intense fear of ... loved ones." Ibid., 179.

[1160] „Psychiatrically speaking ... guilty of an abscess." Gaylin: *The Killing of Bonnie Garland*, 253.

[1161] „If you ... are breaking up." Ibid., 270.

[1162] „The Freudian faith ... works both ways." Vladimir Nabokov: *Strong Opinions* (New York: Vintage Books, 1973), 116.

[1163] „If Menninger was ... one of its victims." Meyer: *The Yale Murder*, 266.

[1164] „ought to be ... that disease." Margo Horn: *Before It's Too Late: The Child Guidance Movement in the United States, 1922–1945* (Philadelphia: Temple University Press, 1989), 28.

[1165] Cambridge-Sommerville Delinquency Project. Dieses Projekt wurde sehr gut von Dr. Joan McCord zusammengefasst in „Crime in Moral and Social Contexts – the American Society of Criminology, 1989 Presidential Address", *Criminology* 28 (1990):1–26 und „Consideration of Some Effects of a Counselling Program". In Susan E. Martin, Lee B. Sechrest, and Robin Redner, eds., *New Directions in the Rehabilitation of Criminal Offenders* (Washington, D.C.: National Academy Press, 1981), 394–405.

[1166] „the boys who had ... fewer crimes." McCord: „Crime in Moral and Social Contexts", 1–26. „The evaluation from the program", Ibid.

[1167] „as adults ... committed more than one crime." Joan McCord: „A Thirty-Year Follow-Up of Treatment Effects", *American Psychologist* 33 (1978):284–89.

[1168] „'More' was 'worse'." McCord: „Consideration of Some Effects", 394–405.

[1169] „the supportive attitudes ... they could receive." Ibid.

[1170] „prisons and punishment should both be abolished." White: *Careers and Criminals*, 231.

[1171] „former Patuxent inmates are … in the study." Howard Schneider: „Patuxent's Counseling said to be ineffective", *Washington Post* 6, 06.02.1991, D:6.

[1172] „have no … recidivism." Ibid.

[1173] Charles Wantland. Paul Duggan and Debbie M. Price: „Patuxent Twice Freed P. G. Slayer", *Washington Post*, 10.12.1988, A:1; [Informationen über Billy Ray Prevatte, James Stavarakas und Robert Angell stammen auch aus diesem Artikel].

[1174] William Snowden. „Patuxent Had Twice Paroled Man Charged in Md. Slaying", *Washington Post*, 03.01.1991, D:3.

[1175] „nothing but a psychiatric sandbox." Paul Duggan: „Patuxent Board Faces Unhappy Choices in Deciding Holiday Furloughs", *Washington Post*, 27.11.1988, A:1.

[1176] „the effect of individual … recidivism." Douglas Lipton, Robert Martinsen, and Judith Wilks: *The Effectiveness of Correctional treatment* (New York: Praeger, 1975), 210.

[1177] „no clearly … made." Ibid., 213.

[1178] „pragmatically … recidivism." Ibid., 210.

[1179] „treatment … orientation." Ibid., 213.

[1180] „nearly 63 percent … within three years." „Most Ex-Inmates Rearrested Within 3 Years, Study Finds", *Washington Post*, 03.04.1989, A:5.

[1181] Willie Horton. Informationen über den Horton Fall stammen aus der mit dem Pulitzer Prize ausgezeichneten Serie der *Lawrence [Massachusetts] Eagle-Tribune*, 17.04., 07., 13. und 27.05., 07.06., 21.07., 16.08., 06. und 27.12.1987. [Diese Serie einer lokalen Zeitung brachte die Horton-Geschichte zuerst].

[1182] „revolving-door … for parole." Jack W. Germond and Jules Witcover: *Whose Broad Stripes and Bright Stars*? (New York: Warner Books, 1989), 11.

[1183] „Is this your pro-family team for 1988?" Ibid., 423.

[1184] „many Democrats … of public policy." Meg Greenfield: „No Furlough From Crime", *Washington Post*, 06.12.1988, A:21.

[1185] „Above all … diffused throughout our culture." Morris Dickstein: *Gates of Eden: American Culture in the Sixties* (New York: Penguin Books, 1977), v.

[1186] „The radicalism of the 1960s … was economic." Richard H. Pells: *The Liberal Mind in a Conservative Age: American Intellectuals in the 1940s and 1950s* (New York: Harper and Row, 1985), 403.

[1187] *Lunch Counter*. Wikipedia-Autoren: „Luchn Counters". Online im Inernet:
http://en.wikipedia.org/w/index.php?title=Lunch_counter&oldid=294916121 (28.07.2009); [EdÜ].

[1188] *Freedom Rides*. Wikipedia-Autoren: „Freedom Ride". Online im Internet:
http://de.wikipedia.org/w/index.php?title=Freedom_Ride&oldid=59859261 (28.07.2009); [EdÜ].

[1189] Free Speech Movement. Wikipedia-Autoren: „Free Speech Movement". Online im Internet:
http://de.wikipedia.org/w/index.php?title=Free_Speech_Movement&oldid=54731130 (28.09.2007); [EdÜ].

[1190] „everybody … is his chief opposition." Brock Brower: „Who's In Among the Analysts", *Esquire* Jul. 1961, 78–84.

[1191] „revolution has been … organized religion." Charles J. Rolo: „The Freudian Revolution", *Atlantic Monthly* Jul. 1961, 62.

[1192] American Association of University Women. AAUW, 2009: "2009-11 Public Policy Program". Online im Internet: http://www.aauw.org/advocacy/issue_advocacy/upload/2009-11_PPP_brochure.pdf (04.11.2009); [EdÜ].

[1193] „Mother of the World." Robert Cassidy: *Margaret Mead: A Voice for the Century*, (New York: Universe Books, 1982), 10.

[1194] „gave more than 100 speeches … and articles." Margaret Mead: „September to June: An Informal Report", *Redbook* Jun. 1963, 32.

[1195] „a woman of enormous self-confidence." Irene Kubota: „An Interview With Margaret Mead", *Redbook* Aug. 1974, 31.

[1196] „liberally endowed ... convictions." Marvin Harris: *The Rise of Anthropological Theory* (New York: Crowell, 1968), 412.
[1197] „her egotism was ungovernable." Jane Howard: *Margaret Mead: A Life* (New York: Simon and Schuster, 1984), 406.
[1198] „Mother-Goddess Mead." David Cort: „Margaret Mead for President," *Monocle* Sommer-Herbst 1963, 27–30.
[1199] „Hello, isn't ... to know?" Howard: *Margaret Mead: A Life*, 386.
[1200] von Freud durchgeführte Untersuchungen (investigations carried out by Freud). Margaret Mead: „A New Understanding of Childhood", *Redbook* Jan. 1972, 54.
[1201] „the source of ... his relations to people." Margaret Mead: „Margaret Mead Answers", *Redbook* Okt. 1965, 22.
[1202] „there are also ... mishaps in upbringing." Margaret Mead: „Margaret Mead Answers", *Redbook* Dez. 1964, 6.
[1203] „Comparative studies suggest ... routine." Margaret Mead: „Margaret Mead Answers", *Redbook* Jan. 1965, 6.
[1204] „modern scientific treatment." Margaret Mead: „Margaret Mead Answers", *Redbook* Jun. 1966, 30.
[1205] „Freud's belief was ... more productive." Margaret Mead: „A New Understanding of Childhood", *Redbook* Jan. 1972, 54.
[1206] „A willingness to look ... as a person." Margaret Mead: „Margaret Mead Answers", *Redbook* Nov. 1978, 37–39.
[1207] Mead ... had not undergone psychoanalysis." Margaret Mead: „Margaret Mead Answers", *Redbook* Dez. 1964, 7.
[1208] never „spent three uninterrupted days with her daughter". Howard: *Margaret Mead: A Life*, 243.
[1209] „for almost a year ... or not at all." Mary C. Bateson: *With a Daughter's Eye: A Memoir of Margaret Mead and Gregory Bateson* (New York: William Morrow, 1984), 99.
[1210] Mead als lebenslange Liberale (Mead as a lifelong liberal). S. Toulmin: „The Evolution of Margaret Mead", *New York Review of Books*, 06.12.1984, 3–9; [s. a. Margaret Mead: „Margaret Mead Answers", *Redbook* Jun. 1965, 10.
[1211] Great Society. Wikipedia-Autoren: „Lyndon B. Johnson". Online im Internet: http://de.wikipedia.org/wiki/Lyndon_B._Johnson (28.07.2009) oder „Geart Society". Online im Internet: http://en.wikipedia.org/w/index.php?title=Great_Society&oldid=300587250 (28.07.2009); [EdÜ].
[1212] „There are no elders ... unknown." Sheila Johnson: „A Look at Margaret Mead", *Commentary* 55 (1973):70–72.
[1213] Legalisierung von Mariuhana (the legalization of marijuana). Howard: *Margaret Mead: A Life*, 390.
[1214] „aids to therapy." Margaret Mead: *New Lives for Old* (New York: William Morrow, 1956), 524; [s. a. Margaret Mead: „Margaret Mead Answers", *Redbook* Jan. 1968, 32].
[1215] [Mead] hielt mehr als 80 Vorträge. Winthrop Sargeant: „Its All Anthropology", *New Yorker*, 30.12.1961, 31–44.
[1216] „with the same range of potentialities." Margaret Mead: *Blackberry Winter: My Earlier Years* (New York: Simon and Schuster, 1972), 224.
[1217] „the most powerful influence on ... his culture." Margaret Mead: „Margaret Mead Answers", *Redbook* Feb. 1963, 21.
[1218] „measurable differences in their capacity ... civilization." Margaret Mead: *New Lives for Old* (New York: William Morrow, 1960), 436.
[1219] „a reduction ... of crime." Margaret Mead: „The Nudist Idea", *Redbook* Jul. 1968, 43.
[1220] kritisierte Gesetze gegen Homosexualität (criticized laws against homosexuality). S. z. B. ihre Kolumnen in *Redbook* Dez. 1964, Mär. 1968 und Apr. 1968.
[1221] „bisexual potentialities are normal." Margaret Mead: „Margaret Mead Answers", *Redbook* Jul. 1963, 29.

Literaturverzeichnis

[1222] „probably because ... of the opposite sex." Margaret Mead: „Bisexuality: What's It All About?" *Redbook* Jan. 1975, 29.

[1223] „If the term natural be taken to ... potentiality." Margaret Mead: „Cultural Determinants of Sexual Behavior". In *Sex and Internal Secretions*, ed. William C. Young (Baltimore: Williams and Wilkins, 1961), 1471.

[1224] „running around wearing a ... human being." Kubota: „An Interview with Margaret Mead", 31.

[1225] „seemed to me ... progressivism." David Riesman: *Individualism Reconsidered and Other Essays* (Glencoe: The Free Press, 1954), 306.

[1226] „the theorists ... of the sixties." Dickstein: *Gates of Eden*, 70.

[1227] „a typical thirties radical." Thomas B. Morgan: „How Hieronymus Bosch (XVth Century) and Norman O. Brown (XXth) Would Change the World", *Esquire* Mär. 1963, 100–135; [verwendet mit Erlaubnis von *Esquire* und der Hearst Corporation].

[1228] Erewhon. Wikipedia-Autoren: „Erewhon". Online im Internet: http://de.wikipedia.org/w/index.php?tltle=Erewhon&oldid=62182825 (28.07.2009); [EdÜ].

[1229] Marcuse. Für seinen Hintergrund s. Richard Goodwin: „The Social Theory of Herbert Marcuse", *Atlantic Monthly* Jun. 1971, 68–85.

[1230] „The most exciting works available." Greg Calvert and Carl Neiman: *A Disrupted History: The New Left and the New Capitalism* (New York: Random House, 1971), 37.

[1231] Konferenz über Marcuses Arbeiten (conference on Marcuse's works). Edward J. Bacciocco: *The New Left in America: Reform to Revolution 1956 to 1970* (Stanford: Hoover Institution Press, 1974), 186.

[1232] Marcuses Stiefsohn (Marcuse's stepson). Allen J. Matusow: *The Unraveling of America: A History of Liberalism in the 1960s* (New York: Harper and Row, 1984), 332.

[1233] „The riot is the social extension of the orgasm." Thornton: *The Freudian Fallacy: An Alternative View of Freudian Theory* (Garden City, N.Y.: Dial Press, 1984), 250.

[1234] „The ideological leader of the New Left." Massimo Teodori, ed.: *The New Left: A Documentary History* (Indianapolis: The Bobbs-Merrill Company, 1969), 469.

[1235] Marcuse tauchte unter (Marcuse ... went into hiding). Paul Robinson: *The Freudian Left: Wilhelm Reich, Giza Röheim, Herbert Marcuse* (New York: Harper and Row, 1969), xii.

[1236] „a prophet of ... irrational form." Leszek Kolakowski: *Main Currents of Marxism: Its Origin, Growth, and Dissolution* (Oxford: Clarendon Press, 1978), 415.

[1237] „a moral imperative." Herbert Marcuse: „Letter to Angela Davis", *Ramparts* Feb. 1971, 22.

[1238] „as the true Proletariat." Robinson: *The Freudian Left*, 243.

[1239] „einen großen Teil ... so genannte Kultur." und „der Preis ... bezahlt wird." S. Freud: „Das Unbehagen der Kultur". In A. Freud et al. (Hrsg.): *Gesammelte Werke – Werke aus den Jahren 1925–1931* (Frankfurt/M.: S. Fischer, 1976), 14:445 und 494; [EdÜ]. Nachweis bei Torrey: „Our civilization is ... the sense of guilt." Sigmund Freud: *Civilization and Its Discontents*. In *The Standard Edition of the Complete Psychological Works of Sigmund Freud*, vol. 21, ed. James Strachey (London: Hogarth Press, 1961), 86, 134

[1240] „The sickness of ... his civilization." Herbert Marcuse: *Eros and Civilization: A Philosophical Inquiry Into Freud* (New York: Vintage Books, 1955), 224.

[1241] „a new stage of civilization." Ibid., viii.

[1242] „being is essentially the striving for pleasure." Ibid., 113.

[1243] „a new erotic pastoral." Richard King. *The Party of Eros: Radical Social Thought and the Realm of Freedom* (Chapel Hill: University of North Carolina Press, 1972), 138.

[1244] „play ... the desired human activities." Ibid., 136.

[1245] „smitten with ... *Eros and Civilization*." Philip Gold: „The 19th Century on the Couch", *Insight*, 26.11.1990, 56–57.

[1246] „the most significant ... publication." Clyde Kluckhohn: aus einem Review von *Eros and Civilization* in der *New York Times*, ohne Datumsangabe auf dem Buchumschlag.

[1247] „The sexual deviant ... hero of *Eros and Civilization*." Robinson: *The Freudian Left*, 241.

Literaturverzeichnis

[1248] „the chief spokesman ... for radicalism." King: *The Party of Eros*, 78.
[1249] „the repression of infantile kind." Ibid., 84.
[1250] „gonad theory of revolution." Ibid.; [C. Wright Mills und P. J. Salter zitierend].
[1251] 19 Verleger lehnten Manuskript ab (nineteen publishers had rejected the manuscript). Pells: *The Liberal Mind in a Conservative Age*, 208.
[1252] Vorwand für das Buch (pretext of the book). Paul Goodman: *Growing Up Absurd: Problems of Youth in the Organized Society* (New York: Vintage Books, 1960), xvi.
[1253] „organic integration of work, living and play." Pells: *The Liberal Mind in a Conservative Age*, 213; [Goodman zitierend].
[1254] „in Goodman's terms ... regeneration." King: *The Party of Eros*, 111.
[1255] eine der Campus-"Bibeln" (one of the campus "bibles"). Pells: *The Liberal Mind in a Conservative Age*, 208.
[1256] Studie von SDS-Führern (Survey of SDS leaders). Kirkpatrick Sale: *SDS* (New York: Random House, 1973), 205.
[1257] „My homosexual acts ... as a right." Dickstein: *Gates of Eden*, 77; [Goodman zitierend].
[1258] Goodmans autobiographische Bemerkungen (Goodman's autobiographical notes). Paul Goodman: *Five Years* (New York: Brussel and Brussel, 1966).
[1259] „deeply stirred by ... the Left." Morgan: „How Hieronymus Bosch", 100–135.
[1260] „I have never had ... effect on me." Ibid.
[1261] „There is ... repression of himself." Norman O. Brown: *Life Against Death: The Psychoanalytical Meaning of History* (New York: Vintage Books, 1959), 3.
[1262] „Assuming ... toilet-training patterns." Morgan: „How Hieronymus Bosch", 100–135.
[1263] „What the great world needs ... strife." Brown: *Life Against Death*, 322.
[1264] „We, however ... to know himself." Ibid., xiii.
[1265] „delighting in ... sensuous life." Ibid., 308.
[1266] „Here again ... bodily organs." Ibid., 308.
[1267] „Freud and Marx ... together." „Freud's Disciple" *Time*, 15.07.1966, 82; [Brown zitierend].
[1268] „overwhelmed ... by a major thinker." Norman Podhoretz: *Breaking Ranks: A political Memoir* (New York: Harper and Row, 1979), 48.
[1269] „One of the most interesting ... know." Lionel Trilling: Review von *Life Against Death* von Norman O. Brown. In *Mid Century*; [auf der Rückseite des Umschlags zitiert].
[1270] „one ... to be with it." „Freud's Disciple", *Time*, 82.
[1271] „one of the ... counter culture." Theodore Roszak: *The Making of a Counter Culture* (Garden City: Anchor Books, 1969), 84.
[1272] „a ... Dionysus with footnotes." Ibid., 115.
[1273] Stein von Rosetta. Wikipedia-Autoren: „Stein von Rosette". Online im Internet: http://de.wikipedia.org/w/index.php?title=Stein_von_Rosette&oldid=62627661 (28.07.2009); [EdÜ].
[1274] „for the young men ... American illness." Frederick J. Hoffman: „Philistine and Puritan in the 1920s", *American Quarterly* 1 (1949):247–63.
[1275] ontologischen. Wikipedia-Autoren: „Ontologie". Online im Internet: http://de.wikipedia.org/w/index.php?title=Ontologie&oldid=62864682 (19.08.2009); [EdÜ].
[1276] „I can recall ... the corner." Dickstein: *Gates of Eden*, 82.
[1277] Drittel der Intellektuellen (third of the intellectuals). Charles Kadushin: *The American Intellectual Elite* (Boston: Little Brown, 1974), 22, 34.
[1278] 200 führende Intellektuelle (approximately 200 leading American intellectuals). Ibid., 19.
[1279] „to name ... in the intellectual community." Ibid., 30–31.
[1280] „Freud has been marvelous": Alfred Kazin: „The Lessons of the Master", *Reporter*, 16.04.1959, 39–41.
[1281] „nearly half ... were Jews." Kadushin: *American Intellectual Elite*, 23; [s. a. detaillierter Zusammenbruch, 35].

[1282] „Nothing I ... still crying." Susan Sontag: *On Photography* (New York: Farrar, Straus and Giroux, 1977), 20.

[1283] „Arendt's book provoked ... discussion." Alexander Bloom: *Prodigal Sons: The New York Intellectuals and Their World* (New York: Oxford University Press, 1986), 329.

[1284] erbitterte Auseinandersetzung (bitterly argued debate). Ibid., 330.

[1285] „Next ... Babbitt began to look good." Arthur Schlesinger, jr.: *Our Country and Our Culture*", *Partisan Review* 19 (1952):591.

[1286] Intellektuelle ohne Doktorgrad (intellectuals without Ph.D.'s). Bloom: *Prodigal Sons*, 311.

[1287] anderen wurde Doktorgrad verliehen (others had conferred upon them Ph.D.'s). Ibid.

[1288] Philip Rahv erhielt Professur (Philip Rahv was given a professorship). Ibid.

[1289] 40 Prozent waren Professoren (40 percent . . . were professors). Kadushin: *American Intellectual Elite*, 30.

[1290] Kristol und Podhoretz unterstützten Ronald Reagan (Kristol and Podhoretz ... supported Ronald Reagan) . Bloom: *Prodigal Sons*, 374.

[1291] „Being an intellectual ... way of life." Ibid., 315.

[1292] „had had to defend a ... sofa." Ibid.

[1293] Farm Team. Wikipedia-Autoren: „Farm Team". Online im Internet: http://en.wikipedia.org/w/index.php?title=Farm_team&oldid=304024303 (28.07.2009); [EdÜ].

[1294] „*Partisan Review* was ... the *New Yorker*." Ibid., 311; [ein Interview mit Midge Decter zitierend].

[1295] „What does ... in the United States." „Parnassus-Coast to Coast", *Time*, 11.06.1956; [zitiert bei Bloom, 207].

[1296] „he began to flatter ... for supper." Bloom: *Prodigal Sons*, 324; [Midge Decter zitierend].

[1297] „We became ... royalty." Ibid., 324.

[1298] 1966er Studie über Psychoanalytiker (1966 study of psychoanalysts). Arnold A. Rogow: *The Psychiatrists* (New York: G. P. Putnams Sons, 1970), 126.

[1299] 62 Prozent der Psychoanalytiker (62 percent of the psychoanalysts). Ibid., 124.

[1300] Goldwater 10 Prozent (Goldwater 10 percent). Everett C. Ladd and Seymor M. Lipset: „Politics of Academic Natural Scientists and Engineers", *Science* 176 (1972):1091–1100.

[1301] Wahl-Präfenz (voting preference). Rogow: *The Psychiatrists*, 72.

[1302] „a permanent minority." Robert A. Rutland: *The Democrats: From Jefferson to Carter* (Baton Rouge: Louisiana State University Press, 1979), 190.

[1303] „concerned chiefly with human rights." Ibid., 184.

[1304] „social values more ... profit." Arthur Schlesinger: *The New Deal in Action* (New York: Macmillan, 1940), 24.

[1305] Harry Hopkins. s. George McJimsey: *Harry Hopkins: Ally of the Poor and Defender of Democracy* (Cambridge: Harvard University Press, 1987).

[1306] Fair Deal. Wikipedia-Autoren: „Fair Deal", Online im Internet: http://en.wikipedia.org/w/index.php?title=Fair Deal&oldid=284855743 (28.07.2009); [EdÜ].

[1307] umfangreiches Bürgerrechtsprogramm (comprehensive civil rights program.). Alonzo L. Hamby: *Beyond the New Deal: Harry S. Truman and American Liberalism* (New York: Columbia University Press, 1973), 243.

[1308] ein Antrag ... des Mental Health Act ausspricht (a proposal ... for the Mental Health Act). Arthur M. Schlesinger: *History of United States Political Parties,* vol. 4 (New York: Chelsea House, 1973), 2716.

[1309] augenscheinlicher Grund (the ostensible reason). Für einen Review s. E. Torrey: *Nowhere to Go: The Tragic Odyssey of the Homeless Mentally Ill* (New York: Harper and Row, 1988), Kap. 3.

[1310] „have some ... dynamics." William C. Menninger: „Presidential Address", *American Journal of Psychiatry* 106 (1949):1–12.

[1311] „Modern psychiatry ... of his relationships." Francis J. Braceland: „Psychiatry and the Science of Man", *American Journal of Psychiatry* 114 (1957):1–9.

Literaturverzeichnis

[1312] „would require the ... patient's environment." Robert H. Felix: „The Relation of the National Mental Health Act to State Health Authorities", *Public Health Reports*, 10.01.1947, 41–49.

[1313] „a plot ... a concentration camp." Donald Robinson: „Conspiracy USA: The Far Right's Fight Against Mental Health", *Look*, 26.01.1965, 30–32.

[1314] „psychiatry is ... American thinking" Judd Marmor, Viola W. Bernard, Perry Ottenberg: „Psychodynamics of Group Opposition to Health Programs", *American Journal of Orthopsychiatry* 30 (1960):330–45.

[1315] „mental Health is a Marxist weapon." Robinson: „Conspiracy USA", 30–32.

[1316] „Mental Health is ... the Marxist ideology." Ibid.

[1317] Rosemary war geisteskrank (Rosemary ... mentally ill as well). Es gibt überzeugende Beweise, dass Rosemary Kennedy in ihren späten Teenager-Jahren eine schwere Geisteskrankheit entwickelte (Schizophrenie oder manische Depressivität) und deshalb eine Lobotomie bei ihr durchgeführt wurde. Für eine Diskussion s. Torrey: *Nowhere to Go*, 103–106.

[1318] „serves ... a valid mental hygiene." William C. Menninger: „Analysis of Psychoanalysis", *New York Times Magazine*, 18.05.1947, 12–50.

[1319] [wars were] „mental health problems". Rogow: *The Psychiatrists*, 147; [Stevenson zitierend].

[1320] „if the race is ... responsibility." G. Brock Chisholm: „The Reestablishment of Peacetime Society: The Responsibility of Psychiatry", *Psychiatry* 9 (1946):3–11.

[1321] „education, social work ... the total social environment." Robert H. Felix: *Mental Health and Social Welfare* (New York: Columbia University Press, 1961), 21.

[1322] to improve ... environmental conditions." Stanley F. Yolles: „Social Policy and the Mentally Ill", *Hospital and Community Psychiatry* 20 (1969):21–42.

[1323] „in addition to ... reading difficulties." Stanley E. Yolles: „The Role of the Psychologist in Comprehensive Community Mental Health Centers: The National Institute of Mental Health View", *American Psychologist* 21 (1966):37–41.

[1324] „The conditions of ... the modern psychiatrist." Stanley F. Yolles: „Intervention Against Poverty: A Fielder's Choice for the Psychiatrist", *American Journal of Psychiatry* 122 (1965):324–25.

[1325] „a socially defined ... problem." Leonard J. Duhl and Robert J. Leopold: *Mental Health and Urban Social Policy* (San Francisco: Jossey-Bass, 1968), 3.

[1326] „construct ... mentally Healthy individuals." Ibid.

[1327] „The totality ... is conducive to mental Health." Leonard J. Duhl: „The Shame of the Cities", *American Journal of Psychiatry* 124 (1968):1184–89.

[1328] Verwendung von Bundesmitteln (never before had federal funds). Torrey: *Nowhere to Go*, 129–30.

[1329] „to resolve ... technical progress." Anthony E. Panzetta: *Community Mental Health: Myth and Reality* (Philadelphia: Lea and Febiger, 1971), 111.

[1330] Lincoln Hospital Mental Health Services. Torrey: *Nowhere to Go*, 133–37.

[1331] „the Soviet Union ... all human behavior." Harold G. Whittington: „The Third Psychiatric Revolution-Really?" *Community Mental Health Journal* 1 (1965):73–80.

[1332] „the Russian fantasy of our social order." Lawrence S. Kubie: „Pitfalls of Community Psychiatry", *Archives of General Psychiatry* 18 (1968):257–66.

[1333] „the poor tend to ... the body." Michael Harrington: *Fragments of the Century* (New York: Touchstone Books, 1972), 184.

[1334] Harringtons eigene vierjährige Psychoanalyse (Harrington's own four-year psychoanalysis). Ibid., 169.

[1335] „I had read my Freud and ... psychoanalyzed." Ibid., 166.

[1336] „two frantic weeks of ... work days." Ibid., 174.

[1337] „grew up ... concepts were prominent." Frank Mankiewicz: Telefonisches Interview mit Torrey v. 15.09.1990. Mankiewicz bestätigte Harringtons Bericht über die Planung des Kampfes gegen die Armut.

[1338] "an ex-Trotskyist and union organizer." Harrington: *Fragments of the Century*, 174.

Literaturverzeichnis

[1339] Leonard Tennenhouse ed.: *The Practice of Psychoanalytic Criticism* (Detroit: Wayne State University Press, 1976).

[1340] Morton Kaplan and Robert Kloss: *The Unspoken Motive: A Guide to Psychoanalytic Literary Criticism* (New York: The Free Press, 1973).

[1341] Frederick Crews: *Out of My System: Psychoanalysis, Ideology and Critical Method* (New York: Oxford University Press, 1975).

[1342] „the only ... theory .. mankind has devised." Ibid., 4.

[1343] italienisches Wort für Geier (the Italian word for vulture). Robert Coles: „Shrinking History-Part One", *New York Review of Books*, 22.02.1973, 15.

[1344] „The authors have ... false conclusions." Martin L. Gross: *The Psychological Society* (New York: Random House, 1978), 73; [Tuchman zitierend].

[1345] Erikson hatte keine weitere Ausbildung absolviert (Erikson ... had had no education). H. Stuart Hughes: *The Sea Change: The Migration of Social Thought, 1930–1965* (New York: Harper and Row, 1975), 219.

[1346] Charakteristika aus Luthers Persönlichkeit (characteristics in Luther's Personality). Erik H. Erikson: *Young Man Luther: A Study in Psychoanalysis and History* (New York: W. W. Norton & Co., 1958), 245.

[1347] „We must conclude ... anal defiance." Ibid., 247.

[1348] „originology ... to be its 'origin.' " Robert Coles: *Erik H. Erikson: The Growth of His Work* (Boston: Little Brown, 1970), 63; [Erikson zitierend. Coles Biographie ist eine ausgezeichnete Quelle für das Verständnis dieses komplexen Mannes].

[1349] 1977er Untersuchung (1977 survey). George M. Kren: „Psychohistory in the University", *Journal of psychohistory* 4 (1977):339–50.

[1350] „Psycho-history derives ... from psychoanalysis." Gertrude Himmelfarb: „The New History, *Commentary* Jan. 1975, 72–78.

[1351] „in this psychoanalytically based ... history." Gross: *The Psychological Society*, 66.

[1352] „Richard felt ... wishes toward him." James W. Hamilton: „Some Reflections on Richard Nixon in the Light of His Resignation and Farewell Speeches", *Journal of Psychohistory* 4 (1977):491–511.

[1353] Buch über Herausgeber literarischer Zeitschriften (book or literary journal editors). Vom Autor [Torrey] wurde eine Umfrage bei zufällig ausgewählten Mitgliedern der American Psychiatric Association (APA) durchgeführt, die 1990 in New York City und wenigstens die letzten 30 Jahre lang praktiziert hatten. Die Mehrheit der Teilnehmer war gar nicht oder nur wenig mit dem Thema vertraut, aber einige wenige kannten sich sehr gut aus. Obwohl sie nicht als wissenschaftliche Umfrage gedacht war, bekräftigte sie anekdotenhafte Informationen über Individuen aus der Verlagsindustrie, wonach sie dazu neigten, auf einen kleinen Kreis von Psychiatern und Psychoanalytikern zurückzugreifen. Den Teilnehmern wurde Anonymität versprochen (s. a. Literaturhinweis Nr. 1374).

[1354] „Just as ... inspired fiction followed." Alfred Kazin: „The Language of Pundits", *Atlantic Monthly* Jul. 1961, 73–78.

[1355] Lessing bestätigte später (Lessing later acknowledged). Jeffery Berman: *The Talking Cure*, 179.

[1356] Dr. Nolan ... Plath's own psychoanalyst (Dr. Nolan ... Plath's own psychoanalyst). Ibid., 25.

[1357] mehr als fünf Millionen Mal verkauft (sold over five million copies). Ibid., 155.

[1358] „characters are ... in literature." Ibid., 239.

[1359] „for many years." Ibid., 25.

[1360] „no novelist has ... Roth does." Ibid., 253.

[1361] „the most virulently anti-Freudian artist of the century." Ibid., 229.

[1362] „no novelist has waged a more relentless campaign." Ibid., 211.

[1363] „Viennese quack." Vladimir Nabokov: *Speak, Memory: An Autobiography Revisited* (New York: Vintage Books, 1989), 300; [1951 erstmalig publiziert].

[1364] „one of the vilest deceits ... on others." Ibid., 215.

[1365] „Let the credulous ... private parts." Ibid.

[1366] „in the course of evening walks in Vienna." Paul Roazen: *Freud and His Followers* (New York: New York University Press, 1984), 329.

[1367] „the witchdoctor Freud." Brian Boyd: *Vladimir Nabokov: The Russian Years* (Princeton: Princeton University Press, 1990), 260.

[1368] „the vulgar ... life of their parents." Nabokov: *Speak, Memory*, 20.

[1369] „as a kind of internal Marxism." Berman: *The Talking Cure*, 214.

[1370] „nothing but a kind of microcosmos of communism." Ibid., 217.

[1371] „the difference ... of spacing." Ibid., 222.

[1372] „to analyze or anal-ize his works." Ibid., 212.

[1373] „jog on ... sexual myth." Nabokov: *Speak, Memory*, 300.

[1374] „in the fifties ... to be in treatment." 1990 wurde vom Autor [Torrey] eine Umfrage bei zufällig ausgewählte Mitgliedern der American Psychiatric Association durchgeführt, die in Los Angeles und wenigstens die letzten 30 Jahre lang praktiziert hatten. Den Teilnehmern wurde Anonymität versprochen (s. a. Literaturhinweis Nr. 1353).

[1375] Dr. Irving Schneider zufolge (according to Dr. Irving Schneider). Irving Schneider: "Images of the Mind", 613–20.

[1376] Sartre „knew Freud's work ... about the human mind." John Huston: *An Open Book* (New York: Alfred A. Knopf, 1980), 294.

[1377] „Monroe's own analyst objected." Krin Gabbard and Glen O. Gabbard: *Psychiatry and the Cinema* (Chicago: University of Chicago Press, 1987), 109.

[1378] Off. Wikipedia-Autoren: "Off camera". Online im Internet: http://de.wikipedia.org/w/index.php?title=Off_camera&oldid=39148238 (27.04.2010); [EdÜ].

[1379] „Freud's descent into ... the light." Gabbard: *Psychiatry and the Cinema*, 108.

[1380] „revealing ... Cecily's father." Stuart M. Kaminsky: *John Huston: Maker of Magic* (Boston: Houghton Mifflin, 1978), 141.

[1381] „Know thyself ... Let us hope." Gabbard: *Psychiatry and the Cinema*, 110.

[1382] „more than ... depictions of psychiatric treatment." Ibid., 96.

[1383] „but I ... pay for the sessions you miss." Ibid., 132.

[1384] Drittel der Psychiater (one-third of the psychiatrists). Rogow: *The Psychiatrists*, 62.

[1385] Umfrage bei 30 Sozialarbeitern (a survey of 30 social workers). J. Peek and C. Plotkin: „Social Caseworkers in Private Practice", *Smith College Studies in Social Work* 21 (1951):165–97.

[1386] „psychoanalytic syndrome ... of interpersonal relations." Charles Kadushin: „The Friends and Supporters of Psychotherapy on Social Circles in Urban Life", *American Sociological Review* 31 (1966):786–802.

[1387] „They all make money." Fritz S. Perls: *In and Out the Garbage Pail* (Lafayette, CA: Real People Press, 1969), Seiten nicht nummeriert; [Perls bezeichnet diesen Mann in seiner Autobiographie als „Hirschman", bezieht sich aber mit großer Wahrscheinlichkeit auf Edward Hitschmann, der zu dieser Zeit mit Federn et al. arbeitete].

[1388] „the Edison of Psychiatry ... bearers of light." Ibid.

[1389] „I came from South Africa..." Ibid.

[1390] „the mistakes ... of my life." Ibid.

[1391] „I am really beginning ... my life." Ibid.

[1392] „Freud took the first step ... of psychiatry." Ibid.

[1393] „a playground for ... pudgy egos." Art Harris: „Esalen: From '60s Outpost to the Me Generation", *Washington Post*, 24.09.1978, C:1–4.

[1394] Urschreitherapie (primal scream therapy). E. Torrey: „The Primal Therapy Trip: Medicine or Religion?" *Psychology Today* Dez. 1976, 62–68.

[1395] „all addictions ... nonorganic psychosis." E. Michael Holden: „Primal Therapy". In *The Psychotherapy Handbook*, ed. Richie Herink, (New York: New American Library, 1980), 495.

[1396] Untersuchung der Urschreitherapie (study of primal therapy). Tomas Videgard: *The Success and Failure of Primal Therapy* (Stockholm: Almquist and Wiksell, 1984).

Literaturverzeichnis

[1397] Women's Studies. Wikipedia-Autoren: "Gender Studies". Online im Internet: http://de.wikipedia.org/w/index.php?title=Gender_Studies&oldid=61506604 (21.08.2009); [EdÜ].

[1398] „As little boys ... will be handled." Margaret Mead: *Male and Female: A Study of Sexes in a Changing World* (New York: Penguin Books, 1962), 114, 117; [1949 ursprünglich publiziert].

[1399] ungefähr 10 Millionen (estimated ten million). Die Anzahl in 1980 wurde auf 9,6 Millionen geschätzt, so dass es heute wenigstens 10 Millionen wären. s. Council Report: „The Future of Psychiatry", *Journal of the American Medical Association* 264 (1990):2542–48.

[1400] 31 Prozent (31 percent). Gross: *The Psychological Society*, 318; [Dr. George Vaillants Studie zitierend].

[1401] mehrere Studien haben gezeigt (several studies have shown). s. z. B. David J. Knesper, John R. C. Wheeler und David J. Pagnucco: „Mental Health Services Providers' Distribution Across Counties in the United States", *American Psychologist* 39 (1984):1424–34.

[1402] „It was ... their Ph.D. dissertations." Roazen: *Freud and His Followers*, 141.

[1403] „sie [die Psychoanalyse] ... nicht braucht, beim Gesunden." Brief v. S. Freud an O. Pfister v. 18.01.1909. In Ernst L. Freud u. Heinrich Meng (Hrsg.): *Sigmund Freud – Oskar Pfister – Briefe 1909–1939* (Frankfurt/M.: S. Fischer, 1980), 11; [EdÜ]. Nachweis bei Torrey: „The optimum conditions ... among the Healthy." Roazen: *Freud and His Followers*, 160.

[1404] „rascally, yea – forsooth knaves." William Shakespeare: *King Henry IV*, Part II, Introduction, ii.

[1405] „So'n verwetterter ... schuftischer Mit-Verlaub-Hans." William Shakespeare: *König Heinrich IV*, 2. Teil, 1. Aufzug, 2. Szene. In William Shakespeare – Sämtliche Werke. Übersetzt von August Wilhelm von Schlegel und Ludwig Tieck (St. Gallen: Otus, 2006); [EdÜ].

[1406] „dysfunctional parenting." Pia Mellody: *Facing Codependence* (New York: Harper and Row, 1989), 117.

[1407] „child abuse ... or inadequate nurturance." Wendy Kaminer: „Chances Are You're Codependent Too", *New York Times Book Review*, 11.02.1990,3–27.

[1408] „because of ... life." Mellody: *Facing Codependence*, 3.

[1409] „Recovery involves ... or abusive." Ibid., 117.

[1410] Bradshaws Profil (Bradshaw profiled): Emily Mitchell: „Father of the Child Within", *Time*, 25.11.1991, 82–83.

[1411] „A lot of what we consider ... abusive." David Gelman: „Making It All Feel Better", *Newsweek*, 26.11.1990, 66–68.

[1412] „neglected ... by parents." Ibid.

[1413] „dogma-eat-dogma world." Dava Sobel: "Freud's Fragmented Legacy", *New York Times Magazine*, 26.10.1980, 28–108.

[1414] Kern der Kernfamilie (the nuclear in nuclear family). Jamie Diamond: „How Not to Get the DT's When Happy Or, Why Its Easier to Blame the Potato Chip Instead of Yourself", *Lears* Sep. 1990, 81–82. Das exakte von Diamond verwendete Zitat in diesem Artikel lautet: "Und diese armen Leute mit toxischen Eltern müssen denken, dass der Kern eines Atomreaktors derselbe ist wie der der Kernfamilie (oder Kleinfamilie)" („And those poor people with toxic parents must think that the nuclear in nuclear reactor is the same nuclear as in nuclear family").

[1415] "over 175,000 copies in print." Donna Ewy and Roger Ewy: *Preparation for Breastfeeding* (Garden City, N.Y.: Doubleday and Company, 1975).

[1416] "the average ... on its shelves." Nancy McGrath: „By the Book", *New York Times Magazine*, 27.06.1976, 26–27.

[1417] „Children do ... with the mother." Ellen Galinsky: *Between Generations: The Six Stages of Parenthood* (New York: New York Times Books, 1981), 171.

[1418] „A word about ... replacing the parent." William Sears: *Creative Parenting* (New York: Everest House, 1982), 327.

[1419] „the decisive significance of early childhood." Alice Miller: *Thou Shalt Not Be Aware: Society's Betrayal of the Child* (New York: Meridian Books, 1986), 52.

[1420] Alice Miller. Wikipedia-Autoren: „Alice Miller". Online im Internet: http://de.wikipedia.org/w/index.php?title=Alice_Miller&oldid=70440840 (10.02.2010); [EdÜ].

Literaturverzeichnis

[1421] „When Young Children Need Therapy." Julius Segal and Zelda Segal: „When Young Children Need Therapy", *Parents* Feb. 1990, 184.

[1422] „Rebecca Shahmoon Shanok ... in private practice." Rebecca S. Shanok: „When You Share Family Stories", *Parents* Feb. 1990, 187.

[1423] „in clinics ... of cribside therapy." David Gelman: „A Is For Apple, P Is For Shrink", *Newsweek*, 24.12.1990, 64–66.

[1424] „The legacy of ... the current work." Ann Crittenden: „New Insights Into Infancy," *New York Times Magazine*, 13.11.1983, 84–96.

[1425] „inadequate parenting ... psychological deprivation." Judy Mann: „Son Suing His Parents Opens a Pandora's Box", *Washington Post*, 10.12.1979, B:1.

[1426] Teenager-Schwestern verklagten ihre Eltern (two teenage sisters sued their parents). Jacqueline Trescott: „Children v. Parents", *Washington Post*, 04.04.1979, B:1.

[1427] „he has done ... for his own life." Ellen Goodman: „Psychological Malparenting: Excuses, Excuses", *Washington Post*, 19.06.1978, A:23.

[1428] Freudiana. Michael Z. Wise: „In Vienna, Id's Show Time!", *Washington Post*, 19.12.1990, C:1.

[1429] Oratorium Oedipus Tex (oratorio Oedipus Tex). James R. Oestreich: „Works of P. D. Q. Explore Rap and Freudian Subtleties", *New York Times*, 29.12.1990, C:18.

[1430] „A Chaste Lounge." Anna Kisselgoff: „Freudian Fears and Disney From a Comic Paul Taylor", *New York Times*, 20.04.1990, B:1.

[1431] Anthology Film Archives. Wikipedia-Autoren: „Anthology Film Archives". Online im Internet: http://de.wikipedia.org/w/index.php?title=Anthology_Film_Archives&oldid=58978986 (21.08.2009); [EdÜ].

[1432] Beschreibung der Psychoanalyse im Kino (the portrayal of psychoanalysis in the movies). Alessandra Stanley: „Mental Images: Psychoanalysis on the Screen", *New York Times*, 16.09.1990, C:1.

[1433] Buch über Joel Steinberg (a book about Joel Steinberg). Joyce Johnson: *What Lisa Knew* (New York: G. P. Putnams Sons, 1990).

[1434] „an only child ... more personal issues." Ed Bruske: „Lawyer Sentenced for Cheating Client", *Washington Post*, 06.04.1990, A:12.

[1435] "to show that Mr. List ... their souls." Joseph F. Sullivan: „Judge Narrows Verdict in Jersey Family Murder", *New York Times*, 10.04.1990, B:2.

[1436] „It is commonplace ... or not." Peter Gay: *Freud: A Life for Our Time* (New York: W. W. Norton, 1988), xvii.

[1437] „To us he is ... opinion." W. H. Auden: *Selected Poetry* (New York: Random House, 1971), 57.

[1438] „For no other system ... of human behavior." Alfred Kazin: „The Freudian Revolution Analyzed", *New York Times Magazine*, 06.05.1956, 22–40.

[1439] „now found ... culture substance." Seymor Fisher and Roger P. Greenberg: *The Scientific Credibility of Freud's Theories and Therapy* (New York: Basic Books, 1977), viii.

[1440] „have begun to merge ... in common." Harold Bloom: „Freud, the Greatest Modern Writer", *New York Times Book Review* 23.02.1986, 26.

[1441] „in the end ... the Freudian Century?" Benjamin Nelson: ed., *Freud and the 20th Century* (New York: Meridian Books, 1987), 9.

[1442] „psychoanalysis ... is occurring now." Marshall Edelson: *Psychoanalysis: A Theory in Crisis* (Chicago: University of Chicago Press, 1988), xi, xii.

[1443] „universally recognized scientific achievements." Thomas Kuhn: *The Structure of Scientific Revolutions* (Chicago: University of Chicago Press, 1932), x.

[1444] „ceased to function ... led the way." Ibid., 91.

[1445] Brill ... sprach von den „Gesetzen" (Brill ... spoke of the "laws"). John C. Burnham: „Psychoanalysis in American Civilization Before 1918" (Ph.D. diss., Stanford University, 1958), 146.

[1446] „psychoanalysis is ... study of the mind." Abraham A. Brill: „A Psychoanalyst Scans His Past", *Journal of Nervous and Mental Disease* 95 (1942):537–49.

Literaturverzeichnis

[1447] „this new therapy is ... a science." Peter C. MacFarlane: „Diagnosis by Dreams", *Good Housekeeping* Feb. 1915, 125–33.

[1448] „a hardheaded man of science." Peter Gay: *Freud: A Life for Our Time*, 56.

[1449] „Ich bin nämlich ... eines solchen." Brief von Freud an Fließ v. 01.02.1900. In Masson: *S. Freud – Briefe an Wilhelm Fließ*, 437; [EdÜ]. Nachweis bei Torrey: „I am not really ... that type of being." Ernest Jones: *The Life and Work of Sigmund Freud*, vol. 1 (New York: Basic Books, 1953), 348; [einen Brief von Freud vom 01.02.1900 zitierend].

[1450] "Jene Kritiker ... um sich zu blicken." T. Reik: *Dreißig Jahre mit Sigmund Freud* (München: Kindler, 1976), 70f; oder In P. Raozen: *Politik und Gesellschaft bei Sigmund Freud*, 117; [EdÜ]. Nachweis bei Torrey: „those critics ... seeing with them." Russell Jacoby: *The Repression of Psychoanalysis: Otto Fenichel and the Political Freudians* (New York: Basic Books, 1983), 138.

[1451] Freud antwortete gereizt (Freud responded testily). Fisher and Greenberg: *Freud's Theories and Therapy*, ix.

[1452] „the basic concepts of science ... account for experience." Heinz Hartmann: „Psychoanalysis as a Scientific Theory". In *Psychoanalysis, Scientific Method and Philosophy*, ed. Sidney Hook, (New York: Grove Press, 1959), 29.

[1453] „Wir sind im Besitz ... fünfzehn Jahren." Brief von Freud an Ferenczi v. 08.05.1913. In Brabant, E., Falzeder E. und P. Giampieri-Deutsch (Hrsg.): *Sigmund Freud Sándor Ferenczi Briefwechsel 1912–1914* (Köln: Böhlau, 1993), I/2: 216; Freuds Aussage wurde in der Übersetzung ins Englische offenbar vereinfacht. Nach Torrey stammt das Zitat aus Heinz Hartmanns Aufsatz „Psychoanalysis as a Scientific Theory" (s. u.). Dort heißt es: „We posses the truth, I'm sure of it." („Wir besitzen die Wahrheit, ich bin mir sicher.") Hartmann zitiert einen Brief von Freud an Ferenczi, der aber wie angegeben nur teilweise mit Freuds Äußerung im o. g. Brief übereinstimmt. Möglicherweise handelte es sich um zwei verschiedene Briefe, was aber nicht verifiziert werden konnte. [EdÜ]. Nachweis bei Torrey: „We possess the truth, I am sure of it." Heinz Hartmann: „Psychoanalysis as a Scientific Theory". In *Psychonanalysis, Sientific Method and Philosophy*, 12–13.

[1454] "ein wissenschaftliches Märchen." Brief v. Freud an Fließ v. 26.04.1996. In Masson: *S. Freud – Briefe an Wilhelm Fließ*, 193; [EdÜ]. Nachweis bei Torrey:„a scientific fairy tale." Gay: *Freud: A Life for Our Time*, 93.

[1455] „Wenn der Patient ... zu je fünfzig Kronen." Peter F. Drucker: *Zaungast der Zeit – Ungewöhnliche Erinnerungen an das 20. Jahrhundert* (Düsseldorf: ECON, 1981), 61; [EdÜ]. Nachweis bei Torrey: „If the patient loved ... 50 Kronen each." Peter F. Drucker: *Adventures of a Bystander* (New York: Harper and Row, 1978), 89.

[1456] „this book is indicative of ... advance." Unsignierter Review von Sigmund Freud: The Interpretation of Dreams, *Nation* Mai. 1913, 503–05.

[1457] „well founded ... unscientific method." C. Ladd Franklin: „Freudian Doctrines", *Nation*, 19.10.1916, 373–74.

[1458] "upon the same ground as ... the moon." Anonym: „An American Expert's Indictment of American Dream Analysis as a Psychological Humbug", *Current Opinion* Sep. 1916, 34–35.

[1459] „Astrology to Medieval Symbolism." Burnham: „Psychoanalysis in American Civilization Before 1918", 100.

[1460] „the premature crystallization of spurious orthodoxy." Hans J. Eysenck and Glenn D. Wilson: *The Experimental Study of Freudian Theories* (London: Methuen, 1973), 395.

[1461] „Although we have ... the problem." Gardner Murphy, Lois B. Murphy, and Theodore Newcomb: *Experimental Social Psychology* (New York: Harper, 1937), 575.

[1462] „empirical data bearing on ... personality." Harold Orlansky: „Infant Care and Personality", *Psychological Bulletin* 46 (1949):1–48.

[1463] „anyone who tries ... publications at all." Ernest R. Hilgard, Lawrence S. Kubie, and E. Pumpian-Mindlin: *Psychoanalysis as Science* (New York: Basic Books, 1952), 44.

[1464] „only two studies give ... procedures." Paul Kline: *Fact and Fantasy in Freudian Theory* (London: Methuen, 1972), 93.

[1465] „Freudian theory ... riddled with subjective interpretation." Ibid., ix.

[1466] „It is true ... stages of development." Fisher and Greenberg: *Freud's Theories and Therapies*, 393.

[1467] „not one study ... of the population." Eysenck and Wilson: *Freudian Theories*, 392.

[1468] „a medieval morality play ... to deserve scientific status." Hans J. Eysenck: *Decline and Fall of the Freudian Empire* (London: Penguin Books, 1985), 35.

[1469] „without doubt ... tellers of fairy tales." Ibid., 208.

[1470] Interview mit Dr. Sontag (interview with Dr. Sontag). Dr. Lester Sontag: telefonisches Interview mit Torrey, 25.09.1989.

[1471] „people's childhoods ... would expect." David Goleman: „Traumatic Beginnings: Most Children Seem Able to Recover", *New York Times*, 13.03.1984, C:1; [Dr. Vaillant zitierend].

[1472] „too early ... or too libidinous." Fisher and Greenberg: *Freud's Theories and Therapy*, 145.

[1473] anale Charakterzüge sowie „bis zum Geize ... erscheinen" und "in Trotz über[geht] ... Rachsucht knüpfen". S. Freud: "Charakter und Analerotik". In *Gesammelte Werke* 7:203f; [EdÜ]. Nachweis bei Torrey: „can go over ... easily joined." Sigmund Freud: „Character and Anal Eroticism" (1908). In *The Complete Psychological Works of Sigmund Freud*, vol. 9, ed. James Strachey, (London: Hogarth Press, 1966), 169–75.

[1474] „all collectors are anal erotic." Kline: *Fact and Fantasy*, 10; [Jones zitierend].

[1475] „persons who fit the anal ... phase." Fisher and Greenberg: *Freud's Theories and Therapies*, 141.

[1476] Dauer des Stillens (the length of breast-feeding). Ibid., 110.

[1477] Wie ... hervorgehoben wurde (as has been pointed out). Sibylle Escalona: „Problems in Psycho-Analytic Research, *International Journal of Psycho-Analysis* 33 (1952):11–21.

[1478] „It can be ... the average man." Fisher and Greenberg: *Freud's Theories and Therapy*, 199.

[1479] „facilitated by ... the part of the father." Ibid., 395.

[1480] „bound securely to a wooden cradle ... is visible." Orlansky: „Infant Care and Personality", 1–48.

[1481] „the child is expected to ... take care of his defecation needs alone." John W. Whiting and Irvin L. Child: *Child Training and Personality: A Cross-Cultural Study* (New Haven: Yale University Press, 1953), 73–74.

[1482] Anekdotische Berichte ... nicht weniger Probleme hatten (anecdotal accounts). Thomas Maeder: *Children of Psychiatrists and Psychotherapists* (New York: Harper and Row, 1989).

[1483] Selbstmordrate (suicide rate). Bureau of the Census: *Statistical Abstract of the United States, 1985–1989* (Washington: U. S. Government Printing Office), Tabellen über Todesraten bestimmter Ursachen.

[1484] Scheidungs- und Verbrechensquoten (divorce and crime rates). „Divorces and Annulments and Rates: United States, 1940–87", *Monthly Vital Statistics Report* 38 (15.05.1990):7; „Crime Index Rate, 1960–89", Federal Bureau of Investigation, Mimeo.

[1485] Studie zur Präferenz der Brustgröße (study of breast-size preference). Kline: *Fact and Fantasy*, 91. [s. a. Eysenck and Wilson, 387].

[1486] „A theory must not be ... its opposite." Ernest Nagel: „Methodological Issues in Psychoanalytic Theory", 40.

[1487] „Als nun weitere ... diese Erlebnisse" S. Freud: „Meine Ansichten über die Rolle der Sexualität in der Ätiologie der Neurosen". In *Gesammelte Werke* 5:155f; [EdÜ]. Nachweis bei Torrey: „Investigation into ... these experiences." Sigmund Freud: „My Views on the Part Played by Sexuality in the Etiology of the Neuroses" (1905). In *Collected Papers*, vol. 1, ed. Ernest Jones (New York: International Psychoanalytic Press, 1924), 272.

[1488] „came to view the ... actual." Philip Rieff: *Freud: The Mind of the Moralist* (Chicago: University of Chicago Press, 1959), 50.

[1489] „No other discipline ... empirically testable." Eysenck: *Decline and Fall*, 150.

[1490] Studien von 20 Paaren in Amerika (Studies of 20 pairs in America). Horatio H. Newman, Frank N. Freeman, and Karl J. Holzinger: *Twins: A Study of Heredity and Environment* (Chicago: University of Chicago Press, 1937).

Literaturverzeichnis

[1491] Studie an 12 Paaren in Dänemark (12 pairs in Denmark). Niels Juel-Nielsen: „Individual and Environment", *Acta Psychiatrica Scandinavica Supplementum* 183 (1964):11–144.

[1492] Studie an 44 Paaren in England (44 pairs in England). James Shields: *Monozygotic Twins Brought Up Apart and Brought Up Together* (London: Oxford University Press, 1962).

[1493] „who, though they knew ... saleswomen." Ibid., 153.

[1494] Studie an 850 Zwillingspaaren an High Schools (study of 850 high school twin pairs). John Loehlin and Robert Nichols: *Heredity, Environment and Personality: A Study of 850 Sets of Twins* (Austin: University of Texas Press, 1976).

[1495] Studie an neugeborenen Zwillingen (study of newborn twins). D. G. Freedman and Barbara Keller: „Inheritance of Behavior in Infants", *Science* 140 (1963):196–98.

[1496] Bridget und Dorothy. Constance Holden: „Identical Twins Reared Apart", *Science* 207 (1980):1323–28.

[1497] „genetic factors exert variability." Thomas J. Bouchard, David T. Lykken, Matt McGue, Nancy L. Segal, and Auke Tellegen: „Sources of Human Psychological Differences: The Minnesota Study of Twins Reared Apart", *Science* 250 (1990):223–28.

[1498] „that ... attributed to genetic diversity." Auke Tellegen, David T. Lykken, Thomas J. Bouchard, Kimberly J. Wilcox, Nancy L. Segal, and Stephen Rich: „Personality Similarity in Twins Reared Apart and Together", *Journal of Personality and Social Psychology* 54 (1988):1031–39.

[1499] Religiösität und Traditionalismus (religiosity and traditionalism). Niels G. Waller, Brian A. Kojetin, Thomas J. Bouchard, David T. Lykken, and Auke Tellegen: „Genetic and Environmental Influences on Religious Interests, Attitudes, and Values: A Study of Twins Reared Apart and Together", *Psychological Science* 1 (1990):1–5.

[1500] schwedische Studie (Swedish study). Nancy L. Pedersen, Robert Plomin, Gerald E. McClearn, and L. Friberg: „Neuroticism, Extraversion and Related Traits in Adult Twins Reared Apart and Reared Together", *Journal of Personality and Social Psychology* 55 (1988):950–57.

[1501] Einstellungen hinsichtlich Verantwortlichkeit (one-third of their attitudes about responsibility). Nancy L. Pedersen, Margaret Gatz, Robert Plomin, John R. Nesselroade, and Gerald E. McClearn: „Individual Differences in Locus of Control During the Second Half of the Life Span for Identical and Fraternal Twins Reared Apart and Reared Together", *Journal of Gerontology* 44 (1989):100–105.

[1502] „that twins reared ... together." H. Langinvainio, J. Kaprio, M. Koskenvuo, and J. Lonnqvist: „Finnish Twins Reared Apart: III Personality Factors", *Acta Geneticae Medicae et Gemellologiae* 33 (1984):259–64.

[1503] „rough estimate of broad heritability." J. P. Rushton, D. W. Fulker, M. C. Neale, R. A. Blizard, and H. J. Eysenck: „Altruism and Genetics", *Acta Geneticae Medicae et Gemellologiae* 33 (1984):265–71.

[1504] Erblichkeit im weiteren Sinn. Wikipedia-Autoren: „Heritability". Online im Internet: http://en.wikipedia.org/w/index.php?title=Heritability&oldid=309568271 (08.10.2009); [EdÜ].

[1505] Schüchternheit ist weiterer Persönlichkeitszug (shyness is another personality trait). Denise Daniels and Robert Plomin. „Origins of Individual Differences in Infant Shyness", *Developmental Psychology* 21 (1985):110–21, Jerome Kagan, J. Steven Reznick, Nancy Snidman: „Biological Basis of Childhood Shyness", *Science* 240 (1988):167–71.

[1506] Dänemarks Zwillingsstudie (twin study based on Denmark's national twin registry). C. Robert Cloninger and Irving I. Gottesman: „Genetic and Environmental Factors in Antisocial Behavior Disorders. In Sarnoff A. Mednick, Terrie Moffitt, and Susan A. Stack, eds.: *The Causes of Crime* (Cambridge: Cambridge University Press, 1987), 92–109.

[1507] Studie in Norwegen (study in Norway). O. S. Dalgaard and Einar Kringlen: „A Norwegian Study of Criminality", *British Journal of Criminology* 16 (1976):213–32.

[1508] Umfassende Adoptionsstudie (extensive adoption study). Sarnoff A. Mednick, William F. Gabrielli, and Barry Hutchings: „Genetic Factors in the Etiology of Criminal Behavior". In Mednick et al.: *The Causes of Crime*, 74–91.

Literaturverzeichnis

[1509] „some factor transmitted by criminal ... activity." Sarnoff A. Mednick, William E Gabrielli, Barry Hutchings: „Genetic Influences in Criminal Convictions: Evidence From an Adoption Cohort", *Science* 224 (1984):891–94.

[1510] „While the adoption studies ... matter very much." Christopher Jencks: „Genes and Crime", *New York Review of Books*, 12.02.1987, 33–41.

[1511] „after 30 generations ... the low lines." Robert Plomin: „The Role of inheritance in Behavior", *Science* 248 (1990):183–88.

[1512] „heredity is ... physical size." John P. Scott and John L. Fuller: *Genetics and the Social Behavior of the Dog* (Chicago: University of Chicago Press, 1965), 378.

[1513] „pronounced individual ... personality." Jane Goodall: *The Chimpanzees of Gombe: Patterns of Behavior* (Cambridge: Harvard University Press, 1986), 172.

[1514] „Continuity over ... our subjects." Alexander Thomas and Stella Chess: „Genesis and Evolution of Behavioral Disorders: From Infancy to Early Adult Life", *American Journal of Psychiatry* 141 (1984):1–9.

[1515] „increasing acceptance of ... psychology." Robert Plomin: „Environment and Genes: Determinants of Behavior", *American Psychologist* 44 (1989):105–11.

[1516] „pairs of unrelated children ... chosen at random." Norman D. Henderson: „Human Behavior Genetics", *Annual Review of Psychology* 33 (1982):403–40.

[1517] „could account for no more than 5% of the variance." Ibid.

[1518] „the effect of ... psychological traits." Bouchard et al.

[1519] Vererbbarkeit phänotypischer Merkmale. G. Kaati, G., Bygren, L. O., Pembrey, M. and M. Sjöström: "Transgenerational response to nutrition, early life circumstances and longevity", *European Journal of Human Genetics* 15 (2007), 784–790. Online in Internet veröffentlicht am 25.04.2007: http://www.nature.com/ejhg/journal/v15/n7/full/5201832a.html (01.07.2009); [EdÜ].

[1520] „the influence of ... phenotypic variance." Pederson et al.

[1521] „six-year-old girl was attacked." Lenore C. Terr: „Childhood Traumas: An Outline and Overview", *American Journal of Psychiatry* 148 (1991):10–20.

[1522] „previously ... neighborhood." Ibid.

[1523] „the Oedipal period ... is the source of all subsequent adult behaviors." Janet Malcolm, Psychoanalysis: *The Impossible Profession* (London: Picador Books, 1982), 158–59.

[1524] „how the child reacted to ... his ego structure." Reuben Fine: *A History of Psychoanalysis* (New York: Columbia University Press, 1979), 161; [Fine bezieht sich auf A. Freud: "Discussion of Dr. John Bowlby's Paper", *Psychoanalyitc Study of the Child* 15 (1960):53–62 (englisch); EdÜ].

[1525] „the formerly institutionalized ... problems." Wagner H. Bridger: „Early Childhood and Its Effects", *Harvard Mental Health Letter* Aug. 1991, 4–6.

[1526] „short-term events ... later improves." Ibid.

[1527] „the mothers ... of siblings." Robert Plomin and Denise Daniels: „Why Are Children in the Same Family So Different From One Another?", *Behavioral and Brain Sciences* 10 (1987):1–60; [zitiert eine 1985er Studie von Dunn et al.].

[1528] „much difference." Ibid.

[1529] Zwei Zwillingsstudien (two studies of twins). David C. Rowe and Robert Plomin: „The Importance of Nonshared (E1) Environmental Influences in Behavioral Development", *Developmental Psychology* 17 (1981):517–31.

[1530] „in families ... developments of children." R. Darrell Bock and Michele F. Zimowski: „Contributions of the Biometrical Approach to the Individual Differences in Personality Measures", *Behavioral and Brain Sciences* 10 (1987):17–18; [zitiert mit freundlicher Erlaubnis von *Behavioral and Brain Sciences* und Cambridge University Press].

[1531] "das einzelne Ich ... ausgestattet ist" und „daß dem ... bringen wird." S. Freud: „Die endliche und die unendliche Analyse". In *Gesammelte Werke* (Frankfurt/M: S. Fischer, 1978), XVI:86; [EdÜ]. Nachweis bei Torrey: „each ego is endowed ... for it." Peter B. Neubauer and Alexander Neubauer: *Nature's Thumbprint: The New Genetics of Personality* (Reading, Mass.: Addison-Wesley, 1990), 177; [Freud zitierend].

Literaturverzeichnis

[1532] „One of the most fascinating ... it will have." Margaret Mead: *Blackberry Winter: My Earlier Years* (New York: Simon and Schuster, 11972), 243, 260.

[1533] Zwillingsstudien von Dr. Ronald S. Wilson (twin studies of Dr. Ronald S. Wilson): Ronald S. Wilson: „Twins: Early Mental Development", *Science* 175 (1972):914–17; Ronald S. Wilson: „Synchronies in Mental Development: An Epigenetic Perspective", *Science* 202 (1978):939–48.

[1534] „It is most important ... at different times." Wilson: „Synchronies in Mental Development: An Epigenetic Perspective", Gerald E. McClearn zitierend in Carmichael's *Manual of Child Psychology*, Paul H. Mussen, ed. (New York: Wiley, 1970), 61.

[1535] „no matter how well-fed ... than average." Elizabeth Hall: „PT Conversation with Sandra Scarr: What's a Parent to Do?", *Psychology Today* Mai. 1984, 58–63.

[1536] „Parents may make the ... nonshared environment." Stella Chess: „Let Us Consider the Roles of Temperament and of Fortuitous Events", *Behavioral and Brain Sciences* 10 (1987):21–22.

[1537] „due to genotype-environment ... of variance." Marvin Zuckerman: „All Parents Are Environmentalists Until They Have Their Second Child" *Behavioral Brain Sciences* 10 (1987):42–44.

[1538] Dr. Irving Gottesman. Persönliche Mitteilung, Mär. 1991.

[1539] Dr. Edward O. Wilson. Daniel J. Kevles: *In the Name of Eugenics: Genetics and the Uses of Human Heredity* (New York: Alfred A. Knopf, 1985), 280.

[1540] „more than fifty students." Paul Selvin: „The Raging Bull of Berkeley", *Science* 251 (1991):368–71.

[1541] "as outspoken and idiosyncratic Marxist." Kevles: *In the Name of Eugenics*, 281.

[1542] „biological determinism ... in their own image." Richard C. Lewontin, Steven Rose, and Leon J. Kamin: *Not In Our Genes* (New York: Pantheon, 1984), 15.

[1543] "share a commitment to ... society." Ibid., ix.

[1544] „equal protection of the ... rights of others." Irving I. Gottesman: „Genetic Aspects of Human Behavior: State of the Art". In Walter T. Reich, ed., *Encyclopedia of Bioethics* (New York: The Free Press, 1978), 529.

[1545] schwarze Athleten (black athletes). „Minorities in Sports:" *USA Today* 19.02.1991, C:10; Ira Berkow: „The Kangaroo Kid and Some Related Matters", *New York Times* 01.05.1989, B:12.

[1546] „no group is ... from the Caucasus." Lewontin et al., 126.

[1547] „In practically every ... Spanish race." Franz Boas: „Are the Jews a Race?", *The World Tomorrow* Jan. 1923, 5–6.

[1548] „within the same local ... races." Lewontin et al., 126.

[1549] „The determinists would have ... our genes." Ibid., 6.

[1550] „People can be made ... desirable." Theodosius Dobzhansky: *Genetic Diversity and Human Equality* (New York: Basic Books, 1973), 87.

[1551] Phrenologie entwickelte sich ... Franz Joseph Gall (phrenology evolved from ... Franz Joseph Gall). Die meisten Daten über die Phrenologie wurden entnommen aus John D. Davies: *Phrenology: Fad and Science* (New Haven: Yale University Press, 1955), [Das Buch stellt eine ausgezeichnete Historie dieser Bewegung bereit].

[1552] „regarded phrenology as ... it had furnished him." Ibid., 85.

[1553] „a practical knowledge of ... phrenology." Ibid., 163.

[1554] „that railroad trainmen ... their heads." Ibid., 38.

[1555] „has assumed the majesty ... of thinking beings." Ibid., 120.

[1556] „Health, temperance ... and religion." Ibid., 33.

[1557] Schibboleth. Wikipedia-Autoren: „Schibboleth". Online im Internet: http://de.wikipedia.org/w/index.php?title=Schibboleth&oldid=62791043 (01.08.2009); [EdÜ].

[1558] „in some ways ... of liberalism." John D. Davies: *Phrenology: Fad and Science*, xi.

[1559] „phrenologists came to ... retribution." Ibid., 99.

[1560] „prisons should rather be rehabilitation centers." Ibid.

[1561] „a quackery which succeeds by boldness." Ibid., 67.

[1562] „atheism, materialism ... and free will." Ibid., 150.

Literaturverzeichnis

[1563] „Avoid phrenologists ... French infidels." Arthur Wrobel: Introduction. In Arthur Wrobel, ed.: *Pseudo-Science and Society in Nineteenth Century America* (Lexington: University of Kentucky Press, 1987), 12.

[1564] „the facial signs ... insufficient evidence." Madeleine B. Stern: *A Phrenological Dictionary of Nineteenth-Century Americans* (Westport: Greenwood Press, 1982), 209–211.

[1565] „Aber läuft nicht ... Mythologie hinaus?" S. Freud: "Warum Krieg? – Brief an A. Einstein v. Sep. 1932". In A. Freud et. al (Hrsg.) *Gesammelte Werke* XVI:22; [EdÜ]. Nachweis bei Torrey: „Does not every science come ... of mythology?" Philip Rieff: *Freud: The Mind of the Moralist* (Chicago: University of Chicago Press, 1959), 204.

[1566] "gigantischen Irrtum." E. Jones: *Leben und Werk*, 2:81; [EdÜ]. Nachweis bei Torrey: „America as a gigantic mistake." Peter Gay: *Freud: A Life for Our Time* (New York: W. W. Norton, 1988), 563.

[1567] „Hate America?". Max Eastman: „Significant Memory of Freud", *New Republic*, 19.05.1941, 693–95. [Nachdruck mit freundlicher Erlaubnis der New Republic, Inc.]; [Eastmans Interview mit Freud in Wien wurde in Englisch geführt und ist auch in seinen *Great Companions* im Kap. „Differing with Sigmund Freud" wiedergegeben; EdÜ].

[1568] „Untat des Kolumbus ... Entschuldigung weiß." Brief v. Freud an Ferenczi v. 23.04.1915. In Jones: *Leben und Werk*, 2:220f; [EdÜ]. Nachweis bei Torrey: „The only excuse ... misdeed." Paul Roazen: *Freud and His Followers* (New York: New York University Press, 1984), 385.

[1569] "Wilde." Brief Freud an O. Rank v. 23.05.1924. In P. Gay: *A Life for Our Time*, 563; [eigene Übersetzung; EdÜ]. Nachweis bei Torrey: „Americans as savages." Gay: *Freud: A Life for Our Time*, 563.

[1570] "dass die ... einem Raben." Ibid. Nachweis bei Torrey: „that [psycho]analysis suits ... a raven." Ibid.

[1571] In einem Brief ... (in one letter). Freud an Smith E. Jelliffe: 09.02.1939, Jelliffe Collection, Library of Congress.

[1572] verschlechterte Handschrift (handwriting to deteriorate). Jones: *Leben und Werk*, 2:80; [EdÜ]. Nachweis bei Torrey: Freud an Smith E. Jelliffe v. 09.02.1939, 211.

[1573] amerikanische und englische Patienten (American and English patients). Freud an Smith E. Jelliffe v. 09.02.1939, 388.

[1574] Besorgnis der Dichterin Hilda Doolittle (poet Hilda Doolittle's concern). Janice R. Robinson: *H. D.: The Life and Work of an American Poet* (Boston: Houghton Mifflin Co., 1982), 273–302.

[1575] [Loeb] „built a large house ... as a recluse." Stephen Birmingham: *„Our Crowd": The Great Jewish Families of New York* (New York: Harper and Row, 1967), 255.

[1576] „What ... if they bring no money?" Freud an Jones in Englisch v. 25.09.1924; [EdÜ] In Gay: *Freud: A Life for Our Time*, 563.

[1577] „America is useful." Freud an Jones in Englisch v. 21.12.1925; EdÜ; Ibid.

[1578] fragte, ob es nicht traurig ist ... besseren Klassen sind? ("Is it not sad that we are ... human beings?"). Freud in einem offensichtlich nicht veröffentlichten Brief an Arnold Zweig v. 10.07.1935; eigene Übersetzung; Gay: *Freud: A Life for Our Time*; 563f; [EdÜ]. Nachweis bei Torrey: „Is it not sad that we are ... human beings?". P. Gay: *Freud: A Life for Our Time*, 563f.

[1579] „Freud disliked ... egalitarianism between the sexes." Roazen: *Freud and His Followers*, 385.

[1580] "Frauenherrschaft." S. Freud: "Die Zukunft einer Illusion". In A. Freud et al. (Hrsg.): *Gesammelte Werke*, 14:372; [EdÜ]. Nachweis bei Torrey: [American] „petticoat government". Roazen: *Freud and His Followers*, 385.

[1581] "American women ... anti-cultural phenomenon." Ibid; [aus einer Analyse-Sitzung mit Dr. Joseph Wortis, s. *Fragments of an analysis with Freud*, eigene Übersetzung, EdÜ].

[1582] "Amerika wird ... Rasse bedroht." Jones: *Leben und Werk*, 2:81; [EdÜ]. Nachweis bei Torrey: „is already threatened by the black race". Brock Brower: „Who's In Among the Analysts?" Esquire Jul. 1961, 78–84.

[1583] "continued to identify ... as his own." Gay: Freud, 353.

[1584] Freud war unsicher [über Martin] (Freud was uncertain [about Martin]). Brief von Freud an Oskar Pfister, 02.01.1919. In Ernst L. Freud und H. Meng (Hrsg.): *Sigmund Freud Oskar Pfister*, 65–67;

Literaturverzeichnis

[EdÜ]. Nachweis bei Torrey: Freud an Oskar Pfister, 02.01.1919. In Heinrich Meng and Ernst Freud, eds.: *The Letters of Sigmund Freud and Oskar Pfister* (New York: Basic Books, 1963), 64–65.

[1585] Sohn von Freuds Lieblingsschwester (son of Freud's favorite sister). Lucy Freeman and Herbert S. Strean: *Freud and Women* (New York: Continuum, 1987), 25; [Mehrere Jahre lang lebte Rosa in einem an Freuds angrenzenden Appartement, und so musste Freud seinen Neffen sehr gut gekannt haben].

[1586] [Freud] wählte selten ([Freud] rarely voted.). Paul Roazen: *Freud: Political and Social Thought* (New York: Alfred A. Knopf, 1968), 242.

[1587] "Politisch bin ... gar nichts." P. Roazen: *Politik und Gesellschaft bei Sigmund Freud* (Frankfurt/M.: Suhrkamp, 1971), 250; Max Eastmans „Differing with Sigmund Freud" zitierend. In M. Eastman: *Great companions – Critical Memoiries of some famous friends*. S. a. Online im Internet: http://books.google.de/books?id=P_AFc8-92C0C&printsec=frontcover#v=onepage&q=&f=false (01.05.2010); Eastmans Interview mit Freud in Wien war offensichtlich in Englisch; [EdÜ]. Nachweis bei Torrey: „Politically I am just nothing " Roazen: *Freud: Political and Social Thought*, 243.

[1588] [Freuds] Skepsis hinsichtlich der Russischen Revolution ([Freud's] skepticism about the Russian Revolution). Brief v. Freud an Lou Andreas v. 17.02.1918. In E. Pfeiffer, Hrsg.: Sigmund Freud – Lou Andreas-Salomé Briefwechsel (Frankfurt/M.: S. Fischer, 1980), 85; [EdÜ]. Nachweis bei Torrey: Ernst Pfeiffer, ed.: *Sigmund Freud and Lou Andreas-Salomé Letters* (New York: Harcourt Brace Jovanovich, 1966), 75.

[1589] „[es] fehlt mir doch ... wird." Brief von Freud an Arnold Zweig v. 26.11.1930. In Ernst L. Freud (Hrsg.): *Freud Zweig – Briefwechsel*, 33; [EdÜ]. Nachweis bei Torrey: „I have no hope ... to improvement." Ernst L. Freud, ed.: *The Letters of Sigmund Freud and Arnold Zweig* (New York: Harcourt Brace and World, 1970), 21.

[1590] „Aber seine ... Illusion zu erkennen." S. Freud: "Das Unbehagen der Kultur". In A. Freud et al. (Hrsg.): *Gesammelte Werke* 14:472f; [EdÜ]. Nachweis bei Torrey: „the psychological premises ... an untenable illusion." Sigmund Freud: *Civilization and Its Discontents*. In *The Standard Edition of the Complete Psychological Works of Sigmund Freud*, vol. 21, ed. James Strachey (London: Hogarth Press, 1961), 113.

[1591] „discuss ... with an understanding smile." Roazen: *Freud and His Followers*, 533.

[1592] Freud unterstützte das Dollfuß-Regime (Freud supported [Dollfus regime]). Ibid., 426, 534; [Roazen behauptet, dass Dr. Ruth Brunswick und ihr Ehemann Mark, beide in der Psychoanalyse bei Freud, sehr enttäuscht über Freuds Unterstützung des Dollfuß-Regimes waren].

[1593] "Benito Mussolini mit ... Helden erkennt." Jones: *Das Leben u. Werk v. S. Freud.*, 2:216 [Eigene Übersetzung; Roazen zitiert hier Eduardo Weiss' *Sigmund Freud as a consultant* (s. z. B. Online im Internet: http://books.google.de/books?id=Ka5Wp-WKnroC&printsec=frontcover#v=onepage&q=&f=false (01.05.2010)). Weiss verweist allerdings auf Jones und Jones wiederum auf eine Mitteilung von Weiss. So konnte nicht festgestellt werden, in welcher Sprache Freud die Widmung an Mussolini schrieb. Vermutlich in Englisch. In der deutschen Ausgabe von Jones' Freud-Biographie gibt Molli Dworezki diese Mitteilung wie folgt wieder: „Von einem alten Mann, der im Diktator den Kulturheros erkennt."; EdÜ]. Nachweis bei Torrey: „Benito Mussolini ... the cultural hero." Roazen: *Freud and His Followers*, 534.

[1594] „a believer ... even mean." David Riesman: *Individualism Reconsidered and Other Essays* (Glencoe, Ill.: Free Press, 1954), 351, 354–55.

[1595] "Im tiefsten ... Gesindel sind." Brief von Freud an Lou Andreas-Salomé v. 28.07.1929. In Ernst Pfeiffer (Hrsg.): *Sigmund Freud Lou Andreas-Salomé – Briefwechsel* (Frankfurt/M: S. Fischer, 1980), 198–199; [EdÜ]. Nachweis bei Torrey: „In the depths of my heart ... worthless." Freud an Lou Andreas-Salome, 29.07.1929. In *The Letters of Sigmund Freud*, ed. Ernst L. Freud (New York: McGraw-Hill, 1964), 390.

[1596] „aber ich habe ... ethischen Lehre bekennen." Brief von Freud an O. Pfister v. 09.10.1918. In E. L. Freud und H. Meng (Hrsg.): *Sigmund Freud Oskar Pfister*, 62–63; [EdÜ]. Nachweis bei Torrey: „I have found little ... at all." Freud an Oskar Pfister, 10.09.1918. In *Meng and Freud*, 61–62.

Literaturverzeichnis

[1597] „Die Nichtswürdigkeit ... großen Eindruck gemacht." Jones: *Leben und Werk*, 2:219; [EdÜ]. Nachweis bei Torrey: „The unworthiness of human beings ... on me." Ernest Jones: *The Life and Work of Sigmund Freud*, vol. 2 (New York: Basic Books, 1955), 182; [Freud zitierend].

[1598] Nur drei Prozent von Freuds Patienten waren arm (only 3 percent of Freud's patients were poor). Isidor Wassermann: *American Journal of Psychotherapy* 12 (1958):623–27.

[1599] „Freud akzeptierte ... dafür bezahlen musste." und „Vor allem aber wurde ... Ethik bezichtigte." P. F. Drucker: Zaungast der Zeit, 58, 55; (Die deutsche Übersetzung von Gerti von Rabenau weicht offensichtlich geringfügig vom amerikanischen Originalwortlaut ab, wie er von Torrey zitiert wurde) [EdÜ]. Nachweis bei Torrey: „Freud did not accept ... the ethics of healer." Peter F. Drucker: *Adventures of a Bystander* (New York: Harper and Row, 1978), 84, 87.

[1600] Max Eastman pries die Verdienste der Psychoanalyse (Max Eastman ... extolled the merits of psychoanalysis). Max Eastman: „Exploring the Soul and Healing the Body", *Everybody's Magazine* Jun. 1915, 741–50.

[1601] „fleet of limousines." Laura Fermi: *Illustrious Immigrants: The Intellectual Immigration from Europe 1930–41* (Chicago: University of Chicago Press, 1971), 144.

[1602] Freud berechnete ... 20 Dollar pro Stunde (Freud charged ... $20 per hour). Roazen: Freud and His Followers, 424.

[1603] Gebühr, die Brill Mabel Dodge berechnete (fee Brill was charging Mabel Dodge). Christopher Lasch: *The New Radicalism in America: The Intellectual as a Social Type* (New York: Alfred A. Knopf, 1965), 140.

[1604] Zilboorg berechnete 100 Dollar pro Stunde (Zilboorg ... was charging $100 per hour). Paul Johnson: *Intellectuals* (New York: Harper and Row, 1988), 297.

[1605] „in our actual work ... to the world." Lawrence J. Friedman: *Menninger: The Family and the Clinic* (New York: Alfred A. Knopf, 1990), 142.

[1606] „If the Freudian doctrine is ... the world." W. Beran Wolfe: „Twilight of Psychoanalysis", *American Mercury* Aug. 1935, 385–94.

[1607] 1966er Umfrage bei Pschoanalytikern (1966 survey of psychoanalysts). Arnold A. Rogow: *The Psychiatrists* (New York: G. P. Putnams Sons, 1970), 62.

[1608] Beschreibung von Patienten in der Psychoanalyse (among patients seen in psychoanalysis). H. Aronson and Walter Weintraub: „Social Background of the Patient in Classical Psychoanalysis", *Journal of Nervous and Mental Disease* 146 (1968):98–102.

[1609] „Brilliant results ... are folk-lore and song." J. W. Courmey: „The View of Plato and Freud on the Etiology and Treatment of Hysteria", *Boston Medical Surgical Journal* 168 (1913):649–52.

[1610] „If we regard it as a ... private university." Robert Michels: „Psychoanalysis: The Second Century", *Harvard Mental Health Letter* Dez. 1990, 5–7.

[1611] „Whatever we ... place of sex in life." Havelock Ellis: „Freud's Influence in the Changed Attitude Toward Sex", *American Journal of Sociology* 45 (1939):309–17.

[1612] „Freud found sex ... an honored guest." Wolfe: „Twilight of Psychoanalysis", 385–94.

[1613] „a speck afloat on a sea of feeling." Reuben Fine: *A History of Psychoanalysis* (New York: Columbia University Press, 1979), 345.

[1614] „a grand vision ... of what people might be." Ibid., 539–40.

[1615] „in America it was ... psychoanalysis." Fermi: *The Illustrious Immigrants*, 172.

[1616] „Like no man before ... you and I." Walter Kaufmann: „Freud and the Tragic Virtues", *American Scholar* 29 (1960):469–81.

[1617] Michael Harrington. Harrington unterzog sich der Pschonalyse und nannte Freud "einen der tiefgründigsten Denker des westlichen Geschichte" ("one of the most profound thinkers in Western history"). Gleichzeitig bestätigte er, dass "die Psychoanalyse wie ich sie erfuhr wahrscheinlich nicht den Millionen Menschen helfen kann, die verzweifelt Hilfe brauchen ... Sie ist eine aristokratische, vielleicht sogar asketische Disziplin" („psychoanalysis as I have undergone it cannot possibly help the millions of people who desperately need aid ... Psychoanalysis is an aristocratic, perhaps even an ascetic, discipline"); s. Michael Harrington: *Fragments of the Century*, 183, 191.

Literaturverzeichnis

[1618] Robert Coles. Coles unterzog sich der Psychonanalyse während seiner psychiatrischen Ausbildung und verwendete die freudsche Theorie später in einigen seiner Arbeiten wie z. B. Erik H. Erikson: *The Growth of His Work*.

[1619] „there is very little evidence ... given other labels." Fisher and Greenberg: *Freud's Theories and Therapy*, 324.

[1620] Dr. Jerome Frank. Jerome Frank: *Persuasion and Healing: A Comparative Study of Psychotherapy* (Baltimore: Johns Hopkins University Press, 1961); [kürzlich erschien die 3. Auflage, 1991].

[1621] Rumpelstilzchenprinzip (principle of Rumpelstiltskin). E. Torrey: *Witchdoctors and Psychiatrists: The Common Roots Of Psychotherapy and Its Future* (New York: Harper and Row, 1986).

[1622] Ragout aus einem Elch und einem Kaninchen (a stew using one moose and one rabbit). Harry L. Senger: „The 'Placebo' Effect of Psychotherapy: A Moose in the Rabbit Stew", *American Journal of Psychotherapy* 41 (1987):68–81. Eine andere Formulierung beschreibt eine Pastete aus einem Pferd und einem Kanarienvogel, bei der das Pferd die allgemeinen Aspekte der Psychotherapie darstellt. Dieses Rezept findet man bei Lester Luborsky, Barton Singer und Lisa Luborsky: „Comparative Studies of Psychotherapies", *Archives of General Psychiatry* 32 (1975):995–1008.

[1623] „The overwhelming success of Freudianism ... in modern times." Alfred Kazin: „The Freudian Revolution Analyzed", *New York Times Magazine*, 06.05.1956, 22–40.

[1624] „Gestalt Prayer." Fritz S. Perls: *In and Out of The Garbage Pail* (Lafayette, Cal.: Real People Press, 1969), Seiten nicht numeriert.

[1625] „In a dying culture ... spiritual enlightenment." Christopher Lasch: *The Culture of Narcissism* (New York: W. W. Norton, 1979), 396.

[1626] „Love thyself ... the search continues." Charles Krauthammer: „An Answer for Patricia Godley", *Washington Post*, 05.05.1989, A:27.

[1627] „the lap-dog psychology ... is really a poet." Alfred Kazin: „Psychoanalysis and Literary Culture Today", *Partisan Review* 26 (1959):45–55.

[1628] „the one most outstanding ... makes him overtly obnoxious." Edward R. Pinckney and Cathey Pinckney: *The Fallacy of Freud and Psychoanalysis* (Englewood Cliffs, N.J.: Prentice-Hall, 1965), 157.

[1629] „the golden age of ... addiction." John Leo: „The It's-Not-My-Fault Syndrome", *U.S. News & World Report*, 18.06.1990, 16.

[1630] „Mental hygienists are stressing ... the parents." Margo Horn: *Before It's Too Late: The Child Guidance Movement in the United States*, 1922–1945 (Philadelphia: Temple University Press, 1989), 41; [den Psychiater Dr. George Pratt zitierend].

[1631] „dark continent." S. Freud: "Die Frage der Laienanalyse". In A. Freud et. al: *Gesammelte Werke*, 14:241 [Originalzitat in Englisch; EDÜ]. Nachweis bei Torrey: „a dark continent". Gay: *Freud: A Life for Our Time*, 501.

[1632] [Freuds Ehefrau] tat Zahnpasta auf seine Zahnbürste. Paul Roazen: *Freud: Political and Social Thought* (New York: Alfred A. Knopf, 1968), 57.

[1633] [Freud] war nicht in der Lage, dem Begräbnis seiner Mutter beizuwohnen. Gay: *Freud: A Life for Our Time*, 573.

[1634] „man [muss] dem ... zuerkennen." S. Freud: „Die Weiblichkeit". In Freud, A. et al. (Hrsg.): *Gesammelte Werke*, 15:144; [EdÜ]. Nachweis bei Torrey: „little sense of justice". Freeman and Strean: *Freud and Women*, 227.

[1635] „penislose Geschöpfe." S. Freud: „Über die weibliche Sexualtität". In A. Freud et al. (Hrsg.): *Gesammelte Werke*, 14:524 [EdÜ]. Nachweis bei Torrey: „the little creature without a penis." *Freud and Women*, 214.

[1636] s. z. B. S. Freud: „Die Weiblichkeit". In A. Freud et al. (Hrsg.): *Gesammelte Werke*, 15:119–45 und auch „Über die weibliche Sexualtität". In A. Freud et al. (Hrsg.): *Gesammelte Werke*, 14:517–537; [EdÜ]. Nachweis bei Torrey: „Freud ... motivated to find substitutes." Seymor Fisher and Roger P. Greenberg: *The Scientific Credibility of Freud's Theories and Therapy* (New York: Basic Books, 1977), 199.

Literaturverzeichnis

[1637] "für etwas Besseres … weise zu werden" In E. Freud: "Some Early Unpublished Letters of Freud", *International Journal of Psycho-Analysis* 50 (1969):419–427; eigene Übersetzung eines Briefs von Freud an Fluss v. 07.02.1873. Der Originaltext lautet im (übersetzten) Brief: „I see we are all agreed that women are born for something better than to acquire wisdom." Die wahrscheinlich deutschen Originalbriefe wurden aber anscheinend nicht veröffentlicht, sondern nur ihre englische Übersetzung [EdÜ]. Nachweis bei Torrey: „have come … to become wise." Gay: *Freud: A Life for Our Time*, 522.

[1638] "die Hauptfunktion … Engel da zu sein." Jones: *Leben und Werk v. S. F.*, 2:492f; [EdÜ]. Nachweis bei Torrey: „as their main function … of men." Jones: *Freud*, 2:421.

[1639] „The deepest hurt … Mother failed me." Karl A. Menninger: „Men, Women and Hate", *Atlantic Monthly* Feb. 1939, 158–68.

[1640] „mothers were held responsible … to be healing." Paula J. Caplan: „Take the Blame Off Mother", *Psychology Today* Okt. 1986, 70–71.

[1641] „we took it for granted … it must be maternal." Janna M. Smith: „Mothers: Tired of Taking the Rap", *New York Times Magazine*, 10.06.1990, 32–38.

[1642] 13 Prozent der Überfälle (13 percent of assaults). „Felony Defendants in Large Urban Counties: 1988." Bureau of Justice Statistics, U. S. Department of Justice, Apr. 1990.

[1643] „in most of the cases." „16 Women Await the Death Penalty in U.S.", *New York Times* 03.11.1984, B:12.

[1644] „Psychoanalyse … sie sich hält." Karl Kraus: „Nachts", *Die Fackel* XV, 376/377 (1913):21. Online im Internet: www.aac.ac.at/fackel (31.07.2009, nur nach vorheriger (kostenloser) Nutzerregistrierung); [EdÜ]. Nachweis bei Torrey: „psychoanalysis is … itself the remedy." Percival Bailey: *Sigmund the Unserene* (Springfield: Charles Thomas, 1965), 86.

[1645] "ich diese … nicht liebe." Brief v. S. Freud an I. Hollós v. 04.10.1928. In M. Schur: *Das Es und die Regulationsprinzipien des psychischen Geschehens* (Frankfurt/M.: S. Fischer, 1973), 10; [EdÜ]. Nachweis bei Torrey: „I do not like these patients." Paul Roazen: Freud: *Freud and his Followers* (New York: Alfred A. Knopf, 1968), 141; [korrigierte Literaturangabe mit Einverständnis des Autors].

[1646] obdachlosen Bevölkerung des Landes (nation's homeless population): s. E. Torrey: *Nowhere to Go: The Tragic Odyssey of the Homeless Mentally Ill* (New York: Harper and Row, 1988).

[1647] „When we sever … the poor will forgive us." Howard J. Karger: Letter: „Private Practice and Social Work: A Response", *Social Work* 35 (1990):479. [Nachdruck mit freundlicher Erlaubnis von *Social Work* und der National Association of Social Workers].

[1648] „being bled white by … objectivity." Arthur Miller: *Timebends: A Life* (New York: Grove Press, 1987), 320.

[1649] „In practice, psychoanalysis has by now become … less creative." Norman Mailer: *Advertisements for Myself* (New York: G. P. Putnams Sons, 1959), 346.

[1650] EST. Wikipedia-Autoren, 2010: „Landmark Education". Online im Internet: http://de.wikipedia.org/w/index.php?title=Landmark_Education&oldid=70079907 (22.02.2010); [EdÜ].

[1651] Rolfing. Wikipedia-Autoren, 2010: "Rolfing". Online im Internet: http://de.wikipedia.org/w/index.php?title=Rolfing&oldid=67196133 (22.02.2010); [EdÜ].

[1652] Arica. Oscar Ichazo, 2009: "Arica". Online im Internet: www.arica.org (22.02.2010); [EdÜ].

[1653] Morehouse. Remote Viewing Technologies, 2010: "About" und "Coordinate RV". Online im Internet: http://remviewtech.com/ (22.02.2010); [EdÜ].

[1654] „experienced Est … in New Consciousness." Lasch, 44.

[1655] „indifference to politics … by Freudianism." Rieff, 256.

[1656] "psychoanalysis in the hands … of the Catholic priest." Jeffrey Berman: *The Talking Cure: Literary Representations of Psychoanalysis* (New York: New York University Press, 1987), 4, zitiert E. M. Jensen: "Anna O – A Study of Her Later Life", *Psychoanalytic Quarterly* 39 (1970):269–93.

[1657] „There was an atmosphere of … his apostles." Max Graf: „Reminiscences of Professor Sigmund Freud", *Psychoanalytic Quarterly* 11 (1942):467–76. [s. a. P. Roazan: *Politk und Gesellschaft bei S. Freud*, 102; EdÜ].

Literaturverzeichnis

[1658] „Freud ... development of a church history." Ibid.

[1659] „the apostle of Freud who was my Christ." Sulloway: F. J.: *Freud, Biologist of the Mind: Beyond the Psychoanalytic Legend* (New York: Basic Books, 1979), 481; [Stekel zitierend. Stekels Autobiographie wurde offenbar nur in Englisch veröffentlicht; EdÜ].

[1660] Anhänger ... zu einem Geheimen Komitee (followers ... a secret committee). Roazen: *Freud: Political and Social Thought*, 323.

[1661] alle 17 Mitglieder der Mittwochsgesellschaft waren jüdisch (all 17 members of the Wednesday Society were Jewish). Dennis Klein: *Jewish Origins of the Psychoanalytic Movement* (Chicago: University of Chicago Press, 1981), xi.

[1662] Wiener Loge von B'nai B'rith (Viennese lodge of B'nai B'rith). Ibid., 74.

[1663] „startlingly close." David Bakan: *Sigmund Freud and the Jewish Mystical Tradition* (Princeton: D. van Nostrand, 1958), 19.

[1664] „special taxes on ... a religious body." Morton Prince: „The Demand for Unifying Views", *Journal of Abnormal Psychology* 12 (1917):270–71.

[1665] „I had found the one ... I could live by." Roazen: *Freud: Freud and his Followers*, 323 [korrigierte Literaturangabe. Roazen zitiert hier H. Sachs' englisches Original von *Freud: Master and Friend*, EdÜ].

[1666] "Die Kirchen haben ein Noviziat gefordert." und „Wie man sieht ... der Kirche entspricht." Hanns Sachs: "Die Lehranalyse". In Deutsche Psychoanalytische Gesellschaft (Hrsg.): *Zehn Jahre Berliner Psychoanalytisches Institut (Poliklinik und Lehranstalt)* (Wien: Internationaler Psychoanalytischer Verlag, 1930), 53–4; [EdÜ]. Nachweis bei Torrey: „Religions have ... the novitiate of the Church." *Freud: Freud and his Followers, (korrigierte Angabe)* 323.

[1667] „the interpenetration ... for the eradication of neurosis." Klein, 139.

[1668] „Some of us believed ... like great men." Fritz Wittels: „Brill – The Pioneer", *Psychoanalytic Review* 35 (1948):394–98.

[1669] „found in 'mental Health' scientific values." Barbara Sicherman: „The Quest for Mental Health in America, 1880–1917", (Ph.D. diss., Columbia University, 1967), 407.

[1670] „accept Freudism as ... its tenets." Robert S. Woodworth: „Followers of Freud and Jung", *Nation* Okt. 26, 1916 396.

[1671] „They were all ... the masculine protest." Max Eastman: *Enjoyment of Living* (New York: Harper and Brothers, 1948), 491.

[1672] [Mabel Dodges] Glaubensheiler ([Mabel Dodge's] faith healers). Fred H. Matthews: „Freud Comes to America: The Influence of Freudian Ideas on American Thought, 1909–1917" (M.A. These, University of California in Berkeley, 1957), 98.

[1673] „psychic tea." Catherine L. Covert: „Freud on the Front Page: Transmission of Freudian Ideas in the American Newspaper of the 1920's", (Ph.D. Diss., Syracuse University, 1975), 264.

[1674] Vulgata. Wikipedia-Autoren: „Vulgata". Online im Internet: http://de.wikipedia.org/w/index.php?title=Vulgata&oldid=61430229 (01.08.2009); [EdÜ].

[1675] „the most stupendous ... design with no posterity " Peter B. Medawar: „Victims of Psychiatry", *New York Review of Books*, 23.01.1975, 17.

[1676] „our grandsons no doubt will regard ... phrenology." Vladimir Nabokov. *Strong Opinions* (New York: Vintage Books, 1973), 47.

[1677] „on cultural or socio-political issues." Charles Kadushin: *The American Intellectual Elite* (Boston: Little, Brown, 1974), 30–31.

[1678] „read extensively ... with some care." persönliche Mitteilung von Daniel Bell, 05.09.1990.

[1679] „delivered ... teenager." Alexander Bloom: *Prodigal Sons: The New York Intellectuals and Their World* (New York: Oxford University Press, 1986), 275.

[1680] „socialist in economics ... conservative in culture." Bell: persönliche Mitteilung.

[1681] „Henderson the Rain King ... with its Reichianism." Eusebio L. Rodrigues: „Reichianism in Henderson the Rain King", *Criticism* 15 (1973):212–33.

[1682] „saturated with Reichianism." Ibid.

[1683] „One can assume ... through the fifties and sixties." Ibid.

Literaturverzeichnis

[1684] „a choice between ... the human situation." Robert E Kiernan: *Saul Bellow* (New York: Continuum, 1989), 83.

[1685] „Bellow sees the world ... in Civilization and Its Discontents." Jonathan Wilson: *On Bellows Planet* (Rutherford, N.J.: Fairleigh Dickinson University Press, 1985), 13.

[1686] „refused to fall in with ... right and left." Wilson: *On Bellows Planet*, 10.

[1687] „read Freud ... fascinating." Persönliche Mitteilung von Noam Chomsky, 27.08.1990.

[1688] „one of the leading liberal economists of the postwar era." Richard H. Pells: *The Liberal Mind in a Conservative Age: American Intellectuals in the 1940s and 1950s* (New York: Harper and Row, 1985), 164.

[1689] „has been extraordinarily haphazard and casual." Persönliche Mitteilung von John K. Galbraith, 28.08.1990.

[1690] „chief spokesman for ... western radicalism." Richard King: *The Party of Eros: Radical Social Thought and the Realm of Freedom* (Chapel Hill: University of North Carolina Press, 1972), 78.

[1691] „read extensively the writings of Freud." Persönliche Mitteilung von Irving Kristol, 17.10.1990.

[1692] „abounded with psychological and psychiatric terminology." Stephen J. Whitfield: *A Critical American: The Politics of Dwight Macdonald* (Hamden, Conn.: Shoe String Press, 1984), 48.

[1693] Macdonald interessierte sich für Reich (he was very interested in ... Reich). Persönliche Mitteilung von Daniel Bell, 05.09.1990.

[1694] „Mailer began as an ardent Freudian." Andrew Gordon: *An American Dream: A Psychoanalytic Study of the Fiction of Norman Mailer* (Rutherford, N.J.: Fairleigh Dickinson University Press, 1980), 32.

[1695] „a genius ... and new questions." Ibid., 34.

[1696] „profoundly influenced by Wilhelm Reich." King: *The Party of Eros*, 5.

[1697] Mailer baute reichschen Orgonakkumulator. Hilary Mills: *Mailer: A Biography* (New York: Empire Books, 1982), 189–90.

[1698] „of the good orgasm ... ailments." Gordon: *An American Dream*, 40.

[1699] „read most of Freud's works but ... spotty." Persönliche Nachricht von Norman Podhoretz, 01.09.1990.

[1700] „a great book by a major thinker ... in town." Norman Podhoretz: *Breaking Ranks: A Political Memoir* (New York: Harper and Row, 1979), 48.

[1701] „tilted toward the Left." Philip Nobile: *Intellectual Skywriting: Literary Politics and the New York Review of Books* (New York: Charterhouse, 1974), 6.

[1702] Brain Trust. Wikipedia-Autoren: „Brain Trust". Online im Internet: http://en.wikipedia.org/w/index.php?title=Brain_Trust&oldid=300913895 (01.08.2009); [EdÜ].

[1703] „the neoconservative brain trust." Bloom: *Prodigal Sons*, 369.

[1704] „an early and ardent admirer of Freud." Daniel Bell: *Individualism Reconsidered and Other Essays* (Glencoe: Free Press, 1954), 306.

[1705] Riesmanns Mutter wurde von Karen Horney analysiert ([Mother] analyzed by Karen Horney). Persönliche Mitteilung von David Riesman, 05.09.1990.

[1706] „There was a time ... Freud wrote." Ibid.

[1707] „one of the ... heroes of all time." King: *The Party of Eros*, 49–50.

[1708] „psychoanalytic ideas have shaped ... general way." Persönliche Mitteilung von David Riesman, 05.09.1990.

[1709] „perhaps the ... field of sociology." Podhoretz: *Breaking Ranks*, 33.

[1710] „the manifesto of postwar liberalism." Allen J. Matusow: *The Unraveling of America:f The History of Liberalism in the 1960s* (New York: Harper and Row, 1984), 4.

[1711] „a fair amount of... the psychoanalytic school." Persönliche Mitteilung von Arthur Schlesinger, 29.08.1990.

[1712] „the chief theoretical organ of radical chic." Nobile: *Intellectual Skywriting*, 7.

[1713] „I have tried ... unsympathetic." Persönliche Mitteilung von Robert Silvers, 02.01.1991.

[1714] „platform of the radical Left." Nobile: *Intellectual Skywriting*, 4.

Literaturverzeichnis

[1715] öffentliche Unterstützung der liberalen Sache (public support for liberal causes). Bloom: *Prodigal Sons*, 336.

[1716] „the most influential ... revolutionary mind." Susan Sontag: *Against Interpretation and Other Essays* (New York: Farrar, Straus Giroux, 1966), 256, 260.

[1717] Sontag heiratete Philip Rieff (married ... Philip Rieff). Sohnya Sayre: *Susan Sontag: The Elegaic Modernist* (New York: Roudedge, 1990), 27.

[1718] „Sontag helped ... Rieff." Ibid., 7.

[1719] „The way in which ... fixations result." Seymor Fisher and Roger P. Greenberg: *The Scientific Credibility of Freud's Theories and Therapy* (New York: Basic Books, 1977), 145; [Freud zitierend].

[1720] Gilbert V. Hamilton: *A Research on Marriage* (New York: A. and C. Boni, 1929).

[1721] Ernest R. Hilgard, Lawrence S. Kubie, and E. Pumpian-Mindlin: *Psychoanalysis as Science* (New York: Basic Books, 1952), 16.

[1722] Mabel Huschka: „The Child's Response to Coercive Bowel Training", *Psychosomatic Medicine* 4(1942):301–08.

[1723] Robert R. Sears: „Survey of Objective Studies of Psychoanalytic Concepts", *Bulletin of the Social Sciences Research Council* 51(1943), New York.

[1724] Gerald S. Blum: „A Study of the Psychoanalytic Theory of Psychosexual Development", *Genetic Psychology Monographs* 39(1949):3–99.

[1725] Ernest R. Hilgard et al.: *Psychoanalysis As Science*, 19, 155

[1726] Amy E. Holway: „Early Self-Regulation of Infants and Later Behavior in Play Interviews", *American Journal of Orthopsychiatry* 19(1949):612–23.

[1727] William H. Sewell: „Infant Training and the Personality of the Child", *American Journal of Sociology* 58(1952–53):150–59.

[1728] Robert R. Sears, John W. M. Whiting, Vincent Nowlis, and Pauline S. Sears: „Some Child-Rearing Antecedents of Aggression and Dependency in Young Children", *Genetic Psychology Monographs* 47(1953):135–234.

[1729] John W. Whiting and Irvin L. Child: *Child Training and Personality: A Cross-Cultural Study* (New Haven: Yale University Press, 1953).

[1730] „Gebräuchen in Zusammenhang ... gegebenen Gesellschaft." Ibid., 161.

[1731] "psychoanalytische Theorie ... Verhaltens erzeugen können." Ibid., 315.

[1732] Thelma G. Alper, Howard T. Blane, and Barbara K. Abrams: „Reaction of Middle and Lower Class Children to Finger Paints as a Function of Class Differences in Child-Rearing Practices", *Journal of Abnormal and Social Psychology* 51(1955):439–85.

[1733] Arnold Bernstein: „Some Relations Between Techniques of Feeding and Training During Infancy and Certain Behavior in Childhood", *Genetic Psychology Monographs* 51(1955):3–44.

[1734] Robert R. Sears, Eleanor E. Maccoby, and Harry Levin: *Patterns Of Child Rearing*. (Evanston, Ill.: Row, Peterson and Co., 1957).

[1735] Robert R. Sears, Lucy Raul, and Richard Alpert: *Identification and Child Rearing*. (Stanford: Stanford University Press, 1965), 129

[1736] Halla Beloff: „The Structure and Origin of the Anal Character", *Genetic Psychology Monographs* 55(1957):141–72.

[1737] M. A. Straus: „Anal and Oral Frustration in Relation to Sinhalese Personality", *Sociometry* 20(1957):21–31.

[1738] Joseph Adelson and Joan Kedmond: „Personality Differences in the Capacity for Verbal Recall", *Journal of Abnormal and Social Psychology* 57(1958):244–48.

[1739] P. Kline: *Fact and Fantasy in Freudian Theory*, 85.

[1740] Mary E. Durrett: „The Relationship between Reported Early Infant Regulation and Later Behavior in Play Interviews", *Child Development* 30(1959):211–216.

[1741] Daniel R. Miller and Guy E. Swanson: *Inner Conflict and Defense*. (New York: Henry Holt and Co., 1960).

Literaturverzeichnis

[1742] Frank Pederson and David Marlowe: "Capacity and Motivational Differences in Verbal Recall", *Journal of Clinical Psychology* 16(1960):219–22.

[1743] Joseph C. Finney: „Maternal Influences on Anal or Compulsive Character in Children", *Journal of Genetic Psychology* 103(1963):351–67.

[1744] E. M. Hetherington and Yvonne Brackbill: „Etiology and Covariation of Obstinacy, Orderliness and Parsimony in Young Children", *Child Development* 34(1963):919–43.

[1745] Robert R. Sears et al.: *Identification and Child Rearing.*

[1746] Edward Gottheil and George C. Stone: „Factor Analysis of Orality and Anality", *Journal of Nervous and Mental Disease* 146(1968):1–17.

[1747] Jerry S. Wiggins, Nancy Wiggins, and Judith C. Conger: „Correlates of Heterosexual Somatic Preference", *Journal of Personality and Social Psychology* 10(1968):82–90.

[1748] Edwards Personal Preference Schedule. Wikipedia-Autoren: „Edwards Personal Preference Schedule". Online im Internet: http://en.wikipedia.org/w/index.php?title=Edwards_Personal_Preference_Schedule&oldid=303458288 (01.08.2009); [EdÜ].

[1749] Paul Kline: „Obsessional Traits, Obsessional Symptoms and Anal Eroticism", *British Journal of Medical Psychology* 41(1968):299–305.

[1750] Paul Kline: „The Anal Character: A Cross-Cultural Study in Ghana", *British Journal of Social and Clinical Psychology* 8(1969):201–10.

[1751] P. Kline: *Fact and Fantasy in Freudian Theory*, 59

[1752] Tupper F. Pettit: „Anality and Time", *Journal of Consulting and Clinical Psychology* 33(1969):170–74.

[1753] Seymor Fisher: *Body Experience in Fantasy and Behavior,* (New York: Appleton-Century-Crofts, 1970).